愛德華·吉朋像

羅馬帝國衰亡史

第一卷

THE HISTORY OF THE DECLINE AND FALL OF THE ROMAN EMPIRE

VOLUME I　IN SIX VOLUMES

吉朋（Edward Gibbon）◎著

席代岳◎譯

羅馬文物慘遭銅駝荊棘之劫

在巴拉廷山上舉目所及無非殘破而龐大的遺跡，
滿布大理石劇場，方形尖碑，巨型雕像以及尼祿皇宮的柱廊，
遠眺羅馬各山除了斷壁殘垣一無所有。

導讀

吉朋與《羅馬帝國衰亡史》

一、一部眞正的經典之作

1776年2月17日，歷史學家艾德華・吉朋(Edward Gibbon, 1737-1794A.D.)的《羅馬帝國衰亡史》(*The History of the Decline and Fall of the Roman Empire*)首卷，在倫敦悄悄上市。這部書一上市就造成轟動，第一版五百冊迅即銷售一空。吉朋後來在《自傳》(*Memoirs of My Life and Writings*)中回憶其暢銷盛況，說：

> 我不知道應如何來描述這部著作的成功……第一版在幾天內即告售罄；第二版與第三版亦幾乎難以滿足要求；而書商的版權更兩度遭到都柏林盜版商的入侵。我的書出現在每張桌子上，甚至幾乎在每位仕女的梳妝台上[1]。

一夕之間，吉朋變成了英國藝文界的名人。

---

1 *Autobiography of Edward Gibbon As Originally Edited by Lord Sheffield*(以下簡稱*Autobiography*)(Oxford, 1907), p.180。吉朋在書信中也多次提到《衰亡史》的暢銷情形：J.E.Norton(ed.),*The Letters of Edward Gibbon*(以下簡稱*Letters*)(London, 1956), ii, pp.100, 109, 111, 112, 141。(編按:本文之引文皆由作者楊肅獻所譯)

在《羅馬帝國衰亡史》(以下簡稱《衰亡史》)出版前，吉朋在英國藝文界尚無文名，倫敦文壇似乎也未注意到他的文才。《衰亡史》的寫作過程相當隱密，知道吉朋在進行一部鉅構的人不多。由於毫無預期，英國藝文界對這部書有驚豔之感，並一致給予好評。一些主要文學期刊都競相摘要刊登，以饗讀者[2]。著名文評家華爾波耳(Horace Walpole,1717-1797A.D.)讚揚吉朋的寫作，譽之爲「一部眞正的經典之著」[3]：

> 你何以能知道得這麼多，論斷得這麼好，掌握你的主題、你的知識與你的卓越反思能力這麼完全，而又能控制自己，不露出一點武斷自大？你與古代和現代的作者們多麼不同呀[4]！

蘇格蘭歷史學家休謨(David Hume,1711-1770A.D.)與羅伯森(William Robertson,1721-1793A.D.)是當時英倫三島公認的史學祭酒，前者的《英格蘭史》(*A History of England*)與後者的《蘇格蘭史》(*A History of Scotland*)一直被吉朋視爲歷史寫作的典範。這兩位史學泰斗亦皆對《衰亡史》大加推崇，令吉朋深受鼓舞。

《衰亡史》首卷獲得肯定，給予吉朋繼續寫作的動力。接著，他在1781年出版第二與第三卷，復於1787年完成第四至第六卷。這部鉅著前後耗費了吉朋二十年的光陰。他晚年回顧此一努力，自信「完成了一部艱辛與成功的著作」[5]。

後世在討論十八世紀史學時，吉朋經常被拿來與休謨和羅伯森相提

---

2 Derek Roper, *Reviewing before the Edinburgh: 1788-1802* (London, 1978), pp.227-235.

3 *The Letters of Horace Walpole*, selected and arranged by William Hadley (Everyman's Library. London, 1926), p. 210. 'To the Rev. William Mason. Feb. 18, 1776'.

4 'The Hon. Horace Walpole to Edward Gibbon, Esq. 14/2/1776', *The Miscellaneous Works of Edward Gibbon, Esq.* (以下簡稱：*Miscellaneous Works*) (London, 1814) , vol. ii, pp.154-55.

5 *Autobiography*, p.1.

並論[6]。不過，在近代歐洲史學上，吉朋的聲望實際上已超越此二位私淑導師。在「不列顛史家三雄」中，休謨在今日主要是以哲學傳世，羅伯森的史著則幾被人遺忘，唯有吉朋的《衰亡史》迄今盛名不衰[7]。

《衰亡史》問世迄今，已歷經兩百多年，但吉朋其人、其書、及其所提之問題，一直是學術界熱烈討論的課題。1976年，美國藝文與科學院(American Academy of Arts and Sciences)爲慶祝《衰亡史》首卷兩百周年，曾出版紀念論文集[8]。吉朋逝世兩百周年(1994年)時，英國牛津「伏爾泰基金會」(Voltaire Foundation)，更舉辦研討會，邀集專家學者探討吉朋的學術成就[9]。同年，英國「皇家歷史學會」(Royal Historical Society)也在吉朋母校牛津大學舉辦學術會議，討論吉朋與羅馬帝國相關問題[10]。

經過兩百年的考驗，《衰亡史》儼然成爲近代歐洲歷史與文學的經典。1995年，英國「企鵝圖書公司」(Penguin Books)將《衰亡史》合成三卷，重新編輯出版，並將之列入深受歡迎的「企鵝經典」文庫中[11]。《衰亡史》的列入「企鵝經典」系列，相當程度反映了現代人對這部書的歷史定位。

---

6 例如：Friederich Meinecke, *Historism: The Rise of a New Historical Outlook* (New York, 1972), Chapter 5; Denys Hay, *Annalists & Historians: Western Historiography from the VIIIth to the XVIIIth Century* (London, 1977), pp. 174-85; Donald Kelley (ed.), *Versions of History from Antiquity to the Enlightenment* (New Haven, 1991), pp. 457-474。

7 Hay, *Annalists & Historians*, p. 184：「作爲一個歷史家，[吉朋]的聲望與價值長過了休謨與羅伯森。與他們的著作不同的是，《羅馬帝國衰亡史》仍留在今日學生們的書架上面。」

8 'Edward Gibbon and the Decline and Fall of the Roman Empire', *Daedalus* (Summer, 1976).

9 David Womersley (ed.), *Edward Gibbon: Bicentenary essays* (Oxford, 1997).

10 R. McKitterick and R.Quinault (eds.), *Edward Gibbon and Empire* (Cambridge, 1997).

11 David Womersley (ed.), *The History of the Decline and Fall of the Roman Empire*, 3 Volumes (Harmondsworth, 1995).

二、古羅馬廢墟上的沉思

《羅馬帝國衰亡史》一書的寫作，眾所周知，有一個浪漫的起源。1764年秋天，吉朋抵達羅馬，繼續他的「大旅遊」(Grand Tour)行程。根據他的回憶，在10月15日的黃昏，他來到古羅馬廢墟，在「卡庇多神殿山」(Capitoline Hill)靜坐沉思：

> 那是在羅馬，1764年10月15日，我正坐在卡庇多神殿山的廢墟上沉思，忽然傳來神殿裡赤腳僧的晚禱聲，我的心中首度浮出寫作這座城市的衰亡的想法[12]。

古羅馬廢墟的景象令他十分震撼，一時靈感湧發，心生寫作羅馬帝國衰亡史的念頭。「不過」，他補充說，「我原本只計畫寫這座城市的衰頹，而非羅馬帝國的衰亡：而且，我的讀書和思考雖開始朝那個目標，但因旁務的干擾，經過數年的蹉跎，我才鄭重地投入這件艱鉅的工作[13]。」吉朋《自傳》中這簡短的一幕，因《衰亡史》的成名而留芳，爲後世傳頌不已。

「卡庇多神殿山的沉思」這一段文字，成爲諸多討論《衰亡史》問題的一個焦點。在《自傳》中，吉朋將「羅馬之旅」美化成一個朝聖似的旅程，再把「卡庇多神殿山的沉思」，描寫成一種近乎宗教改宗般的經驗。此一經驗，他告訴讀者，是驅使他投入羅馬帝國史的動力。這一段傳神的表白，曾獲得許多讀者的認同。不過，二十世紀史家對此一情節的眞實性，提出不少質疑。

《自傳》是吉朋有關自身學思歷程的一個自剖。在這部自述中，學

---

12 *Autobiography*, p. 160.
13 *Autobiography*, pp. 160-61.

界一般認爲，吉朋對自己如何成爲一個「羅馬帝國的歷史學家」，曾經過一番刻意的塑造，其間有誇大之處，細節也不盡詳實[14]。「卡庇多神殿山的沉思」一節尤其引發質疑。有學者主張，1764年10月15日這天，吉朋其實並沒有到卡庇多神殿山[15]。吉朋在羅馬寫的書信與日誌中，找不到他在這天探訪卡庇多神殿山的記錄。事實上，根據與吉朋同行的吉斯(William Guise)的日記記載：10月15日早上下雨，吉斯和吉朋是到羅馬的一處畫廊看畫[16]。換言之，「卡庇多神殿山的沉思」一幕，可能是吉朋虛構的情節。

這一個質疑有一定的說服力。假如卡庇多神殿山的經驗屬實，並讓吉朋如此震撼，以他勤作記錄的習慣，按理應會留下文字記錄。但是，吉朋的資料中卻找不到相關記載，似乎有違常理。不過，此一推斷看似合理，卻有其盲點。吉斯的日記並無他們當天下午行蹤的記載。吉朋當天早上去他處參觀，並不能推斷他在同一天其他時間沒有去卡庇多神殿山。依其《自傳》，吉朋到卡庇多神殿山是在當天黃昏。在夕陽斜照中，教堂的「晚禱」(Vespers)聲忽然傳來，浪漫的景緻引起他的歷史遐想。這是極可能的事。

最近，美國學者柯蕾多(Patricia Craddox)爲吉朋提出辯護。她認爲：學者不應隨意否定吉朋自述的眞實性，她「不相信吉朋在其生命中最嚴肅的一刻說謊」。何況，在吉朋的自述中，有幾項事實是不容置疑的，

---

14 Jordan, *Edward Gibbon and his Roman Empire*, pp.7-11; Patricia Craddock, *Young Edward Gibbon* (Baltimore, 1982); J. W. Burrow, *Gibbon* (Oxford, 1985).

15 吉朋自傳的一位編者Georges A. Bonnard 懷疑吉朋的「卡庇多神殿山廢墟沉思」，只存在他自己的想像裡．Georges A. Bonnard (ed.), *Edward Gibbon: Memoirs of My Life* (London, 1966), p.305。吉朋專家Jordan也認爲吉朋這段文字「想像多過事實」：Jordan, *Edward Gibbon and his Roman Empire,* p. 20。其他主張吉朋的記載可能是虛構者還有：H.R. Trevor-Roper, 'Edward Gibbon after Two Hundred Years,' *Listener*, 72 (1964), pp. 617-619, 657-59; E. Badian, 'Gibbon and War', *Gibbon et Rome* (Geneva, 1977), p. 103。

16 轉見：Craddock, *Young Edward Gibbon,* p.222.

包括：他聽到教堂僧侶的晚禱聲、此教堂座落在卡庇多神殿的遺址等[17]。英國學者郭思(Peter Ghosh)亦反對輕易質疑吉朋《自傳》的陳述。他認爲：吉朋非常執著於史實與年代的精確，這一點幾乎已成爲他的信仰。吾人不能僅憑間接證據，就質疑吉朋自述的可信度，這不啻是在挑戰「其已明顯建立的思想人格」[18]。事實上，吉朋相當在意其《自傳》的眞實性，嘗言：「眞實，赤裸裸的、不客氣的眞實，是比較嚴肅的史著的首要美德，也應是我此一個人自述的唯一長處[19]。」

從他的文字中，我們可看到，古羅馬的景緻特別容易讓他感動、引發他的歷史想像。1764年10月2日，他踏上米爾維亞橋(Milvian)，面對羅馬古城的心情，是其一例。他在《日誌》中記載：「我們在傍晚五時到達羅馬城。從米耳維斯橋上，我陷入一場古代的夢中，直到後來方被關卡官員打斷[20]。」他的《自傳》生動地回憶當時激動的心情：「我的個性不容易受到激動，而且我未感受的激情，我一向不屑於假裝。然而，即使二十五年後的今天，我仍難以忘懷、也無法表達，我首次接近、踏進這座永恆之城時，內心的強烈悸動[21]。」

在羅馬之旅中，吉朋多次露出類似激動的心情。他在抵達羅馬的次日，就迫不及待去造訪「羅馬廣場」(Roman Forum)：

> 經過一夜的輾轉難眠，我踏著高昂的腳步，走上羅馬廣場的廢墟；刹時間，每個值得紀念的地點，無論是羅慕拉斯(Romulus)站立的地方，或塔利(Tully，案：西塞羅)演講的地方，或凱撒(Caesar)被刺倒下的地方，全映入了我的眼簾。

---

17 Craddock, *Young Edward Gibbon,* p.222。Craddock甚至認爲：吉朋可能另有「一本小筆記，現已逸失，其上記錄有其靈感發生的『日期與時刻』」。這也是一種過度臆測，因無史料可資佐證。

18 P. R. Ghosh, 'Gibbon Observed', *Journal of Roman Studies*, 81 (1991), 132-33.

19 *Autobiography,* p.1.

20 轉引自：D.M. Low, *Edward Gibbon, 1737-1794* (London, 1937), p.183。

21 *Autobiography,* pp. 156-59.

這是一次極其震撼的接觸，令吉朋心情激盪不已：「經過數日的興奮，我始能冷靜下來，進行仔細的探索[22]。」10月9日，吉朋參觀「圖拉眞廣場」(Trojan's Forum)，對古羅馬的偉大讚嘆不已。他描述「圖拉眞紀功柱」(Trojan's Column)：

> 今天清晨，我到圖拉眞紀功柱上面。我不想用文字來描述它。您只須自己想像一下，一支高達一四〇呎的巨柱，用大約三十塊純白大理石構成，上面刻有浮雕，其高雅與精緻，不亞於亞普公園(Up-Park)裡的任何一個壁爐的雕飾(chimney piece)[23]。

在此，吉朋心情的悸動表露無遺：「無論書本上告訴我們那個民族如何偉大，他們對羅馬最繁榮時代的描述，遠不足以傳達廢墟顯示的景象[24]。」

根據可靠記載，吉朋停留羅馬期間曾多次造訪卡庇多神殿山[25]。這個遺跡對他似乎有特殊吸引力。無論1764年10月15日他是否確實來過這裡，這裡的景象讓他印象深刻，遂而激發他的寫作靈感，是極有可能的事。1787年6月27日，吉朋寫完了《衰亡史》。在書的結尾，他留下一段話：

> 那是在卡庇多神殿廢墟中間，我的心中首次出現寫一部書的想法，這部書曾經娛我和幾乎花了我生命中的二十年光陰[26]。

經過了四分之一個世紀，他對「卡庇多神殿山」的記憶依然清晰。一個靈感竟讓他爲之耗掉「生命裡二十年的時光」，自然不會是一個普通的

---

22 *Autobiography*, p. 159.

23 *Letters*, i, p.184. 'To Edward Gibbon, Sen. Tue. 9/10/64. Rome'

24 *Ibid.*.

25 根據威廉・吉斯的日載，吉朋曾五度參訪邱比特神殿山遺跡，日期是：10月6日、9日、10日、12日與13日。轉見：Pocock, *Barbarism and Religion*, Vol. I, p. 288n。

26 Edward Gibbon, *The History of the Decline and Fall of the Roman Empire*(以下簡稱*DF*) (London: Methuen's Standard Library, 1905), vii, p.325.

靈感，更不是隨便就能憑空虛構。

事實上，要解釋《衰亡史》的源起，我們不能只在卡庇多神殿山的著名一刻打轉。極有可能，吉朋是把此一情景過分戲劇化了。但他的靈感絕非只是一道意外的靈光。這一靈感，可說是他在長期接觸古羅馬典籍與歷史的過程中，逐漸培養而來。首先，吉朋自幼接受古典訓練，長期浸淫於拉丁古典，對古羅馬歷史產生一種熟悉感。其次，在「大旅遊」期間，他研讀大量古羅馬人文、歷史與地理的典籍，加深了對古羅馬的認識。最後，在義大利「朝聖」的過程中，他親身觀察古羅馬遺跡，被其透露的昔日光輝所感動，遂激發其靈感。他在羅馬寫的家書曾說：「對我這顆因對羅馬人已先有認知，而多少有預備的心靈，這裡提供了這麼豐富的有趣事物，因此我幾乎真如在夢幻中[27]。」換言之，吉朋在卡庇多神殿廢墟之會產生如此的感動，是有強烈的心理預期爲其基礎的。

英國歷史家崔弗羅普(Hugh Trevor-Roper)對吉朋的靈感問題，曾提出一個很有洞見的解釋。

> 吉朋……此一羅馬經驗，絕非一當下突發的孤獨靈光，而是一個長期激盪過程中的一段插曲。事實上……吉朋在回憶錄中可能將那個經驗戲劇化了，從而過度簡化了其一生大作的起源。那部大作……有深一層的起源。它不……單只是個突發的綺想，或一時突發靈感的實現[28]。

吉朋之終竟投入羅馬帝國史，與其整個讀書歷程有密切關係。他的選擇羅馬帝國衰亡史作爲其寫作課題，其實是順理成章的發展。

---

27 *Letters,* i, p.184. 'To Edward Gibbon, Sen. Tue. 9/10/64. Rome'

28 H. R. Trevor-Roper, 'The Idea of the Decline and Fall of the Roman Empire', in W.H Barber, J.H. Brumfitt, R.A. Leigh, R. Shackleton and S.S.B. Taylor (eds.) *The Age of the Enlightenment: Studies presented to Theodore Besterman* (Edinburgh, 1967), p. 415.

三、羅馬帝國衰亡的原因

「羅馬帝國衰亡史，可能是人類歷史上最壯觀，和最驚人的一幕。」在這歷史過程中，吉朋觀察，「各種不同的原因與其累積的結果，同許多人類歷史上最有趣的事件，相互交織在一起[29]」。羅馬帝國何以走向衰亡？吉朋嘗言：「對哲學家言，歷史知識就是探討因果的知識[30]。」《衰亡史》的讀者，一定會感到好奇：這個十八世紀的歷史家，對此一恆久的歷史課題，會提出什麼眞知卓見？

關於「羅馬帝國的衰亡」，一個習見的說法是：吉朋把它歸咎於「基督教的興起」。《衰亡史》的確提出「蠻族與宗教的勝利」[31]（the triumph of barbarism and religion）這個論題，來說明導致羅馬帝國瓦解的力量。然而，細究《衰亡史》，我們會發現：吉朋對羅馬帝國何以衰亡並沒有一貫、系統的解釋。他曾在書中的不同情境，多處陳述羅馬帝國衰亡的原因，而這些因素之間並無一定的關聯性。他提到羅馬皇帝的失政、軍隊的跋扈、貴族勢力的翦除、公民精神的淪喪、社會的奢靡腐化等[32]。當然，基督教的傳布與蠻族的入侵，也是著名的兩項。不過，若拿此二因素來概括吉朋對羅馬帝國衰亡的解釋，則將過度簡化他的歷史論述。

那麼，對於羅馬帝國的衰亡，吉朋的基本論點爲何？吉朋自述《衰亡史》的目的，是要「推尋羅馬帝國衰亡的最重要情節[33]」。《衰亡史》的敘事，起自西元二世紀兩位安東尼皇帝—庇烏斯（Antoninus Pius）與奧

---

29 *DF*, vii, p. 325.

30 Edward Gibbon, *An Essay on the Study of Literature. Written Originally in French, By Edward Gibbon, Jun. Esq,: Now first translated into English*（以下簡稱*Study of Literature*）(London, 1764) pp.98-99.

31 *DF*, vii, p. 308.

32 根據Jordan的看法，吉朋提過二十種以上羅馬帝國衰亡的原因。Jordan, *Edward Gibbon and his Roman Empire*, p. 213.

33 *DF*, i, p. 1.

理留斯(Marcus Antoninus Aurelius)一在位時期。在這個時期，羅馬帝國達到鼎盛：

> 羅馬帝國在基督紀元第二世紀，據有地球上最富饒美好的區域，掌握人類最進步發達的文明。自古以來聲名不墜而且紀律嚴明的勇士，防衛著遼闊的邊界。法律和習俗溫和卻能發揮巨大的影響力，逐漸將各行省融合成一體。享受太平歲月的居民，盡情揮霍先人遺留的財富和榮光[34]。

弔詭的是，在吉朋看來，這個鼎盛時代卻也是此一帝國步上衰亡的開始。何以如此？根據他的分析，關鍵在於羅馬帝國的政治制度：「奧古斯都體制」(Augustan Settlement)。

熟悉羅馬史的人都知道，屋大維在共和末期內戰勝利後，爲了重建帝國，建構了一套政治體制。這一套體制，表面上維持共和的形式，實際上是皇帝個人獨裁，如吉朋指出：「共和體制的形象，從外表上看來受到尊敬和推崇：國家主權似乎仍舊掌握在羅馬元老院手中，而執政治國大權則已全部授給皇帝[35]。」奧古斯都摧毀共和貴族，壓抑平民力量，去除了傳統羅馬政治中的制衡力量。如此一來，皇帝大權獨攬，沒有任何機制可加以制衡。

在獨裁體制下，帝國的命運係於皇帝一人，其素質的良窳經常影響帝國的發展。賢明的皇帝固然帶來安定繁榮，奠定「羅馬和平」(Pax Romana)時代。早期的皇帝，如聶爾瓦(Nerva)、圖拉眞(Trajan)、哈德良(Hadrian)和兩位安東尼皇帝，均能以才治國、以德服人，造成羅馬帝國的盛世。可是，吉朋提醒，歷史經驗顯示，羅馬皇帝的素質「可以看到極端的兩極：邪惡與美德、高潔完美與低劣敗德[36]」。奧理留斯之後，皇帝

---

34 *Ibid.*.

35 *Ibid.*.

36 *DF*, i, p.79.

或來自繼承，或由軍隊擁立，率皆才智平庸、專斷殘暴，其統治是依賴「專制」與「軍隊」。

「禁衛軍」(Praetorian Guards)弄權干政，是奧古斯都體制衍生的另一嚴重問題。奧古斯都深知，他的專制統治必須依靠武力維繫，乃決定建立一支「禁衛軍」，以備「隨時保護皇帝，威嚇元老院，或在第一時間撲滅叛亂」。到提比流斯(Tiberius)時，「禁衛軍」被允許在羅馬設置永久軍營。這個作法，吉朋認爲，不啻是「幫國家套上鐐拷」。就他看來，羅馬禁衛軍「的跋扈，是羅馬帝國衰亡的第一個徵候和原因[37]」。

物必自腐而蟲生。羅馬帝國的衰亡，吉朋認爲，導因於內部問題：「羅馬的敵人在其內部：暴君與軍人[38]。」依照他的觀察，在奧古斯都建立獨裁體制之時，羅馬帝國就埋下了衰亡根源。兩位安東尼皇帝在位時，羅馬展現的盛世景象只是一種假象。就此角度言，在吉朋的討論中，「基督教」與「蠻族」兩大因素，只是加速羅馬帝國瓦解的力量，並非導致其衰亡的根本原因。

吉朋對基督教會的不友善，是眾所皆知的事。他在《衰亡史》中對基督教有嚴厲的批評。他曾指責教會的出世精神、修院制度與獨身主義，認爲這些精神顛覆了羅馬人傳統的公共德行；他更批判教會的神學爭論、教士的腐化與宗派的內鬥，讓原已紛亂的帝國進一步撕裂。不過，在吉朋的認知裡，教會的負面影響是在西元四世紀後才顯現[39]。實際上，基督教雖然早在帝國境內傳布，但是到313年才被尊爲國教。同樣地，蠻族也是到四世紀後期才對羅馬形成嚴重壓力。378年，哥德人(Goths)擊敗皇帝華倫斯(Valens)於亞得里亞那堡(Adrianople)，正式在帝國境內立足。406年，勃艮地人(Burgundian)、阿拉尼人(Alani)與汪達爾人(Vandals)成功渡過萊茵河。吉朋評論此事說：

37 *DF*, i, pp.103-04.

38 *DF*, i, p. 195.

39 Jordan, *Edward Gibbon and his Roman Empire*, p. 221.

> 這一次著名的渡河之舉……可視爲是阿爾卑斯山以北地區羅馬帝國的淪亡。自此致命的一刻，長久以來分隔地球上文明與野蠻國家的的障礙，被夷成平地[40]。

自此以後，羅馬帝國搖搖欲墜。410年，哥德人入侵義大利，攻陷了羅馬，蹂躪此一「永恆之城」(Eternal City)。476年，西羅馬帝國滅亡。

綜合而觀，吉朋基本上主張：羅馬帝國的衰亡導源於奧古斯都獨裁體制的建立。這個論斷看似宏觀，事實上並無特殊的原創性。這裡，他只是重述古典「共和主義」(Republicanism)的一些概念。觀念上，吉朋偏向羅馬共和。在這方面，他深受羅馬史家塔西陀(Tacitus)與啓蒙哲士孟德斯鳩的影響[41]。這一古一今兩位人物都稱頌「共和體制」，認爲羅馬共和的制衡精神，確保了羅馬的自由，造就了羅馬的偉大。相對地，奧古斯都的專制體制刻意摧毀共和精神，使羅馬人民變成政治侏儒。一群政治的侏儒如何能夠支撐一個偉大的帝國？

在今日，吉朋有關羅馬衰亡原因的論斷，許多已經流爲歷史常識。從現代學術的角度評斷，吉朋的歷史敘述長於道德化的修辭，而短於嚴密的分析式論證。他經常下格言式的論斷，修辭的力量掩蓋了論證的空泛。《衰亡史》第三十八章這一段文字，可說是典型的「吉朋式」論述：

> 羅馬帝國的衰亡，乃是毫無節制的擴張(immoderate greatness)帶來的自然而無可避免的後果。繁榮埋下了衰敗的伏筆，而隨著征服的擴大，其毀滅的因子也倍增；而一旦時間或災難移走其人爲的支柱，其龐大的構造遂被其自身的壓力所壓垮[42]。

---

40 *DF*, ii, p. 284.

41 有關吉朋與塔西陀、孟德斯鳩的學術關連，見：Jordan, *Edward Gibbon and his Roman Empire*, pp. 172-90.

42 *DF*, iv, pp. 173-74.

羅馬帝國的衰亡，吉朋說，其原因「既簡單且明顯」。在他看來，這個帝國的走向衰亡乃是勢所必然。反倒是，它「能存在如此長久，才令人感到驚訝」[43]。

四、一世代人史學雄心與探索的完成

十九世紀以來，隨著史學的專業化，羅馬史的研究有進一步發展。新一輩羅馬史家的研究愈趨嚴密、精緻，無論在研究的廣度或解釋的深度上，都已經超越吉朋《衰亡史》的成就。德國的莫姆森(Theodore Mommsen)是十九世紀的羅馬史大師，所著《羅馬史》(*Romische Geschichte*)(1854–1885)五卷，甚至獲得1902年諾貝爾文學獎。二十世紀更是名家輩出，俄國歷史家羅斯托夫茲夫(M. Rostovtzeff)《羅馬帝國社會經濟史》兩卷(*The Social and Economic History of the Roman Empire*)(1957)，與英國歷史家瓊斯(A.H.M. Jones)的《羅馬帝國後期史》三卷(*The Later Roman Empire*)(1964)，都是體大思精的傑作，堪爲羅馬史研究的新典範。儘管如此，吉朋的《衰亡史》在近代史學的經典地位仍然難以取代。

《衰亡史》全書分爲七十一章，六大卷；其敘事縱橫一千二百五十年，涵蓋西歐、伊斯蘭與拜占庭三大文明。吉朋耗費二十年的光陰，才完成此一大作。從任何角度看，《衰亡史》都是一部鉅構。假若吉朋對羅馬帝國的衰亡，沒有提出具原創性的解釋，那末，這一部史著的價值何在？在近代史學史上，這部鉅著應如何作學術定位？

吉朋寫作《衰亡史》，有學者指出，「只是要敘述羅馬的故事，把眾多歷史事實轉化成一個大敘述」[44]。《衰亡史》的史學成就，不在於提出羅馬帝國衰亡的創新解釋，也不在於新歷史事實的發現。吉朋的史學雄

43 *DF*, iv, p. 174.

44 Jordan, *Edward Gibbon and his Roman Empire*, p. 214.

心，是在以一個啓蒙的敘事架構，來統整近世學者的考證成果，將其建構成一個創造性的大綜合[45]。吉朋細膩的構思與卓越的文采，使《衰亡史》的寫作空前的成功。

一部縱橫千年的史著，必須建構在無數的歷史事實上面。根據一項統計，吉朋的《衰亡史》一共使用超過八千個以上註腳[46]。這八千多註腳，就如八千塊磚頭，疊出一座羅馬大廈。在這些註腳裡，我們可以看到吉朋閱讀的廣闊與治學的堅實。根據同一統計，《衰亡史》引證到的近代古典學者，人數多達四〇九人[47]。這些作者幾乎涵蓋所有的十八世紀能夠接觸到的羅馬史專家。在歷史寫作史上，吉朋旁徵博引的功夫是空前的，很少有史家能夠企及，更不用說超越了。

吉朋自述：「我的敘述乃淬取自最後這一時期的古典閱讀。[48]」《衰亡史》一書的知識基礎，主要有二：古代拉丁歷史家的著述與近代古典學者的研究論著。拉丁古典是吉朋自幼熟悉的知識領域。在寫作《衰亡史》時，他更「不知不覺投入奧古斯都時代浩瀚的歷史大洋中」，深入「原始史料，包含希臘文與拉丁文者，從笛翁(Dion Cassius)到馬塞利努司(Ammianus Marcellinus)的著作，從圖拉眞皇帝時代到西羅馬皇帝的末期爲止[49]」。

吉朋更大量徵引近代學者的古典研究成果[50]。從文藝復興以來，經典考據與古史考掘變成爲歐洲歷史研究的主流[51]。經過三百年的努力，歐洲

45 參見：Arnaldo Momigliano, 'Gibbon's Contribution to Historical Method', in his *Studies in Historiography* (New York, 1966), pp.40-55.

46 Jordan, *Edward Gibbon and his Roman Empire*, p. 41; I. Machin, 'Gibbon's Debt to Contemporary Scholarship', *Review of English Studies*, 15 (1939), 86.

47 I. Machin, 'Gibbon's Debt to Contemporary Scholarship', 85.

48 *Autobiography*, p.180。

49 *Autobiography*, pp.171-2。

50 據Machin：《衰亡史》的註腳，引證近代學者之處多達4314個，約佔全數一半。

51 有關近世歐洲的「考古」或「博學」傳統，見：Arnaldo Momigliano, 'The Rise of Antiquarian Research', in his *The Classical Foundations of Modern Historiography* (Chicago, 1990), pp. 54-79；Momigliano, 'Ancient History and the Antiquarian', in his *Studies in Historiography* (New York, 1966)；Hay, *Annalists & Historians*, chaps.7- 8.

學者對希臘、羅馬作了廣泛的研究，累積了豐富的古史知識。在這方面，十七、十八世紀法國古典學者的貢獻尤大。吉朋寫《衰亡史》時，廣泛地應用了他們的論著。

吉朋自幼接受拉丁古典訓練，並長期浸淫於近代的古典學術，但是本人卻不曾眞正從事古典考證工作。事實上，他很早就質疑自己是否適合純古典研究工作：「即使我精通希臘文和拉丁文，我仍必需以英文來闡釋原典的思想，而這種即興式的理解，必比不上專家學者的精緻翻譯[52]。」他承認自己雖研究過「考證理論」，卻「未學到如何應用這門技藝」[53]。

在氣質上，吉朋是一個典型的「紳士學者」。他不是皓首窮經的學究，不屑投入博學式的瑣細研究。「我自己的性向和這個時代的喜好，使我決定走入史學……一個歷史家的角色是值得尊敬的，猶如一個單純的年鑑或官報編者是可鄙的[54]。」他對史學工作的本質，有相當現代的看法：歷史工作不只在考訂瑣碎的史實或編纂枯燥的年鑑，歷史家的目標是要把複雜的史實建構成一個可以理解的「系統」[55]。一個理想的歷史家，既不是考古家(antiquarians)或博學家(erudites)，也不是編纂家(compilcrs)或年鑑家(annalists)，而應是一個能夠從建構出「哲學的」歷史敘述的「歷史家」。

在近世歐洲，「歷史家」經常淪爲「單純的年鑑或官報編者」。英國文學家約翰生(Samuel Johnson, 1709-1784A.D.)就不掩飾對史學的輕蔑。「眞正眞實的歷史難得一見」，他說，「某些國王統治過，或某些戰爭發生過，這些我們可相信是眞實的；但是，其他添加上的色彩，所有的歷史哲學，都不外只是臆測。」在他眼中，歷史「只不過是一部年鑑，僅僅是一串依年序排列的著名事件」[56]。吉朋的雄心是要讓史學還復本來面

52 *Autobiography*, pp. 31-2.
53 *Autobiography,* pp. 136-9.
54 Gibbon, 'Hints for Some Subjects for History', *Miscellaneous Works*, v, pp. 487.
55 *Study of Literature*, pp.98-9.
56 James Boswell, *The Life of Dr. Johnson* (London: J.M. Dent & Son, 1933), pp. 558-59.

貌，而《衰亡史》的寫作即是此一願望的實踐。

吉朋雖然不認可「經典考據」與「古史考掘」是眞正的史學，但卻了解到「考古家」或「博學家」著作的價值。他是啓蒙時代史家中，少數能夠欣賞、應用近代歐洲古典研究成果的人。這一種認知是吉朋的史學終究能超越時代的原因。歷史寫作的風格，吉朋認爲，固然要避免淪爲「枯燥的編年體」，但也不能墮入「誇飾的議論」[57]。徵引古典學者的發現，讓他的歷史敘述不但能「言之成理」，而且「持之有故」。吉朋的自我學術的要求非常嚴格。羅伯森曾查證《衰亡史》的內容，發現：「他有努力研究的功夫，缺乏此一功夫，無人當得歷史家之名……我曾核對過其多處引文……發現他引註的文字，無一不是其親自查過的[58]。」

在近代歐洲史學史上，《羅馬帝國衰亡史》是歐洲歷史寫作從「博學式的經典考據」，轉化爲「近代的歷史敘述」的代表作。透過這部傑作，吉朋提升歷史寫作的層次，讓歐洲史學告別傳統的編年史或人文式的經典考證傳統，而開始展現出「現代的」特質。英國歷史家崔弗羅普說：吉朋的《衰亡史》代表「一整個世代人的史學雄心與探索的完成」[59]。這是一個具有歷史眼光的評價。

臺灣大學歷史系教授楊肅獻

57 *Autobiography*, p.177.

58 'Extract of a Letter from Dr. Robertson to Mr. Strahan. 15/3/1776', *Miscellaneous Works,* ii, pp.159-60.

59 H. R. Trevor-Roper, 'The Idea of the Decline and Fall of the Roman Empire', p. 415.

前言

愛德華・吉朋(Edward Gibbon,1737-1794A.D.)是十八世紀英國最偉大的歷史學家，運用淵博的學識素養和啓蒙時代的哲學理想，寫出英國最重要的一部歷史鉅著——《羅馬帝國衰亡史》，從公元二世紀一直敘述到1453年君士坦丁堡陷落。博大雄偉的史觀加上優美典雅的風格，不僅是學術名著，更是文學傑作，兩百年來傲視西方史學界，要是與我國的史書相比，譬之爲歐洲的《史記》和《漢書》亦不爲過。

一、歷史學家愛德華・吉朋的生平

吉朋的曾祖父是一位布商，祖父是事業發達的軍事承包商，從威廉三世的大陸戰爭獲得巨大的財富，後來從事航運業和進出口貿易，因船難事件遭受重大的損失，全部財產從超過十萬英鎊減少到一萬英鎊，但是他仍然沒被厄運所擊敗，重新站起來奮鬥，等到1736年去世時，再度成爲有大批資產的財主。他唯一的兒子愛德華・吉朋生於1707年，後來進入劍橋大學的伊瑪紐(Emmanuel)學院，成爲彼得斐爾德(Peterfield)的國會議員，在1734年進入下議院，娶朱蒂絲・波廷(Judith Porten)爲妻，生育七個小孩，除長子外均夭折。

1737年4月27日，吉朋誕生於普特尼(Putney)，是家中的長子，名字仍舊取爲愛德華，出生後六個月祖父過世。小愛德華幼年體弱多病，多次瀕臨死亡邊緣，母親連生多胎無力照顧，靠姨母凱撒琳・波廷(Catherine Porten)看護，等到他十歲時母親過世，由姨母撫養，自小培養博覽群書的習慣，啓發對古典文學的愛好。姨母在1786年去世時，吉朋把她稱爲「生命中幸福和榮譽的泉源」。吉朋在入學前延請家庭教師啓蒙，然後進入金斯頓(Kingston)小學，1749年就讀西敏寺(Westminster)中學。吉朋到校極不適應嚴厲的求學環境，後來把它稱爲「充滿恐懼和悲傷的魔窟」，幸而他的姨母及時前來爲學校辦一個膳食宿舍，使吉朋能在中學度過兩年時光。1750年，他罹患神經性疾病，被送到巴斯(Bath)溫泉地區去療養，停止正規學校教育，完全請家庭教師教導，後來他父親帶他回鄉，因家中藏書甚豐，每日以讀書爲樂。他在自傳中提到，十二歲那年是他心智開啓的一年，對爾後影響甚大，發現歷史是智慧的最佳食糧，到了十四歲已經將主要作品閱讀完畢，對於整個歷史的發展建立大致的輪廓，並力圖解決有關編年的困難問題。他早年的研讀除受教於姨母指導外，完全是自我苦讀的結果，終其一生歷史寫作從未詢問他人的意見，這種特殊的風格成爲他的標誌。同時他從幼年起，對希臘文和拉丁文都已打下非常紮實的基礎，可以流利的閱讀和書寫。

吉朋在自傳中提到身體在1751年突然轉好，於是他的父親老愛德華決定將他用自費生的名義，送入牛津大學的莫德琳(Magdalen)學院。1752年4月，吉朋到校，發現自己的學識讓教授感到驚奇，但是在其他方面則是一竅不通，這時他學習的重點在「世界史觀」，盡情閱讀校中有關阿拉伯、波斯、猶太、蒙古和突厥的歷史著作。未過多久，他對牛津的教育方式感到不滿，失去學習的興趣，他的導師「只記得束脩，不願負責任」，對他的研究項目根本無力指導，在完全放任的狀況下，吉朋經常蹺課出遊，校方根本不管。

吉朋在讀史的過程中對宗教的爭議產生興趣，加上受到姨母的影響，學習的重點轉向神學，爲了反抗大學有關國教教條的信奉問題，開始研究天主教的教義，1753年6月8日在倫敦經由神父受洗，皈依羅馬天主教，後來他雖然辯說當時過於幼稚，但純粹是思想上發生轉變所致。

他父親得知信息極爲憤怒，一則大學無法容許改宗行爲，勢必離校；再則按當時規定，吉朋失去在政府機構供職的資格。於是老愛德華採取補救措施，爲了不中斷教育，便將兒子送到瑞士的洛桑(Lausanne)，寄宿在喀爾文派(Calvinist)牧師丹尼爾・帕維拉(M. Daniel Pavilliard)家中。

吉朋在1753年6月底到達洛桑，開始瑞士第一次的五年居留期間，學習的環境完全改觀，信仰的問題未能解決，再加上家庭發生事故以致經濟拮据，最初他的內心感到非常痛苦，但是後來提到這段時期，卻認爲是他人生的轉捩點，各方面都發生重大的變化，對老父感激之情溢於言表。

帕維拉牧師是學識淵博的明師，也是循循善誘的長者，對於新來的學生有極好的印象，願意盡心來解決宗教和學業的問題，他爲吉朋擬訂周詳的學習計畫，重新安排研究的重點，讓他養成有秩序的讀書習慣。在帕維拉全力的教導下，古朋受益匪淺，精讀古典和現代的名著，研習數學和邏輯學，最重要的是通曉法國文學和哲學，也能用流利的法語與人交談，對他爾後產生極大的影響。

由於對文學的鑽研，不僅擴大知識的範圍和深度，也養成一生爲文簡鍊精確的風格，後來他在自傳裡提到：「我的教育能有成果，是幸運之舟正好擱淺在萊曼(Leman)湖岸」，並且推崇帕維拉是「心靈和知識的再生之父」。他在洛桑認識很多當地的知識分子，廣泛討論有關法律、政治和宗教等問題，對於法國啓蒙哲學的著作進行深入的研究，尤其是孟德斯鳩(Montesquieu)、洛克(Lockc)、盧梭(Rousseau)和伏爾泰(Voltaire)等人的著作，涉獵的範圍包括歷史、哲學、詩歌、戲劇、小說、神學和形上學等，使得吉朋的眼界開闊，能夠走在時代的尖端；同時，當伏爾泰在洛桑居停時，他有幸前往拜會，相談甚歡，要說吉朋不受他的影響似乎是無法想像的事，吉朋不僅從他的作品中汲取自由主義的精義，更對宗教迫害和宗教偏執造成的恐怖、政府與教會的狼狽爲奸、戰爭的消耗與損失、迷信行爲的荒謬等，進行無情的批判和指責。

吉朋離開英國的主因是宗教，來到瑞士一年半的時間，深思熟慮後，終於放棄天主教，1754年聖誕節公開回皈基督教新教，後來，他在自傳中提到這件事，有點避重就輕的說道：「我在洛桑時，終止對宗教的探索，虔誠默信天主教和新教共同認可的信條和教義。」他承認帕維拉的開導解開心中的疑慮，主要還是經由自我反省，認識到《聖經》記載的神蹟，無法爲人類的感官所接受，從此宗教問題帶來的困惑迎刃而解，隨著對哲學和自然科學的認知，以及理性主義世界觀的形成，接受法國啓蒙哲學家採取自然神論的立場，否定「君權神授」的政治觀念，從而掌握《羅馬帝國衰亡史》的重點，不遺餘力反對基督教的經典、教義、體系和信條。

1755年他的父親繼婚娶桃樂西・巴頓(Dorothea Patton)爲妻，特別來信告知，並提到當年就是這位女士推薦的醫生，才治好小愛德華的病，從此他和繼母之間相處融洽，曾在日記裡寫道：「我非常敬愛她，一直把她當成一位同伴、一位朋友和一位母親。」

他在二十一歲生日前夕返家，雖家中景況大不如前，他父親仍答應每年給他三百英鎊；他提到在洛桑認識女友蘇珊・丘秀(Suzanne Curchod)，不僅容貌美麗而且天資敏慧，雙方已經論及婚嫁。這時他的父親和繼母以爲該女家庭貧窮，不是理想對象，要求斷絕來往。吉朋因孝順其父，而且也無成婚的經濟能力，只有分手，後來他提及此事無限唏嘘，曾說道：「我是個哀聲嘆氣的情人，但卻是個遵從父命的兒子。」他和蘇珊疏遠以後，還是與她成爲終生的摯友，她後來嫁給任法國財政大臣的賈克・內克爾(Jacques Necker)，因幫助其夫而享譽上層社會。吉朋終生未娶，過著獨身生活，但卻性好漁色，這也是他被教會人士攻擊的主要原因。

從1758年到1763年，吉朋過著鄉紳的生活，不是陪父親參加各種宴會和打獵，就是在倫敦的文藝沙龍消磨時間，雖然也讀很多的書，年屆而立仍然一事無成，靠著父親資助度日。他在七年戰爭期間，加入南漢普夏(South Hampshire)民兵部隊，授上尉官階，克盡職責。從1760年到1762年，他在軍中服役兩年，各種讀書研究因而中斷，但是也認識許多終生對他有助益的朋友，到1768年他又申請恢復軍職，並升任少校，最後在1770年以中校軍階除役。後來他說過，軍旅生涯的經驗對他成爲歷史學家有很大的助益，尤其是這段時間，他利用空閒完成兩本作品。

吉朋的父親在1770年去世，他過了兩年繁忙的事業生活，在倫敦開文地什廣場(Cavendish Square)定居下來，專心從事寫作，同時也廣泛參加各種應酬交際，認識許多文人學者，成爲著名文藝沙龍的會員，1775年入選文會，與雷諾茲(Reynolds)和約翰生(Johnson)交往甚密。由於吉朋的父親曾任彼特斐爾德選出的下議員，所以他能獲得政治上的人脈，在1774年和1781年分別當選下議員進入國會，其時正值北美獨立戰爭，他的政治立場是維持英國利益，反對殖民地獨立。同時他也是諾斯爵士(Lord North)熱心的支持者，盡力推動組閣事宜，雖然他在下議院有八年的時間，一直默默工作，對各項立法和政策的考量，都極爲正確而周詳，但是生性保守不善言辭，始終不願公開發表言論，以致於在政治方面無法一展長才。不過，卻得到首相諾斯爵士的賞識，擔任貿易和殖民委員會的委員，年薪高達七百五十英鎊，使他能過著優渥的生活。

《羅馬帝國衰亡史》第一卷四開本在1776年2月17日出版，初版五百本在數日內售罄，立刻洛陽紙貴而轟動一時，知識分子幾乎人手一本，吉朋自誇已到氾濫成災的地步。但名滿天下，謗亦隨之，尤其他在第十五及第十六章，對基督教的興起和發展作極不友善的描述，激怒教會及宗教界人士，終其一生不斷受到攻擊和嘲笑。1781年出版第二卷和第三卷，敘述到476年西羅馬帝國結束，此時吉朋本想先休息，再考慮進行後續的寫作。1782年諾斯爵士政府下台，吉朋所委派的職務也被撤銷，對他的經濟狀況產生很大壓力。他離開英國前往洛桑居住，很安靜地撰寫最後三卷，於1787年6月完稿。這幾卷在1788年5月8日，他五十一歲生日當天出版。

1788年底，吉朋又回到洛桑開始撰寫自傳《我的一生》，後來在1793年出版。起先是好友喬治・戴弗登(George Deyverdun)中風死於1789年7月，接著法國大革命爆發，這段時期吉朋的身體很差，又憂慮瑞士受到侵略，加上法國發生大屠殺事件，以及路易十六被處死，使他無法在洛桑過安靜的生活，健康情形更加惡化。1793年友人去世返英，旅途勞累致病況加重，翌年1月16日病故倫敦聖詹姆士街家中，享年五十八歲。吉朋在逝世前非常感激的提到：「《羅馬帝國衰亡史》使我獲得世界的名聲、榮譽和地位，死後毋須接受任何頭銜。」

二、吉朋撰寫《羅馬帝國衰亡史》的經過及其背景

吉朋很早就從事寫作，開始是在文學領域，居留瑞士期間，學習法文

的同時也研究啓蒙哲學，深感當代法國文人對希臘和羅馬古典文學的忽視，1755年將西塞羅(Cicero)的作品譯爲法文，接著以兩年時間，用法文寫成《論文學研究》*(Essai sur l'Etude de la Literature)*，於1761年出版，這是他第一部作品，在歐洲大陸深獲好評，但本國則無人問津。他在這本書裡特別提到具備哲學風格的歷史學家，認爲「哲學家不一定是歷史家，而歷史學家不管怎麼說，要盡量做一個哲學家」。他主張哲學的歷史觀：第一，強調以俗世爲歷史的焦點，人性重於神性；第二，排斥個人英雄主義，群體的需要決定一切；第三，力主人類社會的矛盾現象是常態；這也決定他爾後撰寫《羅馬帝國衰亡史》的一貫立場。1770年吉朋匿名出版《魏吉爾史詩伊涅伊德第六卷之評述》(*Critical Observations on the Sixth Book of Virgil's Aeneid*)，史詩共十二卷，其中第六卷描寫埃涅伊特到地府尋求未來前程的神諭，得知羅馬自開始對外征服直到凱撒爲止的歷史，所負神的使命爲維護世界和平與正義。當時權勢極大的武伯頓(Warburton)大主教對魏吉爾的史詩，站在基督教神學的立場，加以歪曲和譏諷，雖然文人學者側目而視，也都不置可否。吉朋出版本書卻在向武伯頓的權威挑戰，也可看出他具有初生之犢的道德勇氣。

吉朋一生在瑞士居住多年，出入洛桑名流社會，加入當地文藝活動，認識很多終生相知的友人如喬治・戴弗登、威廉・吉斯(William Guise)等人。到1763年得到父親資助，準備用兩年時間旅遊歐洲，元月到達巴黎，拿著甚得好評的《論文學研究》作媒介，受到當時主持文藝沙龍的喬弗琳夫人(Mme Geoffrin)另眼相看，得識法國哲學家狄德羅(Diderot)、達蘭貝特(Dálembert)、希爾維修(Helvetius)、霍爾巴哈(d'Holbach)等人，接著前往洛桑拜見老師帕維拉，同時也認識貝克・賀爾羅伊(Baker Holroyd)，就是後來的雪菲爾勳爵(Lord Sheffield)。他成爲終生支持的得力友人，在吉朋逝世後協助出版尚未發表的文稿。

1764年4月吉朋與吉斯離開洛桑，過阿爾卑斯山前往意大利，整個夏季都在佛羅倫斯，秋天到羅馬，再到那不勒斯和威尼斯，但是整個旅行因吉朋的財務發生問題而中斷，他在1765年6月回到英國。吉朋在1793年出版自傳《我的一生》裡，提到他寫作《羅馬帝國衰亡史》的起因和動機：「1764年10月15日黃昏時分，我坐在羅馬卡庇多(Capitol)山的古蹟裡沉思默想，聽到神廟中傳來赤足僧侶的晚禱聲。我要為這座名城寫一本書的概念，開始在我的內心醞釀成形。」

他原來只想寫羅馬城的衰頹，就像聖奧古斯丁(St. Augustine)聽到羅馬被阿拉里克(Alaric)攻破時，寫出《上帝之城》那樣，無意把整個帝國包括在內，但後來他的閱讀範圍擴大，思想領域更為廣闊，決定將羅馬帝國作為敘述的對象，又過些時日，才真正開始這項工作。他不無感慨說到：「我逐漸由期望進到構想，從構想進到計畫，從計畫而正式寫作，哪裡會想到最後會完成六厚冊，消耗了二十年的歲月。」

剎那之間，吉朋的精神與羅馬合而為一，從1771年開始撰寫，到1787年完成。由心靈的體會，進而貫徹力行，將羅馬名城的頹毀，擴及整個帝國的覆滅。在人類文明史上，出現一部萬古常新、獨領風騷的歷史名著。

吉朋的寫作過程的確是艱苦備嚐，他具有深厚的古典文學基礎，又能克服語文的隔閡和困擾，從他的註釋中可以看出：直接引用的歷史資料，從古希臘和羅馬到十八世紀的作家，有兩百九十餘人，書籍凡八百餘種，有數千冊之多，除此以外間接有關的材料，像是各種地方誌、編年記、法典、地圖、碑文、銘刻、獎章、錢幣等，無不在蒐集之列。他對資料的要求是實事求是，正確無誤，不穿鑿附會，不自以為是，眞是做到「有一分證據，說一分話」的程度，同時力求辭章的典雅和文字的優美，並且以簡潔明晰為尚，全書的文章富於理性之美，氣勢博大雄偉，如江河之滔滔不絕。第一卷問世後，各方的讚頌紛至，推許為歷史名著，也是文學傑作，等到二十世紀以後，學者一致認為他已文勝於史。

十八世紀以來，治羅馬史的重心在大不列顛，可以說是名家輩出，較之意大利本國及法國，德國、奧地利和西班牙等國，居於領導的地位，這固然是有深厚的歷史淵源，也可說是英雄相惜所致；而吉朋開個人研究的先河，創造光輝的成就，當然會引起後生小子的效法。等到十九世紀以後，科學的驗證風氣遍及歐洲的史學界，但是英國在吉朋的影響下，歷史與文學仍然相輔相成，史學家堅持淵博的學術風格和客觀的專業立場，還要講究文體的簡潔、明晰和優雅。

第一卷出版後，獲得英國文人學者讚譽，如亞當・佛古遜(Adam Ferguson)、約瑟夫・華頓(Joseph Warton)、賀拉斯・維浦爾(Horace Walpole)等人撰文稱許，向社會大眾推薦，他的老友休謨(Hume)來信道賀，譽爲「十載寒窗無人問，一舉成名天下知」，但也特別提出警告：「我拜讀大作，擔心敘述早期教會之最後兩章，會引起軒然大波，期能妥善自處，帶來困擾和疑慮已不可免，恐怕會引起更多謠言和煩惱。」果如休謨所料，很快受到理查・華生(Richard Watson)、亨利・戴維斯(Henry Davis)和約瑟夫・米爾納(Joseph Milner)等人大力抨擊，指責的重點有二：一是沿用自古以來無信仰者對教會惡意攻擊的模式，嘩眾取寵，了無新意；二是別具用心，選用不實資料，竄改歷史文獻，喪失公正的學術立場。

吉朋在1779年針對似是而非的攻訐，寫了一篇〈羅馬帝國衰亡史第十五章和十六章若干文段的答辯〉("Vindication of Some Passages in the Fifteenth and Sixteenth Chapters of the Decline and Fall of the Roman Empire")，取得社會人士乃至神職教士的諒解，然而有人依舊詬詈不休，吉朋只有置之不理；1781年出版第二卷和第三卷，學術界給予很高的評價，教會當局還是保持反對的態度，尤其在「神蹟和殉教」方面，爭議更多；等到最後三卷出版，還是引起強烈的譴責，斥責吉朋爲洪水猛獸，對他的私生活和獨身未婚，進行毒惡的人身攻擊，說他的人品如同他的作品，集荒淫無恥之大成，直至十九世紀中葉，批評仍未中止。自古以來文人學者，如吉朋那樣遭受長達百年的責難者，實在少見。

自進入十九世紀以後，英國和歐洲大陸的一般讀者和文人學者，不像宗教界那樣帶著偏見的心胸和狹隘的思想，已將吉朋譽爲文明進步的先驅人物。尤其是近代歷史學的發展，在吉朋所擅長的「全觀歷史」領域，有著極大的進展，無論是經濟史觀、社會史觀或者文化史觀，都已經萌芽茁壯，貨幣、銘文和考古學的研究，配合歷史的背景獲得前所未有的收穫，尤其是史料的科學鑑定，嚴格要求的程度實非吉朋時代所想像。容或因爲兩百年來知識的累積和進步，使得吉朋的著作在史料的運用和文物的考證方面，已無法達成現代所訂定的標準，但是吉朋仍能掌握他那個時代的脈動，成爲史學繼往開來的導師。

英國政治家和軍事家鮮有未讀此書者，邱吉爾(Winston Churchill)研究更爲精到，在演說和著作中經常引用其中警語和辭句，也因此培養出開闊的眼界和博大的胸懷，體認到歐洲的重心就是地中海，而通過此海域的交通線就是大英帝國的生命線，能掌握此一地區，才能獲得國防安全。第一次世界大戰，他出任海軍部長，力主英軍投入地中海，在土耳其登陸，控制達達尼爾(Dardanelles)海峽，直取巴爾幹半島而拊德國側背，可惜加里波里(Gallipoli)會戰和蘇弗拉灣(Suvla Bay)會戰失利，而功敗垂成。到第二次大戰，邱吉爾出任首相，更是念念不忘地中海，即使德軍氣焰沖天，仍能固守直布羅陀、馬爾他島和蘇彝士運河，後來發起北非作戰，再進攻西西里及意大利，直取歐洲柔弱之下腹部。凡此政略和戰略思想的形成，莫不受到精讀《羅馬帝國衰亡史》之影響。二十世紀末葉又興起研究吉朋著作的風氣，分別從不同角度對羅馬帝國的衰亡，作更深入的探討和剖析，尤其是蘇聯解體和中東衝突這兩個重大問題，更是與吉朋的歷史觀極爲吻合，想見此一總領風騷的歷史學家，在二十一世紀將更引人注目。

三、《羅馬帝國衰亡史》內容概要及評述

《羅馬帝國衰亡史》全書的主旨，在提綱挈領說明羅馬帝國一千三百年的衰亡過程，至於衰亡的原因，就四世紀羅馬歷史家馬西利努斯(Marcellinus)的說法，是傳統的絕滅和道德的淪亡，也是喪失共和國精神的必然後果。還有就是五世紀的希臘歷史家諾昔繆斯(Zosimus)的論點：在於棄絕傳統神明，接受基督教義，導致衰亡。聖奧古斯丁則有不同的看法，他在羅馬陷落之後所寫《上帝之城》裡提到：

> 羅馬人在歷史上建立功業，備受讚譽，而他們的子孫已完全墮

落，成爲祖先光榮的大敵。羅馬由先祖創造，辛勤經營，趨於雄偉壯麗，可是他們的子孫使羅馬在未陷落前，比陷落後更醜惡。在羅馬的廢墟中，我們看見滿地坍塌的大理石；但羅馬人的生活中，我們不僅看到物質崩潰，也看到道德、精神和尊嚴的淪亡。他們心中燃燒的奢欲，比焚毀他們家園的大火更爲致命可怕。

吉朋的論點倒是綜合這幾位歷史家的說法，所以他特別指出：

那個時代的人士，要想從安逸享樂的環境，發覺潛在的衰敗腐化因素，根本是不可能的事。長久以來天下太平無事，加上羅馬政府重視傳統，慢慢使得帝國受到毒害，喪失原有的活力，人們的心智逐漸降到同一水平，天才的火花熄滅，就連尚武精神也消失無遺……要是我們能夠體會委婉的比喻，知道人類就古代的標準而言已日趨矮化。事實上羅馬世界全是一群侏儒，等到北方兇狠的巨漢破門而入，才會改善這個矮小的品種。他們重新恢復大丈夫氣概的自由精神，經歷十個世紀的變革，藝術和科學才得以成長茁壯。(參閱第二章第十一節)

從這裡我們知道，一個偉大的文明國家之所以滅亡並非外力的摧毀，而是內部的腐蝕，所以羅馬帝國衰亡的基本原因，在於人口的減少、風氣的敗壞、階級的鬥爭、商業的敗落、專制的政體、繁重的稅賦和連年的戰爭。但是因爲有羅馬帝國的衰亡，才有歐洲民族國家的出現，這兩者之間，其實是相互關聯。

其次談到全書的結構，吉朋雖然在1764年決定要寫羅馬史，但一切還是擺在心裡思索，等到1770年父親死後，自己從國民軍退役，才有充分的時間來從事此艱鉅的工作，後來在自傳裡提到撰寫第一卷的狀況，開始時只是最初的構想，甚至連全書的名稱、陳述的範圍、寫作的深度、各章的區分和資料的運用，都沒有著落，只有暗中摸索，點點滴滴累積而成。等到完成第一卷以後，他在序言裡提到，要將羅馬帝國的衰亡過程，區分爲三個階段，第一階段從180年至476年，即馬可斯・安東尼(Marcus Antoninius)去世至西羅馬帝國滅亡爲止；第二階段爲527年至800年，查士丁尼(Justinian)復興東羅馬帝國到查理曼(Charlemagne)大帝加冕爲神聖羅馬帝國皇帝；第三階段爲九世紀初東羅馬的恢復國勢至1453年君士坦丁堡爲土耳其人攻陷爲止。

但在完成全書六卷後，很明顯的看出分爲兩個部分，前三卷涵蓋的時間與第一階段相同，約爲三百年，而後三卷則包括他在序言所提的第二和第三兩個階段，涵蓋的時間將近一千年。尤其第四卷的時間不過百餘年，與前三卷概等，到第五卷和第六卷自赫拉克留士(Heraclius)王朝建立，直到東羅馬的滅亡，則包括八百年的時間，重大事件與前四卷相比，則占的篇幅較小，記述也較爲簡單，但是有許多最膾炙人口的章節，像是查理曼大帝的加冕、政教之爭、伊斯蘭教的興起和對外征戰、十字軍東征、羅馬法律的演進等，比前部毫不遜色，尤其最後描述君士坦丁堡被圍及陷落的生動情節，讓人低首沉思有不勝唏噓之感。

全書的主題可以分爲三個重點，第一是文明社會，也就是羅馬帝國的政治、經濟、軍事、文化和生活等各方面的綜合研究，可以細分爲帝國的擴張與防衛、元老院和皇帝權力之爭、軍人干政、自由權利、經濟問題等項目。第二是蠻族入侵，包括蠻族之區分、入侵的方式和時程、重大戰爭的影響等項目。第三是宗教信仰，主要是討論基督教的建立、發展的過程、異端和分裂、政教爭執、伊斯蘭教興起和十字軍東征等。

回顧羅馬歷史，皇帝的好善爲惡都趨向極端，共和國滅亡後，奧古斯都(Augustus)之後的幾位皇帝，像提比流斯(Tiberius)的睚眥報復、喀利古拉(Caligula)的殺戮狂暴、克勞狄斯(Claudius)的萎靡軟弱、尼祿(Nero)的放蕩殘酷、維提留斯(Vitellius)的縱欲佚行和圖密善(Domitian)的怯懦無情，在他們統治下，羅馬人過著生不如死的生活，無法逃脫壓迫者的魔掌，所以他特別提到君主專制的可怕，令人不寒而慄：

> 但是當時的羅馬帝國則不然，全世界都在它的控制下，要是帝國落入一個人手中，那麼對他的仇敵而言，整個世界就變成堅固而恐怖的監獄。在帝國專制統治下的奴隸，不管是受到判決在羅馬或元老院拖曳著鍍金的鎖鍊，或是在塞里法斯島(Seriphus)的荒岩或多瑙河冰凍的沿岸，以放逐終了餘生，都只有在絕望中靜待最終命運的降臨。反抗只是自尋死路，也無處可以逃亡。四周被一片汪洋大海和廣闊的陸地包圍，在橫越時，就會被發現並捉回，最後還是解送到憤怒的主子面前。即使逃離邊界，焦急的眼睛所看到的除了遼闊的海洋、荒蕪的沙漠和帶著敵意的蠻族外，完全是一無所有。這些蠻族不但態度粗暴而且言語不通，他們的國王也很高興犧牲討厭的逃犯，來換取皇帝的保護。所以，西塞羅對被放逐的馬塞拉斯說道：「不管你在那裡，記住，你還是在羅馬暴君的勢力範圍之內。」(參閱第三章第八節)

所以就這方面來說，羅馬帝國滅亡，歐洲分裂爲許多獨立的國家，相互之間發生互動的關係，人民和民族才能眞正獲得自由的權利。

奧古斯都逝世後，遺囑在羅馬元老院公開宣讀：「帝國的疆域有一定的範圍，把自然的限制當做永久的防線和邊界：西方到達大西洋，萊茵河和多瑙河是北方的防線，東部以幼發拉底河爲邊界，向南就是阿拉伯和阿非利加的沙漠。」羅馬和平的主要防衛力量在於三十個以上的軍團，以及相當數量的協防軍部隊，內部的安全在於禁衛軍，有二萬精兵負責衛戍首都和護衛皇帝的安全。這樣龐大的軍事力量，很自然引起軍人干政，直接的結果是禁衛軍介入帝位的繼承、邊區軍團的弒君和擁立：

> 歷代羅馬皇帝不論有無建樹，命運都同樣悲慘，在世時有的縱情逸樂或是高風亮節，有的嚴肅苛刻或是溫和忠厚，有的怠惰瀆職或是百戰榮歸，最後的下場都不得善終，幾乎每個朝代的替換，都是可恥的篡奪者進行叛逆和謀害所致。(參閱第十二章第一節)

雖然篡位擁立已成風氣，但皇帝和元老院的爭權，並未因而緩和，反而勢成水火變本加厲，羅馬的內戰是結束共和走向君主專制政體的必然過程，使得早期共和國的民兵，成爲私有化和職業化的軍隊，皇帝掌握武力就能壓制元老院。等到羅馬版圖停止擴張以後，這是帝國式微的先兆。羅馬帝國曾以分裂的手段征服各國，後來勢力強大的蠻族記取教訓，聯合起來攻擊邊區。帝國基於防衛和安全的要求，大幅提升軍人的威望和軍方的權力，統兵將領可以被擁立爲帝，貴族統治變成武力統治，在這種交互的惡性循環之下，造成歷史上第三世紀戰亂頻仍、軍權至上的局面。

羅馬帝國的經濟和人口問題也是衰亡的主要因素：人口遞減在於節育和殺嬰，以及因戰爭和瘟疫使死亡率過高，人力供應不足致使蠻族大量遷入居住，影響整個政治和社會結構。經濟的衰退在於農業因水土流失和奴隸制度而破產，大莊園無法支持，致使穀物短缺；奢侈生活方式導致貴金屬流向東方，造成貨幣的貶值；資本因重稅成爲公用，生產能力嚴重下降；軍餉、救濟金以及龐大政府的開支，加上皇帝和宮廷費用的上升；等到經濟能力無法負擔文明社會，整個帝國就澈底崩潰。

吉朋認爲蠻族入侵是帝國衰亡的外在因素，全書計有十四章專門敘述不同的蠻族，包括早期的波斯人、日耳曼人、薩瑪提亞人(Sarmatians)，滅亡西羅馬帝國的東哥德人(Ostrogoths)、西哥德人(Visigoths)、汪達爾人(Vandals)，以及後來滅亡東羅馬帝國的阿拉伯人、土耳其人。事實上，羅馬人所稱呼之蠻族，在語意學上與我國古稱漢族以外的民族爲「夷狄」有所不同，含有「外族人」和「異邦人」的意義，像波斯人在當時的文明程度就要較羅馬人爲高。故在《羅馬帝國衰亡史》第八章和第九章，開宗明義介紹帝國最大的敵人波斯人和日耳曼人：

> 從奧古斯都臨朝到亞歷山大・塞維魯斯時代爲止，羅馬的仇敵是暴君和軍人，他們就在帝國的心腹之地。羅馬國勢已臻極點，對發生在遠隔萊茵河和幼發拉底河之外的變革，並無多大興趣。但是當軍隊毫無忌憚推倒皇帝的權勢、元老院的敕令，甚至軍營的

> 紀律時，長久以來盤旋流竄在北部和東部邊疆的蠻族，竟敢放膽攻擊這個衰落帝國的行省。零星的叩邊變成大舉的入侵，給雙方都帶來很大的災難。經過很長時期互有輸贏的爭鬥以後，許多獲勝的蠻族將整個部落遷進羅馬帝國的行省。(參閱第八章第一節)

實在說，羅馬無法同化日耳曼人和薩瑪提亞人，是導致滅亡的主要因素，這個任務已超出能力。等到圖拉真(Trajan)要用金錢補助薩瑪提亞人以獲得和平時，這是羅馬衰亡的開始。當奧理安(Aurelian)將成千日耳曼人遷入帝國定居時，官兵均由蠻族組成，進而蠻族將領成為皇帝，不必等待阿拉里克和阿提拉(Attila)攻入羅馬，帝國早已淪入蠻族手中。羅馬歷史學家諾昔繆斯認為基督教是羅馬衰亡的主要原因，他說道：

> 此宗教毀棄羅馬人的神明信仰，破壞傳統道德和國家安定基石。基督教不僅反對古典文化，包括科學、哲學、文學和藝術在內，並將東方神祕儀式帶進羅馬現實恬淡的生活中，使人民的思想產生劇變，不求積極進取而消極準備末日來臨；個人用苦修和禱告以蒙神賜恩解脫，而不願效忠國家獲得集體拯救。君王掌握權力以求帝國統一，基督徒則寧願帝國分裂。信徒不熱心公共事務，拒服兵役，正當帝國鼓舞民眾保衛國家免於蠻族侵略時，基督教卻散布和平與反戰觀念；所以基督的勝利即羅馬帝國的死亡。

吉朋並沒有這樣的表示，只是說基督教是帝國滅亡的受惠者，但是他在其他方面的批判，等於是從根基上否定基督教存在的意義：

> 對於摩西的上帝創造人類和走向墮落的教義，諾斯替(Gnostics)教派用褻瀆的態度加以嘲諷。對於神在六天勞動以後便要休息一天，直到亞當的肋骨、伊甸園、生命和知識之樹、會說話的蛇、禁果，以及第一代祖先犯下輕微過失因而對全人類進行懲罰的種

> 種說法，他們連聽都感到不耐煩。諾斯替教派褻瀆以色列的神，說祂易於衝動和犯錯，對人喜怒無常，睚眥之仇必報，用卑劣的嫉妒心看待人們對祂迷信的禮拜，將自己有所偏私的恩澤施於一個民族，局限於短促塵世的一生。在這樣的情況下，顯不出祂在什麼地方具有明智全能宇宙之父的特徵。(參閱第十五章第一節)

雖然吉朋藉著諾斯替教派之口說出這段話，等於就是他對基督教基本教義所持的觀點，難怪會使教會和信徒勃然大怒。此外吉朋對宗教迫害的殉教、神蹟和聖徒、教階制度、聖職買賣、贖罪原則以及宗教法庭，無不大力抨擊，尤其對天主教在中世紀的作爲指責極爲嚴厲：

> 羅馬教會用暴力行爲保護以欺騙手段獲得的迷信帝國，一個和平與仁慈的宗教體系，很快就被放逐令、戰爭、屠殺和宗教法庭敗壞，改革派受到熱愛民權和宗教自由的鼓舞，天主教的親王和教士的利益結合，不惜用火與劍來推展宗教懲罰的恐怖行動。據說，僅在尼德蘭(Netherland)地區，查理五世的臣民就有十萬餘人倒在劊子手的屠刀之下.....僅僅在一個行省和一位君主的統治階段，被處決的新教徒就遠遠超過三百年時間，整個羅馬帝國範圍內早期殉教者的人數。(參閱第十六章第二十節)

以上的抨擊確爲事實，但是基督教在建立初期，並非要摧毀舊有信仰，造成羅馬帝國的崩潰。基督教的成長和發展，與其說是羅馬帝國衰亡的原因，毋寧說是羅馬帝國衰亡所形成的結果。羅馬帝國擴張到達極限，道德的敗壞隨之開始，至尼祿時代已腐爛惡化不堪收拾，而基督教對倫理道德的重建，確有甚大貢獻，也可說是羅馬帝國因基督教的存在，而能苟延殘喘至十四世紀。

本書結構堂皇，文辭莊嚴，內容錯綜複雜，經緯萬端，絕非一篇導言可盡其萬一，最後還是引用吉朋在末章的回顧，來終結全書發展的路徑：

對嚮往羅馬的朝拜者以及一般的讀者來說，羅馬帝國的衰亡必然會吸引他們莫大的注意，這是人類歷史上，最偉大且最驚人的一幕。許多重大事件因果相連，互爲表裡，影響世人至巨，像是初期凱撒高明的手段和策略；軍事專制的混亂和篡奪；基督教的興起和發展最後成爲國教；君士坦丁堡的奠基；東西帝國的分治和分裂；日耳曼和錫西厄(Scythia)蠻族的入侵和定居；民法法典的訂定；穆罕默德的性格及其宗教；教皇在塵世的統治權力；查理曼大帝神聖羅馬帝國的復興和沒落；十字軍東征和拉丁王國的建立；阿拉伯人和土耳其人的征戰；希臘帝國的覆滅；中世紀羅馬的狀況和革命等等。身爲歷史學家要對所選擇的題材而興奮不已，在感到能力有所不逮時，只有責怪史實材料之不足。此書使我付出二十年的光陰，也享受畢生最大的樂趣，想當年我在羅馬朱庇特神廟醞釀此一構想，終能完成著述，呈獻讀者諸君披閱。(參閱第七十一章)

四、延伸閱讀和補充資料

《羅馬帝國衰亡史》以四開本六卷分三次出版，首次是第一卷在1776年2月，第二次是第二卷和第三卷是1781年3月，第三次是第四、五、六卷在1788年5月。吉朋生前曾多次校勘，死前已完成全書的訂正，再版時已修正很多錯誤。在十九世紀出了很多不同版本，以伯里(J.B.Bury)在1896至1900年，根據吉朋三種不同原版，編成「七卷本」最受學術界的推崇，此外斯米頓(O. Smeaton)在1910年編「六卷加註本」，也甚得好評。

吉朋主要著作有《論文學研究》(*Essai sur l'Etude de la Litérature*)(1761年)；與戴弗登合著之《英國文學評論》(*Memoires Literature de la Grandel Bretagne*)兩卷(1768年)；《魏吉爾史詩伊涅伊德第六卷之評述》(*Critical Observations on the Sixth Book of Virgil's Aeneid*)(1770年)；《羅馬帝國衰亡史》六卷(*The History of the Decline and Fall of the Roman*

Empire)（1776-1788年）；〈羅馬帝國衰亡史第十五章和第十六章若干文段的答辯〉（"Vindication of Some Passages in the Fifteenth and Sixteenth Chapter of the Decline and Fall of the Roman Empire"）(1779年)；雪菲爾勳爵編，《吉朋文選》（*Miscellaneous Works*）(1795年)；雪菲爾勳爵編，《生活與寫作》(*Memoirs of the Life and Writing*)(1827年)；D. M. 羅（D. M. Low)編，《日記》(*Journal*)（1929年）；普洛則羅(R. E. Prothero)編，《私人書信集》(*Private Letters*)(1896年)；波納德(George A. Bonnard)編《我的一生》(*Memoirs of My Life*)(1966年)。

延伸閱讀的主要資料，列舉的都是二十世紀的出版物，可以在圖書館找到，計有D. M. 羅(D. M. Low)著，《吉朋傳》(*Edward Gibbon, 1737-1794*)(1937年)；斯璜恩(Goseph W. Swain)著，《歷史學家：愛德華．吉朋》(*Edward Gibbon the Historian*)(1966年)；迪比爾爵士(Sir Gavin De Beer)著，《吉朋的世界》(*Gibbon and His World*)(1967年)；卡拉達克(Patricia B. Craddock)編，《愛德華．吉朋：參考資料》(*Edward Gibbon: A Reference Guide*)(1987年)；開諾漢(W. B. Carnochan)著，《吉朋的孤寂》(*Gibbon's Solitude*)(1987年)；波威索克(G. W. Bowersock)著，《吉朋的歷史想像》(*Gibbon's Historical Imagination*)(1988年)；波特(Roy Porter)著，《吉朋：構組歷史》(Edward Gibbon: Making History)(1988年)；卡拉多克著，《愛德華．吉朋：如日中天的歷史學家》(*Edward Gibbon: Luminous Historian*)(1989年)；麥克特里克(Rosamond Mckitterick)編，《吉朋和帝國》(*Gibbon and Empire*)(1997年)；布斯汀(Daniel J. Boorstin)著，《創造者》(*The Creators*)(1992年)；佛斯特(Stephen Paul Foster)著，《悲慘的責任》(*Melancholy Duty*)(1997年)；柯斯葛洛夫(Peter Cosgrove)著，《正直的局外人》(*Impartial Stranger*)(1999年)；波柯克(J. G. A. Pocock)著，《蠻族和宗教：愛德華．吉朋的啓蒙史學，1737-1764》(*Barbarism and Religion: The Enlightenments of Edward Gibbon,1737-1764*)(2000年)。

五、結語

二十世紀有兩個大帝國步武羅馬帝國的後塵，相繼崩潰。大英帝國在經歷兩次世界大戰後，國勢陵夷，強權地位為美蘇取代，相形之下只能黯然嘆息。回顧大英帝國之衰落，並非像羅馬帝國那樣時日漫長，因素複雜，簡而言之：「天作孽，猶可違；自作孽，不可活」。當十九世紀末葉，歐洲列強勢力之強大，舉世無可匹敵，運用帝國主義的手段，欺壓弱小民族，如果不是自相殘殺，哪有亞洲和非洲翻身之餘地。俄羅斯蘇維埃帝國也在1990年代突然瓦解，事出意料之外，眞是令人不敢置信，傾覆的外在因素，是美蘇軍備競賽造成經濟的極度惡化，內在因素是共產體制的腐敗和民族主義的興起。可見偉大帝國的衰敗過程雖不盡相同，如同有機體或宇宙一樣，死亡的結局完全類似。一個帝國解體，產生很多新興國家，像是浴火的鳳凰，帶來新的生命。

中華民國陸軍備役中將席代岳謹識

2004年10月01日

譯者說明

關於《羅馬帝國衰亡史》此書的版本，譯者在美國內布拉斯加大學(University of Nebraska)圖書館和林肯(Lincoln)市立圖書館找到七種：最早一種是1845年契司斐德學社(Chesterfield Society)出版的六冊精裝本，有米爾曼(Milman)的加註，分別在倫敦和紐約發行；第二種是1870年哈潑兄弟(Harper and Brothers)公司出版的六冊精裝本；第三種是1932年蘭燈書屋(Random House)《現代文叢》的三冊普及本，把前言及附錄全部刪除，是一個非常簡潔的版本；第四種是1946年赫瑞特(Heritage)出版社的三冊大字精裝本，附有精美插圖，所有的註釋經過刪節；第五種是1993年諾夫(Knopf)公司的《人人叢書》六冊精裝本；第六種是1994年企鵝(Penguin)公司的三冊平裝本；第七種是2000年企鵝公司的一冊刪節本。

至於在十八世紀發行的版本都沒有找到，可能都已成有價値的收藏品。這幾個版本在文字方面並沒有多大的出入，尤其是1845年本已將十八世紀的英文，特別是在文字的拼寫方面作了很大的訂正，一直沿用到現代，可見這一百五十年來，英文已經定型，所以也就減少很多的考證工作。譯者使用的版本以1870年本爲主，也參照其他幾個不同的版本，尤其是1946年本的註譯，非常適用。

這幾個版本除了1993年本以外，其餘的版本在每段開始加上小標題，翻成中文以後，不僅文字的意義重複，使得前後文的氣勢造成阻滯，版面的編排也不美觀，所以把它全部刪除。各章的篇幅長短不一，最長的幾章可達八十多頁，除少數幾章因列舉理由而分出段落外，全部沒有分節，閱讀很不方便。譯者特別根據主要內容發展，每章區分爲若干節加上標題，每節的篇幅大致二到四頁，再把年代註明在每節標題的後面，使得此一事件發生的時間能夠一目了然。

根據學者的意見，本書的註釋與本文相得益彰，可收綠葉牡丹之效，極爲重要。但是就譯者的看法，註釋大致可分爲三類，第一種是說明內文的來源出處，提出書名和作者姓名及引用的章節頁次，以示負責之意，讀者要想知詳情本末，還可據以參閱原書；第二種是引用原文，歐洲學者以希臘文和拉丁文爲必備之知識，所以吉朋對重要的辭句和警語，輒將原文附上，使讀者可以發思古之幽情，也可作會心之微笑；第三種是對本文加以說明、解釋、評述、考證和補充。由於第一種註釋所引用的書籍是吉朋在十八世紀所獲得，只有部分重要史籍流傳，很多已無法查閱，而且讀者除非進行研究工作，亦無查閱之必要，尤其要在我國找此類原作，爲根本不可能之事，除必要保留少數外，多數已經刪除，此類註釋的數目約占三分之一左右；第二類註釋因國人識拉丁文者僅有天主教神職人員，識希臘文更是屈指可數，全部予以刪除；第三類註釋是精華之所在，主要按照1946年精裝本訂正，儘量保留全文不作任何變動。

讀外國歷史最大因難在於背景資料缺乏認識，對書中重要之人名、地名、典章、掌故及重大事件之本末等了解不深，甚或根本沒有接觸，很多地方只能囫圇吞棗，讀後不知所云。但是就原作者而言，認爲對人、時、地、物、事略知輪廓，是讀者必備的知識，否則無法閱讀歷史典籍，根本沒有加以說明的必要。《羅馬帝國衰亡史》涉及的時空範圍，國人極爲生疏，譯成中文時，對重要事件和隱澀難明之處，若不加以說明，讀者不僅不知其所以然，亦不知其然；再者本書寫作於十八世紀，當時的地名多依循希臘羅馬文化，沿用近兩千年之久而未變，自十九世紀民族國家興起，地名幾全改用本國文字，古代原名已不存在，故必須查證，使讀者知道現在的名稱爲何，位於何地及有關的變遷情形；在人名方面，有些人物外國耳熟能詳，中國多無所知，尤其有關宗教和神話方面，國人更是少有所聞，亦應予簡單說明。還有許多專有名詞和重大事件，若不作簡單的補充，恐讀者有茫然若失之感。此類由譯者自行加註之項目爲數不少，僅第一卷即有二百多個，特在旁加 *「譯註」，再加當頁的序號以示區別，譯者爲完成此項工作，耗用精力最大，花費時間最多。

羅馬人的姓名冗長繁複，同名同姓之人甚多，容易張冠李戴，造成錯誤，只有在處理時特別注意，必要時加以說明，除此無更好的辦法。原書索引之編排有兩種方式，一是列在第三卷和第六卷書末，另一種方式是全部排在第六卷之後；譯者作了修正，在每卷結束後將整卷人名、地名和專有名詞，編成索引，附上章序節次，使易於查閱。本書之附錄不多，都屬版本之勘訂和文字的校正，已將其刪除，唯引用之參考書目和人名辭彙，待全書譯成後附於第六卷。

譯者服務軍中四十年，歷任各種指揮職和幕僚職，亦在三軍大學任教多年，基於職務和教學的需要，對戰史的研究花費甚大心力，平生最爲欣賞的名將，是馬其頓的亞歷山大大帝和羅馬的朱理烏斯·凱撒，深入鑽研其爲將之道和用兵之法，故對希臘羅馬時代有關典章文物、制度規範、政體結構、官吏職掌、軍事組織和事件始末等，多方蒐集資料，廣泛涉獵古籍，自入軍校求學即未間斷，頗能自得其樂。退役後閒雲野鶴，心無罣礙，加之每年有相當時間滯留美國，羈旅無聊以文字寫作消磨長日，故不自量力翻譯史籍名著，謬誤在所難免，請方家不吝指教。近年出版之西方歷史書籍，很多是重印舊版，不然就轉載譯稿，思之有無可奈何之感。聯經出版公司重視學術文化，倡導創作精神，慨然投入人力財力，印行歷史鉅著，內心極爲欽佩。《羅馬帝國衰亡史》之出版，譯者感激發行人兼總編輯林載爵先生大力鼎助，更要謝謝編輯主任方清河先生、編輯莊惠薰女士、校對編輯張瀞文女士及其夫婿李隆生博士、文稿編輯張旭宜先生、張鳳眞小姐蒐集資料、編纂文稿、訂正錯誤。本書之翻譯承蒙周浩正先生和陳怡眞女士之鼓勵甚多，國立臺灣大學楊肅獻教授爲本書寫作導讀以及臺灣大學劉景輝教授、內布拉斯加大學陸寶章教授提供寶貴意見，在此敬表謝意。再有內子黃先慧極力支持，小兒志偉幫助解決電腦帶來的困難，本書出版會給他們帶來更大的喜悅。最後謹以本書作爲家嚴席振聞老先生和家慈八十八歲生日的禮物。

插圖說明

本書插圖取材自與吉朋同時代的義大利蝕刻版畫家皮拉內西(Gioyanni Battista Piranesi)的作品。論者以為，吉朋與皮拉內西雖是氣質相投的藝術家，對古羅馬的歷史風物心嚮神往，但兩人在文學與畫作表現上，吉朋為寫實派，皮拉內西則充滿了浪漫色彩。

儘管如此，皮拉內西畫作中的羅馬建築風物也許包括了想像與戲劇化表現，但不同建築之間以及建築和人物間的大小比例依然存眞。即使古羅馬與其創作時代相隔已遠，皮拉內西的畫作仍能忠實展現出古羅馬之雄偉面貌和帝國風華。

本書全六卷共收錄了皮拉內西有關古羅馬的蝕刻版畫數十幅，分置於書中各章之間，供讀者在閱讀本書時，也能在藝術家的想象實景中體會古羅馬風貌。

同時，這些插圖也提供了一趟古羅馬遺跡之旅的參考路線：從參觀古羅馬廣場開始，順路走向卡庇多丘和大劇場，接著再造訪附近的帝國廣場和牛市以及巴拉廷山。最後再散步到古羅馬城的大門，觀看古羅馬壯觀的水渠、道路以及外圍的古羅馬人墳塚。再遠些，藉著交通工具還可參觀古羅馬人建築的橋樑和皇家莊園，包括已傾頹的提弗利(Tivoli)別墅區，以及羅馬皇帝哈德良的雄偉莊園等等。

在吉朋開始他寫作生涯中最重要的「大旅遊」時，皮拉內西已達到藝術生涯的峰頂。吉朋很可能也造訪過皮拉內西的版畫店，看來吉朋雖未買下任何一幅皮拉內西的畫掛在書房裡，但這些畫作中的羅馬形影必然也是吉朋描述古羅馬的參考根據。兩人的作品能同時在一冊書中相互對照，對兩百年前吉朋和皮拉內西，乃至於對兩百年後的今日讀者而言，都是令人興奮的奇妙結合，更激發出吾人對古羅馬的無限想像。

吉朋序

余擇定主題，戮力以赴，容有不當之處，尚請見諒，然述史乃藏諸名山之事，絕不敢嘩眾取寵，嘵嘵不休，有瀆諸君清聽。值此《羅馬帝國衰亡史》首卷出版之際，就余著述之構想，聊爲數語。

偉哉羅馬，舉世所譽，經此變革，雖毀猶榮，僅將千三百年之衰亡，區分三期以述之。

其一起於圖拉眞至安東尼家族當政，帝國之勢力與威望臻於鼎盛，難免日中則昃之危，覆滅西部帝國雖爲日耳曼與錫西厄蠻族，亦爲歐洲現代文明國家之先世，變局之劇烈直至羅馬之權勢爲哥德之君王取代而後已，結束之期當爲六世紀初葉。

其二概述查士丁尼即位，明法教戰，復興東羅馬帝國之基業；及於倫巴底人入侵意大利，阿拉伯人征服亞非兩洲之行省，伊斯蘭教之崛起與傳播，君士坦丁堡之內憂外患，查理曼大帝建立日耳曼神聖羅馬帝國，時爲公元八百年左右。

其三歷時最長，達六個半世紀，首述西部帝國重建，迄君士坦丁堡失陷於土耳其人，墮落之王朝遭受絕滅之命運，語言與習俗承古代羅馬之餘蔭，唯其統治僅限於一城耳，述史難免涉及十字軍之盛衰，希臘帝國慘遭蹂躪之始末，且余出於癖好，不免爬梳中世紀羅馬之前塵往事。

余將首卷倉卒付梓，差錯在所難免，勉力完成開宗明義之前部，要將安東尼至西羅馬帝國覆亡，作一完整之述著，必以第二卷不爲功。後續各卷僅存奢望，成敗不敢斷言，欲照構想行事，治古代史與現代史爲一體，則有待上蒼厚愛，賜余多年之健康、閒暇與堅毅耳。

愛德華・吉朋述於倫敦本廷克街

1776年2月1日

全書目次

第一卷

第二卷

第三卷

第四卷

第五卷

第六卷

第一卷目次

第一卷插圖目次

說明：編號 1.吉朋像爲賀爾平(Patrick Halpin)的版畫作品，編號 9.羅馬帝國行政區圖爲譯者提供，其餘皆爲皮拉內西(Gioyanni Battista Piranesi)作於十八世紀之蝕刻版畫作品。

第一章

羅馬帝國在安東尼時代的軍事和疆域(98-180A.D.)

公元二世紀羅馬帝國據有世上最富饒美好的區域，掌握人類最進步發達的文明。自古以來聲名不墜而且紀律嚴明的勇士，防衛著疆域遼闊的邊界。法律和習俗雖溫和，卻能發揮巨大的影響力，逐漸將各行省融合成爲整體。享受太平歲月的居民盡情揮霍先人遺留的財富和榮光，共和體制的形象，從外表看來受到尊敬和推崇，國家主權似乎仍舊掌握在元老院手中，實際上，執政治國大權則已全部授給皇帝。這段大約八十年的太平盛世，有聶爾瓦(Nerva)、圖拉真(Trajan)、哈德良(Hadrian)和先後兩位安東尼(Antoninus)皇帝，他們均能以才治國，以德撫人。在本章及以下兩章中敘述帝國的聲威，從而可知自馬可斯·安東尼(Marcus Antoninus)崩殂後，國勢如江河之日下，陵夷滿目以至於萬劫不復，此一重大變革於當前世界各國記憶猶新。

一、奧古斯都在位時的羅馬帝國

羅馬對外重大的征討作戰，均在共和時期完成。後繼各朝皇帝一般而論都能秉持元老院的政策，對於歷代執政官發揮旺盛的企圖心，領導尙武精神的人民贏得的領土，大致都能感到滿足。羅馬建國最初的七百年中，傲世的戰功獲致應接不暇的勝利，到了奧古斯都(Augustus)當政，才放棄吞併世界的雄心，用穩健作風主導政策，並將這種精神在公眾會議中表露無遺。因稟賦和環境的影響，奧古斯都養成愛好和平的習性，同時也不難發覺羅馬已處於巔峰狀態，雖然毋須畏懼戰爭，也不必把一切軍國大事全部訴諸武力解決。此外，遠地作戰的艱苦情勢與日俱增，使得勝敗未能預料，戰爭所導致的後果，是愈來愈多的動亂與愈來愈少的利益。奧古斯都有豐富的征戰經驗，更能印證他的看法，在經過深思熟慮的評估以後，確信以他審慎的作風，對於無法制服的蠻族只要稍做讓步，仍能保持羅馬的安全和尊嚴，所以不必讓他的臣民和軍隊，冒著安息人(Parthians)的矢石再度交戰，寧願簽訂保持顏面的條約，讓對方歸還克拉蘇(Crassus)所失去的鷹幟和被俘的官兵[1]。

奧古斯都當政初期，有將領主張要把衣索匹亞(Aethiopia)和阿拉伯・菲力克斯(Arabia Felix)[*2]納入版圖，他們千里行軍到達南部熱帶地區[3]，炎酷的天候擊敗入侵的羅馬軍隊，使得僻遠地區不諳戰爭的土著免於刀兵的災禍。歐洲北部的國家並不值得勞師動眾去征服，日耳曼的森林和沼澤地帶，居住著孔武有力的蠻族，他們爲了自由寧願捨棄生命[*4]，在和羅馬人初次接觸，似乎是屈服在軍團的優勢武力之下，等到背水一戰，卻又能奮勇求勝，重獲獨立自主。這使得奧古斯都感到氣數態勢的變化難以預料，一直耿耿於懷[5]。奧古斯都崩殂後，遺囑在元老院公開宣讀，給繼位者留下極珍貴的指示。羅馬帝國疆域西到大西洋、北至萊茵河和多瑙河、東以

1 笛翁・卡修斯(Cassius Dion Cocceianus, 150-235A.D.，羅馬的行政官員和歷史學家)的《雷瑪(Reimar)評註》，對羅馬人愛好虛榮心的記載很詳盡，提及在安卡拉(Ancyra)的石碑上刻著奧古斯都的《功業錄》，上面說明奧古斯都迫使安息人歸還三面軍團鷹幟。

*2 [譯註]阿拉伯・菲力克斯在半島最南端南葉門的位置。

3 斯特拉波(Strabo，一世紀希臘史學家和地理學家)、老普里尼(Pliny the elder，C. Plinius Secundus，一世紀羅馬博物學家，著有《自然史》)和笛翁・卡修斯對此次戰爭留下讓人不敢置信的情節。羅馬人占領阿拉伯・菲力克斯的馬里阿巴(Mariaba)，這個城市在東方很有名氣，軍隊經過三天(時間之短，有如天兵天將)的行程就抵達盛產香料的國家，這也是他們入侵的目的。

*4 [譯註]羅馬人發起很多戰爭，都是爲了掠奪敵國的財富和捕捉占領區的人民鬻賣爲奴。日耳曼人的個性倔強，寧死不願爲奴隸，所以征服以後無利可圖。

5 塔西佗(Tacitus, Gaius Comelius，一世紀羅馬史學家)的《編年史》第一卷記載著瓦魯斯(Varus)被殺以及喪失三個軍團，據說奧古斯都無法接受這個悲慘的信息，整個人的性情大變。

幼發拉底河爲界、南到達阿拉伯和阿非利加[*6]的沙漠，把大自然的地理限制當做永久的防線和邊界。

人性好逸惡勞，原本無可厚非，明智的奧古斯都所提出的懷柔政策，所以爲後來的皇帝全盤接受，還是他們心存畏懼及惡習纏身所致。最初幾位當政者，要不是一味追求奢華淫樂，就是暴虐無道殘民以逞，很少視導部隊和巡幸行省。雖然自己怠惰而忽略武事，又怕驍勇善戰的部將作戰凱旋，功高震主篡奪帝座，所以把建立事功當成對君權的無禮侵犯。每一位羅馬將領率軍在外，都小心翼翼以守土爲職責所在，不願征討蠻族，以免惹來殺身之禍[7]。

二、懷柔政策下的對外征戰

公元一世紀時，羅馬帝國唯一增加的行省是不列顛。繼承帝位者只有在這件事上，追隨凱撒的作爲，而不遵從奧古斯都的訓諭。不列顛與高盧海岸貼近，似乎時時在召喚軍隊入侵，盛產珍珠的誘人傳聞，更引發他們的貪婪野心[8]。不列顛雖然被視爲孤懸海外、隔絕封閉的世界，然而用兵的方略倒是與大陸作戰沒有多大差別。這場長達四十年的戰爭，是由最愚蠢無知的皇帝[9]開啓戰端，由最荒淫無道的皇帝繼續支持，到最怯懦膽小的皇帝手中宣告終止。此時，島嶼大部分土地已經降服於羅馬的統治。不列顛的各部族雖然英勇善戰，卻乏人領導，再加上生性自由不羈，欠缺團結合作的精神，因此他們拿起武器作戰雖勇猛絕倫，但也經常反覆多變，

---

*6　[譯註]阿非利加即今日的利比亞西部和突尼西亞。

7　提比流斯、尼祿在位時，派人檢查日耳曼尼庫斯(Germanicus)、蘇脫紐斯·保利努斯(Suetonius Paulinus)和阿格瑞寇拉(Agricola)等將領的獲勝狀況，後來將這些人召回，柯布羅(Corbulo)因而被處死。塔西佗用很強烈的語氣表達，開疆闢土是君王的天職(imperatoria virtus)。

8　凱撒在《高盧戰記》裡隱瞞這種不光彩的動機，但是蘇脫紐斯曾經提到，說是不列顛珍珠的顏色黑黝暗淡無光，身價不高。

9　是指克勞狄斯(Claudius)、尼祿和圖密善這三位皇帝。

時而棄械向敵投降，時而各族間兵戎相見，最後的下場是各自為戰，遂難逃被逐一征服的命運。卡拉塔庫斯（Caractacus）[*10]堅忍不屈的屢敗屢戰；波迪西亞（Boadicea）[*11]不惜犧牲的報仇消恨；德魯伊（Druids）教徒[*12]宗教狂熱下的前仆後繼，都無法阻止羅馬大軍長驅直入，也不能改變整個國家遭受奴役的後果。雖然當時的羅馬皇帝有的懦弱退縮，有的墮落殘暴，但是這些將領率軍在外，倒都能維護國家的尊嚴。圖密善（Domitian）皇帝在位時，他的軍團在阿格瑞寇拉（Agricola）指揮下，擊敗卡里多尼亞人（Caledonians）在格拉比亞（Grampian）山丘集結的隊伍；他的艦隊從事前所未有的海上探險，克服各種危難，環島展示羅馬的軍威；而皇帝自身安居宮中，聽聞軍中傳來獲勝信息而大感驚懼，在這種狀況下，不列顛的征討只有草草結束。原來在阿格瑞寇拉的計畫裡，可以很輕易的將愛爾蘭納入版圖[13]，就他的意見看來，只要一個軍團以及少數的協防軍就可以達成任務。占領西部的島嶼非常有價值，等不列顛人舉目四顧，自由已經毫無指望，就會束手就縛。

阿格瑞寇拉有優異的功勳，所以才被解除統治不列顛的職務，平定蠻族的計畫即使再周全也只有放棄。這位處事審慎的將軍在離職以前，為了保障領土安全，採取了必要的預防措施。他平時就觀察到不列顛有兩個相對的海灣，把整個島嶼分成大小不相等的區塊，這就是現在所稱的蘇格蘭河口灣，越過這段狹窄的頸部大約有四十哩的距離，他派駐軍隊部署一道防線。安東尼・庇烏斯（Antoninus Pius）即位後，用石塊砌成基礎，上面覆蓋草皮成為壁壘，來增強全線防禦能力，此即「安東尼邊牆」[*14]，距離

*10 [譯註]卡拉塔庫斯是西魯里人（Silures）的國王，為不列顛所有部族推舉為首領，反抗入侵的羅馬軍隊，經過多場血戰，被人出賣枷送羅馬。

*11 [譯註]波迪西亞是艾昔尼人（Iceni）的王后，夫戰死後率眾復仇，失敗後服毒自殺。

*12 [譯註]德魯伊是古代高盧、不列顛和愛爾蘭的一種宗教階級，成員是貴族和高階人士，負責各種宗教儀式和祭祀，並且占卜預兆。

13 愛爾蘭的學者基於國家的榮譽心，對於塔西佗或阿格瑞寇拉的說法都不表同意。

*14 [譯註]在安東尼邊牆的南面還有一道哈德良長城，全部用石塊砌成，非常堅固，因地形的關係距離較短。

現在的愛丁堡和格拉斯哥不遠，長久以來成爲羅馬行省的界線。土著卡里多尼亞人在島的極北部，過著狂野無羈自由自在的生活，並不是由於他們英勇過人，而是因爲貧窮落後不值得征服。他們屢次向南進犯都被擊退，損失很多人馬，但是這片鄉土從未降服。羅馬人擁有世上氣候最溫和、物產最富饒的地區，因此對這塊被冬季的暴風雪吹襲著的陰鬱山丘、在藍色煙霧籠罩下若隱若現的湖泊，遍布陰冷而孤立的石南樹叢地區，嗤之以鼻，不屑一顧，此地只居住赤裸蠻族在森林裡獵取麋鹿[15]。

以上所述是從奧古斯都逝世到圖拉眞即位期間，邊界的狀況和帝國的大政方針。圖拉眞是個品德高尚、作爲積極的國家元首，他接受嚴格的軍事教育，有統御指揮大軍的才能，把先帝規畫的和平構想暫時擱置，開始連年的戰爭和征討。軍團望眼欲穿以後，又等到皇帝御駕親征。首先討伐的對象就是好戰成性的達西亞人(Dacians)，他們的居地越出多瑙河，在圖密善當政時曾毫無顧忌地侮辱過羅馬帝國的尊嚴。這是一支孔武有力、兇狠殘暴的蠻族，因深信靈魂不滅和輪迴往生，所以作戰時奮不顧身，視死如歸。達西亞的國王底西帕拉斯(Decebalus)與圖拉眞旗鼓相當，後來戰至精疲力竭、羅掘俱窮，雖不致於讓自己和全族同歸於盡，但也不輕言向敵人俯首認輸。這是一場值得刻碑立石的戰爭[*16]，除了短暫休兵，停止敵對行動外，戰爭延續五年之久，直到皇帝不顧一切投入全國人力物力，才使得蠻族完全降服。獲得達西亞行省等於增加一千三百哩的國境周長，是違反奧古斯都遺言的第二次行動。現在帝國在東北方自然形成的邊界，是聶斯特河(Dniester)、特斯河(Teyss)或稱提比斯庫斯河(Tibiscus)，下多瑙河和黑海一線。軍用道路沿著多瑙河河岸到鄰接的班德爾(Bender)地區，仍然可以看出當年遺留的古蹟。班德爾在現代歷史上很有名氣，因爲這是土耳其和俄羅斯兩大帝國之間的國界。

15　根據阿皮安(Appian of Alexandria，二世紀亞歷山卓史家，著有《內戰記》等書)與奧西安(Ossian)詩篇中的一致意象。據說詩篇是土生土長的卡里多尼亞人所寫。

*16　[譯註]圖拉眞爲紀念這場戰爭，特立大理石以紀功。圓柱直徑十二呎，高九十七呎，全柱浮雕圖拉眞征服達西亞的經過，逼眞傳神，現存英國倫敦大英博物館。

圖拉真有飛揚跋扈的氣概。長久以來人類對破壞者的讚譽遠過於創建者，以致於追求戰陣的榮耀，成爲君王將相瑕不掩瑜的過失。歷代的詩人和史家對亞歷山大讚不絕口，因此激起圖拉真要一比高下的萬丈雄心，使得這位羅馬皇帝著手征服東方各國。但他爲自己的年老而嘆息，很難有希望像菲利浦(Philip)之子那樣建立舉世無匹的令名。雖然圖拉真的成就是那樣短暫，外表上看起來倒是快捷迅速而光輝耀目。安息人因內爭而國勢衰敗，等到大軍壓境不戰而逃，他也就趾高氣昂的沿著底格里斯河順流而下，從亞美尼亞(Armenia)的山地直達波斯灣，成爲第一個在遙遠大海上航行的羅馬將軍，因而感到沾沾自喜，可惜也是最後一位。他的艦隊蹂躪阿拉伯的海岸，甚至妄想進逼印度國境。元老院每天接到信息，說有新的國家和不知名的部落接受他的統治，大家都驚嘆不已。同時也接到正式文書，提到博斯普魯斯(Bosphorus)、柯爾克斯(Colchos)、伊比利亞(Iberia)、阿爾巴尼亞(Albania)和奧斯浩尼(Osrhoene)[*17]的國王，甚至安息皇室的成員，都從羅馬皇帝的手裡接受即位的冠冕；米地亞(Media)和卡都齊亞(Carduchia)山地[*18]的部落懇求羅馬軍隊的保護；亞美尼亞、美索不達米亞和亞述[*19]這些富饒的地區都納入版圖，成爲帝國的行省。等到圖拉真逝世，明亮的遠景立即黯然失色。最値得擔憂的事，莫過於遙遠地區的國度，一旦失去強有力的控制，就會掙脫強加在身上的枷鎖。

三、後續各帝的守勢作爲

根據古老傳說，一位羅馬國王興建卡庇多(Capitol)神廟時，地界神(Terminus，負責掌管羅馬的疆界，按照習俗用一塊巨石來代表)雖然位階較低，但是拒絕讓位給朱庇特(Jupiter)主神。占卜官提出大家都高興的解

*17 [譯註]博斯普魯斯王國在克里米亞半島；柯爾克斯、伊比利亞和阿爾巴尼亞在高加索山脈南邊，黑海和裏海之間區域；奧斯浩尼是美索不達米亞西北角的小區域。
*18 [譯註]米地亞在伊朗境內，位於裡海的南邊；卡都齊亞位於伊朗東部的山區。
*19 [譯註]這三個地方都位於兩河流域的上中游，所以才建爲行省。

釋，由於神祇的強硬態度，兆示著羅馬主權所及的界線絕不會退縮。經過多少世代，這個預言大致都很靈驗，雖然地界神特米努斯曾經抗拒過朱庇特的神威，但是現在卻屈服於哈德良的權勢[20]。他繼位後首先採取的措施，就是放棄圖拉眞在東方征戰中所獲得的利益，幫助安息人恢復推選制度建立獨立的主權，把駐紮在亞美尼亞、美索不達米亞和亞述的羅馬守備部隊撤走，爲了遵守奧古斯都的遺言，再度將幼發拉底河當作帝國的疆界。難免有人要指責他公開的作爲和私下的動機，認爲完全是嫉妒心作祟，當然哈德良這種做法，也是深思熟慮和穩健審愼所得的結果。這位皇帝具有完全矛盾的性格，時而節約儉省，時而慷慨大方，也會讓人產生不必要的疑懼。不過，就他的地位而言，沒有光大先帝卓越的成就，等於有負圖拉眞開疆闢土之厚望。

圖拉眞雄才大略的尙武精神，與繼位者步步爲營的穩健作風，形成非常奇特的對比；而哈德良孜孜不倦的工作態度，在安東尼·庇烏斯無爲而治的儒雅風範襯托下，更令人印象深刻。哈德良的一生是永不停息的視導行程，將軍人、政要和學者的才能匯集於一身，從帝王職責的踐行中滿足自己的求知慾，根本不在意季節和天候的狀況，光著頭徒步在冰天雪地的卡里多尼亞行軍，或是跋涉在上埃及的鹽漬平原。他的足跡踏遍整個帝國，所有行省都親臨巡幸[21]。但安東尼·庇烏斯只願留在意大利腹地過清靜無爲的生活，雖然親自執政的期間長達二十三年，這位和藹可親的君主最遠的行程，不過從羅馬的宮廷到退休後的蘭努維(Lanuvian)[*22]莊園。

縱使個人行事風格有所不同，奧古斯都規畫的制度，倒是爲哈德良和兩位安東尼所遵奉。他們堅持他所訂的方針來維持帝國的威嚴，卻沒有增加疆域的企圖，採取各種不失大國風度的措施贏得蠻族的友誼，盡力說服其他的民族，讓他們知道羅馬勢力的崛起，不是陷溺於征服的誘惑，而是

---

20 聖奧古斯丁樂意以此證明特米努斯神的軟弱無能，認爲占卜官的預言毫無價值。

21 笛翁·卡修斯提到，即使所有的史官都沒記載，各種軍功章、碑銘和紀念物上也都有哈德良在外巡視的記錄。

*22 [譯註]這個莊園在羅馬南邊不到三十哩。

熱愛秩序和公義。經過四十三年漫長歲月，由於這幾位皇帝的德行感召和辛勞工作，他們的成就爲萬世所推崇。要是把軍團在邊界上微不足道的應戰行動略而不提，哈德良和安東尼在位期間，的確爲世界和平帶來美好遠景[23]，羅馬帝國的威名受到最遙遠國家的尊敬，最強橫的蠻族發生糾紛時，也會聽從皇帝公正的仲裁。一位當代史學家提到，外國使者懇請入籍成爲羅馬臣民，當局認爲這種尊榮不能輕易授人，因而加以婉拒。

羅馬的武力使人畏懼，皇帝即使推行懷柔政策，一樣能保持尊嚴不容輕視。他們不斷以備戰狀態來保持和平，用正義的要求來規範作戰，同時向鄰近國家嚴正宣稱：若要羅馬雌伏忍辱，情願決一死戰。哈德良和老安東尼原用來展示軍威的武力，馬可斯皇帝就用來對抗安息人和日耳曼人。蠻族的敵對行動，讓這位富於哲人信念的君王大動肝火。在一場配合良好的守勢作戰中，馬可斯和所屬將領分別在幼發拉底河和多瑙河兩處戰場贏得重大勝利。羅馬帝國的軍事成就不僅在維護安穩現狀，也在於確保勝利成果。這方面由於受到我們的重視，將成爲深入的研究主題。

四、羅馬帝國的軍事體制

在共和體制時代，運用軍隊的權利取決於一定階層的市民，他們有國家去熱愛、有財產要保護、分享執行法律的權利。維繫這個體制不僅事關個人利益，也是自己應盡的責任。到征討範圍擴大，人民的自由權利隨之喪失，戰爭逐漸發展成爲軍事藝術，同時也惡化成商業行爲[24]。就軍團而言，甚至在遙遠的行省招募兵員，也堅持應該要是羅馬公民，唯其如此，

---

23 我們應該知道，哈德良在位時，猶太人因宗教問題引起叛變，這還只是發生在一個行省的狀況。保薩尼阿斯(Pausanias)提及安東尼・庇烏斯皇帝的將領，曾從事兩次必要的戰爭而得到勝利，第一次是遊牧的摩爾人(Moor)越過北非僻遠的阿特拉斯(Atlas)山區，第二次是不列顛的布里干特人(Brigantes)進犯羅馬行省。

24 要當最低階的士兵，應該有四十英鎊(譯按：吉朋當時的幣值)的財產，這是很高的資格標準，在錢幣很稀少的時代，一盎斯的白銀與七十磅重的黃銅等值。根據古老的法律規定，貧民沒有當兵的資格，到馬留(Marius)才取消這種歧視。

才具合法資格[25]，當兵才有適當報酬。但更被注重的是年齡、體力和身材等條件，在徵選兵員的過程中，寧願要生長在氣候寒冷的北方人而不挑南方人，要找天生習武的門第，也到鄉間招募，而非在城市尋找。一般認爲，投身辛苦的行業，像鐵匠、木匠和獵人，比城市裡活動較少、從事服務業的人員，在執行勤務時更可發揮果敢和決斷的能力。等按財產資格服兵役的制度取消後，羅馬的軍隊仍由家世良好、受過教育的軍官指揮，一般士兵還是像現代歐洲的傭兵，出身貧賤，很多且是卑劣分子和罪犯。

愛國心是古代大眾遵守的德行，因是自由政體的一分子，基於個人利益產生強烈感情來保護此政體，使能綿延不息，此種情操使共和時代的軍團所向無敵。專制君王的傭兵和奴僕，對共和體制的觀念極爲淡薄，因此必須運用其他性質不同但更有拘束力的動機，像是榮譽和信仰，來彌補這方面的缺失。在農夫和工人看來，能進入軍旅是光宗耀祖的事。階級和名望全賴自己的進取心，一個低階士兵的勇敢雖不見得能贏得多大的聲譽，但個人的行爲，有時會給連隊、軍團甚至軍隊帶來榮譽或羞恥，所以他和團體是命運相共。他進入軍隊服役時，要舉行莊嚴的宣誓儀式，絕不背棄連隊隊標和鷹幟，服從上級領導，爲皇帝和帝國安全犧牲自己的性命[26]。羅馬軍隊對標幟的效命之心，是受到信仰和榮譽的影響所激發。金色的鷹幟閃耀在軍團隊伍前面，就是他們渴望獻身的目標。在危險時拋棄神聖的隊標，不僅是可恥的怯懦表現，更是大不敬的褻瀆行爲[27]。爲了達成此一目的，除憑藉想像力所產生的力量，更由實際的畏懼和希望來加強。服役期間定額的薪餉和經常的獎賞，及服完兵役後應有的補償和田地[28]，使艱

25　凱撒用高盧人和外鄉人組成阿勞達(Alauda)軍團，但是這種特權是因爲內戰的關係，等到戰勝以後，他用贈與公民權來酬庸勞苦功高的異族將士。

26　部隊對皇帝的服務和效忠，每年1月1日要宣誓一次。

27　根據塔西佗的說法，鷹幟要放在營區的小廟裡，和其他神祇一同接受部隊祭祀。

28　圖密善皇帝將軍團士兵的年俸提高到十二個金幣，相當我們的十個基尼，已經高於我國(譯按：當時的英國)現在的標準。等到帝國富裕，走向軍事政府的統治方式以後，待遇還要增加。老兵服完二十年役期可以得到三千笛納的銀幣(相當於一百英鎊)，或者是等值的田地，禁衛軍的的待遇和福利比軍團還要高一倍。

苦的軍旅生活得到安慰。另一方面，怯懦懼敵和違抗命令必然難逃嚴厲懲罰。百夫長獲准用軍棍責打犯錯士兵，將領有權將下屬處以死刑*29，羅馬軍隊鐵的紀律原則，就是優秀的戰士必須畏懼自己的上官遠甚於所面對的敵人。從這些值得欽佩的兵書教範中，帝國軍隊的武德達成相當程度的執著和制約，要是拿蠻族的浮躁和衝動來相比，永遠無法及其萬一。

羅馬人很清楚軍隊的缺點，僅依靠暴虎馮河的匹夫之勇而不講求戰鬥技術和用兵法則。在拉丁語裡，「軍隊」此字就是借用「操練」的原意。軍事訓練是達成紀律要求最重要而不可間斷的目標，新徵入營的弟兄和年輕士兵，在清晨和傍晚要不停操練，老兵即使完全學會也要每天複習，任何人不得以年齡或已熟練作爲藉口。部隊在冬營時就架起寬大的棚屋，即使天候惡劣也不會中斷訓練。要是仔細觀察便可知，在模擬作戰中使用的特定兵器，比起實物要重一倍。本章目的不是要詳述羅馬人的操練，我們的重點是，羅馬人已完全領會到如何能增強體力、使四肢靈巧和讓動作優美。他們不斷教導士兵行軍、跑步、跳躍、游泳、負重，及操作各種兵器，無論在攻擊、防禦、遠戰和近戰中都能得心應手的運用，而且知道組成各種陣式，甚至要求以皮瑞克(Pyrrhic)戰舞*30的步伐，按著笛號的聲音行進。即使在承平時期，羅馬軍隊仍然熟悉戰陣之事。古代有位希臘歷史學家曾和羅馬人兵戎相見，他深有所感地寫道，就羅馬軍隊而言，只有流血才能分辨出是戰場還是訓練場。有才幹的將領，甚至皇帝本人，都把訓練當成政策來推行，經常親自督導或擔任示範，以鼓舞大家學習這些軍事科目。哈德良和圖拉真雖貴爲帝王，仍紆尊降貴來教導無經驗的新兵、鼓勵訓練有功的人員，有時還親自下場較量一番，戰技和體能的優勝者能獲得獎賞。在這些君王統治下，栽培將校的兵法素養獲得極大的成就，只要帝國能夠保持強盛，軍事訓練就會被尊爲羅馬紀律中最完美的典範。

---

*29 [譯註]羅馬的軍法很嚴厲，尤其對部隊違犯重大過失，像是謀叛嘩變、不聽節制、違抗命令等，會處以「十一之刑」，就是掣籤抽出十分之一的人員，要其餘未中籤人員排成夾道，用棍棒將受罰者擊斃。

*30 [譯註]皮瑞克戰舞承自希臘傳統，是全副武裝男子或兒童跳的舞蹈，用於軍事訓練。

五、羅馬帝國的部隊編組

九個世紀的戰爭使軍隊有很多的改變和進步，波利比阿斯(Polybius)所記布匿克(Punic)戰爭*31年代的軍團，與使凱撒贏得長勝令名的軍團，以及保衛哈德良和安東尼君主政體的軍團，在實質上已經大不相同。帝制時代的軍團組織，主要戰力是重裝步兵，編成十個支隊和五十五個百人隊，分別由相當數量的軍事護民官和百夫長率領。第一支隊負責保管軍團的鷹幟，編制人數一千一百零五人，經過嚴格的選拔和考核，個個都是忠貞勇敢、戰技精練的戰士。其餘九個支隊各有五百五十五人，全軍團共有重裝步兵六千一百人。他們使用的兵器非常制式化，與所擔任的職務完全配合，戴一頂有高聳冠毛的頭盔，穿著胸鎧或者鎖子甲，腿部有護脛，左手執一面遮住全身的橢圓盾牌，正面微向內凹，四呎長二呎半寬，用木頭做成外框，上面蒙牛皮，夾上銅片增加抵抗的強度。除了帶一枝輕矛，軍團士兵的右手緊握無堅不摧的投矢，也就是沉重的標槍，大致有六呎長，裝上十八吋三角形尖銳矛頭[32]，因為在十到十二步的距離內，只有投擲一次的機會，所以無法與現代的火器相比。但是從訓練有素、技術高明的士兵手中全力投擲出來，騎兵不敢冒然衝入，任何盾牌和甲冑也擋不住致命一擊。羅馬人只要投射標槍以後，就拔出佩劍一湧而上與敵軍短兵相接。這種兵器很像西班牙軍刀但是刀身較短，雙面開刃，經過淬火，非常鋒利，不論是砍劈或刺戮，用起來都很得心應手，但是教導士兵多用刺和捅的動作，一方面自己的身體不致暴露，再則對敵手造成的傷勢也更為嚴

*31 [譯註] 羅馬和迦太基(Carthage)之間的三次戰爭，第一次從公元前264年到241年，雙方爭取海權，羅馬獲勝得到西西里；第二次從公元前218年到201年，是漢尼拔(Hannibal)和西庇阿(Scipio)的陸上爭雄，迦太基戰敗，失去西班牙和整個地中海；第三次從公元前149年到146年，羅馬入侵阿非利加，迦太基遭到毀滅。

32 在波利比阿斯(公元前二世紀希臘史學家)的著述中，提到輕矛的鐵質矛頭看起來比較長，到了維吉修斯(Vegetius Renatus, Flavius，四世紀羅馬軍事家)那時候已減短到一呎甚至九吋長，所以我取的是中間的長度。

重。軍團通常排成八列的縱深，行與列之間保持三呎的距離。部隊即使作戰正面過長，或者發起迅速的衝鋒，都習慣於這種散開的陣式，可以因應作戰情勢的變化和指揮官的調度，準備各種適當的部署。士兵有自由的空間運用武器，行動不受妨礙，留下足夠的位置，使得增援的兵力可以接替精疲力竭的戰士。希臘和馬其頓(Macedonia)的戰術與此完全不同，他們主要戰力是十六列執長矛緊密靠在一起的方陣[*33]。經過實戰考驗後，立刻就知道方陣遠非軍團的對手。

軍團的騎兵編成十個中隊，這是整體戰力不可或缺的部分，如同第一支隊的狀況那樣，騎兵第一中隊有一百三十二名人馬，其餘九個中隊各有六十六名人馬。這十個中隊共有七百二十六名人馬，整個編成一個騎兵團。雖然隸屬於軍團，但作戰時，卻分開運用，通常單獨或幾個騎兵團集結構成一個側翼[34]。皇帝的騎兵不同於過去的共和時代，是由羅馬和意大利的世家子弟組成。他們靠著馬背上的軍隊資歷，成爲進入元老院擔任議員和執政官的階梯，只要憑著自己的英勇建立功勳，有朝一日就可以贏得同胞的選票。自從風氣變遷和朝代更替以後，騎士階級[*35]和最富有的人士，通常在政府機構擔任司法和稅務工作，不論何時想要從軍報國，立刻就可以指揮一隊騎兵或者是一個支隊的步兵[36]。所以後來圖拉眞和哈德良從他們出生的行省[*37]，招募同一階級的人員組成騎兵和擔任軍團的各級指揮官，馬匹的繁殖和養育則大多在西班牙和卡帕多西亞(Cappadocia)進

*33 [譯註]方陣有各種不同的陣式，縱深從四列可以多到二十五列。最有名的是馬其頓方陣，由亞歷山大大帝的父親菲利浦創立，最初是八列，後來成爲十二到十五列的縱深，士兵執十八呎的長矛。

34 維吉修斯的《論軍事》一書，認爲經過實際驗證，帝國的軍團在任何環境下，都應該配置騎兵。

*35 [譯註]羅馬治權的基礎是市民會議，可以分爲百人連大會和公民大會兩種。百人連大會由一百九十三個百人隊組成，除貴族階級外，富有的人員組成第一階級和騎士階級，第一階級有七十個百人隊，騎士階級有十八個百人隊。在作戰時，騎士階級人員自行準備馬匹參加騎兵隊。

36 賀拉斯(Horace)和阿格瑞寇拉就是很好的例子，可說是羅馬紀律的重大缺失，所以哈德良要盡力去補救，對出任軍事護民官規定合法的年齡限制。

*37 [譯註]圖拉眞和哈德良的出生地都是西班牙的伊塔利卡(Italica)。

行。羅馬的騎兵瞧不起東方的全裝甲騎兵，認爲全身披掛鐵甲會妨礙行動，所以他們的配備是一頂頭盔、一面圓盾、輕便的馬靴和胸甲，主要攻擊武器是一枝標槍和一把長形寬劍，有時也像蠻族那樣使用長戟和鎚矛。

帝國的安全和榮譽主要委之於軍團，羅馬的政策也能虛心採納在戰爭中所有可用的手段。通常會定期徵集大量的行省屬民，這些人還沒有取得羅馬公民的資格，散布在邊境，許多有自治權的屬國和羅馬社區，只要提供人員在軍隊服役一定的年限，權益和安全就可以獲得保障。甚至從有敵意的蠻族中挑選出來的隊伍，在威脅利誘之下被派到遙遠的地區，爲了帝國的利益而歷盡兵兇戰危的艱辛生涯[38]。上述人員所編成的部隊統稱爲「協防軍」，當然，會因時代和背景的不同而有某些程度的改變，但在數量上較軍團的人數少不了多少[39]。協防軍當中最勇敢和最忠誠的隊伍，接受郡守[*40]和百夫長直接指揮，遵從羅馬紀律接受嚴格訓練；但大部分人員，還是按照鄉土特性和早年的生活習慣，使用適合自己的武器。這種制度使每個軍團配屬定額的協防軍，包括各種類型的輕裝部隊和投射兵器，優點是有各自的裝備和訓練，有利於在不同國度參加戰鬥。就現代說法，軍團並不缺少一支所謂的「砲兵縱列」，包括十部大型和五十五部小型投射機具，無論傾斜式或水平式，都能發射出破壞力驚人的石塊和標槍。

羅馬軍團的營地從外表看來像是防衛森嚴的城鎮，營地先遣人員將位置標定好後，就仔細將地面整平，把所有的障礙物砍倒、移開，讓營地形狀成爲正方形，大致每邊長七百碼，足夠容納兩萬人馬。要是拿現代同樣數量的部隊來做比較，如果暴露在敵軍火力之下，那麼營地的正面要加大三倍，才能獲得足夠的安全掩護。統帥的中軍大帳，也就是位階最高將領的居所，位於營地的中央而且地勢較高。騎兵、步兵和協防軍各有駐紮的

---

38 馬可斯・安東尼命令降服的夸地人（Quadi）和馬科曼尼人（Marcomanni）支援大量部隊，立刻派往不列顛。

39 共和國規定意大利盟國要徵集固定比例的步兵單位，騎兵提高到兩倍，協防軍的數量視狀況而定。

*40 [譯註]郡守是騎士階級所出任的官員，職位與軍事護民官概等。

位置，進出的通道寬闊且平直，在帳篷和防壁之間，每邊都留下兩百呎長的空地。防壁通常有十二呎高，上下交錯的打進尖銳的木樁，安裝成一道堅固的柵欄，外面還有一道寬深都達十二呎的壕溝加以防護。這些主要的工事都由軍團士兵的雙手來完成，他們像運用刀劍和槍矛一樣，很熟練的揮動鏟鋤和斧頭，士兵們有充沛的體力可以說是天賦，但是要養成持久的耐力卻有賴於習慣和紀律。

當號角聲發出撤離的命令，營地會很快清除完畢，所有部隊都須加入行軍的行列，不得有任何延誤和混亂。軍團士兵除了自己的武器外，還要背負廚房用具、工事材料和數日的糧食，但他們在行動時並不感到有任何累贅。這種負荷對體質軟弱的現代士兵而言，眞是一種可怕的折磨*41。他們用訓練有素的穩定步伐行進，六小時可走二十哩。一旦遭遇敵軍，馬上卸下行李，非常簡便而迅速的由行軍縱隊變換成戰鬥序列。投石兵和弓箭手開到戰線正面接戰，輕裝的協防軍形成第一線，軍團在第二線展開，發揮縱長戰力，騎兵掩護側翼，投射武器架設在後方。

六、羅馬帝國的軍事部署

就是如此的戰爭藝能，讓羅馬皇帝得以捍衛征服的廣大地區，即使在各種美德因奢侈和專制而腐化不堪時，帝國還能保持尙武精神。軍隊如果忽略紀律和訓練，就無法發揮強大戰力。且軍隊人數今日仍可計算出來，一個正規軍團有六千八百三十一名羅馬人，加上配屬的協防軍，總數約一萬二千五百人。哈德良和後繼諸帝在位的承平時代，編成三十幾個這類戰力強大的混成部隊，常備兵力達到三十七萬五千人。軍團沒有駐守在有城牆防禦的市鎮，羅馬人認爲這是使人衰弱和怯懦的避難所，所以紮營在大河的兩岸或面對蠻族的邊疆地區。駐地大部分都很固定，停留的時間很長久，我們可據以敘述部署的狀況：不列顚有三個軍團；萊茵河和多瑙河地

*41 [譯註] 吉朋所說是十八世紀的士兵，要是拿現在來說，更無法想像。

區有十六個軍團，配備的位置是兩個在下日耳曼(Lower Germany)，三個在上日耳曼(Upper Germany)，一個在雷蒂提亞(Rhaetia)*42，一個在諾利孔(Noricum)*43；有四個在潘農尼亞(Pannonia)*44，有三個在瑪西亞(Maesia)*45，兩個在達西亞(Dacia)*46；幼發拉底河的防務需要八個軍團，其中六個配備在敘利亞，兩個在卡帕多西亞；埃及、阿非利加和西班牙這幾個很大的行省，因爲遠離戰爭，所以每個行省只要一個軍團就可以維護內部安寧。意大利共有兩萬名精兵，分別隸屬城市支隊和禁衛軍，負責衛戍首都和護衛元首的安全。禁衛軍幾乎是每次帝位篡奪的幕後主使人，使帝國步入分崩離析的地步，因此值得我們重視。他們的裝備和組織與一般軍團無異，除了有更華麗的軍容和更頹廢的軍紀[47]。

由皇帝一手維持的海軍與帝國的偉大似乎不相稱，但是就政府所要達成的目標而言，倒是足敷使用。羅馬人的雄心大志局限於陸地，此黷武好戰的民族，並沒有受到泰爾(Tyre)、迦太基和馬賽等城市的海員那種積極的精神所激勵，要擴張世界的範圍或探勘遙遠大洋的海岸。羅馬人對海洋並非好奇而是畏懼[48]，在摧毀迦太基和肅清海盜後，地中海就包含在他們的行省之內，皇帝的政策僅在維持領海平靜和保護臣民的海上貿易。基於此種著眼奧古斯都分別在意大利位置最適切的港口，一是亞得里亞海(Adriatic)的拉芬納(Ravenna)，一是那不勒斯灣的麥西儂(Misenum)，配置兩支永久性的艦隊。古人從經驗得知，戰船的划槳若超過兩排，除看來壯觀外，實際用處不大；而且奧古斯都曾用輕型快速帆船(又稱黎本尼亞

*42 [譯註]雷蒂提亞是現在奧地利西部，瑞士東部和巴伐利亞南部地區。
*43 [譯註]諾利孔包括奧地利中部和巴伐利亞一部分。
*44 [譯註]潘農尼亞包括奧地利東部、匈牙利西部和克羅埃西亞。
*45 [譯註]瑪西亞包括塞爾維亞東部和保加利亞北部。
*46 [譯註]達西亞包括羅馬尼亞和捷克東部。
47 塔西陀說的是提比流斯(Tiberius)時代的軍團狀況，而笛翁・卡修斯說是亞歷山大・塞維魯斯(Alexander Severus)時代，我盡量保持中庸之道。
48 羅馬人想盡辦法來隱瞞他們對海洋的無知和畏懼，用宗教信仰當託辭。

(Liburnians)*49型戰船)擊敗對手高聳而笨重的艨艟巨艦[50]，贏得阿克興(Actium)海戰*51勝利。所以他將拉芬納和麥西儂的兩支艦隊編配黎本尼亞型戰船，派出指揮官負責地中海東部和西部的防務，每支分遣隊且配屬數千陸戰隊員。羅馬海軍的主要基地除這兩處港口外，普羅旺斯海岸的弗里朱斯(Frejus)也配置相當兵力，黑海也有四十艘戰船和三千兵員負責守備任務。此外還有要維持高盧和不列顛海上交通的艦隊，及在萊茵河和多瑙河保持大量的快槳船，用來襲擾沿岸的國家，斷絕蠻族的通道。要是我們評估一下帝國軍備的一般狀況，不論是步兵、騎兵，不論是軍團、協防軍、警衛部隊和海軍，整個地面和海上的兵力，最保守的估計大約有四十五萬人。這樣的軍事武力在過去雖堪稱是所向無敵，但在十七世紀有一個王國，領土只相當於羅馬帝國的一個行省，卻也建立同樣規模的實力。

七、羅馬帝國的行省

在了解哈德良和兩位安東尼皇帝當政時，懷柔政策的精神和支持這個政策的實力後，接著要清晰而詳盡的敘述，一度團結在羅馬帝國統治下的各行省，現在已經分離成爲許多獨立而相互敵對的國家。

西班牙位於帝國、歐洲，甚至是整個古代世界的最西端，庇里牛斯山、地中海和大西洋一直是亙古不變的自然疆界。這個遼闊的半島被奧古斯都分爲露西塔尼亞(Lusitania)、貝提卡(Baetica)和塔拉格尼西斯(Tarraconensis)三個行省，現在則成爲兩個面積不相稱的主權國家。葡萄

---

*49 [譯註]用伊里利孔(Illyricum)地區造此船的民族命名。

50 蒲魯塔克(Plutarch，一世紀羅馬傳記作家和哲學家，希臘人)的《馬克·安東尼(Marc Antony)傳》裡是如此記載，要是按照後來奧羅休斯(Orosius，Paulus，四世紀神學家和史學家)的說法，所謂的巨艦高出水面不超過十呎。

*51 [譯註]公元前31年，屋大維(Octavius)和安東尼在希臘的阿克興進行大規模海戰，雙方交戰兵力共八萬人，船隻有八百餘艘。安東尼慘敗，戰船被俘多達三百艘，人員傷亡無數。屋大維經此一戰主宰羅馬帝國，後來進封號爲「奧古斯都」。

牙王國目前位於好戰成性的露西塔尼亞人所居住的地方，只是把東邊失去的領土，向北邊擴展疆域以獲得補償。格瑞那達(Grenada)和安達魯西亞(Andalusia)這兩個地方相當於古代的貝提卡行省。西班牙其餘部分、格里西亞(Gallicia)、阿斯突里亞斯(Asturias)、比斯開(Biscay)、那瓦爾(Navarre)、里昂(Leon)、兩個卡斯提爾(Castilles)、莫西亞(Murcia)、瓦倫西亞(Valencia)、加泰隆尼亞(Catalonia)和亞拉岡(Arragon)，構成對羅馬政府最關緊要的第三個行省，就以首都塔拉格納(Tarragona)來命名。當地的蠻族以塞爾特貝里亞人(Celtiberians)的勢力最爲強大，康塔布里亞人(Cantabrians)和阿斯突里亞斯人最爲頑梗不化，依仗山區險要地形頑抗，最後才向羅馬軍隊歸順，後來也最早掙脫阿拉伯人的束縛。

古代的高盧包括庇里牛斯山、阿爾卑斯山、萊茵河和大海之間的區域，比現代法國的面積還要大。所以目前這個國勢強大的法蘭西王國，要想達到古代那種理想，領土除了新近獲得的阿爾薩斯(Alsace)和洛林(Lorraine)外，還得加上薩伏衣(Savoy)大公國、瑞士的各州、萊茵河四個選侯國，以及列日(Liege)、盧森堡、黑諾特(Hainault)、法蘭德斯(Flanders)和布拉奔(Brabant)等地區。在奧古斯都統治著凱撒所征服疆域的時期，雖然原來包含著一百多個自立的土邦，但他根據軍團行進的方向、河流的位置和主要土邦的情勢，而把高盧劃分爲幾個大致相等的部分。地中海的海岸地區、朗格達克(Languedoc)、普羅旺斯和杜芬尼(Dauphiné)，按照居民對原殖民區的稱呼，將這個行省取名爲納邦(Narbonne)。阿奎丹(Aquitaine)的行政區域從庇里牛斯山延伸到羅亞爾河(Loire)；從羅亞爾河到塞納河間的區域稱之爲塞爾特高盧(Celtic Gaul)，後來從著名的殖民區得到新的稱呼，命名爲盧格都儂(Lugdunum)或者稱爲里昂(Lyons)。過了塞納河就是貝爾京(Belgic)，更古老的年代是以萊茵河爲界，但是在凱撒到高盧前不久，日耳曼人仗著蠻力的優勢，把貝爾京的區域占領相當大的部分。羅馬開疆闢土的征服者，急切要掌握無法達成的目標，就將萊茵河的高盧邊境，即巴西爾(Basil)到雷登(Leyden)這片區域取了一個言過其實的名字，上日耳曼和下日耳曼。因此，安東尼統治的朝代，高盧有六個行省，就是納邦、阿奎丹、塞爾特或稱里昂尼斯(Lyonnese)、貝爾京以及兩個日耳曼地方。

前面提過不列顛的征戰，在島上設立的羅馬行省，邊界已固定，區域涵括全部英格蘭和威爾斯，及蘇格蘭低地直到丹巴頓(Dumbarton)和愛丁堡河口灣一線。不列顛在失去自由以前，這片土地爲大小不等的三十多個蠻族部落瓜分。西部的貝爾京人、北部的布里干特族(Brigantes)、南威爾斯的西魯里族(Silures)，及諾福克(Norfolk)和薩福克(Suffolk)地方的艾昔尼族(Iceni)的人數最多。若對他們的語言和習俗深入探討，窮究其雷同之處，會發現西班牙、高盧和不列顛的住民屬同一種族，通稱爲塞爾特人。在他們屈服於羅馬人的武力之前，經常相互爭奪土地，干戈不斷；臣服以後，成爲中部地區的歐洲行省，包含範圍從海克力斯(Hercules)之柱*52到安東尼邊牆，及從塔古斯(Tagus)河口到萊茵河和多瑙河的源頭。

倫巴底(Lombardy)在被羅馬征服前不屬意大利的一部分，而是被高盧人占領成爲勢力強大的殖民區，沿著波河(Po)居住在皮德蒙(Piedmont)到洛瑪納(Romagna)之間的兩岸地區，常從阿爾卑斯山南下侵入亞平寧山(Apennine)大動刀兵，惡名昭彰。岩石海岸住著利古里亞人(Ligurians)，現在已是熱那亞(Genoa)共和國。威尼斯城市那時還沒出現，但所在的地點，位於阿第傑(Adige)的東方，原居民是威尼斯人。半島的中部現在是托斯卡尼(Tuscany)大公國和教皇國，古代有伊特拉士坎人(Etruscans)和翁布里亞人(Umbrians)的遺址，前者使意大利奠定文明生活基礎。台伯河(Tyber)流過羅馬七山，從此到那不勒斯邊界，是薩賓人(Sabines)、拉丁人和弗爾斯基人(Volsci)的故鄉，也是羅馬初期贏得勝利的舞台。在這名留千古的土地上，早期的執政官獲得凱旋的榮譽，繼位者只圖修飾莊園，而其後裔則在此建修道院。卡普亞(Capua)和康帕尼亞(Campania)鄰近那不勒斯，王國的其他地區居住著馬塞人(Marsi)、薩姆奈特人(Samnites)、

*52 [譯註]古人認爲海克力斯之柱即地球的盡頭，就是現在的直布羅陀海峽。

阿普里亞人(Apulians)和盧卡尼亞人(Lucanians)等好戰民族，海岸散布著興旺的希臘殖民區。我們知道奧古斯都將意大利分爲十一個行政區，其中伊斯特里亞(Istria)是個很小的行省，併入到羅馬城的轄區之內。

羅馬帝國在歐洲的行省受到萊茵河和多瑙河的保護。多瑙河是歐洲大陸的主要水道，源頭與萊茵河只相距三十哩，全長一千三百哩，流向大致是東南方，匯集六十多條可以通航的支流，經過六個河口注入黑海，在這個地區很難找到氣勢如此洶湧的水體。多瑙河的幾個行省通稱伊里利孔或直稱邊疆，是帝國征戰最頻繁的地區，不過也受到特別的關注而有各自的名字，像是雷蒂提亞、諾利孔、潘農尼亞、達瑪提亞(Dalmatia)[*53]、達西亞、瑪西亞、色雷斯(Thrace)[*54]、馬其頓和希臘。

雷蒂提亞行省早先稱爲凡德里西亞(Vindelicians)，整個區域的一方是從阿爾卑斯山的山巔延伸到多瑙河河岸，另一個方向是從多瑙河源頭到因河(Inn)的會合口。這片平原目前大部分是巴伐利亞(Bavaria)選侯的領土，首府奧古斯堡(Augsburg)受到日耳曼帝國憲法保護。格里森人(Grisons)在山區平安度日，提洛爾(Tirol)是奧地利皇室眾多行省之一。

位於因河、多瑙河和薩維河(Save)之間的廣大地區，在古代的名稱是諾利孔和潘農尼亞，現在有奧地利、史提里亞(Styria)、卡林西亞(Carinthia)、卡尼奧拉(Carniola)、下匈牙利(Lower Hungary)和斯拉夫尼亞(Sclavonia)。在最早的原始自主狀態下，兇野的原住民緊密的生活在一起，受到羅馬統治以後，仍然能夠精誠團結，保持小家庭的制度。這裡現在有日耳曼國王的宮廷，成爲奧地利的權力中心，基於實力自稱是神聖羅馬帝國的皇帝。這樣稱呼並不很適切，即使波希米亞、摩拉維亞(Moravia)、奧地利的北部地區，以及位於特斯河和多瑙河之間的匈牙利部分，都是後來獲得不算在內，但是奧地利皇室其餘的領土，還是包括在羅馬帝國的疆域之內，就面積而言只占很少的比例。

---

*53　[譯註]達瑪提亞是現在的波士尼亞。

*54　[譯註]色雷斯包括保加利亞南部和土耳其的歐洲部分。

達瑪提亞若稱爲「伊里利孔」會較適當，這是位於薩維河和亞得里亞海之間的狹長地區，海岸的精華部分是威尼斯共和國的一個行省，還有一個很小的拉古薩(Ragusa)共和國，這裡仍保留古代的名稱。內陸部分使用斯拉夫尼亞人的名字，稱爲克羅埃西亞和波士尼亞，前者接受奧地利的統治，後者受土耳其總督管轄。但是蠻族的部落仍然不斷騷擾整個國土，呈現混亂未開化的獨立狀態，根本分不清基督教和伊斯蘭教勢力的界線。

多瑙河與特斯河和薩維河會合後，就希臘人而言，應稱之爲伊斯特河(Ister)，正式把瑪西亞和達西亞隔開。達西亞是圖拉真征服的地區，也是多瑙河遠岸唯一的行省。如果深入研究這些國家目前的狀況，就會發現在多瑙河左邊的提美斯瓦(Temeswar)和外斯拉夫尼亞(Transylvania)，在經過幾次革命以後，已經納入匈牙利的勢力範圍。摩達維亞公國和瓦拉幾亞(Wallachia)公國則承認鄂圖曼政府(Ottoman Porte)的宗主權。位於多瑙河右邊的瑪西亞，在中世紀分裂成爲塞爾維亞和保加利亞兩個蠻族王國，現在面對土耳其的威脅又再度聯合在一起。

把色雷斯、馬其頓和希臘這整個廣大區域稱爲魯米利亞(Roumelia)，是爲了不要忘記羅馬帝國統治下的古老歷史，後來爲土耳其所沿用。在安東尼當政時，將色雷斯這個軍事重地納爲行省，大致北起希繆斯(Haemus)和洛多普(Rhadope)山區，南到博斯普魯斯海峽和愛琴海諸島，雖然歷經人事的滄桑和宗教的改換，君士坦丁(Constantine)在海峽比照羅馬所新建的城市*55，仍舊成爲泱泱大國的首都。馬其頓王國在亞歷山大的統治下，征服亞細亞，因爲先後兩位菲利浦皇帝的政策，獲得莫大的實際利益，要把原先自主的伊庇魯斯(Epirus)和帖撒利(Thessaly)都算進去，整個區域從愛琴海延伸到愛奧尼亞(Ionian)海。要是追溯底比斯(Thebes)和亞哥斯(Argos)、斯巴達和雅典在歷史上的赫赫威名，實難以想像古老希臘這樣萬世不朽的共和國，竟會淪爲羅馬帝國的一個行省，就是受到亞

*55 [譯註]君士坦丁大帝於324年所選定的「新羅馬」，即公元前657年由希臘移民，在博斯普魯斯海峽西岸所建之拜占庭。等到330年興建完成後改爲君士坦丁堡，成爲東羅馬帝國的首都，1453年被土耳其人攻占後再改名爲伊斯坦堡。

該亞(Achaean)聯盟的有力影響，才會命名爲亞該亞行省。

以上所述是羅馬皇帝統治下的歐洲狀況。亞細亞行省加上圖拉眞暫時征服的地區，就把土耳其帝國的勢力範圍全部包括在內。要是能夠按照歷久長存的天然形勢，而不是獨斷無知的任意分割，不僅可以增加安全，也會獲得有關各國的同意。小亞細亞*56的名稱與半島的特色有關，這個半島位於黑海和地中海之間，從幼發拉底河一直延伸到歐洲。其中最富饒的寬闊平原，座落在托魯斯(Taurus)山脈和哈里斯河(Halys)以西，羅馬人使用亞細亞這個專有名詞。行省的管轄範圍包括古代的特洛伊、利底亞(Lydia)和弗里基亞(Phrygia)等君主國，龐非利亞人(Pamphylians)、呂西亞人(Lycians)和卡里亞人(Carians)所占據的濱海國家以及愛奧尼亞地區的希臘殖民區。這些地方的藝術才能可與祖國媲美，但是武功遠不及古希臘人。俾西尼亞(Bithynia)王國和本都(Pontus)王國據有半島北部的土地，從君士坦丁堡(Constantinople)一直到特里比森德(Trebizond)。西里西亞(Cilicia)行省在南部的相對位置，東邊鄰接敘利亞的山區。內陸區域一度是獨立的卡帕多西亞王國，與羅馬的亞細亞隔著哈里斯河，與亞美尼亞以幼發拉底河爲界。我們可以看到黑海的北部海岸，亞細亞方面遠到特里比森德，在歐洲則超過多瑙河，全都臣服皇帝的統治，不是納貢稱臣就是接受派駐的守備部隊。布德札克(Budzak)、克里姆韃靼(Crim Tartary)、色卡西亞(Circassia)和明格瑞利亞(Mingrelia)便是這些野蠻國度的現代名稱。

塞琉卡斯(Seleucidae)*57是亞歷山大的部將也是他的繼承人，將王座設在敘利亞以統治上亞細亞(Upper Asia)，直到安息人叛亂成功，才把疆域限定在幼發拉底河和地中海之間。等敘利亞納入羅馬版圖，就成爲帝國東疆。此行省跨越很大的緯度，除北邊抵卡帕多西亞山區，南邊達埃及疆界和紅海外，還不知其他界線位於何處。腓尼基和巴勒斯坦有時受敘利亞管轄，有時

*56 [譯註]小亞細亞即今日土耳其的亞洲部分。

*57 [譯註]亞歷山大逝世後，帝國分爲四個王國，亞細亞和波斯由塞琉卡斯統治；埃及交托勒密負責；馬其頓由安提哥(Antigonids)繼承；印度成爲旃陀笈多羅(Chandragupta)帝國。

會分出，前者位於狹窄的岩石海岸，後者的土地面積和富饒程度還不及威爾斯，但這兩處使人類永難忘懷，因為歐美的文字源於腓尼基，宗教則出自巴勒斯坦。從幼發拉底河到紅海，沿著敘利亞無法確定的邊界是大片寸草不生的沙漠，阿拉伯人要是過著隔絕的遊牧生活，還能保持獨立自主的狀態，只要在不太貧瘠的地點定居下來，很快就會成為帝國的臣民。

古代的地理學家對於要把埃及算成地球的那一部分，感到非常為難。這個歷史上燦爛無比的王國位於巨大的阿非利加半島，但是進入的通道是在亞細亞，歷史上不論任何時期，亞細亞若發生重大變革，埃及只有謙卑地承受所產生的後果。托勒密(Ptolemies)王朝的寶座上坐著羅馬的高官，馬木祿克(Mamalukes)帝室的權杖現在掌握在土耳其總督的手裡。尼羅河貫穿全境，從北回歸線流向地中海長達五百哩，兩岸土地的肥瘠全靠河水定期氾濫。塞林(Cyrene)*58沿著海岸位於西邊，最早是希臘的殖民區，後來成為埃及的一個行省，現在已經被巴卡(Barca)沙漠所掩蓋。

阿非利加海岸地區從塞林伸展到大西洋，長達一千五百哩，然而被壓擠在地中海和撒哈拉沙漠之間，所以寬度不超過八十到一百哩。羅馬人把東部地區視為阿非利加地位最特殊的行省，在腓尼基人建立殖民區前，這片豐饒土地上居住著蠻勇好戰的利比亞人(Libyans)，後來在迦太基統治下成為帝國的首都和商業中心，但是迦太基共和國的所在地，現在已經淪為積弱不振和動亂不已的的黎波里(Tripoli)和突尼斯(Tunis)兩個國家。努米底亞(Numidia)一度由馬西尼撒(Massinissa)和朱古達(Jugurtha)合併而成，現在大部分地區受阿爾及爾(Algiers)軍事政府統治。但是在奧古斯都時代，努米底亞的邊界縮小，其中至少有三分之二的國土很勉強地稱為茅利塔尼亞(Mauritania)，還加上凱撒尼西斯(Caesariensis)的字樣。真正的茅利塔尼亞是摩爾人(Moors)的故鄉，來自廷吉(Tingi)或丹吉爾(Tangier) 此一古老城市，為區別起見稱做廷吉塔納(Tingitana)，就是現代的非茲(Fez)王國。瀕臨大西洋的薩爾(Salle)，是海盜大本營，因而惡名在外，就羅馬

*58 [譯註]塞林包括利比亞東部和塞浦路斯島。

人而言，這裡是他們勢力所及的極限，也是地理上的盡頭。在美昆內茲（Mequinez）附近仍舊可以發現所建的城市，所居住的都是野蠻人，我們還要稱之爲摩洛哥皇帝。不論是摩洛哥更南邊的疆域或西格美薩（Segelmessa），過去都沒有成爲羅馬的行省。阿非利加的西部被阿特拉斯（Atlas）山脈的支脈所隔斷，這座高山因詩人的想像而浪得虛名，但現在卻越過無邊無際的大洋，掀起的浪濤由舊大陸向新大陸傳播。

巡繞羅馬帝國一圈後，就會發現阿非利加和西班牙之間，被一條狹窄的水道分開，大西洋的潮流經過十二哩寬的海峽進入地中海。海克力斯之柱在古代極著名，似乎是兩座山脈被超自然的力量所震開，在歐洲這邊的山腳下矗立雄偉的直布羅陀要塞。整個地中海海域包括海岸和島嶼，全部涵蓋在羅馬疆域的範圍之內。巴利阿里斯（Baleares）群島裡兩個大島，因面積的大小而稱爲馬約卡（Majorca）和米諾卡（Minorca），前者現在屬於西班牙，而後者是英國的屬地。科西嘉的現況甚爲不利，使人深感惋惜。意大利有兩個主權國家，自認對薩丁尼亞和西西里有合法的權利義務。克里特（Crete）又稱坎地亞（Candia），還有塞浦路斯（Cyprus）及希臘和亞細亞許多小島，曾爲土耳其軍隊占領。馬爾他（Malta）雖是多岩石的小島，卻不畏強勢，力拒狂瀾，在軍事政府統治下，如日中天贏得聲名和財富。

羅馬帝國這一長串的行省，分裂開來形成許多勢力強大的國家，從這方面來看，古人的虛榮和無知就值得原諒。統治著遼闊的區域，建立強大的武力，皇帝還在推動懷柔政策，不論是否眞有其事，這一切使人感到眼花撩亂，不知所措。這是因爲皇帝瞧不起邊塞絕域之地，有時置之不理，任由化外之民自生自滅，從而也逐漸喪失羅馬帝國在地球上特有的權利。一位現代歷史學家所具有的素養和學識，必須能夠愼思明辨和精確表達。他要是觀察到，羅馬帝國從安東尼邊牆和達西亞的北疆，到阿特拉斯山脈和北回歸線，橫寬有兩千哩；而從大西洋到幼發拉底河，縱長則有三千哩；介乎北緯二十四度到五十六度之間，位於最適合人類居住的溫帶，面積大約有一百六十萬平方哩，大部分都是肥沃的原野和適於耕種的地方，這樣才會對羅馬帝國的偉大有正確的認識。

第二章

羅馬帝國在安東尼時代內政修明物阜民康(98-180A.D.)

羅馬的偉大不在於擴張疆域，迅速贏得征戰的勝利。就目前來說，俄羅斯的領土最廣大，占有世界上大部分的荒漠地區。想起古老的年代，亞歷山大大帝越過海倫斯坡(Hellespont)[*1]，不到七年的工夫，戰勝印度以後在希法西斯(Hyphasis)河畔修建馬其頓紀念碑[2]。等到中世紀，所向無敵的成吉思汗和蒙古的君王，用燒殺搶掠的作戰方式，從東邊的中國向西征戰，直達埃及和日耳曼邊界，在一個世紀內，建立起爲時短暫的龐大帝國。但羅馬強權靠著幾世代的經營，憑藉智慧和經驗才建立起穩固的基業。在圖拉眞和安東尼時代，帝國所屬各行省，經由法律獲得統一，藉著藝術增添光彩，已經完全降服再無異心。委派的地方官員雖偶爾會作威作福，但是一般而言，施政還是明智、簡便且利民。行省人民可信奉祖先的宗教，有關市民的榮譽和利益，也大致提升到與征服者平等的地位。

一、寬容的宗教信仰

皇帝和元老院的宗教政策，也受到開明意見與迷信習俗的欣然支持。各種宗教儀式在境內流行，對於一般民眾來說，它們是同樣的眞實；對於

---

*1 [譯註]海倫斯坡就是達達尼爾(Dardanelles)海峽，分隔亞洲小亞細亞半島和歐洲巴爾幹半島。

2 所謂的紀念物就是一個巨大的祭壇，建造的地點位於拉荷(Lahor)和德里(Dehli)之間。亞歷山大在印度斯坦(Hindostan)的征戰，以抵達旁遮普(Punjab)爲限，印度的五條大河流經此地。

哲學家來說，則是同樣的虛妄；對於地方行政官來說，是同樣的有用。如此寬容所帶來的結果，不僅是彼此間的遷就，更重要的是宗教上的和諧。

那個時代民眾的迷信行爲，不會產生神學上的對立而引起彼此衝突，也不會因思想體系的束縛而使身心受到限制。虔誠的多神教教徒不僅喜愛本鄉本土的宗教儀式，也認同他人對世界上不同宗教有絕對的信仰[3]。就這些信徒來說，恐懼、感恩和好奇的心理、一個夢境或某種預兆、遭遇到不如意事件的打擊、甚至是長途行旅所產生的阻礙，都會讓他們的信仰更爲堅定，祈求更多神明的庇護。異教徒神話的架構非常淺薄，雖混雜著各種不同的材料，還不致形成矛盾和對立。所謂的聖賢豪傑和英雄人物，莫不與鄉土休戚相關、生死與共，這些使國家建立權勢和名聲的偉人，即使沒有受到世人像神祇一樣的膜拜，至少也會獲得讚揚和尊敬。汎神論認爲千山萬水都具備神性，默默之中在所在地區發揮它的影響力。羅馬人祈求台伯河不要降災，就不該嘲笑埃及人爲了祈福而向尼羅河呈獻大量祭品。就物質方面而言，自然界可見的力量、行星和元素，在整個宇宙是完全一樣，毫無區別。精神世界看不見的主宰，無可避免由同一模式的傳說和寓言所鑄造而成，無論是善與惡，都有各自的神祇來作爲代表。每一種技藝和職業的背後也都有他們的守護神，即使是經過長久傳承的世代和相隔遙遠的國家，這些神祇所顯現的性質，都和被保護者的特定需要有關。不論是那一種系統的神界，在發展的過程和利益的歸屬上都會產生對立，要依靠一位至高無上者來調停。經過長時期的教化認同和頂禮膜拜，這位神祇逐漸提升到極度完美的崇高地位，成爲「永恆的天父」和「全能的君主」[4]。古代的宗教精神是如此的溫和包容，以致於各個民族對於崇拜的儀

---

3 沒人能像希羅多德(Herodotus, 484-430B.C.，希臘史學家)那樣，把多神教的眞實情況描繪得栩栩如生，休謨(Hume, David, 1711-1776A.D.，英國哲學家和史學家，爲著名的不可知論者)的《自然宗教史》(*Natural History of Religion*)引用很多，波舒哀(Bossuet, Jacques-Benigne, 1627-1704A.D.，法國天主教主教和神學家)的《世界通史》(*Universal History*)表示不同的意見。埃及人的行爲中，顯示出隱約的不寬容精神。基督教及猶太教則是很重要的例外，需要以專章進一步說明。

4 有關奧林帕斯(Olympus)神族統治的階級、勢力和權柄，在《伊利亞德》(*Iliad*)第十五卷有詳盡敘述。我指的是希臘原文，因爲將《伊利亞德》翻譯成英文的波普先生

式，只關切相互的雷同，而不在意彼此的差異。希臘人、羅馬人以及各地的蠻族，雖然都各有祭壇，要是大家在那裡相遇，很容易感覺到，即使名稱不一，儀式各異，但是都在崇拜同樣格局變小的神祇。荷馬的史詩所敘述的神話故事，對古代世界的多神教賦予一個瑰麗而通用的規範[5]。

希臘的哲學家是從「自然人」而不是從「神」演繹出倫理學和道德規範，當然他們也曾抱持非常嚴肅的態度，沉思冥想神性的存在，經過深入的探討，明瞭人類的理解力雖然很強大，但是在這方面卻極爲有限[6]。四個最知名的學派，斯多噶學派（Stoics）和柏拉圖學派（Platonists）致力於協調理性和虔敬之間利害關係的衝突，他們留給世人超凡入聖的明證，就是「原道」的存在和完美。但是，由於對物質的創造無法表達，斯多噶學派的哲學家在這方面的成果不彰；相反的是，柏拉圖和其門徒強調屬靈層次的神性，脫離物質進入觀念的領域。學院學派（Academics）和伊比鳩魯學派（Epicureans）很少討論有關宗教方面的問題。前者重視虛懷若谷的科學精神，對上帝之國的天意抱持懷疑的論點；而後者用無知作藉口，全盤否定上帝之國的存在。受到競爭的鼓勵所產生的研究精神，也只有在自由的環境裡才能生根茁壯，再經由哲學大師的倡導，而成立眾說紛紜的學派。純樸的年輕人從世界各地湧入雅典，這裡也和羅馬帝國的其他學術中心一樣，教導大家要對世俗的宗教採取否定和排斥的態度。不過，說實在的，怎麼可能要哲學家把詩人所杜撰的故事，或者是上古流傳事理不明的傳說，當作眞理來建立對神明的信心；也不可能把「凡人」當成神來崇拜，事實上有些「凡人」的行爲並不是很光明磊落，不僅不該受到敬拜，反而應該受到蔑視才對。爲了反對這些毫無價值而又受到崇拜的偶像，西塞羅（Cicero）不惜自貶身價，用眞理和雄辯當作針砭的工具。倒是盧西安

已改進荷馬的神學體系，自己卻不知道。

5　根據德・貝爾（de Bell）的說法，高盧在一到二個世紀之內，本土的神祇就出現麥邱里（Mercury，財富之神）、馬爾斯（Mars，戰神）、阿波羅（Apollo，太陽神）等等稱呼。

6　西塞羅的名著《論自然》（*Natura Deorum*）就是很好的證明，哲學家對這方面的意見，不僅誠摯而且精到。

(Lucian)*7的諷刺詩卻更有效，變成破除迷信的利器。一個社會裡文明水準較高的階層，難免對平民的迷信行爲發出藐視的私語。但是極有聲望的文人雅士，也不願故土的神明被揭發，且受到公眾的訕笑和攻擊[8]。

縱使安東尼時代反對宗教信仰的潮流甚囂塵上，但當時除需要考慮祭司階層的利益，也要使民眾在精神上有所寄託。古代的哲學家在作品和語錄中，強調理性應有獨立自主的尊嚴。他們的言行莫不符合法律和習俗的規範，眼見凡夫俗子的各種謬誤，而不禁露出一絲憐憫和無奈的苦笑，但只能心甘情願奉行祖先的祭典，不時到廟宇去參拜神明；還得在聖潔的長袍下掩飾住無神論的心意，裝模作樣的參與各種迷信的場合。賢達之士就是不會爲世俗的信仰和宗教而爭辯不休，更不會像愚蠢的民眾那樣涉身其中。他們在踏上利比亞(Libya)*9、奧林帕斯和朱庇特神廟(Capitoline Jupiter)祭壇時，心中雖不以爲然，但外表仍呈顯恭敬神色[10]。

若說羅馬的議場衍生宗教迫害的動機，這點實在讓人無法理解。很多高階官員本身就是哲學家，雅典的學院把法律傳授給元老院，這些人對迷信有根深柢固的成見，執行政令不會受到宗教信仰的矇騙。元老院已經把世俗和教會的權力集於一身，不可能爲野心和貪婪所驅使，他們選舉最賢明的元老院議員擔任祭司，皇帝本人身兼大祭司的職位。他們不但重視宗教帶來的利益，也明瞭與世俗政府之間的關係，要把公眾的祭典節慶作爲教化人民的工具。爲便於推行政令，也使用各種占卜和預兆的手段；爲鞏固社會的安定，認爲僞證罪會受到神明的懲罰，不管今生或來世都逃不掉法條的追訴[11]。所以羅馬的官吏和議員承認宗教具有莫大的價值，即便是名目雜亂、無奇不有的儀式，他們也深信終究還是有益於世道人心。因

*7 [譯註]盧西安(120-180A.D.)是希臘修辭學家和諷刺詩人。

8 在反對宗教信仰的時代，我認爲迷信、夢幻、預言和神怪不會喪失蠱惑人心的力量。

*9 [譯註]利比亞是希臘神話裡的女英雄，她和海神生有二子；阿非利加的利比亞就是以她來命名。

10 蘇格拉底、伊比鳩魯、西塞羅和蒲魯塔克，曾不斷教誨大家對本土和人類的宗教，要有虔誠的尊敬之心，而伊比鳩魯的行爲更可以作爲楷模。

11 波利比阿斯很感慨的提到，在他那個時代，這種對神明的恐懼已失去效果。

此，每一個國家和鄉土的崇拜儀式，經過時間的發展和經驗的累積而爲眾人所接受。被羅馬人征服的國家，原來壯觀的神像和華麗的廟宇，經不起貪婪的搜括[12]和無法顯現神威而日益沒落，但遠古遺留的宗教實體，仍一如往常受到羅馬的寬容和庇護。看起來只有高盧行省似乎是個例外，德魯伊[*13]教徒掌握很大的權力，提比流斯和克勞狄斯兩位皇帝在位時，以廢除活人祭祀爲藉口大力加以鎮壓，避免未來可能的危險。但是祭司本身以及神祇和祭壇，仍安全地保存在隱密處所，直到異教完全被根除爲止。

羅馬是偉大帝國的首都，全球各地的臣民和異鄉客絡繹不絕到來，引進他們在本土信奉的宗教，並持續在此祭祀各自的神明。帝國的每一座城市都希望維護古老宗教儀式的純淨，元老院也運用權力，阻止異國的儀式不致氾濫成災。埃及的迷信風氣格調很低且使人墮落，經常受到查禁，祀奉塞拉皮斯(Serapis)和艾希斯(Isis)的寺廟常被摧毀，信徒被驅離羅馬和意大利[14]。但政策的冷酷無情和執行不力，終究擋不住宗教狂熱。放逐的人員偷跑回來，改宗的信徒反而增加，重新蓋起的神殿更加金碧輝煌。最後，塞拉皮斯和艾希斯在羅馬神祇中占有一席之地。這種情形當局並非放縱不管，而是宗教的寬容政策沒有背離政府所秉持的古老原則。在純樸的共和國時代，特派一位使節，把自然女神西布莉(Cybele)和醫藥之神埃斯科拉庇斯(Aesculapius)迎進國門[*15]，並承諾給予該國更多尊榮，來誘取城市守護神放棄對這兩座城的庇護。此種作法幾乎已成慣例，羅馬逐漸成爲帝國臣民共有的聖殿，人類所有的神明賜給這個城市有自由的權利。

12　敘拉古(Syracuse)、塔倫滕(Tarentum)、安布拉西亞(Ambracia)和科林斯這些城市都得到這種悲慘的下場。

*13　[譯註]德魯伊教是古代高盧和不列顛等地的塞爾特人，所成立的半宗教組織，由一批有學識的人員擔任祭司、教士和法官，負責各族的祭典和法庭審判等工作。

14　羅馬建城後701年(53B.C.)，元老院下令摧毀祭祀艾希斯和塞拉皮斯的廟宇，由執政官親自動手。凱撒去世後，公家出錢修復。奧古斯都在埃及時，把塞拉皮斯尊爲主神，等他回到羅馬，卻又禁止祭拜埃及神祇。不過，在他統治期間，百姓還是盛行供奉埃及神明，一直到提比流斯即位，才採取嚴厲制壓手段。

*15　[譯註]羅馬軍隊圍攻敵人城市時，會向敵人的神祇許願，請求城市的保護神放棄對該城的保護，條件是攻克後將這些神明迎進羅馬的神廟，繼續享受人民的祭祀。

二、羅馬的自由權利

保持古老市民血統的純淨，絕不與外人混雜，這種極端狹隘的思想，使得雅典和斯巴達停滯不前，終於遭到毀滅的命運。天降大任於羅馬，爲著併吞四海的野心，寧願捨棄眼前的虛榮，盡量從奴隸、外人、敵寇和蠻族的身上吸取長處和優點[16]。這樣做不僅視爲當然之理，也絲毫無損源遠流長之光榮。雅典共和時期最昌隆興旺的年代，市民的數量由三萬人[17]逐漸減少到二萬一千人。若看羅馬共和國的成長過程，可以發現塞維烏斯·塔留斯(Servius Tullius)第一次人口普查，市民總數沒有超過八萬三千人，但因戰爭和殖民的需要量增加，到了社會戰爭(90-88B.C.)前夕，數量遽增到四十六萬三千人，可以執干戈以衛社稷。等到羅馬的盟邦要求平等的地位，共享榮譽和權力，元老院寧可決一死戰也不願忍辱退讓，而薩姆奈特人(Samnite)和盧卡尼亞人(Lucanian)則爲輕舉妄動付出慘痛代價[*18]。但意大利半島其他的城邦國家，在陸續負起應盡的責任後，也獲准加入共和國成爲核心分子，如此很快便造成公眾自由的毀壞。民主政體的公民行使國家主權，但若把主權交給人數眾多而無法掌控的群眾，一開始會是暴民政治的濫權辱國，最後下場則是民主和法制被剝奪一空。當皇帝的專政力量制壓住人民大會的勢力時，羅馬市民充其量是第一等榮譽公民而已，與被征服民族沒多大差別。所以即使公民人數迅速增加，也不會造成共和時期暴民政治的危險。何況明智的君主遵奉奧古斯都的原則，小心翼翼維護

16 博學的斯龐海姆(Spanheim, Ezechiel, 1628-1710A.D.，德國古典文學學者)著有《羅馬世界》一書，他認爲塔西佗的《編年史》第十一卷第二十四節，把拉丁人、意大利各族和各行省獲得羅馬公民權的歷史，交代得非常清楚。

17 根據希羅多德的《歷史》第五卷記載，是一個概估的數目。

*18 [譯註]意大利半島各盟國自認對羅馬出力甚多，要求完全的公民權，其領袖德魯薩斯(Drusus)被刺，各城邦起而叛變，成立新的共和國，首都設於柯芬紐姆(Corfinium)，引起公元前90-88年的社會戰爭(Social War)。雖然薩姆奈特人和盧卡尼亞人的城市被毀，人民死傷慘重，最後各城邦終於獲得公民權。

羅馬令名於不墜，經審愼考慮，很慷慨的把公民權頒給眾多的臣民[19]。

羅馬人的特權即使普及到帝國每個居民的身上，意大利和行省之間仍有很大的差別。前者被尊爲政治的中樞和國家的基礎，是皇帝和元老院議員的出生地，至少他們都居留此處[20]。意大利人的財產免於繳納稅捐，個人不受官吏專制的管轄，各城邦的市政比照首都的模式辦理，在皇帝的直接監督下，賦予執行法律的權力。從阿爾卑斯山山腳到南端的卡拉布里亞(Calabria)，所有意大利土著一出生就是羅馬公民，原有的差別待遇完全清除得乾乾淨淨，在不知不覺中凝聚成一個偉大民族，經由語言文字、生活習慣和典章制度的統一，共同負起強權帝國的重責大任。共和國寬厚爲懷政策提升光榮的地位，歸附的子民以功勳和服務回報。若說羅馬人只能局限於城牆內的古老家族，羅馬的不朽聲譽將減少一些最高貴的尊榮。魏吉爾(Virgil)是曼都亞(Mantua)的土著，賀拉斯不知道自己應算是阿普利亞人還是盧卡尼亞人。一位在帕都亞(Padua)的歷史學家有資格把贏得羅馬勝利的世家大族記之於史冊。加圖(Cato)家族世代多出愛國之士，興起在塔斯庫隆(Tusculum)。亞皮努(Arpinum)雖是小鎭，以馬留(Marius)和西塞羅出生該地而倍感榮耀，前者是續羅慕拉斯(Romulus)和卡米拉斯(Camillus)以後，羅馬的第三位創基者[21]；而後者處理加蒂藍(Catiline)謀叛案免於國家的分裂，使羅馬有資格與雅典競爭雄辯的桂冠[*22]。

帝國的行省(名稱和地點如前章所述)沒有議會力量和憲政自由，無論

19　米西納斯(Maecenas, Gaius, 70B.C.-8A.D.，羅馬政治家，是奧古斯都的首席顧問)建議奧古斯都，透過一份敕令宣告，羅馬帝國的所有臣民都是公民。吾人懷疑這是史學家笛翁(Dion)草擬的議案，所以較符合他那個時代的慣例，較不符合奧古斯都時代的慣例。

20　元老院議員的田產必須有三分之一在意大利，馬可斯即位後，放寬爲四分之一。從圖拉眞當政起，意大利已降到和行省接近同等的地位。

21　公元前106年，北方蠻族條頓人大舉入侵意大利，羅馬告急，執政官出兵慘敗，後將全權託付馬留，於艾克斯(Aix)之戰大敗條頓人，國家安全始得保障。

*22　[譯註]古希臘的雄辯家輩出，其中以笛摩昔尼斯(Demostnenes)爲其翹楚，他也是民主派政治家，爲了反對馬其頓入侵希臘，發表《斥腓力》演說多篇，後被迫服毒自殺。羅馬時代只有西塞羅享有雄辯家的大名，可與之抗衡，而且雙方的遭遇也很類似。蒲魯塔克在《希臘羅馬名人對比傳》中將兩人相提並論。

是在艾圖里亞(Etruria)、希臘[23]，還是高盧[24]，元老院首要的關切事項，就是要解散當地各城邦之間的聯盟關係，以免除心腹大患。這樣一來就讓世人知道，由於各國自己在勾心鬥角，才使羅馬的武力得以坐收漁人之利，要是大家團結合作，就能抗拒羅馬的侵略。對於這些地區的王侯，以感恩圖報或寬宏大量爲名，讓他們暫時維持統治權，等到被征服國家的控制穩固以後，失去利用價值就被趕下王座。那些曾經擁戴羅馬的自主城邦，在開始時得到名義上是盟友的獎勵，也在不知不覺中淪落到被奴役的地位。元老院和皇帝所派出的總督無論在何地，都握有絕對的統治權，不受任何限制。但是，過去政府爲了確保意大利的平靜和順從，所運用的施政原則，到後來也擴展到最遙遠的征服地區。其目的一方面是推廣殖民區，另一方面是讓忠誠而有貢獻的省民得到羅馬公民權，經由這兩種措施，逐漸結合各行省形成一個羅馬民族。

塞尼加(Seneca)[*25]評論說：「羅馬人在征服的土地上定居。」歷史和事實證明此言不虛。土生土長的意大利人遠赴異地，可能是受到利益的引誘，也可能是爲了歡樂的生活，但他們都迫不及待要享受勝利的成果。因此，我們特別要注意，在亞洲降服以後經過四十年，由於米塞瑞達笛斯(Mithridates)下達殘酷命令，一天內有八萬羅馬人被處死[26]。這些自願流放在外的人士，大部分從事商業、農業和承包稅收的工作，直到皇帝成立永久性的軍團，行省開始駐紮很多軍人，退伍老兵獲得土地或金錢作爲服役報酬，通常會帶著家眷在耗盡青春期的防區定居下來。遍及整個帝國，特別是在西部各行省，把土地肥沃的區域和交通便利的地點，保留下來設置

23 根據保薩尼阿斯(二世紀時的希臘地理學家)的記載，等到這些會議沒有危險以後，羅馬又恢復它們原有的名稱。

24 凱撒在《高盧戰記》中經常提到；都博斯神父(Abbé Dubos)一直想證明，這些會議到了羅馬帝制以後還繼續存在，但是沒有什麼證據。

*25 [譯註]塞尼加生於公元前4年，是羅馬著名的斯多噶派哲學家、政治家和戲劇家，擔任過尼祿皇帝的老師，後因密謀推翻暴政，於公元65年被尼祿迫使自殺。

26 蒲魯塔克和笛翁·卡修斯誇大其辭，說被屠殺的羅馬公民有十五萬人之多，我認爲數量少一點更爲可靠。

殖民區，有些地方是平民的遷移，還有一些是基於軍事需要。這些殖民區的生活方式和推行的內部政策，完全按照祖國的模式，成爲最佳的對外代表。也受到當地土著推崇，建立穩固友誼和聯盟關係，致使羅馬的威名遠播，而當地土著也能分享應有的榮譽和利益，關於這方面殖民區倒是沒讓人失望[27]。後來自治市鎮的地位和繁榮程度，逐漸與殖民區不相上下。在哈德良統治時期，到底是羅馬本土衍生出來的社區，還是後來被羅馬接受的社區，誰具有更優勢的條件，此問題曾經過一番爭論[28]。有人說，拉丁姆(Latium)[*29]的權利頒給有關的城市，就是一種偏愛的行爲。官吏只在任期屆滿後，才恢復羅馬公民權的資格，但這些官員的任期通常是一年，不要幾年工夫就可輪轉各種主要經歷。省民能加入軍團服兵役，也可從事行政工作。總之，這些執行公務負責盡職、表現良好的人士，都會得到獎賞，但由於皇帝手筆愈來愈大，以致於價值大幅縮水。不過，即使在安東尼時代，有大量臣民獲頒公民權，仍附帶有實質利益。很多民眾有了名分，依據羅馬的法律得到好處，部分涉及雙方權益的項目，像是婚姻、遺囑和繼承。任何人只要獲得恩寵，或者建立功勳，就會飛黃騰達。那些把朱理烏斯・凱撒(Julius Caesar)圍困在阿里西亞(Alesia)[*30]的高盧人，他們的後裔有的指揮軍團，有的治理行省，獲准進入羅馬元老院擔任議員。這些人不再有擾亂國家安寧的野心，而是與羅馬休戚相連，生死與共。

---

27 西班牙設置二十五個殖民區；不列顛有九個，包括科赤斯特(Colchester)、倫敦、契斯特(Chester)、格洛斯特(Gloucester)和巴斯等城鎮。

28 根據傑留斯(Gellius)在《阿提卡之夜》(*Noctes Atticae*)一書的記載，哈德良皇帝感到很驚奇，像優提卡(Utica)、卜地絲和伊塔利卡這些城市，已享有自治市鎮的權利，卻請求給予殖民區的頭銜。這樣的狀況風行一時，使帝國充滿名譽上的殖民區。

*29 [譯註]拉丁姆這個地區在台伯河以南、亞平寧山脈以西以及康帕尼亞以北，裡面的城市很早就與羅馬建立同盟的關係，直到公元前338年才廢除。但是這些城市比起意大利其他地區和行省，獲得更多的特權。

*30 [譯註]公元前52年，高盧人在弗辛格托里克斯(Vercingetorix)領導下，發起叛變，凱撒被圍於阿里西亞。攻防之戰一直打到次年，凱撒獲得勝利，完成高盧的征服工作。

三、語言和文字

羅馬人認爲語文影響到民族的風俗習慣，所以在武力發展的過程中，極重視推廣拉丁語。意大利的古老方言，像是薩賓語、伊特拉斯坎語和威尼斯語，都已被遺忘。但在行省裡，對勝利者教導的語言，東部各省就不像西部那樣願意接受。東部和西部迥然相異，就像兩種不同的色彩，雖然在帝國如日中天的光輝下顯得黯然失色，但等到羅馬世界爲夜幕所籠罩，這些差異又逐漸能看清楚。帝國在征服西部領域的同時也施以教化，未開化的蠻族很快就安於降服，知識和禮儀帶來新的印象，開啓他們的心智。魏吉爾和西塞羅所使用的語言，雖無可避免地混雜著以訛傳訛的謬誤，還是廣泛被阿非利加、西班牙、高盧、不列顛和潘農尼亞的民眾所採用[31]。至於布匿克和塞爾特的辭語還能找到模糊不清的痕跡，只有保存在山區或農民的口中[32]。教育和學習使各國人民受到潛移默化，對羅馬產生孺慕情感。意大利給半島的拉丁屬民帶來法律和時尚的生活，爲享受城邦所給的自由和榮譽，他們愈是熱烈追求，就愈容易到手。文學和武功都可以給國家帶來無上的尊嚴[33]。最後，即使產生像圖拉眞那樣在異國出生的皇帝，西庇阿也不能否認這位就是他們的同胞[*34]。希臘的情況和未開化蠻族完全

---

31 阿普列烏斯(Apuleius, Lucius, 二世紀文學家，著有《金驢記》)和奧古斯丁(Augustin, 354-430A.D.，天主教在北非希波(Hipo)教區的主教、哲學家和神學家)在阿非利加遙相呼應，斯特拉波在西班牙和高盧，塔西佗在不列顛爲阿格瑞寇拉作傳，以及帕特庫拉斯(Paterculus)之於潘農尼亞。這些人之外，我們在當地的碑銘上還找得到拉丁文。

32 在威爾斯、英國的康瓦爾(Cornwall)郡和法國阿莫里卡(Armorica)等地的山區，保存著塞爾特語。我們也可看到一段記載，說阿普列烏斯用布匿克語責備一位青年，因爲他不會講希臘話，也不懂拉丁語。

33 僅西班牙而言，就產生哥倫米拉、昔尼加、盧坎(Lucan,Narius Annaeus Lucanus,39-65A.D.，詩人)、馬修(Martial, Marcus Valerius Martialis, 40-104 A.D.，詩人)和昆提良(Quintilian, 35-96A.D.，修辭家)這些文壇知名之士。

*34 [譯註]西庇阿在公元前210年占領西班牙，以此爲基地贏得對迦太基人作戰的勝利，從此開始在西班牙建立殖民區。圖拉眞家族定居該省的伊塔利卡，是第一位在意大利境外出生的的皇帝。

不同，前者有很長的時期經歷文明的興衰，他們品味太高，所以不能拋棄自己的語言文字；也太自負，所以無法採用外國的典章制度。他們在喪失祖先遺留的德行後，卻仍保持偏頗成見，認爲羅馬征服者的舉止不夠文雅，擺出一副輕視的樣子，卻也不得不欽佩，對方的智慧和權謀確是高人一等[35]。希臘人的語言文字和它所表達出來的感情，產生莫大影響力，不再局限於希臘此狹隘範圍內，何況這個國家是文化的搖籃，有著光輝的歷史和無上榮譽。希臘文明所創造的帝國，隨著殖民和征戰的進展，從亞得里亞海播散到幼發拉底河和尼羅河，亞細亞滿布希臘城市。在馬其頓國王的長期統治下，使得敘利亞和埃及進行風平浪靜的改革。那些君主在金碧輝煌的宮廷中，把雅典的文雅風格和東方的華麗氣派揉合爲一，宮廷開先例，皇親國戚和高官厚爵起而效尤，只是規模較小罷了。以上就是羅馬帝國區分爲拉丁語系和希臘語系的大致狀況。此外，還可加上第三種語文，普遍使用於敘利亞和埃及的土著，這是古代的一種方言，無法與其他國家溝通，不利於商業發展，也妨礙當地蠻族進步。敘利亞人的氣質是萎靡軟弱，經常受到他人的藐視；而埃及人的特性是陰險殘暴，就是征服者對他們也感到厭惡。這些國家降服在羅馬的勢力之下，但他們的城市很少要求自由權，事實上也不配得到這些權利。値得注意的是，托勒密王朝淪亡兩百三十年後，才有一位埃及人獲准進入羅馬元老院[36]。

勝利的羅馬反而被希臘的藝術所征服，這雖是老生常談，但還是値得提出來說明。那些永垂不朽的作家，迄今還爲近代歐洲人所欣賞欽佩，在當時立即成爲意大利和西部行省，刻意模仿和深入研究的對象。但是羅馬人這種高雅的賞心樂事，不會妨害到堅實的施政原則，雖然他們承認希臘語有相當的魅力，還是要保有拉丁文的尊貴地位，專用於政府的行政和軍

35 我認爲從戴奧尼休司(Dionysius of Halicarnassus，公元前一世紀希臘史學家和修辭學教師)到利班紐斯(Libanius，公元四世紀希臘詭辯家和修辭學家)，沒有一位希臘評論家會提到魏吉爾和賀拉斯，他們根本不相信羅馬會產生偉大的文學家。

36 笛翁・卡修斯提到，此事發生在息提米烏斯・塞維魯斯當政時，約在195年左右。

事方面，這種立場絕不改變[37]。兩種語文可以同時並存於整個帝國，卻在不同的領域發揮作用。希臘文是科學的當然用語，公共事務的法定語文使用拉丁文，在文學和其他方面則要精通兩者。受過相當教育的羅馬臣民，要是說對希臘語和拉丁語都很生疏，這種情形無論在那一行省都很少見。

四、奴隸制度

帝國各民族在這些規章制度運作下，漸融入羅馬名分和人民之中。但無論那個行省，每個家庭裡都有人處於悲慘境地，他們背負社會重擔，卻無法分享福利。在自由城邦時代，家奴受盡專制暴虐苦楚。帝國在初期用燒殺掠奪手段打天下，奴隸大多來自蠻族戰俘，因有機會從戰爭獲得成千上萬，所以價格便宜[38]。這些人已過慣自由自在生活，一旦打開桎梏就會尋求報復。曾發生過大規模的奴隸叛變事件，使共和國瀕臨毀滅邊緣。爲對付內在敵人，只有設立嚴苛法條，運用殘酷手段，爲求自保，一切作法都視爲公平合理。但當歐洲、亞洲和非洲的主要國家，都統合在一個主權的法律體系之下，從外國獲得奴隸的來源日益稀少，羅馬人只有用溫和的手段和冗長的方式，就是用繁殖來維持需要。很多家庭鼓勵奴隸婚配生子，特別是有田產的大戶更是如此。情感的作用、教育的陶冶及財富的獲得，都可減輕奴役的痛苦[39]，奴隸能否幸福端視主人的性情和處境，等奴隸成爲更有價值的財產後，主人必重視人性對待，不是基於畏懼心理，而是關切到自身利益。皇帝的德行和政策使這種處理方式加速進行，哈德良和安東尼都曾頒布詔書，將法律保護延伸到奴隸。裁定奴隸的生死雖有規定，卻長期被非法濫用，要將這種權力保持在官吏手裡，私人不得任意干

---

37 《麥克西繆斯皇帝傳》記載，一位知名的希臘人因爲不懂拉丁文，被克勞狄斯皇帝剝奪出任官職的權利。

38 在盧克拉斯(Lucullus, Lucius Licinius, 117-58B.C.，羅馬大將)的營地裡，一頭牛值一瑞笛，而一個奴隸賣四瑞笛，或者是三先令，見蒲魯塔克的《盧克拉斯傳》。

39 參考格魯特(Gruter, Jan, 1560-1624A.D.，荷蘭考古學家)和其他收藏家的蒐集品，有大量碑銘由奴隸具名，以紀念其妻兒、朋友和主人，幾乎都在帝制時代。

預，廢止設置地底監牢。奴隸若受到無法忍受的嚴苛待遇，可向特設法庭申訴。被冤枉的奴隸得到釋放，或是換一個較不殘暴的主子。

希望是人們處於不幸時最大的慰藉，對奴隸而言也不例外。他們盡量使自己發揮長處，獲得主人喜愛，勤勉而忠誠的工作幾年後，就會期盼給予無價獎賞，即得到釋放成爲自由之身。主人會生出仁慈之心，說不好聽是因爲虛榮和貪婪之故，但官方對此過度的寬厚義舉，認爲毋須鼓勵，且要用法律來抑制，以免濫用而造成不可收拾的局面。古老法條明確規定，奴隸是無國籍的人，但得到自由後，由於他的恩主是政治體制的一分子，所以他才獲得允許參與其間的活動。這些法規到後來被當作特權，過度浮濫使用在羅馬城那些卑劣而雜亂的群眾身上。因此又設定新辦法，只有提出正當理由，報請官員批准，經合法手續，正式釋放的奴隸，才能追隨恩主加入政治體系。即使這些經過篩選的自由人得到公民權，也只是個人得到保障，很嚴格的排除在行政和軍事的職責以外。不管他們的兒子有多大的功績和財富，這些自由人還是不夠資格在元老院占上一席之位，甚至等到第三代或第四代以後，這種奴隸的出身也不一定能夠完全清洗乾淨。要是不能摧毀階級的區隔，自由和榮譽對他們而言，仍是遙不可及的遠景。那些自負而抱著偏見的公民，仍蔑視他們不是人類的一分子。

曾經有人提案規定奴隸要穿著特殊的衣服以示區別，但是叫人擔心的是，一旦奴隸知道自己有這樣大的數量，可能會釀成危險。奴隸的數目成千上萬根本算不清楚[40]，就比例上說，奴隸比僕人要多得多，更被看成是財產的一部分，不像僕人要付薪資，數量可以算得出來[41]。年輕的奴隸要是有天份，就被送去學手藝和技術，這個時候他們的身價就看本領的高低來決定[42]。在一位富有的元老院議員家裡，無論是用頭腦[43]還是靠體力的

40　普里尼認爲不事生產，僅供羅馬人擺場面使用的奴隸就有一到兩萬人之多。

41　在巴黎的各類傭人大約有四萬三千七百人，占居民總數不到百分之十二。

42　有學識的奴隸身價值數百英鎊，阿提卡斯（Atticus, Titus Pomponius，西塞羅的友人，雙方有大量書信存世）總是親自教導他們。

43　羅馬有很多醫生都是奴隸。

行業，幾乎都由奴隸來擔任；高官厚爵講究排場和聲色之娛，那種奢侈豪華的程度已超過現代人的想像。對商賈和作坊而言，買個奴隸比僱用工人更划算，在鄉村的奴隸是農業生產最便宜而有效的工具。爲了證明奴隸的數量是如此龐大，可以舉出一些實例來說明：我們得知在羅馬有一座殿堂，臨時關著四百名待處決的奴隸[44]，這種狀況確實極爲悲慘。阿非利加有位寡婦，把同樣數量的四百名奴隸，隨著一份產業私下交付給她兒子，自己保留的財產還更多。在奧古斯都統治時代，有位當過奴隸的自由人，他的財產經過內戰遭到重大的損失，仍舊還有三千六百頭牛，其他的家畜和家禽有二十五萬隻，以及包括在牲口項目內的四千一百一十六名奴隸。

五、羅馬帝國的人口

羅馬法律所承認的臣民人數，包括公民、行省屬民和奴隸在內，精確的數量不得而知，是值得吾人探討的重要課題。從文獻記載，知道克勞狄斯皇帝在當監察官時，經過統計有六百九十四萬五千名羅馬公民，加上相當比例的婦女和小孩，總數大約是兩千萬左右。要把更下一層級的子民全部算進去，數目並不準確而且說法不一，但是在衡量各種影響因素以後，大致可以估算出來。在克勞狄斯那個時代，行省屬民的數量大致是公民總數的兩倍，這裡所說的公民是不分年齡和性別，而奴隸的數量至少要與羅馬世界有自由權的居民數概等。要是按照這種並不嚴謹的估算方式，總人口應達到一億兩千萬人之多，已經超過現代歐洲的人口數量[45]，是有史以來，在一個政府組織的統治下，結合成人數最多的社會。

---

44 塔西佗的《編年史》第十四卷提到，奴隸的主人若被謀殺，奴隸因未盡保護之責，全都要受到處死的懲罰。羅馬法律規定，主人在家中被殺，家中奴隸全要處死。

45 現代歐洲的人口經統計，如下：法國有兩千萬人、日耳曼有兩千兩百萬人、匈牙利有四百萬人、意大利和所屬島嶼有一千萬人、大不列顛和愛爾蘭有八百萬人，西班牙和葡萄牙有八百萬人、俄國歐洲部分有一千到一千兩百萬人，波蘭有六百萬人、希臘和土耳其有六百萬人、瑞典有四百萬人、丹麥和挪威有三百萬人，低地國家有四百萬人，總數大約是一億零六百萬人左右。

羅馬人採用的政策既符合中庸之道又包羅萬象，因此能得到內部的和平與團結。但亞洲的君主國卻因中樞厲行獨裁專制，邊陲則積弱不振，不論徵收稅賦或推行政令，全要依賴軍隊，有敵意的蠻族成爲心腹之患，世襲的軍閥割據一方，篡奪行省的統治權，臣民雖不可能得到自由權，還是要揭竿而起，反叛作亂。但在羅馬世界，人民的順服是普遍一致的行爲，出於自願而且始終不變。那些被征服的國家與這個偉大的民族混合後，放棄重新獨立的希望，甚至連這種念頭都消失，不再感覺到自身的存在和羅馬的存在有何不同。皇帝建立的權威毫不費力的普及於廣大統治地區，在泰晤士河及尼羅河河岸推行的政令，就像在台伯河河岸那樣毫無阻礙。軍團用以抵禦外敵入侵，行政官吏很少需要軍隊幫助[46]。在太平時期，皇室和人民有充分的閒暇和財富，致力於改善和美化羅馬帝國。

六、羅馬帝國的公共建設

羅馬人建構許多有紀念性的大型建築物，其中爲歷史所忽略的不知凡幾，能夠抗拒歲月侵蝕和蠻族摧毀的卻又屈指可數。現今在意大利和各行省到處都能見到氣勢驚人的遺跡，足以證明在這些地方曾經建立一個文明發達和強大興盛的帝國。不僅是建築物的雄偉和壯麗引人注意，還有令人讚賞的藝術史和實用價值的人類文明史，這兩個重要因素使我們感到興趣盎然。很多公共紀念物是私人出資興建，著眼卻幾乎全是爲了公眾利益。

皇帝擁有無限的人力和資財，人們很自然的認定，羅馬絕大多數建築物，以及其中最主要的部分，是由他們所建造。奧古斯都經常誇耀，說他抵達首都時看到的是一座磚城，等他離開時全部變成大理石[47]。事實上是

46 根據阿格里帕(Agrippa)在元老院的「演說辭」，以及其他歷史學家的看法，這是羅馬帝國最佳寫照。

47 在蘇脫紐斯(Suetonius Tranquillus, Caius，一世紀羅馬傳記作家和古物家)的《奧古斯都傳》記載，奧古斯都在羅馬的建築有戰神廟和廣場、在卡庇多山的朱庇特神殿、阿波羅宮及附屬圖書館、該猶斯(Caius)和盧契烏斯(Lucius)柱廊和方形柱廊大廳、麗維婭(Livia)和屋大維婭(Octavia)柱廊，及馬塞拉斯(Marcellus)劇院。此例一開，帝國文武官員爭相仿效，阿格里帕爲他留下不朽的萬神殿(Pantheon)。

維斯巴西安(Vespasian)的節儉籌出財源，才能修建很多富麗堂皇的劇場和廟宇*48。圖拉眞舉辦龐大的工程來表現自己的才華，哈德良用公共紀念物來裝飾帝國的每個行省，不僅按照他的命令來執行，更在親自監督下施工建造。他喜愛藝術，也是一位藝術家，在這方面的作爲更能增進君王的榮耀。因爲各種工程能給人民帶來福祉，兩位安東尼皇帝也大力鼓勵。皇帝的倡導開了風氣之先，但並非只有帝王之尊才能大興土木。各地的豪門世家起而效法，毫不諱言的向世人宣稱，彼等有構思的氣魄，也有興建的財力，來完成世間最崇高的任務。像圓形大競技場(Coliseum)*49這樣值得驕傲的工程，在羅馬還沒有落成之前，卡普亞和維洛納(Verona)兩個城鎮就用自己的經費，興建自己使用的競技場，結構的設計和使用的材料與圓形競技場沒有多大的差別，只是規模比較小而已。阿坎塔拉(Alcantara)的雄偉長橋上刻著銘文，證明這座跨越塔古斯河的工程，是由少數幾個露西塔尼亞羅馬社區捐資興建。當普里尼被委付俾西尼亞和本都行政權責時，就帝國而言，這兩個行省並非最富有也不是位處要衝，他發現轄區內的城市，相互之間爭著興建各種具有實用價值的工程，或者富裝飾性的建築物。身爲總督的他，有責任幫他們解決困難，在建築風格上提出指導，有時還要調解相互之間的競爭50。羅馬和各行省富有的議員，把裝飾和美化他們所處的朝代和國家，不僅視爲榮譽，也是應盡的責任，由於這種風氣的影響，可滿足人們用另一種方式來表達他們的興趣和慷慨。在這一群私人捐助者中，要特別舉出雅典公民赫羅德斯·阿提卡斯(Herodes Atticus)來做範例。他生長在安東尼時代，姑不論個人的動機何在，僅就出資興建的宏觀建築物而言，就可與最偉大的君王分庭抗禮。

---

*48 [譯註]維斯巴西安出身平民，率軍隊戰勝禁衛軍即位爲帝，生性簡樸，反對奢侈怠惰，誓言消滅浪費，在位十年，增加國庫收入，進行全面的公共建設。

*49 [譯註]大競技場也稱爲圓形劇場，是維斯巴西安和提圖斯建造，完成於公元80年，座落在羅馬廣場的東南方，長五六四呎，寬四六七呎，呈橢圓型，是羅馬最雄偉的公共建築物。

50 普里尼的《書信集》第六卷提到以下工程是由市民集資完成：尼柯米地亞(Nicomedia)的廣場、供水渠道和運河、尼斯的體育館和耗資九萬英鎊的劇院、普魯薩(Prusa)和克勞笛歐波里斯(Claudiopolis)的浴場，及夕諾普(Sinope)長達十六哩的供水渠道。

赫羅德斯家族雖然是發了橫財致富，至少家世還是一脈相傳於塞蒙(Cimon)和米爾泰阿德斯(Miltiades)、提修斯(Theseus)和昔克羅斯(Cecrops)，還有伊阿卡斯(Aeacus)和朱庇特*51。雖然祖先都是神祇和英雄，後世子孫卻陷於悲慘的境地。他的祖父受到法律的制裁，他的父親朱理烏斯·阿提卡斯(Julius Atticus)如果不是在古屋發現巨量的寶藏，也會窮愁落魄，鬱鬱以終，這宗財寶就成為他最後的遺物。按照嚴格的法律規定，皇帝有權從其中課稅抽成，謹慎的阿提卡斯公開承認確有其事，以免遭到別有用心的告發。這時候正值公正無私的聶爾瓦皇帝登基，拒絕接受應得的部分，命令他毋須有任何顧慮，儘管使用天賜的財富。這位小心翼翼的雅典人仍堅持己見，認為就一位臣民而言，這筆財富實在太多了，何況他也不知該如何運用。善心的皇帝惱怒的答覆：「那就隨便用吧[52]。」很多人相信，阿提卡斯確實遵從皇帝的指示，把大部分錢財用在公益事業，且他締結了有利的婚姻，使家業更加興旺。他為自己的兒子赫羅德(Herod)謀得很好的差事，出任小亞細亞幾個自治市的郡守。這位年輕的官員見到特羅斯鎮(Troas)的用水供應不足，從慷慨的哈德良皇帝那裡得到三百萬笛納(大約等於十萬英鎊)的專款，用來興建一條供水渠道。但是在施工時，所需款項比估價時上漲一倍，稅務官開始私下表示不滿，大方的阿提卡斯呈請准予自行負擔增加的費用，這才消弭大家的怨言。

阿卡提斯用高薪禮聘希臘和小亞細亞最有學問的教師，前來教導年輕的赫羅德，這位學生很快成為出色的演說家，可惜那個時代雄辯無用武之地，不能在羅馬的廣場和元老院一展長才，只能局限於學院裡發表高見。他在羅馬被尊為希臘的領事，但一生之中大部分時間，住在雅典和附近的莊園，退隱過著追求哲理的生活。他的身邊多的是雄辯之士，這些人和出

*51 [譯註]西蒙(507-449B.C.)是雅典統帥，擊敗腓尼基和波斯聯軍，後來戰死於塞浦路斯島；米爾泰阿德斯(554-489B.C.)在馬拉松戰役大敗波斯軍隊；提修斯是傳說中的雅典國王，曾殺死牛頭人身怪；昔克羅斯為阿提卡第一任國王，是雅典的奠基者；伊阿卡斯是宙斯神的兒子，也是希臘英雄阿奇里斯的祖先，死後成為地獄的判官；朱庇特是羅馬人用來稱呼宙斯的名字。

52 哈德良在後來做了一個很公正的規定，凡發現的寶藏，由原主和發現人均分。

手大方的財主辯論時，無不甘拜下風。他費盡心血所設計的公共紀念物，現在都已損毀，留下爲數可觀的古蹟，可看出高雅的風格和豪邁的氣派，爲他掙得不朽的聲名。他在雅典興建一座運動場，當代的旅客曾經量測過它的遺址，長度有六百呎，建材全部使用白色大理石，可容納全部市民，花了四年才落成，當時赫羅德是雅典運動大會的主席。爲紀念妻子麗姬拉（Regilla），他建造一座全帝國無與倫比的劇院，所有木料全使用香柏，到處是最優美的雕像。佩里克利斯（Pericles）設計的大劇場（Odeum），可以演奏音樂，排練最新的悲劇，主結構是用擄獲的波斯戰船主桅當作建材造成，這是藝術戰勝蠻橫的偉大紀念堂。雖然有一位卡帕多西亞國王修復那座古代建築物，還是禁不起歲月的磨蝕而崩塌，最後還是赫羅德恢復它往日的優美和雄偉。像這樣一位知名之士的慷慨義行並不限於雅典一地，他把位於大地峽（Isthmus）的海神（Neptune）殿整修得美侖美奐，還有科林斯（Corinth）的劇院、德爾斐（Delphi）的體育館、色摩匹雷（Thermopylae）的浴場以及意大利坎努西姆（Canusium）的供水渠道。這些都不足以耗盡他的財富，伊壁魯斯、帖撒利、優比亞（Euboea）、皮奧夏（Boeotia）和伯羅奔尼撒（Peloponnesus）等地區的民眾，都得過他的好處。在希臘和小亞細亞的城市裡，有許多碑銘把赫羅德斯·阿提卡斯稱爲恩主和義士。

在希臘和羅馬的共和時期，私人住宅簡單樸實，顯示出公民權處於平等的地位。莊嚴雄偉的建築物則都作爲公眾用途，可以展現人民的主權，這種共和精神在重視財富和建立帝制以後，還沒有完全消失。公共建築物關係到國家的尊嚴和人民的利益，即使是最重視道德原則的皇帝，也要竭盡所能力求完美。尼祿爲自己營建金碧輝煌的宮殿，當然會引起公憤，但是他爲了過窮奢極侈的生活，所巧取豪奪的大片土地，後續幾任皇帝在位時期，爲了表現出與民同樂的高貴情操，在上面蓋滿著圓形大競技場、提圖斯（Titus）浴場、克勞狄斯柱廊、和平女神神廟和羅馬守護神神殿。這些公共建築紀念物是羅馬人民的財產，裝飾著美麗壯觀的希臘繪畫和雕像。在和平女神神廟裡，爲好學人士設置一所資料豐富的圖書館。距離不遠處是圖拉眞廣場，四方形的造型，外面環繞著高聳的柱廊，入口是四座凱旋門，樣式高貴又寬闊。中央樹立大理石圓柱，高達一百一十呎，表示此處山丘原來的高度，現已挖除剷平。這根圓柱依然保有華美古風，完全表達出創建者在達西亞獲得勝利的眞實情況，退伍老兵沉思當年征戰往事而不勝唏噓。反而是太平時期民眾，很容易對國家的虛榮產生幻想，把自己和勝利的榮譽結合一起。首都各區和帝國行省，都能感受到慷慨捐輸的精神，大力推展公共工程，到處充滿圓形競技場、劇院、神廟、柱廊、凱旋門、浴場和供水渠道。這些建築物對一般民眾的健康、信仰和娛樂，有各種不同的益處。最後提到的供水渠道，特別引起我們的注意，無論是設計的膽識、施工的牢固和用途的廣泛，在在使它成爲表現羅馬人才華和權勢的最上乘紀念物。首都的供水渠道當然是極其卓越，即使好奇的旅客不懂歷史，只要在斯波勒托(Spoleto)、美次(Metz)和塞哥維亞(Segovia)看到此類工程，自然就會獲得結論，知道這些行省的市鎭昔日曾是有權有勢君王的都城。地處邊陲的小亞細亞和阿非利加，一度滿布富庶興旺的城鎭，眾多人口之所以能夠生存，全部依靠人工供應源源不絕的活水。

七、羅馬帝國的城鎭

我們曾經計算過帝國居民的數量，也考量了公共工程的狀況，對於城市的數目和重要性的觀察，有助於帝國人口的確認與增進對公共工程的了解。讓我們看看幾個與此有關的例子，提到城市的源起雖然資料不多，但還是有脈絡可循。至於羅馬和勞倫圖姆(Laurentum)隨便取一個意義曖昧的名字，完全是民族的虛榮心作祟，再就是語文的表達力不夠使然。

其一，據說意大利在古代有一千一百九十七個城市，不管早到那個年代，可沒人會信，安東尼時代的國家人口，比羅慕拉斯(Romulus)建城時還少。拉丁的一些小城邦，因其優越的影響力，被合併在帝國首都區域內。意大利這些因基督教僧侶和地區總督的怠惰暴虐，長期民生凋敝不堪之地，還要忍受戰禍之苦；帝國衰敗早有先兆，現由山內高盧(Cisalpine gaul)迅速的改革獲得彌補。維洛納昔日繁華可由殘址看出端倪，但要與阿奎利亞(Aquileia)、帕都亞、米蘭或拉芬納相比，還是遜色甚多。

其二，這改革精神越過阿爾卑斯山，連不列顛森林地區也受到影響，逐漸整理出開放自由空間，成爲交通方便和文明發達的居留地。行政中心在約克，倫敦成爲富庶的商業中心，巴斯(Bath)因溫泉可治病而舉世聞名。高盧誇口說有一千兩百個城市，位於北部的都是一些小鎮，非常簡陋且交通不便，倒是人口有增加，就連巴黎也不過如此。南部行省以意大利的富庶和文雅爲榜樣，事實上也難分高下。像是馬賽、亞耳(Arles)、尼姆(Nismes)、納邦、土魯斯(Thoulouse)、波爾多(Bourdeaux)、奧頓(Autun)、維恩納(Vienna)、里昂、朗格勒(Langres)和特列夫(Treves)這些高盧城市，在古代的狀況與現在相比大致不差，可能還要好一點。提起西班牙，作爲羅馬帝國一個行省，算是非常繁榮，等到成爲獨立王國反而江河日下，全是因爲征服亞美利加(America)和宗教戰爭的關係，濫用國力而民窮財盡。要是我們按照普里尼的說法，列出維斯巴西安統治下的三百六十座城市名單[53]，將會發現西班牙昔日的繁華完全消失而變得不堪回首。

其三，阿非利加有三百座城市一度承認迦太基霸權，在羅馬皇帝統治下，數目並沒有減少。迦太基已從戰爭灰燼中浴火重生，這首都就跟卡普亞和科林斯一樣，很快就恢復有利地位，這與它的獨立主權沒多大關係。

其四，在東方的行省，羅馬的壯觀宏大和土耳其的野蠻破壞形成強烈對照。古代的廢墟散布在未開化的土地上，這完全是當政者的愚昧無知，不能歸罪老天沒有替受苦受難的農民和遊牧的阿拉伯人，提供安身立命的所在。在凱撒統治下，僅是亞細亞就有五百座人煙稠密的城市，受到上天保佑得以繁榮富足，用精緻的藝術來裝飾美化。想當年，爲獲得向提比流斯奉獻神廟的榮譽，亞細亞有十一個城市發生爭執[54]。他們各自提出有利

53 根據普里尼的說法，這份名單精確可信，排名是按行省的畫分和城市本身的狀況。

54 旅客若看到這十一個城市的現況，一定會痛心，其中七、八個已完全毀棄，像是海皮普(Hypaepe)、緯爾(Tralles)、拉奧狄西亞、伊利姆(Illium)、哈里卡納蘇斯(Halicarnassus)、米勒都斯(Miletus)、以弗所、沙德斯(Sardes)。剩下的三個城市，帕加姆斯成爲不到兩、三千人的小村落；馬格尼西亞(Magnesia)是今日的古茲赫薩(Guzelhissar)，狀況跟前者差不多；西麥那是還有十萬人口的大城市，仍舊由法蘭克人維持商業和貿易，土耳其人已將整個城市的藝術品摧殘得一乾二淨。

的條件請元老院審查，有四個城市立刻被認定因財力無法負擔而被拒絕，拉奧狄西亞(Laodicea)便是其中之一。從它的遺址可想見昔日的光采耀目，拉奧狄西亞從羊群徵得大宗稅收，以精美毛織品著稱於世，就在發生獻廟爭執之前，該城又獲得一位慷慨的公民從遺產中捐獻四十萬英鎊。若拉奧狄西亞算窮困的話，那麼其他城市的富裕就不用提了，就是因爲條件更好才會被選中。特別像帕加姆斯(Pergamus)、西麥那(Smyrna)和以弗所(Ephesus)，長期來就在爭奪誰是第一名城。敘利亞和埃及的首府在帝國一直是名列前茅，安提阿(Antioch)和亞歷山卓在許多自治城市中，可說是鶴立雞群[55]，但若比起羅馬的雄偉壯麗，仍要屈居下風。

八、羅馬帝國的交通

城市之間的來往以及與首都的聯繫全靠公路網，起點是羅馬廣場，橫越意大利，遍及各行省，以帝國的邊疆爲終點。如果仔細計算行程，從安東尼邊牆到羅馬，再接著抵達耶路撒冷，這偉大的交通系統從帝國的西北角到東南方，全長四千零八十羅馬里[56]。公路有很精確的里程碑，可以從一個城市直通另外的城市，很少天然的障礙，也不必考慮私人產業的阻隔。山嶺可以鑿通，遇到很寬的激流也可以架設艱險的拱橋。道路通過地形上面的制高點，可以俯瞰四周的景觀。路面用砂石、水泥和大石塊層層鋪疊而成，到接近首都的某些路段鋪著花崗岩。羅馬公路是如此堅固，歷

55 埃及不包括亞歷山卓在內的人口數是七百五十萬人。在馬木祿克軍政府的統治下，敘利亞有六萬個村莊。

56 從以下旅行路線，可知道各主要城市間的道路狀況：(1)、從安東尼邊牆到約克是222羅馬里(以下均簡稱爲里)；(2)、接著到倫敦是117里；(3)、到桑威赤(Sandwich)港是67里；(4)、渡海到法國的布倫(Boulogne)是45里；(5)、到理姆斯(Rheims)是174里；(6)、到里昂是330里；(7)、到米蘭是324里；(8)、到羅馬是426里；(9)、到布朗杜西(Brundusium)是360里；(10)、渡海到希臘的狄瑞奇恩(Dyrrachium)是40里；(11)、到拜占庭是711里；(12)、到安卡拉是283里；(13)、到塔蘇斯(Tarsus)301里；(14)、到安提阿是141里；(15)、到泰爾是252里；(16)、抵達耶路撒冷是168里；整個行程是4,080羅馬里，或是3,840哩，一個羅馬里相當於0.91哩。

經十五個世紀的漫長歲月，還能發揮運輸功能。遙遠行省的臣民因便利的交通，也能結合在一起。但修建道路的主要目的，還是利於軍團的行軍和調動。羅馬人已打出天下，除非他們可以通行無阻運用武力和權威，否則就不算是完全的征服。爲了及早獲得情報，迅速傳達命令，促使皇帝在整個遼闊的疆域設置正式的驛站，主要的道路每隔五、六哩就有房舍，經常供養著四十匹馬隻，在輪班替換的狀況下，一天很容易走上一百哩[57]。經過批准拿到帝國敕令的人，可使用驛站設施和馬匹。雖然創設的目的是爲公家服務，有時也會遷就私人的需要[58]，提供公民在商業和貿易上的便利。羅馬帝國的交通在運用的方便和開放的程度上，海路並不比陸路爲差，所有的行省不是環繞就是包圍著地中海，尤其是意大利的形狀像一個山岬，伸入羅馬內湖[*59]中央。雖然海岸缺乏良好的港口，但是人定勝天，克勞狄斯皇帝在台伯河口開鑿歐斯夏(Ostia)人工港，也是羅馬最偉大的工程，海港距離首都只有十六英里。船隻在順風的狀況下，到西端的直布羅陀海峽只要七天，往東部埃及的亞歷山卓港也不過九到十天的工夫。

九、農業發展狀況

所有的罪惡不論有理無理都歸之於帝國的興起，看來羅馬霸權對人類還是有相當的功勞，自由交往固然會傳播敗壞的惡行，同樣也能改善社會的生活。在遙遠的古代，世界各地的情況有很大的差別，東方在很早時就獲得各種技能，能夠過著舒適的生活。那時的西方還居住著粗野好戰的蠻族，對農業生產一無所知，也瞧不起這種生活方式。等到建立政府組織以後，爲了保障人民的衣食，才把溫帶地區的農作物和文明進步民族的生產

---

57 在狄奧多西(Theodosius)時代，凱撒流斯(Caesarius)是一位高級官員，從安提阿經驛站到君士坦丁堡。他在夜晚動身，第二天的傍晚到卡帕多西亞，距離是165哩，到達君士坦丁堡是第六天的中午。全程是725羅馬里，或者是665哩。

58 普里尼雖然官高權重，還是感激驛站在緊急狀況下，爲他的妻子提供馬匹。

*59 [譯註]羅馬人征服地中海四周的國家，奧古斯都在位期間消滅爲患已久的海盜，故稱地中海是羅馬的內湖。

技術，逐漸傳入歐洲的西方國家。當地民眾受到貿易開放和商業牟利的激勵，在農業的生產和技術的發展方面獲得很大的成就。亞洲和埃及不斷將動植物輸入歐洲[60]，要想列出全部名單，幾乎是不可能的工作。但是就一本歷史著作而言，要是能夠很簡單的介紹其中主要的項目，雖然用處不大，還是有這個必要。

其一，歐洲田園生長的花卉、草藥和水果，幾乎全部都是外來的品種，有的從名字就可以看出來。蘋果的原產地是意大利，羅馬人在品嚐杏、桃、石榴、香櫞和柑橘以後，覺得滋味更爲可口，很樂意用蘋果來通稱這些新獲得的水果，再加上出產國的名字以資區別。

其二，荷馬時代的西西里島和鄰近的大陸，到處都有野生的葡萄樹，沒有經過人工培育。當地的居民都是野蠻人，不會釀製他們喜愛的美酒。過了一千年以後，意大利誇口說道，在八十多種最有名而且最醇美的葡萄酒中，從他們鄉土生產的產品幾占三分之二。這種天賜美祿不久傳到納邦高盧(Narbonnese gaul)，由於塞汶(Cevennes)北部的氣候寒冷，在斯特拉波時代，認爲高盧這個部分的葡萄樹無法生長[61]。不過，這種影響因素後來慢慢消失，我們可以相信，勃艮地(Burgundy)古老的葡萄園可以追溯到安東尼時代。

其三，橄欖樹在羅馬承平時代，種植面積擴展開來，所以西方世界把它看成和平的象徵。羅馬奠基以後兩百年，意大利和阿非利加還不知道這是一種非常有用的植物，在這幾個地區栽培成功以後，才推廣到西班牙和高盧。古人有一種錯誤的看法，以爲橄欖樹需要高溫的氣候，只能在海岸地區繁殖，等到累積種植的技術和栽培的方法，才逐漸增加生長的面積。

其四，亞麻從埃及傳入高盧，給整個國家帶來生財之道，不過，過度的種植會使土地貧瘠。

其五，意大利和行省的農家，已經大規模使用人工栽培的牧草，特別

60 很可能是希臘人或迦太基人，將新的手藝和產品輸入到馬賽和加底斯的鄰近地區。

61 高盧的冬天嚴寒，這在古代是眾所周知之事。

是來自米地亞（Media）的紫花苜蓿[62]。餵養的牲口在冬季的草料供應不致短缺，繁殖大群牛羊反過來可以讓土壤保持肥沃。

除了這方面的改進外，還要注意礦產和漁業，在這方面要僱用大量勞工，可以增加富人的收入，也可維持窮人的生計。哥倫美拉（columella）撰寫很有價值的論文，詳述西班牙農業在提比流斯統治時期的進步狀況，特別提到共和國初期經常出現饑荒。等到發展成爲羅馬帝國以後，就很少發生這種不幸的現象，即使某個行省偶而有匱乏的情形，也可以立刻從鄰省的收成中得到援救。

十、奢華的生活方式

天然產物是各種工藝品的材料，所以農業是手工業的基礎。羅馬帝國絕大多數人民是勤勉而靈巧的勞工，從各方面盡其所能爲少數富人服務。只有少數走運的寵兒，爲了展示驕縱的心態，滿足聲色的欲望，對於他們的穿著、飲食、住所和擺設，莫不務求精美舒適、富麗堂皇。這種行爲被冠以奢侈浪費的惡名，歷代以來受到有道之士的嚴厲譴責。要是每個人只擁有生活的必需品，而能棄絕無用的冗物，將必有益於人類的德行和幸福，但是在目前這種不完美的社會狀況下，固然是罪惡和愚昧才產生奢侈，看來也是矯正貧富不均的唯一手段。勤勞的工匠和高明的藝人，雖然沒有田產土地，但可以憑本事從地主手中得到一份收益。而地主受到牟利的驅使，要盡量改進他的田地，生產更多的物品可提高生活享受。每個社會都有這種運作的方式，能夠產生很大的影響力，而在羅馬世界發揮得更是淋漓盡致，令人嘆爲觀止。羅馬的軍隊和政府從人民身上巧取豪奪大筆錢財，要不是藉著買賣和生產奢侈品的過程，又回流到臣民的身上，各行省早就民窮財盡，壓榨一空。只要這種循環限制在帝國的疆域之內，在某

62 參閱哈特（Harte, Walter, 1709-1774A.D.，英國經濟學家）所著《農業隨筆》，這本書非常出名，裡面提到古代和近代各種紫花苜蓿。

種程度上會給政治機制帶來新的活力，其結果不僅無害，反而有益。

限制奢侈品在國土之內並非容易的工作，爲了供應羅馬的壯麗和精緻，古代世界最遙遠的國家也被掠奪一空。錫西厄的森林出產價值不貲的皮毛，琥珀從波羅的海海岸經過陸地帶到多瑙河，蠻族對這些毫無用處的物品，能夠換到很高的價錢而感到詫異[63]。巴比倫地毯和其他東方貨物的需要量相當可觀。但是最重要而鮮爲人知的國外貿易，在阿拉伯和印度之間進行。每年的夏至前後，便有一百二十艘商船的船隊，離開埃及在紅海的邁阿斯·賀摩斯(Myos Hormos)海港，藉著季風吹送的助力，在四十天內橫渡大洋，馬拉巴(Malabar)海岸[*64]和錫蘭島[65]通常是航行的目標。很多來自亞洲國家的商人，都在市場引頸企望他們到達。埃及船隊的回航定在12月或1月份，船艙裡高價的貨品很快裝在駱駝背上，從紅海運到尼羅河，再順流而下送到亞歷山卓，毫不耽擱地快速輸入到帝國首都。從東方輸入的商品不但精緻耀目，且質地輕盈，像是一磅絲的價值就不低於一磅黃金[66]；還有各種寶石，珍珠的價錢僅次於鑽石[67]；及各式各樣的香料，用在宗教儀式和鋪張的葬禮上。航行的辛勞和艱險獲得極爲優渥的利潤，由於少數人靠損害公眾的利益而發財，等於把商人所賺得的利潤，轉嫁到羅馬臣民身上。阿拉伯人和印度人對本國的產物和商品，感到滿足毋須外求，羅馬人只有靠著銀兩來進行商業交易，也是當時最主要的貨幣。元老院經常抱怨，有件事讓他們的面子掛不住，就是爲了購買女人的飾物，國家的財富竟然流入外人和敵國手中，且這種情況完全無法彌補。有位作家

---

63 塔西佗在《日耳曼尼亞志》(*Germania*)裡很幽默的提到，雖然佩帶琥珀很流行，但是並沒有什麼好處。尼祿曾派遣一位羅馬騎士到原產地去購買大量琥珀，那個地方可能就是現代普魯士(Prussia)的海岸。

*64 [譯註]馬拉巴是位於印度西南一帶的海岸，盛產香料，是對埃及貿易的主要地區。

65 羅馬人稱之爲塔普洛巴納(Taprobana)，阿拉伯叫它塞倫底布(Serendib)，在克勞狄斯即位後才出現在史籍，後來逐漸成爲東方貿易的商業中心。

66 根據《奧古斯都傳》的記載，當時人認爲女性穿絲質長袍是合乎身分的裝飾品，要是男士也穿著就很不得體，會被人瞧不起。

67 古代兩處主要珍珠產地跟現在相同，就是奧木茲(Ormuz，位於伊朗)海岸和印度最南端的科摩令角(Cape Comorin)；羅馬時代供應鑽石的產地，是現在的孟加拉。

基於好奇進行深入研究，估計每年的損失高達八十萬英鎊[68]。這種情形發展下去一定引起不滿，使大家感到前途黯淡，而且會日趨貧窮。但是從另一方面來說，黃金和白銀之間的兌換率，在普里尼時代所顯示的數據，到君士坦丁在位時變成固定匯率。要是將這兩者做一比較[69]，我們發現在這段時期，國內的白銀大幅增加，沒有理由說是黃金愈來愈短缺，很明顯的是使用銀兩更爲普遍。不管對阿拉伯和印度要輸出多少白銀，還不至於耗盡羅馬世界的財富，何況開礦獲得貴金屬，能夠充分供應商業的需求。

縱使人類的習性是緬懷過去而貶損當前，但是行省的屬民和羅馬人一樣，感受到帝國和平繁榮的氣象，無不誠心齊口頌揚。

> 有關社會、法律、農業和科學的主要法則，大家承認是雅典人所首創，現在經由羅馬的權威，得以穩固的建立。有了公平的政府和共同的語文，即使最兇狠的蠻族，在這種莫之能禦的感召下，也能捐棄前嫌成爲統一的國家。可以肯定的說，只要各種技術不斷進步，人類的數量眼看就會增加。城市日益光采，受到大家的慶祝；鄉村經過精心的栽培和裝飾，美麗的外貌就像一座大花園。很多城邦爲了和平舉辦長時期的節慶典禮，大家忘記古老的仇恨，再也不會憂慮未來的危險[70]。

這段吹捧之辭讀起來咬文嚼字，粉飾太平，難免讓人感到肉麻，但其所述內容，倒是符合歷史的事實。

---

68 普里尼的作品中提到過，但是總數較少，只有一半；也有人在計算時，只提到印度，沒有將阿拉伯列入。

69 普里尼時代金和銀的兌換率大致是一比十或一比十二又二分之一；到君士坦丁時代，法律規定的兌換率升到一比十四又五分之二。

70 在普里尼、阿里斯泰德斯(Aristides，二世紀時基督教的擁護者)和特塔里安(Tertullian, Quintus Septimius Florens Tertullianus，早期基督教神學家)的作品中，可以看到這類讚揚的文字。

十一、衰亡的主要因素

那個時代的人士，要想從安逸享樂的環境，發覺潛在的衰敗腐化因素，根本是不可能的事。長久以來天下太平無事，加上羅馬政府重視傳統，慢慢使得帝國受到毒害，喪失原有的活力，人們的心智逐漸降到同一水平，天才的火花熄滅，就連尚武精神也消失無遺。歐洲的土著生性勇武、體格強壯，西班牙、高盧、不列顛和伊里利孔給軍團提供優秀的士兵，這才是君主體制的實際力量。他們強調個人的勇敢，要在戰場奮不顧身。至於公民所應具備的大勇，是靠著擁護獨立自由、重視民族榮譽、不畏強權威脅和習於領導統御等要件，需經過長期培養而成，這些人完全付之闕如。羅馬人只有接受君王憑一己之私所制訂的法律和任命的總督，並將帝國的防衛交付傭兵手中。那些最英勇善戰的指揮官，他們的子孫只汲汲於地位和階級，把進取的精神用在宮廷和皇帝的旗幟之下。那些失去政治力量或缺乏團結合作而遭到疏離的行省，就不知不覺沈淪在毫無生氣和冷漠的私利氣氛之中。

哈德良和安東尼的臣民喜愛文學，這種流行的趨勢與那個時代的平靜和高雅的生活有密切關係。這幾個皇帝本身也是孜孜不倦的飽學之士，所以整個帝國受到風氣的感染，連不列顛最北邊的部落人民也變得出口成章。荷馬和魏吉爾的作品，在萊茵河和多瑙河地區，被當地人士爭相抄錄，誦讀不絕，就是辭意不清的二流文章也大受讚賞[71]。希臘人在物理學和天文學有極高的成就，托勒密[*72]的觀察記錄和格倫(Galen)[*73]的醫學著作，都有人深入的研究，找出其中的謬誤加以訂正。可惜這個太平盛世，竟沒有出現一位總領風騷的人物，要是不提盧西安精美絕倫的詩作，真還

71　詭辯家波勒摩(Polemo)寫了三篇演說稿，赫羅德斯·阿提卡斯給他八千英鎊酬金。

*72　[譯註]托勒密是公元前二世紀希臘天文學家、地理學家和數學家，建立以地球爲中心的宇宙體系，爲後世基督教所引用。

*73　[譯註]格倫是二世紀的希臘醫生、生物學家和哲學家，從動物解剖以推論人體的構造，用亞里斯多德學說以闡明醫療功能。

無法超邁前賢的文采。柏拉圖、亞里斯多德、季諾(Zeno)和伊比鳩魯望重士林，執文壇的牛耳。他們創建的學派被門人弟子全盤接受，逐代流傳，後生小子無法衝破這無形的藩籬，只好局限心智在前人的窠臼之內。詩人和辯士的華麗詞藻，無法激起熊熊的烈火，只被人們不帶絲毫感情的抄襲模仿。要是有人膽敢打破成見自立門戶，就被視爲背離法統和正道。經過很長時期的沉寂，直到文藝復興，民族之間的競爭帶來新的宗教和語文，這個全新的世界充滿青春活潑的想像力，喚醒歐洲的天才人物。就拿羅馬行省的屬民來說，接受外國的制式教育，這種做作的意念怎麼能與古人的豪邁相比，不像他們的祖先使用自己的語文，可以表現出眞正的情感，獲得至高的榮譽。那些詩人的姓名已被人遺忘，辯士的地位爲法庭的律師所占據，一大群評論家、編纂家和註釋家把整個文壇搞得烏煙瘴氣，天才殞滅的結果是趣味日趨低級。

不久以後，地位崇高的隆柴努斯(Longinus)，仍然保持古代雅典的風格。那時他住在敘利亞女王的宮廷，見到當代人士情操卑劣、武德敗壞、才氣渙散，心中極爲悲痛，很感慨的說道：

> 有些孩童的手腳受到不當的禁錮，長大就變成侏儒。同樣地，我們脆弱的心靈被偏見和習慣所奴化，得不到正常的發展，無法獲得古聖前賢那樣偉大的聲譽，不像古人生活在爲民所有的政府治理之下，呼吸自由的空氣，能隨心所欲的寫出他們的作品。

要是我們能夠體會委婉的比喻，知道人類就古代的標準而言已日趨矮化。事實上羅馬世界全是一群侏儒，等到北方兇狠的巨漢破門而入，才會改善這個矮小的品種。他們重新恢復大丈夫氣概的自由精神，歷經十個世紀的變革，藝術和科學才得以成長茁壯。

第三章

羅馬帝國在安東尼時代的政治架構(98-180A.D.)

所謂的君主政體[*1]就是一個國家把執行法律、徵收稅捐和指揮軍隊的權力交付給一人，且不論此人使用何種名義和頭銜。但是，除非有勇敢警覺的監護人發揮守衛公眾自由的功能，否則大權在握的行政首長就會步上專制政治的後塵。在宗教迷信的時代，僧侶可以發揮影響力來維護人民的權利，但是王室和教會的關係一向非常密切，很少會爲民眾伸張正義。只有尙武善戰的貴族和堅持信念的百姓，因擁有武裝的部隊和龐大的財產，可以組成合法的議會，形成制衡的力量，保持憲政的主張，防止別有用心人士的圖謀不軌。

一、帝制初期的概況

出任笛克推多(Dictator)[*2]的官員要是有野心，就會破壞羅馬民主制度，以及爲了防範獨裁而設的各種限制。三人執政團(Triumvir)[*3]的後果，毫不留情的摧毀共和國最後的防線。屋大維在阿克興海戰大獲全勝

---

*1 [譯註]羅馬帝國的君主政體和我國的封建制度有很大的差異，無法相提並論。就拿皇帝來説，也不如我國那樣專制，只能説是披著共和外衣的個人專政而已。

*2 [譯註]笛克推多是共和國負責處理危機的職位，基於緊急狀況或特定需要，由元老院推派，有權召集「百人連」大會(Comita Centuriata)，選舉下任執政官，所做決定護民官不能否決，通常任期爲六個月。

*3 [譯註]公元前60年，凱撒、龐培和克拉蘇組成第一次三人執政團，以操控羅馬的政局爲目的，克拉蘇死後自動消失；公元前43年，屋大維、安東尼和雷比達(Lepidus)組成第二次三人執政團，以劃分勢力範圍，後亦不歡而散。

後，掌握羅馬的命運，他被舅公收爲養子繼承凱撒的名號*4，後來在元老院的阿諛奉承之下，尊稱爲奧古斯都*5。這位偉大的征服者統率四十四個久經戰陣的軍團，他們深知自己的重兵在握和政府的衰弱無能，經歷二十年殘酷的內戰，習慣於血腥暴力，只有忠心效命凱撒家族，才能獲得豐盛的賞賜。行省長久以來受到共和國官員的百般欺壓，盼望有一強人盪平亂世收拾殘局，管束這些魚肉百姓的貪官污吏，解救人民倒懸之苦。羅馬民眾見到貴族階級的權勢受到貶抑，私心暗自竊喜。他們的欲望不高，只要求裹腹的麵包和公辦的娛樂節目，奧古斯都出手大方能夠充分供應。生活富裕的意大利人一向溫文儒雅，奉行伊比鳩魯哲學，只圖享受當前的安樂平靜，抱著逃避的心理，毫不考慮往後的動亂痛苦。元老院在喪失尊嚴以後，所擁有的權力如過眼雲煙，何況很多名門世家已被清除殆盡，共和國擁護者的精神和才華，經過戰場的大肆殺戮和戰敗的公敵宣告(Proscription)*6，完全消失得無影無蹤。有一千多位各式各樣的人物，被有計畫的指定爲元老院議員7，有些人到達此一階層，因爲既無權力，又未能像前人一般獲得應有的榮譽，而深感羞恥。

奧古斯都爲避免被稱爲僭主，首要的措施便是重組元老院，並自稱國父。他被選爲監察官(Censor)*8，和忠心耿耿的阿格里帕一起篩選元老院議員名單。少數人因爲犯有惡行和過於頑劣，被當眾除名，結果使兩百多位候選人自動退讓，以免遭到驅逐的羞辱。奧古斯都且把議員的財產資格

*4 [譯註]依據凱撒在公元前45年9月15日，即被弒前六個月所寫的遺囑，指定屋大維做繼承人，同時成爲凱撒的養子，必須以養父的名字爲主，自己的名字爲輔。

*5 [譯註]奧古斯都的含義有三，第一就字面講是神聖之意，第二是含有權威和影響力，第三作占卜解。按照傳說羅慕拉斯依據神聖的占卜建立羅馬城，就意味著奧古斯都與羅慕拉斯處於相等的地位，是羅馬第二位建立者，有至高無上的權威。

*6 [譯註]公敵名單宣告是內戰時，得勝一方對失敗者所採用的政治迫害，凡列名者不是處死就要放逐，財產全部充公。像是蘇拉(Sulla)得勝後，公敵名單多達六千人，包括九十名元老院議員，十五位執政官，以及兩千六百名騎士階層人員。

7 朱理烏斯・凱撒推薦軍人、外邦人和半開化蠻族進入元老院任議員，浮濫的情形到他死後還引起反感。

*8 [譯註]監察官是共和國最尊貴的職位，由「百人連」大會選出兩位，任期五年，必須擔任過執政官。主要是審查元老院議員資格，核定人民的公民權，以及評定財產等級。

提高爲一萬英鎊，因而產生一批新的權貴家族。他接受元老院授與「第一公民」(Prince)[*9]的榮銜，而這種榮譽通常是由監察官頒給服務國家著有勳績的知名人物。他雖恢復元老院的尊嚴，但也損害獨立執行權力的功能，一旦行政權凌駕於立法權之上，憲政體制也就陷入萬劫不復的地步。

奧古斯都經過安排後，在元老院的會議上發表一篇精心撰寫的演說，用愛國的姿態掩飾獨裁的野心：

> 奧古斯都悔恨過去的行爲，並且要求大家原諒。他所以採取報復行動，完全基於要對慘遭謀殺的養父克盡孝道，即使仁慈的天性，有時也會對嚴峻的法律讓步，只有與兩位不足取的同僚舉兵起事，終於親手得報殺父之仇[*10]。要是安東尼活在世上，奧古斯都絕不會讓共和國自甘墮落的陷入羅馬叛徒和蠻族女王的手中。現在他已經克盡天職和本分，莊嚴的在此宣告，恢復元老院和人民自古所擁有的權利。奧古斯都唯一的願望是與同胞在一起，分享國家的光榮和幸福[11]。

這裡只有塔西佗(若他曾參與此次會議的話)如椽大筆才能描繪出在座議員的感受，有些人極爲震驚，有些人會深受感動。若相信奧古斯都這番話是出自肺腑，那會對國家帶來危險；若懷疑奧古斯都的說辭，則會讓自己陷於絕境。君主政體與共和政體孰利孰弊，即使深入研究還是眾說紛紜。羅馬城邦目前的發展已過分龐大，風俗敗壞和軍紀廢弛，使擁護君主政體的人士，可振振有詞提出新論點。但對政府的看法被每個人的希望和

---

*9　[譯註]第一公民也可以說是首席元老，此一名號用來尊稱元老院第一位被徵詢意見的元老。奧古斯都在公元前28年核定元老院名單時，獲得此一名號。

*10　[譯註]公元前42年11月16日，屋大維和安東尼領導的凱撒黨與共和黨發生腓力比(Philippi)會戰，共和黨大敗，卡修斯(Cassius)和布魯特斯自殺身亡，屋大維報了殺父大仇。

11　笛翁認爲這是很重要的事件，把冗長而誇大的演講稿全部記錄下來，我從蘇脫紐斯和塔西佗的《奧古斯都傳》裡引用這一段很普通的講話。

恐懼所扭曲。正當大家陷入混亂、莫衷一是時，元老院的答覆卻是眾口同聲，表現出堅定的態度。他們拒絕接受奧古斯都退隱的打算，請求他不要拋棄親手所拯救的共和國。這位政治技巧高明的行政首長，經過一番謙讓以後，終於服從元老院的命令，同意以眾所周知的代行執政官(Proconsul)和大將軍(Imperator)名義[12]，管理各行省的地方政府和統率羅馬的軍隊。但是他接受的期限定爲十年，甚至希望在任期屆滿之前，內戰衝突的創傷已經完全癒合，共和國已恢復原有的體制和活力，不再需要位高權重的行政官員，來進行危險的干預。這種喜劇在奧古斯都的一生中不斷上演，使大家記憶猶新。特別是羅馬這位不朽的君主，每在他統治滿十年就要舉行盛大的紀念活動，這樣演變下去成爲一種傳統而保持到帝國的末期。

羅馬軍隊的將領有專閫之權，對士兵、敵人以及共和國的臣民行使幾近專制的權力，這並未違犯憲政的原則。對於士兵來說，從早期的羅馬開始，爲了達成征戰的目標，或者僅是重視軍紀的要求，已經毫無自由可言。笛克推多和執政官有權徵集羅馬青年從軍服役，對於拒不聽命或怯懦不前的人員，處置特別嚴厲而且毫不留情面，可以將犯罪者從公民中除名、或者將他的財產充公，甚至將本人出售爲奴。經由波西亞(Porcian)法案[*13]和森普羅尼亞(Sempronian)法案[*14]所獲得的自由權利，雖然神聖不可侵犯，一旦發生軍事行動就全部失效。主將在軍營之中掌握絕對的生殺大權，不受任何形式的審判和訴訟程序所限制，做成的任何判決要立即執行並不得上訴[15]。抉擇敵對國家之權操在立法機構的手中，是戰是和要在元

---

12 「大將軍」這個稱號在共和國時期並沒有特別的意義，只是部隊的士兵在一次重要戰役獲勝後，對最高統帥的歡呼而已，也帶有「勝利將軍」的含義。等到羅馬帝制以後，皇帝爲表示是靠戰功得天下，將這個稱呼作爲專用的尊稱。

*13 [譯註]波西亞法案是公元前100年左右頒布，用來明確律定行省總督的權責。

*14 [譯註]森普羅尼亞法案是公元前133年由格拉齊提出，主要內容是解決小農的土地問題，防止奴隸增加所帶來的危險，以及確保首都的糧食供應等。

15 李維(Livy, Titus Livius, 59-17B.C.，羅馬史學家，著《羅馬史》一四二卷，記述從羅馬建城到公元前9年的歷史)的《羅馬史》第八卷，記載曼留斯・托昆塔斯(Manlius Torquatus)和帕皮流斯・庫索(Papirius Cursor)在指揮軍隊時非常暴虐，被控違法，雖引起民眾痛恨，但他們辯稱基於軍隊紀律要求，遂不了了之。

老院經過嚴肅的討論再做成決定，最後送請人民大會批准。但是由軍團組成的部隊離開意大利時，不論到達多遙遠的國土，主將基於個人的判斷，只要認為有利於國家，有權指揮部隊用任何方式，對任何種族和對手進行作戰行動。主將期望獲得凱旋式的榮譽，因此不在意他們的作為是否合乎正義，只在意能否得到最後的成功。特別是元老院無法用任免之權加以控制時，戰爭勝利最大用處是使主將能夠為所欲為，肆無忌憚。當龐培在東方統兵征戰之際，有權獎賞部下和盟友、廢除別國的君主、劃分國土疆界、設立殖民區，並且分配米塞瑞達笛斯國王的財富。等他回到羅馬以後，元老院和人民會議通過法案，所有在東方的作為全部得到追認[16]。像他這樣對待部下和處置羅馬敵人的權力，共和國的主將從來未曾獲得或擁有。在外的主將同時是被征服行省的總督，也可說是君主，可以上馬領軍，下馬管民，不僅有司法權和財政權，還將行政和立法大權集於一身。

從第一章所述，對於交付給奧古斯都、由他完全負責統治的軍隊和行省，大家或許已有大致的認識。至於遙遠邊區為數眾多的軍團，不可能全由他親自指揮，就像龐培得到元老院的許可一樣，他把這些職權授與屬下的將領。這些軍官的階級和職務，看起來好像不低於古時的代行執政官頭銜，但是他們的地位完全仰仗他人，並不穩固。他們得到任命完全是出於上級的意願，為了感恩起見，要把自己的功績全部歸於長官的提拔[17]。因此，他們只是皇帝所派出的代表而已，只有皇帝才是共和國的統帥，不論是軍事或軍事的統轄權，延伸到羅馬征服的所有地區。不過，皇帝有時也會將權力授給元老院的成員，這樣做可以滿足元老院的虛榮。皇家的將領常常取得代行執政官或代行法務官的頭銜，軍團通常由元老院下令組成，羅馬騎士階級可以委派的最高職務是埃及的行政長官。

16　龐培花大量金錢買票，才獲得軍事指揮權，在這方面並不亞於奧古斯都。他曾經建立二十九個城市，賞賜三到四百萬英鎊給他的部隊，事後要得到元老院的批准，遭到很多的反對，時間拖了很久。

17　在共和國時代，用人民的名義授權給主將做鳥卜(Auspices)，顯示吉兆的徵候以後，才能要求舉行凱旋式。到了後來，基於政策和宗教原則將這種榮譽完全歸之於皇帝，立功的將領以陪同皇帝參與為滿足。

奧古斯都裝出一副被迫接受如此重責大任的模樣，六天之內，他胸有成竹的略施小惠，使元老院得意忘形，沾沾自喜。他咨會元老院說道，他們雖然已經增大他的權力，然而，在緊急狀況之下，有時會不得不越出應有的範圍。何況指揮軍隊和邊區作戰，都是極爲吃力的工作，他們又不讓他放下這副重擔，但是他必須堅持所做的承諾，要讓安定和平的行省恢復文官的治理。在行省管轄權的劃分上，奧古斯都兼顧自己的權力和共和國的尊嚴。元老院派遣代行執政官頭銜的總督，治理亞細亞、希臘和阿非利加，比起皇帝以將領代行統治高盧和敘利亞，享有更高的殊榮，前者用扈從校尉*18擔任隨從和護衛人員，而將領只能用士兵。元老院還通過一項法案，那就是皇帝不論到達那個行省，他所下達的特別命令，凌駕該行省總督的法定權責。新征服的地區歸屬皇帝直接管轄，也成爲慣例。不久就可發現，即使有不同的管轄區，奧古斯都常用的尊稱雖然是「第一公民」，所具有的權勢無論在帝國任何部分，幾乎毫無差別。

元老院爲了回報虛情假意的讓步，使奧古斯都獲得更大的特權，成爲羅馬和意大利事實上的主人。他在承平時期可以保留軍事指揮權，以及在首都有一大批私人衛隊可供差遣，這些都嚴重違反古代的規定。他的指揮權確實只限於服役的公民，而且這些人要經過從軍宣誓。但是羅馬人的奴性未改，政府官吏、元老院議員和騎士階層成員，都競相參加這類的儀式，使得諂媚效忠的個人行爲，在不知不覺中變成年度舉辦的莊嚴典禮。

二、政府的基本架構

儘管奧古斯都體會到武力是政權最穩固的基礎，但它畢竟還是讓人討厭的工具，因而明智決定要避免使用。他打起古代聖君賢相的名號進行統治，不僅適合他的個性，也符合政策的需要，在他個人身上巧妙的顯現出

*18 [譯註]扈從校尉擔任執政官或有軍事指揮權主將的護衛，攜帶權標和斧頭，象徵有打殺的權力。

文治的光輝。基於這種見解，回應元老院授與他終身職的執政官[19]和護民官[20]，繼任者也都如法炮製。執政官繼承了古代羅馬國王的地位，代表國家的尊嚴，主要職權在於監管宗教儀式、徵兵和指揮軍團作戰、接見外國使臣、以及主持元老院會議和人民大會，還要負責控制國家的財政。執政官雖然沒有時間親自處理審判工作，但卻被視爲法律、正義和公眾安寧的最高護衛者。此外，執政官也是國家最高官員，元老院就有關共和國的安全，應與他諮商軍國大計。爲了保衛人民的自由，他可以超乎法律之上，行使暫時的極權獨裁[21]。護民官的性質在各方面與執政官適得其反，所顯現的外表應該溫和謙恭，但是個人的職責卻神聖不可侵犯，具備的權力不是爲了主動執行而是爲了反對和否決。設置此一官職的目的，在於維護受害者、赦免罪犯、起訴人民的公敵，以及基於迫切的需要，一句話就可以使政府機構停止運作。只要共和國還存在，執政官和護民官個別職權的巨大影響力所造成的危險，會因各種限制而日趨降低。首先是當選後一年任期屆滿權力消失，其次是執政官的職權由兩人分擔，而護民官更是多達十人，而且雙方的利益無論在公、私兩方面都形成對立，這種相對抗衡的狀況，多半會增強憲法的穩定與平衡。但是，如果執政官和護民官的權力聯合起來，而且又終生落在同一個人的身上，軍隊的統帥又是元老院和羅馬公民大會的政務負責人，那就無法拒止他行使帝王的特權，也不容易對他的權力加以限制。

除了這些愈來愈多的榮譽以外，奧古斯都運用策略增加了祭司長和監察官兩個最尊貴而重要的頭銜。他經由前者來操控宗教；而擔任監察官則可以合法的檢查羅馬人民的行爲和財產狀況。若是這些性質各異、獨立行

---

19 西塞羅將執政官戲稱爲「九五之尊」（Regia potestas），其實除任期很短以外，執政官無論在職權和形式上，跟皇帝沒有多大的差別。

20 護民官的權力到了凱撒出任笛克推多以後，首次有很大的改變。當然，冠冕堂皇的說法是維護護民官和人民的神聖權利，事實上卻是爲了回報護民官給他的支持。

21 奧古斯都曾經連續擔任九年的執政官而沒有間斷，然後就很技巧的拒絕這種每年要選舉的方式，自己先離開羅馬，等到動亂發生，事態擴大，迫得元老院給他終生執政官的職權。

使的權力，彼此之間出現無法協調配合的狀況，已經馴服的元老院隨時會做出最大限度的讓步，務求能夠完全加以彌補。皇帝身爲共和國最高負責人，很多對他造成不便的法令，會帶來限制和罰則，也都完全予以取消和豁免。皇帝有權召集元老院的會議，可以在一天之內提出數個動議，爲了國家的榮譽推舉各種候選人，擴大城市的邊界和範圍，在他的指導下處理國家的財政、對外的宣戰和媾和、批准與外國締結的條約。此外還要附加一項極爲廣泛的條文，即有權執行認爲對帝國有利的事務，處理公與私、人與神之間的所有問題[22]。

當國家行政的權力全集中到具帝王身分的資深執政官身上，共和國一般民選官吏便退居幕後，失去主動活力，幾乎無事可做。奧古斯都以非常認眞的態度，很細心的把古老官職的名稱和形式全都保存下來。執政官、法務官和護民官都如數[23]在每年授職，繼續擔任無關緊要的工作。這種榮譽對愛好面子而又野心勃勃的羅馬人而言，仍舊具有莫大的吸引力。就是歷任皇帝，雖然終身享有出任執政官的權利，卻也帶著尊嚴的頭銜，不惜紆尊降貴親身參與就職典禮，與最有名望的公民一同分享殊榮[24]。奧古斯都在位時，人民參與這些官員的選舉行爲，完全暴露出惡性民主所造成的種種不便。那位手段高明的元首沒有露出半點不耐煩的神色，還是很謙恭的爲他自己和朋友拉票，全程參與所有的競選活動以盡一位公民的責任。在他後來統治期間的一項重要措施，是由他自己成立一個最高會議，在那裡決定要把選舉移到元老院來處理[25]，人民會議從此撤除，皇帝就可以從

---

22 格魯特蒐集到一件銘文的殘片，上面是元老院頒給維斯巴西安的敕令，核定他擁有奧古斯都、提比流斯和克勞狄斯等前任皇帝的全部權力。

23 每年的1月1日產生兩位執政官，在一年任期之內，此職務也可由他人取代。法務官員額是十六到十八人，我沒有提到市政官(Aediles)和財務官(Quaestors)，當然不管那種政府都有負責治安和稅務的官員。在尼祿當政時，護民官合法擁有仲裁權，但是執行時造成很大因難。圖拉眞即位後，護民官這個職位可能已經成爲虛有其表的頭銜。

24 暴君有野心要兼任執政官的職位，凡是有道的君王都應該加以推辭。圖拉眞在執政官的裁判席前面發誓，要遵守古老的傳統和法律的規定。

25 塔西佗在《編年史》第一卷提到，選舉首次從馬爾斯廣場移到元老院，從此不必再收買或乞求選票，所以候選人很歡迎，但一般百姓得不到好處，因而產生很大的反感。

這個危險的群眾團體中脫身出來。這些群眾若是沒有交出自由權，就可能會干擾搗亂，甚而危及已經建立的政府。

馬留和凱撒宣稱自己是人民的保護者，從而顛覆國家的體制。元老院要是一旦低聲下氣而且毫無力量時，我們馬上發現，這樣一個由五、六百人組成的議會，根本就是統治者最聽話的工具。奧古斯都和後續諸帝，運用元老院的尊嚴來建立新的帝國，不管在任何場合，都會裝模作樣的採用貴族的語言和行爲準則，處理政務會諮詢國務會議的意見，至關重要的戰和大計看起是聽從元老院的決定。羅馬、意大利和內地各行省直轄於元老院，有關民事問題由最高法院做出最後的裁定；至於刑事案件，如果罪犯是有社會地位的人士，或者犯行損及羅馬人民的和平與尊嚴，將由一個專門組成的法庭來審理。行使司法權成爲元老院經常性的重要工作，要處理的重大案件，可以讓他們表現古代雄辯之士的風範。元老院是國家的議會，也是一個法院，所以擁有相當的特權，它的立法權雖然在實質上代理人民，但同時也承認君王的權利存在於其中。元老院所具備的威嚴可以將各種權力下授，批准每項法律。會議通常在每月三個固定日期來舉行，就是朔日*26、初盈*27和望日*28，在相當自由的氣氛下舉行辯論，而且皇帝也以首席元老的身分很光榮的列席，參與投票和表決。

總而言之，帝國政府的體制，全部由奧古斯都一手建立。後來的皇帝爲了兼顧自己和人民的利益，要盡力加以維持，這種政體可以定義爲假共和形式之名而行專制政治之實。羅馬世界的主子，在他們的寶座四周是參不透的黑暗，掩蓋著無法抗拒的力量，只是謙虛的自稱是對元老院負責的首長，事實上，是他們對元老院下達命令，要求遵命行事。

宮廷和政府的形式從外表看來完全相似，除了那些本身極爲愚昧而違反天理和正道的暴君，歷任皇帝都會鄙夷那些繁文縟節的排場儀式，以免激怒國民而對實際的權力一無好處。在日常生活中，他們裝出一副與老百

*26 [譯註]Calends，每個月的1日。

*27 [譯註]Nones，望日向前推的第九天，也就是3、5、7、10月的7日和其他月的5日。

*28 [譯註]Ides，3、5、7、10月的15日，其餘各月的13日。

姓無分彼此的樣子，以平等的立場保持相互拜訪和宴請的關係。他們的衣著、住處和飲食，和富有的議員們大致相當，家庭人數再多，設施再豪華，也都由家養的奴隸和釋放的自由奴所組成[29]。奧古斯都和圖拉眞爲了雇用下等階層的羅馬人，擔任僕從工作而感到臉紅。但是在不列顚一位權勢有限的君王，他的家務和寢室的工作，連最體面的貴族也要搶著去做。

三、帝王的神化與名銜

羅馬皇帝的神格化是他們拋棄謹愼謙虛態度的唯一例證。這種下流無恥、褻瀆神明的諂媚手法，始作俑者是亞細亞的希臘人。第一批被神化的人物是亞歷山大大帝的繼承人，從此這種風氣很容易從國王轉移到亞細亞的總督身上。羅馬的高級官員也會被人當作地方神明來供奉，不但建壇蓋廟，還能享用節慶犧牲。代行執政官頭銜的總督既然受之無愧，皇帝當然更不會拒絕。大家都從行省獲得神性的榮譽，這倒不是羅馬人的奴性使然，而是靠著政府的專制力量。羅馬征服者在不久以後，也效法被奴役民族奉承的方式，第一位就是凱撒。他那種征服四海的雄風，很容易在羅馬的守護神中占有一席之位。但是性格溫和的繼承人拒絕接受這種封號，因爲會表現出野心而帶來危險。除了瘋狂的喀利古拉(Caligula)和圖密善以外，沒有人再採用。奧古斯都確實允許有些省城給他建廟，條件是對君主的尊敬和對羅馬的崇拜要結合在一起。他能容忍個人的迷信行爲，因爲他可能就是迷信的對象，他認爲僅由元老院和人民崇拜他的人格就夠了，很明智的把應否公開神格化的問題，留給他的繼承人去考量。任何一位生前死後沒有被視爲暴君的皇帝，崩殂後會被元老院正式公告已躋身神明之列，這已是慣例。被尊爲神明的儀式通常是和葬禮同時進行，這種合法但仍屬褻瀆神明的不智行爲，雖然與我們較爲嚴肅的生活原則難以相容，只是天性善良的多神論者雖然口出怨言，還是能夠接受。這被看成是基於策

29 一位個性軟弱的君王，常常會受到家臣的操縱和控制，奴隸的權勢讓羅馬人感到羞恥，元老院還要奉承帕拉斯(Pallas)和納爾西瑟斯(Narcissus)。要是現代的寵臣能夠是個正人君子，這多少是件僥倖的事。

略的需要，而非正統的宗教活動。我們不能拿安東尼的德行，來與海克力斯或朱庇特的過錯相比較，這等於在羞辱安東尼。甚至就是凱撒或奧古斯都的品格，也要遠遠超過一般神明，只是前兩位的運氣差，生長在開放的時代，一舉一動都被忠實記錄下來，無法像熱情的平民所祈求那樣，能夠隨意摻雜一些傳說和神祕的成分。一旦他們的神性是由法律來建立，就會慢慢被人遺忘，既無補於自己的聲名，也不能增加後代帝王的光彩。

在談起帝國政府時，常常會用耳熟能詳的頭銜「奧古斯都」，來稱喚政治手腕高明的創始者，其實這個名號是在基業完成後，才加在他的身上。屋大維出身寒微，無籍籍名的祖先來自阿非利加小鎮，身上沾著放逐者的血跡。要是可能，他極其希望能抹去幼年時代的回憶。那個顯赫的名號「凱撒」，是他成爲笛克推多的養子後才繼承獲得，但他有自知之明，無法與那位英雄人物相提並論或一較高低。元老院提案要爲他們的行政首長加一個稱號，經過一番嚴肅討論後，從幾個名字中選定奧古斯都，認爲最能代表他那和平神聖的品格，當然這種品格是他矯情做作所造成的印象。從此，奧古斯都成爲他個人的尊稱，而把「凱撒」當作家族的榮名。前者必然及身而絕，不再使用；後者倒是用領養或聯姻的關係，一直沿用下去，尼祿就是朱理安(Julian)世系的最後一位皇帝。在奧古斯都死時，一個世紀的運行，使這個名號和帝國的尊嚴有牢不可分的關係。自共和國覆滅後到現在，羅馬、希臘、法蘭克和日耳曼的皇帝一直沿用不絕。奧古斯都的神聖頭銜由君王使用，凱撒的稱號可以自由轉用到親屬身上，這是兩者之間最明顯的差別。但從哈德良即位開始，「凱撒」用來稱呼次於皇帝的第二號人物，被視爲帝國的預定繼承人*30。

四、奧古斯都的性格與策略

奧古斯都何以要摧毀他所推崇的自由政體，只能由這位狡詐的僭主具有細密思考的個性來加以解釋。他的頭腦冷靜、不動感情，加上天性怯

*30 [譯註]預定繼承人的繼承權可因血統更近之親屬的誕生而失效。

儒，十九歲開始戴上僞君子的面具，從此習以爲常，終身如是。他運用這種手腕，也可能基於同樣的心情，一面將西塞羅列入公敵宣告名單之內，在另一方面又赦免辛納(Cinna)的罪行。無論是爲善作惡都出於有目的的做作方式，完全是利害關係的驅使，在開始時是羅馬世界的仇敵，後來反而成爲國父。當他制定帝國的權力結構時，所表現的溫和態度完全出之於恐懼，想用人身自由的幻影來安撫人民，用文官政府的假象來欺瞞軍隊。

其一，凱撒被弒的情景始終歷歷在目。奧古斯都對追隨的部下不吝豐厚賞賜，給予高官厚爵，但他也有前車之鑑，知道舅公最親密的友人，有些成爲謀叛的兇手。忠誠的軍團可以對抗公然的叛亂，維護他的權力。即使有高度的警覺心，也無法讓他倖免於頑強共和主義者的利刃。羅馬人至今還在懷念布魯特斯(Brutus)[31]，一定會歌頌效法他的烈士精神。凱撒由於擁有強大的權力而又加以誇耀，才落得這種可悲的命運。用執政官和護民官的名義來統治可以相安無事，以國王的頭銜會激怒羅馬人而惹上殺身之禍。奧古斯都深知人類的統治靠著實力和名望，在這方面絕對不能一廂情願。要是保證元老院和人民能夠享有古老的自由，他們就會甘願讓人奴役。只有軟弱的元老院和萎靡不振的人民，才會滿足於這種假象，興高采烈的接受，這要靠奧古斯都的後續各帝，出於善心和謹愼來盡力維持。那些陰謀反對喀利古拉、尼祿和圖密善幾位皇帝的人，完全是基於自保的動機，不是爲了爭取自由；他們要攻擊暴君本人，並非是要推翻君權政治。

說實在，元老院忍耐七十年以後，爲了恢復長久以來被遺忘的權力，也做了一次毫無成效的嘗試，這件事使人記憶猶新。當喀利古拉被刺、王位空懸時，執政官在朱庇特神殿召開會議，譴責凱撒的作爲，對尚未完全歸順的幾個步兵支隊提出自由的口號，以獨立首長的身分要在兩天以內採取行動，成立民主自由的共和國。但是他們正在進行策畫時，禁衛軍已經有了決定，日耳曼尼庫斯的兄弟、那個笨拙的克勞狄斯在軍營中紫袍加身，禁衛軍準備用武力來支持他的當選。自由的美夢終於落空，元老院只

31 君主政體建立兩世紀後，馬可斯·安東尼皇帝推崇布魯特斯是典型的羅馬有德之士。

有在恐怖的氣氛中過著奴顏婢膝的日子。這個無能爲力的議會並未受到人民的支持，在武力的威脅下只有批准禁衛軍所提的人選。同時克勞狄斯基於審愼的作爲，用很慷慨的態度對他們發布大赦[32]。

其二，軍隊的蠻橫無狀使得奧古斯都心懷戒慮，提高警覺。公民在絕望時，也想像軍人一樣能夠爲所欲爲的運用權力。他在過去曾引導民眾破壞一切的社會職責，那時自己的權力又何其不穩。他曾經聽過暴民在造反時的呼嘯聲，看到現在表面無事而暗中浪潮洶湧，心中更爲害怕。第一次革命已付出龐大的酬庸，第二次還要加倍賜予，軍隊明確表示要忠誠追隨凱撒家族，但是群眾不然，一直是反覆無常難以持久。奧古斯都利用羅馬人兇狠的偏頗心態以達成自己的企圖，加強法律的制裁來整飭嚴肅的軍紀，運用元老院的權威來調停皇帝和軍隊，以身爲共和國行政首長的權勢，無所畏懼的要求軍隊的忠誠和服從[33]。

五、帝位傳承的致命弱點

從奧古斯都建立這樣高明的制度開始，一直到康莫達斯（Commodus）死亡，在長達兩百二十年的期間內，軍事政府與生俱來的危險，總算能夠加以扼制。軍隊雖然明瞭自己的實力和文官政府的軟弱，倒是少有圖謀不軌的僥倖心理，無論是在過去和以後，就是這種心理才會產生極其可怕的災難。喀利古拉和圖密善被豢養的家臣刺殺在宮廷內，前者之死在羅馬引起騷動，但是只限於城牆之內。等到尼祿的喪生就涉及整個帝國，十八個月內有四位皇帝死於劍下，狂暴的軍隊相互爭戰使羅馬世界爲之震撼。除了這段短暫的期間，受到突發的暴力影響，使得軍紀蕩然以外，從奧古斯

32 很可惜塔西佗的《編年史》喪失這幾卷，不知道他對這件事的看法，使我不得不相信約瑟法斯(Josephus, Flavius, 37-100A.D.，猶太祭司、學者和歷史學家)所採用的謠傳，或者是笛翁和蘇脫紐斯的揣測之辭。

33 奧古斯都要恢復古代嚴格的軍紀要求，在內戰以後，對軍隊不再用很親熱的稱呼叫他們「弟兄們」，而是直接稱他們爲「士兵們」。提比流斯即位之初，駐守潘農尼亞的兵團發生大規模兵變，元老院要赦免他們，提比流斯堅決主張嚴懲。

都到康莫達斯這兩個世紀，並未沾上內戰的血跡，也沒有受到革命的侵擾。皇帝的推選是元老院的權責，而且得到軍隊的同意*34，軍人遵守效忠誓言。只有很用心的閱讀《羅馬編年史》，才知道其間發生三件微不足道的反叛事件，全部在幾個月內解決，沒有引起刀兵之災[35]。

在王位空懸、推舉新君時，通常危機四伏、險象環生。羅馬皇帝爲了使軍團在空位期置身事外，而且不會產生異心圖謀擁立，生前便對指定的儲君賦予大權，以便自己崩殂後，儲君能夠順利接掌政權，不讓帝國有易主之感。因此，當奧古斯都在所有較佳人選都英年早逝以後，便把最後希望放在提比流斯身上，讓自己的養子出任護民官和監察官，並且發布敕令，使這位儲君和自己一樣，有統治行省和指揮軍隊的權力。就像維斯巴西安那樣，要他的長子克制自己過分慷慨的天性以免遭忌。因爲提圖斯受到東部各軍團的愛戴，在他的統率下很快完成對朱迪亞(Judaea)的征服，表現出少年的血氣方剛，使得品性被掩蔽，企圖受到懷疑，讓人恐懼他的權力。謹慎的維斯巴西安爲了不願聽到蜚短流長，召他回國共同處理國政，這位孝子沒有辜負老父的一番苦心，成爲忠誠又負責的行政首長。

聰明睿智的維斯巴西安盡可能採取一切措施，保證能夠完成這次未卜凶吉的擢升。軍隊的誓詞和士兵的效忠，永遠以凱撒的家族和姓氏爲對象，這已經是一百多年來的習慣，即使這個家族靠著收養的形式，很虛假的一代一代傳承下來。羅馬人仍舊把尼祿看成日耳曼尼庫斯的孫子，也是奧古斯都的直系傳人，表示極度的尊敬。要說服禁衛軍心甘情願放棄爲暴君服務的機會，這是一件很不容易而且得罪人的事。伽爾巴(Galba)、奧索(Otho)和維提留斯(Vitellius)的迅速垮台，讓軍隊知道皇帝是他們創造的傀儡，也是他們無法無天的工具。維斯巴西安出身寒門，祖父是一個普

---

*34 [譯註]尼祿在克勞狄斯皇帝的葬禮上講的話，原意與這個有點出入。

35 第一次是卡米拉斯・斯克里波尼努斯(Camillus Scribonianus)在達瑪提亞起兵反對克勞狄斯，不過五天工夫，就爲自己的部隊所背棄。第二次是安東鈕斯(Antonius)在日耳曼反叛圖密善，第三次是馬可斯・安東尼在位時的亞維狄斯・卡修斯；後面兩次都拖延幾個月，內閧才平息下來。我們很清楚卡米拉斯和卡修斯爲了掩飾自己的野心，都是打著「恢復共和」的幌子，卡修斯特別提到是要維護家族的榮譽。

通士兵，父親是職位很低的稅吏[36]，完全是靠著自己的功勳，在年事已高時，才爬升到帝王之尊。雖然他的功績頗高，但還沒有到達顯赫的地步，個人的德行也因過分的吝嗇而失色不少。像這樣一位國家元首，他眞正的利益是放在兒子的身上，憑著儲君光輝以及和善的性格，可以轉移公眾的視聽，不再注意寒微的門第，只想到弗拉維亞(Flavian)家族未來的光榮。提圖斯的溫和統治，使羅馬世界度過一段美好的歲月，人們對他懷念，轉而庇護他的弟弟圖密善的惡行達十五年之久。

六、圖拉眞與哈德良的傳承

圖密善被弒身亡後，聶爾瓦還未登基就知道他所處的狀況，前任的長期暴政所激起的反叛浪潮，正在急速擴展。他已年登花甲沒有精力加以遏止，善良之輩固然尊敬他那溫文儒雅的性格，但是對付腐敗墮落的羅馬人，則需要治亂世用重典的強硬手段。儘管他有好些親戚，但卻屬意於外人，選擇年約四十歲在下日耳曼統率一支勁旅的圖拉眞，作爲他的養子，並立即由元老院頒發敕令，宣布是他的同僚和帝國的繼承人。令人感到無奈之事，莫過於一面要爲評述尼祿的惡行而不勝其煩，另一方面又要從吉光片羽的文字中體察圖拉眞的言行。然而有一事實絕非奉承之辭，那就是圖拉眞死後兩百五十多年，元老院在新帝登基的例行祝賀文告中，希望他在給予人民幸福方面超過奧古斯都的作爲，在個人的德行操守方面比美圖拉眞的言行。

像慈父一樣治國的圖拉眞，我們相信他要賦予大權給多疑善變的親戚哈德良，事先一定會考慮再三。當他臨終之際，波洛蒂娜(Plotina)皇后運用手腕，究竟是她要圖拉眞下定決心，還是他自己讓收養成爲事實[37]，其

36　維斯巴西安皇帝聽見家譜學家說他的家世，可以追溯到希臘的偉大英雄人物時，就不禁捧腹大笑。

37　笛翁肯定這些傳聞全是虛構，圖拉眞去世時，哈德良還在行省當總督，可以澄清這些難以解釋的事件。

中眞相很難得到定論。哈德良在毫無波折的狀況下，被承認爲合法的繼承人。如同我們之前所提，他治理下的帝國在安定繁榮中日益強大。他提倡藝術，修訂法律，加強軍事訓練，親身視察所有行省，不僅精力充沛而且才智過人，在處理政務時，既能照顧全局又能洞察細節。但在他心靈的深處，主要是受到好奇和虛榮的驅使，爲了達成不同的目標，期望都有所作爲。哈德良是偉大的帝王、幽默的辯士和雄猜的暴君，他的作風就大處來說相當的公正與謙和，然而在即位最初幾天，就處死四位曾任執政官的元老，這幾位是他的死對頭，卻也是帝國的功臣。到後來，他因病纏身而痛苦不堪，變得脾氣乖張，粗暴殘忍。元老院爲了要把他尊爲神明還是貶爲暴君，感到困擾不已，只有忠心耿耿的安東尼，爲他爭得應有的尊榮。

哈德良那反覆無常的性格影響他對繼承人的選擇，有幾個才智出眾的人物，雖然在他來說是又愛又恨，倒也認眞加以考慮。最後他收養伊利斯·維魯斯(Aelius Verus)，是一位輕浮而浪蕩的貴族，因爲容貌英俊被哈德良的男寵安提努斯(Antinous)[38]所推薦。哈德良花了大筆犒賞，換得軍隊對繼承人的歡呼擁戴。就在他躊躇滿志時，這位新封的凱撒卻一命嗚呼。伊利斯只留下一個兒子，哈德良將他託付給安東尼照顧，後來又加以收養。待馬可斯登基以後，也授與他相等的君權。年輕的維魯斯雖然有很多缺點，還是有點自知之明，那就是對傑出的同僚非常尊重，他愛好玩樂不能吃苦耐煩，自願放棄治理帝國的任務。這位哲人皇帝憐憫他的早死，掩飾他的愚行，盡量讓他在身後留下美名。

等到哈德良的情緒平息下來，決定爲了名留千古，澤惠子孫，要選擇最優秀的人物登上羅馬皇帝的寶座。他的慧眼很快就發現一位五十歲的議員，從事公職一生毫無瑕疵；還有一位十七歲的青年，謹言愼行而且才華橫溢。哈德良將年長者收爲養子成爲儲君，條件是年長者要立即收養年輕人。這兩位安東尼(就是現在我們所說的兩位)才德兼備，統治羅馬世界長

38 哈德良爲了將安提努斯神格化，用他的名字來爲動章、雕像、廟宇、城市、神諭和星座命名，這可說是哈德良最爲人詬病之處。然而我們要知道，在羅馬帝國初期這十五位皇帝中，只有克勞狄斯在愛情方面算是完全正常。

達四十二年之久。雖然年長的庇烏斯有兩個兒子[39]，卻能以國事爲念，不顧家庭私利，將女兒弗斯汀娜(Faustina)嫁給年輕的馬可斯，從元老院獲得執政官和護民官的權力，毫無自滿、猜疑的心理，眞誠邀請馬可斯共同處理國政。在另一方面，馬可斯尊重恩人高尚的品格，愛之如父，敬之如君[40]，而且，庇烏斯崩殂後，還是恪守前人的規範來治理國家。這種聯合執政獲得極大的成效，可能是歷史上唯一以人民福祉爲目標的政府。

七、安東尼王朝的傳承

提圖斯·安東尼·庇烏斯(Titus Antoninus Pius)被稱爲努馬(Numa)[*41]第二，這兩位都以愛好宗教、正義與和平爲共同的特點，但是後者所處的時代，在履行這些美德時有更大的施展空間。努馬只不過制止鄰近村莊相互搶奪收成而已，安東尼則使四境得到安寧和平。庇烏斯的統治有一個特色，就是能提供的歷史材料不多。說得明白一點，歷史往往就是人類罪惡、愚昧和災禍的記錄。他在私生活方面，是一個和藹可親的長者，天性純眞樸實，無視虛榮做作，善處中庸之道，樂於正直無爲，凡事均能適可而止，表露出安詳善良生活的一面。

馬可斯·奧理留斯·安東尼(Marcus Aurelius Antoninus)更爲嚴謹勤勉[42]。他經由無數次的凝神討論、耐心聽講和通宵苦讀，才能獲致豐碩的學養。他從十二歲開始，奉行斯多噶學派的嚴格教條，被教導要能身體聽命心靈，感情服從理智，認爲德行是至善，邪行是至惡，一切身外之物均

39 若非有勳章和銘文的記載，我們還不知道有此事，庇烏斯果眞有他人難及之處。

40 庇烏斯在位的二十三年中間，馬可斯只有兩個晚上不在宮內。

*41 「譯註」努馬·龐皮留斯(Numa Pompilius, 715-673B.C.)，傳說是古代羅馬七王相繼執政的王政時期第二位國王，曾創立宗教曆法和各種宗教制度。

42 馬可斯的敵人說他僞善，不像庇烏斯那樣簡樸，有的地方連維魯斯都不如，在這方面的懷疑看來是對個人最大的恭維。如果馬可斯算是僞善，那麼大可以說凱撒很怯懦，或者塔里(Tully)是個傻瓜。一般而言，仁慈寬厚和公平正直不像聰明機智和英勇無畏那樣容易得到別人的肯定。

無足輕重。他的《沉思錄》是在戎馬倥傯之際撰寫而成，現在尚流傳世間。他甚至不惜以帝王之尊公開講授哲學，這種立德、立言的不朽功業，雖聖哲賢君亦不過如是[43]。但是從他的生活來看，是實踐季諾[*44]教義最高貴的詮釋，那就是嚴以律己，寬以待人，行事公正，處世仁慈。他因亞維狄斯・卡休斯（Avidius Cassius）在敘利亞叛變畏罪自殺，感到無法化敵爲友而悔恨不已。元老院爲了聲討賣國賊而群情激昂，卻被他平息下來，證明確實發自至誠。他厭惡戰爭，認爲是對人性的屈辱和摧殘，但是一旦必須正當防衛，他義不容辭的披甲上陣。冬天在冰凍的多瑙河岸，他親冒矢石進行八場戰役，嚴酷的氣候使他原本虛弱的身體不支而逝世。後代子孫無不感恩懷德，馬可斯・安東尼去世一百多年後，還有很多人把他的雕像供奉在神龕內，當作家神來祭祀。

若要指出世界歷史中那一個時期，人類最爲繁榮幸福，我們將毫不猶豫的說是從圖密善被弒到康莫達斯登基。幅員遼闊的羅馬帝國受到絕對權力的統治，其指導方針是德行和智慧。四位皇帝一脈相傳，運用恩威並濟的手段，統制部隊使之秋毫無犯，全軍上下無不心悅誠服。在聶爾瓦、圖拉眞、哈德良和安東尼小心翼翼的維護下，文官政府的形式得以保持。他們喜愛自由的形象，願意成爲向法律負責的行政首長，在他們統治下的羅馬人享有合理的自由，已經恢復共和國的榮譽。

這些君主勤勞國事，功成名就是他們最大的報酬，樂於見到治下人民過著幸福的生活，這才是眞正令人驕傲的光榮。從這些人類最高貴的享受中，時刻要產生憂患心理，知道若只依賴個人品格，人民的幸福無法永保。用在大眾利益的絕對權力，一旦被放縱任性的幼帝或猜忌嚴酷的暴君濫用，必然帶來破壞的後果，致命時刻立即臨頭。元老院和法律的約束固然理想，但只能彰顯皇帝的德性，無法改正皇帝的惡行。軍事武力是盲從

43 在他第二次出發平定日耳曼人之前，爲羅馬人民開辦一個哲學講座，整整上了三天的課，後來到希臘和亞細亞的城市，也舉行同樣的活動。

*44 [譯註]錫蒂昂的季諾（Zeno of Citium，約336-264 B.C.）古希臘哲學家，雅典斯多噶學派的創始人，哲學體系以倫理學爲中心，認爲人應順從統治宇宙的理性。

和不可抗拒的壓迫工具，羅馬人的生活習性極其腐敗墮落，使諂諛者急於歌功頌德。朝廷的大臣和官吏只有順從主子的恐懼或貪婪，縱欲或暴虐。

八、歷史的回顧

這種極度令人戰慄的憂慮，已經從羅馬人的經驗中獲得證實。《羅馬編年史》所敘述的皇帝，顯示出人性的強烈善變和難以捉摸，很難在現代歷史中找到這種混亂而可疑的特性。在這些皇帝爲善和敗德的言行中，我們只能列舉其中最關緊要者，上焉者是人類最高尚完美的典型，下焉者是人類最無恥墮落的範例。在圖拉眞和安東尼的黃金時代之前，是黑暗酷虐的黑鐵時代。把奧古斯都不肖的繼任者一一列舉幾乎毫無必要，他們舉世無雙的罪行與其上演的華麗殿堂，令人無法遺忘。像是提比流斯的睚眥報復、喀利古拉的殺戮狂暴、克勞狄斯的萎靡軟弱、尼祿的放蕩殘酷、維提留斯的縱欲佚行[45]和圖密善的怯懦無情，注定要禍延子孫，遺臭萬年。在這八十年當中(除了維斯巴西安短暫的統治外，其實他的作爲尚有商榷餘地)，羅馬在永無寧日的暴君統治下痛苦呻吟，不僅滅絕了共和國的古老家族，這段不幸時期要是有任何才德之士崛起，都會遭到致命的打擊。

在這些形同禽獸的暴君統治下，羅馬人過著生不如死的奴隸生活，同時也基於兩種特殊狀況獲致這種後果：一種是相較於他們在從前所擁有的自由，一種是來自對外的擴張和征服。這樣一來，使他們比起任何時代和任何暴君治下的受害者，後果更爲悲慘可怕。這種特殊狀況造成的後果有兩個：其一是受害者對巨大悲痛的自覺，其二是無法逃脫壓迫者的魔掌。

其一，受到夏菲(Sefi)後裔統治的波斯，歷代國王殘酷暴虐，寵臣經常在宮廷的接待、用膳或陪寢時被殺。據記載有位年輕貴族提到，每次退朝前都不知道是否能保得住腦袋。這種無時無刻無所不在的恐怖，幾乎證

45 維提留斯僅是浪費在飲食上，七個月就用掉六百萬英鎊，皇帝的地位尊貴無比，很不容易認定這是罪大惡極還是正當用度。塔西佗說他根本就是一頭豬，看來這句粗話倒是說得很傳神。

實羅斯坦(Rustan)*46的冥想，縱使以絲線懸利劍於頭頂，隨時可以命喪黃泉，波斯人仍然憩睡如故，平靜的心情絲毫不受干擾。國君蹙額不滿，臣下自知死無葬身之地，但遭到雷劈或中風，同樣能取人性命，明智之士以及時行樂忘卻朝不保夕的生活。這些國王的寵臣由奴僕而晉身貴族，要知道他們被卑賤的雙親所賣，出身和家國一概不知，從小就在後宮嚴格的紀律中成長[47]。他們的姓氏、財富和地位都是蒙受主子的恩惠，當然主子也可收回賜予的一切，這是極爲公平的事。要是他們具備魯斯坦的知識，就會用偏見來肯定他們的習性，除了專制君主政治以外，無法說出任何政府的形式。東方的歷史告訴他們這就是人類必須接受的景況[48]，《古蘭經》和這本聖書的詮釋者，不斷的灌輸他們，蘇丹是先知的後裔和奉神旨意的人，忍耐是伊斯蘭教徒最高美德，無條件服從是人民的最大責任。

羅馬人的心智經由不同途徑而被奴化。他們雖背負自甘墮落和軍方暴虐的重壓，長久以來，還保存著祖先那種生而自由的情操和理想。希爾維狄斯(Helvidius)*49、賽拉西(Thrasea)*50、塔西佗和普里尼所受的教育方式，跟加圖和西塞羅完全相同。他們從希臘哲學中，吸收人性尊嚴和社會本源最正確持平的概念。他們自己國家的歷史，教育他們要尊重一個自由、和諧、勝利的共和國，聲討凱撒和奧古斯都所犯下的一連串罪行，內心鄙視那些他們表面上用最卑下的奉承來崇拜的暴君。有些人出任政府官吏和元老院議員，可以參加會議制定法律，但他們用自己的名字來替帝王的行動背書，把自己的權力出賣給居心險惡的暴君。提比流斯企圖用法律

*46 [譯註] 羅斯坦是波斯傳說裡的英雄人物，經常出現在史詩之中。

47 拔擢奴隸出任國家的高級官員，這在土耳其是很正常的事，比波斯更爲普遍。所以位於高加索山區那些生活困難的國家，像是喬治亞和色卡西亞(Circassia)輸出很多奴隸，等於是給東方世界供應統治者。

48 夏爾汀(Chardin, Jean, 1699-1779A.D.，法國畫家，擅長異國風情和靜物)說過，有些歐洲旅客在波斯時，講起我們的政府是多麼的自由和開明，但是他們認爲我們政府的官員根本不稱職。

*49 [譯註] 希爾維狄斯是一世紀羅馬斯多噶學派的哲學家，他維護元老院的權力，要求實行共和，反對第一公民的權利，最後被維斯巴西安處死。

*50 [譯註] 塞拉西是希爾維狄斯的岳父，也是斯多噶學派哲學家，因密謀推翻尼祿而被處死。

程序來掩飾謀殺行爲，使元老院成爲幫兇和受害人而暗自竊喜，他這種手法也被一些皇帝採用。在元老院會議中，最後的羅馬人受到譴責，因莫須有的罪名以及眞實的德行。那些惡名昭彰的控訴人，滿口大公無私的愛國論調，在法庭觀賞審問所謂的危險公民。公職多作爲有財有勢者的酬庸[51]。有的法官充滿奴性，嘴裡宣稱要維護共和國的尊嚴，但當國家的元首違犯法律[52]時，法官面對帝王的冷酷無情和殘暴不仁，感到戰慄害怕[53]，滿口歌頌他的仁慈。暴君反而瞧不起這些人的奴性，知道他們表面裝出一副很誠摯的樣子，內心卻希望看到他垮台，基於這種心理而遷怒整個元老院。

其二、歐洲分裂爲許多獨立的國家，相互之間因宗教、語文和生活習俗大致雷同而產生聯繫，結果反而對人類的自由有所助益。近代的暴君儘管率性妄爲，無所懼忌，也會從友輩的先例、輿論的指責、盟邦的忠告和外敵的憂患中，稍爲約束自己的行爲。那些對暴君不滿的人士，逃離國土狹窄的邊境，很容易在較爲祥和的環境裡得到安全的庇護。他的才華得到新的發展，可以自由抱怨所受的迫害，甚至可以訴諸報仇手段。但是當時的羅馬帝國則不然，全世界都在它控制下，要是帝國落入一個人手中，那麼對他的仇敵而言，整個世界就變成堅固而恐怖的監獄。在帝國專制統治下的奴隸，不管是受到判決在羅馬或元老院拖曳著鍍金的鎖鍊，或是在塞里法斯島(Seriphus)的荒岩或多瑙河冰凍的沿岸，以放逐終了餘生[54]，都

---

51 他們以西庇阿和加圖爲例。馬塞拉斯・伊庇流斯(Marcellus Eprius)和克里帕斯・維比烏斯(Crippus Vibius)在尼祿當政時取得兩百五十萬英鎊，這些都是不義之財。就是因爲有錢，才得到維斯巴西安的庇護。像里古拉斯(Regulus)這種人就是普里尼寫諷刺詩的對象，有次被控從元老院接受執政官用的飾物和價值六萬英鎊的禮品。

52 王族的罪行在過去只有背叛羅馬人民。奧古斯都和提比流斯認爲自己是人民的護民官，所有行爲都受到保護，將這種權利盡量擴大應用的範圍。

53 日耳曼尼庫斯那位人品高貴而又命運悲慘的遺孀被處死以後，元老院盛讚提比流斯的仁慈，說他既沒有把她當眾公開絞死，也沒有像對待一般罪犯那樣，鉤住屍體拖過吉摩尼亞(Gemoniae)廣場的台階。

54 塞里法斯島是愛琴海一個小島，上面滿布岩石，居民的生活極其貧苦而且被人遺忘，因爲奧維德(Ovid, Publius Ovidius Naso, 43B.C.-17A.D.，古羅馬詩人，作品有《變形記》)放逐在此，整日哀傷慟哭而出名。看来他是接到命令要在幾天之內離

只有在絕望中靜待最終命運的降臨。反抗只是自尋死路，也無處可以逃亡。四周被一片汪洋大海和廣闊的陸地包圍，在橫越時，就會被發現並捉回，最後還是會解送到憤怒的主子面前。即使逃離邊界，焦急的眼睛所看到的除了遼闊的海洋、荒蕪的沙漠和帶著敵意的蠻族外，完全一無所有。這些蠻族不但態度粗暴而且言語不通，他們的國王也很高興犧牲討厭的逃犯，來換取皇帝的保護[55]。所以，西塞羅對被放逐的馬塞拉斯說道：「不管你在那裡，記住，你還是在羅馬暴君的勢力範圍之內。」

開羅馬，自己坐船到托米(Tomi)去報到，連衛兵和獄卒都不需要。

55 提比流斯在位時，有一個羅馬騎士想要逃亡到安息人那邊去，結果在西西里海峽被截獲，後來也就不了了之。這在一位猜忌心很重的暴君來說是很不平常的事，據說是他忘記交代要懲處。

第四章

康莫達斯殘酷而暴虐的愚行　佩提納克斯被推舉為帝，勵精圖治遭禁衛軍所弒(180-193A.D.)

一、馬可斯以私害公的傳位安排(180A.D.)

斯多噶學派嚴肅的紀律，無法抹掉馬可斯的溫和敦厚，有時不免婦人之仁，這成爲他性格上唯一的缺失。他雖然理解力極其優越，卻常因赤子之心而受到矇騙。別有企圖的人士很了解皇帝的弱點，打著哲學的幌子作爲晉身之階，表面裝出一副不求名利的樣子，事實上卻完全相反[1]。他對弟弟、妻子和兒子太過溺愛縱容，超出個人德行應有的範圍，以致於他們有恃無恐，胡作非爲，禍國殃民，遺毒無窮。

庇烏斯的女兒弗斯汀娜是馬可斯的妻子，素以風流韻事和容貌豔麗而著稱當時。馬可斯那種哲學家嚴肅和簡樸的氣質，不可能和她過縱情聲色的生活，更無法約束她那熱情奔放的行爲，因此她才爲人所不恥[2]。邱比特(Cupid)[*3]在古代是一位談情說愛的神祇，皇后也一樣無所忌憚，身邊蓄養面首，毫無羞恥之心。馬可斯是整個帝國唯一不知弗斯汀娜姦情的人，皇后的敗德行爲影響世道人心，侮辱丈夫的名譽，他還將她的一些情人擢

1 《羅馬皇帝傳》中提到亞維狄斯·卡休斯曾爲此迭有怨言，事實上是抱怨派系之間的傾軋，但絕不是無中生有的說法。

2 朗普里狄斯(Lampridius)說弗斯汀娜不在乎別人對她的批評。那時的羅馬可說是謠言滿天飛，很多史書採用道聽途說的資料，但人們對她的指責並無實際證據。

*3 [譯註]邱比特是羅馬神話裡的愛神，裸體，有雙翅，手執弓矢，希臘神話稱爲厄洛斯(Eros)。

升到高官厚爵的地位。三十年的婚姻生活證明他溫柔體貼，對她的關懷尊重至死不渝。在他的《沉思錄》[*4]中，他感激神明賜給他一位忠實溫柔、天眞爛漫的妻子[5]。當她死後，元老院在他誠摯的請求下，只好立她爲女神，供奉在神廟裡和朱諾(Juno)、維納斯(Venus)和西瑞斯(Ceres)[*6]一樣，受到民眾的膜拜祭祀。還要昭告世人，青年男女在結婚當天，必須在貞潔保護神的祭壇前面宣誓[7]。

罪惡滔天的兒子更使父親的純良德行蒙上一層陰影。馬可斯因偏愛他的不肖子而犧牲百萬人的幸福，沒有從共和國裡選擇儲君，反而傳位自己的家人，引起公眾反感。不過，焦慮的父親一直期盼得位有人，費盡心血，延請飽學名師和有道之士教導康莫達斯，期待借重他們的言行，擴展原本狹窄的胸襟和革除早已寵壞的惡習，使他有能力和德操在將來接掌寶座。除了與他習性相近的嬉遊項目外，其他方面的教導根本不能發揮作用，哲學家道貌岸然講授的枯燥哲理，在放蕩玩伴的慫恿和引誘下，遺忘得一乾二淨。馬可斯本人也揠苗助長，竟在他兒子十四、五歲時，就要他參與處理國政。馬可斯後來又活了四年，由於輕率將一個心浮氣躁的年輕人，推向理智與國法都無法約束的境地，他自己也難免悔恨不已。

大多數擾亂社會內部安定的罪惡，是基於人類有滿足欲望的需求；而不公平的財產法，使大多數人所垂涎的物品，只爲少數人所據有。在人類的欲望當中，對於權力的熱愛，是最強烈而又不容共享，那是由於人類尊榮的極致來自天下萬眾的臣服。過去因內戰動亂，使社會法律失去力量，取而代之者更難滿足人道的要求，爭奪的激情、勝利的榮耀、成就的絕

---

*4 [譯註]《沉思錄》是馬可斯於第二次馬科曼尼戰役(169-175A.D.)期間，在格拉納(Granna)河畔的軍營中以希臘文寫成，用隨筆的風格記下個人的感想。很薄的一本書共有十二卷，由於是在他死後才流傳出來，當代的臣民沒有閱讀的機會。

5 全世界都在笑馬可斯輕信婦人之言，但是達西爾夫人(Madam Dacier)很鄭重的告訴我們，如果妻子願意放下身段來掩飾，丈夫通常都會受騙。

*6 [譯註]朱諾是羅馬神話裡的主神，身爲天后，是天神朱庇特(Jupiter)之妻，主生育、婚姻，是婦女的保護神，地位相當希臘神話中的希拉(Hera)；維納斯是愛與美之女神，相當於希臘神話中的阿弗洛黛蒂(Aphrodite)；西瑞斯是穀物和耕作女神。

7 朱理安皇帝批評馬可斯，說他將弗斯汀娜神格化，是完美人格中唯一的缺失。

望、對過去傷害的記憶、以及對未來危險的恐懼，在在都造成了神智的激憤與憐憫之聲的沉寂。每一頁的歷史記錄，都因這種爭奪權力的動機，而沾滿內戰的鮮血。但這種動機對康莫達斯而言，並不足以解釋他那毫無道理的殘酷暴虐，因爲他已享有天下，應再無所求。馬可斯所寵愛的兒子，在元老院和軍隊的歡呼聲中登基(180A.D.)[8]。這位幸運無比的青年即位以後，既無對手可供剷除，也沒有敵人需要懲處，在這種四海昇平的狀況下，理應勤政愛民，效法前面五位皇帝的豐功偉業，而不是自甘墮落於尼祿和圖密善可恥的命運。

何況康莫達斯並非天生嗜血的虎狼之輩[*9]，從小也不是行爲殘暴的人，要說他邪惡還不如說他懦弱。就是因爲他的個性單純畏怯，受到身邊侍從的左右，逐漸腐蝕了他的心靈。他之所以殘酷暴虐，開始是受到別人的擺布，終於墮落成爲無法自拔的習慣，最後使得人格爲獸性所控制。

康莫達斯在父皇死後，發現自己面臨統率大軍無所適從，也不知道如何指揮對抗夸地人和馬科曼尼人[*10]的艱苦戰爭。過去環繞他四周那群奴顏婢膝的儇薄少年，雖然遭到馬可斯的斥逐，很快在新皇帝身邊獲得職位。他們對越過多瑙河在野蠻國家的戰事，誇大危險和艱鉅的程度，讓荒淫怠惰的皇帝相信，憑著他的威名，只要交代部將率領軍隊出兵，就會使蠻族喪膽迎風而降。他們還特別強調，用這種方式征戰更爲有效。他們用盡心機迎合他好色的欲望，將羅馬的安逸舒適、富麗堂皇和精緻優美的生活，拿來與潘農尼亞軍營中的忙亂辛苦和清寒單調做比較。康莫達斯受到花言

8　康莫達斯是第一位「生而爲帝者」(Porphyrogenetus)(他的父親在他出生以前已經登基)，埃及每年頒發的獎牌上有他的年齡，代表的意義是他的統治年數，也就是說他一出生就統治整個帝國，這是諂媚奉承的新招數。

*9　[譯註]美國好萊塢在2000年出品一部名叫《角鬥士》(*Gladiator*)的電影，台灣取名《神鬼戰士》，獲得該年度最佳影片和最佳男主角金像獎，就是以康莫達斯統治時期作背景，很多場面拍攝得很逼眞，但是情節與正史有很大的出入。

*10　[譯註]夸地人是古老的日耳曼民族，屬條頓族的一支，居住在奧德河(Oder)上游和多瑙河之間，與馬科曼尼人爲鄰，雙方時和時戰，使得羅馬帝國的北疆一直動亂不寧；馬科曼尼人是主要的日耳曼民族，最強悍好戰，歷史上最早提到是在《高盧戰記》第一卷，該族和其他日耳曼人渡過萊茵河，入侵高盧，被凱撒所擊敗。

巧語的蠱惑難免心動，但是在自己的嗜好和畏於父親所留的顧命大臣之間舉棋不定。夏天很快過去，只有將凱旋首都延到秋天。他有著優美的儀容，穿上講究的服裝，裝出一副天眞無邪的樣子，大獲公眾的好感，加上他已經給予蠻族光榮的和平，使整個帝國都能感受到歡樂的氣氛。因此，他之所以要急於返回羅馬，被認爲是熱愛他的國家，即使他縱情於歌舞升平，那是因爲皇帝才十九歲，就這些來說幾乎聽不到責難的聲音。

二、康莫達斯登基後朝政失修(183-189A.D.)

康莫達斯統治的前三年，在忠心耿耿顧命大臣的維護下，政府還能保持原有的形式和精神。這些人都是正直忠誠之士，由馬可斯拔擢用以輔助其子。康莫達斯在起初還能存有一絲敬意，年輕的皇帝和佞幸的寵臣雖然弄權玩法，但是他的雙手還沒有沾滿鮮血，甚至還表現出慷慨寬厚的氣概，經過相當時日，或許還可鎔鑄成爲堅實的美德。不幸，一件謀殺事件決定他極難捉摸的個性。

有一天夜晚(183A.D.)，皇帝在返回宮廷的途中，經過競技場漆黑狹窄的柱廊，一個刺客在他通過時，拔劍向他衝去，並且大聲叫道：「元老院要你的命！」這番威脅的言辭影響到刺殺的行動，衛士捉住刺客，立刻洩漏出主謀，是出於內廷而不是宮外。盧西拉(Lucilla)是皇帝的姊姊，也是盧契烏斯・維魯斯的遺孀，因不甘於位居次階，而且嫉妒皇后在內廷的權勢，才發生武裝刺客謀殺弟弟的事件。盧西拉不敢將陰謀告訴她的第二任丈夫克勞狄斯・龐培阿努斯(Claudius Pompeianus)，一個忠心耿耿而且功勳卓著的元老院議員。她從愛人中間(這方面她模仿弗斯汀娜的作風)，找尋到膽大包天的暴徒，這些人不但願意給她體貼的熱情，也願意爲她行兇。陰謀分子都受到法律嚴厲的制裁，盧西拉被奪去公主頭銜，受到放逐的處罰，後來還是逃不過被殺的命運。

刺客的話深深烙印在康莫達斯心頭，對整個元老院留下難以磨滅的恐懼和恨意。過去他敬畏那些直言忠貞的元老和顧命大臣，現在卻懷疑他們是暗中潛伏的敵人。在羅馬帝制中常會出現告發者(Delator)*11，這些人在前朝不能發揮作用，幾已消聲匿跡，此刻發現皇帝正在元老院中尋找心懷不滿和圖謀不軌的人士，便又開始興風作浪成爲可畏的工具。馬可斯重視的國政會議，是由聲名卓越的羅馬人組成，這些功在國家的重臣不久變成罪犯。在重賞以下，告發者不辭辛勞加緊工作，以致成果極爲豐碩：舉凡個人操守嚴謹者，被羅織爲對康莫達斯不當行爲做無聲的譴責；身居重要職位者，被認定會危及君主的權威和地位；還有那些獲得他父皇友誼的德高望重之士，更引起兒子的反感。懷疑就是證據，審判等於定罪。元老院的議員一個個被殺，誰要是表現悲傷或者想要報仇，也難逃死亡的命運。康莫達斯一旦嚐到血腥的滋味，就變得更加冷酷無情，至死不悔。

在暴君手下無辜的犧牲者當中，死事之慘莫過於昆提良家族的麥克西繆斯(Maximus)和康迪努斯(Condianus)兄弟。他們手足情深、心性相通，無論是學術研究或文字寫作、藝術追求或嗜好享受，兩人如切如磋相輔相成，因而贏得不朽的名聲和讚譽。雖有龐大產業，從未有分家念頭，兩人共同創作的論文還遺留一些斷簡殘篇，終其一生可說是同心同德，爲世人所有目共睹。安東尼重視兄友弟恭的德行，欣賞合作無間的精神，在同一年中拔擢他們出任執政官。馬可斯後來又把希臘文官政府和指揮大軍的責任，託付到他們兩位的手中，在對日耳曼的戰役中獲得重大的勝利。康莫達斯假仁義之名，說他們兄弟誰也不會獨生，所以將兩人一起處死。

暴君的狂怒使得元老院血流成河，接著要讓他的劊子手身受慘報。正當康莫達斯沉溺於血腥和奢侈之時，把國家大事無論鉅細，全部委付爲虎作倀、包藏禍心的裴瑞尼斯(Perennis)負責處理。他因謀害前任而取得職位，但是其人精力出眾而且精明強幹，運用各種勒索和敲詐的手段，藉抄沒貴族和豪門的家產以滿足私欲，累積龐大的財富。禁衛軍由他直接指

*11　[譯註]羅馬內戰結束後，勝者對戰敗一方之處置極盡其殘酷之能事，發布「公敵名單」以求趕盡殺絕。於是很多榜上有名的人，到處藏匿以逃避追捕，因而產生「告發者」爲獲得懸賞，四處打聽逃亡人員下落，再向官府舉發。此種風氣相沿成習，就有職業告發人出現，對政治的惡化和人性的墮落產生很大的影響。

揮，他具軍事天份的兒子則統率伊里利孔軍團。裴瑞尼斯對帝國有野心，在康莫達斯看來眞是罪大惡極。要不是皇帝已有防備，讓他意外遭到處死(186 A.D.)，他會有能力達成企圖。在羅馬帝國的歷史上，一位大臣的垮台眞是微不足道，但這個事件是由特殊狀況所促發，證明軍紀的規範早已蕩然無存。駐守不列顚的幾個軍團，對裴瑞尼斯的施政表示極度不滿，挑選一千五百名官兵組成代表團[*12]，帶著將領的指令來到羅馬，在皇帝面前申訴他們的怨氣。這批軍方的陳情代表以其堅定的行動，挑動禁衛軍的不和，誇大不列顚駐軍的實力，使得康莫達斯大爲驚慌。他們要脅必須將國務大臣處死，軍隊的冤曲才能獲得洗清[13]。遠戍邊疆的部隊這種放肆無禮的態度，以及被他們發現政府的軟弱無能，成爲帝國大動亂的預兆。

不久之後，細微的起因釀成新的社會不安，看來國政的疏失已經極爲嚴重。部隊之中逋逃的風氣大盛，開小差的士兵並沒有隱匿躲藏，反而公然攔路搶劫。瑪特努斯(Maternus)出身行伍，以膽識過人而不安其職，集合此類盜匪形成一股惡勢力，打開監獄釋放囚犯，煽動奴隸爭取自由，大肆搶劫高盧和西班牙未設防之富庶城鎮。行省的總督袖手旁觀不加理會，放任他們蹂躪地方，甚至還要坐地分贓。最後，驚動皇帝要嚴加處置，才從因循怠惰中振作起來。瑪特努斯發現自己身陷險境，必須盡快設法打開一條生路，下令手下的群盜化整爲零，各以小股方式採僞裝掩蔽通過阿爾卑斯山，趁著西布莉節慶的狂歡喧鬧[14]，齊集羅馬。他要殺死康莫達斯，登上虛懸的帝座，這種狂妄的野心已非盜匪的行徑。他所採取的措施不僅有效而且配合良好，潛伏的亂賊已經滿布羅馬街頭，正當時機成熟開始行

---

*12 [譯註]內戰時交戰軍隊，爲對某一問題獲得共識，會互派代表團商討。尤以圍城時，被圍部隊在投降前會派出代表團談判，通常要求能代表全體官兵意願者，所以派遣人員的階層通常不高，且經過公開選舉，軍團的百夫長爲主要人員。帝制以後，戍守在外的軍團日多，才會發生派遣代表團到首都向皇帝和元老院請願之事。

13 笛翁對裴瑞尼斯的評價不像其他歷史學家那樣惡劣，這種持平之論看來較可靠。

14 第二次布匿克戰爭期間，羅馬人從亞細亞傳入「眾神之母」的崇拜，這節慶稱爲美珈利西亞(Megalesia)。從4月4日開始一連六天，街道擁擠著瘋狂的遊行隊伍，劇院全是觀眾，桌旁坐著不請自來的賓客，軍警不出面維持秩序，全城充滿歡樂氣氛。

動時，受到一個同夥的嫉妒向當局告發，以致密謀暴露，功敗垂成。

雄猜陰鷙的皇帝通常從心所欲，提拔低階微賤之人至高位。這些人除了他的恩寵以外一無依靠，必然死心塌地效命。克利安德(Cleander)繼裴瑞尼斯的職位，他是弗里基亞人(Phrygians)*15，這個地方的人士，生性剛愎固執而又滿身奴氣，對他們唯有拳頭才能奏效。他以奴隸的身分從故鄉被送到羅馬，進入宮廷以後，能夠迎合主子的心意而蒙重用，很快的晉升到公民才能擁有的高位。比起前任，克利安德對康莫達斯的心思更具影響力，因爲他無才又無德，不會引起皇帝的猜忌和疑懼。貪婪支配著他的心靈，也是他施政的最高原則。執政官、貴族和元老院議員的職位全部拿來公開出售，要是有人拒絕花費自己大部分的財產，來購買這些毫無實權而且可恥的官位，就被視爲不滿分子。國務大臣處分有利可圖的行省職缺，竟與總督狼狽爲奸，朋比瓜分人民的資財。法律的效力被收買，任意審判毫無公正可言，有錢的罪犯對適法的判決不僅可以翻案，還可隨他高興要求將懲罰加諸原告、證人和法官身上。

克利安德運用卑鄙污穢的手段，在三年內斂取巨額財富，超出任何自由奴所能比擬[16]。這位佞臣在適當的時機，將精心準備的華貴禮品呈送在主子的腳前，使康莫達斯感到非常滿意。爲了轉移公眾的忌恨，克利安德用皇帝的名義，建造浴場、柱廊和休閒場所供民眾使用。他自欺欺人認爲這種慷慨大方的行動，會讓所有的羅馬人受到蠱惑而喜上心頭，就不會在意每日出現的血腥場面。他們會忘卻拜爾福斯(Byrrhus)之死，這位元老院的議員有卓越的功勳，先帝曾將女兒許配給他；他們也會諒解阿爾流斯・安東尼(Arrius Antonines)之所以被處決，因爲他是安東尼家族和德行的最後代表人。前者雖然正直但不夠審愼，竟然企圖向自己的舅子揭發克利安德的眞面目；後者以代行執政官頭銜出任小亞細亞總督時，對佞臣派

---

*15 [譯註]弗里基亞是小亞細亞中西部的小國家，居民是在公元前三世紀從歐洲經色雷斯遷入此地區。

16 笛翁曾經提到，沒有一個釋放奴的財富能與克利安德相比。不過，帕拉斯的財產高達五千兩百萬英鎊。

往當地搞錢的手下，做出公正的判決，而慘遭殺身之禍。先是裴瑞尼斯死後，康莫達斯心生恐懼，短時間內裝出一副明德修身的外表，停止那些邪惡荒唐的行爲，想起公眾對他的咒罵，就把年幼無知所犯的過錯，全部推到裴瑞尼斯的身上。但是，他不過暗自懊悔三十天，即又故態復萌，在克利安德的暴虐摧殘下，反而讓人思念裴瑞尼斯的施政。

羅馬的災難在瘟疫和饑饉的肆虐下(189A.D.)已經到達極點[17]，前者可以說是神明憤怒所致；但是，在有錢有勢的大臣支持下實施穀物專賣，則是造成後者的直接原因。不滿的民眾長久以來怨聲不絕，終於在競技場中爆發開來，大家很快離開所喜愛的娛樂，而要從報復中發洩心頭的恨意。蜂擁的群眾衝向皇帝在市郊憩息的宮殿，在義憤塡膺的喧囂聲中，高呼要索取人民公敵的頭顱。指揮禁衛軍的克利安德[18]，下令騎兵向前衝鋒，驅散暴動的群眾。群眾不敵，趕緊逃往城市，有些人被殺，更多人遭踐踏致死。但是當騎兵進入街道，從房屋的屋頂和窗口投下石塊和標槍，追擊的行動受到阻擋。負責城防的步軍支隊[19]，一向就嫉妒禁衛軍騎兵的特權和傲慢，反過來站在人民這一邊，結果使得暴動變成一場正規交戰，不把對方殺光絕不干休。禁衛軍最後寡不敵眾只有退兵，憤怒的群眾如潮湧一般再度攻擊皇宮大門。這時康莫達斯還沉醉於胡天胡地的享受當中，只有他不知道發生內戰。誰要是敢向他報告這種觸霉頭的消息，一定會被處死。要不是他的姊姊法迪拉(Fadilla)和愛妾瑪西亞(Marcia)闖到他面前，他難免會在禁衛瓦解的狀況下喪生。她們兩人披頭散髮、淚流滿面，投身在他腳前，在極度惶恐下，滔滔不絕的向驚愕不已的皇帝訴說克利安德的罪行、人民的憤怒和大難臨頭的災禍，在幾分鐘之內，會讓宮殿和所有人員遭受毀滅的命運。康莫達斯從迷夢中驚醒過來，下令砍下克利安德

17 根據笛翁的說法，在相當長的一段期間內，羅馬每天有兩千人死亡。

18 克利安德爲了表示謙虛，沒有接受禁衛軍統領的頭銜，但實權卻是在他的手中。就像其他的釋放奴一樣，不管在那個部門，都稱爲書記(a rationibus)或者是祕書(ab epistolis)，克利安德稱自己是「利劍」(a pugione)，表示負責主子的個人安全。

19 不知道是指禁衛軍步兵還是城防支隊，這支部隊有六千人，但是它的職稱和紀律與部隊人數很不相稱。

的頭顱丟給人民。這個場面已經滿足群眾要求，暴亂立即平息下去，馬可斯的兒子重新獲得臣民的擁戴和信任。

三、康莫達斯的敗德惡行與殞滅(189-192A.D.)

康莫達斯的心靈已經完全喪失道德和人性的情操，把治國的權柄視爲無物，朝中的政事一概交付給無恥的佞臣，自己竟日縱情聲色犬馬之歡。他的時間都消磨在後宮，那裡有三百名美麗的少女，還有同樣數目的孌童，來自各個階層和行省。一旦狐媚誘惑的技巧無法滿足皇帝，這個野獸般的愛人就會求助於暴力。古代的歷史學家將這種淫亂的場面描述得入木三分，根本無視於天理和禮法的限制。但是，現代語文講究高雅莊重，不宜將其中細節忠實的翻譯過來。在縱欲的過程中又穿插著下流低級的娛樂節目。羅馬最優雅時代的影響，辛勤施教所花費的苦心，從未在他那充滿獸性和庸俗的心中灌輸一點學識，他是羅馬第一個既不求知又無品味的皇帝。尼祿很講究或者說假裝講究藝術素養，在音樂和詩歌方面，自認還能高人一等。我們不可因爲他未能將打發閒暇的風雅享受，變成一生的事業與大志，就鄙視他對藝文的追求。但是康莫達斯從最早的兒童時期開始，就對文學和理論的課目感到極爲厭煩。他喜歡平民化的娛樂，像是競技場和賽車場的各種活動，角鬥士的打鬥廝殺以及獵取野外的猛獸。馬可斯替他的兒子安排很多學科的教師*20，他聽講時不僅不專心而且產生反感；可是摩爾人和安息人教他投擲標槍和彎弓射箭，這位門徒倒是心無旁騖凝神練習，仗著天賦穩定的眼力和靈活的手臂，不久就趕上師傅的技巧。

他的身邊圍著一群奴才，依靠主子各種惡習而能升官發財，所以對他這種不入流的愛好就大爲捧場歡呼。大家都用吹拍的話來奉承他，說他豐

*20 [譯註]馬可斯在兒子幼年時，安排有十七位教師督導他的功課，其中有四個文法教師，四個修辭學教師，一位教法律，還有八位教哲學。就古代的狀況而言，這種教學方式給學生帶來沉重的壓力，難怪康莫達斯不願唸書！這倒是跟我國古代皇帝教育皇子的情形有點相像，尤其清朝更是如此。

功偉業就像希臘的海克力斯，擊斃尼米昂(Nemaean)的獅子，格殺厄里曼索斯(Erymanthus)的野豬*21，將列入眾神的行列，名聲永垂不朽。他們卻忘了，在原始社會，猛獸常與人類爭奪尚未定居的土地，成功戰勝這批兇猛的野獸，確是最眞實而有益的英雄行徑。在羅馬帝國的文明國度中，野獸遠離有人煙的地方，也在城市的附近絕跡。現在到荒漠曠野去追捕牠們，再將牠們運到羅馬，用非常壯觀的方式死於皇帝的手中，這種事對君主而言確實很荒謬，也讓人民在無形中感到暴力的威脅[22]。康莫達斯由於自己無知，所以無法覺察其中的差別何在，反而很熱心的追求光榮的形象，稱呼自己是羅馬的海克力斯(在留存的勳章中可以看到)，把棍棒和獅皮置於帝座的兩邊，作爲權力的象徵，並且樹立雕像，把自己當作神明來祭祀。他在每天舉行的兇險娛樂中，將英勇和鬥技發揮到極致。

康莫達斯在讚美聲中得意忘形，逐漸泯滅羞恥之心，原來他只在宮牆內對少數寵臣表演，現在決定向羅馬人民顯示自己的武勇。在指定的日子，競技場吸引大批心懷奉承、敬畏和好奇觀眾，對皇帝精彩的表演，全都高聲歡呼讚不絕口。他只要瞄準動物的頭部和心臟，就會準確擊中，造成致命的傷口。他用的箭頭呈彎月型，可射斷飛跑中鴕鳥的細長脖子[23]。他讓人將一隻豹鬆綁，等牠向著發抖的罪犯撲上去時，這位皇帝射手將箭射出去，野獸立時中箭而死，犯人則毫無損傷。有一次一百隻獅子從競技場的獸穴中被放出來，康莫達斯投擲一百根標槍，把在場內奔跑咆哮的獅子一一射殺，而且槍無虛發。不論是大象還是皮如甲冑的犀牛，都不堪雷霆一擊。衣索匹亞和印度出產的珍貴獸類，有很多在競技場中被殺，有的

---

*21 [譯註]海克力斯在尼米昂山谷殺死一頭猛獅，成爲他十二大功績的第一功；厄里曼索斯山有隻兇惡野豬，爲害附近人畜，海克力斯設陷阱活捉，是他的第四功。

22 阿非利加的獅子飢餓時，爲害於沒有防護設施的村莊或耕種地區，不論傷害到人或家畜，都是無罪的行爲，且不受懲處。這種皇室的野獸是供皇帝享受打獵之樂，或運到首都供競技場表演，若倒楣的農夫殺死一隻獅子，即使是自衛也要遭到很嚴厲的處罰，這種很特別的「獵物法」到霍諾留斯(Honorius)當政，執行才沒有那麼嚴格，一直要到查士丁尼(Justinian)時代才取消。(譯按：中國人在古代談起暴政就說「率獸食人」，這便是活生生的例子。)

23 鴕鳥的脖子有三呎長，由十七個脊椎骨組成。

只在圖畫中見過，還有的只會出現在幻想當中[24]。在所有這些表演中，羅馬的海克力斯得到最嚴密和安全的保護，以免野獸突然撲了過來，就會傷害到皇帝的自尊和神明的威嚴。

皇帝列名在角鬥士名單中，自己感到洋洋得意。事實上這種職業受到羅馬法律和習俗排斥，認為低賤且極不榮譽[25]，所以一般百姓看到這種狀況無不感到羞恥。康莫達斯選擇擔任盾劍手(Secutor)的角色，與網戟手(Retiarius)的格鬥[*26]，是競技場中驚心動魄的血腥比賽之一。盾劍手配備頭盔、短劍和圓盾；他的對手赤身裸體，拿著一副大網和一根三叉戟，目的用來撒網纏住敵人，再用三叉戟刺死敵人。如果第一次撒網失手，就得逃開盾劍手的追殺，直到準備好第二次撒網為止。皇帝曾經參加格鬥七百三十五次，光榮的記錄全部詳細記載在《皇帝實錄》裡。他所作所為中最可恥的事，是從角鬥士的基金中，支領很大一筆酬勞[27]，結果變成羅馬人民新的苛捐雜稅。可想而知，世界的主人在這些格鬥中一定是贏家，他在競技場中的勝利並不是經常血跡斑斑，但是他在角鬥士學校[*28]或自己的宮廷進行練習時，那些倒楣的對手為了獲得光榮，經常要從康莫達斯的手中受到重創，將阿諛諂媚烙上自身的鮮血[29]。他現在瞧不起海克力斯的威名，保拉斯(Paulus)是一位聲威遠震的盾劍手，如今成為他唯一聽得入耳

24 康莫達斯殺死的動物是一隻鹿豹，或者是長頸鹿，這是四足獸裡最高聳、最文雅也是最無用的動物，生長在阿非利加的內陸。

25 任何一位正常的皇帝，都會禁止元老院議員和騎士階級人員參加這種可恥的行業。暴君才用威嚇和利誘要大家下場去格鬥，尼祿有次在競技場讓四十名議員和六十名騎士參加演出。

*26 [譯註]角鬥士除了盾劍手和網戟手以外，還有弓弩手(Laqueatores)，使用弓箭和投石器；雙刀手(Dimachae)，雙手各執一把短刀；戰車手(Essedarii)，在戰車上作戰；以及獸鬥手(Bestiarii)，與野獸搏鬥。

27 他每次接受的報酬是一百萬塞斯退司，約為八千英鎊。

*28 [譯註]從公元前105年起就有角鬥士學校，帝國時期羅馬有四所，意大利各地有幾所，亞歷山卓有一所，此外還有私人的訓練場所。訓練的人員除了在競技場參加格鬥，還可以擔任私人的衛士和保鏢。

29 維克托(Victor)告訴我們，康莫達斯只讓與他格鬥的對手拿鉛製的武器，當然他也害怕這些人在絕望之下，會做出犯上的行動。

的名字，於是把它刻在他那巨大的雕像上，元老院爲了奉承他，就用這個名字再三高聲歡呼。盧西拉的丈夫克勞狄斯・龐培阿努斯是一位德行高潔之士，也是元老院氣節凜然的議員，他要自己的兒子照舊前往競技場，根本不要顧慮安全的問題。他認爲自己是一位羅馬人，生命早已交到皇帝的手中，但是他不能坐視馬可斯的兒子出賣人格和尊嚴。龐培阿努斯雖然表現出大丈夫的氣概，卻能躲過暴君的怨恨，憑著好運保住地位和生命[30]。

康莫達斯現在可謂罪孽深重、名譽掃地，在充滿諂媚喝采的的宮廷中，他也不能掩飾應遭到帝國有識有德之士的蔑視與恨意。感受到別人對他痛恨、嫉妒對國家有建樹的人、憂慮可能遭受的危險，以及日常娛樂節目中的殺戮習慣，在在激起他那殘暴兇惡的獸性。由歷史的記載知道，因爲他的猜忌和惡意，犧牲者的名單上僅任過執政官的議員就有一長串。他想盡各種辦法，要找出與安東尼家族有關係的人士，即使是助紂爲虐和共享歡樂的佞臣[31]，也一概斬草除根清除乾淨，這種暴行最後讓他自己也難逃死亡的命運。他濫殺羅馬的貴族，使得血流遍地，等到家臣也感到自身難保時，他自己的性命也危在旦夕。瑪西亞是他的愛妾，還有侍從艾克列克塔斯(Eclectus)，以及禁衛軍統領里屠斯(Laetus)，看到同伴和前任的下場而人人自危，決定要防止隨時會臨頭的覆亡，不管是暴君瘋狂的一時衝動，還是人民突發的揭竿起義。年前，康莫達斯打獵回來，感到非常疲倦，瑪西亞乘機給他一杯毒酒，讓他回到寢宮去睡覺。當毒藥與酒醉發作時，一位以摔角爲業的強壯年輕人潛入寢宮，在毫無反抗之下將他勒斃。爲了使整個城市，甚至於宮廷對暴君的死不致有絲毫的懷疑，所以眾人很祕密的將屍體搬出宮外。這就是馬可斯兒子的下場，這麼輕易就推翻一個爲萬民所恨的暴君。他接掌先人傳承的政權，在位十三年，壓迫數以百萬計的臣民，這些人無論在體能和才幹方面，都不亞於他們的統治者。

30 他不僅勇敢也很謹慎，大部分時間都退隱在鄉村，並同時宣稱自己年紀大，視力不好，笛翁說：「除了佩提納克斯當政那段短暫時間外，我從未在元老院見到過他。」就是此時所有病痛都消失了，待皇帝被謀殺，他的老毛病全都發作。

31 康莫達斯隨時會把統領換掉，由於他的反覆無常，即使最親信的侍從也會送命。

四、佩提納克斯即位後勵精圖治(193A.D.)

鑑於事勢極爲嚴重，陰謀分子的手段相當冷靜和俐落，立即決定要擁立一位皇帝登上寶座，條件是必須赦免弒君應有的罪行。他們鎖定羅馬郡守佩提納克斯(Pertinax)，他是曾任過執政官的元老院議員，顯赫的功績遮蔽了出身的寒微，被擢升到國家最高的榮銜。他治理過帝國大部分的行省，在所有重要的職位上，不論是文官還是軍職，都能以穩重、審慎和正直的作爲，獲得良好的名聲[32]。他現在是馬可斯碩果僅存的朋友和大臣，午夜被喚醒時，侍從和統領就等在門外，他很鎮靜的接見他們，心想他們是在執行主子殘酷的命令。誰知道他不僅沒有遭到處決，反倒是他們來呈獻羅馬世界的皇位。剛開始他還不相信他們的來意和保證，最後，確定康莫達斯已經死亡，他才抱著惶恐的心情接受紫袍，因爲他非常清楚身居帝王之尊的責任和危險[33]。

里屠斯毫不耽擱，將新皇帝帶到禁衛軍營區，同時在全城散布康莫達斯突然死於中風的說法，而且眾望所歸的佩提納克斯已經繼位。禁衛軍對皇帝死得不明不白感到十分詫異，沒有任何欣慰的表示，因爲只有他們才能體驗到皇帝的縱容和賞賜。但是，處於緊張的情勢，統領的權力、佩提

---

32 佩提納克斯生長在皮德蒙地方的阿爾巴・龐培亞(Alba Pompeia)，是一位木材商的兒子，以下是他的經歷，按著年齡的次序排列：(1)、擔任百夫長；(2)、在敘利亞、安息戰爭及不列顛擔任支隊的隊長；(3)、在瑪西亞指揮一個騎兵分隊，或是一個側翼的騎兵；(4)、任伊米利亞(Aemilian)大道的後勤補給官；(5)、在萊茵河指揮一支船隊；(6)、出任達西亞的地方長官，年薪有一千六百英鎊；(7)、指揮一個軍團的老兵部隊；(8)、獲得元老院議員的身分；(9)、獲得法務官的身分；(10)、在雷蒂提亞和諾利孔首次指揮一個軍團；(11)、在175年任執政官；(12)、隨馬可斯到東方；(13)、指揮在多瑙河的軍隊；(14)、奉皇帝指派任瑪西亞總督；(15)、任達西亞總督；(16)、任敘利亞總督；(17)、任不列顛總督；(18)、監督羅馬的糧食供應；(19)、以代行執政官頭銜任阿非利加總督；(20)、任羅馬的郡守。希羅底安(Herodian)非常欣賞他這種大公無私的精神，但是卡庇托利努斯(Capitolinus)蒐集很多市井謠言，指責他貪贓枉法獲得大量財產。

33 朱理安在任凱撒時，指責佩提納克斯是謀害康莫達斯的幫兇。

納克斯的名聲和民眾的喧鬧叫囂，他們只有硬壓下心中所滋生的不滿，接受新皇帝所答應的犒賞，宣誓要對他效忠，興高采烈的拿著月桂樹葉，擁戴著他前往元老院。因為就算是軍方同意，還是要經過議會的批准。

這個重要的夜晚已過去，天亮後就是新年的開始(193年1月1日)，元老院的議員聽候通知參加不光彩的典禮*34。早先康莫達斯根本不聽勸告，即使他身邊那些供他驅使的人，也至少會顧慮到典禮的莊嚴和個人的形象，但是他完全無動於衷，還決定在角鬥士學校過除夕，然後穿著角鬥士的服裝，帶著這些身分低賤的人員，一起去參加執政官的就職大典。在當天破曉前，突然之間，元老院的議員全被召集到協和宮(Concord)，準備接見禁衛軍的官員，批准新皇帝的當選。他們很安靜地坐在那裡沒有任何表示，不相信有這種意想不到的好事，懷疑是康莫達斯刻意安排的陰謀，當最後確定暴君已經不在人世，大家的歡樂和興奮到達極點。佩提納克斯謙虛推辭，聲稱自己出身平民，指出在座有很多高貴的元老院議員，比他更適合榮膺帝國的重任，但是終於在大家全力的擁戴下登上王座，接受所有帝國權力的頭銜，用最誠摯的宣誓保證效忠。康莫達斯留下千秋萬載的罵名，大廳裡回響著一片譴責暴君、角鬥士和人民之敵的聲音。大家在囂鬧聲中投票通過敕令，康莫達斯的榮譽全部被剝奪，他的名銜要從所有公共紀念物上抹除，他的雕像要全部推倒，他的屍體要用鐵鉤拖進關角鬥士的鐵欄內，掛起來懸屍示眾，以平息公眾的憤怒。他們對那些膽敢藏匿遺骸，不交給元老院審判的無聊分子，表示極度的憤慨。但是有些事情佩提納克斯無法加以拒絕：像是有人為了紀念馬可斯，要為他舉行最後的儀式；還有擁護最力的人克勞狄斯·龐培阿努斯，為康莫達斯流下同情之淚，感嘆他的舅子遭遇到如此悲慘的下場，一切都是咎由自取的報應。

元老院在皇帝生前不惜卑躬屈節、百般奉承，死後卻毫不留情的加以鞭屍，說起來並不光彩，但也證明天網恢恢，疏而不漏。這些敕令的合法

*34 [譯註]通常在夏天選出次年的執政官，1月1日在元老院議場舉行隆重就職典禮。皇帝打算要帶著角鬥士參加，可以說藐視到了極點。

性受到帝國政體原則的支持，共和國的最高行政官員濫用權力，無論是要譴責、罷黜或處死，這是元老院自古以來無庸置疑的特權。但是，現在這個大權旁落的議會，只能處罰一個已經垮台的暴君爲滿足，因爲他生前的統治，受到軍事專制政體的保護，無法對他進行審判。

佩提納克斯要用比較高尚的方法來譴責他的前任，爲了對照康莫達斯的惡行，那就是自己要行德政。他在登基那天把全部私人財產交給妻兒，這樣他們就沒有賣官鬻爵、假公濟私的藉口。他拒絕拿奧古斯都的頭銜來自我標榜，更不願用凱撒的爵位腐化無處世經驗的青年。他把作爲父親和皇帝之間的責任畫分得很清楚，用嚴格的簡樸方式來教育兒子，並不保證可以傳承帝位，時機到來，兒子要讓自己不負所望。佩提納克斯在公開場合的態度溫和而又嚴肅，生活中經常找品德良好的元老作伴(私下對個人的眞正性格卻了解得一清二楚)，既不驕矜也不猜忌，把他們當作朋友和同伴，過去在暴君的淫威下患難與共，希望現在能夠同享美好的生活。他經常邀請大家歡度不拘形式的宴會，非常節儉而且不講究排場，被那些思念康莫達斯時代的奢華與豐盛的人所訕笑[35]。

佩提納克斯要盡可能治療暴君所施的創傷，這是他樂意擔任的工作，但是卻令人感到悲哀和痛苦。無辜的受害者要是還活著，就從放逐中召回，從監獄裡釋放，恢復他們原有的地位和財產。對於那些被謀殺的議員尚未埋葬的遺體(殘忍的康莫達斯要他們在死後不得瞑目)，則下葬在先人的祖塋。他平反他們的名聲，並且盡力撫慰家破人亡的家族。其中最能大快人心的事，莫過於處罰那些無事生非的告發者，他們是君主、德行和國家的公敵。即使在調查這些替天行道、謀殺皇帝的兇手時，佩提納克斯的作法非常平實，完全遵照司法程序，不爲成見和仇恨所左右。

皇帝應該特別關心國家的財政。康莫達斯雖然使盡各種不法手段，用橫徵暴斂的方式奪取臣民的財產送繳國庫，但是他的奢華鋪張使得入不敷

35　笛翁說這種宴會就是皇帝和一位元老院議員吃晚餐；卡庇托利努斯從下人那裡聽到的消息，好像跟這個說法不一樣。

出。等他死後，發現國庫只剩八千英鎊[36]，需拿來支付政府的經常費用，還急需一大筆犒賞金，這是新皇即位時答應禁衛軍的要求。在這困難重重的環境下，佩提納克斯以寬大和持重的態度，完全免除康莫達斯強徵的苛捐雜稅，取消對國庫的不當請款。他用元老院的敕令向臣民宣告：「我情願光明正大治理一個貧窮的國家，也不願用暴虐和不義的手段來求取財富。」他認爲節儉和勤勉是致富之道，據此原則，不久後使得民眾的需要獲得大量供應。宮廷費用立即減少一半，所有奢侈品公開拍賣[37]，包括各種金銀器具、精巧賽車、多餘的絲織品和刺繡服裝，及許多年輕貌美的男女奴隸。但爲了表示人道的關懷，那些生而獲得自由人的資格，被人從哭號的父母懷中搶來的奴隸，並不包括在內。同時，他強迫暴君的佞臣和寵幸要捐出部分不義之財。就這樣他償還了國家的債務，並且出人意料，付清了公職人員的欠薪。他廢止各種強加在商業上的限制，將意大利和各行省的未耕地，發放給願意耕種的人，爲了獎勵起見，豁免十年田租[38]。

五、佩提納克斯爲禁衛軍所弒(193A.D.)

佩提納克斯言行一致的作爲，使他獲得萬民的愛戴和尊敬，這是君王最高貴的回報。感懷馬可斯的人士，也從新皇帝身上看到光明的形象，慶幸自己能夠長久享受仁慈寬厚的統治。佩提納克斯滿腔熱血，急於改革腐敗的國家，以他的年齡和經驗來說，不應如此輕舉妄動，以致自己飲恨九泉，國家蒙受不利。他那誠實和魯莽的行事，讓一群奴性深重，專喜趁亂謀取私利的人聯合起來對抗，他們偏愛暴君的施惠甚於公正無私的律法。

在舉國一致的歡樂聲中，禁衛軍陰沉的怒容顯示內心的不滿。他們勉

36 極爲節儉的庇烏斯給他的後繼者在國庫留下二十五億塞斯退司，約爲兩千萬英鎊。

37 除了想把無用的裝飾品變成現金外，笛翁指出佩提納克斯還有兩個不爲人所知的動機，希望暴露康莫達斯的邪惡生活，還有就是打探出買者是誰，這些人值得注意。

38 雖然卡庇托利努斯在佩提納克斯的私生活上，找出很多有虧細行的地方，但是他和笛翁以及希羅底安一樣，對佩提納克斯的施政作爲讚不絕口。

強聽命於佩提納克斯，怕他會隨時準備恢復嚴格的軍紀，懷念前任統治時的權勢能讓他們爲所欲爲。他們的不滿在暗中被統領里屠斯煽動，因爲他在擁立之後才發覺，這位新皇帝會獎勵奴隸，卻不會受到近臣控制，所以要趁著爲時未晚趕快動手。在佩提納克斯登基的第三天，士兵們抓到一位具有貴族身分的議員，打算把他帶到軍營，以紫袍加身擁爲皇帝。這位議員不爲危險的位階所動，滿懷恐懼地逃脫控制，跑到佩提納克斯的跟前來尋求庇護。過了不久，執政官索休斯·法可(Sosius Falco)是個出身古老而富裕家族的魯莽青年[39]，受到慫恿後產生野心，趁著佩提納克斯不在時篡位。誰知佩提納克斯突然返回羅馬，以果決的行動粉碎了陰謀。如果不是皇帝認爲沒有造成損害，非常誠摯的請求加以赦免，法可就會以人民公敵的罪名被判處死刑。佩提納克斯向元老院表示，即使是一位元老院的議員被判有罪，他也不願讓流出的鮮血，玷污他那純潔無瑕的統治。

這些失敗的行動只會激起禁衛軍的憤怒，3月28日，康莫達斯死後八十六天，軍營爆發動亂，軍官既無權也不願出面壓制。有兩三百名士兵在中午出發，手裡握著武器，滿面怒容衝向皇宮。大門被衛兵和前朝的家奴打開，這些人早就密謀要害死德行高尚的皇帝。佩提納克斯聽到士兵接近的消息，既不逃走也不躲藏，反而接見這群兇手，義正辭嚴地告訴他們，他自己身爲皇帝完全清白無罪，提醒他們已經立下神聖誓言。這群士兵啞口無聲站著發呆，慚愧自己惡毒的陰謀，敬畏皇帝莊嚴的神色和堅定的態度。最後，因爲赦罪無望又激起他們的怒火，有個東格里斯(Tongres)蠻族[40]士兵首先動手，舉劍刺向佩提納克斯。皇帝被亂劍殺死，頭顱被砍下，插在矛尖上，在人民哀怨和痛恨的眼光下，被兇手們以勝利的姿態帶回禁衛軍營區。公眾悲嘆愛民如子的皇帝死於非命，在他治理下的幸福是何其短暫，每一思念至此，迫近的災難更加重他們的疑懼。

39　要是卡庇托利努斯的話可信，那麼他提到法可在佩提納克斯繼位那天，行爲舉止不但暴躁而且不禮貌。皇帝認爲他少不更事，很明智的對他加以規勸。

40　蠻族的居留地就是現代的列日主教轄區，這些士兵可能屬於禁衛軍巴塔維亞(Batavian)騎兵隊，他們一直以勇敢和大膽自豪，能夠騎馬渡過寬闊而急湍的河流。

第五章

禁衛軍公開出價將帝位賣給德第烏斯・鳩理努斯　克羅狄斯・阿比努斯在不列顛、佩西紐斯・奈傑在敘利亞、塞提米烏斯・塞維魯斯在潘農尼亞，公開聲討謀害佩提納克斯的叛賊　塞維魯斯贏得內戰的勝利　軍紀的廢弛　政府的新措施(193-197A.D.)

一、禁衛軍公開出售帝座(193A.D.)

幅員廣大的王國比小社區更能感受到刀劍的威力。傑出的政治家能清楚計算出來，任何國家若將不事生產的軍隊，維持在總人口的百分之一以上*1很快就會民窮財盡。但是，雖然相對的比例一致，軍隊對社會其他成員的影響力，還是依據實力而有所不同。軍隊要由相當數量的軍人組成，受將領統一指揮，否則就不能發揮兵法和軍紀優勢。組成的人數過少無濟於事，龐大的部隊甚難控制也不切實際，機器的動力會因彈簧過於精細，負載太重而損毀。爲證明此說法，大家只要想一下，一個人不可能只靠著體力、武器和技術上的優勢，就讓一百個跟他地位相等的人唯命是從。一個小城邦或區域的暴君，會發現一百名武裝人員無法抵擋一萬名農夫或市民，但十萬名訓練精良的士兵，可用專制的方式控制一千萬臣民。一支一萬到一萬五千人的衛隊，能讓龐大首都擁塞在街道上的群眾聞風喪膽。

---

*1　[譯註]這個原則就今日而言亦至爲合理。國家除非處於戰時，經動員以後兵力較高外，平時的常備部隊不應超過總人口百分之一的比例。

奧古斯都創立的禁衛軍，人數並未到達上文所提的數目[2]，但是違法亂紀和干政謀篡，是羅馬帝國衰亡的徵兆和起因。那位政治手腕高明的暴君，知道法律只是表面的掩飾，奪取的政權要靠武力來維持，於是組織這支強大的衛隊，好隨時用來保護自己、恐嚇元老院、事先防範謀叛活動並及時撲滅暴亂行爲。他以雙薪和特權來攏絡受寵的部隊，首都只駐紮三個支隊的兵力，其餘散布在意大利鄰近的各城鎮。他們飛揚跋扈的作風，讓羅馬人民感到忿憤不平與驚慌難安。但經過五十年的和平，人民逐漸被奴化，提比流斯貿然採取一個很重要的措施，使國家從此戴上枷鎖，動彈不得。他用免除意大利對軍營的負擔，以及加強禁衛軍的軍紀作藉口，將他們集中在羅馬一個永久性營地，置於要衝之地[3]，建造最精實的工事[4]。

專制政體固然需要使人畏懼的奴僕，卻也給本身帶來致命的威脅。皇帝將禁衛軍派進宮廷和元老院，等於是教他們窺探自己的實力和文官政府的弱點。保持距離和神祕，才能使人對無所知的權力產生敬畏之心，要是對主子的敗德惡行瞭若指掌，就難免產生蔑視的心理。他們駐紮在富庶的城市，鎮日無所事事過著閒散的生活，感覺到自己具有無可抗拒的力量，越發驕縱自滿。尤其是君主本身的安全、元老院的權力、國家的金庫和帝國的寶座，無可隱瞞落於他們的掌握之中。爲了轉移禁衛軍產生危險的念頭，就是意志堅定和根基穩固的皇帝也不得不運用權術，務求恩威並用，賞罰分明，在另一方面是滿足驕縱心理，遷就享樂愛好，姑息越軌行爲，用大量賞賜來收買並不完全可靠的忠誠。所有這些，從克勞狄斯登基以來，成爲對每位新皇帝即位的合法需索和要求[5]。

---

2 最早大約是九千到一萬人，分爲若干個支隊，維提留斯將兵力增加到一萬六千人。從現存碑銘上面找到的資料來看，以後的數目大致維持在這個標準。

3 禁衛軍營區在羅馬城的西北方，靠近城牆，位於昆林納爾(Quirinal)和危米納爾(Viminal)兩座小山寬廣的山頂。

4 維提留斯和維斯巴西安打內戰時，禁衛軍營區的攻防作戰，就像圍攻防務森嚴的城市那樣，使用各式各樣的投射器具。

5 克勞狄斯是第一個當過士兵而後爬上皇帝寶座的人，他最先發給禁衛軍賞金，每人一萬五千塞斯退司(約一百二十英鎊)。馬可斯和盧契烏斯·維魯斯很平穩的登上帝座，每人還發了一百六十英鎊。從哈德良的抱怨中，可以知道需要的總金額很龐大，他在升做凱撒時，花了大約兩百五十萬英鎊。

禁衛軍的支持者極力辯稱，擁有武力就有合法的權力，並且根據政府體制組成的重要原則，堅持在指定皇帝時，必須要得到他們的同意。執政官、統領大軍的主將和重要官員的選舉權，雖然後來被元老院所奪走，但那是羅馬人民從古以來不容質疑的權利[6]。但是要從那裡去尋找羅馬人民呢？當然不是充塞在羅馬街頭的奴隸和外國人，這些滿身帶著奴性的群眾，不論在精神還是物質方面，都是一無所有。要從意大利的年輕精英中挑選國家保護者[7]，他們受過軍事和品德上的鍛鍊，才是人民的眞正代理人，最有資格來推選共和國的軍事統帥。這些論點固然還有値得商榷的餘地，但等到兇狠的禁衛軍增加發言的份量，像征服羅馬的蠻族一樣，拔出刀劍來做決定時，就不容旁人置喙了。

禁衛軍殘忍的謀害佩提納克斯，是侵犯神聖的帝座，而隨後的行動，更是侮辱帝制的尊嚴。軍營中鬧哄哄無人出面領導，就是激起這場風波的統領里層斯，也非常小心謹愼不敢觸犯眾怒。正在軍心大亂法紀蕩然之際，皇帝的岳父，羅馬郡守蘇庇西努斯(Sulpicianus)，在得知叛變就被派到軍營，企圖平息這場事故。等到這群兇手將佩提納克斯的頭顱插在長矛上，興高采烈的回來，他也只有黯然無語。受到野心的驅使而喪失原則和忘記悲痛，在歷史上是司空見慣的事。蘇庇西努斯居然在如此恐怖的時刻，渴望要登上血跡未乾的王座，眞令人不敢置信，那被弒的皇帝是如此聖明，與他的關係又如此密切。他開門見山用最有效的方法來磋商繼位的條件，但禁衛軍深知奇貨可居，不願吃虧，又怕私下接觸得不到好價錢，就登上壁堡大聲叫喊，用公開拍賣方式將羅馬世界讓售給出價最高者[8]。

6　從李維的《羅馬史》第一卷和戴奧尼休司的《古羅馬史》第二卷，可以知道羅馬主權屬於人民，包括選舉國王在內。

7　最初徵召的人員限於拉丁姆、艾圖里亞和古老的殖民區，奧索皇帝爲了感謝起見，特別賜給他們「意大利之子」、「羅馬青年」等頭銜。

8　笛翁、希羅底安和卡庇托利努斯這三位歷史學家，都認爲有拍賣帝國這個事實。但只有希羅底安很肯定的說，士兵們站在壁堡上喊價。

二、鳩理努斯登基激起眾怒(193A.D.)

軍方無恥的叫價眞是狂妄囂張到了極點，全城民眾知道後莫不痛恨，人人氣憤塡膺。最後，這消息傳到德第烏斯・鳩理努斯(Didius Julianus)耳中，他是一位有錢的議員，根本不管民眾有什麼疾苦，毫無心肝放縱於奢豪的飲宴[9]。他的家人和門下的食客，都在呶呶不休勸他爭取王位，千萬不要放棄這個大好機會。這個虛榮心極重的老傢伙急忙趕到禁衛軍營區(193年3月28日)，蘇庇西努斯還在講價錢，於是他也在壁堡的牆腳下叫價競爭，接著就在雙方代表的奔走下進行卑鄙磋商，來回把出價告訴對方。蘇庇西努斯原來答應給每位士兵五千笛納(大約一百六十英鎊)，但鳩理努斯急於獲勝，出價一下子跳到六千兩百五十笛納，等於超過兩百英鎊。營門立即打開，歡迎買主進入。他被擁立爲皇帝，接受士兵的宣誓效忠，士兵還要求他諒解蘇庇西努斯的競標，不可追究此事，看來還很講公道。

禁衛軍現在要盡義務來履行賣方的條件，新皇帝雖爲他們所不恥，但還是要給予扶持，於是將他簇擁於隊列的中央，四周用盾牌圍繞，以密集戰鬥隊形，通過城中靜寂無人的街道。元老院奉命召集會議，不論是與佩提納克斯來往密切的朋友，還是與鳩理努斯發生私人衝突的仇敵，爲了不吃眼前虧，只有裝出一副愉快的樣子，來分享革命成功的喜悅[10]。等到鳩理努斯帶著士兵布滿元老院以後，大言不慚的談到這次選舉是多麼的自由，本人的德行是多麼的高尙，以及在尊重元老院方面要給予充分的保證。善於奉承逢迎的議會爲他們自己和國家的幸福而祝賀，矢言要對他忠心不貳，並且授與帝國的全部權限[11]。離開元老院以後，鳩理努斯用同樣的軍隊行列去接收宮殿。首先，讓他感到極爲刺目礙眼，是佩提納克斯被

9 斯帕提努斯(Spartianus)在這段歷史中，把鳩理努斯的個性和賄選最可惡的情節都加以淡化處理。

10 笛翁・卡修斯那時正擔任法務官，就是鳩理努斯的政敵。

11 我們從這裡發覺到一個很奇怪的現象，那就是新皇帝不論是用什麼手段獲得王位，立刻就有一大群貴族簇擁在他旁邊。

砍掉頭顱後留下的軀體，接著是爲他準備極爲儉樸的御膳。他對於死者根本無動於衷，就是飲食也棄而不用，只是下令準備豐盛的宴席，自己玩骰子並觀賞著名舞蹈家皮拉德斯(Pylades)的表演直到深夜。然而可以想像得到，在一旁奉承的人員散去以後，留下他在黑暗中獨處，恐怖襲上心頭整夜無法入睡，必然想起操之過急的愚行，品德高尚的先帝慘遭橫死，何況他的權勢危疑不定，畢竟皇位並非以功績獲得，而是花高價買來[12]。

他實在應該戰慄難安，身處世界的寶座卻發現自己沒有一位朋友，甚至連支持者也沒有。禁衛軍也因貪婪而接受這樣的皇帝，大感顏面無光。每一位公民都認爲推舉他當皇帝就是一場災難，也是對羅馬盛名的最大侮辱。有錢有勢的貴族非常小心的掩飾情緒，用滿意的笑容和恭順的言辭，來應付皇帝虛偽做作的姿態。但是一般人民則不然，自恃人數眾多而且身分低微，可以盡量發洩不滿。羅馬的街道和公共場合回響著一片謾罵和詛咒的聲音，義憤塡膺的群眾當面質問鳩理努斯，拒絕接受他的施捨和贈與，但是也知道自己的憤怒無法發揮任何作用，只有求助駐防邊疆的軍團，出動維護羅馬帝國被侵犯的尊嚴。

三、邊疆將領同聲討伐弒君與賣國罪行(193A.D.)

公眾的不滿情緒很快由中央傳播到邊疆。不列顛、敘利亞和伊里利孔的軍隊，哀悼佩提納克斯的慘死，他們不是曾與他共事，就是在他的指揮下完成征討的任務。接到禁衛軍將帝國公然拍賣的信息，無不感到驚訝和憤慨，或許也有些妒忌，因此堅決不同意這椿無恥的買賣。這場兵變發起非常快速，也獲得全軍一致的贊成，固然可致鳩理努斯於死地，同時也破壞國家的和平。尤其是各軍的將領，像是克羅狄斯・阿比努斯(Clodius Albinus)、佩西紐斯・奈傑(Pescennius Niger)和塞提米烏斯・塞維魯斯(Septimius Severus)，渴望奪取皇位之心，遠較替佩提納克斯復仇更爲急

12　這裡有兩位作者的說法相互矛盾，我只有盡力調和成大家都能接受的史實。

切。他們之間的實力大致旗鼓相當，每人統率三個軍團以及大量協防軍部隊，雖然性格各有不同，但都是能征善戰的軍人。

克羅狄斯・阿比努斯擔任不列顛的總督，是古老共和國顯赫貴族世家的後裔[13]，身世遠較兩位對手占優勢。但是他的祖先算是旁支，已經衰敗沒落，而且遷移到遙遠的行省。我們很難明瞭他眞正的性格，據說是在哲學家嚴肅外表下掩藏著絕滅人性的罪惡[14]，但那些指控他的人都是被收買的作家，不免要對塞維魯斯頂禮有加，而把失敗的對手踩在腳下。阿比努斯的德行，至少他表現出來的作爲，獲得馬可斯的信任和好感，後來其子也保持這種印象，證明他不僅世故而且圓滑。暴君並不是只寵愛沒有功勳的人，有時也會在無意之中，獎賞那些有才幹或値得受獎的人，因爲他發現這種人對他的統治還是很有用處。當然也不表示阿比努斯在馬可斯的兒子統治之下，成爲執行殘酷暴行的大臣，或者當作共同享樂的玩伴。他帶著榮譽的頭銜在很遠的行省指揮部隊，曾經接到皇帝送來的密函，裡面提到有些心懷不滿的將領，企圖進行謀叛的行動，要他接受「凱撒」[*15]的頭銜和旗章。經過這樣的授權以後，他就成爲王位的監護人和儲君。不列顛總督很明智的拒絕這種危險的榮譽，以免遭到康莫達斯的猜忌，何況暴君的覆亡在即，也不必捲入其間導致身敗名裂。至少，要用高尚或更講究技巧的方式來取得權力。他在接獲皇帝死亡的信息以後，立即集合部隊，在演講中發揮雄辯的長才，悲悼暴政下不可避免的災禍，追述先民在共和政府所享受的安樂和光榮，並且宣稱已經下定決心要恢復元老院和人民合法的權力，這番義正辭嚴的講話非常符合大家的看法。不列顛軍團回報以熱烈的歡呼，羅馬亦在暗中大加讚許。阿比努斯在他的地盤很安全，所指揮

---

13 就是波蘇米亞(Posthumian)家族和西宏尼亞(Cejonian)家族，前者是羅馬歷史上第五任的執政官。

14 斯帕提努斯蒐集很多的資料，但並沒有加以整理，把很多的德行和惡行都混雜在一起，形成張冠李戴的現象。

*15 [譯註]因爲朱理烏斯・凱撒的遺囑以屋大維爲繼承人，使用他的名字，以後就引用「凱撒」爲儲君或皇帝副手的尊號，皇帝本人則使用「奧古斯都」的尊號。

的軍隊數量不少，戰力也很強，只是軍紀較差一點[16]。所以他不在乎康莫達斯的威脅，對佩提納克斯的尊敬也保持若即若離的態度，但是現在立即公開反對鳩理努斯的篡奪行爲，首都的騷動增加情感上的壓力，使他的愛國心更加表露無遺。考慮到禮節體制，他拒絕了奧古斯都和皇帝的榮銜，或許他是在效法伽爾巴而已。想當年伽爾巴也是處於這種狀況，還一直稱自己是元老院和人民的代理人。

佩西紐斯・奈傑完全靠自己努力，從寒門出身和低微地位，爬升到敘利亞總督。這個職缺獲利極豐且地居要衝，使他在內戰時有登上帝座的希望。他雖是優秀將領，但絕不是塞維魯斯的對手，因此只能屈居第二把交椅。塞維魯斯後來反倒顯示廣闊的胸襟，採用敗軍之將很多有用的制度。奈傑領導的政府獲得軍人的尊敬及民眾的愛戴，嚴格的軍紀使士兵在作戰時奮不顧身，平時也能服從命令，秋毫無犯。柔弱的敘利亞人對溫和與堅定的施政作風感到滿意，更喜歡他帶著和藹可親的態度，參加他們舉辦的豐盛宴會[17]。謀害佩提納克斯的消息很快傳到安提阿，亞細亞人希望奈傑能穿上紫袍登基，爲先帝報仇雪恥。東部邊疆的軍團全都支持他，從衣索匹亞邊境[18]到亞得里亞海岸，這些繁榮富裕而缺乏武備的行省，也樂於聽從他的指使。在底格里斯河和幼發拉底河以外的國王，以宣誓效忠和提供協助來祝賀他當選皇帝。奈傑心理上雖還不能適應這突如其來的運道，但自認只有他繼任，才能避免爭執，不會爆發內戰。正當他做著凱旋歸去的白日夢時，完全忽略了如何去鞏固勝利。他沒有與擁有強大軍隊的西方勢力展開積極談判，達成的決議可以左右，起碼也能平衡這場激烈的競爭。他也沒有及時揮軍回都，即刻出現在引領企望的意大利和羅馬。奈傑在安提阿悠閒度日，誰知良機不再，塞維魯斯果決的行動使他追悔莫及。

---

16 佩提納克斯幾年前擔任不列顛總督，有次士兵譁變，但他並未處死任何一人。

17 在安提阿的約翰・瑪拉拉(John Malala)所著的《編年史》裡，提到他的國人熱心參加各種節日慶典，不僅是迷信，而且更喜愛歡樂的生活。

18 在《羅馬皇帝傳》裡提到，埃及的底比斯國王是羅馬的盟國，也是奈傑的朋友。要是作者沒有弄錯，這個向羅馬納貢的王朝，在歷史上從沒有出現過。

位於多瑙河和亞得里亞海之間的潘農尼亞和達瑪提亞，是羅馬費盡千辛萬苦最後才征服的國家。這些蠻族爲了保衛國家自由，一度有二十萬人湧上戰場，震驚年老力衰的奧古斯都，迫使愼謀能斷的提比流斯親掌兵符，傾全國之力出征[19]。潘農尼亞人最後還是屈服在羅馬的武力和統治之下，這些已歸順的人民，還有鄰近尙未征服的蠻族，甚至連混血的部落，或許是水土和氣候之故，都是些體型壯碩、心智遲鈍的人[20]，有著兇狠殘暴的天性，與羅馬省民溫順柔和的面貌比較，他們那種剛毅堅定的特徵可以很容易地分辨出來。當地英勇好戰的青年，給駐防在多瑙河沿岸的軍團，供應源源不斷的新兵，他們與日耳曼人和薩瑪提亞人(Sarmatians)經常作戰，最佳部隊的名譽可受之無愧。駐紮在潘農尼亞的軍隊這時受阿非利加人塞提米烏斯·塞維魯斯指揮，他從平民身分逐漸爬升，能夠掩藏雄心大志，不會因爲歡樂的誘惑、危險的恐懼和人性的弱點而改變穩健的作風和企圖[21]。在得到佩提納克斯被謀害的消息以後，他馬上集合部隊，很生動的詳述禁衛軍的罪惡、傲慢和懦弱，鼓勵軍團起兵報仇，他在最後的結論裡(這段話一定極有說服力)答應給每個士兵四百英鎊[22]。像這樣充滿榮譽的犒賞，比鳩理努斯用賄賂的手段購買帝國的價錢高了一倍，歡呼的軍隊立即以奧古斯都、佩提納克斯和皇帝的名號尊稱塞維魯斯(193年4月13日)。他生性迷信，相信夢兆和占卜給他帶來的運道，同時也靠著顯赫的功勳，制訂至當的策略所獲致的成果，使他能夠攀登到顚峰的地位[23]。

---

19 可以參閱溫勒烏斯·帕特庫拉斯(Velleius Paterculus，一世紀羅馬的士兵和歷史學家)對這次戰爭的記事，他在提比流斯的軍隊裡服役。

20 這是希羅底安在那時所持的觀點，現代的奧地利人會承認這種說法嗎？

21 康莫達斯在給阿比努斯的信裡，指出塞維魯斯就是位有野心的將領，而且塞維魯斯攻訐阿比努斯指揮不當，想要搶去他的位子。

22 潘農尼亞很窮，無法湊出這樣一大筆錢，可能是在軍營裡先答應，等得勝以後到羅馬再支付。至於到底每人給多少，我採用卡索朋(Casaubon)推測的數目。

23 塞維魯斯稱帝的地點，希羅底安說是在多瑙河河岸，按照斯帕提努斯的說法是在卡努堂(Carnuntum)，而維克托又說是薩巴里亞(Sabaria)。休謨認爲以塞維魯斯的出身和地位，當時要稱帝的份量還不夠，所以他是以主將的身分向羅馬進軍，也沒有想到事態的發展能夠完全如他所料。

四、塞維魯斯進軍羅馬取得帝位(193A.D.)

塞維魯斯決定逐鹿中原之後，馬上爭取主動，發揮所據有的優勢位置。潘農尼亞的邊界延伸到朱理安・阿爾卑斯山(Julian Alps)，這是進入意大利的捷徑。記得奧古斯都說過，潘農尼亞的軍團十天之內可以出現在羅馬城外[24]。他的競爭對手和意大利隔著海洋和大陸[*25]，所以進行這件大事必須搶先下手，在讓他們知道大事定局之前，他已經替佩提納克斯報了仇，也處罰了鳩理努斯，接受元老院和人民的宣誓，成爲合法的皇帝。在遠征期間，他不眠不休的趕路，全副武裝走在行軍縱隊的前頭。他的作法贏得部隊的信任和愛戴，督促大家要勤勞，激勵大家的士氣，鼓起大家的希望，願意與士兵同甘共苦，同時讓大家知道未來還有更豐厚的報酬。

處境可憐的鳩理努斯原打算與敘利亞總督爭天下，但潘農尼亞軍團勢如破竹地前進，使他即將面臨滅亡。告急消息傳來，讓他更爲憂慮。他不斷獲得報告，說塞維魯斯已越過阿爾卑斯山；又說意大利城市不願阻擋塞維魯斯進軍，不僅沒有能力拒止，還要簞食壺漿迎王師。拉芬納這個重要的城鎮，沒有加以抵抗而是立即投降，亞得里亞艦隊落在對方手中，敵軍離羅馬僅有兩百五十哩，每一刻時光都在減少鳩理努斯短暫的皇帝生涯。

鳩理努斯盡一切努力想要免於覆亡，或者至少要能撐一段時間。他要求花錢收買的禁衛軍在城內備戰，環繞城郊建立防線，甚至加強宮廷的防禦工事，好似那些最後的護城壕，在沒有解救的希望下，還能抵禦勝利的侵略者。恐懼和羞辱使禁衛軍的衛士不敢拋棄連隊隊標[*26]逃亡，但是他們

24　這是照溫勒烏斯・帕特庫拉斯的算法，從潘農尼亞邊界到羅馬只有兩百哩。

*25　[譯註]阿比努斯從不列顛到羅馬，要跨過海峽，橫越整個法國，再翻過阿爾卑斯山，到羅馬的路程約有一千三百哩；而奈傑從敘利亞到羅馬，要跨過博斯普魯斯海峽和亞得里亞海，路程更爲遙遠。

*26　[譯註]羅馬每個軍團有十個支隊，每一支隊有三個連隊，連隊再分爲兩個百人隊，軍團以金鷹爲標誌，連隊則有連隊隊標。士兵入營服役，要發誓用生命保護金鷹和隊標，絕不遺棄，作戰時的行動要聽從連隊隊標的指揮。

聽到潘農尼亞的軍團，由百戰沙場的將領指揮，曾在冰凍的多瑙河岸很輕鬆的征服兇狠的蠻族[27]，人人無不驚慌失色，哀聲嘆氣離開浴場和劇院這些聲色場所，好進行備戰的工作。兵器久不上手，早忘了怎麼使用，甲冑的重量也讓他們吃不消；想靠外形兇猛的野獸來嚇唬北方的部隊，未經調教的大象[*28]卻把技術欠佳的馭手摔下背來。從麥西儂抽調來的艦隊，在海上的操練錯誤百出，成爲人們嘲笑的對象。元老院在一邊冷眼旁觀，對於篡位者的焦灼和軟弱，端出一副幸災樂禍的嘴臉[29]。

鳩理努斯所表現的任何動作，都可看出他已六神無主，心驚膽裂。他堅決要求元老院宣布塞維魯斯是國家的公敵，同時又央請潘農尼亞的將領一同治理帝國。他派遣執政官階層的人員出任使節與對手談判，一面又派刺客去謀取塞維魯斯的性命。他想要灶神處女[*30]和所有各級祭司[*31]穿著祭祀的服裝，帶著羅馬諸神的祭器和貢品，以莊嚴的行列迎向潘農尼亞軍團。同時，他又舉行詭異的儀式和非法的活人獻祭，以卜問命運的凶吉和祈求神明賜福改運。

塞維魯斯既不在乎鳩理努斯的武力也不畏懼他的法術，唯一的危險是行刺的陰謀，於是選了六百個忠誠的衛士，在行軍的全程，日夜甲不離身在四周嚴密防護。他領軍長驅直入，部隊快速挺進，毫無困難的通過亞平寧山的隘口，把派來阻擋的軍隊和使節納入麾下，然後在距羅馬七十哩的因特朗尼亞(Interamnia)稍作停留。塞維魯斯勝券在握，但是禁衛軍處於

---

27 這並非嚇小孩的話，笛翁把它當一回事記錄下來，可見這種狀況不止發生一次。

*28 [譯註]凱撒的《阿非利加戰記》記載，裘巴(Juba)國王有一百多頭大象要參加作戰，凱撒手下的部隊聽到就很驚慌，於是凱撒下令由意大利運幾頭大象過來，讓士兵熟悉這種動物的外觀和習性，好知道如何對付。

29 根據笛翁和希羅底安的看法，不是意大利各地的戍衛部隊缺乏戰力和技術，而是人心渙散和鬥志消沉所致。

*30 [譯註]灶神是羅馬最古老的女神，也是家庭的守護神，公開的祭祀儀式由六位灶神處女負責。灶神處女選自六到八歲的女孩，誓言保持貞潔，而且貞潔有關國運，極受重視，侍奉的時間以三十年爲限。

*31 [譯註]羅馬的祭司有大祭司、占卜官、十五人祭司團、七人祭司團、阿瓦(Arvales)兄弟團、提特(Titii)祭司團和外交儀典團等職稱和組織。

困獸之境，難免引起流血衝突，所以不願動武登上皇位[32]，這種用心値得讚佩。他在首都的使者向禁衛軍提出保證，只要交出一無是處的皇帝和謀弒佩提納克斯的罪犯，接受勝利者公正的審判，他就不會將此一悲痛事件視爲團體行爲。禁衛軍的反抗只是情緒性的固執，他們毫無忠誠可言，欣然接受簡單的條件，抓住大部分兇手，通知元老院不再爲保護鳩理努斯而戰。執政官召開會議，一致通過塞維魯斯爲合法的皇帝，敕令封佩提納克斯爲神祇以爲榮耀，宣布鳩理努斯的退位並判處死刑。鳩理努斯被私下帶到宮殿的浴場，像一般罪犯斬首（193年6月2日），離他花費巨款買到帝位，到岌岌可危的政權垮台爲止，不過六十六天而已。塞維魯斯在極短期間內，率領大軍從多瑙河地區遠征到台伯河畔，似乎難以令人置信，但是也可以證明：農業和貿易能夠供應充分的軍用糧食；道路的狀況良好；軍團有嚴格的訓練；以及各行省明哲保身的退縮態度[33]。

塞維魯斯首先要處理佩提納克斯身後事宜。他採取兩種措施，一個是基於策略而替他報仇，其次就是根據禮法尊以榮名。他對禁衛軍下達指示，新帝在沒有進入羅馬之前，他們不准攜帶武器，但是要穿著典禮的制服，就像平時隨護君王那樣，在羅馬附近的大平原上等候他駕臨。這批傲慢的部隊既後悔又害怕，但也只得服從。一支精選的伊里利孔軍隊將長矛平舉起來團團圍住，禁衛軍已經無路可逃也沒有能力抵抗，只有在驚怖的籠罩下靜待命運的安排。塞維魯斯登上臨時法庭，嚴厲斥責禁衛軍的不忠和怯懦，以謀叛和背信解除官兵的軍職，剝奪華麗的勳標服飾，發配到離首都一百哩的地方，不從則處死。在這段處理期間，另外派部隊去收繳遺留的武器，占領位於羅馬的營房，以免發生困獸之鬥。

---

32 維克托和優特洛庇斯（Eutropius，四世紀末羅馬歷史學家）曾提到，在米爾維亞（Milvian）的摩爾橋（Ponte Molle）附近發生一次戰鬥，但當時的作家並沒記載。

33 佩提納克斯在3月28日被弒，塞維魯斯最可能是4月13日稱帝，在這六十六天裡面，先要扣除十六天。我們認爲他在登基以後，最少要花十天準備，才能使大軍開始運動，剩下只有四十天可以作急行軍之用。我們計算從維也納附近到羅馬有八百哩，若塞維魯斯的軍隊每天行軍二十哩，中間就無法暫停或休息。

佩提納克斯的葬禮及被尊為神的祭祀，極為莊嚴而隆重[34]，元老院以哀痛的心情為愛民如子的皇帝舉行最後的儀式，以極為敬重的儀式來表達懷念的深思。繼任的君主所呈顯的關懷並非絕對的眞誠，他雖推崇佩提納克斯的德行，但是只限於小節而未能及於更大的抱負。塞維魯斯以極為動人的語氣在葬禮上致辭，表面上看來很哀傷，內心卻感到非常滿足。他用虔誠的追思，使群眾認為只有他夠資格接替先帝的位置，然而他深有所感，是武力而不是典禮使他拿到帝國。他在三十天之後就離開羅馬，不容許自己因輕易獲勝就心滿意足，準備要應付更難纏的對手。

五、塞維魯斯擊敗敵手統一天下(193-197A.D.)

塞維魯斯的才華和運道極其出眾，使得一位學識淵博的歷史學家，拿他與第一位最偉大的凱撒相提並論，但是這種對比讓人感到汗顏。凱撒擁有豪邁的心靈、寬厚的仁慈和天賦的異稟，能夠調和愛好享樂、渴求知識和開創偉業於一身[35]，在塞維魯斯的個性中，難道我們也能找到這些特質？唯獨有一件事可以相互媲美，那就是他們都以迅速的行動獲致內戰的勝利。塞維魯斯以不到四年的時間[36]，征服了富庶的東方和驍勇的西方，擊敗兩個既有名聲又有才能的敵手，殲滅許多在武器和訓練方面勢均力敵的部隊。凡是那個時代的羅馬將領，都通曉築城的技術和用兵的原則，塞維魯斯是一位優秀的戰術家，在運用上不僅匠心獨到而且別具慧眼，所以比起他的兩位對手更是占盡優勢。我不再詳細敘述這些軍事行動，但是對抗奈傑和阿比努斯的兩場內戰，整個過程和結局幾乎相同。我把影響到征

---

34 笛翁是元老院的議員，協助籌備這次大典，所以在傳記裡做了非常生動的描述。

35 盧坎(一世紀羅馬敘事史詩詩人)的意圖並不是要吹捧凱撒，但是確實把他視為心目中的英雄。在長詩《法薩利亞》(*Pharsalia*)第十卷，敘述凱撒在同一段時間內，可以與克麗奧佩特拉談情說愛，抵抗埃及大軍的圍攻，又能和當地的哲人討論問題。實在說，這是最高明的讚頌之辭。

36 從193年4月13日塞維魯斯登基那天算起，到阿比努斯死於197年2月19日為止，前後不到四年。

服者性格的發展和帝國的形勢所呈現的特別情況，整理出我個人的看法。

謊言欺詐和虛僞作假運用在公共事務上，雖然會損害到自己的尊嚴和信用，但不像在私人交往時，被視爲無恥和墮落的行爲。所以會產生這些舉動，是因爲缺乏道德勇氣使然，至於爲政之道也會如此，那是追尋權力過程中所衍生的缺陷，因爲最有才華的政治家，也不可能只憑著個人的力量，征服數百萬的追隨者和敵人。所以，基於政策的名義，這個世界允許騙術詭計和僞裝掩飾大行其道。然而塞維魯斯所運用的策略，卻不能以維繫國家特權作理由來辯護。他爲了出賣你而事先給予承諾，爲了毀滅你而事先多方奉承，雖然有時也會受到誓詞和條款的制約，但是利害關係遠比良知良能更爲重要，必要時不受任何責任義務的束縛。

若他那兩位競爭者因爲共同的危險而能相互合作，毫不遲疑地向前挺進，塞維魯斯可能會在他們的協力下潰散。或他們只是基於各自的著眼，用所屬部隊向他發起攻擊，內戰也會拖很久，成敗也未可知。但他們卻在敵人高明的戰略和武力下，受騙於和緩的宣言而感到安心，終致在迅速的行動中被各個擊滅，輕易成爲戰爭的犧牲者。塞維魯斯害怕奈傑的聲譽和實力，所以先向他進軍。塞維魯斯拒絕發布含有敵意的宣告，根本不提對手的名字，只是向元老院和人民表示，他意圖整飭東方各行省。他在私下稱奈傑是他的老朋友和指定繼承人[37]，表現極爲親切，且大力讚揚他要替佩提納克斯報仇的義舉，認爲懲罰卑鄙的篡位者是每位羅馬將領應盡的責任。同時他也讓奈傑了解，擁兵自重抗拒元老院承認合法的皇帝，本身就是罪行。奈傑的兒子和其他總督的兒女，都被他拘留在羅馬當作人質，當作父親忠誠的保證[38]。只要奈傑的實力仍舊令人敬畏，他便會將奈傑的兒女視同自己的子弟一樣，讓他們受到良好的教育和照顧。但他們不久也隨著父親的覆亡，在公眾同情的眼光下，先是被放逐，後來被處死。

---

37 他打算指定奈傑和阿比努斯做繼承人，是他最爲人詬病的地方，因爲他對這兩位既不尊重也不關心，完全是一種僞善的行爲，這種批評終其一生都沒有停止。

38 康莫達斯首先採行這種作法，塞維魯斯證明很管用。他在羅馬時發現，對手的主要支持者的子女都在羅馬，他可以利用小孩恐嚇或利誘他們的父母。

正當塞維魯斯全力投入東方的戰爭時，非常憂慮不列顛總督會越過大海和阿爾卑斯山，進而據有後防空虛的帝國，挾著元老院的權力和西方的軍隊，阻止他班師回朝。阿比努斯的舉措曖昧不清，並未僭用帝王的頭銜，留下談判的餘地。於是，他很快就忘記所宣示的愛國言論，對帝座起了覬覦之心，接受凱撒這個危險的封號，作爲他在生死攸關時刻保持中立的報酬。等到第一次競爭的勝敗已經揭曉，塞維魯斯對要毀滅的人還是保持很恭敬的態度，甚至在通知他已戰勝奈傑的信函中，還稱呼阿比努斯是親密的兄弟和治理帝國的夥伴。他的妻子茱麗亞(Julia)和兒女也致上誠摯的敬意，特別請求阿比努斯忠於他們的共同利益，要保有軍隊來維持共和國的權力。送信的使者奉命要以尊敬爲藉口，請求給予私下的接見，好趁機拔出短劍取他的性命。這件陰謀被發現，誤聽人言的阿比努斯，最後還是渡過海峽來到大陸，準備和他的對手進行力有不逮的競爭。這時，塞維魯斯指揮一支身經百戰的常勝軍向他迎頭痛擊。

東方最重要的征戰對塞維魯斯而言不過舉手之勞，只發生兩次接戰，一次在海倫斯坡附近，另一次在西里西亞狹窄的隘道，就決定敘利亞對手的命運，歐洲的部隊對柔弱的亞細亞人一直保有經常的優勢。但是接著在西方略有不同，里昂之役有十五萬羅馬人參加戰鬥，對阿比努斯之戰可謂存亡在此一舉。不列顛軍隊的驍勇善戰與伊里利孔軍團的嚴格訓練，正好形成一場猛烈而且勝敗難料的抗爭。在很短一段期間內，塞維魯斯的一世英名像是付諸東流，幸而善戰的皇帝收容殘破的部隊，領導他們打一場決定性的勝仗[39]，就在那個值得紀念的日子裡結束戰爭。

近代歐洲內戰之所以名聲響亮，不僅是競爭派系之間有深仇大恨，而且這種鬥爭更是頑強固執，絕不退讓。他們通常揭櫫宗教、自由和忠誠的理念，或者至少要能以此爲藉口。領導人物是有獨立產業和世襲勢力的貴族，部隊作戰就像人們吵架那樣要爭出一個結果，何況好戰精神和黨派熱

39 這次會戰的地點是特里夫(Trevoux)平原，離開里昂有三到四里格(譯按：league，每一里格約等於三哩)。

情強烈充斥著整個社會；失敗的領袖很快又會有新來的擁護者，渴望爲同樣的理念灑下他們的鮮血。但是羅馬人在共和國覆亡以後，只是爲了選擇主子而戰鬥。那些爭天下的候選人拿自己的名望當招牌，加入的人員中少數是因爲眞心敬愛，還有一些是感到害怕，人數最多的是追求個人利益，根本沒有人基於抱負和理念。軍團無法感受到黨派的熱情，在大量賞賜的誘惑之下參加內戰，接著就是更多的承諾。首領在失敗以後，無法兌現所開出的價碼，他的追隨者用錢買來的忠誠也跟著瓦解，同時也要顧慮到自己的安全，找一個無關痛癢的理由趕快逃走[*40]。對於行省而言，無論是受到誰的壓榨或統治，完全一樣毫無差別。省民只顧眼前，聽命於那鞭策的權力，要是當權者屈服於更大勢力之下，他們就趕緊乞求新來的征服者大發慈悲。但是，這位征服者已欠下部屬龐大的債務，不得不犧牲那些有罪的城邦，來滿足士兵的貪婪。在幅員遼闊的羅馬帝國，幾乎沒有防備森嚴的市鎮能夠阻止潰散部隊的騷擾。要是沒有政府權力的支持，無論是任何人、任何家族或階級，對一個沒落團體的主張都不可能再有興趣。

然而，在奈傑和塞維魯斯的火併中，只有一個城市例外，這確實値得讚揚。拜占庭是歐洲進入亞洲的主要通道，配置強大的城防部隊，一支有五百艘船隻的艦隊在港口[41]。塞維魯斯發起猛烈的攻擊，受制於精心的防衛，計畫無法得逞。他派部將留下來圍困拜占庭，克服海倫斯坡這個防衛較弱的通道，把退縮在城裡的敵軍置之不理，率領部隊前進尋求敵軍主力決戰。攻擊拜占庭的兵力逐漸增加，到後來整個帝國的海軍力量全部投入戰場，但是拜占庭懷念故主奈傑，仍能保持忠誠的信心，支持圍城達三年之久。公民和軍人(我們不知道是什麼原因)以敵愾同仇的決心並肩作戰，奈傑的主要部屬知道赦免無望，也不屑向敵人屈服，全部來到最後的庇護

*40 [譯註]這種情況在共和國時期並不常見，執政官領軍出戰，戰敗時就隨之犧牲。等到內戰開始，主將戰敗常棄軍逃走，最有名的一次是龐培在法爾沙拉斯會戰，未等會戰結束，看大勢不好拔腿先逃。還有就是安東尼在阿克興會戰，因克麗奧佩特拉怯戰退走，以致功敗垂成。

41 據推測大多數是小型長龍，還有一些雙層槳船以及少數三層槳船。

所。此地城池堅固享有無法攻陷的美譽,一個著名的工程師在這個古城,把畢生所知的技藝全部發揮得淋漓盡致[42]。拜占庭最後因饑饉而投降,官吏和士兵都被刀劍斬殺,城牆被摧毀推平,所有的權利被剝奪。這注定要成爲東方首都的城市,現在完全像一個普通村落,臣屬於佩林瑟斯(Perinthus)羞辱統治下。歷史學家笛翁讚美拜占庭的繁榮富裕,後來也感嘆它的荒涼沒落,不免要譴責塞維魯斯的報復行動,使羅馬人民喪失對抗本都和小亞細亞蠻族的堅強城堡[43]。這觀點要到後代才能證實,那時哥德人艦隊滿布黑海,通過毫不設防的博斯普魯斯海峽,進入地中海的腹地。

奈傑和阿比努斯逃離戰場被逮捕後處死,遭遇的命運不會令人驚訝和同情。拿著生命來作爲贏取帝國的賭注,就會有這種下場。塞維魯斯也沒有傲慢自大到能讓敵手以平民的身分活下去。他記仇的個性,受到貪婪心理的刺激,沉溺於毫無諒解餘地的復仇之中。大多數省民對於這個幸運的候選人並無嫌惡之情,只是處於正好當地總督治下,不得不服從行省的命令,結果也受到失敗者一樣的命運,不是被處死就是遭到放逐,特別是財產也全被沒收。很多東方城市被剝奪自古以來的榮譽,被迫繳到塞維魯斯財庫的金額,是奈傑統治下所繳總數的四倍。

直到戰爭的最後決定時刻,因爲整個大局未定,表面上要對元老院保持尊敬,讓塞維魯斯的殘暴多少還受到一點約束。不久,在隨著阿比努斯的頭顱落地而來的一封充滿威脅的信件中,他通告所有的羅馬人,對於不幸對手的支持者,採取絕不寬恕的態度。他一直在疑懼自己沒有受到元老院的愛戴,因而感到非常憤怒。雖然新近發現一些通敵的信函,他還是把宿怨隱藏在心頭,三十五名議員被控支持阿比努斯叛黨,他毫不追究的加以赦免,從這個行動看來,像是完全忘記和原諒他們所犯的罪行。但是,就在這個時候,他將四十一名議員[44],連同他們的妻子、兒女和部從[*45]全

---

42 這工程師叫普里斯庫斯(Priscus),因技術高明所以沒有被殺,轉爲征服者服務。

43 雖然斯帕提努斯和一些現代希臘學者,根據笛翁和希羅底安的說法,言之鑿鑿,但是我們確認拜占庭被毀,是在塞維魯斯死後很多年的事。

44 笛翁告訴我們只有二十九人,但是《羅馬皇帝傳》裡列出四十一個人的姓名,其中有六個人都叫佩西紐斯(Pescennius)。

部處死。西班牙和高盧一些高貴門第的省民，也都牽涉在裡面而被一網打盡。這些事情的始末和姓名在歷史上都有記載，塞維魯斯認爲，只有靠著嚴刑峻法，才是唯一可行的措施，確保人民的和平與皇權的穩定。而且他不勝惋惜地提到，要推行仁政，必先施重典。

六、塞維魯斯的新政及對後世的影響(197A.D.)

專制君主的眞正利益在於符合國家整體的利益，要把臣民的數量、財產、秩序和安全視爲最重要的基礎，這樣才能凸顯君主眞正偉大之處。再無所作爲的帝王，謹愼也可以補才能之不足，還是能夠制訂出相同的行爲準則。塞維魯斯把羅馬帝國視爲他的資財，到手以後，便刻意培植和改良如此珍貴的產業，制訂有益的法律，剛直堅定的執行，不久以後就矯正自馬可斯逝世以來，政府各部門的濫權惡習。在依法行政的程序中，皇帝的判決以詳察、明理和正直爲特色，即使有時會偏離公平的嚴格分際，通常是爲了幫助窮苦和受壓迫的人員。他這樣的作法與其說是基於人道的情感作用，還不如說是專制的自然趨向，使得權貴和豪門收斂驕縱的氣焰，將所有的臣民降到絕對隸屬的同一標準。他興建公共紀念物和壯觀的劇場完全不惜工本，而且經常發放大量糧食和穀物，是獲得羅馬人民愛戴的有效手段[46]。內訌的災害已經清除乾淨，行省再度感受到和平繁榮的寧靜，許多城市在塞維魯斯的慷慨設施下恢復生機，擁有頭銜由他創立的殖民區，用興建公共紀念物來表示感激和幸福[47]。羅馬的軍威因皇帝崇尚武德和戰

*45　[譯註]庇主(patronus)是最初建立殖民區的領導人，受其保護的人民，或曾接受恩惠的部落，稱之爲部從(client)。庇主有世襲的地位，可傳之子孫。在羅馬世界裡，庇主和部從是極重要的社會關係。

46　塞維魯斯舉辦的各種競技和比賽的節目非常壯觀，他建的糧倉可以儲存七年的穀物，同時每天發放兩千五百夸特(兩萬蒲式耳)糧食給民眾。

47　可以參閱斯龐海姆有關古代勳章的論文，還有就是碑銘，以及學識淵博的旅行家像是斯朋(Spon)、惠勒(Wheeler)、蕭(Shaw)和波柯克(Pocock)等人。他們在阿非利加、希臘和亞細亞見到塞維魯斯的公共紀念物，比其他羅馬皇帝要多。

無不勝而恢復原有的名聲[48]，他大可以誇耀自己的成就，即位於帝國蒙受內憂外患的危亡時刻，後來卻建立一個深遠而光榮的全面和平。

雖然內戰的創傷好像已經完全痊癒，專制政體的關鍵所在仍藏匿著致命的毒藥。塞維魯斯文武兼備，確是不可多得的人才，但是首任凱撒的英武或奧古斯都的智謀，還是無法控制武功輝煌的軍團那種驕縱傲慢的氣焰。塞維魯斯基於感激的心情、政策的錯誤和表面的需要，終於放鬆對軍紀的嚴格要求。虛榮的士兵講究戴金戒指作爲裝飾，獲准攜帶家眷無所事事的住在軍營之中，助長了懶散成性的風氣。他給他們超過前例的加薪，以致於養成他們動輒需索的習性，在擔任危險的任務或公開的慶典，均要求額外的賞賜。軍隊因勝利而得意忘形，因奢華而萎靡衰弱，也因爲要擔任危險的工作而享受特權，過著高於人民一般水準的生活[49]；長此以往，便無法忍受軍務的辛勞，不願接受國法的約束，更不耐煩成爲守本分的部屬。各級軍官要用極度揮霍和無限奢侈，來維持階級的優越。現在還保存著塞維魯斯的一封信，他對於軍隊表現出放縱和失職的情況有很大的感慨，信中告誡他的一個將領，從要求軍團主將自身開始進行必要的改革。如同他所說，軍官要是失去士兵的尊敬，就會得不到他們的服從。皇帝如果肯正本清源的探索始末，就會發現普遍腐化的主要原因，雖然不能說是最高統帥缺乏身教言教，但是帝王之尊的惡意放縱卻難辭其咎。

禁衛軍謀害皇帝出賣帝國，以叛國罪名得到懲處，這種軍勤制度雖然危險但卻必要，塞維魯斯很快用新的模式加以恢復，而且將人數增加四倍。這支部隊以往都在意大利徵召，但由於鄰近行省逐漸感染羅馬柔弱嬌貴的習氣，募兵範圍延伸到馬其頓、諾利孔和西班牙。原來那些優雅的部隊，只適合華麗的宮廷，無法用來作戰。於是塞維魯斯以新血接替，他規定所有邊疆的軍團，挑選最爲健壯、勇敢和忠誠的士兵，到禁衛軍來服

48 他率領常勝軍到安息的首府塞琉西亞(Seleucia)以及帖西奉(Ctesiphon)，我應該在適當的位置敘述一下這些戰爭。

49 朱維諾(Juvenal, Decimus Junius Juvenalis，一世紀羅馬的諷刺詩人)在他的第十六首諷刺詩裡，對士兵的跋扈和特權有很生動的描述。但這首詩並非他的作品，從詩的風格和內容看來，好像是要我們相信，作於塞維魯斯或他的兒子所統治的時代。

役，當作一種榮譽和獎勵。此新制度實施後，意大利青年不再熱中於練習武藝，首都出現大批奇裝異俗的蠻族而使人驚駭不已。但塞維魯斯卻深表自滿，軍團勢必將這批經過挑選的禁衛軍，看成維護軍中秩序的代理人，以現有五萬人的兵力，在兵器和配備方面均優於任何武裝力量，可以立即開入戰場，從此粉碎一切叛變的希望，使他能夠保有帝國並傳之子孫。

指揮這支受寵而強大的部隊，不久就變成帝國的最高官職。禁衛軍統領在最初只是衛隊的隊長，現在不僅統率大軍，還握有財政和司法的大權。在各行政部門，他代表皇帝本人和行使皇帝的權力，這樣一來，政府就墮落成爲軍事獨裁政治。普勞提努斯(Plautianus)是塞維魯斯所寵信的大臣，成爲第一任享有並濫用大權的禁衛軍統領，拱衛中樞的時間長達十年之久。到他的女兒和皇帝的長子結婚時，看來可以長保榮華富貴，誰知卻成爲覆亡的原因[50]。宮廷之間相互傾軋，激起普勞提努斯的野心，也使他產生恐懼。皇帝感受到革命的威脅，即使仍然喜愛如前，迫於形勢也不得不將他處死[51]。待普勞提努斯垮台後，名聲顯赫的佩皮尼安(Papinian)是一位優秀的法學家，奉派執行禁衛軍統領繁重的職務。

歷代皇帝對於元老院不論是眞誠尊敬，還是表面應付，都能細心呵護奧古斯都建立的文官體制，以彰顯君王的德行和睿智。但塞維魯斯即位後，因爲他年輕時在軍營中即接受絕對服從的訓練，壯年又花費在軍事指揮的專制獨裁上，因此他那剛愎而倔強的個性，不可能發現或者承認，在皇帝和軍隊之間保持一個中介力量，即使是拿來擺樣子，還是有很大的好處。對一個憎恨掌權君王，卻又在他不悅時表現出驚惶戰慄的議會，塞維魯斯不屑向議員聲言自己是公僕。因此他擺出君主和征服者的姿態下命令，而且毫不避諱的公開運用全部立法權和行政權。

制服元老院可謂輕而易舉而且並不光彩。要知道握有國家軍事和財政

---

50 他濫用權力最令人髮指的事，就是閹割一百多位羅馬自由奴，有些已經結婚甚至做了父親。他這樣做僅爲了在他的女兒嫁給年輕國王時，就像東方的皇后那樣尊貴，有一群太監伴隨在身邊。

51 笛翁和希羅底安都提到，這件事連亞歷山卓的文法教師都很清楚，也知道普勞提努斯是罪有應得，但是羅馬元老院完全不敢置喙。

大權的最高長官，一言一行都受到萬民的注視和關懷。元老院既不是由人民中選出，也沒有可以用來保護自己的武力，更不能激起公眾愛戴的情緒，只是把逐漸消失的權勢，完全寄望於自古以來的輿論基礎上，但是這種基礎不僅脆弱而且有隨時倒塌的可能。共和國成效良好的理論在不知不覺中消失，轉而讓位給順乎自然而又貨眞價實的君主政體。就像羅馬的自由和榮譽相繼傳到行省那樣，不論是否有意和所得的成果如何，共和國歷久不變的傳統也逐漸產生變化。安東尼時代的希臘歷史學家，抱著幸災樂禍的心態在一邊說風涼話，雖然羅馬的君主忌諱使用國王的稱號，卻握有帝王的全權。塞維魯斯在位時，元老院充滿來自東方的奴隸，他們受過教育且辯才無礙，用奴化理論來解釋個人的諂媚和奉承是正當行爲。這些新來的特權擁護者，當他們灌輸絕對服從的責任，詳述過度自由將引起無可避免的災難時，宮廷樂意傾聽而人民只有忍耐。法學家和歷史學家一致同意這些論點，帝國的權力並非由推派的委員會掌握，乃基於元老院在最後會順從而得以維持。皇帝不受民法約束，對臣民的生命和財產有生殺予奪大權，處理帝國如同私人遺產[52]。知名的民法學家，像佩皮尼安、保拉斯和烏爾平(Ulpian)，在塞維魯斯家族當政時全都飛黃騰達，羅馬的法律體系和君主制度緊密結合在一起，可說已到達極爲成熟而完美的地步。

在塞維魯斯時代，人們享受強勢治理下的和平與光榮，也就原諒因他而引起的殘酷和暴虐。但後代子孫身受惡法和特例所產生的變局，無不斥責他是羅馬帝國衰亡的罪魁禍首。

---

52 笛翁・卡修斯這個論點可說是一針見血，法學家費盡心力編成《羅馬法典》，從另一面來看，都是爲了維護特權。

偉哉羅馬・舉世所譽

維斯巴西安聽見家譜學家說起他的家世，
可以追溯到希臘的偉大英雄人物 海克力斯時，
就不禁捧腹大笑起來。

第六章

塞維魯斯病逝　卡拉卡拉的暴政　麥克林努斯篡位　伊拉伽巴拉斯的愚行　亞歷山大・塞維魯斯的美德　軍隊縱兵殃民　羅馬帝國的財政和稅務(208-235A.D.)

一、塞維魯斯的帝位傳承與崩逝(208-211A.D.)

人之能臻於偉大境界，務必心存積極進取的精神，運用天賦能力克服艱難險阻；但是獲得帝王的寶座，並不一定能永遠滿足個人的抱負。塞維魯斯承認自身的感受，並且深以爲憾。他憑藉著功勳和機運，能從無籍籍名而身居帝王之尊，最後還自謙於「歷盡世事滄桑之人，毫無功成名就之心」。他所煩惱的事並非創業而是守成，年紀和病痛的折磨，使他滿足於既有的權力，不再追求更大成就。因而，他已不寄望於自己未來的雄心壯志，唯一的希求是發揮父愛的仁慈之心，渴望家族和睦興旺，永保盛名。

塞維魯斯就像大多數的阿非利加人一樣，非常喜愛研究巫術和占卜，能夠詳盡解說各種夢境和預兆，而且精通星象和子平之學。除了當前因科學昌明影響力已經減低外，幾乎在過去每個時代，這些命理都能發揮支配人類心靈的作用。當他任職里昂高盧(Lionnese Gaul)總督時不幸喪偶，續弦時就挑能夠給他帶來好運的女子。等他知道在敘利亞的伊美莎(Emesa)有個年輕淑女，生下來就有「金枝玉葉」之命，便趕緊前往求婚得以結成連理[1]。茱麗亞・唐娜(Julia Domna)確實如星象推斷般貴不可言，天生麗質不因年華老去稍減魅力，何況還有豐富的想像力、堅定的意志力和正確的判斷力，這種才華在婦女中如鳳毛麟角。她具有和善樂觀的氣質，對於丈夫陰沉猜忌的性格，倒是沒有發揮多大的影響力。但等到兒子登基後，她親自處理帝國重大事務，用審慎的態度支持皇帝行使權力，也採溫和手段來規勸他那狂放的奢華生活。茱麗亞致力於文學和哲學，且頗有成就，帶來相當大的名望，同時也是各種藝術的贊助人，成爲當代才智之士的朋友。文人雅客滿懷感激而讚賞不絕，無不稱譽她的懿德潔行；但是，如我們相信歷史所記載的緋聞，則茱麗亞皇后的貞節不無非議。

她在這場婚姻裡有了卡拉卡拉(Caracalla)[2]和傑達(Geta)兩個帝國的繼承人。他們自負而虛榮，以爲運道可以取代功績和勤奮，因而表現出坐享其成的懶散態度，使得他們的父皇和羅馬世界都大失所望。這兩兄弟自小就產生積不相容的反感，從來沒有在德行和才能方面相互勉勵，隨著歲月使雙方的厭惡加深。原本像孩童般的爭吵，因爲佞臣在旁煽動，以致於愈加激烈。在兩邊主子希望和恐懼的鼓動下，最後竟將劇院、賽車和宮廷分爲兩派，私下明爭暗鬥不已。行事審慎的皇帝用盡各種勸說和權謀，想要化解日漸增長的仇恨。他深知這種尖銳對立使得他一切的打算，全部蒙上不祥的陰影，而且會使費盡辛勞、流盡鮮血、耗盡錢財，以及傷亡無數士兵，所打下的大好江山，毀於兒輩的手中。他對兩人同樣喜愛，毫不袒

1 蒂爾蒙特(Tillmont, Louis Sebastien le Nain de, 1637-1698A.D.，法國教會歷史學家)認爲塞維魯斯和茱麗亞在186年的婚事，是經由弗斯汀娜皇后的介紹，後來從笛翁的著作中知道弗斯汀娜死於175年，所以感到狼狽不堪。這位博學的史料編纂家可能忘記了，因爲笛翁說的是塞維魯斯作夢有這麼一回事，並不是事實，而且一個夢並不受時間和空間的限制。(譯按：爲了使婚姻合法，蒂爾蒙特是否想到他們的婚禮應該在羅馬的維納斯神廟舉行？)

2 巴西努斯(Bassianus)是他的第一名字(praenomen，譯按：也就是本名，早期羅馬人的本名只有二十個，其中最普通的有十個，所以產生很多的重複，很容易張冠李戴)，這是取自他外祖父的名字。他即位以後就僭用安東尼的稱號，當時的法學家和歷史學家都用這個名字來稱呼他。等他死後，大家因爲討厭他，所以給他取了綽號，像是塔倫屠斯(Tarantus)和卡拉卡拉，前面那個名字是來自一個很有名氣的角鬥士，第二個名字的意思是高盧的長袍，他推廣這種服裝讓羅馬人民穿著。

護，都授與奧古斯都的位階和安東尼的尊號，使得羅馬世界第一次同時出現三個皇帝[3]，縱然是如此的公正，也只會激起更多的競爭。生性兇狠的卡拉卡拉保有長子繼承權的優勢，而性格溫和的傑達贏得人民和軍隊的愛戴。失望的父親痛苦萬分，塞維魯斯預言會出現兄弟鬩牆、弱肉強食、煮豆燃萁的後果，勝利者也會因所犯的惡行而遭到報應。

在這種環境之下，傳來不列顛的戰事和北方蠻族入侵行省的消息(208A.D.)，塞維魯斯聽到甚爲高興。他的兒子沉溺於奢華的生活，心靈受到腐化，整日爭鬥不休，現在可以讓他們有藉口離開羅馬，趁年輕時多加以鍛練，俾能習慣戰爭和政事的勞苦。雖然他老邁年高(年過六十)且患有痛風，必須用擔架抬著行進，但還是在兒子和整個朝廷的陪伴下，率領兵強馬壯的大軍深入遙遠的離島，越過哈德良和安東尼所建的兩道邊牆，進入敵人的國度，按計畫征服不列顛，完成帝國長久以來所期盼之偉業。部隊貫穿島嶼直達北端，未曾遭遇敵軍，但是卡里多尼亞人全部埋伏起來，藏匿在羅馬大軍的後方和側翼。據說天候的酷寒，以及越過蘇格蘭的山崗和沼澤實施艱苦冬季行軍，使羅馬損失五萬人馬。卡里多尼亞人抵抗到最後，還是屈服在猛烈而持續的攻擊之下，爲了求得和平寧願繳出部分武器，割讓一大塊領土。但是蠻族表面歸順，只是爲了免於當前的恐懼，等到羅馬軍團撤離，他們又滿懷敵意恢復獨立。這種反覆無常、毀約背信的行爲，使得塞維魯斯大爲震怒，重新派遣大軍進入卡里多尼亞，下達充滿血腥的命令，不是降服而是絕滅當地的土著。所幸傲慢自大的敵人塞維魯斯不久駕崩，土著才免於滅族之禍。

卡里多尼亞戰爭沒有出現決定性的事件，也沒有產生關鍵性的結果，並不值得我們重視。但是據說塞維魯斯的入侵行動，很有可能與不列顛歷史和傳說裡的光輝時代連結起來。芬格爾(Fingal)的名聲連同那些英雄豪傑和吟遊詩人，他們口口相傳的詩句經由印刷出版，又重新在我們的語文

3　蒂爾蒙特很獨斷的認爲，卡拉卡拉在198年先得到奧古斯都的尊號，到了208年才與傑達同時即位當皇帝。

中復活。也就是他在那個緊要關頭，領導卡里多尼亞人避開塞維魯斯的銳鋒，在卡巒河(Carun)的兩岸贏得重大勝利，世界霸主的兒子卡拉庫爾(Caracul)曳兵棄甲而逃。像這樣的說法還是像一團迷霧，外表上籠罩著蘇格蘭高原的傳統，就是現代的評論家進行最深入的探索[4]，也無法完全澄清難以理解的傳聞。設若我們能夠平和的沉醉於歡愉的想像之中，芬格爾的平生和奧西安的詩歌，就雙方的形勢立場和生活習俗而論，在這兩個相互對抗的民族形成明顯的對照，使達觀的心靈得到了愉悅。要是我們拿塞維魯斯的無情報復與芬格爾的慷慨仁慈相比較，拿卡拉卡拉的怯懦殘暴與奧西安的勇敢高雅相比較，拿基於利益和恐懼心理服務於帝國旗幟之下的傭傭軍頭，與受到莫爾文(Morven)國王[*5]感召而披甲上陣的自由武士相比較。總而言之，要是我們想到未受教化的卡里多尼亞人，全身散發著自然的溫暖德行，墮落的羅馬人沾染著銅臭和奴性的卑賤惡習，這樣對比之下，接受教化的人民又有那些優勢可言。

塞維魯斯年老體衰，久病難起，激起卡拉卡拉的狼子野心和陰毒邪念，他急於登基稱帝，不願將帝國分而治之。他曾經不只一次想要縮短他父親餘日不多的殘年，盡力在軍中煽起叛變而未能成功。這位老皇帝經常批判馬可斯過於寬厚，若能斷然採行公正措施，就可使羅馬人免於孽子的暴虐統治。現在他所處的情況如出一轍，體驗到法官的鐵面無私，很容易在父愛的親情下冰消瓦解。他何嘗沒有深思熟慮，也曾疾言厲色的加以威脅，明知逆兒不孝但是無法下手處置，最後只有法外施恩，豈不知他就是做盡壞事，對帝國也不會造成更大的禍害。他的心神不寧使得病體更爲痛苦，因求死不得而煩躁難安，最後總算能夠得到解脫。塞維魯斯駕崩於約

4　古代不列顛的《奧西安之歌》所提到的卡拉庫爾，就是羅馬歷史裡的卡拉卡拉，麥克弗遜(Macpherson, John, 1710-1765A.D.，英國學者和歷史學家)和惠特克(Whitaker, John, 1735-1808 A.D.，英國歷史學家)對這點都有意見。在卡里多尼亞戰爭時，大家知道塞維魯斯的兒子被稱爲安東尼。要是蘇格蘭高地的吟遊詩人用他的綽號來描述，這點看起來很奇怪。一直要等這個皇帝死後，羅馬人才用卡拉卡拉這個名字叫他，那也是四年以後的事，而且古代歷史學家很少用這名字。

*5　[譯註]英國古詩謠《奧西安之歌》裡傳奇式的國王，完全是神話人物。

克，享年六十五歲(211年2月4日)，光榮而且卓然有成的統治帝國十八年之久。臨終之際，他勸告兩個兒子要同心協力，要求軍隊擁護這對兄弟。這兩位任性妄爲的年輕人根本聽不進老父的逆耳忠言，也絲毫不受感動。但是領受遺命的部隊，沒有忘記忠誠的誓言和先帝的權威，他們拒絕卡拉卡拉提出長子繼承權的請求，宣布兩兄弟同時爲羅馬皇帝。兩位新皇帝不久得到不列顛的和平，就離開卡里多尼亞回到首都，以封神的榮耀爲父王舉行盛大的葬禮，被興高采烈的元老院、人民和行省承認是合法的君主。兄長的位階似乎是較爲尊貴，但共同以平等獨立的權力治理國家。

二、卡拉卡拉與傑達的鬩牆之爭(211-213A.D.)

像這樣一個權力無法集中而形成分裂的政府，即使兄弟之間手足情深，也會成爲不和的根本因素。更何況雙方對立勢同寇仇，無法達成共識，那就絕不可能長久維持共治並存的局面。顯而易見的後果是只有一個在位，另一個必須下台，於是雙方都在用盡心機來算計對手，並且用高度的警覺來保護自己的生命安全，以免受到刀劍的攻擊或毒藥的謀害。他們從高盧回到意大利，一路行進極爲快速，兩人既不同桌用餐，也不共處一室，這種兄弟鬩牆的惡形怪狀，全讓行省民眾看在眼裡。他們返回羅馬以後，立即將範圍廣闊的皇宮區隔開來[6]，兩個生活區域之間斷絕來往，所有的門戶和通道加強戒備，衛兵的站崗和換班，就像處於圍城之中，控管得非常嚴密。兩位皇帝只在萬分悲痛的母親前面相見，再就是共同出現在

6　希羅底安提到兩兄弟住進羅馬的皇宮，將這個區域平分使用。休謨對這種說法感到很驚奇，因爲在帕拉廷山的建築物周圍不過一千兩百呎，看起來實在太小一點。但是我們要知道，富有的議員在市區外面建有廣大的庭園和宮殿，大部分都被皇帝籍沒充公。要是傑達居住在西郊賈尼庫隆山(Janiculum)的花園，而卡拉卡拉進駐米西納斯在伊斯奎林山(Esquiline)的花園，這兩位敵對的兄弟相隔有幾哩遠，中間還是有其他的皇家庭園，像是原來屬於阿格里帕、圖密善和該猶斯的花園，都在城市的邊緣，用橋樑通過台伯河和街道，這些地方都可連成一片。希羅底安要想在這方面說得很清楚，除了再寫一篇論文，還要附上古代羅馬的地圖。

公開場合，這時每人身邊環繞著全副武裝的隨從，甚至在參加重大的慶典和集會時，宮廷無論怎樣加以掩飾，也無法遮蓋他們心中對彼此的恨意。

兩位皇帝間所潛伏的內戰誘因，使政府無所適從，一定要設法讓敵對的兄弟都能蒙受其利。有人遂提議，雙方既已無法和睦相處，不如將帝國劃分開來，以符合各人利益。條約內容已詳細擬定，卡拉卡拉是長子，保有歐洲和阿非利加西部，把亞細亞和埃及的統治權讓給傑達，傑達可以住在亞歷山卓或安提阿，這兩個城市的財富和雄偉都不比羅馬差。這樣一來，雙方的軍隊配置在色雷斯的博斯普魯斯海峽兩岸，都把對方當成敵國嚴加防範[*7]。此後，從歐洲挑選出來的元老院議員，只承認羅馬主權；亞洲的人民和土著，就追隨這位東方的皇帝。談判被茱麗亞太后的淚水打斷，這個主張提出來時，讓每個羅馬人心中充滿恐懼和憤慨。羅馬帝國這片廣大疆域，是長期征戰的產物，在時間和政策的手中緊密結合成整體，需要強大無比的力量，才能將它撕成兩半。羅馬人非常擔心，這被分割的兩部將很快經由一次內戰，恢復成一人統治的局面；若分裂永久存在，就會因行省的分治而造成帝國滅亡，就算目前的根基再堅固也無濟於事。

若條約付諸實施，歐洲的君主不久就會成爲亞洲的征服者，但是卡拉卡拉獲得了一個輕易卻充滿罪惡的勝利。他假裝同意母后的懇求，答應到她的寢宮和弟弟見面，雙方和平修好（212年2月27日）。正在他們談話時，原來就埋伏好的百夫長，拔劍衝向不幸的傑達。驚慌的母親用手臂來保護自己的小兒子，但是已經無濟於事，連自己的手也被砍傷，身上沾滿幼子的鮮血，這時竟還看到長子正在大叫，起勁爲那些兇手助威[8]。卡拉卡拉在辦完這件滔天大罪以後，帶著滿臉驚怖的神情，匆匆跑到禁衛軍的營區，好像那裡才是唯一的庇護所。他跪倒在軍營保護神[9]的雕像前面，士

---

*7 [譯註]博斯普魯斯海峽是將羅馬帝國劃分爲兩部的最佳界線，要是這樣形成東羅馬帝國，首都就不會在君士坦丁堡，因爲國都不能放在邊界，何況還位於歐洲。

8 卡拉卡拉把這把劍奉獻給塞拉皮斯神廟，還吹牛說是他殺了傑達。

9 每一座羅馬軍營裡，靠近主將住處邊有一間小廟，供奉軍隊的保護神，還有軍團的鷹幟和主將的權標，可以用宗教力量來加強紀律要求，這是一種很好的制度。

兵想要扶起他來給予安慰時，他語無倫次斷斷續續的述說剛剛遭到一場大難，僥倖得以身免，暗示他已經阻止了敵人的陰謀，決心要與忠於他的部隊存亡與共。傑達雖深受軍隊的喜愛，但抱怨已毫無意義，採取報復行動更是危險，何況他們對塞維魯斯的長子仍有敬畏之心，於是這種不滿在竊竊私語中逐漸消失。卡拉卡拉接著拿出父親在位期間累積的財富，來犒賞禁衛軍，相信他採取自衛的正當性。軍心向背對他的生命和權勢極爲重要，軍方的擁護可以左右恭順的元老院議員。議會只知道一味的奉承，對於命運的安排毫無異議的加以批准。卡拉卡拉爲了緩和大家的情緒，免得引起群眾的憤怒，在提到傑達此一名字時還帶著幾分尊敬，把他當作羅馬皇帝舉行隆重的葬禮[10]。後代人士因爲同情傑達不幸的遭遇，也就不提他所犯的過錯。我們總認爲這位年輕皇帝，是他充滿野心的兄長手下無辜的犧牲品，但是沒有想過，他之所以沒有進行報復和謀殺，不是不願，只是缺少這樣的力量。

卡拉卡拉的罪行沒有受到懲罰，但是在他處理公務和享受歡樂時，即使聽到更多奉承的言辭，也無法逃避良心的譴責。他承認自己的心靈受到折磨以致痛苦萬分，常常在狂亂的幻想中見到他的父親和弟弟，面帶怒容像生前那樣對他威嚇和責備。要是他眞有這種犯罪的自覺，那就應該用德治向世人表示，過去的血腥行爲是基於形勢所逼，情非得已的手段。但是卡拉卡拉的懺悔，只是想讓他的罪惡和謀害手足的行爲，從世界上的一切記憶之中消失。他從元老院回到皇宮，看見他的母親在幾位貴婦的陪同下，爲幼兒的死於非命而悲痛哭泣，猜忌的皇帝竟然用立即處死來威脅她們。馬可斯唯一留下的女兒法迪拉，被逮捕以後遭到處決的命運。甚至就是傷心的茱麗亞也只有止住悲戚，無可奈何的壓下嘆息，對於謀刺事件用笑容表示贊同。據估計，以傑達的友人爲名，而被處死的男女將近兩萬人，舉凡他的衛士和自由奴、替他處理事務的大臣、陪著他消遣的同伴、

10　傑達的哥哥説要將他和諸神供奉在一起，好接受祭祀。目前仍舊發現有一些獎章上，銘刻著尊傑達爲神明的浮雕。

那些走他的門路在軍隊和行省得到升遷的官吏、與他有深遠關係的隨從人員，都包括在告發名單之內，無一赦免。所有與傑達有任何來往的人，甚至就是悲悼他的死亡，或僅僅提到他的名字[11]，全部都受到株連。希爾維斯・佩提納克斯(Helvius Pertinax)是先帝的兒子，因爲幾句不適當的玩笑話而喪生。家族具有熱愛自由傳統的賽拉西・普里斯庫斯(Thrasea Priscus)，由於出身良好，被羅織成重大罪名[12]。最後，毀謗及嫌疑的特定理由都已用完。有位議員被控暗中與政府爲敵，只因爲他是個具有財富與品德的人，這樣的證據就足以讓皇帝滿意了。他經常拿這類自以爲理由充分的原則，做出最血腥的推論。

這麼多無辜的公民受到殺害，他們的家人和朋友莫不暗地裡落淚悲痛。禁衛軍統領佩皮尼安(Papinian)之死，被悲嘆爲國家的災禍。在塞維魯斯統治的最後七年，佩皮尼安負責處理國家的主要事務，發揮影響力使皇帝邁向公理正義之路。塞維魯斯對他的德行和才華深信不疑，在臨終的病榻前面，要他盡力維護皇室的昌隆和團結[13]。由於卡拉卡拉對父王所留的大臣不滿已久，佩皮尼安的鞠躬盡瘁，更引發他埋藏在心頭的恨意。傑達被謀刺以後，這個統領奉命用他那雄辯的技巧，爲此一殘暴事件提出讓人接受的辯解。想當年具有哲人風範的塞尼加，曾經用阿格里萍娜(Agrippina)之子的名義爲殺害其母的事件，寫信給元老院做一說明[*14]。但佩皮尼安加以拒絕，他極爲嚴正的答覆說道：「犯下殺害親人的罪行，遠比爲之辯護要容易。」他毫不猶豫在死亡和眞理之間做出自己的選擇，這種大無畏的精神保持純潔和清白，不參與宮廷的勾心鬥角，也不捨棄自

11 當時的喜劇作家不敢在他們的劇本中提到傑達的名字，而在遺囑中提到他名字的人，財產會被充公。

12 他可能是希爾維斯・普里斯庫斯和賽拉西・彼都斯(Thrasea Paetus)的後裔。這些仁人志士的義行，雖然沒起什麼作用，但是在塔西佗的稱譽下獲得不朽的聲名。

13 佩皮尼安據說是茱麗亞皇后的親戚。

*14 [譯註]阿格里萍娜的兒子就是尼祿皇帝，這位母親爲了讓兒子當皇帝，用盡心機，甚至毒殺其夫克勞狄斯皇帝。等到尼祿即位，母親執掌大權，後來因權力引起衝突，尼祿派人將其母殺死，然後由塞尼加向元老院寫信解釋，說是阿格里萍娜陰謀叛變，被發覺後自殺身亡。

己應有的立場和原則，較之他所有的職位、豐富的著作和身為名律師在羅馬法律史上所享有的盛譽，使佩皮尼安的大名更能永垂不朽。

三、卡拉卡拉的暴政與覆滅(213-217A.D.)

自古以來，羅馬人之所以特別感到幸福，即使處於惡劣狀況仍能獲得最大安慰，就是皇帝的德行可以積極發揮，惡行受到無形約束。奧古斯都、圖拉真、哈德良和馬可斯，經常親自視導遼闊的疆域，所到之處能夠表現出睿智和仁慈的行為。提比流斯、尼祿和圖密善的暴政，所及的區域不過是羅馬或近郊的莊園[15]，限制在元老院的議員和騎士階級。但是卡拉卡拉可說是人類的公敵，在謀害傑達以後過了一年(213A.D.)就離開首都(從此沒有回來過)，其餘的統治期間全部在帝國的幾個行省，特別是喜歡流連東方，所到之處輪流成為他蹂躪和掠奪的對象。元老院的議員被迫同行，無不恐懼他那善變的性格，每天提供鉅額經費供給他享樂花用，而他毫不放在眼裡，隨意丟給衛士朋分。卡拉卡拉並且在每個城市興建宏麗的行宮和劇院，有的他根本就沒有去過，也不下令停止修建。大多數富有的家庭因為處以罰金或籍沒財產而家破人亡，一般人民也因巧立名目和日益增加的稅賦而苦不堪言。國家太平無事時，他稍有不如意便勃然大怒。他在埃及的亞歷山卓發布大屠殺的命令，從位於塞拉皮斯神廟的行營，親自監督殺害幾千公民和外國人。他從不在意要殺多少人，也不管他們有沒有犯罪，只是冷酷的通知元老院，所有的亞歷山卓人，不管是被殺死還是已經逃走，全部同樣有罪[16]。

塞維魯斯明智的教誨，沒有在他的兒子心中留下深刻的印象，並不是他欠缺想像力和辯才，而是沒有判斷力和人性。有一個為暴君所喜愛的格言，雖然會帶來危險，但卡拉卡拉不僅牢牢記住，還無限制的濫用，那就

15　提比流斯和圖密善沒有離開過羅馬附近地區，但是尼祿到希臘短期旅行過。

16　留下的人遭到殘酷的殺戮，逃走的人難免被指為不忠不義的叛徒。亞歷山卓人激怒暴君，可能是他們嘲笑卡拉卡拉和他母親有亂倫的行為，也可能是城市裡發生動亂。

是「掌握軍隊，欺壓民眾[17]」。他的父親對軍隊的確很慷慨，還能審慎的加以約束，對部隊有時會縱容，由於他的堅定和權勢，也讓狀況緩和不會造成嚴重的後果。但是兒子把「縱兵殃民」當成統治策略來推行，使得軍隊和帝國全部難逃覆滅的命運。士兵作戰的勇氣，沒有因軍營嚴格的紀律而加強，反而在城市的奢侈生活中消磨殆盡。他們的薪餉和賞賜大幅增加，使國家的財政極爲困難[18]，而軍隊卻人人發財。想要他們在平時守法重紀，戰時爲國效力，一定要靠清苦的生活才能維持。卡拉卡拉舉止傲慢，態度粗暴，但是和部隊相處時，往往忘記自己的尊嚴，跟士兵在一起打鬧，忽視將帥的職責，極力模仿普通士兵的穿著和習慣。

卡拉卡拉的個性和行爲，無法受人愛戴，但只要他讓軍隊得到好處，便無兵變之危，後來發生陰謀活動結束他暴虐的統治，完全是猜忌性格引起的後果。他將禁衛軍統領的職責分由兩個大臣負責，軍事部分交付給亞溫都斯(Aventus)，一位經驗豐富但才能較差的軍人；民政事務由歐庇留斯·麥克林努斯(Opilius Macrinus)掌理，他憑著熟練的行政能力，加上公正的處世態度而擢升到高位。但得到寵幸與否完全隨著皇帝善變的性格而定，只要他起了猜疑之心，或是發生突變狀況，他們的性命便隨時不保。有一位自認通曉未來的阿非利加人，做出非常危險的預言，說麥克林努斯和他兒子命中注定要登大寶。消息很快傳遍行省，後來此人被綁送羅馬，還在郡守面前堅持預言不會有錯。郡守曾接到處理有關「卡拉卡拉繼位者」這項傳聞的緊急指示，立即將審訊阿非利加人的情形，報告設在敘利亞的行宮。儘管信差的傳遞速度很快，麥克林努斯的一位朋友還是想盡辦

---

17 武頓(Wotton)懷疑這句格言是卡拉卡拉自己講出來的，只是他推到自己父親身上。

18 笛翁告訴我們，卡拉卡拉每年給軍隊額外的賞賜，總數高達七千萬笛納(約爲兩百三十五萬英鎊)，笛翁認爲軍費的支出，比貪污腐化更爲嚴重，因爲那時禁衛軍士兵每年的薪餉是一千二百五十笛納；而奧古斯都在位時，是每天兩個笛納，或者是每年七百二十笛納；到了圖密善當政，將士兵的薪水增加四分之一，到達九百六十笛納。我們知道禁衛軍的人數從一萬人增加到五萬人，再加上不斷的加餉，巨額的開支就會把整個帝國拖垮。

法，把迫在眉睫的危險通知他。皇帝收到來自羅馬的書信，正好要參加賽車，就將未拆封的文件交給禁衛軍統領，指示他趕快處理，並就其中重要事項提出報告。麥克林努斯看到文件，知道在劫難逃，決心先下手以求自保，於是他挑起下級軍官的不滿情緒。其中有個名叫馬修里斯(Martialis)的士兵，最近在升百夫長時遭到否決，感到很失望，麥克林努斯希望能假他的手來行事。卡拉卡拉對宗教很虔誠，要從埃笛莎(Edessa)到卡爾希(Carrhae)的月神廟[*19]去進香朝拜。他在一隊騎兵伴護下前往(217年3月28日)，途中稍作停留，衛士在外圍保持相當距離。這時馬修里斯藉口執行勤務接近皇帝，並拔出短劍刺死皇帝，兇手隨即被皇家衛隊射殺。卡拉卡拉就此結束一生，羅馬人能忍受他這麼多年的統治，眞是人類的恥辱。對他感激的士兵只記得他的偏愛和慷慨，根本不管他的罪行。卡拉卡拉曾強迫元老院出賣人格和宗教尊嚴，把他尊爲神祇。這位神祇在世時，亞歷山大大帝是他心中唯一的英雄，使用亞歷山大的名號和標章，組成一支馬其頓方陣衛隊，還迫害亞里斯多德的門徒[*20]，好表現他無聊的熱情，以讓人知道他對德行和榮譽的尊敬。我們由此想到，查理十二(雖然他缺少菲利浦之子那種高不可仰的成就)[*21]在納爾瓦(Narva)會戰[*22]和征服波蘭後，還吹噓他的英勇和寬大可與亞歷山大媲美。但卡拉卡拉一生中，除大量謀殺自己和父親的朋友外，沒有一件事的表現能與馬其頓英雄稍爲類似[23]。

---

*19 [譯註]埃笛莎是奧斯浩尼的首都，後來成爲羅馬的殖民地，現在是土耳其的烏爾發(Urfa)，靠近敘利亞的邊界。

*20 [譯註]亞里斯多德在亞歷山大十三歲時擔任老師，並帶著他住在一個叫做米查(Mieza)的小村，教導他三年之久，奠定他成爲古往今來第一偉大人物的基礎。提到卡拉卡拉對亞里斯多德門徒的迫害，是指當時柏拉圖學派和亞里斯多德學派形成對立，雙方攻訐不已所引起。

*21 [譯註]查理十二(1682-1718A.D.)是瑞典國王，是當時的名將，作戰身先士卒，也是舉世所譽的英雄。他發起北方戰爭，擊敗丹麥、俄國、薩克遜和波蘭，成爲歐洲強權，1708年再進攻俄國，敗於波爾塔瓦(Poltava)會戰，1718年攻挪威時陣亡。

*22 [譯註]1700年，查理十二在納爾瓦會戰中，擊敗兵力多五倍的俄軍，俄皇彼得大帝僅以身免。然查理十二未乘勢追擊，反而轉征波蘭，給俄軍東山再起的機會。

23 卡拉卡拉喜歡使用亞歷山大的名號和標徽，這可以從這位皇帝頒發的獎章看出來，上面有很荒謬的浮雕，一面像是亞歷山大，另一面像是卡拉卡拉的容貌。

四、麥克林努斯篡位後的施政(217A.D.)

塞維魯斯家族絕滅以後，羅馬世界三天沒有主人，軍隊的選擇(元老院距離遙遠而且無能為力，因此不予理會)在急迫的狀況下懸而未決。沒有人在身世和功勳方面出類拔萃，能贏得他們的愛戴，獲得大家一致的同意。禁衛軍的決定可以發揮舉足輕重的作用，使他們的統領燃起希望，兩位極有權勢的大臣自認為有繼位的合法權利。亞溫都斯是資深統領，年紀大且身體多病，加上名望和才幹都不足以服眾，就將這個危險的寶座，讓給野心勃勃的同僚麥克林努斯。麥克林努斯裝出一副哀慟欲絕的樣子，使人無法懷疑他就是殺死皇帝的主謀。軍隊對他的為人處事既不喜愛也不尊敬，想四處找一個可以競爭的對手。後來因為他答應給一大筆的犒賞費和維持禁衛軍原有的特權，大家就勉強同意。他登基(217年3月11日)後不久，就對十歲的兒子戴都米尼努斯(Diadumenianus)，賦予帝國的榮銜和安東尼的封號。這個少年以其俊美外表，加上額外的賞賜，拿盛大典禮做藉口，想獲得軍隊愛戴，確保麥克林努斯尚未穩固的帝座。

新皇帝的權力因元老院和行省的欣然接受，得到合法的承認。大家原先根本沒料到能從痛恨的暴君手下脫身，因而無不欣喜若狂，所以對卡拉卡拉的繼位人，是否具備應有的德行和條件，似乎沒有在意。等到驚喜的心情平靜下來，大家開始以嚴厲的批評來探查麥克林努斯的功勳，這才指責軍隊的推選太過於倉卒。皇帝必須由元老院選出，統治權雖然不再掌握在手裡，但會託付給元老院的議員負責行使，迄今為止仍被視為政體的基本原則。然而，麥克林努斯並不是元老院議員[24]。禁衛軍統領急遽的提升顯露出身的低下，何況這個對元老院議員的生命和財產握有生殺予奪權力

24 伊拉珈巴拉斯(Elagabalus)指責他的前任竟敢篡奪王位，禁衛軍統領只有奉令清理議事廳時，才能進入元老院，後來是普勞提努斯和西傑努斯(Sejanus)，為了個人的利益才破壞這項規定。他們實在說是從騎士階級升起來，但當了議員，甚至成為執政官，還是要保留統領的職位。

的重要職位，一向由騎士階級出任。這種憤慨的竊竊私語四處可聞：一個缺乏顯赫家世，也沒有建立非凡功勳的人[25]，居然妄想身穿紫袍，沒有把帝王之尊賦予出身和地位與帝國榮譽相當的元老院議員。麥克林努斯一旦被不滿的眼光進行深入的追查，很容易發現他的敗德行爲和重大缺失，他任用大臣時，遭到很多非議，不滿的人民以其一貫的直率，立即非難他疲軟的怠惰與過分的嚴厲[26]。

問題在於過急的野心使他爬上很難站穩的頂峰，稍有不慎就會摔得粉身碎骨。他受的訓練是宮廷的應付技巧和文官的辦事形式，等站到兇狠無紀律的群眾前面，雖然他有統治的權力，還是會緊張得不知所措。他毫無軍事指揮才能，個人的勇氣受到懷疑，軍營中流出耳語，揭露他陰謀對付前任皇帝的祕密。卑鄙的僞善更加重兇手的罪惡，使軍方對他產生的輕視和厭惡與日俱增。麥克林努斯挑撥士兵下手，引起暴君的滅亡，獲得成功以後缺少一個改革者應有的條件，這是他命運中無可奈何之事，迫不得已只有盡量運用禁衛軍那惹人討厭的機構。卡拉卡拉奢侈揮霍，留下一大堆難以處理的後遺症。若那位一無是處的暴君能夠知道，所犯惡行造成的後果，對於謀害他的繼位人帶來不幸和痛苦，一定會偷笑於九泉之下。

麥克林努斯在著手進行必要的改革時，非常謹慎小心，想用一種容易而且很難覺察的方式，使羅馬軍隊恢復生氣和活力。對已經在軍中服役的士兵，他取消了卡拉卡拉所發給的危險特權和額外待遇；對於新兵運用塞維魯斯循序漸進的訓練制度，逐步養成他們守法和服從的習性[27]。不幸發生一件致命的錯誤，破壞了原來計畫所能獲得的良好效果。前任皇帝在東

---

25 麥克林努斯生長在努米底亞的凱撒里亞(Caesarea)，後來成爲普洛汀(Plautian)的管家，等到普拉汀覆滅時，可以說間不容身的逃脫危險。他的政敵說他的出身是奴隸，也常過爲人所不恥的角鬥士，像這種誹謗敵手身世和背景的手法，好像從希臘的辯士開始，一直延續到現代那些知名人物，看起來都是一樣。

26 笛翁和希羅底安提及麥克林努斯的美德和罪惡，都能保持公正無私的態度，但是在《羅馬皇帝傳》裡給他寫傳記的作者，受到伊拉珈巴拉斯御用文人的影響，運用很多材料將他抹黑。

27 作者的立場與皇帝的意圖一樣清楚，指的是老兵和新兵，但武頓弄錯了對象，認爲指的是新成立的軍團和原有的軍團，在對待上有所不同。

方集結很多部隊，麥克林努斯沒有立即將他們分散到各行省，反而在登基那個冬天，讓他們全師駐紮在敘利亞。部隊整日無所事事留在軍營，在盤算他們的實力和數量，交互傳遞各種怨言，心中想要發起另一次革命，好獲得更多利益。老兵沒有受到優厚待遇，反而識破皇帝別有用心而深感不滿；新兵進入軍中服役，看到皇帝很吝嗇又不願對外征戰，工作增加報酬反而減少。所以大家的心情非常陰鬱，軍中不滿的耳語傳播開來，慢慢形成煽動性的囂鬧，接著是局部譁變宣洩出憤怒的情緒，只等待很小的事件爆發以引起全面的叛亂。狀況既然如此發展，機會很快就會來臨。

五、伊拉珈巴拉斯的崛起(218A.D.)

茱麗亞皇后體會到造化弄人和天理循環的無奈，從寒門出身到貴爲至尊，嚐到了樂極生悲的苦果，命中注定要悲泣幼子的冤死和長子的被殺。卡拉卡拉慘遭報應的命運，以她的明智知道這是必然的結局，但作爲人子之母及帝國之后，仍然無法克制悲憤之情。篡位者對塞維魯斯的遺孀仍然尊重，她在痛苦掙扎中降爲一介平民，過著寄人籬下的生活，隨後在焦慮羞辱中自殺身亡。她的妹妹茱麗亞・瑪莎(Julia Maesa)被迫離開安提阿宮廷，帶著二十年寵幸所得的龐大財富退隱於伊美莎*28，兩個女兒蘇米婭絲(Soaemias)和瑪米婭(Mamaea)在身邊陪伴。她們兩人也各有一個兒子，蘇米婭絲的兒子名叫巴西努斯(Bassianus)，獻身在太陽神廟當祭司*29。敘利亞青年只要獲得這個神聖的職位，不論是出於審愼或迷信因素，就會受到羅馬帝國的重用而青雲直上。許多部隊駐紮在伊美莎，麥克林努斯要求嚴明的紀律，爲了讓他們過艱苦的生活，進入冬營加強訓練。士兵成群結隊在太陽神廟休息，看見這位年輕大祭司雅緻的服裝和漂亮的面容，不僅

---

*28　[譯註]伊美莎現在是敘利亞西部的賀姆斯(Homs)，長久以來是阿拉伯王國的交通中樞和商業中心。

*29　[譯註]羅馬的太陽神稱索爾(Sol)，可能是從埃及傳進來，每年的祭典是8月9日，後來受希臘的影響祭祀阿波羅，而伊拉珈巴拉斯所引進的太陽神是敘利亞的神祇。

表示尊敬感到高興，而且還認出這個面孔就像他們仍在懷念的卡拉卡拉。政治手腕極爲高明的瑪莎，看到士兵的這些表現，爲了孫子未來的命運，不惜犧牲女兒的名節，暗示巴西努斯是被謀害皇帝的私生子。她派出密使慷慨散發數量龐大的金額，大家很高興的收下並不拒絕，也證明他與皇帝的血緣關係。年輕的安東尼(他僭用並玷污那受人尊敬的名字)在伊美莎被部隊擁立爲帝(218年5月16日)，發表聲明說他有世襲的權利，並且向軍隊大聲疾呼，要他們追隨在年輕而高尚的皇帝大纛之下，協助他報殺父之仇，反抗軍事專制的壓迫[30]。

婦人和宦官的陰謀配合極爲嚴密，行動非常迅速果敢。麥克林努斯要是採取積極的作爲，還是能粉碎羽毛未豐的敵人，但是他卻在恐懼和安全之間舉棋不定，只守在安提阿頓兵不出。這樣一來，敘利亞各地的軍營和守備部隊，全部瀰漫著反叛的氣氛，很多派遣單位發生殺害長官[31]、投效叛黨的事件。同時他們把麥克林努斯遲遲不願恢復軍人待遇和應有的特權，歸咎於他的軟弱無能。最後麥克林努斯從安提阿發兵，與年輕皇位的覬覦者兵力增加且戰志高昂的軍隊遭遇。他自己的部隊看起來很不心甘情願的上戰場，但是等到會戰[32]到達緊要關頭時(218年6月7日)，禁衛軍在自動自發的驅策下，發揮勇猛的鬥志和訓練的優勢，使叛軍的戰線崩潰。敘利亞皇帝的母親和祖母按照東方的習慣隨軍出戰，看到狀況不利就從篷車中跳出來，以激發士兵的同情心，盡力鼓舞戰志消沉的士氣。這位安東尼在這一生中從來不像個大男人，到了生死存亡的時刻卻能證明自己是個英雄，他騎在馬背上領著經過整頓的部隊，手執長劍衝向層層密布的敵軍。甘尼斯(Gannys)是個宦官，生長在東方溫順奢靡的環境，主要的工作是照顧婦女，今天的表現卻像才氣橫溢的大將。戰場上殺得天昏地暗仍是

30 按照朗普里狄斯的說法，亞歷山大・塞維魯斯活了二十九年三個月零七天，他在205年12月12日出生，被殺於235年3月19日。他的表兄登基時可能約十七歲，這時的他是十三歲。這種計算比較符合歷史上所說的年輕皇帝，但希羅底安說是少算了三歲。同時，依據一份錯誤的年表，他把伊拉珈巴拉斯的在位期多加了兩年。

31 假冒的安東尼發出一份很有吸引力的號召，要是士兵將長官的頭砍下帶過來，就可以得到長官的財產和職位。

32 戰事發生在因密(Immae)村附近，離安提阿大約二十二哩。

難分勝負，要不是麥克林努斯放棄大好機會很快逃走，可能會獲得勝利。他的怯懦只讓他多活幾天，不幸的結局還要蒙上羞恥的污名，他的兒子戴都米尼努斯落得同樣的命運，詳情也就不多說了。頑抗的禁衛軍得知他們為之奮戰的皇帝已經逃走，也就放下武器投降。羅馬軍隊交戰的雙方，一起流下愉悅和感激的眼淚，大家團結在卡拉卡拉兒子的旗幟下，東方各省很高興承認第一位有亞細亞血統的皇帝。

早先，麥克林努斯很客氣的去函給元老院，提到一個敘利亞騙子引起了輕微的騷亂，於是通過一個敕令，宣布叛徒和他的家族是公敵，只要受騙的支持者立即回到原來的崗位，答應赦免他們的罪行，並且讓他們還有立功的機會。安東尼從宣布繼位到獲得勝利，只花了二十天的時間(決定羅馬世界的命運何其短促)，這段時期的首都和東部各行省，陷入希望和恐懼交織的混亂中，因為不論是誰能在敘利亞獲勝，誰就統治整個帝國，不必引起大規模的流血犧牲。年輕的征服者用立場嚴正的信函，將勝利的消息通知恭順的元老院，語氣顯得尊敬和穩重。他把馬可斯和奧古斯都光輝的例證，作為用人行政的最高指導原則。以他的年紀和運道與奧古斯都相比頗有相似之處，這使他感到非常驕傲，因為他們都在少年時代打贏一場硬仗，報了殺父的大仇。他身為安東尼(這是卡拉卡拉的封號)的兒子和塞維魯斯的孫子，同時也承受馬可斯・奧理留斯・安東尼的名號。在元老院還未以正式敕令，授予他護民官和代行執政官頭銜之前，他就老練地向帝國要求世襲的權力，這樣做是犯了羅馬的大忌。他率先違反體制的不聰明舉動，可能是敘利亞朝臣的無知，或者是軍事參贊人員的過度傲慢。

六、伊拉珈巴拉斯的淫亂奢華及其被弒(219-222A.D.)

新即位的皇帝從敘利亞到羅馬(219A.D.)，一路上花費幾個月時光尋歡作樂，在尼柯米地亞消磨勝利後的第一個冬天，延到來年夏天才凱旋進入首都。他的一幅栩栩如生畫像先他而至，送到元老院，奉令置放在勝利女神祭壇上，讓羅馬人民瞻仰他那叫人無法恭維的丰采。他在畫裡穿著米提人(Medes)*33和腓尼基人寬鬆飄逸綴以金絲的袍服，頭上戴著高聳的冠冕，項圈和手鐲鑲嵌極爲名貴的寶石，眉毛塗黑，雙頰抹上粉彩和胭脂。嚴肅的議員很感嘆的說道，羅馬人長久以來吃盡自己同胞暴政的苦頭，現在居然苟殘喘息於陰柔奢靡的東方專制政體之下。

供奉在伊美莎的太陽神尊稱爲伊拉珈巴拉斯(Elagabalus)[34]，用一塊黑色圓錐形石頭作替身，大家都相信是從天上降落到這一處聖地。安東尼認爲他能當上眞命天子，完全是這位神祇的庇護。如何用虔誠的祭典表示全心全意的感激，是他在位期間最重要的事務。伊美莎的神明勝過世間所有的宗教信仰，是他崇敬和榮耀的最大目標，伊拉珈巴拉斯的稱號(他身爲大祭司和受寵者，已經僭用那個神聖的名字)對他而言，比帝國所有偉大的頭銜更爲親切。莊嚴的行列經過羅馬街道時，路面灑上金粉，四周鑲著名貴珠寶的黑色石頭，置於六匹乳白駿馬所拉的華麗座車之中，所有的馬匹均覆蓋絲繡的馬衣。虔誠的皇帝握住韁繩，大臣在旁邊扶好，慢慢向後倒退表示敬謝，這樣他就永遠享有神明降臨的無上幸福。在巴拉廷山(Palatine Mount)*35建造一座雄偉華美的神廟，伊拉珈巴拉斯神的祭器供奉，極其鋪張和隆重之能事。在神壇上擺設豐富的美酒和大量的祭品，燃燒著昂貴的香料，敘利亞少女圍繞神壇，在蠻族的音樂聲中，跳著有挑逗意味的舞蹈。嚴肅的高官顯貴和文武大臣穿上腓尼基式的長袍，參與不登大雅之堂的祭典儀式，裝出一副煞有其事的樣子，內心裡氣憤萬分。

對於這處成爲羅馬的宗教信仰中心，他狂熱的想要把戰神盾牌(Ancilia)、智慧女神神像[36]和崇敬努馬的神聖誓約全部搬離這個地區，再

---

*33　[譯註]亞述帝國在公元前835年提到米提人，並已經與他們進行不斷的戰爭。米提曾在公元前七世紀成爲強權國家，大約在公元前556年爲居魯士所推翻。

34　這個名字是由敘利亞語轉化過來，意思是「虔誠事奉太陽神」。

*35　[譯註]巴拉廷山是羅馬七山之一，其餘六山順時針依序是昆林納爾山(Quirinal Hill)、危米納爾山(Viminal Hill)、伊斯奎林山(Esquiline Hill)、西利安山(Caelian Hill)、阿溫廷山(Aventin Hill)、卡庇多山(Capitoline Hill)，而巴拉廷山正好在中央，羅馬帝國的皇宮就在此處。

36　伊拉珈巴拉斯派人闖進灶神聖所把一座神像帶走，並認爲就是智慧女神。但負責祭祀的貞女說，她們偷天換日，讓這群褻瀆的侵入者拿走一座贗造的神像。

用一群位階較低的神祇，安排在不同的位置陪祀來自伊美莎的偉大神明。但是除非讓一個聞名於世的女神祀奉在他的寢宮，否則對他的宮廷而言，還是不夠完美。最初他要選帕拉斯(Pallas)*37做他的配偶，但是害怕她那好戰的性格，嚇壞溫柔纖弱的敘利亞神祇，倒是阿非利加人以亞斯塔特(Astarte)*38爲名所供奉的月神，被認爲適合陪伴日神。於是他將月神的像連帶神廟裡豐富的祭器當作嫁粧，從迦太基運到羅馬，這場神聖的婚禮，是羅馬和帝國最重要的節日[39]。

喜好美色是人的天性，一定要順乎自然而有所節制，並以正常的交往、親密的聯繫，以及對外觀的鑑賞與想像力來增進感官的滿足。但是這位伊拉珈巴拉斯(就是用這個做名字的皇帝)卻被他的青春、他的國家和他的時運所毀敗。他瘋狂陷溺於低級趣味的淫亂之中，不久就因過度縱欲而產生厭倦，要借助人爲的刺激力量，那就是成堆的女人和各種美酒佳肴、精心設計的各種姿態和春藥，用來挑起他那衰退的欲念。這是皇帝唯一關心和支持的學問[40]，名目和技術的創新成爲他統治時期的特色，也使他留下千載的罵名。伊拉珈巴拉斯缺乏品味和風雅的氣質，只能縱情聲色任意揮霍，在瘋狂的浪費中耗盡人民的財富。身邊的諂媚之徒對他隨聲附合，讚揚當前宏偉的精神和氣勢，爲單調無趣的前朝諸帝所不敢想像。打破時節天候的規律[41]、戲弄臣民的情感和愛好、破壞自然和社會的法則，這些可以給他帶來極大的愉悅。排列成隊的媵妾和更換頻繁的妻子，其中還有一位灶神處女被人從神聖的處所強搶出來，仍然不能滿足他無能的情欲。羅馬世界的霸主喜歡像女人著裝打扮，手裡寧願拿梭桿也不要權杖，將政府的重要職位授與他無數的愛人，以致於國家的尊嚴掃地，甚至有一位公

---

*37 [譯註]帕拉斯就是希臘的雅典娜(Athena)女神，掌管技藝、智慧和戰爭。

*38 [譯註]亞斯塔特是腓尼基人的神祇，也是生殖和性愛女神。

39 帝國臣民被迫送這對新婚夫婦大批禮物，且在瑪米婭統治下，雷厲風行地搜刮。

40 發明新的春藥可得到豐盛酬勞，要是味道不好或沒有效用，就不准發明人吃東西，只能吃獻上來的藥物，一直要到發明新的藥物，並且使得皇帝滿意爲止。

41 他從來不吃海魚，但到離海很遠的地方，就要大家準備很多難以找到的魚類，而且愈是時令不合，難以得到的東西愈要得多，故意讓內陸的農民多花冤枉錢。

開運用皇帝的稱呼和權力，他只好稱自己是皇后的丈夫[42]。

伊拉珈巴拉斯的罪惡和愚行，難免出於想像或被偏見所誇大[43]。然而，我們僅就公開暴露在羅馬公眾面前、並能得到當時一些嚴肅的歷史學家所證實的情節來看，那種卑鄙污穢的下流程度，實在是任何朝代和任何國家所僅見。東方帝王的縱欲微行，局限於後宮的高牆之內，隔離人們好奇的眼光；榮譽和俠義的情操，使現代歐洲的宮廷講究歡樂的昇華、禮法的規範和輿論的尊重。但是羅馬貴族的墮落和富有，竟將各民族和習俗所產生的罪惡匯集以供他們享樂，無懼於法律的懲處，也不在意輿論的批評，他們因奴隸和食客的百依百順，生活在不受任何限制和約束的社會。皇帝更是處於高不可及之處，以極其輕蔑而漠不關心的態度，對待各階層的臣民，聲稱可以毫無顧忌享用放縱奢華的皇家特權。

世界上最無用的人，敢於指責別人不守法的行爲，即使他自己和別人一樣也在所不計；而且他很容易找出彼此年齡、性格和地位上的微小差異，振振有辭的認爲應該有不同的待遇。權勢薰天的軍隊擁立卡拉卡拉荒淫的兒子爲帝，他們爲這可恥的選擇而感到羞愧，厭惡了這位魔頭想另作打算，轉而對皇帝的表弟產生好感，也就是瑪米婭的兒子，品德和操守良好的亞歷山大。精明的瑪莎深知她的孫子伊拉珈巴拉斯必然毀於自己犯下的滔天大罪，爲了預留後路，應該替家族找更有力的支撐，把握一個祭神的良機，趁著年輕皇帝心情很好時，勸他收養亞歷山大，授與「凱撒」的榮銜(221A.D.)，這樣他的神職就不會因處理政務而中斷。性情和善的王子是帝國僅次於皇帝的二號人物，很快就贏得民眾的愛戴，但卻激起暴君的嫉妒，決心要他敗壞品德來同流合污，再不然就取他的性命，以結束這危險競爭。他空洞的計謀很快因自己多嘴而洩漏出去，被謹慎的瑪米婭安

42 希洛克利斯享有這樣的權位，若非他採用陰謀手段，藉著藥物把對手若提庫斯(Zoticus)弄倒，讓若提庫斯的力氣名不符實，因而被趕出宮廷，他可能就會被若提庫斯取而代之。舞者成爲城市郡守，賽車手被任命爲巡邏隊隊長，理髮匠成爲糧食局長，這三位重要的首長及很多下級官員，都是因爲某器官肥大而被任命。

43 《羅馬皇帝傳》的編輯雖容易相信別人的話，但也認爲過於誇大他的罪行。

置在她兒子身邊、謹愼而忠心的僕人給破壞。伊拉珈巴拉斯急於完成這件事，發現靠詭計沒有效果，決心要用武力來執行，於是通過一項專制的命令，把他表弟任凱撒的地位和榮譽予以撤銷。元老院接到消息毫無反應，在軍營裡卻引起軒然大波，禁衛軍發誓保護亞歷山大，要爲受到羞辱的皇位報仇。渾身發抖的伊拉珈巴拉斯淚流滿面的求饒，並保證只留下所愛的希洛克利斯(Hierocles)[*44]，才消弭了他們的憤怒。禁衛軍的首領既可以照顧亞歷山大，也可以看管皇帝行爲，這才讓他們滿意。

雙方的妥協不可能維持很久，像伊拉珈巴拉斯這樣卑劣的人，也不願在屈辱的條件下，讓人牽著鼻子去治理帝國。不久以後，他想出一個很危險的方法，要去試驗軍隊的反應，於是放出風聲說是他的表弟已經死亡。人們自然認爲是他下的毒手，在軍營中激起大家的狂怒。這場風暴只有讓受歡迎的年輕人出面，並且要恢復他的權力，否則無法平息。皇帝由這件事看出大家喜愛他的表弟，對他本人非常討厭，一時怒氣大發，想要處罰幾位領頭鬧事的人。他這種無理性的嚴厲態度，馬上使他的親信、他的母親和他本人走向死亡的命運。伊拉珈巴拉斯當場被禁衛軍殺死(222年3月10日)，肢解的屍體被拖過羅馬街頭丟進台伯河中。元老院對他的蓋棺論定是遺臭萬年，後人認爲這個敕令非常公正[45]。

七、亞歷山大的即位及其德性善行(222A.D.)

亞歷山大取代他表兄伊拉珈巴拉斯的位置，被禁衛軍推上皇帝的寶座。他與塞維魯斯家族的關係以及所僭用的名字，完全和上一任皇帝相

*44 [譯註] 希洛克利斯是斯多噶學派哲學家，皇帝嬖倖也用此名，可說是一種反諷。

45 有關伊拉珈巴拉斯逝世和亞歷山大登基的年代，各家說法不一，這問題很複雜，但我還是贊成笛翁的意見。他的計算無懈可擊，很多學者都認爲很正確。伊拉珈巴拉斯在位的時間，從戰勝麥克林努斯起到222年3月10日被殺，一共是三年九個月零四天，但是有人問到爲什麼會有紀念他擁有護民官權力第五年的獎章？我們認爲伊拉伽帕拉斯把麥克林努斯在位這段時間給刪除掉，因爲他是卡拉卡拉的兒子，所以統治時期是從父王過世算起，這樣一來有第五年的獎章就很合理。

同。他的德行和所遭遇的危險，使得羅馬人對他產生好感，熱心慷慨的元老院，在一天以內授與他代表帝國尊嚴的各種頭銜和權力[46]。但是亞歷山大是位謙和孝順的青年，年紀只有十七歲，政權遂落入兩位婦女的手中，他的母親瑪米婭和他的祖母瑪莎。後者在亞歷山大登基後不久逝世，瑪米婭成爲她的兒子和帝國的攝政者。

在每個時代和國家，兩性之中比較聰明或強壯的掌握國家的政權，另外一性限於家庭生活的照顧和傳宗接代。世襲的君主政體之中，尤其是現代的歐洲國家，基於俠義精神和繼承法則，使我們習慣於很特殊的例外，那就是在文治和武功這兩方面都一竅不通的女人，能夠在偉大的王國具有絕對的統治權。但是羅馬的皇帝仍然被視爲共和國的軍事主將和行政首長，他們的妻子和母親雖然享有「奧古斯塔」的稱號，但是個人毫無權勢。要是讓女人來統治國家，在古代那些有婚姻而無愛情，或者是相愛而不知道體貼和尊重的羅馬人看來，眞是不可思議的事[47]。傲慢的阿格里萍娜將帝國的權位授與她的兒子，說實在自己也想分享這份榮譽，但是她那瘋狂的野心，爲感受到羅馬尊嚴的公民所厭惡，在計謀百出的塞尼加和拜爾福斯手中遭到挫敗。後繼各帝無論是睿智或平庸之輩，都不願冒犯全國臣民之大不韙。只有淫亂敗政的伊拉珈巴拉斯，會用他母親的名號來污辱元老院的名聲，蘇米婭絲就坐在執政官的旁邊，以合法成員的身份簽署立法機構的敕令。她的妹妹瑪米婭非常謹愼，拒絕接受像這樣一無是處而且引起反感的特權，後來制訂嚴謹的法律，禁止婦女進入元老院，凡惡意違犯者可將其頭砍下奉獻給地獄之神。瑪米婭萬丈雄心的目標在於實際的權力，不是虛榮的表面，要在兒子的心目中維持一個絕對永久的帝國，她的母愛不容許有任何敵手存在。亞歷山大得到她的同意，和一位貴族的女兒結婚，但是他對岳父的尊敬和妻子的愛情，與瑪米婭的愛心和利益發生衝

46　元老院所以如此草率，是要破壞對帝座覬覦者的願望，同時也要防止軍隊傾軋。

47　監察官米提盧斯·努米底庫斯在一場對羅馬人的公眾演講中提到，如果老天爺可以讓他們沒有女人的幫助仍能活下去，他們就可以從讓人頭痛的伴侶中解救出來。他所推薦的婚姻，是爲了盡公眾的責任，而犧牲個人的歡樂。

突。那個貴族立刻被控以叛國罪處死，亞歷山大的妻子受盡羞辱被趕出宮廷，最後放逐到阿非利加[48]。

縱然這種因嫉妒而產生的殘酷行爲，及在某些方面的貪婪，使瑪米婭受到責難，但整體而言，她的用人行政都符合她兒子和帝國的利益，獲得元老院的同意。她選出十六名在智慧和德行都優秀的議員，組成常設性的國務會議，每件重大的公共事務都經過討論再做成決定。名聲顯赫的烏爾平，不僅精通羅馬法律且極爲尊重，由他擔任會議主席，發揮貴族政治的持重和堅定，恢復政府的秩序和權威。他們首先要完成的目標，是城市裡外來的迷信和奢侈，再來就是伊拉珈巴拉斯貪婪暴虐所留下的痕跡，接著便將政府各行政部門安插的佞臣全部遣散，用一批有才德的人來取代。文官的推薦標準是學識和公正，武職的任用資格是英勇和紀律。

瑪米婭和那批精明的顧問最關心的事，是如何陶冶皇帝性情。羅馬世界的禍福安危，視他個人素質而定。肥沃的土壤使得培植容易，也還有水到渠成的效果。亞歷山大具有優越的理解力，能夠領受德行的益處、知識的愉悅和努力的必要，自然流露出善良溫和的氣質，使他不受外在刺激和罪惡的誘惑。他對母親始終保持孝心，對睿智的烏爾平像嚴師一樣的尊敬。烏爾平庇護著涉世未深的年輕人，免於諂媚和奉承這類毒藥的腐蝕。

亞歷山大日常起居很簡單，顯出大有爲皇帝令人激賞的一面[49]，容或生活習慣有所差異，仍值得當代帝王效法。他很早起床，每天第一件事是個人的禮拜活動。他的私人教堂牆上掛滿英雄畫像，他們改善人類的生活，理應受到後代子孫崇敬。但他認爲神明最願意接受的祭拜方式，是對人類的服務。因此他早上大部分時間花在主持會議，討論公務和裁定訴訟，所表現的耐性和見識已超出他的年齡限制。公務的枯燥乏味由文學的

48 希羅底安提到這位貴族很無辜，《羅馬皇帝傳》根據德克西帕斯(Dexippus)的權威說法，指責這位貴族有罪，因爲他要謀害亞歷山大的性命。這兩人的看法南轅北轍，但是笛翁有無可否認的證據，就是瑪米婭對年輕皇后嫉妒而且極爲殘酷。亞歷山大對她不幸的命運深感惋惜，但是也不敢反對他的母親。

49 可以參閱《羅馬皇帝傳》裡有關他的傳記，編者記下一大堆瑣碎無聊的生活細節，反而把很有趣的軼事給刪掉了。

魅力來紓解，他用一部分時間研究所喜愛的詩歌、歷史和哲學，魏吉爾和賀拉斯的詩及柏拉圖和西塞羅的《共和國》*50，是他最感興趣的作品，可以增加他的理解力，賦予他人類和政府最高貴的概念。心靈的陶冶之後隨之是體能活動，亞歷山大身材高大，體格強壯且動作敏捷，精通各種運動，都能出類拔萃。他在浴沐和稍微進食，恢復精神以後，活力充沛處理白天的事務。晚餐才是羅馬人的主餐，他在祕書的陪同下進食，閱讀和答覆世界各地寫給皇帝的大量信件、備忘錄和陳情書。他的飲食非常簡單節儉，一些經過挑選的朋友都是很有學問和品德高尚的人，爲了提供他諮詢，也來參加這樣的餐會。烏爾平就經常受到邀請，他們的談話很親密而且具有啓發性，偶爾停下來背誦一些令人感到愉悅的作品；而一般有錢和奢侈的羅馬人，則是經常召來舞女、小丑和角鬥士。亞歷山大的穿著樸實無華，舉止謙恭有禮，溫文儒雅。在適當的時間他會將宮殿開放給所有的臣民，好似可以聽見一個聲音，像伊琉西斯儀式*51中發出的有益身心的訓諭：「進入這座神聖的宮殿，要有純潔無邪的心靈。」

八、亞歷山大的治績與軍隊的暴亂(222-235A.D.)

日常生活如此正常緊湊，沒有時間用來作惡和邪思，比起保存在朗普里狄斯作品裡面那些瑣碎的細節，更能證明亞歷山大的智慧和正義。自康莫達斯即位以來，羅馬帝國在四十年之間，接連經歷四位惡貫滿盈的暴君，等伊拉珈巴拉斯死後，才享有十三年(222-235A.D.)國泰民安的歲月。行省從卡拉卡拉和他的冒牌兒子，無所不用其極的苛捐重稅中得到紓解。各級官員配合施政作爲，在和平安定的局面裡逐漸興盛繁茂。官吏從

*50 [譯註]柏拉圖的《共和國》重點在於人才的培養和運用，以及如何發揮知識的力量；西塞羅的《論共和國》討論理想的政府形式，分析君主政體、寡頭政體和民主政體的優劣，反映當代的政治狀況，爲羅馬共和國的弊病對症下藥。

*51 [譯註]古希臘每年在伊琉西斯(Eleusis)舉行的祕密宗教儀式，祭祀穀物女神德米特(Demeter)。

經驗得知，贏得人民愛戴，是獲得皇帝重用唯一也是最佳方法。對於羅馬人民不太過分的奢華，增加某些較溫和的限制措施，在亞歷山大身爲君父的關懷下，物價和利息都能降低。他那寬厚開闊的胸懷，並未讓勤勞奮勉的人士增加困擾，反而提供民眾的需要和娛樂。恢復元老院的尊嚴、自由和權威，每位德行優良的議員都可以接近皇帝，毋須畏懼更不必羞愧。

庇烏斯和馬可斯的崇高德行，使得安東尼的稱號極其貴重，就用領養的方式傳給荒唐的維魯斯，再以世襲的權利傳給殘暴的康莫達斯，後來成爲塞維魯斯之子的榮譽稱號，接下來授與年輕的笛都米尼努斯，最後爲伊美莎最高祭司的醜行所玷污。元老院雖然深懷戒心，還是誠懇的一再要求，使亞歷山大感受壓力，他卻用高貴的氣度拒絕剽竊的名聲，情願全心全意恢復安東尼時代眞正的榮譽和幸福[52]。

在亞歷山大文官政府的努力下，智慧的作用因權力而加強，人民可以感受到公眾的幸福生活，回報他的恩主以敬愛和感激。但是還存在著極關重要而必需的工作，執行起來又極其困難，那就是軍事改革。長久以來，軍隊因利害關係和暴力習性而免受懲罰，不願接受軍紀的約束，無視於民眾的安寧和福祉。在執行這個計畫時，皇帝隱藏對軍隊的恐懼，表面上裝出愛護的樣子。政府各級行政單位以嚴格的節約，供應金銀成立基金，作爲軍隊的日常支出和額外獎賞。在他們的行軍中，他放鬆每人應肩負十七日份口糧的嚴厲規定[*53]。道路旁設有大量倉庫，只要進入敵人的邊境，因士兵懶散成習，必須準備大批騾馬和駱駝來運送給養。亞歷山大對矯正士兵的奢靡感到失望，最後，他把目標限於軍容的裝飾、優良的馬匹、華麗的盔甲和盾牌可用金銀來鑲嵌等方面。他同時也與士兵一起習於勞苦，親自訪問病人和負傷人員，把他們的服役記錄和他自己的感謝之辭，全部保

---

52 從會議記錄摘要知道，亞歷山大和元老院的爭執發生在222年3月6日，這時他登基近一年，羅馬人在他統治下感到幸福，所以元老院要把安東尼的稱號頒給他的家族，作爲榮譽的頭銜，但是要先等待，看亞歷山大是否不願僭用這個稱號。

*53 [譯註]士兵行軍時背負行囊和糧食，裝在木架上用繩索綁在肩部，除了個人的武器還要攜帶兩根木樁，用來建造防壁，所以每個人的負擔很重。所謂口糧就是麥粒，用手磨磨成麥粉後煮食。

存下來。不論在何種場合，盡量向這些人表達熱烈的感激，因此他故作姿態的宣布，他們的幸福與國家的榮譽休戚相關。他用最溫和的方式力圖喚起暴亂的群體要有責任感，至少要恢復軍紀原已式微的形象，羅馬帝國之所以能戰勝那些在尚武精神、整體力量均較他們爲大的國家，全歸功於軍紀的要求。但他完全白費心機，堅持的勇氣也無從發揮，改革的企圖只是讓他所要治療的疾病，不僅無法痊癒而且要提前發作。

禁衛軍擁戴年輕的亞歷山大，把他看成溫柔的學生那樣愛他，將他從暴君的虎口救出，安置在帝座之上。和藹可親的皇帝深知自己應盡的義務，對軍隊的感激限制在理性和正義的範圍之內，於是軍人在不久以後，就對亞歷山大的德行感到不滿，覺得還不如伊拉珈巴拉斯的惡行來得好。他們的統領是睿智的烏爾平，身爲法律和人民的朋友，卻被軍隊視爲敵人，認爲每項改革計畫都要歸於他惡意的建議。他們的反感藉著一些微小的事件，爆發成爲狂暴的叛變。羅馬城內猛烈進行三天的內戰，那位卓越的大臣在這個時候，生命受到心存感激的人民給予保護。最後，看到一些房屋被燒毀，同時受到全城將被縱火的威脅，人民在嘆息之下，只有放棄不幸的烏爾平，聽任命運安排。他被追到皇宮的殿堂，就在皇帝面前遇害，即使用紫袍來覆蓋，也無法取得冷酷士兵的赦免。這就是軟弱政府的可悲之處，皇帝要是不採取忍耐和偽裝的手法，就無法替被謀殺的朋友復仇，爲自己被侮辱的尊嚴雪恥。叛變的主要首領伊帕戈蘇斯(Epagathus)被調離羅馬，榮任埃及的行政長官，再從這個高階的職務被貶到克里特政府，最後，等待時間和離職抹去在禁衛軍中的名望，亞歷山大再處置他罪有應得的懲罰[54]。皇帝用公平和正義來統治全國，軍隊懷疑忠誠的大臣意圖矯正他們的混亂，竟然發生暴行處死大臣，這眞是天理難容之事。歷史學家笛翁·卡修斯用古代遵守軍紀的精神，領導駐潘農尼亞的軍團，那些羅馬弟兄卻以軍隊特權的低劣理由，要砍掉改革者的腦袋。然而亞歷山大並未屈服於士兵的囂鬧，爲了克盡自己的職責，任命烏爾平的同僚卡修斯

---

54 雖然《亞歷山大傳》的作者提到，士兵爲反對烏爾平而叛變，但他沒有提悲慘結果，因爲會暴露政府的軟弱。從這個有意的疏忽，可以知道作者所持的態度。

爲執政官，同時拿自己的錢財支付烏爾平尊榮葬禮所需的費用。但讓人擔憂的是，士兵公開宣稱要是看見卡修斯擁有這種權標，就會讓他血濺五步以報復他的無禮。於是在皇帝的勸告下，國家最高職位的官員從城市隱退，把所餘任期的大部分光陰，花在康帕尼亞莊園中。

皇帝的仁慈使軍隊更加傲慢，軍團也效法禁衛軍，以同樣的狂暴和固執，保障他們無法無天的特權。亞歷山大的德政善行，無法對抗時代的腐化和墮落。在伊里利孔、茅利塔尼亞、亞美尼亞、美索不達米亞和日耳曼，不斷爆發新的叛變，他的官吏被殺害，他的權力被凌辱，最後他的生命也犧牲在軍隊的極端不滿之下。有一特殊事例值得注意，因爲它說明軍隊的性質，顯示出恢復責任感和服從心的狀況。在遠征波斯時，皇帝進駐安提阿，因爲有些士兵在婦女浴室洗澡而受到處罰，所隸屬的軍團叛變。亞歷山大登上將壇，以謙和穩重的態度向武裝部隊講話，對於前任皇帝所引起的惡習，他痛下決心一定要予以矯正，只要稍爲鬆懈，羅馬的令名和帝國的前途，全部將因頹喪的軍紀而覆滅。這時，下面叫囂不斷，一片喧鬧聲音打斷他溫和的勸勉。英勇的皇帝說道：

> 你們這樣的喊叫，到戰場上向著波斯人、日耳曼人和薩瑪提亞人去吼吧！在你們的君王和恩主面前要保持肅靜！因爲是他給你們糧食、衣物和金錢。肅靜！不然我不稱你們是軍人，要叫你們老百姓[55]，就像那些蔑視法律的人一樣，要把你們當作賤民看待。

他這種帶有威脅的語氣激怒整個軍團，他們揮舞著武器想要殺他。亞歷山大毫無畏懼之心，繼續說道：「你們的勇氣到戰場上去表現吧！那會更高貴些。你們現在可以殺害我，但卻嚇不倒我！共和國的嚴刑峻法會懲罰你們的罪行，爲我報仇。」軍團仍然叫囂不已，皇帝以堅決的口吻大聲

---

55 朱理烏斯・凱撒用同樣一個字老百姓(Quirites)，平息一場叛亂，這個字對士兵而言是很輕視的言辭，把犯規的人貶到很不榮譽的地步。

的說：「老百姓！放下你們的武器，安靜的離開，回到你們的營房去吧！」暴風雨立即停息下來，士兵滿面羞愧，默認處置的公正和軍紀的權力，把武器和旗幟交了出來。大家在混亂中退開，並沒有回到軍營，而是在市內找幾個旅店住下來。在這三十天內，皇帝很高興看見部隊受到他的教化而幡然悔改，在處死幾位縱容叛變的護民官，才恢復他們以前在軍中的階級。滿懷感激的軍團，誓以必死之心報效疆場，盡忠皇帝。

群眾通常在一念之間做出決定，瞬息萬變的情緒可以讓暴亂的軍團在皇帝的面前將武器放下，或刺進皇帝的胸膛。或許，這件特殊的處理方式，經由哲學家的深入研究，可以知道在那種情形下，贏得軍隊服從的原因，那就是皇帝大無畏的精神。然而，這件事要是由公正的歷史學家來敘述，就會知道這樣的舉動，可以與凱撒媲美，使亞歷山大・塞維魯斯的性格，能夠接近同樣的水平。但是這位和藹可親的皇帝，他的能力無法處理當前困難的局勢，意圖過於單純更不容易堅定他的作爲。他所具有的德行，就如同伊拉珈巴拉斯的惡習一樣，在出生地敘利亞溫暖的氣候裡，感染東方那種軟弱柔順的色彩。雖然他因外國血統而感到羞愧，但是一位奉承的家譜學者，經過考證以後，認爲他出自古代羅馬的貴族世家[56]，讓他聽了非常滿意。他母親的驕奢和貪瀆，爲他登基以後的光榮投下陰影。當他是個不知世事的少年，固然會聽從母親的安排，等到成年以後，還是同樣的唯命是從，這就使得這對母子的人格[57]成爲公眾冷嘲熱諷的目標。疲勞兵力的波斯戰爭引起軍隊的不滿，出師無功打擊統帥的聲望到連低階士兵都不如的地步。所有原因的形成和狀況的發展，都像是要加速促成一場革命，使羅馬帝國因持續的內亂而走向崩潰之途。

---

56 他的傳記裡提到是出自米帖里(Metelli)家族，這個說法實在太會奉承，因爲在短短十二年以內，米帖里家族出了七位執政官和舉行五次凱旋式。

57 《羅馬皇帝傳》提到亞歷山大的生活完全是一幅理想畫面，模仿《居魯士的教育》(*Cyropaedia*)裡對大流士的描述。他當政的作爲根據希羅底安的記載，非常理性而溫和，這與當時的歷史狀況也很吻合，但是笛翁片斷的提到很多招致反感的事項，大部分現代作家還是相信希羅底安。持反對立場最力的人士，算是朱理安皇帝，對於優柔軟弱的「敘利亞人」和他那無比貪婪的母親遭遇的下場，他感到很滿意。

九、羅馬帝國的財政狀況(222-235A.D.)

康莫達斯的荒淫暴虐以及因他死亡所引起的內戰，再加上塞維魯斯王朝奉行新的政策原則，這些因素使軍隊增加危險的權力，從羅馬人民的心中，抹去殘留的法律和自由之微弱形象。發生摧毀帝國基礎的內部變化，需要相當合理而清晰的解釋。每位皇帝個人的性格，以及他們的勝利、登基、愚昧和運道，與君主政體的衰亡息息相關，更使我們感到極大的興趣。我們一直留意這個重大的歷史主題，所以不能對卡拉卡拉的詔書毫不理會，因爲就是這份文件將羅馬的公民權給予帝國所有的自由臣民。但是我們要知道，他那毫無限制的慷慨並非來自廣闊的胸襟，而是起於貪財的動機所產生的卑鄙結果。基於這種種緣故，要從共和國的凱旋時代開始，到亞歷山大・塞維魯斯臨朝爲止，對帝國的財政進行研究加以說明。

圍攻托斯卡尼的維愛(Veii)*58是羅馬人第一次重大的冒險行動，前後拖延十年的時間，並非城池的形勢險要，而是圍攻的部隊缺乏攻城技術。雖然戰地離家不過二十哩[59]，但多年辛苦的進行冬季戰爭，需要特殊的鼓勵。元老院替士兵建立一套定期酬金制度，所需經費來自一般的貢金，按照公民的財產公平分配來課稅，很明智的抑止了沸騰的民怨。征服維愛以後的兩百多年，共和國所向無敵，只給羅馬增加權力，而沒有創造太多財富。意大利各城邦僅繳納軍事服役的貢金，在布匿克戰爭時，所運用的龐大陸海武力，都由羅馬人本身的經費來維持。那些鬥志高昂的人民負擔非常沉重，但卻樂此不疲，認爲努力的必然後果，是能迅速享有豐碩的成

---

*58 [譯註]維愛是艾圖里亞地區的托斯卡尼城市，雙方在羅馬建城以後一直不和，發生很多次戰爭，被圍甚久，終於在公元前396年被羅馬完全摧毀。

59 依據戴奧尼休斯很精確的計算，從這個城市到羅馬只有一百個斯塔德(stadia)，或者是十二哩半，可能有些前哨會推進到艾圖里亞的邊界。納丁尼(Nardini, Famiano，十七世紀意大利歷史學家)在他所寫的論文中，反對一般的意見和兩位教皇的權威看法。他認爲維愛不在齊維塔・卡斯帖拉納(Civita Castellana)，應該位於羅馬和布拉查諾(Bracciano)湖的中途，一個叫伊索拉(Isola)的小地方。

果。他們的期望終於達成，在這段期間內，敘拉古、迦太基、馬其頓和亞細亞的財富，隨著凱旋式帶進羅馬，僅戰勝佩西阿斯(Perseus)*60所獲得的財富就有兩百萬英鎊。羅馬人民成為各國的主人，從此不再受重稅之苦。行省與日俱增的賦稅和貢金，足以支付戰爭和政府的一般費用，多餘的金條和銀塊儲存在農神廟(Saturn)*61，以備國家不時之需。

奧古斯都呈送給元老院的遺囑，附帶在其中的詳盡記錄已經遺失，這可能是歷史上最難以估計的巨大損失。在那份遺囑裡，經驗豐富的皇帝很精確的平衡羅馬帝國的稅收和支出。由於缺乏清楚而全面的估算，我們只好引用古人若干不完整的資料，他們剛好暫時不講求抽象的光采而注意較實用的細節。據稱，亞細亞被龐培征服後，每年的稅收從五千萬德拉克馬(Drachm)增加到一億三千五百萬德拉克馬，大約是四百五十萬英鎊。在托勒密王朝昏庸統治的末期，每年埃及的稅收據說已達一萬兩千五百泰倫(Talent)，大約是兩百五十萬英鎊。後來，由於羅馬人的儉省，以及與衣索匹亞和印度的貿易增加，在獲利方面有很大的改善。在高盧是靠縱兵掠奪和販賣奴隸發財，就像埃及是靠通商貿易一樣，就帝國而言，這兩大行省的貢金收入，幾乎可說是不相上下。羅馬征服迦太基後，要求在五十年內賠償一萬優波克(Euboic)或稱迦太基泰倫[62]，相當於四百萬英鎊，就當時看來羅馬可是發了橫財。但等到肥沃的阿非利加海岸成為羅馬的行省，原先那點賠償，跟以後從土地和居民徵收的稅金來比，真是不算什麼。

西班牙的狀況非常特殊，等於是古代世界的祕魯和墨西哥。這塊富庶的西方陸地是腓尼基人所發現，單純的土著受到迫害，被拘留在自己土地上的礦場，為外鄉人的利益而賣命工作，與近代西班牙美洲的模式完全一樣[63]。腓尼基人只熟悉西班牙的海岸地區，貪婪和野心使羅馬人和迦太基

*60 [譯註]佩西阿斯是馬其頓國王，公元前172年與羅馬發生第三次馬其頓戰爭；公元前168年6月皮德那會戰被羅馬將領包拉斯(Paullus)擊敗，被俘送往羅馬監禁。

*61 [譯註]農神是意大利古老的神祇，在冬季有很大的慶典活動，廟宇位於卡庇多山的下方，是羅馬帝國的金庫。

62 不論是優波克、腓尼基泰倫或者是亞歷山大泰倫，都比雅典泰倫重一倍。

63 卡地茲(Cadiz)在公元前一千多年由腓尼基人興建。

人帶著武器進入這個國家的內陸，幾乎所有的地點都能發現蘊藏豐富的銅礦、銀礦和金礦。提及靠近迦太基納(Carthagena)的一處礦場，每天生產兩萬五千笛納的銀幣，或者相當於一年三百萬英鎊。每年從阿斯突里亞斯、格里西亞和露西塔尼亞這幾個行省收到兩萬磅重的黃金[64]。

十、羅馬帝國的稅制及對後世的影響(222-235A.D.)

我們對羅馬帝國裡那些有影響力的城邦之所以被消滅，需要時間和資料，才能進行非常正式的探討。不過要是看見他們為取得錢財，連荒蕪貧瘠的地方都不放過，而行省的大量財富或來自於天，或成之於人，就會對稅收有些概念。奧古斯都有次接到吉阿魯斯(Gyarus)居民的陳情，非常謙恭的請求免除「三一稅」的沉重負擔。他們的稅金總數不過一百五十笛納，大約五英鎊而已，但是吉阿魯斯是愛琴海的一座小島，也可以說只是一塊岩石，缺乏清水和各種生活必需品，只居住著一些可憐的漁民。

雖然資料來源有限而且殘缺不全，我們還是得到兩點結論：首先，羅馬行省的經常收入(時間和環境的差異可以略而不計)不會少於一千五百萬或兩千萬英鎊[65]。其次，如此龐大的稅收，對奧古斯都依據穩健原則所建立的政府，足夠支付所需的費用。那就是說他的宮廷簡單樸實一如議員的家庭，他的軍事建設經過計算可用來防衛邊疆，既沒有激起征戰的旺盛企圖心，也沒有外來侵略的嚴重顧慮。

縱使這兩種結論從表面看好像很有道理，以奧古斯都來說，無論是從語言表達或行動作為上，至少對後面一點認為辦不到，也就是說收入不敷支出。在這種狀況下，我們很難斷定，他到底是羅馬世界的國父，還是自由權利的壓迫者；到底他希望解除行省所受的各種不平等待遇，還是要讓元老院和騎士階級陷入赤貧的地步。從他一開始掌握政權，就經常暗示貢

---

64 普里尼提到達瑪提亞也有一座銀礦，每天生產量是五十磅。

65 黎普休斯(Lipsius, Justus, 1547-1606A.D.，荷蘭學者和政治理論家)算出的歲入是一億五千萬金克朗。他寫的書雖然很博學，但也充滿過多的想像。

金不足，有必要以適當比例對羅馬和意大利增加公共負擔。在執行這些失去民心的方案時，他一直採取謹慎而權衡輕重的步驟，最先是實施關稅，接著就是建立消費稅，查定羅馬公民的個人實際財產，再據以完成稅務計畫，要知道，這些人已經有一百五十年未繳納各種稅金。

其一，像羅馬這樣偉大的帝國，金融的自然平衡必須逐漸建立。征服者的強權之手拿取行省的財富送到首都，其中大部分再藉著商業和技術，用溫和的方式回歸到勤勞的行省。在奧古斯都和後繼諸帝統治下，各種商品均需課稅，並經過一千種不同的路徑，進入富庶和奢侈的中心。不論法律怎樣表示，付稅的都是羅馬的購買者，而不是行省商人，稅率從商品價值的八分之一到四十分之一不等。若假定稅率的變化是由政策中不可改變的原則所引導，像奢侈品比必需品要課更高的稅，帝國勞動人民生產製造的產品，比從阿拉伯和印度運來的[66]無益但受歡迎的商品，所受的待遇要較寬容。現仍存有一份商品目錄，項目很多但不完整，在亞歷山大・塞維魯斯時代必須納稅的物品有：肉桂、沒藥、胡椒、生薑、所有香料、各種寶石(其中以鑽石[67]價格最昂貴而翡翠最爲耀目)、安息和巴比倫的皮革、棉花、生絲和絲織品、黑檀木、象牙以及閹人[68]。可清楚看到，用來侍候人的柔弱女性化奴隸，他們的用途和價值隨著帝國的衰落而興起。

其二，奧古斯都在內戰之後設立消費稅，雖然全面實施，還算非常有限，很少會超過百分之一。但是項目則包羅萬象，無論是市場出售或者公開拍賣，從土地和房屋的大宗買賣，到民生的日常用品，即使價值微不足道也都包括在內。像這樣的稅收直接影響到人民的生計，所以經常引起反感以致怨聲載道。皇帝知道國家的需要和財源所在，只有公開發布詔書表示：軍隊的需求大部分要依靠徵收消費稅[69]。

66 普里尼觀察到，印度貨物在羅馬出售是原價的一百倍，這讓我們知道關稅的結果。

67 古代不知道鑽石切割的技術。

68 布查德(Bouchaud)在他的論文中，引用古代《學說彙纂》裡的這份目錄，然後做非常冗長的評論。

69 兩年以後，提比流斯拿征服卡帕多西亞王國爲理由，減免消費稅的一半，但是只實施很短的期間，又恢復原來的稅率。

其三，奧古斯都爲了使政府能夠抵禦內憂外患，決定成立一支常備軍，就設立特定的財庫，用來支付士兵的薪餉、退役老兵的酬金以及戰爭的額外費用。消費稅是大宗收入，專門撥作這方面使用，但發現還是入不敷出，爲了彌補其間的差額，皇帝建議對遺產課徵百分之五的新稅。但是羅馬的貴族把金錢看得比自由還重要，奧古斯都聽到憤憤不平的怨聲，還是能保持平常心，公開將整個案件提到元老院來討論，要求他們對於軍中服役所需經費問題，提供不會引起反感的權宜辦法。元老院各持己見無法做出決定，而且對整個問題感到非常困擾。奧古斯都對他們暗示，元老院要是冥頑不靈，他會被迫提出一般的土地稅和丁稅，這樣一來，大家只有默然接受。對於遺產和繼承的課稅會因某些限制條件而予以減輕，繳稅的對象除非繼承的金額很大，可能要到達五十或一百個金幣，否則不會進行徵收，對於父親一方的直系親屬[70]也不會強制索取。由於親屬及窮人的權利都受到保障，如果陌生人或者是遠親意外獲得一筆財產，這時爲了國家的利益，會很欣然繳納二十分之一的遺產稅，這似乎是相當合理的事。

在富裕的社會，這種稅收的金額非常龐大，但最適合羅馬人的情況。無論是出於理智的考慮或隨心所欲，可完全依據自己的心願寫遺囑，根本不受近代有關限定繼承人和決定財產分授家屬之限制等規定。基於各種原因，父親的偏心與不公，對於共和國熱心奉獻的愛國人士，或是帝國生活放蕩的貴族，都會失去影響力。只要父親將財產遺留四分之一給兒子，那他就不應提出任何合法的訴求。但一個年老而無子女的財主，在家庭裡是暴虐的主子，個人的權力隨著年齡和日漸衰弱而增加。一大堆奴婢之輩圍在身邊，把他當作法務官和執政官來侍奉，希望博得他的微笑，讚美他那些愚蠢的行爲，盡量滿足他的欲望，然後焦急等待他的死亡。隨侍和奉承的技巧成爲最賺錢的一門學問，把它當作專業的人士獲得特殊的稱謂。根據諷刺詩的生動描述，整個城市分爲兩大部分，那就是獵人和獵物。雖然

---

70 羅馬的法律已延續很多代，母系親屬一直沒有繼承權，這種不合理的規定到查士丁尼時代才完全廢除。

每天都有這樣多失去理性和毫無節制的遺囑，受到狡詐之徒的擺布，非常愚蠢的簽名同意，當然，也有一些人抱著對理性的尊重態度，受到別人德行的感召，留下合理而公正的遺囑。西塞羅在當律師時，用辯護來保障當事人的生命和財產，曾接受合法的遺產達十七萬英鎊。小普里尼的朋友對這位和藹可親的雄辯家，在遺產的贈與上也一點都不吝嗇[71]。不管立遺囑人有什麼動機，國庫全部毫無差別的要求財產總值的二十分之一，這樣過了兩、三代以後，臣民的全部財產逐漸落入國庫的手中。

尼祿登基之初，皇帝渴望獲得民心，或許是一念之慈的盲目衝動，希望能廢除關稅和消費稅。聰明的元老院議員讚頌他的慷慨行爲，但卻轉移計畫執行的方向，因爲這樣做會扼殺共和國的財源，瓦解帝國的力量。如果這個美夢可以實現的話，像圖拉真和安東尼這樣仁民愛物的皇帝，早就熱烈的掌握如此光榮的機會，將重大的恩惠賜給帝國的臣民。他們以減輕大眾的負擔爲滿足，還是不會將這些稅收完全除去。他們用法律的溫和與精確，以訂出稅務的原則和措施，保護各階層的人民，防止任意的解釋、過時的要求和租稅承包商的肆意妄爲。因而，在每個年代，即使是羅馬最仁慈和最明智的行省總督，也還是堅持貫徹租稅承包商那有害人民的手段，至少也要用來搜刮主要的關稅和消費稅，說起來眞是一件怪事[72]。

卡拉卡拉的情緒和作法與安東尼大不相同，他完全不顧國計民生的後果，也可以說是討厭人民過幸福的生活，他發現必須滿足自己在軍隊裡引發的無窮貪婪。奧古斯都所設立的幾種稅制，以遺產稅抽取二十分之一的金額最龐大，運用的範圍也最廣泛，影響力並不限於羅馬和意大利。稅捐收入隨著羅馬城市的展延而加劇，新的公民雖然在相同條件下繳稅[73]，但可以因此取得階級和特權，獲得更豐富的補償，像是地位和財富的光明遠

71　參閱小普里尼的《書信集》，很多人都因爲在生前受到他的好處，所以死後就會用致贈遺產來表示謝意，當然還是有限度。有位母親剝奪兒子的繼承權，好把遺產給他，而他的作法是對他們進行調停。

72　貢金通常不會承包出去，所以賢明的君主通常會豁免行省幾百萬笛納的債務。

73　普里尼仔細描述新公民所遭遇的狀況。圖拉眞公布的法律對他們非常有利。

景，可滿足他們出人頭地的野心。但是這些顯示著差別的好處，卻在卡拉卡拉的奢侈浪費下完全喪失殆盡。毫無意願的省民被迫接受羅馬公民的頭銜，得不到一點利益，但是卻要承擔羅馬公民的實際義務。塞維魯斯胃口奇大的兒子，對前任所制訂的稅務措施感到不滿，認爲過於溫和。他把遺產稅從二十分之一提高到十分之一，並且在統治期間(在他死後又恢復過去稅率)施展鐵腕強制執行，全帝國的臣民無不叫苦連天。

當所有省民以羅馬公民的身分盡義務納稅時，對於過去以臣民的條件所奉獻的貢金，應依法予以豁免。但卡拉卡拉和他的兒子並不採納政府的稅務原則，要求舊有的貢金和新加的稅捐同時徵收。到亞歷山大當政，才大幅度解除省民的痛苦，將登基時所收稅捐的總額減少到三十分之一[74]。雖很難了解他基於何種動機，願將危害大眾的殘餘罪惡予以剷除，但帶有毒素的種子並未清理乾淨，並滋長蔓延開來，在後續朝代，爲羅馬世界籠罩死亡的陰影。在本書中，我們經常要說明土地稅、丁稅，及穀物、酒、油和肉類的大量徵用，全部來自行省，供宮廷、軍隊和首都之用。

只要羅馬和意大利被尊爲帝國的中樞，保存於古代公民的民族精神，就會在不知不覺之中灌輸到新加入的公民身上。軍隊的重要指揮官由受過通才教育的人來充任，他們體會到法律和文學帶來的益處，經歷各種文官和武將的職務[75]，依據功績逐漸向上升遷。在帝國最初兩個世紀的歷史中，軍團之所以聽命行事，部分要歸功於他們身教言教的影響。

當羅馬制度最後一道藩籬被卡拉卡拉踩倒，職業的隔離逐漸成爲階級的區別。內部行省最有教養的公民，才夠資格充任律師和行政官員。當兵吃糧的粗活丟給邊疆的農民和蠻族，他們只知軍營而不知國家，只懂戰爭而不懂學識，當然更不了解民法和軍紀。他們以血腥的雙手、粗暴的習性和搏命的決心，固然有時可以保衛紫袍，但是更常覆滅了帝座。

---

74 通常的貢金要是付十個奧瑞金幣，現在只要繳交三分之一個奧瑞金幣，但是鑄幣的成色要遵照亞歷山大的規定。

75 可以參閱阿格瑞寇拉、維斯巴西安、圖拉眞、塞維魯斯和他三個對手的傳記，那個時代有名望的人物都要有這樣的經歷。

第七章

馬克西明即位與其暴政　元老院管轄的阿非利加和意大利發生動亂　內戰和叛變　馬克西明及其子、麥克西繆斯和巴比努斯、以及先後三位郭笛努斯帝系，全部慘死　菲利浦的篡位和政治手段(235-248A.D.)

一、概述君主政體的優劣

世界有很多種政府形式，而以君主世襲政體最令人發噱。試想老王死後把國家當成私產，像一群牲口那樣傳給對人類和自己渾然無知的嬰兒。英勇的武將和賢明的大臣，放棄對帝國的天賦權利，趨向皇家的搖籃屈膝宣誓效忠，像這樣怎能不使人氣憤塡膺？對於此一題目所發表的諷刺和議論，只會讓人感到迷惑而無所適從。但是我們再稍爲深思，仍會贊同此種成效顯著的權宜之道，從而建立不受情緒影響的繼承大法。人民應有選舉君主的權利，這種論點雖然理想，但是極爲危險，任何能夠削弱此等主張的因應措施，我們欣然表示默許。

我們要是休憩田園不問世事，很容易設計出理想的政府形式，王位要經由全體社會成員自由公平的投票，權杖交給最賢能的人，但是經驗卻推翻這種空中樓閣的想法，同時告訴我們，在一個龐大的社會中，君王的選舉永遠不可能找出最有才華的人，也不可能讓選出的人合於大多數人的意願。軍隊是一個團結的組織，有共同的情感和足夠的力量，可將本身的意志強加於其他同胞身上。軍人的特性在於有施加暴力的傾向，以及經由訓練產生聽命於人的奴性，非常不可能成爲法律制度的守衛者，也不適合擔任文官政治的保護人。公理正義、人性價値和政治智慧，就他們而言是對牛彈琴，自己不懂也不欣賞別人有這些美德。英勇善戰贏得他們的尊敬，慷慨大方買到他們的贊同，就這兩方面來說，前者是野蠻人物所具備的掠奪能力，而後者是浪費公共財產的利己行爲，要是野心分子將兩者充分運用，就可以推翻政權。

一個人因優越的家世出身所得到的特權，只要獲得時間和輿論的認可，不僅被認爲理所當然，而且不會引起爭端。公認的權利減少傾軋形成的妄想，明確的安全免除君王殘酷的行徑，由於這種觀念已穩固建立，歐洲君主政體的溫和統治，才能在和平的環境裡代代相傳。至於談起這種特權所產生的缺點，那就是會經常發生內戰。亞洲的專制帝王被迫殺開一條血路，才能登上父皇的寶座。然而，即使在東方，競爭的範圍通常局限於幾個皇室的成員。要是那個走運的競爭者，用明槍暗箭剪除他的手足以後，也不會對治下的臣民有任何猜忌。但是羅馬帝國則不然，元老院的權威喪失以後，整個局面是一場混亂。行省的皇室和貴族，長久以來，被鎖拿置放於傲慢的共和國大將車駕之前，當作引導凱旋式的俘虜。古代功勳顯赫悠久綿長的羅馬家族，相繼在頂著凱撒頭銜的暴政下隕落。在位的帝王受到共和國形式的束縛，也因後代子孫的不斷失敗而受到挫折[1]。因此，任何世襲繼承的觀念，完全無法在臣民心中生根，英雄不怕出身低，每個人都可以抱著「大丈夫當如是」的理想。野心勃勃的投機分子，根本不受法律和成例的約束。就是出身貧賤的人也不是毫無見識，希望憑著勇氣和運道在軍中爬升，有朝一日時來運轉，可與柔弱萎靡不得人心的主子，逐鹿天下。亞歷山大·塞維魯斯被弒，馬克西明(Maximin)登基以後，沒有一位君王可以高枕無憂安坐帝位。每一個邊疆的蠻族農人，也都想登上權勢薰人而又危險無比的寶座。

1 過去還找不到連續三代繼承帝座的例子，到現在爲止只是三次都是兒子繼承父王。登上凱撒的寶座好像都是子息不豐(雖然他們經常離婚，但好像也不管用)。

二、馬克西明的出身與篡奪始末(222-235A.D.)

約在發生此事的三十二年前，塞維魯斯皇帝離開東方班師回國。部隊暫停在色雷斯，舉行與軍事訓練有關的各項競賽，慶祝幼子傑達生日，當地群眾蜂擁來瞻仰皇帝天顏。有一身強力壯的年輕蠻族，用粗俗的方言誠摯請求，允許他參加角力比賽。若羅馬士兵輸給色雷斯農夫，嚴格的訓練與紀律就會失去光彩，於是部隊派出最強壯的人，結果被他一口氣摔倒十六名。贏得比賽雖只有微不足道的獎品，但他的勝利卻獲得從軍當兵的特許。這個興高采烈的蠻子在新兵中出人頭地，不禁大跳鄉土舞步以表欣喜之情。他發現自己獲得皇帝另眼相看，立即跑到他的馬前，寸步不離地追隨，在長途跋涉後仍毫無疲倦之色。塞維魯斯驚詫問道：「色雷斯人，跑了這段路，你還願角力嗎？」這位未顯倦容的年輕人回答：「陛下，非常願意。」在片刻工夫，他又摔倒七名軍中最強壯的士兵。他因英勇無敵和技巧過人，獲得金項圈作為獎品，並被派爲乘騎衛士，隨護在皇帝身邊。

他的名字叫馬克西明，雖生在帝國邊疆，卻是蠻族混血兒，父親是哥德人而母親是阿拉尼人(Alani)。他在任何場合都顯得強悍果敢且驍勇善戰，天生的野性因見過世面而漸趨溫和，知道如何掩飾。塞維魯斯和其子在位時，他在軍團擔任百夫長，深受兩位皇帝賞識，前者更有知人之明，對他相當器重，使馬克西明產生感恩心，不願在殺害卡拉卡拉的兇手麾下服務。獻身軍旅所產生的榮譽感，使他拒絕接受伊拉珈巴拉斯萎靡軟弱的侮辱。等亞歷山大登基，他才重返宮廷。皇帝授與的職務使他發揮所長，逐步高升，開始在第四軍團擔任護民官，在他負責盡職的督導下，第四軍團很快成爲全軍紀律和訓練最佳的單位。士兵一致推崇他，視他爲阿傑克斯(Ajax)和海克力斯這樣的英雄人物，他被擢升至最高軍事指揮官[2]。若

2　希羅底安和維克托提到，馬克西明當時指揮崔巴利亞(Triballian)騎兵隊，同時負責新兵的訓練和紀律。要是他被任命爲最高軍事指揮官，因爲這是非常重要的晉升，他的傳記作家應該特別記下來。

不是馬克西明具有太多蠻族血統，皇帝也許會把自己的妹妹嫁給他兒子。

這些施恩攏絡的手段不僅沒有贏得他的忠誠，反而激起色雷斯農夫的野心。他認爲只要受到上官的節制，即使立下再大的功勳，還是得聽命運的擺布。雖然他缺乏智慧，但爲人狡猾又自私，看見皇帝失去軍隊的愛戴，便想利用士兵的不滿來抬高自己的身價。施政的對錯和爲人的正邪，原本就難以區分，賢德的君王很容易受到傾軋和誹謗的陷害。軍隊樂於聽取馬克西明所派使者的言辭，說是對他們受盡恥辱還要忍耐感到極爲羞愧，軍隊在這十三年來，要在懦弱的敘利亞人所制訂的軍紀下聽命服從，而這位膽小鬼是他母親和元老院的奴隸。他們大聲疾呼，現在正是把無能的文官權力全部連根剷除的時候，要推選一位眞正的軍人，來作爲他們的統帥和皇帝。他不但接受軍隊的教育，也會率領他們從事戰爭，一定會恢復帝國的榮耀，也會讓大家享用帝國的財富。那時正有一支大軍集結在萊茵河畔，受皇帝的親自指揮，這些部隊剛從波斯戰爭回來，就立即進軍迎戰日耳曼的蠻族。馬克西明的主要任務是負責新兵訓練，有一天(235年3月19日)在進入訓練場時，像是突如其來的衝動，也可能是有計畫的陰謀，大家要擁立他爲皇帝。他堅決表示反對，但是被高喊的呼叫聲所淹沒，士兵要急著殺死亞歷山大·塞維魯斯，使得叛變成爲既成事實。

亞歷山大被殺有很多說法，眞相如何莫衷一是，問題是他沒有覺察到馬克西明的忘恩負義和狼子野心，所以才死於非命。有的作家很肯定地說，他用過餐便去睡覺，第二天早上七點鐘時，他自己的一些衛兵闖進皇帝帳篷，將他殺傷多處，這位賢德的皇帝在毫無防範之下傷重身亡[3]。我們也可相信另一種較可能的說法，馬克西明在離御帳有幾哩路的地方，被很多任務部隊以紫袍加身擁立爲帝。他認爲要成功，不能向大軍公開宣布，而是要採取機密的手段。亞歷山大聞訊還有時間向部隊呼籲，要求他們克盡忠誠的責任，很勉強的效忠行動因爲馬克西明的出現而迅速消失。

3 對於不負責任的傳記作家提到不可置信的狀況，我通常會持保留態度，像這樣極不合理的敘述，可以置之不理。有的記載是說皇帝的弄臣無意間進入帳篷，驚醒熟睡中的皇帝，弄臣害怕受到處罰，就唆使心懷不滿的士兵採取謀殺的行動。

馬克西明自稱是軍人階層的好朋友和支持者，軍團在歡呼聲中推舉他爲羅馬皇帝。瑪米婭的兒子受到軍隊的背叛和出賣，回到自己的帳篷裡，以爲至少已經逃過群眾的殺戮，然而接著出現一名護民官和幾位百夫長，他們就是要命的劊子手。他未能表現出大丈夫的氣概，反而又哭又叫苦苦哀求。他的不幸和無辜必然得到後世的同情，但是卻在最後時刻因貪生怕死而受人鄙視。他大聲責怪瑪米婭的驕縱和貪婪，是他覆滅的主要原因，結果他的母親也隨之命喪黃泉。很多忠實的朋友也成爲憤怒士兵手下的犧牲者，還有一些人受到篡奪者加諸的殘酷待遇。凡是被重用的人都遭到解職，很屈辱的被趕出宮廷和軍隊。

三、馬克西明荼毒生靈的暴行(235-237A.D.)

以往的暴君，像喀利古拉、尼祿、康莫達斯和卡拉卡拉，都是荒唐淫亂、少不更事的青年[4]，在帝王之家接受教育，被帝國的驕傲、羅馬的奢華和吹捧的聲音所敗壞腐化。馬克西明跟他們不同，他的殘酷源於害怕被人輕視。他雖靠著士兵的擁護，主要是弟兄們愛他，把他看成大家的化身，但他意識到自己低賤的身世、粗野的外貌，及對文明生活中藝術和制度之全然無知[5]，要是與亞歷山大那善良的德行相比，眞是強烈的對照。他記得自己過去光景不佳之際，經常等候在傲慢的羅馬權貴門前，被狗仗人勢的奴隸飽以閉門羹。當然他也記得那些接濟和幫助過他的朋友，但不管是得罪還是有恩於他，他們全都冒犯了他，因爲他們全都知道皇帝那見不得人的出身，許多人被羅織罪名處死。馬克西明就是因爲殺害對他有恩的人，使得他以蠻族家世和忘恩負義的惡名，血淋淋的存在青史之中[6]。

4　喀利古拉是四位皇帝裡登基時年齡最大的一位，當時他二十五歲，卡拉卡拉是二十三歲登基，康莫達斯是十九歲，尼祿還不到十七歲。

5　可以看出他根本不懂希臘語。在當時只要受過普通的教育，就會用希臘語交談和寫信，何況他還是色雷斯人。

6　所有歷史學家中，希羅底安對馬克西明的敗德惡行反感極深，口誅筆伐不遺餘力。

暴君天性陰騺嗜殺，對帝國每位出身高貴和功勳顯赫的人，都起猜疑心，只要聽說有任何不穩的跡象，就毫不留情斬草除根。有一位曾任過執政官的議員名叫馬格努斯(Magnus)，被控是要殺害他的主謀，沒有證人和證據，也沒有審判和答辯機會，就連同四千名疑爲幫兇的人員一併被處死。意大利和整個帝國到處都是密探和告發者，只要是最輕微的指控，那些治理過行省、指揮過軍隊、獲得代行執政官和凱旋式殊榮，身爲最高階層的羅馬貴族，都會被綁在馬車上，遞解到皇帝面前。沒收財產、放逐異地或者立即賜死，都算是最仁慈寬大的處置。有些極爲可憐的受害者被縫在被殺野獸的獸皮裡，或丟給野獸咬死，或遭亂棍打死。在三年的統治期間，他從來沒有回到羅馬和意大利，而是經常在萊茵河和多瑙河之間轉移，他的營寨就是嚴酷的專制統治所在地。他蔑視法律和正義的原則，靠宣誓效忠的刀劍來支持[7]。那些出身高貴，具有氣質和修養的人士，遭到排斥不准接近。羅馬皇帝的朝臣又成爲古代奴隸和角鬥士的首領，他們掌握殘酷的權力，使人留下恐懼和厭惡的深刻印象[8]。

要是馬克西明的殘酷行爲，只限於地位崇高的元老院議員，或者是那些想從宮廷和軍隊牟取暴利的投機分子，一般人民對於這些特權階級的受苦受難，不僅無動於衷，甚至還會幸災樂禍。但是暴君的貪斂受到士兵搜刮無饜的刺激，最後竟然侵犯公共財產。帝國每座城市原都有獨立的稅收，用來購買糧食供應民眾，支付各種運動和娛樂經費。在馬克西明交代之下，將全部財產沒收供國庫運用，掠奪廟宇最值錢的各種金銀祭具和飾物，神明、英雄和皇帝的雕像，都融化鑄成錢幣。這些觸犯天理、褻瀆神明的亂命，在執行時不可能沒有引起騷動和殺戮。很多地方的人民寧願以死來保護他們的神壇，也不願眼看他們的城市遭到戰爭的搶劫和暴行。士

7 馬克西明的妻子經常很溫柔提出明智的勸告，有時也會阻止一些暴虐的事件。從現存的獎章上知道這位仁慈的皇后名叫寶莉娜(Paullina)，她在馬克西明之前過世，享有女神的名銜。

8 就是將他比作斯巴達庫斯(Spartacus，公元前73-71年奴隸暴動的首領)和阿辛尼奧(Athenio，當時著名的角鬥士，綽號雅典人)。

兵本身可以從冒犯神祇的侵奪中得到好處，內心還是會有羞愧之感，無論如何冷酷施用暴力，同樣畏懼親戚朋友義正辭嚴的指責。在整個羅馬世界，憤怒的呼聲清晰可聞，要求對人民的公敵採取報復的行動。最後，因爲個人的壓迫行爲，一個和平而沒有武力的行省被迫走向反叛之路。

阿非利加財務官*9是個爲虎作倀的傢伙，以沒收充公和科處罰金來搜刮富人財產，作爲皇室收入的主要來源。對於當地的富有青年，他事先設計羅織罪名的案子，只要執行就能剝奪他們大部分世襲的產業(237年4月)。在此時刻，要死要活都得趕快做出決定。在他們苦苦哀求下，貪心的財務單位給他們三天展期。他們拿出錢財，集合一大批奴隸和農民，帶著棍棒和斧頭當武器。當財務官接見他們時，爲首分子用藏在長袍裡的短劍刺殺財務官，群眾協力占領塞斯達魯斯(Thysdrus)小鎮[10]，高舉起兵義幟反抗羅馬皇帝統治。他們將希望寄託在人們對馬克西明的痛恨，下定決心要與喪盡天良的暴君周旋到底。這時，他們需要一位德行可獲得羅馬人愛戴和尊敬的皇帝，而且他的權威能使行省的革命大業穩定發展。郭笛努斯(Gordianus)是以代行執政官頭銜擔任阿非利加的總督，成爲他們推舉的對象，但他毫不考慮就拒絕此危險名位，流著淚請大家讓他平靜以終天年，不要使他沾染內戰血跡以致晚節不保。但在大家脅迫下他只有接受皇帝的紫袍，何況在馬克西明殘酷的猜忌下，他已走投無路，因爲根據暴君的觀點，凡受人擁戴妄想大寶者非死不可，凡起了稱帝的念頭就是叛變。

四、郭笛努斯的起義與敗亡(237A.D.)

郭笛努斯家族是羅馬元老院最爲顯赫的世家之一，父系方面是格拉齊

*9　[譯註]擔任財務官的職位就可以進入元老院任議員，由平民大會選出。羅馬的財務官負責國庫管理和財政事宜，行省的財務官負責全省的財政，管理作戰經費，是主將的法定副手。

10　這個市鎮位於富裕的拜查修姆(Byzacium)地區，在迦太基的南方一百五十哩，郭笛努斯頒贈殖民區的頭銜，建有非常宏偉的競技場，一直到現在都保存得很好。

(Gracchi)*11的後裔，母親來自圖拉真皇室，有龐大的家財可以維持貴族的排場，更能享受高雅的格調和發揮好施的德性。偉大的龐培在羅馬曾經住過的府邸，很多代以來都屬於郭笛努斯家族所有[12]，宮殿裡以展示大批古代海戰勝利紀念品而聞名，也裝飾許多當代繪畫作品。他的莊園位於通往普里尼斯特(Praeneste)的道路旁邊，以壯麗無比的大浴場享譽於世，有三座長達一百呎的大廳，一個宏偉的柱廊，由兩百根極其罕見而昂貴，四面爲不同種類的大理石長柱所支撐[13]。公共競技活動全部由他自費舉辦，每次都有數百頭野獸和角鬥士參加[14]，似乎他的財富已超過臣民應有的程度。當然也有些官員很大方，但是只限於羅馬有數的幾次節日祭典，郭笛努斯卻不然，在擔任市政官*15時，每個月都要舉辦一次，等他當了執政官，更擴展到意大利各主要城市。他曾兩次被推舉出任這個最榮譽的職位，一次是卡拉卡拉統治的朝代，另一次是亞歷山大在位，那是因爲他具有一種非凡的才華，能夠獲得明主的賞識，也不會引起暴君的猜忌。在他一生悠遊的歲月當中，都能與世無爭，研究文學，平靜沐浴於羅馬的光榮之中。等他得到元老院的提名，經過亞歷山大的批准[16]，以代行執政官頭銜出任阿非利加總督時，他明智的請求交出軍事指揮權，以及幾個行省的

---

*11 [譯註]公元前132年，漢尼拔的征服者西庇阿的孫子提比流斯·格拉齊出任護民官，爲民請命，要將公有土地分配給窮人，後被暗殺身亡。其弟該猶斯於123年也出任護民官，繼承亡兄遺志，要讓意大利盟國人民獲得羅馬公民權，結果在暴動中被殺。兩兄弟之死，引起一個世紀的革命和內戰，終於使共和政體遭到絕滅。

12 龐培豪華的府邸在羅馬城東，後來爲馬克·安東尼據有，等到三人執政團解體，就變成皇家的產業。圖拉真皇帝不僅同意而且鼓勵有錢的元老院議員，購買那些大而無當的宮殿，所以，郭笛努斯的曾祖父才有機會獲得龐培的府邸。

13 這四種大理石分別產於克勞地亞(Claudia)、努米底亞(Numidia)、卡里斯提亞(Carystia)和辛納地亞(Synnadia)。羅馬附近的大理石並不名貴，但卡里提亞出產碧綠色的大理石，而昔納地亞的產品更值錢，白色底質上有紫色橢圓形斑點。

14 有時會有五百對角鬥士演出，但不會少於一百五十對。他有次讓一百名西西里人騎著卡帕多里亞的駿馬表演馬戲，供作狩獵表演的野獸有熊、野豬、野牛、鹿、麋鹿和野驢等等，皇家主辦的節目才可以有大象和獅子。

*15 [譯註]羅馬有四名市政官，任期一年，負責的區域以羅馬市界爲限，管理的項目是街道、供水、排水、垃圾、衛生、交通、公共建築、市場、娛樂等。

16 參閱《羅馬皇帝傳》裡保留的來往信件，可以知道亞歷山大尊重元老院的職權，對議會指派代行執政官頭銜的總督敬表同意。

統治權。這位皇帝還當政的期間，阿非利加的人民在忠誠的代理人統治下，過著幸福的生活。等到野蠻的馬克西明篡奪帝位以後，郭笛努斯盡力減少許多他無能爲力加以預防的苦難。在他逼不得已接受紫袍加身時，已經是八十多歲的高齡，身爲幸福的安東尼時代碩果僅存的元老重臣，在自己的行事作爲中重現哲學家皇帝的美德，這些都完全展示在三十卷傳誦一時的詩集之中。他的兒子擔任部將，隨著德高望重的前執政官到阿非利加赴任，後來也被尊爲皇帝。雖然他爲人並不是很清廉，性情倒像他父親那樣和藹可親，擁有二十二名侍妾以及六萬兩千冊藏書的圖書館，由此可知他興趣之所在，而且從他留下的「產品」來看，顯然前者也像後者一樣有其實用價值，並非講究鋪張只擺場面而已[17]。羅馬人民認爲小郭笛努斯的長相很像西庇阿・阿非利加努斯(Scipio Africanus)，更高興他的母親是安東尼的孫女。他們有著一廂情願的想法，他那潛伏在慵懶生活中的才能總有一天會復甦，於是公眾把希望寄託在他身上。

郭笛努斯和其子把推舉皇帝的騷動平息後，就將宮廷移到迦太基，在那裡受到阿非利加人熱烈歡迎，因爲從哈德良巡視後，還未見過羅馬皇帝的威儀。但這種空洞的歡呼聲，既不能增強他們的實力，也無法維護他們的名位。基於事理和本身利益，他們必須請元老院核定，於是當地高階知名人士組成代表團前往羅馬，向元老院提出陳述，採取此一行動的緣由及其過程，特別說明他們已經忍無可忍，最後發揮勇氣孤注一擲。新登基的皇帝寫給元老院的信非常謙恭有禮，一再表明接受皇帝的名位極其無奈，要把推選的結果和他們的命運，交給擁有最高權力的元老院來裁定。

元老院的看法是毫無疑慮，也沒有異議。郭笛努斯的門第和親戚，使他們與羅馬的著名世家息息相關，大量的財富曾支助許多議員，耀目的功績獲得許多朋友和部從，溫和的統治方式帶來恢復文官政府甚至共和政府的遠景。軍事暴力所造成的恐懼，最先迫使元老院不得不將亞歷山大的被殺置之不理，還要批准一個蠻族農夫被推選爲皇帝，到現在發生反效果，

17 小郭笛努斯的侍妾，每位都有三、四個小孩。他留下的作品絕非毫無價值。

激起維護自由和人道不受侵犯的權利。馬克西明公開表示對元老院的痛恨，而且已經無可調解。最聽話的順從尚且未能平息他的怒氣，再小心謹慎也無法消除他的猜疑，爲了保障本身安全，勢必要擔負風險發起義舉，若未能成功，元老院的議員就是第一批犧牲者。當然這些要考慮的事項，可能還涉及某些私人問題，只在執政官和行政官員的準備會議中討論，等獲得結論後，便在卡斯特(Castor)神殿召開元老院全體大會，根據古代的保密方式[18]，要求大家提高警覺，並且不發布敕令。執政官昔拉努斯(Syllanus)說道：「各位議員，兩位獲得執政官殊榮的郭笛努斯，一位是各位派出代行執政官頭銜的總督，一位是各位的將領，已在阿非利加被擁立爲帝，讓我們感謝塞斯達魯斯的年輕人。」他勇敢地接著說下去：

> 讓我們感謝迦太基忠誠的人民，他們是將我們從惡魔手中救出來的恩人。爲什麼你們聽我說話的表情那樣冷淡！那樣怯懦！爲什麼你們面面相覷？爲什麼躊躇不決？馬克西明是人民公敵，願他的仇恨跟著他的身體一起被消滅，願我們長期沐浴在郭笛努斯皇帝的謹慎和幸福，以及其子郭笛努斯二世的英勇和堅忍之中[19]。

執政官高貴的言辭驅散元老院暮氣，議員恢復無比熱情，投票一致決定，批准郭笛努斯當選。馬克西明和他的兒子，及所有擁護者，被宣布爲國家公敵，凡是有勇氣和機運消滅他們的人，可得到國家最豐厚的報酬。

皇帝一直留在邊疆，禁衛軍有一支特遣隊駐守羅馬，說是保護其實是用來控制首都，統領維塔里努斯(Vitalianus)效忠暴君，經常迅速執行殘酷的命令。現在先要殺死他，才能提振元老院的聲威，從危難的狀況下拯救議員的生命。在元老院的決定尚未洩漏之前，他們派出一位財務官和幾

18 元老院在開會討論時，爲了保密起見，所有的奴僕和書記都不准在場。這是從共和國時期就保留下來的議事紀律。

19 這段激昂慷慨的講話是從《羅馬皇帝傳》裡直接翻譯過來，好像是引用最原始的元老院記錄。

位護民官去結束他的性命。他們勇敢的貫徹命令，手上拿著沾滿血跡的短劍，衝過街道向人民和士兵宣布革命的消息。自由的熱誠得到大量的賞賜，皇帝承諾要給予金錢和土地，馬克西明的雕像被推倒，帝國的首都承認兩位郭笛努斯皇帝和元老院的權威，意大利其他地方也都聞風響應。

長久來在專制暴虐和軍隊橫行下忍辱負重的議會，現在又煥然一新產生奮發圖強的精神。元老院接掌政權，勇敢且鎮靜，準備以武力維護自由。在擔任過執政官的議員中，有很多因功勳和能力受到亞歷山大皇帝賞識，從其中很容易選出二十位具有軍事指揮才能，又能征善戰的將領，然後把意大利的防禦任務交給他們。每人奉命在自己的崗位上，招訓意大利青年，鞏固港口和道路的防務，阻止馬克西明隨時發起的進攻。從元老院和騎士階級選出知名人士組成代表團，派往各地會見行省總督，懇切的請求他們火速展開行動，拯救處於危難中的國家，也提醒各民族要記取自古以來與羅馬元老院和人民的友誼。代表團受到歡迎和尊敬，意大利和各行省表現支持元老院的熱情，足以證明馬克西明統治下的人民已陷入水深火熱之中，以致於他們對政治壓迫的恐懼，更甚於內戰的長期對峙，意識到這種極爲可悲的場面，就會喚起絕不妥協的憤怒情緒。這種現象在刻意支持少數黨派領袖的利益，從而引起的內戰中，確實很難見到。

正當郭笛努斯在各地受到愛戴之際，他們卻已離開人世(237年7月3日)。迦太基衰弱無力的朝廷受到威脅而告急，因茅利塔尼亞總督卡皮連努斯(Capelianus)，率領一小隊老兵和大群兇狠蠻族，迅速挺進，要攻擊對皇帝忠心而無戰力的行省。年輕的郭笛努斯率領一些衛士，和很多在迦太基的安逸生活中長大，不知戰陣爲何事的群眾，前往應戰。但他的勇氣無補於事，就在戰場上壯烈犧牲。他那年事已高的父親，登基才三十六天，聽到戰敗的消息也就自殺身亡。迦太基缺乏防守力量，遂開城投降，整個阿非利加又遭到暴虐搜刮，損失大量的生命和財產[20]。

20 郭笛努斯在位時間，有的書籍上面記成一年六個月，根據卡索朋和潘維紐斯(Panvinius)的校正，改爲一個月零六天。也有人提到兩位皇帝在航行途中，因船隻遇到暴風雨翻覆而溺斃，這就更不可靠。

五、元老院對抗馬克西明贏得勝利（237-238A.D.）

郭笛努斯父子的不幸下場，使羅馬受到突如其來的恐怖打擊。元老院在協和殿召開會議，假裝處理日常事務，大家的心情都極爲焦慮，好像不敢面對自己和國家的危險。一時之間，冷漠和驚愕籠罩整個會場，直到一位與圖拉眞同名同族的議員，驚醒了同僚麻木的心靈。他非常誠摯的告訴大家。要做出愼重而緩慢的決定，那就沒有時間來建立元老院的武裝力量。馬克西明的天性乖戾而且怒氣塡膺，正率領帝國的軍隊向著意大利前進。他們唯一的抉擇若不是英勇在戰場殺敵，就是因反叛失敗被制服後受到拷打屈辱而亡。他繼續往下說：

> 我們已經失去兩位傑出的皇帝，除非我們自暴自棄，共和國並未隨著郭笛努斯的滅亡而喪失希望，很多議員無論在德行和才幹上，都可以擔起帝國的重責大任。讓我們再選兩位皇帝，一位遂行戰爭對抗人民的公敵，另一位坐鎭羅馬指導文官政府。我非常樂意冒著令人嫉妒的危險來提名，請大家投票支持麥克西繆斯(Maximus)和巴比努斯(Balbinus)，各位議員們，請批准我的提名。不然，爲了有利於帝國，請另選高明。

大家的憂慮制止了嫉妒的竊竊私語，候選人的功勳也獲得一致承認，元老院大廳響起一片歡呼：「麥克西繆斯和巴比努斯皇帝勝利成功萬歲！願元老院的裁決賜福給你們，願你們的施政賜福給整個共和國[21]！」

新皇帝的德行和聲譽證明羅馬人的前途大有希望，各自的才能都適合所負責的和平與戰爭部門，相互之間沒有猜忌也毋須競爭。巴比努斯是位

21 在《羅馬皇帝傳》裡提到這段是依據元老院的記錄，但是日期錯誤，因爲同時是阿波羅祭典期間，可以據以修正。

廣受欽佩的演說家、名聲卓著的詩人和聰明睿智的行政官員，以廉節公正治理帝國所有的內部行省，博得大家一致的好評。他出身貴族[22]，家道富裕，行爲舉止非常慷慨大方而且和藹可親，雖然喜歡享受但不會損害到個人的尊嚴，也不會因安逸而喪失處理事務的能力。麥克西繆斯爲人比較粗魯，憑著個人的勇氣和才幹，從平民出身而能躍升軍國要職，戰勝日耳曼人和薩瑪提亞人。他在擔任郡守時生活嚴肅規律，執法大公無私，贏得人民的尊敬，但是人民愛戴較爲和藹的巴比努斯。這兩位同僚都當過執政官(巴比努斯兩度榮任此職)，列名元老院二十名將領之內，一位是六十歲而另一位是七十四歲[23]，在年齡和閱歷上都已達成熟圓通之境。

元老院授與麥克西繆斯和巴比努斯執政官和護民官的同等權力，國父的頭銜以及最高祭司的共同職掌之後，他們便登上卡庇多神殿向羅馬的保護神致敬[24]，莊嚴的祭祀儀式被人民的騷動所干擾。毫無紀律的群眾不愛剛直嚴肅的麥克西繆斯，也不怕溫和仁慈的巴比努斯，他們的人數越來越多，把整個神殿團團圍住。他們固執的喊叫，意圖維護與生俱來選舉君王的權利，在提出要求時比較溫和，那就是除了元老院選出的兩位皇帝以外，還要從郭笛努斯家族中增加一位，以感激爲共和國殉難的兩位皇帝。麥克西繆斯和巴比努斯率領衛士和騎兵，企圖從騷動的群中開出一條通路，武裝著棍棒和石塊的群眾又將他們趕回卡庇多神殿。不論結果如何，最好還是讓步，否則就會兩敗俱傷。一個年僅十三歲的男孩，他是老郭笛努斯的孫子，也是年輕郭笛努斯的姪兒，在民眾的注視下，公開獲得凱撒

22 巴比努斯是高乃留斯·巴爾布斯(Cornelius Balbus)的後裔，巴爾布斯身爲西班牙貴族，成爲希臘歷史學家狄奧菲尼斯(Theophanes)的養子，得到龐培的幫助獲得羅馬公民的身分，西塞羅爲此事發表雄辯。後來凱撒與巴爾布斯建立友誼，升他爲執政官和大祭司。外鄉人從來沒有獲得這種職位和榮譽，他的姪子在阿非利加擔任總督，獲得凱旋式，也是外國人中第一位。

23 這是諾納拉斯(Zonaras，十一世紀拜占庭歷史學家)的說法，但是近代的希臘學者都不甚可靠，對於三世紀的歷史無知到可悲的程度，他們虛構幾位皇帝，還硬要找出史實來證明。

24 希羅底安認爲元老院在卡庇多神殿召開會議，對這件事進行激烈的辯論，《羅馬皇帝傳》的記載很可信。

的裝飾和頭銜，一場騷動在相互忍讓之下終於平息。這兩位皇帝在羅馬很平靜的得到大家的承認，準備對抗公敵保衛意大利。

羅馬和阿非利加的起義相繼發生，快速得令人簡直難以置信，馬克西明心中憤怒之情溢於言表。據說他聽到郭笛努斯舉兵的消息，以及元老院發布懲處的敕令，已經不是像常人那樣發脾氣，根本就是野獸在大聲咆哮。他對遙遠的元老院無可奈何，就在他的兒子、朋友和旁邊這些人的身上發洩。郭笛努斯去世的消息固然令他放心不少，接著得知元老院下定決心，放棄所有寬恕和調解的希望，並且推舉兩位在功勳上爲他所深悉的皇帝，這時使馬克西明唯一能感到安慰的事，就是大起刀兵來報仇雪恨。亞歷山大抽調帝國各地的軍團，集結在此處形成戰力強大的部隊，征討日耳曼人和薩瑪提亞人的三場戰役獲得勝利，使得他們的聲譽蒸蒸日上，肯定他們軍紀的嚴明，同時可以用蠻族的年輕精英，來補充各階層的需要。馬克西明一生獻身軍旅，爲秉持史實的公正，對這樣一位英勇善戰的軍人和才能卓越的將領，也不可一味抹煞所建立的功勳。唯其如此，我們料想有此種性格的皇帝，絕不容許叛變坐大，因拖延時日而地位益爲穩固，必定立即從多瑙河發兵，迅速進軍台伯河。他的常勝軍爲元老院的蔑視所激怒，急於奪取意大利的戰利品，意欲如烈火燎原之勢輕易打勝這場有利可圖的征戰。就我們相信的那個時代並不詳實的編年史[25]顯示，有幾次對外的戰爭正在進行，使得回師意大利的行動延到第二年的春天。從馬克西明審愼的舉止和作爲，知道傳聞的蠻橫個性和形象，是政敵書於筆墨的誹謗之辭。雖然他心情急躁還是要很理智的考量，而且這個蠻子有蘇拉那種氣度，就像他一樣要在報私仇之前，先出兵戰勝羅馬的敵軍[26]。

---

25 那時代粗心大意的作者留下很多困擾：(1)、希羅底安提到麥克西繆斯和巴比努斯在卡庇多節慶那天被殺，森索尼蘇斯(Censonisus，三世紀一位羅馬作家)很確實的說是在238年的競技比賽那天，但沒有說明月份和日期；(2)、元老院推選郭笛努斯爲帝，很肯定的說是5月27日，但不知是當年還是前一年。蒂爾蒙特和穆拉托里(Muratori)持不同的看法，各有一群學者支持，但都是漫無目標的推測之辭。

26 孟德斯鳩以活潑甚至高尚的方式表達出這位笛克推多的情緒。(譯按：這是指蘇拉在得勝回羅馬以後，大殺民黨之事。)

馬克西明的部隊以壯盛軍容進發，抵達朱理安・阿爾卑斯山*27的山腳，見到意大利邊境的寂靜和荒蕪，無不大感驚愕。在他們大軍接近時，居民放棄村莊和城鎮，牛群被趕走，糧食不是搬走就是損毀，橋樑受到破壞，沒有留下任何東西供入侵部隊居住或維生。這是元老院的將領非常明智的作法，他們計畫要打消耗戰，用饑饉來慢慢減弱馬克西明的兵員，再迫使他圍攻意大利主要城市，消耗他的戰力。這些城市從堅壁清野的地區，儲備了大批人馬和充足的糧秣。阿奎利亞成為抵抗侵略者第一擊的城市，在亞得里亞海灣盡頭出海的河流，因為冬雪融化而水勢高漲[28]，形成阻擋馬克西明大軍的天險。最後，他們花很大的力氣製做很多大木桶，再接合起來構成橋樑。全軍渡河到達對岸，將阿奎利亞附近美麗的葡萄園全部連根剷除，拆毀郊區的房屋和建築，用取下的木料製造投射機具和大型塔台，然後從四面八方攻擊城市。年久失修的城牆倒塌，但因危機處理得宜迅速修復。阿奎利亞的堅強防禦在於市民的齊心協力，各階層的人員在極端危險之中，知道暴君的殘酷不仁，毫無驚慌之感，反而激起高昂的鬥志。元老院二十名將領中的克里斯平努斯(Crispinus)和明諾菲魯斯(Menophilus)，率領一小部正規軍進入被圍的城市，全體市民在他們的支持和指導下，更是勇氣百倍。馬克西明的軍隊在不斷的攻擊中被擊退，攻城機具被對方派人縱火燒毀。阿奎利亞人抱著滿腔熱血的犧牲精神，相信保護神貝里努斯(Belenus)會親自披掛上陣，庇護在苦難中的信徒，這就更激起他們必勝的信心[29]。

---

*27 [譯註]朱理安・阿爾卑斯山脈位於意大利、斯洛文尼亞和奧地利交界處，是意大利進入多瑙河地區的孔道。

28 穆拉托里認為雪融化應該是指7、8月份，而不應在2月份，若此人一生都住在阿爾卑斯山和亞平寧山之間，那他的話一定很有分量。但我認為：(1)、只在拉丁文的譯本裡提到很長的冬天，那是穆拉托里的主要依據，但是希羅底安的希臘文正本裡沒有這段話。(2)、從太陽和降雨的變化看來不像是春天，而是夏天，由馬克西明的士兵所暴露的環境就可以知道。我們也知道有幾條溪流在雪融以後全部注入提瑪弗斯(Timavus)河，魏吉爾的詩裡提到過，在阿奎里亞東邊約十二哩。

29 貝里努斯是塞爾特人的神祇，很像希臘的阿波羅，接受這個名字是基於元老院的感謝。廟宇裡供奉光頭的維納斯神像，為的是向阿奎里亞的婦女致敬，在這座城市遭到圍攻時，她們把長髮剪下來，編作投射器的繩索。

麥克西繆斯皇帝一直進軍到達拉芬納，要鞏固這個重要的據點，加速軍事準備工作，看清當前要面對的情況，用理智和策略來指導戰爭的進行。他深知一座城鎮無法抵擋大軍的持續攻堅，更擔憂敵人一旦厭煩阿奎利亞的頑抗，突然放棄無用的圍攻，直接進軍羅馬，帝國的命運和人民的自由，就要靠兩軍在野戰中決定勝負。什麼樣的軍隊才能與萊茵河和多瑙河久經戰陣的軍團抗衡？現在有的一些部隊，是在意大利徵召慷慨激昂卻氣力軟弱的青年所編成，加上若干日耳曼協防軍，他們的穩定性還有待時間的考驗，要是依靠他們一定會產生危險。正在憂慮這些問題時，馬克西明的內部發生陰謀事件，結束暴君罪惡的生命，使羅馬和元老院解除一場浩劫。要是這個憤怒的蠻子獲勝的話，後果眞是不堪設想。

阿奎利亞的人民在圍城中還算沒有吃到多大的苦頭，他們的糧食存量很充足，在城牆裡有幾道清泉，可以供應取用不盡的飲水。馬克西明的士兵完全不是那回事，他們飽嚐日曬雨淋、病疫流行和饑餓難捱之苦，眼見田園被毀，屍橫遍野，血流成河，失望和不滿的情緒瀰漫軍中。當時所有的情報也都遭切斷，以爲整個帝國都支持元老院，他們要在阿奎利亞無法攻破的城牆下犧牲送死。暴君兇狠的脾氣因攻城的困頓而經常發作，歸咎於軍隊的怯懦。他那任性而爲的殘酷行爲，現在非但無人畏懼，反而引起痛恨和報復。有一隊禁衛軍因妻兒留在阿爾巴(Alba)軍營中，這個軍營就在羅馬附近，他們擔心家人會因元老院的判決而受到株連。於是馬克西明爲衛士所叛，連帶他的兒子(共享皇帝的名號)和幫兇亞魯利努斯統領，一同在中軍大帳被殺(238年4月)[30]。他的頭被插在矛尖上使阿奎利亞人相信圍城已經結束，於是打開城門，慷慨的市集供應馬克西明饑餓的軍隊。他們全軍參加對元老院和羅馬人民，以及合法皇帝麥克西繆斯和巴比努斯的效忠宣誓。這就是一個充滿獸性的野蠻人必然的下場，一般公認他缺乏一個文明人甚至可以說是一個人應有的情操。但是他的軀體正好配得上他的

30 馬克西明的在位時期一般都說得不很精確，優特洛庇斯認爲是三年零幾天。我們可以找到很完整的拉丁文原本，而且以皮紐斯(Paeanius)的希臘文譯本校正過。

心靈，身材超過八呎，有關力氣之強和食量之大[31]，簡直令人難以相信。要是生在一個未開化時代，詩歌和傳說必然把他描述成惡魔一樣的巨人，超自然的力量會給人類帶來毀滅。

六、禁衛軍在羅馬殺害兩位皇帝(238A.D.)

暴君滅亡，羅馬世界的歡欣實筆墨難以形容。據說消息在四天內從阿奎利亞傳到羅馬，麥克西繆斯的班師回朝等於是一場勝利遊行。他的同僚和年輕的郭笛努斯出城迎接，三位皇帝並肩進入首都，意大利各城市的使者隨行，用感激和信仰的豐盛祭品來致敬。他們接受元老院和人民眞誠的歡呼，使大家相信黃金時代必然隨著黑鐵時代來臨[32]。兩位皇帝的作爲亦不負眾望，他們親自主持法庭審判，一位的嚴厲被另一位的仁慈所補救。馬克西明加在遺產和繼承的重稅，即使未完全取消也獲得減輕，並恢復軍紀要求。在元老院勸說下，帝國的大臣制訂許多合理可行的法律，想要在軍事獨裁的廢墟上恢復文官體制。麥克西繆斯私下以很輕鬆的口氣問道：「我們將羅馬從惡魔的手裡解救出來，希望能得到什麼報酬？」巴比努斯毫不遲疑的回答道：「元老院、人民和所有人類的敬愛。」他那頗有見地的同僚說道：「哎呀！我怕軍人會不高興，還有就是他們的憤怒不滿，會帶來非常嚴重的後果。」他的憂慮正好被後來發生的事件所證實。

就在麥克西繆斯準備保衛意大利、對抗公敵時，留在羅馬的巴比努斯忙著處理內部的不和以及流血的場面。元老院籠罩著疑懼和猜忌的氣氛，即使在集會的神殿，每位議員不是公開攜帶武器，就暗藏在衣服裡。有次正在討論議案時，有兩位資深的禁衛軍衛士，不知道是出於好奇還是惡意

31　八又三分之一羅馬尺相當於八呎，比例是0.967:1。相傳馬克西明一天可以飲七加侖的酒，吃下三十到四十磅的肉，拉得動重載的大車，一拳可打斷馬腿，用手可捏碎石頭，也可以將小樹連根拔起。

32　參閱《羅馬皇帝傳》，執政官克勞狄斯・朱理努斯(Claudius Julianus)給兩位皇帝的賀函。

的動機，無禮的闖入元老院，順著台階直上勝利女神祭壇。執政官加利卡努斯（Gallicanus）和禁衛軍議員米西納斯（Maecenas），看見這種傲慢的行爲不禁大怒，拔出劍來把兩人當成間諜殺死在神壇下，然後跑到元老院門口，毫不考慮輕重就鼓動群眾去殺害禁衛軍，說他們是暴君的支持者。有些禁衛軍逃過群眾的憤恨，跑進軍營來尋求庇護，利用防衛優勢抵擋群眾不斷的攻擊，而且還獲得大幫角鬥士的幫助，這些人原來都是有錢貴族的財產。內戰持續很多天，雙方損失慘重，全市一片混亂。當供應飲水給軍營的水管破裂，禁衛軍的處境就非常悽慘，迫得他們做困獸之鬥，衝進城市燒毀很多房屋，殺得街道上灑滿居民的鮮血。巴比努斯皇帝企圖調解羅馬各派系之間的鬥爭，所下的詔書沒有發揮作用，休戰協定也不可靠，敵對行爲暫時停息一會，接著再度爆發，變得更爲激烈。軍人討厭元老院和人民，輕視軟弱的皇帝，認爲他沒有氣魄也無權力來要求臣民服從。

暴君逝世以後，留下實力強大的軍隊，受到形勢所逼別無選擇，只好承認麥克西繆斯的權威。他馬不停蹄抵達阿奎利亞前的軍營，接受全軍的效忠宣誓以後，就以充滿感情的語氣向他們演說。他並非譴責軍隊沒有服從政府的命令，而是感嘆這個混亂時代所造成的悲劇，特別向士兵提出保證，在他們過去的行爲中，元老院只記得一件事，那就是他們鄙棄暴君，負起自己應盡的責任。麥克西繆斯以一大筆犒賞來加強規勸的效果，舉行莊嚴的贖罪祭典來淨化軍營的戾氣，隨即解散軍團，讓他們回到各自的行省。正如他所盼望，士兵表達出感激和服從的情緒。但是禁衛軍的驕縱心理卻無法消除，他們在那光榮的日子隨著皇帝進入羅馬，但是等到聽見群眾的歡呼聲，就露出陰鬱失望的面容，因爲他們自認是凱旋式的主角，並不只是伴隨在旁而已。當全體成員都進駐禁衛軍大營以後，那些追隨馬克西明的衛隊，還有留守羅馬的人員，在暗地裡相互埋怨而且感到憂慮，軍隊擁立的皇帝很可恥的遭到覆亡，元老院的人選高踞帝國的寶座[33]。文官系統和軍事集團的爭權造成長久的不和，現在因這場戰爭而分出勝負，文

33 主要是批評對元老院的歡呼過於輕率，等於是對士兵惡意的侮辱。

官已經獲得完全的勝利，軍人必須學著服從元老院的新規定。不論文雅的議會表面裝得多仁慈，他們害怕用整飭軍紀和伸張正義作藉口，進行緩慢而無情的報復行動。不過，命運仍然操持在自己手中，要是他們有勇氣，就可以對缺乏實力的共和國，虛張聲勢的威脅嗤之以鼻，很容易讓世人知道，誰掌握武力誰就是這個國家把持實權的主人。

當初元老院推選兩位皇帝，表面上的冠冕堂皇理由是爲應付內外各種危機，骨子裡還是希望藉著最高長官的分權，無從產生專制政體*34。此一策略果然奏效，但對皇帝和元老院極爲不利，權力上的衝突因個性上的差異而爆發，麥克西繆斯鄙視巴比努斯是專事奢華的貴族，反過來他的同僚也譏諷他不過是出身低賤的武夫。他們的不和大家心裡有數，再也無法團結起來，採取嚴厲的預防措施，對付在禁衛軍大營裡面的共同敵人。就在全城參加卡庇多競技比賽時，兩位皇帝單獨留在宮內（238年7月15日），突然聽到消息，說是有一隊不怕死的兇徒快要來到，因爲二人的寢宮相離甚遠，相互不知對方的情況和意圖，也就無法給予援助，在指責和爭辯中浪費寶貴的時光，一直到禁衛軍的士兵衝進來才結束徒然無益的爭論。士兵們抓到「元老院的皇帝」，這是他們對皇帝惡意而藐視的稱呼，接著就剝去皇帝的袍服，意氣風發的把他們拖過羅馬的街道，本想將這兩個命運乖舛的皇帝凌遲而死，又恐忠誠的日耳曼皇家衛隊前來救援，於是很快結束他們的生命，留下渾身是傷的屍體，任憑群眾給予憐憫或羞辱。

七、郭笛努斯三世的登基與被害（238-244A.D.）

在短短幾個月內，六位皇帝死於劍下，已接受凱撒頭銜的郭笛努斯，是軍方認爲唯一適合補位爲帝的人。他們將他帶到營區，同聲尊爲奧古斯

*34［譯註］其實羅馬政治體制的重點就是防止獨裁專制，像是共和國的執政官一次要選兩位，每月輪流負責處理政事，任期只有一年，距離第二次當選要間隔十年，領軍作戰也是執政官各領兩個軍團，還有輪流指揮等等，所以要把這種精神想盡辦法延續下來，也就不足爲奇了。

都和皇帝。他的名字讓元老院和人民聽來感到很親切，幼小的年齡使得軍隊有很長時期能為所欲為，毫無顧忌。羅馬和行省都聽從禁衛軍的選擇，不惜放棄自由和尊嚴，以避免在共和國首都，又重新發生內戰[35]。

因為郭笛努斯三世死時年僅十九歲，他一生的歷史我們知道不多，有的記載他受教育的狀況，還有一些是大臣的施政作為，不管濫用或是引導他的行為，這是單純而無經驗的年輕皇帝必然遭遇的狀況。到他登基以後，就落到他母親身邊一群豎閹手裡，這批東方來的蠹蟲，自從伊拉珈巴拉斯臨朝，就開始擾亂宮廷。因為這批小人狡詐的陰謀，在無知的皇帝和受苦的臣民之間，張起一道無法穿透的厚幕。秉性賢良的郭笛努斯受到矇騙，帝國的官職公開賣給無能之輩，他竟渾然不知。我們不知道發生何種可喜的意外事件，使皇帝能夠逃脫這批無恥奴隸的掌握，全權信任一位大臣，除了帝國的榮譽和人民的幸福，他那明智的建言無任何目的。似乎是親情和學識使麥西修斯(Misitheus)得到郭笛努斯的重用(240A.D.)，因為他是年輕皇帝的修辭學老師，而且皇帝又娶他的女兒為妻，就提升岳父出任首席大臣。兩封相互來往極為感人的書信流傳至今，大臣基於嚴正立場，恭賀郭笛努斯能夠脫離暴虐的豎閹[36]，況且，他覺察到避開他們的影響是何等重要。皇帝也以和藹惶恐的態度，承認過去的行為犯了很多錯誤，用非常惋惜的語氣感嘆朝臣不斷盡力隱瞞事情真相，君主何其難為。

麥西修斯一生研究學問，並未服務軍旅，但這位偉大人物卻是多才多藝，當他出任禁衛軍統領時，執行軍事任務極為果敢而決斷。波斯人入侵美索不達米亞(242A.D.)，威脅安提阿的安全。年輕的皇帝在岳父規勸下，離開羅馬奢華的生活，親自率軍東征，這也是歷史上記載最後一次打開傑努斯(Janus)神殿的大門[*37]。等他帶領一支大軍抵達時，波斯人撤收

35 奎因都斯·克爾久斯(Quintus Curtius，一世紀羅馬歷史學家和傳記作者)在皇帝即位那天極盡恭維之能事，不外乎四海昇平、國泰民安這些賀辭。要是注意這些字句，我認為更適合郭笛努斯登基時的狀況。

36 從兩封信可以看出來，這些豎閹被逐出宮廷時，發生小小的暴力事件，好像是郭笛努斯已批准罷黜他們的行動。

*37 [譯註]傑努斯神廟的大門在羅馬發生戰爭時期打開，獲得和平以後關閉。

守備部隊離開占領的城市，從幼發拉底河退到底格里斯河。郭笛努斯獲得向元老院宣布出師告捷的喜悅，顯示適當的謙虛和感激，歸功身爲統領的岳父所表現的才能和智慧。在遠征期間，麥西修斯注重軍隊的安全和紀律，軍營維持正常而充分的供應，在所有邊疆城市設置倉庫[38]，儲存大量的醋、燻肉、草料和麥類，防止軍士發出危險的怨聲。但郭笛努斯的大業，卻隨著麥西修斯的死亡而付諸東流。他死於痢疾，極可能是中毒而亡。菲利浦(Philip)接替擔任統領(243A.D.)，他是個阿拉伯人，早年以搶劫爲業，能從卑賤的地位躍居帝國最高官職，證明他是位勇敢又有才幹的領導者，但他的勇敢慫恿他覬覦帝座，他的才幹並非服務君王乃是取而代之。他在軍中進行各種陰謀活動，故意使得供應短缺激怒士兵，將造成的災難歸咎於皇帝的年輕和無能。若想要追查殺害郭笛努斯的陰謀，以及公開叛變的連續步驟，已經超出我們能力。鄰近幼發拉底河和亞波拉斯(Aboras)河會合之處，在皇帝被殺(244年3月)的地點[39]建立紀念墓碑[40]。走運的菲利浦被軍隊擁立爲帝[41]，元老院和行省立即表示贊同。

八、軍隊擁立的風氣與菲利浦稱帝(244-248A.D.)

我們這個時代有一位知名的作家，研究羅馬帝國的軍事政府，他的看法有的地方雖然天馬行空，但是論點相當精闢，特此抄錄如下：

> 那個時代的羅馬帝國，充其量只是一個非正統的共和國而已。很像阿爾及爾[42]的貴族政體[43]，民兵擁有主權，可以對稱爲德伊

---

38 當時知名的新柏拉圖學派哲學家普洛提努斯(Plotinus)，爲了增廣見識，希望能到印度，所以參加這次遠征。

39 離色西昔姆(Circesium)鎮大約二十哩，正在兩個帝國的邊界。

40 墓碑文字不妥，黎西紐斯(Licinius)下令將碑文刮掉，他與菲利浦或有親戚關係。

41 菲利浦是波斯特拉(Bostra，現在敘利亞的布司拉(Bustra))土著，當時約四十歲。

42 馬木祿克在埃及的軍政府，可提供孟德斯鳩對同一階層的統治狀況做正確對比。

43 不管基於何種理由，怎麼可以把阿爾及爾政府描述成貴族政治？每個軍政府都在絕對的專制獨裁和粗野的民主制度，這兩個極端之間來回游離。

(Dey)的行政官員進行任免。軍事政府在某些方面，或許更近於共和政體而不是君主政體。老實說，這可以成爲都能接受的通則。這也不是說，軍人靠著抗命和叛變，才有資格參加政府。皇帝對軍隊所講的話，就好像以前的執政官和護民官向人民所宣布的事項，難道不是屬於同樣的性質嗎？儘管軍隊沒有議會的形式和集會的地點，儘管他們的辯論很簡短，行動很突然，決定也不是冷靜考慮的結果，難道他們還不是一樣用專制統治主宰共和國的命運嗎？皇帝是什麼？不過是軍方爲了私人利益，推選兇暴政府的代理人而已！

當軍隊擁立菲利浦時，那時他正是郭笛努斯三世的禁衛軍統領。郭笛努斯向軍隊要求讓他單獨成爲皇帝，無法獲得同意；郭笛努斯請求讓他與菲利浦均分權力，軍隊根本不聽他的話；郭笛努斯同意貶到凱撒的位階，這個善意被認爲毫無必要；郭笛努斯希望至少能被任命爲禁衛軍統領，懇求仍遭到拒絕。最後，只有請軍方饒他一命。軍隊在這些審判的過程，行使了至高無上的權力。

根據史學家的說法，孟德斯鳩曾引用這段有疑問的敘述。菲利浦在整個事件處理過程中，一直保持沉默，願讓無辜的恩主倖免一死，直到他想起郭笛努斯遭受的冤屈，必然在羅馬世界激起同情，遂不顧皇帝的懇求哀號，下令剝去紫色袍服，立即處死。不久，就執行這慘無人道的判決[44]。

菲利浦從東方回到羅馬，急欲抹去犯罪的回憶，爭取人民的好感，於是用最鋪張壯觀的方式來慶祝百年祭(248年4月21日)[45]。自從奧古斯都舉

44 《羅馬皇帝傳》對這件事的記載根本無法自圓其說，菲利浦怎麼能在指控他的前任以後，又將他尊之爲神？他在下令公開處決以後，對致元老院的信件中，如何解釋自己的清白？菲利浦是個有野心的篡位者，但絕不是瘋狂的暴君。

45 羅馬最後這次慶典的記載非常可疑而且不清楚，在一個文明進步的時代不應如此，但是的確舉辦過這場盛會。教皇邦尼菲斯八世(Boniface Ⅷ)提出天主教大赦年，就是模仿百年祭的構想，要恢復古代的習俗。

辦恢復以往的盛會以來，歷經克勞狄斯、圖密善和塞維魯斯，現在已經是第五次，從羅馬奠基算起來是整整的一千年。百年祭的各種典禮活動，用深遠莊嚴的敬意，藉著妥善的安排以激發崇高的信仰心理。兩次節慶之間相隔很久的時日[46]，超過人一生的壽命，沒有人曾經參加過兩次，更無人敢吹這個牛皮。神祕的祭祀典禮在台伯河畔接連舉行三個夜晚，戰神廣場(Campus Martius)到處歌舞昇平，火炬燈籠徹夜通明，奴隸和外鄉人不准參加國家大典。一個由出身貴族家庭，而且雙親健在的二十七位青年，以及同樣數目處女所組成的合唱團，祈求慈悲的神明保佑活著的人，爲下一代帶來希望，唱出宗教的詩歌，體驗古老的神諭，使羅馬人民能夠保有他們的德行、幸福和帝國[47]。菲利浦的展示和娛樂之華麗壯觀，使民眾目眩神迷，虔誠的信徒全心貫注在宗教的儀式上，少數有見解的人，在他們焦急的心裡，反覆思索著帝國過去的歷史和未來的命運。

自從羅慕拉斯帶領一小撮牧羊人和亡命之徒，在台伯河附近占山爲寨以來，十個世紀倏忽之間已成過去[48]。最初四個世紀，羅馬人胼手胝足獲得了戰爭和施政的經驗。他們嚴格運用這些規範，加以上天的垂愛，在接續的三個世紀裡，擊敗四面的敵人，統治歐、亞、非許多專制王國。到最後的三百年，則消耗在表面的繁榮和內部的腐化之中。現在是軍人、行政官吏和立法者的國家，組成羅馬人民的三十五個部族，融成人類的共同集團，混雜著數以百萬計的奴隸和省民，他們有羅馬人的名字卻沒有羅馬人的精神。一支傭兵，徵自邊疆的居民和蠻族，係唯一保持獨立和濫用獨立的人。在他們動亂不安的選擇下，敘利亞人、哥德人和阿拉伯人相繼登上羅馬的王座，被賦與統治西庇阿征服地區和西庇阿自己家鄉的專制權力。

---

46 間隔是一百年或者是一百一十年，瓦羅(Varro, Narcus Terentius，公元前一世紀，羅馬將領、學者和諷刺詩人)和李維採用前者，女預言家認定是後者。不論怎樣，克勞狄斯和菲利浦這兩個皇帝，都沒有嚴格遵守神諭。

47 賀拉斯的史詩對百年祭有詳盡的描述。

48 瓦羅推算羅馬的建城是在公元前754年，一般都能接受，也有人認爲年代要更早一些。但是牛頓爵士(Newton, Sir Isaac, 1642-1727A.D.，英國數學家、物理學家和天文學家)的意見是晚很多，他認爲是公元前627年。

羅馬帝國的疆域仍然從大西洋到底格里斯河，從阿特拉斯山到萊茵河和多瑙河。從世俗的眼光看來，菲利浦是一位比哈德良或奧古斯都擁有更大權力的君主。形式仍然相同，但是令人精神昂揚的進取心則拋到九霄雲外，人民的勤奮受到暴政的壓迫而灰心喪志，軍團的紀律在各種德行消失之後，單獨支持了國家的宏圖大業，卻因皇帝的野心而腐化，或因皇帝的懦弱而廢弛。邊疆地區實力衰弱專恃防禦工事，日久逐漸腐爛崩塌，大部分的行省成爲蠻族逐鹿之場，他們不久發現了羅馬帝國已步入沒落之途。

第八章

阿塔澤克西茲重建王朝後波斯帝國之狀況(165-240A.D.)

一、阿塔澤克西茲推翻安息人建立薩珊王朝(165-226A.D.)

塔西佗在他的作品中，經常加入一些有趣的插曲，其中提到日耳曼和安息人的國內狀況。他這樣做，主要是讓讀者在歷經這麼多罪惡和災難的場面後，能放鬆心情。從奧古斯都臨朝到亞歷山大・塞維魯斯時代爲止，羅馬的仇敵是暴君和軍人，他們就在帝國的心腹之地。羅馬的國勢已臻極點，對發生在遠隔萊茵河和幼發拉底河之外的變革，並無多大興趣。但當軍隊毫無忌憚推倒皇帝權勢、元老院敕令，甚至軍營紀律時，長久以來盤旋流竄在北部和東部邊疆的蠻族，竟敢放膽攻擊這衰落帝國的行省。零星的叩邊變成大舉的入侵，給雙方都帶來很大的災難。經過很長時期互有輸贏的爭鬥後，許多獲勝的蠻族將整個部落遷進羅馬帝國的行省。要想弄清楚這些歷史大事，就得對那些替漢尼拔和米塞瑞達笛斯(Mithridates)報了一箭之仇的國家，他們的特性、武力和意願，在事先要獲得一些概念。

在遠古時期，歐洲覆蓋著濃密的森林，只有少數四處漂泊的野蠻人藏身其間。亞細亞的居民聚集成爲人口眾多的城市，受到幅員廣大的帝國管轄，是工藝生產、奢華生活和極權專制中心。亞述人統治著東方世界[1]，

1　古代的編年史學家引用溫勒烏斯・帕特庫拉斯的話，從尼努斯即位到安泰阿克斯(Antiochus)被羅馬人擊敗，亞述人、米提人和馬其頓人，一共統治亞細亞一千八百九十五年。尼努斯即位發生在公元前2184年，安提阿巧斯之敗發生在公元前289年，根據亞歷山大在巴比倫所做的天文觀察，整個年代好像有五十年的誤差。

直到尼努斯(Ninus)和塞米拉米斯(Semiramis)的權杖[*2]，從懦弱無能的繼承人手中失去。米提人和巴比倫人接著均分亞述人的權勢，然而他們也被波斯人的王國所併吞。這時波斯的武力已不限於亞細亞的狹小範圍內，據說居魯士(Cyrus)的後裔澤爾西斯(Xerxes)，統率兩百萬人馬侵入希臘[*3]。菲利浦之子亞歷山大受榮譽心驅使，要為希臘復仇雪恥，只有三萬士兵就能征服波斯[*4]。塞琉卡斯家族篡奪馬其頓對東方的統治權，不久後又得而復失。大約在此時，他們簽訂一紙喪權辱國的條約，把托魯斯山西邊的地方割讓給羅馬[*5]，接著被安息人從上亞細亞的各行省驅走，這批遊牧民族是錫西厄人的後代[*6]。安息人的軍隊無可匹敵，從印度橫掃直到敘利亞邊界，最後自食其果，被阿德夏爾(Ardshir)或稱阿塔澤克西茲(Artaxerxes)所滅亡。新建立的薩珊(Sassanides)王朝統治波斯，直到阿拉伯人入侵為止。這些巨大變革所產生的嚴重影響力，羅馬人不久就有深刻的體驗，這件事發生在亞歷山大・塞維魯斯臨朝的第四年，也就是226年[7]。

阿塔澤克西茲在軍旅生涯獲得極高的聲望，也是安息人最後一位國王

---

*2 [譯註]尼努斯是古代傳說的亞述國王，也是尼尼微創建者；塞米拉米斯是亞述女王，以美貌、聰明和淫蕩知名，是巴比倫創立者，也是前者之妻。

*3 [譯註]澤爾西斯(519-465B.C.)是波斯帝國的國王，大流士之子，率軍十八萬入侵希臘，在公元前480年的薩拉米斯(Salamis)海戰和公元前479年的普拉提亞(Plataea)會戰，敗於希臘聯軍手中。文內所提兩百萬人是依據希羅多德的說法，數目實在太大了。

*4 [譯註]亞歷山大在公元前335年率領步兵三萬、騎兵五千進軍亞洲，公元前331年9月在高加米拉(Gaugamela)會戰擊敗波斯大軍二十萬，接著征服西亞直抵印度河，建立前所未有之大帝國。

*5 [譯註]托魯斯山脈在土耳其半島南部與海岸平行，等於將最精華地區給羅馬人。

*6 [譯註]希羅多德最早提到錫西厄人，以武力和蠻勇著稱，分為兩部，一部居於黑海北部的大草原，另一部在鹹海的東邊，公元前七世紀征服整個亞洲的西部，在公元前100年左右被驅回，後不知所終。

7 優提契烏斯(Eutychius，四世紀安提阿的主教，反對阿萊亞斯(Arians)教派和尼西亞會議(Council of Nicaea)和克里尼的摩西(Moses of Chorene，五世紀亞美尼亞的文學家)所認為的重大事件，發生在塞琉卡斯即位後538年，換算為羅馬人的時間，早不過康莫達斯在位第十年，晚可能到菲利浦當政期間；阿米努斯・馬塞利努斯(Ammianus Marcellinus，四世紀羅馬軍人和歷史學家)很嚴謹的引用古老的歷史資料，提到阿薩息斯王朝在第四世紀中葉時，還據有波斯的寶座。

阿爾塔班(Artaban)的部將，因爲建立莫大的功勳對王室形成威脅，遭到放逐的處分起而舉兵叛變。他出身清寒，敵人可以橫加污衊，同樣也可使支持者大爲讚賞。要是我們相信前者的毀謗，他就是一個製革匠妻子和一個士兵婚外情的結晶[8]。但是支持者認爲他是古代波斯國王的旁系後裔，雖然時間和不幸的遭遇，使他的祖先逐漸下降到庶民的地位。身爲皇室的胤嗣，他要維護登基的權利，而且波斯人從大流士(Darius)逝世以後[*9]，五百年來在高壓下痛苦呻吟，要以解救人民當作最高貴的任務來接受挑戰。他在三次重大的戰役中擊敗安息人，阿爾塔班國王在最後一次會戰中被殺，整個國家的士氣從此一蹶不振。阿塔澤克西茲的權力和地位，由在柯拉珊(Khorasan)的巴爾克(Balch)召開大會，獲得莊嚴的承認。阿薩息斯(Arsaces)王室兩個旁支帝系，混雜在投降的行省總督當中。第三支帝系只想到過去的權位，並沒有考慮當前大勢已去，因而帶領眾多的屬下隊伍，企圖回到他們的親戚亞美尼亞國王的領地。這支兵力不大的逃亡部隊，全部被機警的征服者所截斷，於是前任國王的雙層冠冕和「萬王之王」的頭銜[*10]，全部被大膽的勝利者所享用。但是這些名聲顯赫的頭銜，無法滿足波斯人的虛榮，反而提醒他要善盡職責，激起萬丈雄心，恢復居魯士時代帝國和宗教的卓越成就。

二、波斯祆教的教義及其重大影響(165-240A.D.)

當波斯在馬其頓人和安息人長期高壓奴役之下，歐洲和亞洲國家之間，相互傳入對方的宗教，但也敗壞了彼此的信仰。實在說，阿薩息斯國王採用拜火教祭司的宗教儀式，裡面混雜著外地的偶像崇拜，使得教義受

---

8 這個皮匠名叫巴比克(Babec)，士兵名叫薩珊(Sassan)，阿塔澤克西茲根據前者用巴比艮(Babegan)爲姓，所有繼承人根據後者用薩珊作爲稱號。

*9 [譯註]大流士(550-486B.C.)在位時，波斯帝國的國勢最盛，爲了制服西面之強敵，於公元前491年率七萬人入侵希臘，馬拉松會戰失敗鎩羽而歸。

*10 [譯註]「萬王之王」是埃及國王最早使用的頭銜，後來爲東方的君主所沿用；基督教用來稱呼上帝或耶穌基督。

到玷污和羞辱。波斯古代先知和哲學家瑣羅亞斯德(Zoroaster)[11]，在東方世界仍受到尊敬。但《阿維斯陀聖書》(Zendavasta)[12] 裡陳腐而神祕的經文，竟引起七十個宗派的爭論。他們用各種方式解釋宗教的基本原則，但都被一群不信神的人所嘲笑，這些人拒絕先知的天命和奇蹟。虔誠的阿塔澤克西茲從國內各地召來祭司，成立大會做出決議，以鎮壓偶像崇拜者，駁斥不信神者，重新團結分立的宗派。這些祭司長久以來，感嘆於沒沒無聞和遭人輕視，極爲歡迎開會的召喚，在指定的日子裡前來參加，人數竟有八萬人。這樣吵鬧的大會進行各項討論，既無法接受權威的理性指導，也不可能反映政策的正面作用。波斯宗教會議經過連續運作，人數減少到四萬人，接著是四千人、四百人、四十人，一直到七位祆教祭司。他們的學問和虔誠最受人尊敬，其中有一位年輕而地位崇高的修道院院長，名叫艾爾達維拉夫(Erdaviraph)，從弟子手中接過三杯可令人沉睡的美酒，一飲而盡，頓時人事不知。等他睡醒後，就向國王和信徒述說天國的見聞，以及上帝與他親切的談話。這種超自然的顯靈平息所有的疑點，瑣羅亞斯德受崇信的條文，爲權威所肯定而更爲精確。對這著名的宗教體系做一簡短的描述，會讓人了解整個的歷史背景，不僅凸顯波斯民族的特性，也說明不論是平時或戰時，他們與羅馬帝國都有好些重要事務需要處理[13]。

祆教體系最重要也是最基本的原則，在於「善」與「惡」兩種對立的力量。東方哲學不智地企圖將精神良知和身體罪惡的存在，與仁慈造物主

11 海德(Hyde, Thomas, 1636-1703A.D.，英國東方學者)和樸里多(Prideaux, Humphrey, 1648-1724A.D.，英國東方學者)搜集波斯傳說，在很多著名的歷史記載裡加上自己的推斷，認爲瑣羅亞斯德和大流士·希斯塔斯皮斯(Darius Hystaspes，居魯士的孫子，是波斯帝國的國王)是同時代人物。但很多與大流士約在同時代的希臘作者把瑣羅亞斯德所處的時代，推前數百年甚至上千年。但學識淵博的評論家摩伊爾(Moyle, Walter, 1672-1721A.D.，英國維新黨政治評論家)，反對他的舅舅樸里多博士的看法，認爲這位波斯先知的年代要早得多。

12 古代的慣用語稱爲聖書(Zend)，這種語文的註釋用貝爾維語(Pehlvi)還算很現代，是缽羅缽語的主要形式，但是從很早開始就不是活用的語言。單這個事實就可以保證這些著作有多古老，後來譯爲法文傳到歐洲。

13 我在原則上根據唐克提爾(d'Anquetil)翻譯的《阿維斯陀聖書》，參考海德的論文，寫出這段介紹的文字。但是我特別要說明，先知刻意使用晦澀不明的辭語，很多地方用東方式的譬喻，再加上法文和拉丁文的譯本表達不夠清晰，像這樣刪節過的波斯神學，很容易發生錯誤成爲異端邪說。

和世界統治者的位格，相互調和歸於一致。瑣羅亞斯德的著作《時間之無限》（*Time Without Bounds*）所稱最初與開始之本原，就是「宇宙因此而存在」或「宇宙由此而存在」，必須承認這些無限的物質是形而上的抽象心靈，並非賦予實體的自我意識，也不必擁有道德的完美性，隨著無限時間進行隨機或有意的運作，倒是與希臘人的混沌觀念非常近似。宇宙兩個基本原則，萬物源源而出永無止境，阿胡拉（Ormusd）的「善」和阿里曼（Ahriman）的「惡」各擁有創造力，展示出不變的性質和行使不同的目的，善的原則恆久被光明所吸收，惡的原則恆久被黑暗所埋葬。明智仁慈的阿胡拉賦予人類行善的能力，充分供應快樂事物的美好場所，光被四方的天佑，維持著星球轉動、四季運行和風雨調和。但怨毒的阿里曼找阿胡拉的麻煩，換句話說，破壞他的神功所發揮的和諧作用。自從黑暗闖入光明的天地，善和惡最微小的質點便糾纏在一起，相互發生影響，使得好樹結下最毒的果子，洪水、地震和大火證明大自然的衝突，人類的小世界受到罪惡災難的打擊。正當其他人類被猙獰的阿里曼用鎖鍊所俘獲時，只有虔誠的波斯人崇拜他們的保護人阿胡拉，在光明的旗幟下作戰，深信在末日他們必然享有勝利的光榮。在那決戰的時期，至善的光明智慧使阿胡拉的力量，優於對手的狂暴怨毒。阿里曼和他的追隨者失去作戰能力而被制服，沉入他們原本的黑暗中，光明的德行維持宇宙永恆的寧靜與和諧[14]。

瑣羅亞斯德的神學理論，在外人看來固然奧祕晦澀，就是在數量龐大的門徒眼中又何嘗不是如此。但是觀察家只要稍加注意，波斯宗教崇拜那種極富哲理的簡明純眞，眞是令人大爲驚撼。希羅多德說到：

> 那個民族拒絕一切的廟宇、祭壇和神像。知道有些民族憑著想像以爲神明源於人性，而且發生緊密的關係，他們就會嘲笑這些人何其愚蠢。他們在高山的山頂進行祭祀，崇拜儀式的重點是聖歌

14　現代的拜火教徒稱爲佩爾西人（Persees），把阿胡拉提升到全能者的地位，同時把阿里曼貶到等級較低的反叛惡靈，有助於伊斯蘭教徒改善神學體系。

和祈禱，向位於穹蒼的最高主宰呈獻他們的訴求[15]。

然而，就在那個時候有一位多神論者基於他的眞知，指責他們還不是一樣的崇拜地、水、火、風以及日和月。但是每個時代的波斯人，都否認這種污穢的說法，試圖解釋令人起疑的行爲，並且盡可能加以掩飾。最基本的元素，尤其是稱爲密特拉(Mithra)[*16]的火、光和太陽，是他們崇拜尊敬的對象，因爲他們將密特拉視爲神明和造物最純潔的象徵，也是最高貴的賜與和具有無上權威的使者[17]。

每一種宗教都對人心產生深遠的影響，毋須用任何理由就能虔誠的接受皈依，這樣可以訓練出信徒的服從心；經由諄諄教誨的道德責任來啓發信徒的心靈，這樣就能贏得信徒的敬畏感。瑣羅亞斯德的宗教對這兩方面都有卓越的成就。虔誠的波斯人在青春期，就被授與一條由個人保管非常私密的腰帶，這是神明保護的標記。從那時開始，人一生的行爲無論鉅細，都經由跪拜頂禮或高聲喊叫的祈禱方式，向神明呈獻至高的崇敬。在任何情況下，要是忽略這種非常特殊的祈禱，就是一項重大的罪惡，不亞於違犯道德責任。像是正義、仁慈和慷慨這些道德責任，瑣羅亞斯德的門徒也要盡力遵守。他們希望逃脫阿里曼的迫害，與阿胡拉生活在永恆的幸福之中，這種福分與德行和虔誠適成正比[18]。

在很多著名的實例中，瑣羅亞斯德不用先知身分，而以立法者的面目出現，對個人和公眾的快樂生活，衷心表達出人道關懷，這極爲難得，因過分迷信就會產生奴性。一般人認爲齋戒和獨身，可獲得神明恩寵，他痛

15 樸里多舉出很多理由，認爲以後的拜火教允許興建廟宇。

*16 [譯註]密特拉傳入羅馬以後成爲男性之神，在第二、三世紀受到普遍的崇拜，但是各種儀式變得非常神祕。依據祆教教義，密特拉是光明之神阿胡拉的兒子，也是眞理、純潔和榮耀之神。

17 雖然他們的暴君提出異議，並且很誠摯的表示要加以識別，但是還不斷的誣衊伊斯蘭教徒是偶像崇拜的拜火教。

18 參閱祆教經典《薩德》(*Sadder*)，裡面提到道德和倫理方面的戒律不多，但是儀式上的繁文褥節非常詳盡，像是一個虔誠的教徒無論在何處，凡是剪指甲或小便，就得跪拜和祈禱十五次，在繫上神聖的腰帶時也要如此做。

心疾首加以譴責，拒絕上天給予最大的賜與就是犯罪行為。祆教的聖人也要結婚生子，一樣要種植有用植物，撲滅有害動物，引水灌溉波斯乾燥的土地，從事所有農業勞動，使自己免於挨餓。我們可從《阿維斯陀聖書》引用對我們有大啓示且極富哲理的箴言：「全心全力播種耕作的人，所得到的救贖，比一萬年不停的祈禱要來得多。」每年春天要舉辦節日慶典，表示人類生而平等的觀念。原來高高在上的波斯國王，要捨棄人間的榮華使自己更為偉大，與他的臣民不分貴賤，很自在的混雜在一起。農夫在那天允許與國王及總督同桌用餐，君主接受他們的請願，垂詢百姓疾苦，以最平等的話語和他們交談。他常用的辭句(聽起來是官樣文章，至少還是講實話)：「你們辛勞工作維持我們生存，我們也在提高警覺來保護大家安寧，基於相互需要，讓我們像兄弟般和衷共濟的生活在一起。」在一個富庶而專制的帝國，如此的慶祝儀式，必然變成應付性質的戲劇化表演，對皇家的聽眾只是一齣喜劇，有時也會對年輕儲君的心靈產生示範作用。

若瑣羅亞斯德所有的教條都能維持此高尚特質，他的地位將與努馬和孔子平起平坐，所創立的宗教體系必然受到神學家、甚至部分哲學家的掌聲。但在那雜亂的作品裡，有的充滿理智和感情，有的基於宗教狂熱和自私的動機，有些堅持高尚的眞理有益人心，還有一些混合著卑劣而危險的迷信引起反感。祆教的祭司(Magi)或稱為聖袍階級，數目之眾多眞是嚇人，前面提到有八萬人受召參加會議，他們的力量因紀律而加強。正規的教士組織散布在波斯所有的行省，駐錫巴爾克的阿奇瑪格斯(Archimagus)被尊為教會的領袖[19]，以及瑣羅亞斯德的合法繼承人。祆教祭司的財產相當多，除在米地亞(Media)擁有引人非議的大片肥沃土地外[20]，他們還向波斯人的財產和行業徵收普通稅[21]。懷著利己之心的先知說道：

19　海德和樸里多都認為基督教的教階組織，受到拜火教很大的影響。

20　阿米努斯·馬塞利努斯提到很重要的兩點，(1)、拜火教從印度的婆羅門(Brachmans)得到最神祕的經典；(2)、他們雖有階級，但都是同一部落或家族。

21　有關十一稅的神性義務，顯示出瑣羅亞斯德律法和摩西律法之間的共同性，但我們只能這樣表示，拜火教的祭司後來依據需要，把竄改的文字加入先知的經文中。

雖然你有好收益使得錢財超過樹上的葉片、落下的雨滴、天上的星星或海岸的沙粒，除非受到祭司的祝福，不然都對你不利。要想獲得解救的指引，能夠被祭司所接受，必須將全部所有的十分之一，誠心誠意的供獻出來，這裡要包括你的物品、土地和金錢。要是祭司滿意，你的靈魂便逃過地獄的折磨，在現世會獲得讚美，到來世會永享幸福。祭司是宗教的導師，他們無所不知，要拯救全人類。

這些對自己方便的教條，受到至高的崇敬和絕對的信仰，不容置疑在年輕人纖細的心靈上留存深刻的印象，因爲波斯的祆教祭司是教育的負責人，即使皇室的孩童都託付在他們的手中。祭司具有沉思默想的至高天份，深入鑽研東方哲學的無上境界，以豐富的知識和卓越的技藝，獲得精通某些神祕學說的聲譽，這門學問即以祆教祭司而得名[22]。有些祭司喜愛世俗的活動，就參與宮廷和城市的工作。我們很容易看出來，阿塔澤克西茲的統治，很多方面受到聖袍階級的顧問和指導，他們的政策抑或信仰的尊貴，在國王手中再現古代的榮光。

祆教祭司第一個建議，就是要遵從他們宗教的內向特性、古代諸王的作爲、甚至是因不寬容的執著而成爲宗教戰爭受難立法者的先例[23]。所以阿塔澤克西茲才會頒發詔書，除了瑣羅亞斯德教義規定的項目外，各種禮拜儀式全部嚴厲禁止。安息人的廟宇和君王神格化的雕像全部被推倒，亞里斯多德的劍(這是東方人給希臘的多神教和哲學所取的名字)很輕易的被折斷。宗教迫害的烈火很快燒到更固執的猶太人和基督徒[24]，當然也沒放過自己民族與宗教中的異端。莊嚴的阿胡拉對敵手產生猜忌之心，阿塔澤克西茲也不容有叛徒存在，因此宗教迫害得到專制政權的支持，在幅員廣

22 普里尼認爲，魔法靠宗教信仰、自然現象和天體運動來掌握人類。
23 澤爾西斯聽從拜火教祭司的建議，摧毀希臘的廟宇。
24 摩尼(Manes)教徒被視爲拜火教教徒，和基督教異端一樣很羞辱的遭到處死。

大的帝國境內，異教徒減到八萬人的微少數目。這種風氣眞是使瑣羅亞斯德的教義蒙受羞恥，但是迫害的過程並沒有產生任何內部的動亂，反而在宗教狂熱的壓力下，使波斯民眾團結起來，鞏固了新成立的帝國。

三、波斯帝國與羅馬帝國連年戰爭(165-226A.D.)

阿塔澤克西茲憑著英勇善戰和指揮才能，從安息古老的皇族手中，奪走統治東方的權杖，面臨更艱鉅的工作，那就是要在極爲遼闊的波斯建立團結合作、上下一心的政府。阿薩息斯懦弱縱容，讓自己的兒子和弟兄，以世襲的方式，占有重要的行省和王國主要的機構。十八名最有權勢的行省總督，又稱之爲維塔克梭（Vitaxoe），獲准擁有王侯的頭銜。喪失實權但仍然驕縱的君主，保持管轄眾多王侯的名義而感到心滿意足，即使是在勢力範圍內山區裡的蠻族部落，以及在上亞細亞的希臘城市[25]，既不承認也不服從更高的權威。安息帝國眞是虛有其名，所展現的統治方式，與歐洲通行的采邑制度[26]毫無差別。但是積極進取的勝利者，率領一支紀律嚴明的大軍，親自巡視波斯每一個行省，擊敗最頑強的反叛分子，攻占最堅固的防禦工事[27]，用武力展現恐怖的手段，爲和平開設降服的道路。對於頑抗不從者，爲首之人處死，追隨者從寬處置[28]，心悅誠服的歸順者就賞賜官位和財富。但是高瞻遠矚的阿塔澤克西茲，除了他自己以外，不許再有人擁有國王的頭銜，消除一切隔離帝座和人民的中間勢力。他擁有王國的面積和現代波斯幾乎一樣，四周是海洋與大河，像是幼發拉底河、底格

25　這類的殖民區特別多，塞琉卡斯・尼卡托(Seleucus Nicator)建立三十九個城市，都用自己或者親戚的名字來命名，塞琉卡斯的年號最晚是508年，也就是公元186年，在安息帝國裡希臘城市的獎章上可以看得到。

26　現代波斯人將那個時期當成各民族的王朝來加以區別。

27　優提契烏斯提到底格里斯河米昔尼(Mesene)的圍攻，有些情節很像尼蘇斯(Nisus)和錫拉女妖(Scylla)的故事。

28　很多年來西吉斯坦(Segestan)的王子捍衛著自己的獨立。浪漫故事通常會將當時的事件，在時間上加以轉換，說是過去很久以前發生的情節，因此把西吉斯坦的羅斯坦王子那些神話式的勳業，轉接到眞正的史實上，這也並非不可能的事。

里斯河、亞拉克西斯河(Araxes)、阿姆河(Oxus)、印度河、波斯灣和裏海,構成天然的邊界[29]。在公元三世紀時,整個國家估計有五百五十四座城市,六萬個村莊,約四千萬人口。如果拿薩珊王朝和夏菲王朝的統治,以及祆教和伊斯蘭教的政治勢力做一比較,我們獲得結論:阿塔澤克西茲的王國至少有同樣多的城市、村莊和居民。但是不可否認,在每個時代,海岸沒有優良的港口,內陸缺乏灌溉的水源,對波斯人的商業和農業都極爲不利。但是他們認爲,僅憑著人口的數目就值得誇耀。

阿塔澤克西茲以雄心壯志擊破地方諸侯的抗拒,然後開始威脅鄰近的國家。何況這些國家在他的前任渾渾噩噩、無所用事時,曾經肆意侮辱過波斯。他很輕易的戰勝粗野的錫西厄人和軟弱的印度人,但是羅馬人則不然,從前曾侵犯過波斯而且現在仍舊保持強大的勢力,對這個敵人必須大動干戈,全力以赴。圖拉眞的勝利獲得四十年的平靜,這是英勇作爲和穩健政策的成果。從馬可斯繼位到亞歷山大臨朝這段期間,羅馬帝國和安息帝國曾經發生兩次戰爭,雖然阿薩息斯使用舉國之力,與羅馬的局部武力相抗爭,但是一般說來後者較占優勢。麥克林努斯受到王位不穩和生性懦弱的影響,花費兩百萬英鎊買到和平,但是馬可斯的部將、塞維魯斯皇帝及其子,在亞美尼亞、美索不達米亞和亞述,建立許多戰勝紀念碑。他們的戰功很不巧被內部的變革所打斷,以致無法做完整敘述。我們只要提到塞琉西亞和帖西奉這兩個大城,不斷受到刀兵之災,就可略知一二。

塞琉西亞位於底格里斯河西岸,在古代巴比倫的北方距離大約四十五哩,是馬其頓征服上亞細亞的首府[30]。亞歷山大帝國覆滅以後,很多年代已經過去,但是塞琉西亞仍舊保持著希臘殖民地的特性,那就是藝術生

29 印度洋的吉洛西亞(Gedrosia)海岸從加斯克角(Cape Jask)一直延伸到果地爾角(Cape Goadel),我們幾乎不能歸爲波斯的疆域。亞歷山大時代以來人煙稀疏,居住著一個名叫伊克錫法吉(Icthyophagi)的野蠻民族,他們不知道任何手藝,也不承認有主人,險惡的沙漠將他們與世界隔開。十二世紀時,有一個名叫帖茲(Taiz)的小鎮,因阿拉伯商人而繁榮。整個國家到最後分爲三個小諸侯,一個是伊斯蘭教徒,兩個是偶像崇拜者,都保持獨立,反對阿拔斯(Abbas)王朝的繼承人。

30 巴比倫、塞琉西亞、帖西奉、摩代因(Modain)和巴格達這些城市經常會弄混淆,不容易找出精確的位置。

活、軍事武德和愛好自由。獨立的共和國由三百名貴族組成的元老院所統治，人民當中包括六十萬公民，城池堅固，只要國內各階層和諧相處，就不將安息人的實力放在眼裡。但是各派系瘋狂的傾軋，逼得請求共同的敵人給予危險的援助，而這個敵人已經虎視眈眈站在殖民地門口。安息的君王就像印度的蒙兀兒大君[*31]，喜歡過錫西厄祖先的遊牧生活，皇家的營地經常搭蓋在底格里斯河西岸，距離塞琉西亞只有三英哩的帖西奉平原上。宮廷的奢侈豪華和專制獨裁，聚集著形形色色數不清的隨伴事物，帖西奉這個小村落立即膨脹成為一個大城市[32]。馬可斯在位時，羅馬將領深入帖西奉和塞琉西亞(165A.D.)，受到希臘殖民地友情的接待，拿出滅此朝食的精神攻擊安息國王的居留地，但這兩座城市面臨同樣命運。塞琉西亞遭到燒殺擄掠，三十萬居民遭屠殺，玷辱羅馬勝利的榮譽[33]。塞琉西亞與強敵為鄰而耗盡國力，慘遭致命的打擊，沉淪到萬劫不復的地步。但是帖西奉經過三十三年的休養生息，完全恢復力量，能夠頑強對抗塞維魯斯皇帝的圍攻(198 A.D.)。最後城池被攻破，親自鎮守的國王倉卒逃走，一萬名俘虜和豐富的戰利品，用來獎賞羅馬士兵的辛勞。雖然經歷這樣多的災難，帖西奉繼巴比倫和塞琉西亞以後，為東方世界最大的首都之一。波斯君王到了夏天，在伊克巴塔納(Ecbatana)享受米地亞山區的涼爽微風；帖西奉氣候溫和，成為他冬天行宮的所在地。

羅馬人從這些成功的入侵行動中，並沒有獲得實際的永久利益，中間有一大塊沙漠和帝國的行省隔絕，所以他們不願保有這樣遙遠的領地。征服奧斯浩尼王國的行動，雖然並不很光明磊落，但是卻有實質上的好處。

---

*31 [譯註]蒙古人征服印度以後建立蒙兀兒王朝，開始於1526年巴布爾(Babur)稱帝，最盛時期擁有印度北部和中部以及阿富汗。到了1707年奧瑞齊布(Aurangzeb)在位，國勢已經衰弱，整個王朝在1857年被推翻。

32 非常好奇的旅行家伯內爾(Bernier， François，十七世紀英國歷史學家和傳教士)跟隨奧瑞齊布大君的營地，從德里到喀什米爾。他提到這個非常龐大的移動城市，護衛的騎兵有三萬五千人，步兵有一萬人，整個營地有十五萬頭馬匹、騾子和大象，五萬隻駱駝和五萬頭牛，大約有三十到四十萬人，幾乎整個德里城都跟著宮廷走，以供應極為繁複的需要。

33 夸拉都斯(Quadratus)引用《羅馬皇帝傳》的記載為羅馬人的行為辯護，聲稱是塞琉西亞的市民首先不守信用。

這個小國擁有美索不達米亞以北，位於幼發拉底河和底格里斯河之間的良田沃野，首府埃笛莎位於遠離幼發拉底河二十哩的地方，從亞歷山大時代以來，居民是希臘人、阿拉伯人、敘利亞人和亞美尼亞人的混合種族[34]。實力衰弱的奧斯浩尼國君，處在兩大敵對帝國之間，基於地緣的關係倒向安息人這邊；但是羅馬的優勢力量一至，逼得他們只有勉強順從，這點可以從他們的徽章上看得出來。馬可斯在位時結束安息戰爭，爲了鞏固靠不住的忠誠，認爲有必要加強實質上的誓約，於是在很多地點建構堡壘，一支羅馬守備部隊駐守尼昔比斯(Nisibis)這個堅固的城鎭[*35]。康莫達斯死後，羅馬陷入混亂，奧斯浩尼的國王企圖解脫束縛。塞維魯斯的強硬政策迫使他們順從，卡拉卡拉的背信使征服工作很容易完成。最後一任國王阿布加魯斯(Abgarus)被鍊條綁住送往羅馬(216A.D.)，他的領土成爲帝國的一個行省，首府列入殖民區的位階。安息王國衰亡前十年左右，羅馬越過幼發拉底河獲得穩固而永久的基地[36]。

四、阿塔澤克西茲向羅馬帝國的權威挑戰(226-240A.D.)

阿塔澤克西茲遂行戰爭的目標，要是限於獲得有用的邊疆，以便於實施防衛，無論從謹愼和榮譽這兩方面來看都很有道理。但是這位雄才大略的波斯君王，誓言要完成範圍廣泛的討伐計畫，認爲不管是從理性或者實力方面來評估，他的軍隊可以支持偉大的抱負(230A.D.)。那就是拿居魯士作先例：最初征服亞細亞全境，而這塊地方後來一直在他繼任者的占領之下；再盡可能向普羅潘提斯(Propontis)和愛琴海發展；卡里亞(Caria)和

---

34 安提阿文雅的市民認爲埃笛莎住著混血的野蠻人，不過，在敘利亞的三種方言中，以埃笛莎所講的最精純也最文雅。

*35 [譯註]尼昔比斯是美索不達米亞東北部的主要城市和貿易中心，塞維魯斯時代是羅馬在東方最主要的據點和司令部。

36 這個王國後來不用奧斯浩尼當國號，另外取了一個名字，延續了三百五十三年，最後一任國王是阿布加魯斯。

愛奧尼亞均成帝國的行省*37，受到波斯總督統治；而從埃及直到衣索匹亞邊境，也都承認他的權威[38]。他們的權力因長久篡奪，只暫時中止並未被摧毀，一旦他戴上波斯的冠冕，等於繼承居魯士的衣缽和神武；高居此地位，最重大之責即是恢復帝國過去的疆界和光榮。「偉大的國王」(使者用這傲慢的尊稱告訴亞歷山大皇帝)命令羅馬人立刻離開他祖先的行省，並要將亞細亞讓給波斯人，羅馬皇帝應以不受干擾而能獲得歐洲爲滿足。這侮慢的命令由四百名高大又英俊的波斯人所遞送，他們騎著健壯駿馬，裝配精良武器，穿著華麗服飾，顯示出他們的主人是何等的高傲偉大。這樣的使節並非談判而是宣戰，亞歷山大・塞維魯斯和阿塔澤克西茲集結羅馬和波斯帝國的兵力，御駕親征指揮軍隊，要在這重要戰役一決勝負。

要是我們相信記錄的可靠，那麼根據皇帝對元老院的咨文，現在還保存下來，就得承認亞歷山大・塞維魯斯對波斯人的勝利(233A.D.)，絕不亞於菲利浦之子，也就是亞歷山大大帝所獲得的榮耀。偉大國王率領軍隊，包括十二萬名全套精鋼甲冑的騎兵，七百隻戰象背上的塔台載滿弓箭手，一千八百輛裝上鐮刀的戰車。這樣龐大的實力，在東方歷史上可謂前所未見，就是傳奇小說也無法想像[39]，卻在一場戰役中被擊潰，證明羅馬

*37 [譯註]米提國王克羅蘇斯(Croesus)在公元前550年左右征服所有愛奧尼亞和伊奧尼亞的希臘城市，建立一支艦隊用來攻占愛琴海上的島嶼。

38 色諾芬(譯按：Xenophon, 431-350B.C.，希臘的將領和歷史學家，率領一萬名希臘傭兵幫小居魯士對抗阿塔澤克西茲—現在這位阿塔澤克西茲就是用他的名字—的戰爭，他著有《遠征記》(*Anabasis*)、《希臘史》)在《居魯士的教育》(*Cyropaedia*)這本書的序言中，讓我們對居魯士帝國幅員的廣大有個很清楚的概念。希羅多德特別提到，大流士・希斯塔斯皮斯把波斯帝國分爲二十個行省。

39 大流士在高加米拉會戰中，他的軍隊有兩百輛裝鐮刀的戰車；泰格雷尼斯(Tigranes)的大軍有重裝騎兵一萬七千人，結果被盧克拉斯(Lucullus)擊潰；安泰阿克斯帶著五十四頭大象進入戰場對付羅馬人，他經常與印度的君王開戰與媾和，有次曾經集結一百五十頭大象，但是也許會被質疑，像印度斯坦這樣有實力的國家，是否會用七百頭大象組成一道戰線；根據塔浮尼爾(Tavernier)很深入的調查，蒙兀兒大君並沒有三、四千頭大象，只不過有五百多頭用來運行李，八、九十頭參加作戰。希臘人對於居魯士帶到戰場的大象數目有不同的說法，奎因都斯・克爾久斯認爲有八十五頭，發揮很大的作用。暹羅這個國家有很多大象，非常受到重視，他們的軍隊有九個旅，每個旅配有十八頭大象，要是在戰爭中用上全部的一百六十二頭，還是不大可能。

的亞歷山大是英勇善戰身先士卒的軍人，也是運籌帷幄指揮若定的統帥。波斯那位偉大的國王喪失勇氣逃走，豐富的戰利品和征服美索不達米亞，是這場重大勝利的直接成果。像這種矯揉做作的敘述，用來僞造極不可能發生的狀況，很明顯是愛慕虛榮的皇帝所授意，再經過不知羞恥、滿身奴味的諂媚者加以修飾，由遠在後方只知奉承的元老院全盤接受。我們無法相信，亞歷山大的武力對波斯獲得任何有利之處，只會懷疑所有這些在想像中炫人眼目的榮譽，只是要掩飾實際存在的羞辱。

我們懷疑之處被當代一位歷史學家證實，他撰寫的專論裡，提及亞歷山大的德行時非常尊敬，但也坦白指出他的錯誤。他敘述用來指導戰爭的全盤計畫確實考慮周詳，羅馬軍隊分三路同時入侵波斯，但作戰行動未獲得預期成效。第一路入侵部隊進到巴比倫的沼澤平原，抵達幼發拉底河和底格里斯河用人力開鑿的河口[40]，被敵人的優勢兵力包圍，受到大批弓弩手箭如雨下的攻擊而被殲滅。亞美尼亞國王克司洛伊斯（Chosroes）是羅馬的盟友[41]，波斯騎兵在廣大的山區無法發揮作用，使得羅馬第二路攻擊軍能安全進入米地亞的腹地。這支勇敢的部隊蹂躪附近行省，幾次對抗阿塔澤克西茲的行動獲得成功，總算給好勝的皇帝爭回一點面子。但獲勝的部隊在退卻時，沒有做妥善安排，也可說是命運不濟，再度通過山區時，因路況太差加上冬季嚴寒，使大部分士兵喪生。當初決定，在這兩支分遣部隊深入波斯領土的另外一端時，亞歷山大親自指揮主力，侵入王國的中部來支援他們的攻擊。毫無經驗的年輕皇帝受到他母親建議的影響，或者是因爲自己害怕，置最勇敢的軍隊於不顧，也放棄勝利的大好美景，整個夏天在美索不達米亞按軍不動，毫無作爲之下任憑師老兵疲，然後才率領殘破的部隊退回安提阿。反觀阿塔澤克西茲的處置則不然，他迅速奔馳於米地亞山區和幼發拉底河沼澤之間，都是親身在場抵抗入侵的敵人，不顧自己的安危，將大無畏的精神發揮到極限。但是在與羅馬久經戰陣的軍團，

40 蒂爾蒙特認爲希羅底安所提到的地理位置非常不正確，常帶來很多困擾。

41 克里尼的摩西特別拿米地亞的入侵當作例子來說明，強調是亞美尼亞國王克司洛伊斯擊敗阿塔澤克西茲，一直把他趕到印度的邊界。事實上克司洛伊斯是依靠羅馬人的盟友，所以過分誇大他的功蹟。

做了幾次纏鬥到底的殊死戰之後，波斯國王也喪失他的精銳選鋒，甚至就是獲得勝利，也嚴重削弱了他的實力。當亞歷山大退出波斯，以及隨著那位皇帝死後發生混亂的大好時機，卻無法讓他一展雄風大顯身手，就是他原來的願望也完全落空，不僅沒有將羅馬人趕出亞細亞大陸，發現自己連區區的美索不達米亞行省，都無法從他們的手裡奪走[42]。

阿塔澤克西茲的統治從安息滅亡算起(240A.D.)，只維持十四年，這在東方歷史甚至在羅馬史上，都是值得紀念的年代。他長得一表人材，相貌威嚴，性格豪勇，天生就是繼承帝國的國王，也是征服四鄰的英主。他編纂的法典直到波斯帝國的後期，仍舊被尊爲文治和宗教政策的基礎[43]。他有許多軼事繼續留傳到現在，他對政府制度有獨到的見解。阿塔澤克西茲說道：「國王的權威必須由武力保護，武力得由稅金維持，所有的稅金由各項農業負擔。農業除非有公正法律和穩健政策保障，否則無法綿延繁殖、生生不息[44]。」阿塔澤克西茲將創立的帝國及對抗羅馬人的雄心壯志，遺留給薩坡爾(Sapor)繼承。他的性格和作風都酷似其父親，但他的企圖太過龐大，只讓兩國捲入毀滅性的長期戰爭，蒙受難以恢復的災禍。

波斯人有悠久文明，因此產生侵蝕和腐化的作用，無論在心靈和肉體上，都缺乏英武好戰的獨立人格和堅忍不拔的奮鬥精神，所以才讓北方蠻族有機會成爲世界的主人。戰爭技術能使希臘和羅馬運用合理的武力，就是當前的歐洲仍然如此，但在東方則毫無進展，如何用紀律來約束混亂的群眾，波斯人對此一無所知。同樣他們也不熟悉工事構築、圍攻作戰和正常防禦。他們依靠勇氣而非紀律，但是最主要的憑藉還是兵員的數量，步兵是半武裝毫無進取心的農民群眾，受到可以搶劫的誘惑而倉卒編成，一場勝利就會星散，反之，失敗亦然。君王和貴族將後宮的驕縱和奢華帶進軍營，作戰行動受到一大群無用的婦女、宦官、馬匹和駱駝所阻礙。即使

42　可以參閱希羅底安對這次戰爭的記載，但是一般人只引用《羅馬皇帝傳》的資料。

43　優提契烏斯提及亞美尼亞國王克司洛伊斯·諾息萬(Chosroes Noushirwan)把《阿塔澤克西茲法典》(*Code of Artaxerxes*)送給所有的省長，當作統治國家的基本法則。

44　波斯在古老的傳說年代以後，經歷很長的黑暗期，從薩珊王朝才開始有眞正的歷史。

在成功的戰役進行中，波斯軍隊會爲突如其來的饑饉所分裂或摧毀[45]。

波斯貴族基於奢華和專制，仍保持著個人英勇和民族榮譽的強烈意識。七歲起就接受忠貞、射箭和騎術教育，所以一般人都認爲他們相當精通射箭和騎術[46]。最優秀的青年在國王的照顧下接受教育、在宮殿裡鍛鍊技藝、在冗長而辛勞的行獵中，鑄造出堅忍和服從的習性。各行省的總督都開辦軍事學校，波斯貴族如果在戰爭時願意服役，就可接受國王賜與的土地和府邸(基於封邑制度所養成之觀念)，聽到召集就全副武裝騎上駿馬，帶著衣著華麗的隨從和大量衛士，他們都是精選自最強壯的奴隸和最勇敢的亞細亞獵人。波斯的輕騎兵和重裝騎兵，猛烈的衝鋒和迅速的行動，像天際的烏雲威脅逐漸衰落的羅馬帝國東方各省[47]。

---

45 在希羅底安和馬塞利努斯這兩個歷史學家之間，可以看出不同的論點，這是相隔一百五十年所造成的自然結果。

46 波斯人仍舊是馬術高明的騎士，他們的馬匹在東方算是最優良的品種。

47 從希羅多德、色諾芬、希羅底安、馬塞利努斯和夏爾汀(Chardin)的作品中，我摘錄有關波斯人貴族的記載，好像每個時代都有，或是薩珊王朝才有。

第九章

從狄西阿斯皇帝在位到蠻族入侵，此一時期的日耳曼情勢(249-252A.D.)

波斯的政府和宗教與羅馬帝國的衰亡有密切關係，我曾提及錫西厄人和薩瑪提亞人，這些部族帶著武器馬匹、牛隻羊群和妻兒家人，在裏海到維斯杜拉(Vistula)河廣闊無邊的草原上放牧漂移，這個地區是從波斯邊界直達日耳曼人的疆域。但是好戰成性的日耳曼人，開始是抵抗，接著就侵略，最後終於顚覆西羅馬帝國。這是本書最重要的部分，也是歐洲國家的家務事，如果能這樣表示的話，我們更要重視和關切。近代歐洲最文明的國家從日耳曼的森林中崛起，在那些蠻族簡陋粗糙的制度中，仍可辨識出當代法律和習俗的基本原則。塔西佗這位歷史學家，最早運用哲學的思維理則來研究史實，以獨到的眼光和生花的妙筆，描繪出日耳曼人那種單純樸素和自在無羈的原始狀況。他的敘述簡闢精到，不禁使當時的文人雅士愛不釋手，也鼓勵現代的歷史學家願意深入研究。這個題材包羅萬象，意義深長，已經進行長時間的討論，不僅著力甚大而且極其成功，讀者對問題的了解變得更爲熟悉，作者要想有所創見也就日益困難。因此我們要盡心全力探討，反覆思考某些天候、習俗和制度上的重要環結，就是這些因素，致使粗野的日耳曼蠻族得以成爲羅馬強權的勁敵。

一、日耳曼的自然環境

古代日耳曼延伸的區域極其廣大，雖然不包括以萊茵河當邊界，臣服於羅馬的西部各省，占有之面積仍然超過歐洲的三分之一，幾乎涵蓋現在的日耳曼、丹麥、挪威、瑞典、芬蘭、黎弗尼亞(Livonia)和普魯士的全部，以及波蘭的大部，居住著一支龐大民族的各個部落，從容貌、習俗和語言上可以看出共同的來源，顯著的類似之處繼續保存下來。古代的日耳曼在西面以萊茵河與帝國的高盧行省相鄰；南面以多瑙河與伊里利孔行省分界，起於多瑙河的一列山嶺叫喀爾巴阡(Carpathian)山脈，成爲達西亞，或稱匈牙利對付日耳曼的屏障；東邊與薩瑪提亞人處於相互敬畏的狀況下，疆界的劃分並不明顯，這兩個民族常因部落之間攻守連盟而糾纏不清。在遙遠黑暗的北方，古代人依稀感覺到，波羅的海和斯堪地那維亞半島或群島[1]之外，還有一個冰凍的海洋。

有些學識豐富的學者認爲，以前的歐洲比現在要冷，古代日耳曼對天候的描述有助於證實他們的理論。一般對厚重濃霧和漫漫長冬的怨言，可能較少受到關注，因爲我們沒有方法訂出精確的溫度標準，去衡量那些生長在希臘或亞細亞溫暖地區的演說者，他們的感覺或說法。但我必須指出兩種比較不含糊的特定狀況：其一，萊茵河和多瑙河是屏障羅馬行省的兩條大河，經常在冰凍之後能夠承載很大的重量。蠻族選擇最寒冷的季節入侵，在寬廣而堅實的冰橋上[2]，運送數量龐大的軍隊和騎兵，以及鈍重的運輸縱列，不致於有任何困難和危險。當前這個時代倒是沒有發生類似的現象。其二、馴鹿這種用途廣泛的動物經得住嚴寒，也唯有在這種氣候才能生存，是北方蠻族荒寂生活最大的保障。有人發現它生長在斯匹茲堡(Spitzberg)群島的岩石地區，此地離北極在十度之內。這些動物喜愛拉普蘭(Lapland)和西伯利亞的雪地，無法在波羅的海以南地區生存，更談不上飼養繁殖。但是在凱撒的時代，赫西尼亞(Hercynian)森林遮蓋著日耳

1 瑞典當代的科學家認爲波羅的海的水位在降低，估計大約是每年半吋。二十個世紀以前，斯堪地那維亞平坦的地區都被海水淹沒，只有高地露出海面，形成很多面積很大的島嶼。我們可以從米拉(Mela)、普里尼和塔西佗的作品中獲得一些觀念，那就是波羅的海四周有很多面積很大的國家。

2 從古代的記錄中得知，在多瑙河地區，放到桌上的酒會凍結成大塊的冰。色諾芬的《遠征記》提到，不論是士兵還是哲學家，在色雷斯都感到極爲寒冷。

曼和波蘭大部分區域[3]，馴鹿跟麋鹿和野牛一樣，都是土生土長的動物。近代的進步和發展，可以解釋寒冷的天候爲什麼會減少。廣大的森林逐漸清除，陽光可以照射地面[4]，排放沼澤的積水使可耕種的土地增加，空氣也更爲溫和。今天的加拿大就是古代日耳曼的縮影，雖然緯度與法國和英國氣候最好的行省相當，但是冬季的酷寒實在令人無法消受，到處都有馴鹿生長，遍地覆蓋又深又厚的積雪。塞納河和泰晤士河見不到冰雪的季節，聖勞倫斯(St. Lawrence)河這條巨大的河流卻已完全凍結[*5]。

古代日耳曼氣候對土著身心產生什麼影響，現在很難了解清楚，也容易誇大其辭。很多學者有共同看法，談不上有那些確切證據，就認爲北方酷寒對增長壽命和促進生殖都有好處，比起溫帶環境的婦女更爲多產[6]，人種繁殖會加速。我們也可斷言，日耳曼寒徹心肺的空氣，使得土著的四肢強壯肌肉發達，身材也比南方人高大，適合擔任發揮力量而非運用耐心的工作。他們因身體機能的勇敢而更加活躍，也是天候使神經和心智受到磨練的結果。冬季戰爭的嚴酷環境，會使羅馬軍隊士氣低落，但適合北方艱困環境的青年絲毫不受影響[7]；反過來說，他們也無法適應夏季的炎熱，在意大利陽光照射下，容易因生病和疲倦而衰弱不堪[8]。

二、日耳曼人的性格特質與生活習俗

地球上沒有一個幅員廣大的國家，發現竟然缺少居民，或是說從歷史

3　連最好奇的日耳曼人，也不知道這個森林有多大，據說有人在裡面走了六十多天。

4　克祿維流斯(Cluverius, 1580-1632 A.D.，意大利地理學家和歷史學家)曾經調查過赫西尼亞森林的剩餘部分。

*5　[譯註]聖勞倫斯河的緯度比那兩條河低，但西歐受墨西哥灣流影響，氣候比加拿大溫暖。

6　奧勞斯・路德貝克(Olaus Rudbeck)很肯定的說，瑞典婦女通常要生十到十二個小孩，就是二十到三十個也不是很少見。但是他的權威說法還是值得懷疑。

7　蒲魯塔克提到辛布里人(Cimbri)可以用寬大的盾牌，從積雪的山嶺上滑下來，讓人看到覺得很驚奇。

8　羅馬人可以在各種天候下作戰，有良好的紀律可以採取有效的措施，來保持身體的健康和戰鬥的勇氣。可以一提的是，從赤道到極區這些不同的國家裡，所有的動物當中只有人能夠生存和繁殖，此外就是豬的適應性最強。

上確定最初的人口。然而，有些知名的學者，想要探索一個偉大民族的早期狀況，不僅無法滿足好奇心，一切努力也徒勞無功。塔西佗認爲日耳曼人的血統純正，國土的形勢險要，但是他還是把這些蠻子稱爲印地基諾(Indigenoe)，意思就是「土著」。我們認爲古代日耳曼在最早階段，並不是由已形成政治社會的外來殖民所群居的地區[9]，而是某些在赫西尼亞森林流浪的野蠻人，逐漸融合成目前存在的民族且保有其名稱。當然別有用心的人會抱持這種看法，認爲蠻族是他們所居住土地上的自然產物，這是一項很大膽的推論，要是沒有證據的支持，將會受到宗教界的譴責。

這種理性的懷疑態度固然可取，但是無法反駁宗教方面的信念。採用摩西世界史觀的各民族當中，大家都相信諾亞方舟的故事，就好像特洛伊圍城對以前的希臘人和羅馬人那樣眞實無虛，在既成事實的狹隘基礎上，樹立一個神話式的巨大而粗俗的超級結構。野性未褪的愛爾蘭人[10]和韃靼人一樣，都指雅弗(Japhet)的獨子，是他們一脈相傳的祖先[*11]。上個世紀有幾位飽學之士潛心研究古代文明，從神話、傳統、臆測和文字考證的吉光片羽中，將諾亞偉大的子孫從巴比倫的通天塔[*12]帶到世界的極端。在這些明智通達的論述中，以烏薩爾(Upsal)大學的奧勞斯・路德貝克(Olaus Rudbeck)最富創見[13]，姑且不論在歷史學或神話學方面是否獲得盛名，起碼可以說他是一個愛國人士，要把對世界的一切貢獻歸於他的國家。那就是說希臘人從瑞典(形成古代日耳曼相當大的部分)獲得字母架構、天文觀

9 塔西佗在《日耳曼尼亞志》提到高盧人順著多瑙河遷移，分散到希臘和小亞細亞等地。但是塔西佗只發現一個微不足道的小部落，還可以追溯它的高盧血統。

10 根據基亭(Keating)博士所著《愛爾蘭史》所述，巨人帕索拉努斯(Partholanus)是諾亞的第八代子孫，創世開始的第一千九百七十八年，五月十四日那天在孟斯特(Munster)海岸登陸。雖然他成功開創基業，但是他的妻子行爲放蕩，家庭生活得不到幸福，使他非常氣憤以致殺死她所喜愛的獵犬。這位學識淵博的歷史學者敘述得很正確，愛爾蘭首次出現女性不貞的例子。

*11 [譯註]雅弗是諾亞的第三子，也是所有歐洲人的共同祖先。

*12 [譯註]參閱《聖經》〈創世紀〉第十一章巴別塔和變亂口音。

13 他的著作並非很難見到，貝爾(Bayle)從《亞特蘭提卡》(*Atlantica*)這本書中選用很精彩的兩篇。

察和宗教信仰。在那令人愉悅的地方(就當地人的看法而言)，柏拉圖的亞特蘭提斯(Altantis)大陸、極北的樂土之鄉、西方的金蘋果花園、可愛的幸福群島，甚至死後的極樂世界，都隱隱約約拿這裡當作不完美的摹本。只是像上天如此垂愛的地方，不應在大洪水以後仍然一片荒蕪。學識淵博的路德貝克認為，諾亞的家庭幾年之間從八人增加到兩萬人，開始時應該散布在較小的殖民地，這樣地球有了人類以後，才可以繁殖綿延下去。留在日耳曼或瑞典這個分支(要是我沒有弄錯，那是在亞實基拿(Askenaz)的領導下來到此地，他是歌蔑(Gomer)的兒子和雅弗的孫子)，在執行這件偉大的工作時，比別人更為勤奮，以致於在北方出現的人群，擁向絕大部分的歐洲、非洲和亞洲，就像血液從四肢流向心臟(套用作者的隱喻)。

這些費盡心機構成的古日耳曼系統，會因簡單的事實而無法立足，不會引起任何質疑也沒有商榷餘地，那就是在塔西佗時代，日耳曼人不懂得使用文字[14]。文字的使用將文明人和無知識的野蠻人，區劃得涇渭分明，若沒有這種人工系統的幫助，人類的記憶就會消退，喪失處理事務的思考能力。更高層次的思維理則，得不到模式和材料供應，無法發揮應有的功能，判斷力變得衰弱而麻木，想像力趨向萎縮或失常。要想完全明瞭像這樣重大的真實狀況，只須在一個進步的社會中，計算受過教育的人士和目不識丁的農夫之間的巨大差距。前者藉著讀書和思考，倍增自己的經驗，悠遊在漫長的時光和遙遠的國度中；然後者被植株在一個地方，生存於有限年歲之內，在心智能力的運用上，比起他工作的夥伴公牛好不了多少。民族之間的差距，比起個人有過之而無不及。我們可心平氣和宣布，要是人類沒有書寫的能力，民族不會保存忠實的歷史記錄，在抽象的科學上不會有顯著的進步，也不會擁有極為重要而且使人快樂的謀生技藝。

14　我們信得過學者的權威，不必就古老的北歐碑文也就是如尼文(Runic)進行無謂的爭論。博學的塞爾休斯(Celsius)是一位瑞典學者和哲人，他的論點是如尼文不管怎麼說，比起羅馬人用的字母，已將圓弧簡化成直線，這樣雕刻起來比較方便。我們還要補充幾句，最古老的如尼碑文假定是在第三世紀，但是提到如尼文字的作家中，最早是溫南久斯·佛都拿屠斯(Venantius Fortunatus)，他生長在六世紀末葉。

談到這些技藝，古代的日耳曼人眞是極度匱乏到可憐的地步。他們在無知和貧窮中度過一生，虧得有些衛道人士用甘於純樸來大肆讚揚。近代日耳曼據稱有兩千三百座有城牆的市鎮，古代地理學家托勒密在這樣廣大的國土上，只發現不到九十個地點，夠條件能稱之爲城市[15]。然而，根據我們的觀念，這些城市不過徒具虛名而已，只是一些粗製濫造的堡壘工事，建築在森林的中央，當部落的武士出動擊退突然進犯的敵人時，可用來保護婦女、兒童和牲口。但是塔西佗認爲他那個時代，日耳曼並沒有城市，這也是眾所周知的事實。日耳曼人鄙視羅馬人勤勞構造的建築物，將這些看成監禁的地點而非安全的場所[16]。他們並非比鄰而居，或者聚合成正常的村落[17]。每個蠻子盡可能選平原、森林或靠近新鮮水源的地點，搭蓋圓形的低矮茅舍，用不著石塊和磚瓦，全部用粗木材建造，鋪上乾草當屋頂，上面留孔讓煙氣可以自由排出。在嚴寒的冬天，生活艱苦的日耳曼人有獸皮製成單薄的長袍，就能感到心滿意足。住在更北邊的民族則要穿著更厚的皮毛，婦女紡織很粗的亞麻布供自己使用。日耳曼森林裡的獵物種類繁多，數量豐富，供應所需食物，居民在不知不覺中鍛鍊出強壯的體魄。他們有龐大的牛群，外表看來不起眼但是蠻實用，成爲他們主要的財產。少量穀物是取自大地的唯一產品，對於栽培果樹和種植牧草，則一竅不通。所有的土地每年要重新劃分，個人的產業也隨之改變，爲了避免爭執，大部分的土地保持荒廢的狀況，不加以耕作和使用。像這樣一個民族，運用如此奇特的方式，眞不敢期望他們在農業上能有多大的改進。

日耳曼極度缺乏金、銀和鐵。野蠻的居民既無技術也沒耐性，去探勘蘊藏豐富的銀礦礦脈，等布藍茲維克(Brunswick)和薩克森尼(Saxony)[*18]的國王發現以後，獲得非常驚人的報酬。瑞典現在以鐵砂供應歐洲，過去

15 克祿維流斯經常批評亞歷山卓的地理學家不夠精確。

16 日耳曼人策動科隆(Cologne)的烏皮族(Ubii)反抗羅馬人的奴役，爭取自由恢復古老的生活方式，獲得成功以後，堅持要立即推倒殖民區的城牆。

17 西利西亞(Silesia)的村莊分布很零落，相互之間要隔幾哩路。

*18 [譯註]布藍茲維克位於德國中部地區，薩克森尼位於德國東南靠近捷克的邊界。

也一樣不知道自己有這樣大的財富。鐵這種金屬對日耳曼人而言，最高貴的用途就是拿來製造武器，但從這些武器可以知道，鋼鐵的產量實在太少。在處理平時和戰爭的各種事務過程中，萊茵河和多瑙河的邊界出現一些羅馬貨幣(主要是銀幣)，但是遙遠的部落完全不知道金錢的功能，用以物易物的方式進行有限的商業行爲，把粗糙的陶土器具，與羅馬人送給他們國王和使者的銀瓶，當作價值相等的物品。一個人只要有思考的能力，這樣重要的事實，比無關緊要的細節，可以提供更多的啓示。金錢的價值在於用來表示人類的需要和財產，如同創造文字是用來表達人類的思想，這兩種制度使得人性的力量和情感，能夠發揮積極的作用，有助於達成所訂定的目標。金和銀的使用大部分基於人爲的因素，不像鐵經過烈火的千錘百鍊，經人類熟練的雙手製造成形，對農業生產和各種技藝提供最大的貢獻，效用之廣已無法一一列舉。總而言之，「金錢」是使人類勤奮工作最常用的「刺激物」，而「鐵器」是使人類發揮工作效用最有力的工具。要是一個民族既沒有「金錢」刺激，也得不到「鐵器」支持，還能靠什麼方法從極度野蠻的狀態提升到文明的程度，實在令人難以想像[19]。

若仔細觀察世上的野蠻民族，會發現「因循怠惰」和「不思來日」是他們最大的通病。文明國家的個人能力得到發展和訓練，是相互依存的巨大鎖鍊，將社會上各種成員緊密聯繫在一起。絕大多數人終生操勞以求一飽，極少數人受到神明垂愛，獲得的財富超過他的需要，能有多餘時間去追求樂趣或榮譽，增進財產或知識，基於責任對社會生活做出有益或愚蠢的事情。日耳曼人的社會架構並不複雜，照料房舍和家庭、管理土地和牛群，一概交給老弱殘疾、婦女和奴隸。懶惰的戰士不具備任何一種才藝，可讓他消磨閒暇時日，就像動物一樣滿足於竟日竟夜的飲食和睡眠之中。但自然界會產生奇異的反常現象(根據一位作者的看法，他曾深入探討最不爲人所知的黑暗角落)，這樣的蠻族既是人類中最懶惰的人，也是最心

19 墨西哥人和秘魯人沒有使用錢幣和鐵器，各種技藝還是很進步，但是在提這些技藝以及興建的紀念物時，敘述的事實過於誇張。

浮氣燥的人。他們喜歡不工作過懶散的生活，卻又討厭平靜無事，萎靡不振的心靈像是被壓制在重負之下，急需經由新鮮有力的感覺來發洩。戰爭和危險是唯一的歡愉，能適合他們兇殘粗暴的脾氣。日耳曼人聽到武裝的召喚聲就滿懷感激之情，從不安穩的昏睡中醒轉，產生積極的進取心，經由身體的劇烈操勞和心靈的極度刺激，恢復意識感覺到自己還生存在人世。在得到和平後的無聊沉悶期間，這些蠻子毫無節制地耽溺於豪賭和狂飲。豪賭能激起鬥志，狂飲則喪失理智，這兩種不同的方式都能免除思考的抑鬱。他們夜以繼日耗在賭桌上而感到自豪，朋友和親戚的鮮血經常流在滿是醉鬼的會場。他們對賭債很講信用，不顧一切的賭徒將個人財產和自由，全部押在最後一把骰子上，耐心服從命運的決定，讓自己被體格雖然較弱小而幸運的贏家，用繩索綑綁加以懲罰，賣到遠地為奴隸[20]。

味道很重的啤酒，是一種用不著多大技術，從小麥和大麥中提煉出來的飲料，經過「腐化」(塔西佗特別強調這一點)的程序，做成很像酒的東西，適合日耳曼人格調低劣的口味。但是飲過意大利和高盧葡萄酒的人，都會為那天之美祿的香醇可口深為傾倒。然而，他們並不打算把葡萄樹移植在萊茵河和多瑙河地區(過去做得很成功)，也不願意勤勞工作，來獲得可以賺取厚利的原料。能用武力可以搶到手的東西卻要用勞力去換取，這是對日耳曼精神的極度藐視。他們對烈酒產生無法克制的渴求，刺激著日耳曼蠻子侵入附近的行省，因為這些地方有上天賦予最令人垂涎的禮物。托斯卡尼人將國家出賣給塞爾特民族，就是用溫暖氣候出產的鮮美水果和葡萄，吸引他們進入意大利。十六世紀時日耳曼的外援部隊受邀參加法蘭西的內戰，也是運用同樣的手法，因為香檳省(Champaigne)和勃艮地省是最著名的產酒地區，他們受到承諾才參戰[*21]。酗酒雖然不是最危險的惡行，但卻是最無教養的習性。在一個低度文明的國家，縱酒暴飲的行為經常會引起一陣搏鬥、一場戰爭或一次革命。

20　日耳曼人可能是從羅馬人那裡學來賭博，但是天生具有好賭成性的精神。

*21　[譯註]法國這兩區是出產葡萄酒的天堂，香檳地區的香檳酒和勃艮地地區的紅酒，更是箇中翹楚。很多酒莊打著羅馬帝國旗號，表示年代遠久，品質優良。

三、日耳曼人的社會結構與政治組織

從查理曼(Charlemagne)大帝時代開始*22，經過十個世紀的努力，古代日耳曼的氣候變得更溫和，土地也更爲肥沃，在同樣面積的地區內，目前可以輕易維持一百萬農夫和工匠，過去卻無法用簡單的生活必需品，供應十萬名懶惰的戰士[23]。日耳曼人將廣大的森林棄而不用；除了狩獵以外，其餘土地大部分用來放牧，只有剩下很小的面積，進行毫不在意的粗放耕作，然後再埋怨國土的欠缺和貧瘠，無法維持爲數眾多的居民。他們沒有維生的技藝，經常發生饑饉，只有把三分之一或四分之一的青年遷移出去[24]，減輕民族所遭遇的災難。文明人擁有財產和享用財產，才能與國家的進步產生密切的聯繫，是定居在一塊土地上的有力保證。但是日耳曼人隨身攜帶認爲有價值的東西、他們的武器、他們的牛群和他們的婦女，欣然放棄沉靜的森林，抱著無窮的希望去進行搶劫和征服。人數龐大的群眾從這個民族的大熔爐中一湧而出，因爲害怕被外人所奴役，他們的後裔相信這種傳聞，使得這種向外遷移的現象更是一發不可收拾。有一種學說經過渲染逐漸成立，聲譽卓著的學者也表示贊同，那就是在凱撒和塔西佗的時代，北方的居民要比我們這個時代的人數還要多[25]。經過深入的探討各時代的人口問題，證明這些現代的智者，他們的假定不但錯誤而且極不可能。馬里亞納(Mariana)和馬基維利(Machiavelli)固然大名鼎鼎，但是

---

*22 [譯註]查理曼大帝(742-814A.D.，法蘭克王國的國王)在800年經教皇加冕爲神聖羅馬帝國的皇帝，擊敗伊斯蘭教的擴張，建立橫跨整個歐洲的大帝國，首都亞琛(Aachen)成爲當代的學術中心。

23 凱撒的《高盧戰記》第一卷裡提到，從瑞士出來的赫爾維提亞族(Helvetian)有三十六萬八千人。到了現在，配德浮德(Pays de Vaud，位於日內瓦湖北岸一個很小的區域，以好客、文雅著稱)的人口只有十一萬二千多人。

24 保羅·戴柯努斯(Paul Diaconus，八世紀倫巴底的歷史學家)這批學者認爲，遷移是很正常而且普遍的必要措施。

25 威廉·坦普(William Temple, 1628-1699A.D.，英國政治家和文學家)爵士和孟德斯鳩對於這個題材，一直是充滿著幻想的氣氛。

羅勃森(Robertson)和休謨在這方面更有成就*26。

一個像日耳曼如此好戰的民族，既沒有城市、文字和技藝，也沒有金錢，卻能夠過著自由自在的生活，算是在野蠻狀態下找到一些補償，就好像我們的欲望和財產，成爲專制政治中難以解除的桎梏一樣，只有貧窮使他們保有自由。塔西佗說道：

> 在蘇歐尼族(Suiones)當中，財富掌握在高階人員的手裡，因此他們臣屬於一個絕對專制的君主，對人民毫無信任，甚至不讓他們自由使用武器，就像通行在日耳曼其他地區那樣，反而將武器既不是交付給公民，甚至不是交付給自由人，而是託付給奴隸。他們的鄰居賽東尼族(Sitones)，地位貶到比奴隸都不如，全部要服從一個婦女的命令[27]。

在提到這些例外事件時，這位偉大的歷史學者非常清楚政府機能的一般理論。我們唯一感到困惑的是財富和專制，用什麼方法才能深入北方遙遠角落，澆熄在羅馬邊境熊熊燃燒的大火。再來是那些丹麥人和挪威人的祖先，他們的後代以頑抗不屈的精神著稱於世，怎可能如此聽命於人，放棄日耳曼人自主不羈的偉大個性[28]。或許，在波羅的海海岸的某些部落，雖然沒有完全放棄個人的權利，但卻承認國王的權威。不過，在日耳曼大部分地區，政府採用民主政治形式，與其說是經由普遍與明確的律法，不

---

*26 [譯註]馬里亞納(Mariana, Juan, 1536-1623, A.D.)是西班牙歷史學家，著有《西班牙史》(*History of Spain*)；馬基維利(Machiavelli, Niccolo di Bernardo, 1469-1527A.D.)佛羅倫斯的外交家和政治家，著有《君王論》(*Il Principe*)；羅勃森(Robertson, William, 1721-1793A.D.)是蘇格蘭的歷史學家，著有《蘇格蘭史》(*History of Scotland*)。

27 弗倫息繆斯(Frenshemius)對於羅馬人不尊重北國的女王，感到極爲憤怒。

28 難道我們不認爲「迷信是專制之母」？奧丁(Odin，北歐神話的主神和世界統治者，這個神話的族群能維持到1060年)的後裔據說統治瑞典超過一千年，烏薩爾的廟宇就是宗教和帝國的古老所在地。我發現1153年有一項特別法令，除國王衛隊外，禁止使用和配帶武器，難道不是對打算恢復古老制度的一種曲解？

如說是由血統、勇氣、辯才和迷信所形成的非經常性優勢來加以制約。

他們最初的理念是爲了共同防衛，採取自願參加的聯盟方式成立文官政府。爲了達成目標，每個人必須捨棄私人的意見和行動，服從參與人員多數決的審議。日耳曼的部落即滿足於這種粗陋而自由的政治社會架構，一個雙親都是自由人的青年，成年時被導入同胞所組成的會議，很莊嚴的授與矛和盾，接受爲軍事共和體制內，地位平等而能發揮作用的成員。部落的戰士會議，在固定的季節或突發的危險狀況下召開，有關防衛措施的檢討、官吏的選舉，以及和平與戰爭重大事務，每個人都有發言權，最後再做決定。有時這些重要的問題事先經過審愼的考量，在特別推選的部落酋長會議中再提出來討論。官吏可以仔細考慮和加以說服，但是人民只能參加表決和貫徹執行。要知道日耳曼人在下達決心時，不但快速而且會運用激烈的手段。蠻族習慣於自由的方式來發洩情緒，逞一時之快而漠視未來所產生的後果，心中滿懷憤怒表現出藐視的神色，根本不理會法律和政策的約束，常用毫無內容的牢騷話，表達他們對懦弱商議極爲不恥。等到一位口若懸河的演說家，提議大家要從內憂外患的困境中奮發圖強，不論是爲了維護民族的尊嚴，還是要從事危險和榮譽的行動，全體都會大聲的用矛敲擊著盾，以表示對會議的熱切讚美。日耳曼人經常隨身攜帶武器來開會，此時最值得擔憂的就是要避免心志不堅的群眾，被內訌的言辭和大量的飲酒所催動，拿出武器來宣示他們憤怒的決心，並且擺出不惜一戰的姿態。我們可以回想一下，波蘭的議會經常發生流血事件，逼得人數眾多的黨派屈服於狂暴而激情的小組織[29]。

日耳曼人在危險的時刻選出部落的領袖，要是局勢非常嚴重而急迫，幾個部落可以共同推舉一位將領，最勇敢的戰士會受到提名，以身先士卒而不僅是發號施令的方式來指揮同胞投入戰場。他的權力受到很大的限制，但還是難免遭人疑忌。這個權力會隨著戰爭的結束而終止，日耳曼部

29　我們古老的議會需要投票表決的案子不多，但是上議院議員最大的問題，就是武裝的隨員太多。

落在平時並不承認任何最高領袖，不過，在一般的會議上會指派「諸侯」(Princes)*30，負責在各自的區域之內執行法律，也可以說是調解糾紛。在選擇這些行政官員時，家世和功勳同樣的重要，公家派給他們衛士及一個百人議會。早期的諸侯享有卓越的地位和榮譽，羅馬人會用合法的頭銜來向他們表示敬意。

從行政權力的運用，就可看出日耳曼習俗衍生的制度所具有的特點。諸侯在負責的行政區域之內，操持著土地財產的絕對權力，同時根據一種劃分方式，每年重新加以分配。但是他卻沒有處死、監禁甚至毆打公民的權力。一個民族如此保護人身的權利，而不重視他們的財產所有權，必然是完全無視於勤奮的工作和技藝的學習，但是會受到高度的榮譽感和責任心的啓發和激勵。

日耳曼人只尊重那些加諸在自己身上的責任，士兵以藐視的態度抗拒行政官員的權力。塔西佗在《日耳曼尼亞志》這本書中提到：

> 出身高貴的青年若沒有列入著名領袖的忠誠戰友中，好奉獻他們的武力和服務，就會感到慚愧。這些忠誠夥伴之間進行著高貴的競爭，以便受到領袖的尊重，而獲得更高地位。領袖之間的競爭，在於獲得多少英勇的戰友。永遠被一群精選的青年所圍繞，就是領袖的驕傲和力量，在和平時這些人是他的裝飾，在戰爭時這些人是他的保障。這些英雄的榮譽會散布開來，超越部落的狹隘範圍。禮物與使者會來懇求他們的友誼，他們使用武力帶來聲望，保證所贊助的黨派獲得勝利。領袖的驍勇善戰若在危險的時刻被其戰友超越，他會感到極不光采；從戰友的立場來說，若無法與領袖同樣的驍勇善戰，更是個人最大的恥辱。領袖在戰場上被擊倒而他卻全身而退，這是一輩子洗刷不掉的污名。保護領袖

*30 [譯註]歐洲君主國的「諸侯」是貴族階級的頭銜，層級有時比公爵高，而且一定會有封地，像日耳曼就有很多的選侯國。

> 的個人安全，用自己的功勳當戰利品來裝飾他的榮譽，這是他們最神聖的責任。領袖爲勝利而戰，戰友爲領袖而戰。最高貴的戰士，即使本鄉本土太平無事，也要趕赴遙遠的戰場，保持人多勢眾的隊伍，去實踐他們永不服輸的精神，以冒險犯難來贏得聲名。戰友向慷慨的領袖要求獎賞，只有久歷戰陣的駿馬，沾滿血跡和贏得勝利的槍矛，才是合乎戰士身分的禮物。領袖要用好客的氣魄，在簡單的餐桌上擺滿豐盛的食物，來款待這些英勇的戰友。唯有戰爭、掠奪、友情，才會供應這麼多予取予求的物質。

當然，這種制度偶爾會使共和政體積弱不振，但整體而言，卻能激發日耳曼人在性格上的活力，使這些野蠻人所能感受到的德行也日趨成熟，以致於信仰和英勇，好客和禮貌，在接著而來的騎士時代受到世人的矚目。據一位才高八斗的學者宣稱，由領袖給予勇敢戰友的光榮禮物，包括最早期的采邑在內，等到征服羅馬的行省以後，則以一種帶著類似效忠職責與軍事服務的方式，將獲得的土地加以分配，因而產生很多蠻族的地主。這種狀況與古代日耳曼人的原則相牴觸，他們喜歡互贈禮物，但不會形成雙方義務關係的負擔。

「在騎士時代，更恰當地說是浪漫時代，所有男人都很勇敢，婦女都很貞潔。」貞潔是比勇敢更難保持的德行，這一切要靠古代日耳曼的婦女。一夫多妻制除了諸侯之間，一般並不常見，目的是在鞏固聯盟關係。習俗而非法律禁止離婚，將通姦視爲無法赦免的罪行來加以懲處[31]，基於先例和風氣，誘拐婦女也被視爲不正當行爲。我們很清楚看出，塔西佗很坦率的拿蠻族的美德懿行和羅馬女士的淫蕩敗德來做比較。嚴格說來，日耳曼人的婚姻生活，在某些方面已經形成一種忠誠和貞潔的風氣。

文明的進步可以緩和人性的兇惡性格，但是對貞潔這種德行發生不了

31　通姦的淫婦會被人用鞭子抽打著趕過村莊，不管有錢或是美貌都無法獲得同情，也找不到第二個丈夫。

正面作用，因爲引起不貞在於心靈的軟弱。要是一味在兩性的交往上加以修飾，就會讓優雅的生活開始腐化，愛情的欲念轉變爲難以控制的熱情，就會產生危險，要是被蒙蔽的話後果更爲嚴重。優雅的服飾、動作和姿態，增加美麗的誘惑力，經由想像力，更加重了感官的刺激。奢華的歡娛、午夜的擁舞和淫亂的景象，誘惑女性增加紅杏出牆的機會[32]。要是拿這種危險的環境做個比較，蠻族未施脂粉的婦女，卻因貧窮、孤獨，以及需要辛苦照顧家庭生活，在貞節方面更爲安全可靠。日耳曼的茅舍，四周敞開一無遮蔽，對於配偶的忠誠，比波斯後宮的高牆、門閂和太監更爲安全。除了這些理由，還要基於榮譽的天性，日耳曼人以尊敬和信任對待婦女，每逢重大情況必與她們商量，欣然承認在她們的心胸之中，存在著比男子更高的尊榮和智慧。有些解讀命運的人，像是巴塔維亞戰爭的維利達(Velleda)[*33]，以神的名義統治著日耳曼最兇狠的國家。其他的女性雖然沒有被當成女神來崇拜，但卻被尊爲士兵完全平等的戰友。她們從結婚典禮開始，一生就要安危與共、榮辱同當[34]。在日耳曼人大舉入寇時，蠻族營地充滿成群的婦女，無論是聽到刀兵相接的聲音，看見各種殺戮毀滅的場面，甚至自己的丈夫和兒子受到重傷或死亡，她們仍然鎮定如昔，毫無畏懼之心。過去發生很多次這樣的狀況，日耳曼的軍隊已經喪失作戰的勇氣，因爲婦女寧死也不願當奴隸，所以又被趕回去拚命到底。要是大勢已去，她們知道如何用自己的手，爲自己和兒女做一了斷，以免受到勝利者的侮辱[35]。這樣的女強人眞是令人欽佩，但實在說，她們既不可愛也無法感受到愛，要與男人一比高下，就得拋棄迷人的誘惑力，那就是女性的嬌弱和溫柔。日耳曼女人在意識上感到極爲驕傲，從而被教導要壓制各種柔情，以爭取榮譽。女人的最高榮譽就是貞操，像這樣具有高度精神作用的

32 奧維德用兩百行詩來研究最適合談情說愛的地點，最後，他發現在劇院最容易找到羅馬的美女，也最容易打動她們的芳心。

*33 [譯註]維利達是當時有預言能力的處女，也可以說是女巫。

34 結婚禮物是一對公牛、馬匹和武器。塔西佗用華麗的文體來敘述這種題材。

35 條頓人的妻子在全家自行了斷以前，也會投降，條件是她們願意做灶神處女的奴隸。

婦女，從而產生的各種情感和行爲，可以視爲民族特性的成因、結果和證據。女性的勇氣，不論是由狂熱所激發還是習慣所確立，在隱約之間對男性並不完美的模仿，表現出那個時代和民族的特色。

四、日耳曼人的宗教信仰

日耳曼人的宗教制度（要是蠻族的狂野想法能配得上這種稱呼的話）基於他們的需要、畏懼和無知[36]，崇拜自然界龐大的物體和象徵的代表，像是太陽和月亮、烈火和大地，還有那些想像中的神祇，各據有重要的職位來管轄著人類。他們相信經由某種不可思議的占卜，可以了解上天的意願，而且拿人來作犧牲，是祭壇最珍貴也是最樂意接受的祭品。神的子民持有高貴的觀念，就能贏得神的讚許。他們既不將神局限在廟宇的牆內，也不用人像來表示神的形體。我們知道日耳曼人不善於建築，同時也完全不知道雕刻的藝術，不必對說出眞正的理由而有所顧忌，他們對宗教的表達並非基於理智的考量，毋寧是欠缺創造的才能。日耳曼人用黑黝而古老的樹叢當作廟宇，受到後代子孫奉若神明的尊敬，祕密幽暗的處所隱藏著想像中的神明力量，沒有設定明顯使人敬畏和崇拜的目標，但卻在心田深處烙上宗教的恐懼意識[37]。那些舉止粗俗而又目不識丁的教士，根據經驗運用各種手段，盡量要把這種印象和作法保持下去，以符合他們的利益。

基於同樣的無知狀況，這些蠻族不懂得運用法律的限制，竟然赤裸裸毫無防備，將自己暴露在迷信的盲目恐懼之中。日耳曼的教士利用同胞這種性格上的弱點，在與俗世有關的事務上，擁有官吏所不敢行使的權限。傲慢的戰士耐心服從鞭打的懲戒，並非任何人都有此權力，而是戰爭之神命令立即加以處罰。教會當局經常干涉內政的缺失，在民眾召開的會議場合用來維持秩序，有時會對與整個民族有關的事務表示更大的關切。近來

36 塔西佗對此晦暗不清的題材只寫幾行，而克祿維流斯寫了一百二十四頁。前者在日耳曼發現希臘和羅馬的神祇，後者相信他的祖先崇拜太陽、月亮和烈火的三位一體。

37 馬賽附近有處神聖森林，盧坎描述成極度恐懼的場所，但日耳曼有很多這種地方。

在麥克林堡(Mecklenburg)和波米拉尼亞(Pomerania)這些地方[*38]，經常舉辦莊嚴神聖的遊行。大地女神那不爲人知的象徵物，置放在母牛拉曳的大車上，四周用布幔覆蓋，女神的停居是魯根島(Rugen)，用這種方式巡視鄰近部落的信徒。在祂出巡這段期間，戰爭暫時休兵，爭吵沉寂下來，武器棄置一旁，心浮氣躁的日耳曼人有機會享受平靜與和諧的祝福。十一世紀的神職人員經常掛在口邊的話，就是「奉神之名，停止打鬥」，用來呼籲雙方休戰，但是收效不大，這是很明顯的引用這個古老的習慣。

宗教所產生的影響力，只會強烈激起日耳曼人兇狠的情緒，沒有辦法產生安撫的效果。宗教在塵世的代理人基於既得利益和信仰狂熱，以遵奉上天的旨意爲名，犧牲性命亦在所不惜，而且滿懷成功的保證。神聖的旗幟長久以來在迷信的隊伍中受到尊敬，被置放在戰場的前面[39]，敵愾同仇的軍隊發出可怕的誓言，要把對方獻祭給戰神和雷神。在士兵（這就是日耳曼人）的信念當中，怯懦是不可饒恕的罪行。勇敢的男子漢受到好戰神明的垂愛；拋棄盾牌的卑鄙角色，會被他的同胞趕出宗教集會和內部會議。有些北方的部落相信轉世的說法[40]，也有人想像一個可以痛飲美酒永生不朽的天堂。但是大家都同意，獻身軍旅和光榮戰死，無論是今生和來世，都是對未來的幸福做了最好的準備。

教士給予永世不朽這種空洞的承諾，吟遊詩人也會強調各種英勇的行爲，這種社會等級很特別的人物，對於要想研究古代的塞爾特人、斯堪地那維亞人和日耳曼人的某些學者專家而言，是非常值得注意的對象。吟遊詩人的天才和性格，以及對職責的重要性所抱持的尊敬心理，已經有充分的例證，但是我們無法想像或是表達出來，他們在聽眾心中激起對戰事和榮耀的熱情。在一個光芒四射的民族當中，對詩的品味與其說是心靈的感

*38 [譯註]麥克林堡位於德國北部，易北河到波羅的海之間的地區；波米拉尼亞是德國和波蘭的北部，瀕波羅的海。

39 他們的旗幟是野獸的頭。

40 凱撒、狄奧多拉斯和盧坎好像認爲高盧人有這種觀念，但是佩路提爾(Pelloutier)爲了保持正統思想，盡量減少這種印象。

受，還不如看成幻想的歡愉。然而，當我們閒暇無事時用閱讀來消遣，追隨著荷馬和塔索(Tasso)[*41]所描述的戰場，在不知不覺中爲虛構的情景所吸引，感受到一陣戰鬥氣氛的蓬勃生機。但是在心平氣和下進行孤獨的深思，這時所得到的感受是多麼的微弱！何等的冷漠！吟遊詩人在上戰場時，或者在勝利的宴會，歌頌古代英雄的光榮事蹟。他們的後裔就是好戰部落的族長，神情激昂的傾聽樸實無華而充滿生氣的音韻，對戰事和危險的展望提升了軍歌的效果，而軍歌激發起熱情，渴求名聲和不惜一死，就是日耳曼心靈不變的期盼[42]。

五、日耳曼人對羅馬帝國所造成的影響

以上就是古代日耳曼人的生活狀況和風俗習慣。他們的氣候、他們的缺乏學識、技藝和法律、他們的榮譽感、俠義心和宗教觀，以及那自由意識、崇尚武力和渴望冒險進取的精神，全都有助於形成一個產生軍事英雄的民族。然而我們發現，從瓦魯斯(Varus)戰敗到狄西阿斯(Decius)臨朝，兩百五十多年來，這些可怕的蠻族對於帝國萎靡頹廢和奴隸充斥的行省，很少進行大規模的襲擊，也沒讓人留下深刻的印象。他們的進展受到缺乏武器和紀律的阻礙，而其憤怒也因古代日耳曼內部的紛爭而轉移。

其一，一個民族控制了鐵以後不久就可以控制黃金，這是有目共睹的事實。但是日耳曼粗野的部落，同時缺乏這兩樣有價值的金屬，只有獨自慢慢去尋找，獲得一種接著就可以得到第二種。從外表上看日耳曼軍隊就

---

*41　[譯註]塔索(Tasso, Torquato, 1544-1595A.D.)是意大利文藝復興詩人，主要作品有反映首次十字軍東征的史詩《被解放的耶路撒冷》(*Jerusalem Delivered*)及《論詩的藝術》。

42　喜愛古典文學的讀者一定記得，特提烏斯(Tyrtaeus，公元前七世紀希哀歌體詩人，作品以征戰爲主，用來鼓勵斯巴達在作戰時要奮不顧身，英勇殺敵)鼓舞士氣渙散的斯巴達人，德謨多庫斯(Demodocus)在費阿夏(Phaeacian)宮廷中享有多高的地位。但希臘和日耳曼不太可能是同一個民族。要是我們的古史學者多思考一下，知道在類似的狀況下會產生類似的行爲，就不會引經據典，喋喋不休。

知道他們缺乏鐵，很少使用刀劍和長槍，他們的拂拉邁(Frameoe，這是用日耳曼的名字來稱呼它)是頭上裝著銳利而狹小鐵尖的長矛，狀況需要時可以從遠處投擲，也用來做近身戰鬥時的衝刺。他們的騎兵帶著這種矛和一個盾，就感到心滿意足。為了增加步兵的戰力，也可以採散開隊形，盡力投射標槍。他們所謂的軍裝是一件寬大的披風，木頭盾牌和柳條盾牌僅有的裝飾就是一片混雜的顏色。少數族長因穿著胸甲而顯得與眾不同，很少人有戴頭盔的習慣。雖然日耳曼人的馬匹外形不美觀，速度也不夠快捷，沒有受過羅馬的馬術訓練，但有幾個國家卻以騎兵贏得很高的聲譽。大體來說，日耳曼軍隊的主力是步兵[43]，按照部落和家族的次序，排成幾列縱深。這些半武裝的戰士，無法忍受疲累與耽擱，總以狂嗥的叫囂和混亂的隊列衝向戰場，有時會發揮天生的勇氣，戰勝虛有其表的羅馬傭兵。蠻族只知傾全力發起第一擊，但是不知道整頓部隊再戰或是退卻以保持實力。他們認為被擊退就是戰敗，戰敗的結果通常是全軍覆滅。當我們想到羅馬軍人有全副盔甲，他們的紀律、訓練、陣式、設防的營地和各種投射機具時，蠻族竟敢憑著血氣之勇，在戰場上迎戰由軍團構成的主力，眞是令人感到驚訝無比，何況羅馬軍隊還有協防軍所屬各種部隊，來支援他們的作戰。這種競爭實在太不公平，到了後來，羅馬軍隊被奢靡和怠惰的習性消蝕了精力，被抗命和叛亂的風氣敗壞了紀律。等到把蠻族組成的協防軍帶進羅馬的軍隊，可以明顯看出這是很危險的措施，因為這樣就教會日耳曼人運用戰術和戰法。雖然在開始時所使用的協防軍數量不大而且有嚴密的防備[*44]，但是從西維利斯(Civilis)的案例來看，羅馬人相信這種危險可是貨眞價實。在尼祿死後的內戰期間，這位智勇雙全的巴塔維亞人，擬訂一個極具野心又有創意的計畫，所以他的敵人才拿他來跟漢尼拔和塞脫

43 薩瑪提亞人最大的不同是騎在馬背上作戰。

*44 [譯註]協防軍是從意大利以外的盟國或被征服地區，所組成的部隊，用來協助羅馬的軍團共同作戰。自從第二次布匿克戰爭以後，羅馬帝國的疆域廣大，本身的兵源不足，才以雇傭或攤派的方式，針對自己的薄弱部分，編組騎兵、輕裝步兵、弓弩手、投石兵等單位。羅馬將領有最高指揮權，中下級幹部由地區人員擔任。協防軍的總兵力大致與軍團的人數相當，甚至到後期還超出很多。

流斯(Sertorius)做比較[45]。八個巴塔維亞步兵支隊，在不列顛和意大利戰爭時獲得名聲，這時就投靠在他的旗幟之下。西維利斯遂領著這支日耳曼軍隊進入高盧，說服特列夫和朗格勒這些有實力的城市，支持他的理想目標，使他能夠擊敗羅馬軍團，摧毀設防的營地。他使用在羅馬軍隊服役時所獲得的軍事知識來對抗羅馬人，最後經過一場頑強的鬥爭，屈服在帝國的勢力之下。西維利斯以光榮的條約保全自己和他的國家，巴塔維亞人仍舊據有萊茵河口的海島[46]，是羅馬君王的盟友而不是僕人。

其二，古代日耳曼要是能聯合起來，所產生的力量必然非常巨大。地域廣闊的國家可能有一百萬戰士，全部都是及齡的壯丁，可以立即發揮作用。但是這批兇狠的群眾，經常被各種懷有敵意的企圖所刺激，無法協調合作，完成有利整個民族的偉大計畫。日耳曼分裂成四十幾個獨立的國家，就是在每個國家當中，經常有幾個部落聯合起來，不僅組織鬆散而且容易造成危險。蠻族很容易受到激怒和煽動，他們不會原諒別人對他們造成的傷害，更不要提公然的侮辱，引起他們的憤怒就會流血而且記仇不願和解。打獵和飲酒的亂哄哄宴會上，經常發生的偶發性爭吵，就足夠在整個民族之間產生心結。任何重要的族長所領有的私人采邑，都可以將這種不滿在他的追隨者和盟友之間播散開來。對無理取鬧的報復，搶劫不設防的地方，都是引起戰爭的原因。日耳曼最令人感到畏懼的國家，用杳無人煙和保持原狀的廣闊邊疆，來環繞自己的領土[47]。鄰國與他們保持相當的距離，證明他們感到武力的恐怖，用這種方式在某種程度上也能保護自己的國家，免於突然受到侵略的危險。塔西佗曾說過：

45　他們都是同樣失去一目的獨眼龍。

46　位於古代萊茵河兩條支流之間的廣大地區，這個部落成爲低地國家的始祖，一直傳承下來。

47　凱撒的《高盧戰記》第四卷提到，日耳曼人認爲一個國家要讓領土的外圍，有一大圈的土地荒蕪，而且愈大愈好，這是極爲光榮的事，可以顯現武力的強盛，炫耀無人膽敢侵犯。

> 布魯克特里族(Bructeri)全遭到鄰近部落的絕滅[48]，起因在於受到侮辱的挑撥、搶劫的野心所引誘、或許是帝國保護神的鼓舞。有六萬名蠻族被殺，這並非羅馬軍隊所爲，而是在我們的注視之下，像是爲我們帶來在競技場所見到的娛樂。羅馬人現在已經到達繁榮的顚峰，除了要這些蠻族之間不和以外，對命運已別無所求。但願羅馬的敵國彼此永遠保持誓不兩立的仇恨心理[49]。

塔西佗的這種想法，完全基於愛國心，但不見得合乎人道，也表示出他的同胞所秉持的政策原則。羅馬帝國認爲最安全的權宜措施，不是與蠻族作戰而是讓他們分裂，因爲就是擊敗對方也得不到利益和榮譽。羅馬人藉著金錢和談判，暗中進入日耳曼的心臟地區，對於靠近萊茵河和多瑙河的國家，在不喪失尊嚴的狀況下，盡量運用各種誘惑的手段來加以安撫，希望他們能夠成爲有用的朋友，不是帶來麻煩的敵人。最有名望和勢力的族長，像是受到奉承可以滿足虛榮心一般，接納微不足道的禮物，當作高貴的標記和奢華的器具。在內部發生紛爭時，勢力較弱的派系企圖與邊疆行省的總督取得祕密的聯繫，好維護本身的利益。日耳曼人之間每一件爭執，都是羅馬人的陰謀所煽動，而且任何有利公眾和團結的計畫，都被個人的猜忌和利益形成的強烈偏見所摧毀[50]。

馬可斯·安東尼在位時，日耳曼國家發起全面陰謀事件，甚至包括薩瑪提亞人在內，從萊茵河河口一直到多瑙河，這件事嚇壞了羅馬人[51]。我們並不清楚像這樣一個倉卒組成的聯盟，究竟是基於需要，還是理智或感情上的產物。但可以很確切的說，蠻族並不是因爲羅馬皇帝的怠惰而受到引誘，也沒有被羅馬皇帝的野心所激怒。馬可斯面臨危險的進犯行動，一

48 很多作者在第四和第五世紀都提過布魯克特里人，認爲是法蘭克人的一個部落。

49 虔誠的布勒特里(Bletterie, 1696-1772A.D.，詹森教派的神父)對塔西佗的這番話非常氣憤，憑這段話認爲他是一個殺人的兇手。

50 從塔西佗和笛翁的著作中，可以看出羅馬人是在推行這種政策。

51 馬可斯皇帝爲了應付緊急的狀況，把宮殿裡值錢的東西都出來變賣，奴隸和搶犯都列入徵兵的名單。

方面要保持堅定，另一方面要提高警覺。他安排有能力的將領到容易受到攻擊的地點，自己親自指揮多瑙河上游幾個重要行省，經過冗長而互有輸贏的戰事以後，蠻族的戰鬥意志被摧毀。主謀的夸地人和馬科曼尼人[52]不但自食其果，還受到嚴厲的處罰，被迫從多瑙河的河岸向後退出五哩[53]，奉令交出年輕的菁英分子，立即送到不列顛遙遠的海島，他們在那裡充當人質，也可以當作士兵使用。因爲夸地人和馬科曼尼人經常叛亂，憤怒的皇帝決心要將這個國家變成帝國的一個行省，這個計畫因他的崩逝而中止。然而，這樣一個令人畏懼的聯盟，在帝國歷史最初兩個世紀中只出現一次，以後就完全消失，在日耳曼沒有留下一點痕跡。

本章內容是概論日耳曼的風俗習慣和典章制度，不想就凱撒、塔西佗或托勒密時代，對這個大國裡各種部落進行描述或辨識。因爲新生的族群就像古老的部落一樣，不斷在本書中出現，只能簡單扼要的提到他們的來源、狀況和特殊的性格。現代國家是悠久定形的社會，用法律和政府結合在一起，被農業和技藝約束在祖國的土地。日耳曼部落就像軍人那樣自願結合起來，因爲都是蠻族，就常會發生激烈的變動。同樣在這塊土地上，當征戰和發生遷移浪潮時，所生活的居民就會變換。同樣的社會，在防衛或侵略計畫之下團結一致，會賦予新成立的聯盟一個新的頭銜。古代的聯盟瓦解以後，會在獨立的部落恢復長久被人遺忘的名稱。一個勝利的國家經常將自己的名字頒給被征服的民族，有時自願的群眾會從各地蜂擁而來，投身到受人愛戴的領袖所展開的旗幟之下，他的營地就成爲他的國家。在開創大業的環境裡，要不多久這些混雜的群眾就會有共同的稱呼。兇惡的侵略者不斷更換自己的名號，使得羅馬帝國的臣民感到驚惶失措。

戰爭和政治是歷史的主要課題，在這樣繁忙的舞台上，人類因狀況不同而大異其趣。一個偉大的帝國有幾百萬馴服的臣民，默默從事他們的工作，不會發生出人意料的事件，所以作者和讀者的注意力，完全放在宮

52 馬科曼尼人開始在多瑙河建立一個殖民區，後來占領波希米亞和摩拉維亞，馬洛波杜斯(Maroboduus)國王在位期間建立一個勢力強大的國家。

53 武頓將這段距離增加十倍，但是他只要想一下，五哩就夠修築一道堅固的防線。

廷、首都、軍隊和戰場這些方面。但是一個自由放任和野性未馴的國家，在內部動亂的時節，或者出現小型共和國那種狀況[54]，幾乎社會上每個成員都參加行動，後續的情況也受到大家的矚目。日耳曼的人民經由不斷的分裂和不停的運動，使我們產生迷惑，好像人數在大量的增加。日耳曼實在有太多的國王、戰士、軍隊和國家，有些很容易使人忘記他們是同一個對象，只是在各種不同的稱呼之下重複的出現，而且經常對不具聲望的對象，濫加各種顯赫的名號。

54 我們相不相信雅典只有兩萬一千公民，而斯巴達也不過三萬九千人？可見共和國的大小很難有什麼標準。

第十章

狄西阿斯、蓋盧斯、伊米連努斯、華勒利安與高連努斯相繼為帝 蠻族入侵 三十僭主(248-268A.D.)

一、狄西阿斯的稱帝及其事功(248-250A.D.)

從菲利浦熱烈慶祝百年祭到高連努斯(Gallienus)皇帝逝世，羞辱不堪而災禍連接的二十年光陰彈指而過(248-268A.D.)。在這段苦難的時期，羅馬的行省幾乎沒有片刻可以免於入侵蠻族和暴橫軍隊的肆虐，殘破的帝國似乎已瀕臨最後瓦解的緊急關頭。對歷史學家而言，這也是一個混亂的年代，缺乏可信的史料記載，要想把整個史實交代清楚又不容間斷的加以記述，的確有很大的困難。所能找到的都是不完整的斷簡殘篇，不是太過簡略就是晦澀含糊，有的地方還矛盾百出，只有盡力去蒐集加以比較，有時還要靠著臆測。雖然不能用推論取代事實。然而基於對人性的了解，憑著一股堅毅不屈而從容自若的熱情，鍥而不捨的全力以赴，在某些狀況下，倒是能補充歷史材料的欠缺。

舉例來說，歷史的過程有時缺乏記錄，但是並不難設想可能發展的狀況。接連許多皇帝遭到謀弒，已經使得君王和臣民之間的忠誠關係日漸鬆弛。所有菲利浦的將領都可以模仿主子的作為，反覆無常的軍隊長久以來已經習慣於暴力的革命，隨時會把出身低微的軍中夥伴推上皇帝的寶座。歷史只能事後補記，像是249年的夏天，在瑪西亞的軍團爆發反對菲利浦皇帝的叛變事件，有個部將名叫馬里努斯（Marinus）[1]，成爲叛軍擁戴的對象。菲利浦事先獲得警告，生怕瑪西亞軍隊的動亂擴大成爲燎原之火，他因爲過去的罪行和迫近的危險而困惑不安，親自將消息通知元老院。但是在議場中可能出於畏懼或者不滿，呈現出陰鬱而不祥的寧靜。直到最後，出身高貴也參與會議的狄西阿斯（Decius）[2]，冒著可能受到皇帝猜忌的危險，挺身而出，慷慨陳辭。他認爲整個事件根本不值得大驚小怪，只是一場匆促而沒有考慮的騷動，下級軍官要想稱帝只是幻想，過不了幾天就會被易變的軍隊，像推選他那般將他毀滅。整個事件正如他預料那樣迅速處理妥當，菲利浦非常賞識他在元老院仗義直言。馬里努斯被殺以後，部隊人心惶惶，騷動還未完全平息，看來只有狄西阿斯是讓軍隊恢復紀律的最好人選。狄西阿斯長久以來不願接受任命，就是怕建立功勳以後會帶來危險，同時也考慮軍人那種憤怒而又不甘受壓制的心情，一定會想盡辦法運用毀滅性的權力。他的看法也都被事實所肯定，瑪西亞的軍團迫著長官成爲共犯（249A.D.），留下兩條路讓他選擇，要是不想死就得穿上紫袍當皇帝。在他作出決定以後，隨之而來的行動就無法避免，他指揮或者追隨軍隊到達意大利的邊界。菲利浦集結全部兵力，雖然受他提拔的競爭對手目前聲勢浩大，還是要前去迎戰，好將敵人擊退。皇帝的軍隊在數量上占有優勢，但是叛軍全部由老兵組成，領導者有指揮能力而且經驗豐富。菲利浦在戰場被殺，也有人說是戰敗後在維洛納被處死，他的兒子和帝國裡追隨他的人員，在羅馬被禁衛軍屠殺殆盡。狄西阿斯的年事已高，根本毋須加以辯駁，自己沒有野心，完全是形勢所造成，元老院和行省都非常清楚。據說他在被迫不得不接受奧古斯都的頭銜之後，曾經派出私人代表面見菲利浦，說明自己的無辜和保證要忠心耿耿，鄭重聲明等他回到意大利

1 諾昔謬斯（Zosimus）或諾納拉斯使用這樣的表示方式，馬里努斯可能是行省的總督，也可能是指揮一個支隊或是一個軍團的軍官或將領。

2 他的出生地在布巴利亞（Bubalia），是潘農尼亞的一個小村莊，但是似乎與出身笛西（Decii）世家後裔的說法相矛盾，除非只是巧合。六百年前的祖先一開始是平民，建立功勳以後晉升執政官，後來成爲笛西地方的貴族。

就會推辭皇室的尊榮，恢復過去恭順的臣民地位。狄西阿的表白可能很誠摯，但是等到天命所歸，在這種狀況下既不容推辭也實在難以捨棄。

狄西阿斯花幾個月的時間，從事戰亂後的綏靖工作，進行公正的審判和各項行政事務，但是聽見哥德人入侵，就趕到多瑙河地區(250A.D.)。這是歷史上首次提到這個偉大的民族，接踵而來就是粉碎羅馬人的勢力和權威，洗劫羅馬帝國的首都，統治高盧、西班牙和意大利，最讓人難以忘懷的大事就是滅亡西羅馬帝國。對於這群粗野而好戰的蠻族而言，哥德人這個名字不一定很適合，但卻是最普遍被接受的稱呼。

二、哥德人的源起及北歐的宗教信仰

哥德人征服意大利以後，在六世紀開始時，鑑於當前已經完成偉大的事業，自然會耽溺於過去的光彩和未來的榮耀之中，希望保存對祖先的記憶，好把他們的成就讓子孫永矢勿諼。拉芬納宮廷的首席大臣，博學的卡西多魯斯(Cassiodorus)，對哥德歷史上的征服者感到非常自豪，將事蹟撰寫成十二卷書，現在只剩下喬南德斯(Jornandes)[3]改寫的簡略本流傳在世。作者用最高明的手法，將這個民族的災禍和過錯略而不提，大肆宣揚成功的英勇行動，用許多亞細亞的戰利品來炫耀勝利的成果，其實有些是屬於錫西厄民族的東西。蠻族僅有的記憶是對古老歌謠的喜愛，雖然不一定正確，但可以推斷哥德人發源在斯堪地那維亞的島嶼或半島上[4]。意大利的征服者確知北方極地之國是他們的故鄉，古老血緣的聯繫因爲當前官員的友誼而加強，斯堪地那維亞的國王樂意放棄野蠻行爲所造成的偉大事蹟，情願在平靜和文雅的拉芬納宮廷安享餘年。在北方有很多的遺跡留存下來，雖然不像羅馬人出於虛榮心作祟，但是可以證明哥德人古老的居留地，是在越過波羅的海那片遙遠的國土。地理學家托勒密的時代，這個民

3　可參閱卡西多魯斯和喬南德斯寫的序言。但格羅秀斯(Grotius,Hugo,1583-1645A.D.，荷蘭法學家和歷史學家)在編輯《哥德史》時，居然沒提到喬南德斯。

4　喬南德斯依據阿貝拉維斯(Ablavius)，引用以韻文寫成的古代哥德人編年史資料。

族繼續保有瑞典南部，留下來的都是沒有強烈進取心的人員，最大的地區到現在還是分爲東戈特蘭(Gothland)和西戈特蘭兩個部分*5。到了中世紀(從第九到第十二世紀)，基督教逐漸向北部發展，哥德人和瑞典人在同一個國家裡，成爲兩個迥異而相互敵視的成員[6]，後者占了上風，但沒有消滅前者。滿意自己戰事成就的瑞典人，在每個時代都盛稱哥德血緣的光輝。就在對羅馬的教廷表示不滿時，查理十二很含蓄的提到，他們英勇的祖先已經打敗了世界的統治者，而他的軍隊將會更勝一籌[7]。

十一世紀快結束時，烏薩爾這個瑞典人和哥德人都相當看重的小鎮，還繼續存在一座非常有名氣的廟宇。裡面很華麗的裝飾著豐富的黃金器具，是斯堪地那維亞人從當海盜的冒險活動中獲得，供奉給三位主要的神祇，那就是戰神、生殖女神和雷神*8。在每九年舉行一次的莊嚴祭典中，每種動物要拿九個來獻祭(除了不用人類以外)，血淋淋的屍體懸掛在廟宇旁邊的神聖樹叢上[9]。這是野蠻的迷信現在還留存的唯一痕跡，保持在艾達(Edda)這個神話體系之中*10。艾達是古代傳統最有價值的文物，在冰島完成編纂已有十三個世紀之久，丹麥和瑞典的學者還在進行深入研究。

雖然艾達的內容非常神祕而且隱晦不明，但是就拿位階最高的神明奧丁*11來說，很容易分辨出兩種角色，那就是斯堪地那維亞最偉大的戰神和

---

*5 [譯註]瑞典南部有個烏特恩湖(Vuttern)，分隔東戈特蘭(Ostergotland) 和西戈特蘭(Vastergotland)兩個地區。

6 在格羅秀斯的緒論中，有很多是摘錄布來梅(Bremen)的亞當和薩克索·葛拉瑪提庫斯(Saxo-Grammaticus)的作品，前者寫於1077年，後者在1200年風行一時。

7 伏爾泰(Voltaire, Grancois Marie Arouet de, 1694-1778A.D.，法國哲學家、文學家和啓蒙思想家)在《查理十二國王傳》(*Histoire de Charles XII*)中提到，當奧地利希望教廷出兵幫忙對抗古斯塔夫斯·阿多菲斯(Gustavus Adolphus)國王時，他們說這位侵略者是阿拉里克(Alaric)的直系後裔。

*8 [譯註]冰島人認爲雷神比奧丁更偉大，他掌管著雷電、戰爭、勞動和法律。

9 布來梅的亞當在著作中提到，烏薩爾的廟宇被瑞典的印戈(Ingo)國王摧毀，他在1075年即位，大約在八十年後，有所基督教教堂在廢墟上興建起來。

*10 [譯註]艾達首次出現是在十世紀，這個字的意思是「曾祖母」，後來指挪威的韻文形式，開始代代以口相傳，到十二世紀才有文字記載，進而發展成神話的體系。

*11 [譯註]奧丁是眾神之父，原居於亞述海附近的「眾神花園」，但他喜愛四處漂泊，後來征服北歐。他發明文字，教導民眾識字作詩，推展藝術和法律。

立法者。就後者這個角色來看，有點像是西方的穆罕默德，創立適合於當地天候和人民的宗教。波羅的海四周無數的部落，爲奧丁無可匹敵的勇氣、滔滔不絕的雄辯和魔法術士的名聲所降服。奧丁在漫長而光輝的一生傳播英勇的信念，要用自願死亡來堅定他那戰勝四海的英名，不願遭到疾病和衰老可恥的終結一生，決定要像戰士那樣從容就義。在瑞典人和哥德人莊嚴的會議中，他在自己身上切開九處致命的傷口，急忙離開塵世(他用垂死的聲音在最後這樣表示)，好到戰神的宮殿去準備英雄的宴會。

奧丁的居處在原來的國土稱爲阿斯-果德(As-gard)，意思是「眾神的花園」。有幸能與阿斯-堡(As-burg)或阿斯-奧夫(As-of)這個名字相似[12]，就語意學看來是出於同一處地點，這樣就能由杜撰的神話架構，提升到歷史的系統之內，讓大家接受這是眞正的史實。可以把奧丁視爲蠻族部落的族長，居住在米奧提斯(Maeotis)海畔。等到米塞瑞達笛斯戰敗，龐培的大軍威脅北方，要奴役他們的部族。奧丁對於這種壓迫心中憤怒不平但是無力抵抗，遂帶領他的族人從薩瑪提亞人在亞細亞的邊界搬到瑞典，爲了當作維護自由的最後根據地，用偉人的構想來形成一個宗教和一個民族，等過了很長時期的教養生息，就有能力報仇雪恥。當所向無敵的哥德人武裝著好戰的宗教狂熱，從北極的鄰近地區成群的蜂擁而出，要來懲罰欺壓人類的惡霸[13]。

哥德人經過這麼多世代以後，只能保持起源於斯堪地那維亞模糊不清的傳統，像這樣沒有文字的蠻族，對他們遷移的時間和情況，不可能有任何確切的記錄。橫越波羅的海是很簡單而自然的舉動，瑞典居民擁有足夠數量的大型船隻，全部使用划槳，從卡爾斯克隆納(Carlscrona)到波米拉

12 馬里特(Mallet)從斯特拉波、普里尼、托勒密和斯提豐努斯(Stephanus)的作品中，蒐集跟這個城市和民族有關的殘存資料。

13 奧丁偉大的冒險事蹟可以提供英雄史詩高貴的背景基礎，也可以用來探索哥德人和羅馬人產生仇恨的原因，但並不是可信的歷史事實。從艾達所要表示的感情以及很多人爲的解釋來看，阿斯-果德並不是指亞洲的薩瑪提亞那個眞正的城市，而是虛構的地方作爲眾神的居所，等於是斯堪地那維亞的奧林匹克山，先知從這裡下凡，向位於瑞典南部的哥德民族，宣揚一個新的宗教。

尼亞和普魯士最近的港口，距離不過一百多哩。等到踏上堅實而有歷史價值的地面，時間上來說，也可能早到公元開始時[14]，晚到安東尼的時代。哥德人成功到達維斯杜拉河口，那是土地肥沃的行省，很久以後才建立索恩(Thorn)、埃爾賓(Elbing)、科林斯堡(Koningsberg)和但特澤克(Dantzic)這些商業城市[15]。在哥德人的西邊，汪達爾人有大量的部落沿著奧德河，以及波米拉尼亞和麥克林堡的海岸向外發展。他們在習性、外貌、宗教和語言上完全相似，似乎說明汪達爾人和哥德人是源於同一個偉大的民族[16]；後者又可以細分爲東哥德人(Ostrogoths)、西哥德人(Visigoths)和傑皮迪人(Gepidae)[17]。至於汪達爾人很明顯的區分爲赫魯利人(Heruli)、勃艮地人(Burgundians)和倫巴底人(Lombards)等不同的稱呼，開始組成爲很小的邦國，到了後來發展爲勢力強大的君主國。

三、哥德人的遷移行動和定居

哥德人在安東尼時代仍舊居住在普魯士，等到亞歷山大・塞維魯斯在位時，羅馬的達西亞行省經常受到破壞性的入侵，已經感受到他們的迫近。此後，大約其間有七十年的中斷期，可能正是哥德人從波羅的海到黑海的第二次遷移。確實的原因並不清楚，有很多不同的動機，可以刺激沒有文字的蠻族採取行動：可能是一場瘟疫或者是發生饑荒；要不就是打了

---

14 要是我們對馬賽的皮西亞斯(Pytheas，公元前三世紀古希臘航海家和地理家，曾沿著地中海向大西洋海岸航行)的航海事蹟深信不疑，那麼哥德人早在公元前300年就已經渡過波羅的海。

15 這些城市都是日耳曼的殖民地，條頓武士進行帶有宗教和商業性質的冒險活動，十三世紀在普魯士完成征服和轉化。

16 普里尼和樸洛柯庇斯(Procopius，六世紀初期拜占庭歷史學家)對這個問題的看法完全一致，兩人相隔的年代很久，運用不同的調查方法得到同樣的結果。

17 哥德人得到代表東部和西部的Ostro 和Visi 稱呼，是源於最早在斯堪地那維亞半島的位置，不過他們後來的發展也保持這種方向。當他們離開瑞典時，最初的殖民全容納在三艘船上，其中第三艘船的船體最重，航行途中落在後面，這艘船上的水手後來發展成一個國家，就稱自己是傑皮迪人，意爲「閒蕩者」(Loiterers)。

勝仗或者吃了敗仗；也可能假藉神明的指示；或者被大膽領導者的口才所說服，就足夠驅使哥德人的大軍，向南方溫暖的地帶移動。此外，受到好戰宗教的影響，哥德人無論在數量和精神上，都能勝任最艱難的冒險活動。他們使用小圓盾和短劍在近身搏鬥中所向無敵，無條件服從世襲的國王，使得會議發揮穩定和聯合的功能[18]。那個時代的英雄人物，聲名顯赫的阿馬拉(Amala)[*19]，是意大利國王狄奧多里克(Theodoric)的十世祖，他的權力卻即來自於列祖列宗所建立的勳蹟，以及他源於哥德民族半人半神安西斯(Anses)[*20]的家世。

偉大事業所建立的名聲，對日耳曼所有汪達爾國家勇敢戰士產生激勵作用。他們之中有些是在很多年以後，投歸到哥德人旗幟下作戰[21]。最初的遷移行動將他們帶到樸里佩奇(Prypec)河岸，在古代就知道那是波里黃尼斯(Borysthenes)河[*22]在南邊的一條支流。這條曲折蜿蜒的溪流通過波蘭和俄羅斯的平原，給他們行進的路線指引方向，對數量龐大的牛群供應新鮮的水源和草地。他們順著從前沒有走過的河道，對自己的勇氣極爲自信，根本不在意有任何力量可以阻止他們前進。巴斯塔尼人(Bastanae)和維尼第人(Venedi)首先出現，優秀的年輕人不論是被選中或是強迫加入，都能增加哥德大軍的力量。巴斯塔尼人居住在喀爾巴阡山脈的北邊，中間有一塊面積很大而廢棄不用的土地爲維尼第人所有，將巴斯塔尼人和芬蘭的野蠻區域隔開。我們大可相信，這兩個民族在馬其頓戰爭就已經出名了，後來分爲普西尼(Peucini)、波拉尼(Borani)和卡皮(Carpi)幾個英勇善戰的部落，根源還是出自日耳曼人。權威學者認爲，薩瑪提亞人的血統是

---

18 塔西佗說起哥德人把琥珀賣給羅馬人，用來交換鐵器。

*19 [譯註]阿馬拉是維京海盜中的英雄人物。

*20 [譯註]這些半人半神都是奧丁的夥伴，全身刀槍不入，殺人如麻，稱爲「熊皮戰士」或「狼皮戰士」。

21 特別提到的是赫魯利人和勃艮地人。馬科曼尼戰爭的部分原因，就是多瑙河的蠻族受到北方來的壓力，要逃向南邊而引起。

*22 [譯註]波里昔尼斯河就是流經白俄羅斯和烏克蘭的聶伯河(Dnieper)，注入黑海，其主要支流是流過波蘭的普里佩特河(Pripet)。

來自維尼第人，而維尼第人到了中世紀開始就聞名於世[23]。但是在那個位置不定的邊疆地帶，血緣關係和風俗習慣都極爲混亂，會使最用心的研究人員也困惑不知所措[24]。等到哥德人前進快要接近黑海時，遭遇血統較純正的薩瑪提亞人，就是賈柴吉斯(Jazyges)、阿拉尼和羅克索雷奈(Roxolani)幾個部落。他們也是首先看到波里森尼河和塔內斯河(Tanais)[*25]河口的日耳曼人。要是我們調查日耳曼和薩瑪提亞這兩個地區的人民最顯著的特點，就會發現人類之中兩個主要民族，最大差別在於一個住在固定的茅屋，而另外一個住活動帳篷；還有就是穿緊身的衣服和穿寬大的長袍；再就是娶一個妻子還是可以娶好幾個妻子；就軍事武力方面而言，最主要的組成部分是步兵還是騎兵；最重要在於一個是條頓語系，而另一個講的是斯拉夫語。斯拉夫語透過征戰傳播，從意大利的國界散布到日本的鄰近地區[*26]。

哥德人現在據有烏克蘭，這片國土的幅員廣大而且非常肥沃。可以通航的河流貫穿其間，從不同的方向流入波里森尼河，到處散布著廣大而高聳的橡樹森林。有豐富的獵物和魚類，無數的蜜蜂築巢於老樹的空幹裡以及岩石的洞穴中，這些在粗野的年代也是有價值的商品。還有大量的牛群，氣溫適宜的天候，每種穀類都能種植的土壤，以及生長極爲繁茂的植物，顯示出自然界蓬勃的生機，可以誘使人們辛勤工作[27]。但是哥德人對這些無動於衷，仍舊過著怠惰、貧窮和掠奪的生活。

---

23 維尼第人、斯拉夫人和安提人(Antes)是同一個民族裡面最大的三個部落。

24 塔西佗在這方面眞是值得讚譽，尤其是很多地方小心不作定論，更可以說明他下了很大的功夫去查證。

*25 [譯註]塔內斯河就是現在的頓河(Don)，注入亞述(Azov)海。

*26 [譯註]指出當時俄羅斯的勢力已抵達太平洋，不僅據有西伯利亞，而且獲得庫頁島，與日本爲鄰。

27 貝爾在《韃靼宗譜史》(*Genealogical History of the Tartars*)這本書裡提到，他從聖彼得堡穿過烏克蘭旅行到君士坦丁堡，發現外貌跟古代毫無改變，現在的居民都是哥薩克人(Cossacks)，還能保持自然的景色。

四、蠻族入侵及狄西阿斯的因應之道(250-251A.D.)

遊牧的錫西厄族向東方移動，與哥德人新的居留區爲鄰，雙方的戰事毫無意義，只有在機會很湊巧的狀況下，贏得無利可圖的勝利。但可想像得到，羅馬人的區域有更大的誘惑力，達西亞的田地有豐收的穀物，辛勤的民族用雙手播種，好戰的民族可坐享其成。當年圖拉眞征服此地，完全基於國家的尊榮並無實際利益，可能後繼諸帝保持這種看法，遂削弱帝國在這裡的實力。達西亞是新成立且人煙稀少的行省，沒有堅強力量可阻止蠻族入侵，財富也無法滿足他們貪婪的胃口，只要把遙遠的聶斯特河河岸當成羅馬人權力的邊界，下多瑙河地區的防線就可輕鬆防守。瑪西亞的人民過著毫無警覺的生活，他們盲目地認爲，任何蠻族的距離都很遙遠，很難進入他們的地區。等菲利浦在位時，發生哥德人入寇事件，才知道自己犯下多大錯誤。這個兇狠民族的領袖帶著藐視的態度，橫過整個達西亞行省。在跨越聶斯特河和多瑙河時，沒有遭到任何能夠妨礙他們行程的敵對力量。紀律鬆弛的羅馬部隊放棄最重要的據點，原來駐守的人員害怕受到懲罰，大批投效到哥德人的旗幟下。最後，數量龐大的蠻族出現在瑪西亞諾波里斯(Marcianopolis)的城牆前。此城市是圖拉眞所建，用他姊姊的名字表示對她的尊敬，同時也是瑪西亞的首府[28]。居民同意支付一大筆錢，以贖回生命和財產，讓入侵者退回他們的地盤。第一次用軍隊對付富裕而衰弱的國家獲得成功，使他們極爲興奮但並不滿足。消息很快傳到狄西阿斯皇帝耳中，說哥德國王尼瓦(Cniva)率領強大兵力，再次越過多瑙河。部隊且已分散開來襲擾瑪西亞全境，軍隊主力包括七萬日耳曼人和薩瑪提亞人，所到之處無人敢攖其鋒銳，需要羅馬皇帝率領大軍御駕親征。

狄西阿斯察知哥德人到達賈特魯斯(Jatrus)河，在尼柯波里斯

28　喬南德斯在他的著作中，將瑪西亞的首都弄錯了。能夠逃脫格羅秀斯的法眼，沒有被校正出來，倒是令人感到很意外。

(Nicopolis)已發生戰事(250A.D.),圖拉眞在此留下很多戰勝紀念物[29]。他向前推進時,哥德人解圍而去,計畫奪取更重要的地點,於是圍攻色雷斯的菲利浦波里斯(Philippopolis),此城市是亞歷山大大帝父親所建,位希繆斯山脈下方[30]。狄西阿斯探急行軍,追隨敵軍通過這片崎嶇難行的國土。當他認爲離哥德人的後衛還有相當距離時,尼瓦卻迅速回轉打擊尾隨的追兵,羅馬人營地遭到奇襲,皇帝在一大群半武裝蠻族部隊追趕下,第一次狼狽而逃。菲利浦波里斯經一陣抵抗後,因缺乏外援而被攻破,這座大城慘遭劫掠,據稱有十萬人被屠殺,還有更多俘虜成爲待價而沽的戰利品。已故菲利浦皇帝的弟弟普里斯庫斯恥於用皇室身分,乞求蠻族仇敵的保護。不過,由於哥德人把時間耗在冗長的圍城,使狄西阿斯的士氣得以恢復,立刻整頓軍紀,徵召更多兵員。他的部隊截獲幾批卡皮人和其他日耳曼人,他們都想趕到老鄉那裡分一杯羹[31]。他派出勇敢而忠誠的軍官負責據守山嶺隘道[32],修復和增強多瑙河的據點工事,防範哥德人向前發展或撤退。他受到運道好轉的激勵,焦急等待機會,要發出致命和決定性的一擊,來恢復自己和羅馬軍隊的榮譽。

當狄西阿斯在蠻族入侵的風暴中極力奮鬥,他的心情並沒有受到戰爭的影響,還能夠平靜的考量更重大的問題,那就是從安東尼時代以後,大家一致認爲羅馬的偉大已經在衰退。他立即覺察到,要是不能恢復公眾的美德、古老的原則、樸實的習俗和法律的尊嚴,羅馬的偉大就無法重建在不朽基礎之上。他要推動這個高貴而困難的計畫,決定首先恢復監察官這個已廢除的官職。這個官位要是沒有受到歷任凱撒的篡奪和忽略[33],保持

29 這個地方仍舊叫作尼柯(Nicop),座落在流入多瑙河的一條溪流旁。

30 諾納拉斯在他的作品裡犯了不應該有的錯誤,他認爲菲利浦波里斯是狄西阿斯的前任,也就是菲利浦皇帝所建立。

31 狄西阿斯頒發的獎章,有的上面有「戰勝卡皮人」的字眼。

32 克勞狄斯(Claudius,即位後建立了很多光榮的功勳)奉命率領兩百名達達尼亞步兵、一百名重裝騎兵、一百六十名輕裝騎兵、六十名克里特弓弩手以及一千名全副武裝的新兵,據守色摩匹雷隘道。

33 孟德斯鳩說明監察官的性質和運用方式時,有一貫的聰敏,有罕見的精確。

從創始就有的正直廉明，對於國家的永續發展會有相當大的貢獻[34]。他經過仔細的推敲，認爲君王會基於私心而授與權力，但是要人民尊敬必須建立權威，所以他建議選舉監察官，要出於元老院大公無私的精神。華勒利安(Valerian)在一致同意之下，受到元老院的歡呼，獲得這個最榮譽的職位。他雖然在後來成爲皇帝，現在卻在狄西阿斯的軍隊中服務，而且表現極爲卓越。等到元老院的敕令送到皇帝手中(251年10月27日)，他正在營地召開會議，監察官就任式開始前，推崇華勒利安出任這個困難而重要的職位，是元老院最佳的選擇。這個君王對他所欽佩的臣民說道：

> 祝賀華勒利安！祝賀元老院和羅馬共和國的批准！請接受監察官的職位，來判定我們的言行舉止！你將要選擇值得繼續擔任元老院的議員，你將恢復騎士階層到古代光輝的地位，你將改進稅收的狀況然而能調和公眾的負擔，你將要對形形色色眾多的公民區分出合於規定的層級，你將要確實考察羅馬的軍事實力、政府財務、官員操守和國家資源。你的決定必能獲得法律的力量作後盾，無論是軍隊、宮廷、法院和帝國的官員都要遵守你的裁決。除了在職的執政官[35]、羅馬的郡守、神聖的國王和最年長的灶神處女(她要保持不容侵犯的貞操)外，沒人能夠免除這種責任。就是這少數幾位，雖然不必畏懼這種嚴格的要求，但對羅馬的監察官要保持最大的尊敬。

一個官員既不是君主的法定同僚，而被授與這樣廣泛的權力[36]，華勒利安很怕擢升高位的結果是帶來嫉妒和猜疑。他非常謙虛的提到他有很多

34 維斯巴西安和提圖斯是最後兩位監察官，圖拉眞很謙虛拒絕接受這個榮譽，到安東尼就將這個前例當成規定。等到君王不兼任監察官，當然就變得沒有權力。

35 龐培在當執政官時，儘管受到豁免還是親自出庭接受審訊，這種狀況不僅少見而且受到大眾的讚譽。

36 像這樣的處理過程讓諾納拉斯上了當，他認爲狄西阿斯已經宣布華勒利安是共同治理國家的同僚。

缺失，不足以擔任這個重要的職位；他也很技巧的暗示監察官事關帝王的尊榮，一個臣民微弱的能力無法負起這樣的重責大任。接踵而來的戰事使得這個不切實際的構想中斷，免除了華勒利安的危險，也不必讓狄西阿斯感到失望，而這也是必然要遭到的後果。監察官可以用來維持國家的道德水準，但絕不可能恢復已經喪失的操守規範。僅靠一位官員執行他的權力，不僅毫無效果也發生不了作用，除非民眾的心目中很快感覺到榮譽和德行的重要，那就是尊重公眾的意見，革除墮落的習俗。在那個基本原則已經消失的時代，監察官的審判權力成爲充場面的擺飾，或者成爲帶有偏見的濫權機構[37]。就羅馬人而言，比起根除公眾的惡行，征服哥德人是容易多了。但就在走出第一步時，狄西阿斯隨著他的部隊全軍覆滅。

從當前的情勢看來，哥德人不是被圍困就是受到羅馬軍隊的追擊，部隊的精英在菲利浦波里斯的長期圍城作戰中消耗殆盡，羅掘俱窮的行省無法提供給養，用來維持數量龐大而且任意浪費的蠻子。哥德人陷入這樣的困境，情願放棄所有的戰利品和俘虜，用來買通羅馬人，給他們一條不受阻礙的安全退路。但是皇帝認爲穩操勝券，決心要嚴懲這些入侵的匪盜，用殺雞儆猴的手段讓北方的蠻族知道厲害，拒絕聽取任何調停的意見。心志高傲的蠻族則寧願戰死也不願當奴隸。德里布隆尼場(Forum Terebronii)是瑪西亞一個名不見經傳的小鎮[38]，成爲這次會戰的戰場。哥德人的軍隊列陣時成三線配置，不知是有意的選擇還是意外的安排，第三線的前面有塊沼地當作掩護。在作戰行動開始時，狄西阿斯的兒子是個前途無量的青年，正要準備接受紫袍的尊榮，就在傷心老父的眼前被箭矢射死。這位堅毅剛強的皇帝忍住悲痛，大聲向驚慌的部隊宣布，他喪失一個兒子對共和國而言，算不了一回事[39]。雙方的戰鬥眞是慘烈無比，在悲憤和震怒的氣勢下要拼個你死我活，哥德人的第一線終於被擊潰，第二線繼

37 奧古斯都爲了改革不良的習性，處置特別嚴厲。

38 諾昔繆斯及其門徒把多瑙河錯弄爲塔內斯河，所以認爲會戰地是在錫西厄平原。

39 奧理流斯・維克托(Aurelius Victor, Sextus, 320-389A.D.，羅馬歷史學家)對於兩位狄西阿斯的死，有不同的敘述，但是我採用喬南德斯的記載。

續接戰還是遭到同樣的下場。這時只有第三線保持完整，準備在沼地的通道上對輕舉妄進的敵軍做最後的抵抗。

> 現在運氣轉壞了，一切都對羅馬人不利，到處是很深的淤泥，讓人站不穩，想前進就會滑倒。他們全是重裝，在深水裡無法拿沉重的標槍再投出去。但蠻族習慣在沼澤地區作戰，身材高大而且用的矛比較長，可以投到很遠的地方殺傷敵人。[40]

羅馬軍隊在沼地的作戰成爲無望的掙扎，最後失敗已成定局，就連皇帝的屍體都沒有找到。享年五十歲的狄西阿斯[41]是位有成就的皇帝，戰時主動負責，平時和藹可親，他和他的兒子無論在生前死後，都配得上古代最光榮的令名[42]。

五、蓋盧斯喪權辱國及伊米連努斯旋起旋滅(251-253A.D.)

素來氣勢凌人的軍團受到致命的打擊以後收斂不少，耐心等待元老院推舉皇位的繼承人，收到敕令就非常恭謹的表示服從。大家爲了追念狄西阿斯爲國捐軀，要把皇帝的頭銜授與倖免於難的兒子賀斯提連努斯(Hostilianus，251年12月)。但是在元老院還有一批議員，發揮更大的影響力，他們屬意於經驗豐富而又能力高強的蓋盧斯(Gallus)，認爲只有他才能保衛滿目瘡痍的帝國。新登基的皇帝首先關心的事情，就是要把伊里利孔幾個行省，從勝利的哥德人鐵騎蹂躪下解救出來(252A.D.)。他同意對方能保留入侵所獲得的豐碩成果，不僅是數量龐大的戰利品，還有更羞辱人的東西，就是一大群階級和職位都很高的俘虜。他給敵人的營地供應各種用品，讓他們盡量感到方便以安撫暴烈的脾氣，產生樂於離開的意願，

40　我引用塔西佗在《編年史》其他地方對羅馬軍隊和日耳曼蠻族接戰的類似記載。
41　狄西阿斯是在251年年底被殺，新即位的君王在次年元月朔日接受執政官的頭銜。
42　從奧古斯都到戴克里先之間的皇帝都不獲好評，但狄西阿斯卻得到很高的榮譽。

甚至答應每年付給大量黃金，條件是以後不再入侵蹂躪羅馬的國土。

在西庇阿時代*43，世界上最富有的國王，在懇求勝利的共和國給予保護以後，就會收到一些象徵性的禮物，他們以能夠親自接受為榮。這些東西不外乎是一個象牙座椅、一件紫色的粗製長袍、一個並不考究的銀盤或是一些銅幣[44]。等到各國的財富集中到羅馬以後，皇帝為了表示他的偉大，或者是基於政策的需要，對於他的盟國經常做出慷慨大方的舉動，可以使蠻族免於貧窮。他們建立的功勳獲得榮耀，保持對羅馬的忠誠獲得酬勞。這些自願發給的獎賞，大家都了解不是因為恐懼，而是基於羅馬人的慷慨和友情。這些禮物和津貼會分配給友邦和屬國來負擔，有時也會受到拒絕，說這會使他們負債太多。但是訂契約每年支付金額給戰勝敵國，這就是可恥的貢金，而且無法加以掩飾。在羅馬人的心目中，與蠻族的部落簽訂不平等的法律文件，是大家不能接受的喪權辱國行為。原先所以推舉這位皇帝即位是為了拯救國家，現在變成大眾輕視和嫌惡的對象。雖然賀斯提連努斯是死於猖獗的瘟疫，但眾人也把這筆帳算在他的頭上，就連前位皇帝死於非命，他們也懷疑是這位可恨的繼承人提出有利哥德人的意見所致[45]。在他當政的第一年，帝國還能保持平靜無事的狀態[46]，但是民眾的不滿並沒有和緩下去，等到不再憂慮發生戰事以後，在和平時期，恥辱的感受就愈來愈深。

羅馬人發現他們犧牲榮譽，並沒有獲得應有的安寧，於是怒氣沖天火冒三丈。等到帝國的財富和衰弱的狀況，毫無保留的洩漏在世人眼前，一大群新到的蠻族受到成功的激勵，也不像他們的同族要受義務的約束，很快進入伊里利孔各行省大肆燒殺掠奪，這種恐怖的行動已經及於羅馬的門

*43 [譯註]西庇阿時代是指高乃留斯・西庇阿及阿非利加・西庇阿父子，時間是公元前二世紀。

44 李維的《羅馬史》記載，埃及的國王最富有，但是接受羅馬致贈的一個座椅、一襲長袍和五磅重的金盤，就感到非常光榮和高興，而羅馬人送外國使節的禮物通常是價值十八英鎊的銅幣。

45 據稱是諾昔繆斯提出這種空穴來風的指控。

46 哥德作家至少可以說他們的同胞對蓋盧斯並沒有違背誓言，所以才有和平。

戶(253A.D.)。帝國的防衛看來好像被懦弱的皇帝所放棄，現在就由潘農尼亞和瑪西亞的總督伊米連努斯(Aemilianus)負起這個責任，他重組潰散的軍隊，激勵部隊低落的士氣。蠻族遭到出其不意的攻擊，很多人被捕捉，其餘被趕出多瑙河地區。這位勝利的領袖截回貢金，當作賞賜分給大家，於是歡呼的士兵就在戰場擁立他稱帝。蓋盧斯根本不關心國家的福祉，縱容自己在意大利過著愉快的日子，幾乎同時傳來充滿野心的部將，叛變成功及迅速進軍的消息，於是他率軍前進到斯波勒托平原[*47]迎戰。當兩軍接近到相望的距離，蓋盧斯的士兵見到對手是如此的光榮，對比在這個皇帝的指揮下所感受的羞恥，不禁對英勇的伊米連努斯生出敬仰之心，再加上對方要厚賞反正的人員，他們爲慷慨的行爲所吸引，於是蓋盧斯和他的兒子弗祿昔努斯(Volusianus)被自己人殺害，內戰也因此結束。元老院對勝利者的權利給予合法承認(253年5月)，伊米連努斯在致元老院的信函中，表現出混合著謙恭和自負的心態。他保證在國內事務方面要聽從他們明智的意見，對於手下將領的素質也感到滿意，並要在短期內重建羅馬的聲威，把帝國從北邊和東邊的蠻族手中解救出來。他的雄心壯志被諂媚的元老院所讚許，從現存的獎章上，可以看到「勝利的力士」和「復仇的戰神」等封號。

新即位的君主眞要有能力去踐行美好的諾言，那麼他最需要的是時間，因爲從勝利到顚覆還不到四個月。雖然伊米連努斯剷除了蓋盧斯，但是遭到比蓋盧斯更強有力的對手就難免滅亡。華勒利安奉那位不幸皇帝的命令，要他把高盧和日耳曼的軍團[48]帶過來給予援助。華勒利安非常熱心而且忠誠的執行這項任務，等他來救助君主時已經太遲，於是決心採取報仇的行動(253年8月)。伊米連努斯的部隊仍舊在斯波勒托平原紮營，對華勒利安那種帶有神聖不可侵犯的性格感到敬畏，當然更怕的是他兵力上的優勢，何況他們已喪失憲法原則的保護。伊米連努斯擁立蓋盧斯爲帝，現

*47 [譯註]斯波勒托平原在羅馬北邊五十哩，是進入首都的門户，爲兵家必爭之地。
48 優崔庇斯和維克托認爲華勒利安的軍隊配置在雷蒂提亞。

在手上沾滿先帝的鮮血，擔下弒君的罪名，讓華勒利安獲得莫大的好處。他經過一場內戰取得帝位，在革命年代獲得無瑕的聲名是罕見的事，更毋須對被廢的前任有任何感激或忠誠可言。

六、華勒利安面對蠻族入侵的危局(253-268A.D.)

華勒利安穿上紫袍時已將近六十歲[49]。他能登基並非民眾的推選，也非軍隊的擁戴，而是羅馬世界共同的願望。在獲得國家尊榮逐步高升之際，值得接受仁德君主的垂愛，何況還自己宣稱是僭主和暴君的仇敵[50]。他出身貴族世家，為人溫和有禮，淵博的學識、審慎的言行和豐富的經驗，獲得元老院和人民的尊敬。要是人類能夠自行決定誰當主子，相信會一致公推華勒利安作大家長(這是古代一位作者的看法)[51]。他在稱帝後可能感到自己名實不符，或是年老精力不濟，出現懶散和怠惰的狀況，決定在衰老之際找個年輕力壯的同僚，與他一起共商國事[52]，時機的緊迫使他需要一位將領更甚於一位儲君。他曾經出任過羅馬監察官，能有知人之明，大可以拿紫袍作為軍事功勳的獎賞。但是他不為此圖，放棄可以鞏固政權、激勵人心的正確選擇，基於親情和自私的打算，把最高的職位頒給他的兒子高連努斯(Gallienus)。這個年輕人的短處是缺乏男子氣概，迄今還隱藏在沒沒無聞的私人身分之下。父子共同統治七年，高連努斯繼續獨當一面約八年之久(253-268A.D.)，但整個期間可說是動亂和災難不斷。羅馬帝國處於內憂外患、四面楚歌的苦境，受到國外侵略者盲目瘋狂的攻擊，加上國內王座篡奪者蠢蠢欲動的野心，真是國脈危如懸絲。我們並不

49 有的歷史書籍上記載，華勒利安即位時的年齡已經接近七十，但可能與逝世的年齡弄混淆了。

50 在元老院對抗馬克西明的奮鬥過程中，華勒利安可能發揮很大的作用。

51 按照維克托的看法，這其中有很大的差別。華勒利安從軍隊接受皇帝的頭銜，而奧古斯都的頭銜來自元老院。

52 從維克托的記載以及現存的獎章，蒂爾蒙特推算出高連努斯聯合統治帝國，是在253年8月。

打算追本探源追查事件始末，找出禍亂的發展途徑，但在華勒利安和高連努斯當政這段期間，羅馬最危險的敵人依序是法蘭克人、阿里曼尼人、哥德人和波斯人。除此以外，還會涉及一些名不見經傳部落的入侵行動，提到他們生疏而怪僻的姓氏，只會對讀者造成不必要的負擔和干擾而已。

七、法蘭克人的結盟與入侵行動

法蘭克人的後裔構成歐洲幅員廣闊、文明開化的國家。爲探索他們那沒有文字記錄的祖先，眞是絞盡腦汁，除了可信的傳說還有各種不同的臆測。只要是能發現此民族的來源，每條線索都經過深入的研究，每處地點都經過仔細的調查，於是潘農尼亞、高盧和日耳曼北部[53]，都可能是這群聚集的戰士最早的發源地。後來，學者終於摒棄過於理想的觀點，那就是征服者的遷移作用，而能接受更簡單的事實。他們認爲在240年前後，原來居住在下萊茵河和威瑟河(Weser)的部落，用法蘭克人的名號組成新聯盟，就是現在的西伐利亞(Westphalia)地區，包括黑瑟(Hesse)伯爵的領地以及布藍茲維克和盧林堡(Luneburg)的封邑在內*[54]。這裡在古代是克塞族(Chauci)的居留地，憑藉無法通行的沼澤區，公然反抗羅馬軍隊[55]；還有克落賽族(Cherusci)以阿米紐斯(Arminius)的名聲而感到自豪；也要把卡蒂族(Catti)算上去，他們因勇猛無畏的步兵而所向無敵，此外還有幾個不出名的部落也住在那裡。日耳曼人的主要性向就是熱愛自由，享受奔放無羈的生活是他們最大的財富，而且很明白的表示出非此不樂。他們問心無愧，確實在盡力護衛著法蘭克人或自由人(Freemen)的光榮名號，雖然這名號只產生掩蓋作用，沒有完全消除聯盟中幾個成員本來的名字[56]。基於

53 拉芬納的地理學家提到，丹麥的邊界上有個叫作茅里蓋尼亞(Mauringania)的地方，是法蘭克人古老的發源地，也催生萊布尼茲(Leibnitz)的巧妙體系。

*54 [譯註]德國西北部地區，包括漢斯同盟的各邦在內。

55 有些撰文爲生的人經常暗示這就是法蘭克人的沼地。

56 這些古老的名字在後面各個時期偶爾會提到。

彼此的默認和相互利益，制訂第一部聯盟法則，再以運用的習慣和經驗慢慢予以加強。法蘭克聯盟與赫爾維提克(Helvetic)共同體[*57]頗有相似之處，參加的每個州保留本身的獨立主權，一起商議共同的問題，不承認有任何高高在上的領導權威，也不接受派出代表參與的會議有任何拘束的力量。但這兩個聯盟的運用原則極爲不同：瑞士基於明智和眞誠的政策指導，已經獲得兩百年的和平；但是法蘭克人具有猜忌多變的心性、放縱掠奪的貪欲、以及破壞條約的習氣，構成可恥而狡猾的性格特色。

對於下日耳曼人民奮不顧身的英勇精神，羅馬人已有長久的經驗，現在這些力量聯合起來，就直接威脅到高盧地區。帝國將要面對無法抗拒的入侵行動，需要儲君和皇帝的同僚高連努斯，親自率軍進駐。當這位國君帶著年幼的兒子薩洛紐斯(Salonius)，在特列夫的宮廷展露出皇家的威嚴排場時，他的軍隊正接受波斯吐穆斯(Posthumus)英明的指揮。這位將領雖然後來背叛華勒利安家族，現在可是忠心耿耿的捍衛著國家最大利益。語焉不詳的頌辭和獎章隱約表示一連串的勝利，戰勝紀念物和頭銜可以證明(要是這證明算數的話)波斯吐穆斯建立很大名聲，後來一再被稱爲「最偉大的日耳曼征服者和高盧的救星」[58]。

但是，只要提出最簡單的事實，就可以一舉封殺那些浪得虛名、粉飾過當的紀念物。萊茵河雖然被尊爲行省的屏障，在法蘭克人氣勢勇猛的大舉進攻之下，卻無法發揮阻絕的作用。快速的破壞力量越過河流直達庇里牛斯山的山腳，並沒因而停止下來。過去從未受到外來威脅的西班牙，完全無法抵擋日耳曼人的入侵。在這十二年當中，高連努斯統治的大部分地區，富庶的國土淪爲強弱懸殊、一片焦土的戰場。塔拉格納是平靜行省裡繁榮的首府，遭到掠奪以後幾乎完全毀滅，甚至晚到五世紀奧羅休斯那個年代，他在作品裡提到這個巨大城市的廢墟之中，點綴著殘破不堪的村

*57 [譯註]瑞士的種族複雜，中北部講德語，西部說法語，東南部說羅曼斯語，而南部說意大利語，聯邦由二十三個州組成，採用類似自治領之政治組織結構。

58 布里昆尼(Brequigny)爲波斯吐穆斯作傳，寫出他輝煌的一生，但是缺少可靠的獎章和碑銘作旁證。

舍，訴說蠻族的兇狠殘暴[59]。等到這片被搜刮一空的鄉土沒有物品可供搶劫，法蘭克人就在西班牙的港口捕獲一些船隻[60]，開往茅利塔尼亞地區。這些憤怒的蠻族給遙遠的行省帶來極大的驚惶，彷彿自另一個世界從天而降，因爲他們的名字稱呼、生活習慣和容貌舉止，對阿非利加海岸的居民來說，完全陌生也從來沒有人提到過。

八、阿里曼尼人進犯高盧和意大利（253-268A.D.）

易北河邊的上薩克森尼地區，現稱爲盧薩斯（Lusace）侯爵領地[*61]，在古代有片隱密森林，是蘇伊威族（Suevi）可怕的祭祀地點[*62]。任何人想進入這塊聖地，必須四肢趴伏在地，公開宣示相信這位統治一切的神靈；獻身部族的精神也和宗教儀式的供奉犧牲一樣，將森諾尼斯（Semnones）森林妝點得更爲神聖。一般認爲此地是這個民族的誕生地，在特定時期，以蘇伊威血統爲榮的部落，都會派遣使者前往聚會。經過狂野儀式和活人獻祭，更能加深大家同源同種的印象。從奧德河直到多瑙河，廣大的日耳曼內陸地區，都是奉蘇伊威族爲名的群眾。他們和其他日耳曼人最大的不同，是留著長髮，在頭頂挽成粗糙的髮髻，這是他們最喜愛的裝飾，可讓他們在敵人眼中顯得高大而可怕。妒羨善戰威名的日爾曼人，承認蘇伊威族的超凡勇猛。像以前優西庇特斯族（Usipetes）和登克特里族（Tencteri）兩個部落，集結大軍與有笛克推多之尊的凱撒接戰，最後自己宣稱，凱撒的軍隊連不朽的神明都無法匹敵，從他面前逃走根本不算恥辱[*63]。

---

59 在奧松紐斯（Ausonius, Decimus Magnus, 310-395A.D.，西班牙詩人）那個時代，利利達（Lerida）已經殘破不堪，可能是這一次蠻族入侵的關係。

60 華勒休斯因此誤以爲法蘭克人從海上入侵西班牙。

*61 [譯註]這塊領地位於德國西部，在西利西亞西北方。

*62 [譯註]凱撒的《高盧戰記》第一卷提到與蘇伊威人作戰的情形，第四卷提到蘇伊威族是日耳曼人中勢力最大，也是最驍勇善戰的部族。

*63 [譯註]凱撒的《高盧戰記》第四卷提及日耳曼人的優西庇特斯族和登克特里族，在公元前55年渡過萊茵河，就是受到蘇伊威族的壓迫所致。

卡拉卡拉皇帝在位時，眾多蘇伊威人出現在緬因河(Mein)畔，此處已接近羅馬行省，目的是找尋食物，看有無劫掠的機會，再就是獲得戰勝的榮譽。在倉卒狀況下自願組成的軍隊，慢慢聚合成巨大而恆久的民族。因爲有很多不同的部落加入，於是便取名爲阿里曼尼(Allemanni)，意思是「全體人員」(All-men)，用來表示雖然有不同的來源，但是都一樣的勇敢[64]，關於後面這點特性，在接著而來的入侵作戰中，羅馬人已經完全領教。阿里曼尼人主要是在馬背上戰鬥，但是在騎兵裡混雜著輕步兵，更能發揮威力。這些輕步兵選自勇敢而又靈巧的青年，經過長期的訓練之後，全部都能伴隨著騎士做長途的行軍、迅速的衝鋒和緊急的撤退[65]。

這群黷武好戰的日耳曼人，過去對於亞歷山大·塞維魯斯對作戰有充分的準備，感到非常驚奇。後來又面對一個繼承人，是和他們一樣勇敢和兇狠的蠻子，所率領的軍隊也讓他們驚魂喪膽。但是，他們不斷在帝國的邊疆徘徊逗留，等到狄西阿斯死後，更增加這些地區的混亂情勢。他們使高盧幾個富庶的行省遭受嚴重的損害，也首次戳破意大利虛張聲勢的假面具。一大群阿里曼尼人渡過多瑙河，穿越雷蒂提亞的阿爾卑斯山，進入倫巴底平原直抵拉芬納，幾乎就在羅馬城的視野之內，展開蠻族勝利的旗幟。元老院感受到侮辱和危險，大家的心頭點燃古老美德的火花。兩個皇帝都在遠方指揮戰爭，華勒利安在東部，而高連努斯在萊茵河，所有的希望和措施都要靠羅馬人自己想辦法。在這個生死存亡之際，元老院的議員負起保衛共和國的重責大任，抽調留守首都的禁衛軍，再從平民中徵召願意服役的健壯青年，用來塡補兵員的不足。阿里曼尼人見到一支人數更多的軍隊突然出現，在大爲驚懼的狀況下，滿載擄掠的戰利品，退回日耳曼人的地區。就不諳戰鬥的羅馬人來說，這是一場至爲難得的勝利。

當高連努斯接到消息，說他的首都從野蠻人手裡獲得解救， 他並不

---

64 阿西紐斯·夸拉都斯(Asinius Quadratus)是一位研究民族起源的歷史學家，保存著很多語意學上的名詞，阿果西阿斯(Agathias, 536-582A.D.，拜占庭詩人和歷史學家)予以引用。

65 蘇伊威族和凱撒接戰也用這種方式，保持很大的機動能力，受到戰勝者的讚許。

感欣慰，卻對元老院的勇氣感到驚愕，生怕有一天他們像對付外來侵略者那樣，從國內的暴政中解救整個共和國。他那種膽小怯懦又忘恩負義的心理，臣民看得一清二楚。他發布詔書禁止議員參加軍事訓練活動，甚至不准他們接近軍團營地。但是這種發自內心所產生的恐懼感，除了暴露自己的短處，實在沒有任何道理可言。富有的貴族還是過著奢侈的生活，很高興能恢復自己懶散的天性，把不讓他們參加軍事活動那種侮辱性的命令，毫不爲忤欣然接受。只要能夠充分享受自己的浴場、劇院和莊園，他們非常樂意把關係帝國安危的重大事務，交到農民和軍人粗糙的雙手之中。

有位羅馬帝國晚期作家，提到阿里曼尼人另一次入侵，事態更是嚴重萬分，但帝國獲得更大光榮。據說在米蘭附近的會戰中，高連努斯親自率領一萬羅馬人，擊潰三十萬的敵人。不過，我們可將這難以置信的勝利，歸之於歷史學家不重證據的輕信傳言，或是皇帝手下將領過分誇大戰果。高連努斯竭力保護意大利不受日耳曼人侵犯，卻完全運用另外一種性質的武器，他娶馬科曼尼國王的女兒琵芭(Pipa)爲妻。馬科曼尼族是蘇伊威人的部落，經常和阿里曼尼人混合在一起，從事戰爭和征服行動[66]。高連努斯允許她的父親，在潘農尼亞保留很大的居住區，當作聯盟的代價。她那不加粉飾的天生麗質，使得見異思遷的皇帝把寵愛集中在蠻族少女身上，政策上的聯合也由於愛情的彩帶而更加牢固。但是傲慢的羅馬人心中充滿偏見，把羅馬公民和蠻族聯婚視爲褻瀆的行爲，拒絕承認她的合法地位，同時對這位日耳曼公主加上「高連努斯的侍妾」這種侮辱性稱號。

九、哥德人的前兩次海上遠征(253-268A.D.)

我們已追述哥德人從斯堪地那維亞，至少也是從普魯士向波里森尼河口遷移的狀況，接著就追隨勝利軍隊從波里森尼河打到多瑙河。在華勒利安和高連努斯的統治下，多瑙河所形成的邊疆，不停受到日耳曼人和薩瑪

66　一位維克多稱他是馬科曼尼人的國王，另一個維克多則稱之爲日耳曼人的國王。

提亞人入侵騷擾，但羅馬人的防禦不僅堅定且非常成功。那些戰火不斷的行省還能給羅馬軍隊提供毫不衰竭的兵源，而且在伊里利孔的農民中，出現不只一位能夠保持地位和展示才華的將領。雖然蠻族的鐵騎經常在多瑙河兩岸徘徊進出，有時還會深入意大利和馬其頓的邊界，皇帝派出的將領卻總能阻止他們的前進，或者切斷他們的退路。然而，哥德人敵意的激流卻轉向完全不同的通道。他們在烏克蘭找到新的居留地，立刻就成爲黑海北部海岸的主人。在這個內海的南邊，分布著小亞細亞幾個弱小而富庶的行省，擁有一切讓蠻族征服者入侵的條件，而且毫無抵抗的能力。

波里森尼河岸離開克里姆韃靼半島狹窄的入口[67]，僅有六十哩遠。這個半島在古代稱之爲克森尼蘇斯・陶里卡（Chersonesus Taurica），優里庇德斯（Euripides）[*68]以絕妙的藝術手法，美化古代故事所寫出無比動人的悲劇[*69]，有部分場面就發生在這個荒涼不毛的海岸。黛安娜血腥的犧牲，俄瑞斯特斯（Orestes）[*70]和皮拉德斯（Pylades）的到來，用美德和宗教對抗野蠻和兇殘所贏得的勝利，全都有助於表明歷史事實。那個半島上面原始的居民陶里人（Tauri），逐漸與海邊定居的希臘殖民區相互交往後，原有的野蠻生活方式，在某種程度上得到改變。博斯普魯斯王國的首都位於海峽上，通過米奧提斯海[*71]將自己和黑海連接一起。這小國由已退化的希臘人和半開化的野蠻人組成，從伯羅奔尼撒戰爭[72]起就是獨立的國家，最後卻被有野心的米塞瑞達笛斯所併呑，結果連同剩餘的領土都落在屯有重兵的

---

67 這個通道是進入克里米亞半島的門户，寬度大概不到兩哩。

*68 [譯註]優里庇德斯（Euripides, 485-406B.C.）是古希臘三大悲劇作家之一，現存《米狄亞》、《希波呂托斯》、《特洛伊婦女》等十九部劇本，對後世影響極大。

*69 [譯註]《米狄亞》一劇的背景就是此地；米狄亞是柯爾契斯國王的女兒，助傑生取得金羊毛，隨之私奔後遭遺棄，憤而殺死親生二子。

*70 [譯註]俄瑞斯特斯是希臘聯軍統帥阿格曼儂（Agamemnon）的兒子，其母與人通姦殺其父，子殺其母與姦夫。

*71 [譯註]這個王國位於克里米亞的刻赤（Kerch）半島，所謂「米奧提斯海」就是今天的亞述海，經由很窄狹的海峽與黑海相連。

72 博斯普魯斯早期的國王都是雅典的盟友。

羅馬人手中。從奧古斯都當政開始[73]，博斯普魯斯國王的地位雖然不高，但也不是沒有用的同盟。他們運用送禮、用兵及在地峽上修築一道輕便的工事，有效抵擋住薩瑪提亞人出沒無常的剽掠。這個國家就是一條通道，位置適中又有方便的港口，可用來控制黑海[74]。只要國王的權杖能夠正常代代相傳，他們都會忠實而有效的執行這項重要的職責。不幸國內發生傾軋，出身卑微的篡位者爲了攫取空虛的王座，出於恐懼或者要謀取私利，允許哥德人進入博斯普魯斯的心臟地區。征服者在獲得大片久已廢棄的肥沃平原之後，又能夠控制一支海上部隊，可以將軍隊運到亞細亞的海岸。那些用來航行在黑海的船隻構造非常奇特，完全是用木材拼裝成的輕便平底船，全船沒有用一根鐵釘，暴風雨將至時，經常會蓋上一個斜屋頂。哥德人在這種漂浮的房屋裡，毫不在意的將自己的命運交給深不可測的大海。船隻由一些忠誠和技術都很可疑、被強迫來服役的水手所駕駛。但是搶劫的希望驅散所有的危險，天生無所畏懼的性格，在內心產生更爲理性的信念，根本就將航海的知識和經驗棄之不顧。具有無畏精神的戰士，經常抱怨他們的嚮導太過於怯懦，得不到風平浪靜的保證，就絕不冒險發航，同時在任何狀況下也不願將船駛出陸地視線之外。所有這些，至少看來像是現代土耳其人的作法，很可能在航海技術方面，不見得比古代博斯普魯斯的居民要高明多少。

哥德人的艦隊沿著左邊的色卡西亞海岸前進，第一次出現在羅馬行省最遙遠的城市前面。皮提烏斯(Pityus)[75]有很便利的港口和防備森嚴的城牆，以致遭遇到意想不到堅強的抵抗，照理少數守備部隊衛戍的偏遠據點不應如此，結果哥德人被擊退，使得人們對這群蠻族的畏懼之心少了幾

---

73 阿格里帕帶著大軍控制整個海峽，博斯普魯斯地位貶低成爲二等國家，羅馬人有次在三天內行軍到達塔內斯河。

74 要是能夠信得過錫西厄人所說的話，在盧西安的《陶克薩爾斯》(*Toxaris*)一書裡，他敘述自己的國家對博斯普魯斯國王進行大規模的戰爭。

75 阿里安(Arrian, Flavius Arrianus，二世紀羅馬作家，作品有《亞歷山大大帝傳》)認爲，邊防守備隊是在皮提烏斯東邊四十四哩的戴奧斯庫里斯(Dioscurias)，那個時候在費西斯的城防隊只有四百名步兵。

分。就是因爲有蘇克西努斯（Successianus）這樣能力出眾的高階官員，防守著這一帶的邊疆，使得哥德人一切的努力毫無作爲。但是，等到蘇克西努斯被華勒利安調到地位更高、但卻無法發揮作用的職務以後，哥德人又開始對皮提烏斯發起攻擊，結果毀滅那座城市，洗刷掉過去的恥辱。

環繞黑海水域，在東邊從皮提烏斯到特里比森德的航程是三百哩[76]。哥德人所走的路線，使他們可以看見柯爾契斯（Colchis）的國土，此地因阿爾戈英雄（Argonauts）的遠征而聞名於世[*77]。他們原來打算要搶劫位於費西斯（Phasis）河口一座富於資財的神廟，但是沒有得手。特里比森德是古老的希臘殖民地，從萬人大撤退那個時候起就享有盛名，由於哈德良皇帝的慷慨，在缺乏天然海灣的荒涼海岸，修築一個人工的港口[78]，因而獲得財富和榮耀。這座城市的幅員廣大人口眾多，圍繞著雙重的城牆，看來可以抵擋哥德人無情的進攻，而且除了正規的守備部隊，還進駐一萬援軍予以加強防務。但是，再有利的條件也無法彌補紀律鬆弛和警戒懈怠的缺失，特里比森德聲勢浩大的守軍，整天只知飲酒作樂，誰也無心守備那難以攻破的防禦工事。哥德人很快發現被圍部隊疏於防備的狀況，他們高高堆起大束柴把，在靜寂的深夜裡，戰士手裡拿著刀劍爬上城牆，進入無人守備的城市，對人民展開一場大屠殺，驚惶的士兵從另一邊的城門逃走。最神聖的廟宇連同富麗堂皇的建築物，全部遭到毀滅，落在哥德人手中的戰利品眞是多得驚人，因爲鄰近地區將特里比森德看成安全地點，都把財物存放在這裡。他們捕獲的俘虜更是無計其數，勝利的蠻族穿過本都這個廣闊的行省[79]，一路未遭到任何抵抗。在特里比森德掠奪的戰利品，裝滿在港口所搜捕到一支龐大的船隊，在海岸抓到強壯的青年用鍊條鎖起來擔

---

76 阿里安提到兩地的距離是兩千六百一十斯塔德。

*77 [譯註]就是乘坐阿爾戈號帆船，隨著傑生去海外尋覓金羊毛的英雄。

78 圖尼福（Tournefort, Joseph Pitton de, 1656-1708A.D.，法國旅行家）曾到此憑弔古蹟。

79 新凱撒里亞（Neo-Caesarea）的主教格列哥里・陶瑪多古斯（Gregory Thaumaturgus）在書信中提到此事，被馬斯庫（Mascou, Johann Jacob, 1689-1761A.D.，德國法學家和歷史學家）所引用。

任划槳手。哥德人對第一次海上遠征的成就感到十分滿意，興高采烈回到他們在博斯普魯斯王國新建的居留地。

哥德人第二次遠征的人數和船隻都增加不少，不過他們另外選擇一條路線，避開已被洗劫一空的本都行省，沿著黑海西岸前進，越過波里森尼河、聶斯特河和多瑙河廣闊的河口，一路上捕獲大量漁船以壯大艦隊的聲勢，向著分隔歐、亞兩洲，黑海注入地中海的狹窄通道迅速接近。卡爾西頓(Chalcedon)的守備部隊原來駐防在朱庇特·烏流斯(Jupiter Urius)神廟附近，一處可以控制海峽進口的岬角上，由於守軍的數量超過哥德人的軍隊，所以根本不必畏懼蠻族的入侵。但是他們也只是在數量上占優勢而已，竟在慌張的狀況下棄守有利的位置，輕易讓武器和錢財儲存最豐富的卡爾西頓落在征服者的手中。就在蠻族遲疑不決，究竟是走海路還是陸路，到歐洲還是到亞洲，去尋找可以作戰的地方，有個叛逃的內奸向他們提供情報，指出尼柯米地亞曾經是俾西尼亞的首都，非常富裕而且易於奪取，從卡爾西頓的營地前往只有六十哩。他在前面當嚮導指引毫無抵抗的攻擊，然後分得部分戰利品。哥德人已經學會如何酬勞叛徒，雖然他們對這種事感到很厭惡。尼斯、普魯薩、阿皮米亞(Apaemaea)和昔烏斯(Cius)這些城市[*80]，繁榮的程度與尼柯米地亞不相上下，但也全都陷入災難之中。整個俾西尼亞行省在幾周內，全慘遭蹂躪。柔弱的亞細亞居民已經享受三百年的和平生活，已完全喪失武備的訓練，忘卻危險的恐懼，老舊城牆崩塌不修繕，富庶的稅收全用來興建浴場、廟宇和劇院。

西茲庫斯(Cyzicus)這個城市所以能夠抵擋米塞瑞達笛斯全面圍攻[81]，就是靠著明智的法律，一支有兩百艘作戰船隻的艦隊，和三個裝滿武器、投射機具和糧食的倉庫。此地現在仍舊是財富和奢侈品的集散地，但是除了地勢險要以外，古代的實力已不復存在。城市座落在普洛潘提斯海

*80 [譯註]這些城市都在馬爾馬拉內海的周圍地區；這個內海位於亞洲小亞細亞半島和歐洲巴爾幹半島之間，兩端就是博斯普魯斯海峽和達達尼爾海峽；在本書裡把這個內海稱爲普洛潘提斯海。

81 圍城的兵力是四百艘戰船、十五萬步兵和數量龐大的騎兵。

(Propontis)的小島上，有兩座橋樑與亞細亞的陸地相連接。哥德人在新近掠奪普魯薩以後，決定要將這座城市摧毀，進軍至不到十八哩的地方，突然出現偶發的狀況，使得西茲庫斯暫時逃脫被毀的命運。當時正是多雨的季節，阿波羅尼特斯(Apolloniates)湖是奧林匹克山所有山泉的貯水庫，已經漲到相當的高度。有條名叫瑞達庫斯(Rhyndacus)的小河的源頭就是那個大湖，忽然變成一道寬闊的激流，阻止哥德人前進。他們從海濱城市赫拉克利(Heraclea)撤退，可能是艦隊停泊在那裡，到處是裝滿財物連綿不斷的車隊，留在後面是尼斯和尼柯地米亞被縱火燃燒發出的熊熊火光。有些很含糊的記載，說是經過一場戰鬥迫使他們退走[82]。但是即使獲得完全的勝利也起不了多大作用，因爲秋分馬上來到，迫得他們盡快趕回去。要是在9月以後和5月以前還在黑海航行，就是現代的土耳其人也會肯定表示，這是最輕率和最愚蠢的行爲。

十、哥德人第三次遠征蹂躪希臘(253-268A.D.)

當我們聽說哥德人在博斯普魯斯的各個港口，所編組的第三支艦隊共有五百艘帆船時[83]，必然會很快算出總兵力。學識淵博的斯特拉波明確告訴我們，本都和小錫西厄蠻族所使用的海盜船，每艘只能裝載二十五到三十人，因此可以很肯定的說，這次強大的遠征所能運送的戰士，最多不過一萬五千人而已。這次行動不限於黑海地區，要把毀滅的路線從西米尼亞(Cimmerian)航向色雷斯岸的博斯普魯斯海峽。當他們幾乎到達海峽中途，突然又被浪潮推回到入口處。等到第二天颳起順風，幾個小時之內就將他們帶到像湖一樣平靜的普洛潘提斯海面，登陸到西茲庫斯小島上去，立即使得古老而高貴的城市遭受摧毀。從那裡再穿過海倫斯坡海峽的狹窄通道，接著在散布眾多島嶼的愛琴海上，蜿蜒曲折的向前航行。在俘虜和

82 辛瑟拉斯(Syncellus)敘述奧登納蘇斯難以置信的故事，說他打敗哥德人，並將他們殺得片甲不留。

83 辛瑟拉斯說第三次遠征是赫魯利人一手促成。

逃兵的幫助下，可以掌握船隻的航行方向，指導對希臘海岸以及亞洲海岸的各種襲擊行動。最後，哥德人的艦隊在派里猶斯(Piraeus)港下錨，離雅典城只有五哩，這時雅典正在著手各項準備工作，以便進行堅強的抵抗。克利奧達繆斯(Cleodamus)是個工程師，奉皇帝的命令前來加強海岸城市的防守能力，對抗哥德人的入侵。他已開始修復自蘇拉以來任其倒塌的古代城牆，但是要求的技術沒有達成預期的效果，這些蠻族變成文學和藝術發源地的主人。但就在征服者盡情掠奪和狂歡時，他們的艦隊停泊在派里猶斯港，只有很少的兵力守衛，受到英勇的德克西帕斯(Dexippus)出其不意的攻擊。他和工程師克利達繆斯一起逃出雅典，匆匆組成一支自願軍，裡面有農夫也有軍人，要爲國家遭受的災禍雪恥復仇[84]。

但是，這種英勇的行爲對已經沒落的雅典沒有帶來一點好處。不僅無法打擊北方侵略者無所畏懼的士氣，反而激起他們更深的恨意，把狂暴的憤怒傾洩在希臘每一個地區。想起當年相互征戰不已的底比斯、亞哥斯、科林斯和斯巴達，現在沒有能力編組軍隊應戰，甚至無人防守已經損毀的堡壘。無情的戰火順著海上和陸地，從最東邊的蘇尼姆(Sunium)一直燃燒到西海岸的伊壁魯斯，直到哥德人進入意大利的視線，危險迫在眉睫，才把毫無動靜的高連努斯從美夢中驚醒。全副戎裝的皇帝率領軍隊阻止敵軍進犯，同時讓對方的實力分散。他很快與赫魯利人談好條件接受他們的歸順，在勞洛巴都斯(Naulobatus)族長的領導下，大批的蠻族願意向羅馬效力。爲了鼓勵他的行爲，就頒給執政官的尊榮，像這樣羞辱的事例從前還未發生過[85]。很大一群哥德人討厭過單調的航海生活，不僅危險而且辛苦，所以就衝進瑪西亞地區，想要打開一條通路，越過多瑙河回到烏克蘭的定居地。羅馬將領之間的傾軋[86]帶給蠻族活命的機會，否則難逃全數殲滅的命運。這支四處燒殺隊伍的殘存人員回到他們的船上，通過海倫斯坡

84　雖然這件事微不足道，但是希臘人卻大事宣揚，認爲他們的同胞立了很大的功勞。

85　辛瑟拉斯提及赫魯利人帶來的士兵，以後非常忠誠，作戰英勇獲得很大的聲名。

86　克勞狄斯當時負責整個多瑙河地區的防務，頭腦靈活而且主動積極，他的同僚嫉妒他立功，所以在暗中掣肘。

海峽和博斯普魯斯海峽回航，歸途還乘機搶劫特洛伊海岸。這個地方因荷馬的史詩而獲得不朽的聲名，從此也會把哥德征服者的燒殺擄掠長存記憶之中。等到他們知道自己已經安全抵達黑海盆地，就在色雷斯的安契拉斯(Anchialus)登陸，那裡靠近希繆斯山不遠。他們開懷地浸泡在舒適無比的溫泉中，一洗多月來的辛勞，因剩下的路程不多，也容易航行。這就是第三次也是最大一次海上遠征的大致狀況，有人會覺得難以想像，當初只有一萬五千名戰士的隊伍，在這樣大膽的冒險犯難過程，怎麼維持得住人員損失和分兵作戰。當他們的人數由於戰死、船難和溫暖氣候的疾病而逐漸消耗時，有一大群土匪和逃兵爲了搶劫，投效到他們的旗幟之下。再就是大量逃亡的奴隸，大部分都具有日耳曼人和薩瑪提亞人血統，一心要抓住自由和報復的機會，不斷補充他們的隊伍。哥德民族在這幾次遠征中認爲已經克服巨大的危險，獲得應有的榮譽。但那些在哥德人旗幟下共同作戰的部落，在史料不完整的時代裡，有時會有所區分讓大家知道，有時就全部混雜一起無法辨別。由於蠻族的船隊從塔內斯河口出發，經常對這樣一個人種混雜的團體，就用含糊而熟悉的稱呼，將他們叫成錫西厄人[87]。

人類遭遇到災難，不論是多麼有名的人物死去，多麼高大的建築物倒塌，過不了多久就會被人拋在腦後。然而我們卻無法忘懷以弗所的黛安娜神廟，曾經遭遇七次災難，每次修復更能增加光彩，最後在哥德人第三次海上入侵中燒得片瓦不留。唯有在希臘的藝術和亞細亞的財富通力合作，才能建成這樣神聖而宏偉的建築物，使用一百二十七根愛奧尼亞型大理石柱[*88]作爲支撐，每根有六十呎高，都是虔誠的帝王所奉獻。雕刻大師普拉克西特勒斯(Praxiteles)[*89]所設計的祭壇，從最有名的傳說中選擇裝飾的題材，有拉托娜(Latona)那對金童玉女的誕生[*90]、阿波羅殺死獨眼巨人

87 諾昔繆斯和希臘作家將這批海盜稱爲錫西厄人，但是喬南德斯和拉丁作家還是稱他們爲哥德人。

*88 [譯註]愛奧尼亞型的柱頭有渦卷狀的裝飾。

*89 [譯註]普拉克西特勒斯是公元前四世紀希臘雕刻家，作品以青銅像最爲出色。

*90 [譯註]拉托娜是宙斯神所愛的女人，生出阿波羅和阿特美斯，即日神和月神。

(Cyclops)後的藏匿、酒神巴克斯(Bacchus)饒恕被擊敗的亞馬遜女戰士(Amazons)。以弗所神廟的長度只有四百二十五呎，約為羅馬聖彼得大教堂的三分之二[91]，在其他方面，就更不如這座舉世讚譽的現代建築了。一座基督教十字架形狀的大教堂，所伸展出去的雙臂，比起異教徒橢圓形的神廟，需要更大的寬度才能容納得下。要在空中修建一個與萬神殿同樣大小和比例的拱型圓頂，也會讓古代最大膽的藝術家吃驚不已。不管怎樣，黛安娜神廟被認為是世界奇觀之一而受到讚美，波斯、馬其頓和羅馬這些代代相傳的大帝國，尊敬它所代表的神聖地位，盡力踵事增華使得更為光彩耀目[92]。但是波羅的海粗俗的蠻子缺乏藝術欣賞力，厭惡異國的迷信所帶來的恐懼感[93]。

另一種與入侵有關的狀況也值得注意，當然也可以認為這是現代學者異想天開的看法。他告訴我們說是哥德人洗劫雅典時，把搜集到的圖書全部堆起來，就像火葬一樣將希臘的學識全部燒掉。這時有位首領比起他的手下更有策略性的眼光，講幾句意味深長的話就讓他們打消焚書的作法。他說還是讓希臘人去潛心研究學問，這樣他們就不會重視武備[94]。這位精明的理論家(如果眞有其事的話)用的是無知蠻人的思維理則，要知道在最文明和強勢的國家中，各種天才人物都會在同一時代出現，也只有科學的時代才是軍事武力最有成就的時代。

十一、波斯國王薩坡爾擊敗羅馬大軍(253-268A.D.)

波斯開創新局的君主阿塔澤克西茲和他的兒子薩坡爾，擊敗阿薩息斯王朝贏得勝利(前面已經提到過)。在那個古老皇族的眾多親王當中，只有

91　聖彼得教堂的長度大致是八百四十羅馬掌(約為六百三十呎)，一掌約為九吋。

92　羅馬人的政策是要減縮神殿的範圍(相對可減少人員庇護的面積)，因為經過歷年的特准，廟宇的周長已達兩個斯塔德(約一千三百呎)。

93　他們並不祭祀希臘的神祇，所以認為得不到神明的護佑。

94　像這一類的軼事傳聞最適合蒙田(Montaigne)的品味，可以寫進專事炫耀的隨筆。

亞美尼亞國王克司洛伊斯保住性命和獨立。他依仗強大的國力，不斷利用敵方的逃亡人員和不滿分子，與羅馬人的聯盟，以及最重要的還是自己的勇氣。雖然在三十年的戰爭中，他的軍隊保持常勝的英名，後來還是被薩坡爾派出的刺客所暗殺。亞美尼亞愛國的總督，要維護國家的自由和皇室的尊榮，懇求羅馬保護合法的繼承人提里德特斯(Tiridates)。但是克司洛伊斯的兒子還是一個幼童，盟軍又遠水救不了近火，波斯國王親率一支難以抗拒的大軍向著邊境前進，年輕的提里德特斯成爲國家未來的希望，被一個忠心的僕人救出來。於是亞美尼亞在爾後的二十七年中，心不甘情不願成爲大波斯帝國的一個行省[95]。薩坡爾因輕易獲勝而意氣風發，盡量利用羅馬人的天災人禍和墮落習性，迫使卡爾希和尼昔比斯強大的守備部隊投降，隨即將滅亡和恐怖擴展到幼發拉底河周邊的廣大地區。

最重要的邊疆已經喪失，忠誠的盟友被摧毀，再加上滿懷野心的薩坡爾迅速獲得勝利，使羅馬人深深感到羞辱和危險。華勒利安聊以自慰的提到，萊茵河和多瑙河在他的部將嚴密防衛下，足可高枕無憂。縱使他年事已高，仍然決定要親臨前線保衛幼發拉底河。當他通過小亞細亞時，哥德人的海上侵襲已經中止，飽受蹂躪的行省獲得短暫又不可靠的平靜。等他渡過幼發拉底河，與波斯的國王在埃笛莎的城牆外面遭遇(260A.D.)，一戰而敗成爲薩坡爾的俘虜。有關此一重大事件的詳情還是模糊不清，只能根據僅有的少許線索，知道羅馬皇帝犯了一連串的錯誤，輕舉妄進以致自食惡果。他把一切都託付給禁衛軍統領馬克里阿努斯(Macrianus)[96]，這個一無是處的大臣只能讓他的主子，在被壓迫的臣民面前裝出神聖不可侵犯的樣子，卻被羅馬的敵人所輕視和侮辱。由於他的軟弱無能或者是別有用心，帝國的軍隊陷入無法發揮殺敵勇氣和作戰技能的困境。羅馬人不顧一切想要衝破波斯的重重圍困，都在遭受重大傷亡狀況下被擊退。薩坡爾以

---

95 克里尼的摩西是較爲可信的亞美尼亞歷史學家，他修正很多希臘人不正確的資料。諾納拉斯說他與提里德特斯談過話，這個小孩是流亡的國王，但是按時間推算，那時候諾納拉斯還是個嬰兒。

96 馬克里阿努斯是基督徒的敵人，所以他們指控他是個術士。

優勢兵力包圍羅馬人的營地，耐心等待日益惡化的饑饉和瘟疫，使他保證贏得最後的勝利。羅馬的軍團毫無紀律的發出怨言，認為華勒利安是這些災難的罪魁禍首，發出叛變的喧囂聲要求立即投降。雖然想花大批黃金買通對方同意他們撤退，但是波斯人認為已勝券在握，根本不把那些錢當回事，於是扣押使者，列出作戰隊形前進到羅馬人的防壁下，堅持要與皇帝當面談判。華勒利安落在這種情況下，只能將自己的生命和尊榮交給敵人處理。會商的結果自是意料中事，皇帝成為俘虜，驚慌失措的部隊放下武器。在這個大獲全勝的時刻，薩坡爾顧盼自雄，決定推出一位完全聽話的繼承人，登上華勒利安下台後所空下的帝座。賽里阿德斯(Cyriades)是安提阿犯案累累的逃兵，被選來侮辱羅馬帝國的紫袍，不管被俘軍隊是如何的不願，波斯勝利者還是要貫徹自己的意志[97]。

這個奴性已深的逃兵為討好主子，不惜出賣自己的國家，帶領薩坡爾越過幼發拉底河，經由卡爾西斯(Chalcis)向這座東方大城前進。波斯騎兵的運動是如此迅速，要是公正的歷史學家所說的話可信[98]，當安提阿突然被進攻時，城裡懶散的居民都群聚在劇院欣賞表演節目。安提阿不論公有或私人的壯麗建築物，全部都被洗劫一空，還有很多被澈底摧毀，無數的居民不是被殺就被敵人擄走。只有伊美莎的大祭司下了必死的決心，才能暫時阻止毀滅的浪濤。他穿著一身祭神的衣袍，出現在一大批信仰虔誠的農民隊伍前面，雖然只有投石器當武器，還是要保護他們的神祇和財物，不要落在瑣羅亞斯德那些追隨者骯髒的手裡[99]。但是塔蘇斯和其他的城市被毀，只能很悲慘的證明，除了這個特殊的例外，敘利亞和西利西亞的征服，也都無法中止波斯大軍前進的步伐。托魯斯山脈的通道狹隘，原本可以據險以守也被放棄，要是對騎兵為主的敵人，在此地可以進行一場有利的作戰，結果使得薩坡爾可以對卡帕多西亞的首府凱撒里亞形成包圍之

97　《羅馬皇帝傳》提到賽里阿德斯，在華勒利安死前曾經統治一段時間。但是與其相信這個不講精確的作者所寫的可疑編年史，我寧可採用比較可信的事件發展。

98　安提阿遭受浩劫，有些歷史學家已經預料到，阿米努斯·馬塞利努斯則確切指出，要歸咎於高連努斯在位期間的各種不當處置。

99　約翰·瑪拉拉把很多發生的事故，當成神蹟那樣以訛傳訛記載下來。

勢。這個城市列在二等，卻有四十萬居民，笛摩昔尼斯(Demosthenes)負責指揮作戰，並沒有受到皇帝的任命，而是自願保衛自己的國家。他守了很長一段時間，直到凱撒里亞被一個醫生出賣而陷落。雖然敵人下令要盡最大可能將他活捉，他仍能殺開一條血路逃生。這位英雄人物能逃離強敵的魔掌，一方面是值得稱許讚美，但是另一方面為懲罰他的負嵎頑抗，數千名追隨他的市民慘遭屠殺。薩坡爾被指控殘酷無情的對待俘虜[100]，一大部分毫無疑問是歸之於民族的仇恨，還有就是出於卑劣的傲慢心理和受挫的報復情結。但是整體來說，這位君王在亞美尼亞人的面前顯出立法者的溫和性格，對於羅馬人民卻擺出征服者的猙獰面目。他知道在羅馬帝國的境內無法建立永久性的根據地，於是把幾個行省的人民和財富全部遷移到波斯，留在他的身後是一片荒涼的原野[101]。

薩坡爾的威名正在帝國東部令人聞風喪膽時，他收到一份無愧於帝王之尊的禮物。那是一支駱駝隊滿載著珍奇的珠寶和昂貴的物品，隨同厚重的貢品一起送過來，是帕爾麥拉(Palmyra)最尊貴和富有的元老奧登納蘇斯(Odenathus)一封言辭尊敬、不卑不亢的信。那個傲慢自大的勝利者說：「誰是奧登納蘇斯？怎麼這麼大膽竟敢給他的主子寫信？要是希望我減輕對他的懲罰，就應該自動反綁著雙手，爬到我的寶座前面來。他只要稍有猶豫，他和他的國家就會大禍臨頭，自取滅亡。」同時表示要將禮物扔到幼發拉底河裡去。像這樣逼人走向絕路的作法，使得帕爾麥拉人只有振奮全副力量周旋到底，於是奧登納蘇斯和薩坡爾兵戎相見。在奧登納蘇斯的精神感召下，從敘利亞的村莊到沙漠地區的帳篷中，集結成一支小規模的軍隊[102]，盤旋出沒在波斯大軍的四周，擾亂他們的撤退行動，掠劫他們的財物牲口，還搶走那位偉大皇帝的幾位妃子，這是比珠寶還值錢的東西，最後使他帶著幾分混亂和尷尬退向幼發拉底河的彼岸。奧登納蘇斯靠

100 諾納拉斯提到深谷裡塡滿被殺的屍首，成群的俘虜像野獸一樣被趕到水裡，食物缺乏讓很多人活活餓死。

101 諾昔繆斯認爲薩坡爾想當亞細亞的主子，並不願意把征服的地區洗劫一空。

102 從羅馬人當時的資料及相關銘文中，知道奧登納蘇斯是帕爾麥拉市民，他在遊牧民族中有很大的勢力，所以樸洛柯庇斯和瑪拉拉認定他是撒拉森人(Saracens)的君主。

著這次功勳爲其名望和地位奠定基礎，羅馬帝國的尊嚴在受到波斯淩辱後，總算讓一個帕爾麥拉的敘利亞人，或稱爲阿拉伯人，找回一點顏面。

十二、高連努斯的性格與作爲(253-268 A.D.)

歷史的回響雖然不及仇恨和諂媚的呼叫來得宏亮，但仍然要譴責薩坡爾濫用征服者的權勢。我們聽說身穿紫袍戴著枷鎖的華勒利安，被展示在群眾的面前，完全是一副落魄王侯的可憐相。還聽說只要波斯君王上馬，腳下就要踩著羅馬皇帝的脖子。儘管所有的盟邦都在勸他，要記住命運的興衰無常，要提防羅馬會東山再起，要讓有身價的俘虜成爲和平的保證，不能只當作洩憤的對象，但是薩坡爾完全置之不理。等到華勒利安受不了這種羞辱和悲哀死去以後，他的皮還被剝下來塡進乾草，做成人的形狀，好幾代都保存在波斯最著名的廟宇裡。比起愛虛榮的羅馬人經常建立的銅像和大理石像，這是更要眞實得多的紀念碑[103]。這個故事非常感人，更富於教育意義，但是眞實性値得可疑。現在仍舊保存著東部的王侯寫給薩坡爾的信，看來都是冒名僞造[104]。再說這個充滿猜忌心的君王，爲了對待競爭的敵手，如此公開侮辱帝王的尊嚴，也是完全不通人情的事。至於華勒利安在波斯受到什麼待遇不得而知，但是可以肯定的說，這唯一落到敵人手中的羅馬皇帝，在監禁中悲慘度過絕望的餘生。

高連努斯皇帝對於他的父親和同僚的遭遇，長期以來忍受嚴厲的指責，雖然得知消息以後心中暗喜，但是外表顯得不動聲色，只是說道：「我知道我父親是個凡人，但是他表現得如此勇敢，我沒有任何遺憾。」當羅馬爲不幸的君王悲痛不已時，他兒子那種毫無人性的冷漠態度，被一

103 異教徒作者對華勒利安不幸的命運感到悲傷哀悼，但是基督教徒則加以侮辱和謾罵，蒂爾蒙特蒐集很多這方面的資料。波斯人對穆罕默德以前的東方歷史保存得很少，所以根本不知道薩坡爾的勝利，對他們的民族而言是多大的光榮。

104 其中有封信是亞美尼亞國王阿塔伐斯德斯(Artavasdes)所寫。但是自從亞美尼亞成爲波斯一個行省以後，所有的國王以及這個國家的名字，還有信件，全部都是僞造。

些奴性十足的廷臣當成堅強的英雄氣概和斯多噶精神加以讚揚。高連努斯成爲帝國獨一無二的皇帝後，他那種輕浮多變和頤指氣使的性格，眞是讓人無法恭維和描述。任何一種技能只要他想學，以他天賦的才華都可以做得很出色，但由於他只有天才而缺乏判斷力，變成想到什麼就做什麼，除了作戰和治國這兩項最重要工作不會以外。他通曉很多新奇而無實用價值的技能，是辯驚四座的演說家，也是風格典雅的詩人[105]，是善於養花蒔草的園藝家，也是手法出眾的廚師，但卻是個不足取的皇帝。當國事危殆需要他親臨指導和加強呼籲之時，他卻與哲學家普洛提努斯高談闊論[106]，把時間消磨在細瑣和無聊的消遣上，不然就是準備體驗希臘的神祕儀式，或是在雅典的最高法院參加辯論。像他這樣過度炫耀自己，等於在侮辱那些缺乏才識的普通人。他對勝利裝模作樣的嘲笑態度，更加深公眾受到的屈辱感[107]。他對於接連不斷傳來的入侵、戰敗和叛變的報告，用淡然一笑表示接受，裝出無所謂的神情，拿來一些丟失行省的產品，然後不經意的問道，要是獲得不了埃及的亞麻布和高盧的阿拉斯(Arras)掛毯，難道羅馬就會毀滅？不過，在高連努斯的一生中，有幾回受到強烈的刺激，變得像一個英勇的軍人和殘酷的暴君，直到對血腥感到滿足，或對抗爭感到疲倦，又會在不知不覺中恢復他那天生溫吞慵懶的性格[108]。

十三、三十僭主及其後續影響(253-268A.D.)

這個時候的政府掌握在沒有實力的君王手裡，帝國各行省都有一大批

105 高連努斯作詩的造詣很深，現在還有幾首詩流傳下來。

106 他將康帕尼亞一個受損很嚴重的城市交給普洛提努斯，要他用來驗證柏拉圖的「理想國」是否可以實現。

107 一個有高連努斯頭像的獎章，正面和背面分別刻著「奧古斯都高連努斯」(Gallienae Augustae)和「四海升平」(Ubique Pax)的字樣，讓一些研究人員感到很困惑。斯龐海姆認爲是高連努斯的政敵對他的諷刺。

108 我認爲這樣已經對他的性格描述很清楚，接位的繼承人統治時間很短，發生很多的事故，加上後來的歷史學家把注意力集中在君士坦丁家族，對於高連努斯僨事的性格已經失去興趣。

人起來反對華勒利安的兒子，企圖篡奪帝位，這是不足爲怪的事。奧古斯都王朝的歷史作家出於非常玄妙的想法，要拿羅馬和雅典各有三十位僭主做一對比。他們特別選出這個數目，後來逐漸爲大家所接受[109]。但是，無論從那方面來說，這種對比既無必要也沒有道理。一邊是單一城市的統治階層聯合組成的三十人議會；另一邊是在廣大的帝國裡起伏不定、形勢各別的競爭敵手。我們又能從這兩者之間找出什麼類似之處呢？再者，除非我們把加上皇帝頭銜的婦女和兒童都算進去，否則就無法湊成「三十」這個數目。高連努斯的統治再怎麼令人反感，好在只產生十九個窺伺帝位的人：東部地區有賽里阿德斯(Cyriades)、馬克里阿努斯(Macrianus)、巴利斯塔(Balista)、奧登納蘇斯和季諾碧亞(Zenobia)；在高盧和西部行省有波斯吐穆斯、洛連努斯(Lollianus)、維多里努斯(Victorinus)和他的母親維多利亞(Victoria)、馬留(Marius)和提垂庫斯 (Tetricus)；在伊里利孔和多瑙河的邊界有因吉努烏斯(Ingenuus)、理傑連努斯(Regillianus)和奧理略盧斯(Aureolus)；在本都有薩都尼努斯(Saturninus)[110]；在艾索里亞(Isauria)有德里比連努斯(Trebellianus)；帖撒利的畢索(Piso)；亞該亞的華倫斯(Valens)；埃及的伊米連努斯和阿非利加的息爾蘇斯(Celsus)。要想把這些不知名人物的生死存亡做個交代，將是一件繁重的工作，同時也毫無教育意義與趣味。我們只能研究一下可以強烈標示出那個時代的狀況、人民的舉止習俗，和那個時期的人物所具有的處世態度、理想抱負、行爲動機和天命氣數，以及篡奪行爲所造成毀滅性後果的特質。

一般而言，所謂僭主這個令人厭惡的稱呼，在古代是用來表示非法篡奪最高權力的行爲，並不是指某人有濫用此種權力的含意，所以僭主並不一定就是暴君。在這些高舉起義旗幟反對高連努斯皇帝的人士當中，有幾位是品德高尚的模範人物。幾乎所有的反叛分子都有相當的才能和勇氣，他們建立功勳受到華勒利安的賞識，逐漸擢升到帝國最重要的職位。那些

109 波利歐(Pollio, Trebellius，三世紀羅馬作家，是《羅馬皇帝傳》作者之一)最急著把數目湊成三十個。

110 他統治的地點很可疑，但本都確實有個僭主，其餘人士則都已確定。

自封爲奥古斯都的將領，是以卓越的指揮能力和嚴格的紀律要求，獲得部隊的尊敬；再不然就是戰爭中的英勇與成就，爲全軍將士所崇拜；或者是因爲個人的性格開朗、慷慨大方，得到大家的讚許和愛戴。他們打勝仗的戰場就是被推舉爲皇帝的所在。那群覬覦紫袍的人士當中，即使是出身不堪、當過競技場兵器保管員的馬里烏斯，也有無畏的勇氣、無敵的體能和無隱的率直[111]。他低賤的職業的確爲他的提升帶來嘲諷與訕笑，但是絕不會比那些爲數不少出身農民和士兵的對手更爲卑微。在一個天下板蕩、群雄並起的時代，每個天才人物都能掌握最好的機會。身處戰亂頻仍的環境，軍事才能是通向成功和榮譽的青雲之路。在那十九位僭主之中，只有提垂庫斯是元老院議員，畢索是唯一的貴族。卡爾豐紐斯・畢索(Calphurnius Piso)是努馬第二十八代的直系子孫，因爲母系方面的親屬關係，有權在家裡掛上克拉蘇和偉大龐培的畫像[112]。他的祖先獲得共和國所有最高的榮譽，在羅馬古代的豪門貴族中，只有卡爾豐紐斯家族經歷幾代凱撒的暴政還能倖存。畢索個人的品德也能增加古老門第的光彩，等到篡位的華倫斯下令把他處死以後，曾經極度懊悔的承認，就是敵人也應尊敬畢索的聖潔無瑕。此外，他雖然死於反對高連努斯的武裝起義，承蒙皇帝寬宏大量，元老院以敕令正式表揚此一德行高尚的叛徒[113]。

華勒利安的將領對深受尊敬的老王感激不盡，都不願服侍那個奢侈怠惰、沒有出息的兒子。羅馬世界的帝座得不到忠誠的支持，對皇帝的反叛很可能被看成愛國的行爲。如果深入研討篡奪者的心理狀況，可以發覺很多是基於恐懼，並非受到野心的驅使。他們害怕高連努斯殘酷的猜忌刻薄，同樣畏懼部隊突發的暴力行動。要是軍隊突然對某位將領產生極爲危

111 波利歐在《羅馬皇帝傳》裡記載馬里烏斯的講辭，很意外的能夠辨識出他的姓名，看來波利歐已經學會薩盧斯特(Sallustius Crispus, Gaius, 86-34B.C.，羅馬歷史學家和政治家)的手法。

112 從奥古斯都到亞歷山大・塞維魯斯，每個朝代都有畢索家族的人員出任執政官。奥古斯都在位時認爲有個畢索家族的人可以繼承寶座，尼祿當政時有一個帶頭陰謀造反，伽爾巴稱帝時則有一個出任凱撒。

113 元老院一時情緒衝動，似乎利用高連努斯的同意而自作主張。

險的好感，聲稱他有資格繼承帝位，這時他就命定成爲消滅的對象。在這種狀況下，最謹愼的作法，也只有決心先享用帝王的尊榮再說，寧可在戰爭中試試自己的運氣，也比等著劊子手來殺要好。當這個心不甘情不願的犧牲者，在士兵的歡呼聲中被推上寶座時，有時會爲即將來臨的不幸而暗自傷悲。薩都尼努斯在登上帝位那天說道：「你們失去一個有能力的統帥，倒是推舉出一位非常可憐的皇帝。」

後來接連發生各種想像不到的變革，證明薩都尼努斯的擔心不是沒有道理。在高連努斯統治下冒出來的十九位僭主，沒有一個享受過平靜的生活，能夠壽終正寢。只要披上鮮血淋淋的紫袍，等於激起追隨者的恐懼和野心，好讓他們起而模仿。處於內部陰謀、軍事叛亂和內戰威脅的重重包圍下，全身戰慄彷彿置身於懸崖的邊緣，經過或長或短寢食難安的焦慮時日以後，終究會落得不可避免的下場。不過，這些朝不保夕的君王，分別由他們所統領的軍隊和行省，奉承所應得的尊榮。但是，他們應有的權力建立在叛亂的基礎上，永遠得不到法律和歷史的認可。意大利、羅馬和元老院始終依附高連努斯的正統地位，把他視爲帝國唯一的統治者。這位君主確實能夠放下身段，以身爲華勒利安的兒子滿懷感激之心，對奧登納蘇斯獲得勝利的軍隊致謝，認爲他們値得接受榮譽的稱呼。在羅馬人普遍的贊同下，經過高連努斯的同意，元老院把奧古斯都的頭銜頒給這位勇敢的帕爾麥拉人，似乎要將東部的政府委託給他。事實上那早已爲他所有而且可以獨斷專行，更像私產一樣傳給他那大名鼎鼎的遺孀季諾碧亞[114]。

即使一位哲學家對於人世的一切災難無動於衷，要是看到這種從農舍到皇宮，再從皇宮到墳墓的迅速轉移過程，就是再冷漠的個性也會深有感觸。這些命運乖舛的皇帝，他們的推選、掌權和死亡，對於臣民和部從同樣帶來毀滅性的作用。致命的高升所要付出的代價，是經常要用巨額的賞賜支付部隊，這些錢從已枯竭的人民身上壓榨出來。不論人格再高尚，用意再純正，只要走上篡奪這條路就無法回頭，只有把掠奪和殘酷的行爲實

114 高連努斯與勇敢的帕爾麥拉人聯盟，是當政以來唯一適當的行動。

施到底。當篡奪者倒下去時，就有一大批的軍隊和行省跟著遭殃。高連努斯蕩平在伊里利孔稱帝的因吉努烏斯以後，頒發給大臣一份最野蠻的命令，現在還可以看得到。那位外貌柔和卻毫無人性的皇帝說道：

> 戰事以後隨時都會繼續發生，所以僅僅消滅那些手執武器的人是不夠的。只要在屠殺兒童和老人這個問題上，能夠不要讓我們的名聲受損，就把所有男性不論年齡完全連根劃除。任何人只要說過反對我的話，抱著反對我的思想，就不能讓他活下去。要知道我是華勒利安的兒子，也是許多王子的父親和兄長[115]。要記住因吉努烏斯是被推舉爲皇帝，撕爛他，殺死他，把他剁成碎塊。我現在親筆寫信給你們，希望你們也有我這樣同仇敵愾的精神。

當國家的武力因爲個人紛爭而消耗殆盡時，沒有防衛力量的行省讓侵略者可以長驅直入。就是最英勇的篡奪者處於這種混亂的情勢之下，也被迫與共同的敵人簽訂屈辱的條約，用極爲高昂的代價買到蠻族的中立和協助，甚至容許懷著敵意的獨立民族，進入羅馬帝國的心臟地區[116]。

十四、其他有關之重大動亂(253-268 A.D.)

這就是在華勒利安和高連努斯統治之下，蠻族和僭主使得各行省分崩離析，帝國陷入屈辱和毀滅的谷底，從此再無起死回生之日。雖然受到資料缺乏的限制，還是盡可能按照次序，去追述那段艱苦時期的一般狀況。這裡仍然有幾項比較特殊的事件：一、西西里的混亂局面；二、亞歷山卓

---

115 高連努斯的兒子薩洛紐斯已接受凱撒和奧古斯都的頭銜，在科隆被波斯吐穆斯所殺，高連努斯第二個兒子就繼承大哥留下的職位。高連努斯的弟弟華勒利安也出任高職，還有其他幾位兄弟姊妹和姪兒姪女，形成很龐大的皇室家族。

116 理傑連努斯的手下有一幫羅克索雷奈人替他賣命，波斯吐穆斯也有一群法蘭克人，好像組成協防軍來作戰，後者被派到西班牙。

的暴亂事件；三、艾索里亞人的叛變行爲，這些事件讓我們對那些可怕的情景有更深的印象。

其一，數量龐大的土匪隊伍能夠到處作亂，法律無法制裁反而受到蔑視，是因爲政府已經處於最虛弱的狀況，連最低層的社會民眾都感覺得到，而且要加以利用。西西里的位置免於蠻族的入侵，沒有武裝的行省也不足以支持篡奪者。但這個一度繁榮而現在仍然肥沃的島嶼，卻落在更低賤的手中受苦，一群無法無天的奴隸和農民統治著這片飽受搶劫的土地，使人想起古老年代的奴隸戰爭。農民若不想成爲他們的犧牲品，就要當幫兇。大舉破壞的結果是澈底毀滅西西里的農業生產。更由於主要田莊都是羅馬元老院那些富有議員的財產，在古老的共和國時代，他們經常把大塊土地圈進一個農莊之中。像這種私人的侵害行爲對首都造成的不利影響，極有可能比哥德人或波斯人所爲更有過之而無不及。

其二，在亞歷山大大帝親自規畫和建構下，亞歷山卓才有深厚的根基。這座美麗而整齊的大城市僅次於羅馬，繞城一周有十五哩，裡面居住三十萬的自由人和數目相當的奴隸。亞歷山卓港和阿拉伯及印度進行獲利豐碩的貿易，再轉運到帝國的首都和各行省。此地沒有游手好閒的人員，人們不是被雇用擔任吹玻璃，就是紡織亞麻布，再不就是製造莎草紙。不論男女老幼都從事生產工作，甚至盲人和和手腳殘廢的人都可找到適合的職業。但是亞歷山卓的人民是一個混雜的民族，把希臘人的虛榮和多變，跟埃及人的倔強和迷信結合在一起。一件不關痛癢的小事，像是一時買不到肉和扁豆、雙方的禮貌不夠周到、公共浴場弄錯次序的尊卑，甚或宗教問題的爭吵[117]，由於廣大的民眾滿懷無法消除的怨恨，在任何時間都可能引發一場叛亂[118]。華勒利安被俘後，他兒子的傲慢削弱了法律的權威，亞歷山卓人盡情發洩自己憤怒的情緒，不幸的國土就成爲內戰的戰場，而且持續長達十二年之久(其中有幾次短暫而不明確的停戰)。在這個受害慘重

117 像是殺死一隻被視爲聖物的貓，就會引起宗教上的爭執。

118 由於市民和士兵之間因爲一雙鞋子發生爭執，引起這次爲時長久而且極爲殘酷的暴亂事件。

的城市，各區之間的聯繫完全切斷，每一條街道都浸染著鮮血，每座堅固的建築物都成爲碉堡，直到亞歷山卓相當大的部分都成爲廢墟，戰亂也沒有停息下來。建築雄偉和街道寬闊的布魯夏(Bruchion)區連帶著皇宮和博物館，埃及國王與哲學家的居所，據一個世紀後的人描述，就已經是現在這種荒涼景象了。

其三，艾索里亞是小亞細亞一個非常小的行省，德里比連努斯在那裡稱帝，這場並不引人注意的叛變，卻產生非常離奇令人難以忘懷的後果。高連努斯手下的軍官很快將登基稱帝這個舉動消滅得一乾二淨，但是那批追隨者感到不會被赦免，決心不再與帝國以及皇帝有任何權利義務的關係，於是重回原始的狀態，把崎嶇的岩石山區和寬闊的塔蘇斯河一條支流，當成保護自己而外人無法進入的根據地。土地肥沃的山谷用耕種供應所需的食物，搶劫的習慣可以得到生活上的奢侈品，艾索里亞人長期繼續下去，成爲羅馬帝國腹地的一個野蠻民族。後來的皇帝不論用武力還是策略，都無法讓他們歸順，只有承認自己的軟弱，建立堅強的工事防線，包圍充滿敵意而獨立自主的地區，但是還不能有效制止這群國內敵寇的襲擊。艾索里亞人逐漸將地盤伸展到海岸，甚至把西里西亞的西邊山區都包括進去。這裡從前就是膽大妄爲的海盜據爲巢穴的地方，共和國爲了肅清這群心腹大患，在偉大的龐培指揮下投入全部的兵力。

人們的思想習慣喜歡把宇宙的秩序和人類的命運聯接在一起，因而歷史上這段黑暗時期，經常點綴著洪水、地震、彗星和異象，以及大眾編造的各種反常徵兆。但一次歷時甚長而普遍發生的饑饉確實爲害甚烈，這是搶劫和壓榨不可避免的後果。把現存的農作搜刮一空，等於是奪去未來收成的希望。饑荒以後必然繼以流行時疫，這是由於食物的缺乏和不潔所引起。從250年一直延續到265年猖獗無比的瘟疫，可能還有其他的形成因素，竟然在羅馬帝國的每一個行省，每一個城市，甚至每一個家庭裡肆虐。中間有段時期，僅是羅馬一地每天有五千人死亡。許多曾經逃脫蠻族殺戮的城鎮，卻因瘟疫而人煙斷絕。

有一種極其特殊的情況，用來計算悲慘的人口死亡比例也許有點用處。亞歷山卓對於有權領取配給糧食的人數有準確的記錄，原來從四十歲到七十歲的總人數，和高連努斯統治結束後，從十四歲到八十歲還活著領糧的人數完全相等。把這個準確的數字用到修正過的死亡率計算表，可以證明半數的亞歷山卓居民已經喪生。如果我們用類推的方式計算別的行省，可以估計出戰爭、瘟疫和饑饉在幾年之間大約消滅一半的人口。

農神廟之柱廊

從十五世紀以來，
協和宮神廟和許多主要建築結構已經消失不見，
只有古蹟的數量減少，
才能阻止羅馬人拆除用作建材或是故意摧毀破壞。

第十一章

克勞狄斯當政 擊敗哥德人 奧理安的勝利、凱旋和死亡(268-275A.D.)

一、高連努斯逝世和克勞狄斯繼位(268A.D.)

羅馬帝國在華勒利安和高連努斯可悲的統治下，幾乎要毀於軍人、僭主和蠻族之手，後經幾位來自有尚武好戰精神的伊里利孔行省，出身低微的君王，才挽救帝國於將頹之際。在大約三十年以內，克勞狄斯、奧理安(Aurelian)、蒲羅布斯(Probus)、戴克里先(Diocletian)和他的同僚，敉平國內的叛亂，擊敗國外的敵人，整飭軍隊的紀律，重建強大的邊防，贏得「羅馬世界中興之主」的光榮令名。

打倒一位柔弱的僭主，可以爲後續的英雄開創出路。憤怒的民眾將災難歸咎於高連努斯。確實如此，這是他寡廉鮮恥的行事態度，以及漠不關心的施政作風所造成的結果。他根本沒有榮譽觀念，而這是公德淪喪後唯一可恃的力量。就他來說，只要能夠保有意大利，無論是蠻族獲得一場勝利、或羅馬失去一個行省，乃至有個將領叛變，對他安寧過著享受的生活都毫無影響。最後，駐防在上多瑙河地區的部隊，擁立他們的主將奧理略盧斯(Aureolus)爲帝(268A.D.)。他不屑於只統治雷蒂提亞這片山地，於是越過阿爾卑斯山占領米蘭，威脅羅馬，直接挑戰高連努斯對意大利的主權，要在戰場決一勝負。皇帝被這種侮辱的行動激怒，也覺察到逼近的危險，突然奮發潛伏在本性中的英勇，一掃平日慵懶的形象，迫著自己離開奢華的宮殿，全副戎裝站立在軍團前面，向著波河前進，去迎戰他的對手。在這個名字變成龐特洛羅(Pontirolo)[1]的地方，阿達(Adda)河上的橋樑就是那次戰爭的紀念物。整個行動的過程，證明了這個目標對雙方都極爲重要，雷蒂提亞的叛軍頭目不僅被擊敗，而且身受重傷，退回米蘭。接著馬上開始圍城作戰，城牆從古代以來就遭受過無數次的攻擊，仍然屹立不搖。奧理略盧斯知道自己實力不可恃，很想得到外來的援助，唯一的希望是這次沒有成功的叛變能夠產生更大的影響。

奧理略盧斯最後的辦法是使圍攻者失去忠誠報效之心，於是從他的營地向對方散發傳單，要求部隊放棄毫無價值的主子，說高連努斯爲了自己的享受而犧牲大眾的幸福，最有功勞的臣民，只要引起猜忌就會喪失性命。奧理略盧斯很技巧的將恐懼和不滿在對手的主要將領之間散布，於是禁衛軍統領希拉克連努斯(Heraclianus)、聲名顯赫的高階將領瑪西安(Marcian)，以及指揮達瑪提亞衛隊的昔克羅斯(Cecrops)，形成一個私下活動的陰謀組織，他們的想法是首先要終止對米蘭的圍攻，然後盡快執行大膽的計畫。但是高連努斯突然死亡，使他們解除每一刻延遲所帶來的危險。這一天時間已經很晚(268年3月20日)，皇帝還在大擺宴席時聽到警報傳來，奧理略盧斯率領部隊，已經離開城鎮列出陣式要背水一戰。高連努斯從來不是畏戰之輩，馬上從絲質的臥椅上起身，來不及穿好全副冑甲，也沒有集合衛隊，就跳上馬背全速馳向受到攻擊的地點，在狀況不明的情勢下被敵軍包圍，黑夜的混戰之中受到長矛致命的一擊。高連努斯在彌留之際，愛國之情在心頭油然滋長，他最後的要求是指定繼承人，將帝位傳給在帕維亞(Pavia)[*2]指揮分遣部隊的克勞狄斯。皇帝的遺言被大家接受，並很快傳送出去。這批陰謀分子也很樂意遵守命令，他們原來的打算也是要把克勞狄斯推上寶座。皇帝死亡的消息傳出以後，部隊表示懷疑和憤恨，等到每個士兵可以得到二十個金幣的犒賞，疑慮自然消失，憤怒也告

1 原來地名叫作奧理略利橋(Pons Aureoli)，到波爾蓋摩(Bergamo)十三哩，離米蘭三十二哩。1703年，法國和奧國的卡薩諾(Cassano)會戰就發生在附近。

*2 [譯註]帕維亞原名提西儂(Ticinum)，位於米蘭以南約二十哩，是進入波河的門户，爲一軍事重鎮。

緩和。然後他們同意這次的推選，承認新任皇帝所建立的功勳[3]。

克勞狄斯的出身被隱蔽得不為人知，以後經過一些奉承之徒[4]，杜撰傳聞加以潤飾，掩蓋了低微的家世。我們只能發現他是多瑙河地區某個行省的土著，年輕時代就進入軍隊。他為人審慎而又英勇，深得狄西阿斯的賞識和信任，元老院和人民都認為他是一位優秀的官員，值得加以重用。然而華勒利安初時並未注意，讓他仍舊在下層擔任軍事護民官[*5]。但是沒有多久，皇帝發覺了克勞狄斯的功績，晉升他為伊里利孔邊區的將領和行政首長，指揮駐防在色雷斯、瑪西亞、達西亞、潘農尼亞和達瑪提亞所有的軍隊，接著指派他擔任埃及的行政長官，後來又以代行執政官頭銜任阿非利加總督，有希望榮任執政官。等他戰勝哥德人，獲得將雕像置放在元老院的殊榮，也使得高連努斯對他起了猜忌之心。但是一般人認為士兵出身的人沒有資格登上帝座，所以很容易露出輕視的態度。克勞狄斯知道以後表示不滿，有一些流言經非正式管道傳到皇室成員那裡，在皇帝回答他所信任官員的一段話中，很生動的表現出他在那個時候的個性：

> 你上次呈送過來的消息，我看了以後極為關心。我們的朋友克勞狄斯老爹現在嫌棄我們，這會使人產生惡意的聯想。如果你真的很忠誠，就盡力用各種方法去安撫這段過節，但是在和解的過程一定要嚴守祕密，絕對不能讓達西亞的部隊知道這件事，否則會激怒他們，進而引起很多狂暴的行動而不堪收拾。我會送他一些禮物，你要注意看他是否很高興接受。總之，不要讓他產生懷

3　各家對高連努斯之死有不同的敘述，我加以綜合比較以後，主要依據奧理留斯·維克托的論點，因為他對情節的記述很詳盡。

4　有人抱著怪異的說法，認為克勞狄斯是郭笛努斯二世的私生子，也有人拿達達尼亞(Dardania)的建省，推測他的家世源於特洛伊古代國王及達達努斯(Dardanus)。

*5　[譯註]軍事護民官和護民官是完全不一樣的職位，每個軍團有六名員額，負責一般參謀的業務，也可以臨時指揮一個或數個支隊，海上作戰指揮單艦戰鬥，通常由人民大會推舉，也由賦予軍事指揮權的將領指派，可取得進入元老院擔任議員的候選資格。

疑，說是我知道他那不謹慎的談吐，害怕我會遷怒於他，可能逼得他走上絕路[6]。

那些禮物是一大筆錢、一個精美的衣櫃，及非常值錢的黃金和白銀做的盤子，還附上一封恭敬的信函，這樣一來君主與他那不滿的臣屬便能夠修好。高連努斯運用非常具有技巧的手法，安撫伊里利孔的將領憤怒的情緒，驅除畏懼的心理。於是在高連努斯統治期間，雖然克勞狄斯看不起這位主子，還是爲他仗義直言，甚至擺出不惜爲之一戰的姿態。的確，最後他從陰謀分子那裡接了下高連努斯血染的紫袍，但那時他並不在營地，也沒有參加他們的會議。雖然他讚許這種行爲，我們還是很公正的推測他很清白[7]，完全不知有這件事。當克勞狄斯登上王座時，他已五十四歲。

圍攻米蘭的行動仍然持續，奧理略盧斯立刻發現，他的策略已成功，但卻找來一個更堅決的對手。他很想與克勞狄斯談判，好簽訂結盟和瓜分疆域的條約。這位英勇無畏的皇帝回答：「告訴他，像這種建議應向高連努斯提出，他也許會有耐心聽，然後接受這個和他一樣可鄙的同僚[8]。」這是毫無餘地的拒絕，再繼續堅持下去也發生不了作用，逼得奧理略盧斯獻出城市和他自己，任憑征服者自由處置。軍事法庭宣布他的行爲犯了死罪，克勞狄斯在故作姿態表示反對後，同意死刑的判決。爲了他們的新君主，元老院真誠的熱情也沒有稍減，批准了對克勞狄斯的推舉。由於他的前任在高層有很多的仇敵，所以他們假公正之名，對高連努斯的朋友和家人進行嚴厲的報復。有個忘恩負義的官員運用懲罰過當，被元老院解除職務，於是皇帝出面求情提出一個賠償的法案，使他獲得很好的名聲[9]。

6 高連努斯談論盤子和衣物時，就像是個了解且喜愛這些華麗瑣物的行家。

7 朱理安很肯定的表示，克勞狄斯的繼位非常光明磊落，是件很神聖的事，但是我們對一位親戚的偏袒之辭，還是保持懷疑的態度。

8 對於奧理略努斯最後被擊敗遭到處死，有關當時的情節，各家的記述也有出入。

9 奧理留斯·維克托在《高連努斯傳》裡提到，人民在神明前大聲祈禱，咒罵高連努斯做盡壞事。元老院下敕令將高連努斯的親人和家臣，頭朝下從吉摩尼亞(Gemonian)石階上丟下去。有位可惡的稅務官在審訊時，竟將被告的眼珠挖出來。

二、克勞狄斯重振軍威戰勝哥德人(269-270A.D.)

像這樣故作仁慈之舉，並不容易發現克勞狄斯的個性，不過從一件小事上可以看出他是憑良心做事。高連努斯在位時，很多行省發生叛變，凡是涉案人員觸犯叛國罪，財產都要充公，高連努斯爲了表示他對下屬很慷慨，就把這些沒收的財產分賜手下的官員。克勞狄斯繼位那天，有個老婦人投身在他的腳前，控訴先帝的一個將領任意收受她世襲的產業，這位將領就是克勞狄斯本人，不能擺脫那個時代的不良風氣。皇帝受到譴責感到面紅耳赤，但是他請她相信一定會就此事秉公處理。後來，他承認自己的過失，馬上將產業全部發還。

克勞狄斯爲恢復帝國古老的光榮，著手進行艱鉅的工作，首先是重整軍中秩序，喚醒部隊服從意識。他憑著資深指揮官的威望，常告誡部隊，軍紀廢弛會導致戰亂頻仍，最後軍隊本身也蒙受其害。人民不堪過度壓榨，生計絕望而產生怠惰之心，無法供應一支龐大而奢華的軍隊，就連最基本的衣食都會有問題。歷代君王在位時深感朝不保夕，爲護衛個人安全不惜犧牲臣民的身家性命，隨著軍事極權日增，使得個人的生存更無保障。皇帝詳述無法紀約束的任性行爲會帶來不幸的後果，軍人只會讓自己白白犧牲，經常發生煽動性的擁立事件，隨後就會引起內戰，軍團的精英分子不是消耗在戰場，就是死於勝利後的殘酷清算。他生動描繪國家財源枯竭，行省殘破，羅馬人的令名受到侮辱，以及貪婪的蠻族會獲得可厭的勝利。他宣稱，爲了對抗蠻族，他打算先加強軍備，提垂庫斯目前可以統治西方，甚至就是季諾碧亞也可以保有東方的疆域[10]。這些篡奪者是他個人的對手，在他能夠拯救整個帝國之前，不會讓私人的仇恨影響到最重要的目標。要是不及時採取防備措施，迫近的危險就會壓碎軍隊和人民。

10 諾納拉斯在這種狀況下提到波斯吐穆斯，但是根據元老院的記錄，提垂庫斯已經成爲西部各行省的皇帝。

日耳曼人和薩瑪提亞人那些不同的部族，都投效到哥德人的旗幟之下來作戰，現在已經集結的兵力(269A.D.)，比起以往從黑海出發的部隊的實力都更爲龐大。聶斯特河是流向黑海的一條巨川，他們在河岸建立一支有兩千艘船的船隊，甚至有人說是六千艘[11]，無論這數字有多麼不可思議，數量還是不夠載運原來計畫的兵力，那就是三十二萬蠻族部隊。不論哥德人的眞正實力有多大，就這次遠征的氣勢和成效來看，所做的準備工作不夠完善。他們的船隊通過博斯普魯斯這個小國時，技術生疏的舵手無法克服狂暴的海流，窄隘的海峽壅塞太多的船隻，發生很多互撞事件，也有很多撞毀在岸上。蠻族對歐洲和亞洲的海岸發起幾次襲擊，但是這個敞開的國度過去遭受掠奪，所以城市防備森嚴。他們的突擊無功而返，而且還遭到相當的損失，船隊瀰漫著沮喪的氣氛，要做分夥的打算。有些部族的族長脫離之後，航向克里特島和塞浦路斯島，但是主力還是堅持原來更穩妥的路線，最後靠近阿索斯山(Athos)的山腳下拋錨，突擊提薩洛尼卡(Thessalonica)這座城市，是所有馬其頓行省最富有的首府[*12]。他們的攻擊因爲克勞狄斯迅速接近而受到干擾，同時也可看出他們作戰只憑兇狠勇氣，毫無技巧可言。爲了要盡快趕到行動的現場，值得這位獻身軍旅的君王，親自率領帝國所有的部隊前來決一死戰。哥德人無心戀棧，立刻拆除營地，放棄圍攻提薩洛尼卡，把船隊留在阿索斯山的山腳下，橫過馬其頓的山地，壓向意大利最後的防線，要在那裡與克勞狄斯對陣。

在這個值得紀念的事件中，克勞狄斯寫給元老院和人民的一封信，現在還保存下來。皇帝提到：

> 各位議員：已經知道有三十二萬哥德人侵入羅馬的領土，要是我

11 《羅馬皇帝傳》裡提到的數量是兩千艘，諾納拉斯說是六千艘。孟德斯鳩有豐富的想像力，認爲後面那個數目才正確。

*12 [譯註]提薩洛尼卡位於德密灣(Thermaic)的頂端，是羅馬帝國在希臘和馬其頓的軍事重鎮，阿索斯山在其右側的卡爾西笛昔(Chalcidice)半島，成叉狀伸入愛琴海，是希臘的神山。

擊敗他們，各位的感激就是我服務的酬勞；萬一我失敗了，請大家記住我是高連努斯的繼承者。整個共和國已經困頓不堪而又民窮財盡，我們必須爲華勒利安而戰。還要與因吉努烏斯、里傑連努斯、洛連努斯、波斯吐穆斯和息爾蘇斯，以及其他幾千個人作戰，他們都是鄙視高連努斯因而激起叛變。我們需要標槍、長矛和盾牌，帝國的實力在西班牙和高盧，現在被提垂庫斯所篡奪；我們很慚愧，知道東方的弓弩手都在季諾碧亞的旗幟下服務。不管怎樣我們還是要盡力去做，這樣才能稱得上是偉大的羅馬人。

這封信顯示出很可悲的堅強意志力，像一位英雄那樣大聲疾呼，根本不考慮自己的命運，同時也知道自己所面對的危險，但是從他自己的內心深處，仍舊懷抱著永不絕滅的希望。

事件的結局遠超過他的心願以致於世界的期望，獲得光輝的勝利，從大群的蠻族手中拯救整個帝國，後代子孫尊稱他是「哥德人的剋星」，以此揚名千古。歷史學家對這次非正規戰爭的記錄很不完整，使我們無法描述出當時作戰的序列和環境，但是，如果能遷就大家提及的狀況，可以把這件值得紀念的戲劇性事件，分爲三個步驟來加以說明：其一，在達達尼亞的奈蘇斯城(Naissus)*13附近打了一場決定性的會戰。軍團在開始時遭受優勢敵軍的壓力，人員有很大的傷亡，幾乎就要敗北，要不是皇帝準備好及時到達的援軍，將無可避免被完全殲滅的命運。一支兵力強大的特遣部隊，很祕密通過困難的山地突然出現，占領了有利的地形。在他的一聲令下，即刻從後方攻擊即將獲勝的哥德人，整個局勢在克勞狄斯積極作爲下完全改觀。他恢復部隊的士氣，重新組成戰鬥隊形，從各方面向著蠻族施加壓力，據稱在奈蘇斯會戰中有五萬人被殺。有幾個人數較多的蠻族團體，用車輛當成活動堡壘，藉著這種掩護才能逃脫殺戮戰場。其二，我們

*13 [譯註]達達尼亞在瑪西亞的西南部，君士坦丁大帝將它納入伊里利孔行省，這個地區現在全部在塞爾維亞境內。奈蘇斯位於達達尼亞，是上瑪西亞的重鎮，旁依瑪古斯河(Margus)，因君士坦丁的出生地而知名，現在是塞爾維亞的尼斯(Nis)。

可以設想有很多難以克服的困難，像是戰勝者過度勞累，以及命令無法貫徹，以致於克勞狄斯無法在一擊之下，完全摧毀哥德人的主力。戰事擴散到瑪西亞、色雷斯和馬其頓各行省，作戰行動拖延成爲各種行軍、突擊和大規模的混戰。不論是海上和陸地全部一樣，當羅馬人遭到損失，通常都是由於自己的怯懦或者是輕敵。但是皇帝的智慧高人一等，對國內的狀況瞭如指掌，非常明智的選擇最適當的手段，保證軍隊在大多數情況下能夠獲得成功。數量龐大的戰利品是多次勝仗的收穫，包括很多的牛群和奴隸。從年輕的哥德人中間選出一部分來補充軍隊的需要，其餘人員全部販賣爲奴。女性俘虜的數量極其龐大，以致於每位士兵可以分配兩到三名婦女。我們可以從這種情況下獲得結論，這些入侵者的海上遠征都帶著家人，是懷著不僅搶劫也想定居下來的打算。其三，他們的船隊不是被奪就是沉沒，損失極爲慘重，以致於哥德人無法實施撤退。羅馬人的哨所很技巧的配置成很大的包圍圈，用堅強的部隊在後面支撐，然後向中央逐漸縮小正面，把蠻族迫進希繆斯山區最難通行的部分。雖然可以在那裡找到安全的庇護所，但是物質極度缺乏，由於這段時期是嚴寒的冬季，他們被皇帝的軍隊包圍得水洩不通，人數因饑餓、瘟疫、逃亡和作戰死亡而逐漸減少。等到春季來臨(270 A.D.)，這批從聶斯特河口登船的敵人，除了小股死拚到底以外，已經完全潰不成軍。

瘟疫橫掃過人數眾多的蠻族，最後證明對征服者一樣有致命的危險。克勞狄斯在位只有短短的兩年，戰績輝煌令人難忘，在舉國的哀慟和頌讚聲中病逝在色米姆(Sirmium)*14。他在臨終前召集國家和軍隊的重要官員，當著大家的面前推舉奧理安接任帝位，認爲這位將領是完成他遺志的最佳人選[15]。克勞狄斯具有很多方面的美德，不論是他的勇氣、和藹、公正、節制以及珍惜名聲、熱愛國家，使他名列確能爲羅馬紫袍增添無限光

*14 [譯註]色米姆位於下潘農尼亞，後來成爲伊里利孔的首府，城市在薩維河左岸，現在是塞爾維亞的米特洛維卡(Mitrovica)。

15 按照諾納拉斯的記載，克勞狄斯在過世以前，就要拔擢奧理安登上帝位，共同治理國家，但是這種說法並沒有證據，受到其他學者的駁斥。

彩的少數皇帝。君士坦丁是克勞狄斯兄長克里斯帕斯(Crispus)的孫兒，當君士坦丁在位時，先帝的德行和功勳受到宮廷御用文人的極力吹捧。這些頌揚之聲，傳述將克勞狄斯從塵世間奪走的神明，為酬報他的功績與忠誠，要讓他的家族在帝國中建立永恆的基業。

雖然有這樣的神諭，弗拉維亞家族出人頭地還要推遲二十年(他們很高興的採用這個名字)。克勞狄斯立奧理安為帝，造成他的兄弟昆提留斯(Quintilius)立即沒落。先帝基於愛國心曾經責備過他缺乏足夠的穩健與勇氣，並曾將他降為平民的地位。等到克勞狄斯過世，昆提留斯倒是一點都沒有耽擱，也不經深思熟慮，就在他統領大軍的阿奎利亞稱帝。雖然他在位不過十七天，卻有時間得到元老院的批准，還經歷了一場兵變。他很快得到消息，英勇出名的奧理安在多瑙河大軍的擁戴下，已經登上皇帝的寶座。他不論在名聲和功績方面均無法與對手相比，只有俯首稱臣，甘拜下風(270年4月)[16]。

三、奧理安的治軍作為與簽訂和約(270A.D.)

這本著作並不打算很詳盡的敘述每位皇帝在登基以前的作為，對於私人生活的各種機運和傳聞更是著墨甚少。我們只能提到奧理安的父親是色米姆地區的農夫，承租一個很小的農莊，是位富有元老院議員奧理留斯的財產。他那位喜愛戎馬生涯的兒子應募入營當一名普通士兵，然後開始不斷晉升，當過百夫長、軍事護民官、軍團的副將、營區的統領、部隊的將領、在邊區就稱為「公爵」，最後到哥德戰爭開始，擔任重要職務，成為指揮騎兵的主將。他不論出任那一項職務，在過人的英勇[17]、嚴格的紀律

16 波利歐讚譽他的美德，說他像佩提納克斯一樣被無法無天的軍人害死。按照德克西帕斯的記載，他是因病死亡。

17 狄奧克留斯(Theoclius)很肯定的說，有一天奧理安親手殺死四十八個薩瑪提亞人，在後續的作戰中還殺死九百五十人。這種英雄人物受到士兵的讚揚，還編出歌謠來唱，其中有重複的疊句是：「殺死敵人一千，一千，又一千。」

和成功的指揮這三方面無可匹敵。華勒利安皇帝將他擢升爲執政官，在那個時候就用華麗的辭句，讚許他是「伊里利孔的救星」、「光復高盧的名將」，以及「媲美西庇阿的將領」。在華勒利安的推薦之下，元老院一個議員名叫厄皮爾斯・克里尼都斯(Ulpius Crinitius)，有很高的地位和功勳，身世可以追溯到圖拉眞，就收養了這個潘農尼亞的農夫，並將女兒嫁給他，更用他可觀的財產，去調劑奧理安奉行不悖的貧樸生活[18]。

奧理安在位大約有四年九個月，在很短的期間內建立很多名垂後世的豐功偉業：他結束哥德戰爭；懲治入侵意大利的日耳曼人；從提垂庫斯手中光復高盧、西班牙及不列顛；摧毀季諾碧亞在東方建立的王國，使這個驕傲的王朝化爲一片焦土。

奧理安對軍紀的要求極爲嚴格，連微小的細節都不放過，所以他率領的軍隊幾乎是戰無不勝，攻無不克。他對軍隊的規定很簡短，可以包含在寫給下級軍官的一封信中，善盡責任督促部屬，要他們像要渴求活下去那樣，爭取出任軍事護民官的職務。他嚴厲禁止賭博、飲酒和求神問卜。奧理安期望他的部下必須謙遜、節儉和勤勞，個人的冑甲要經常保持光亮，武器要銳利，衣物和馬匹準備好隨時可用。他們必須住在宿舍裡，要保持營地的樸素、整潔和肅穆，不可以損毀農田的收成，不可以偷竊，那怕是一條羊、一隻雞或一串葡萄，不可以強徵民間的物品，無論是鹽、油或木柴。這位皇帝繼續說道：「公家配發的物品足夠我們使用，軍人的財富要得自敵人的戰利品，而不是得自省民的眼淚。」有一個很獨特的案例，可以看出奧理安的要求不僅嚴厲，甚至已經是過分的殘忍。有個士兵勾引屋主的妻子，這個違犯軍紀的可憐士兵，被綁在用力硬拉在一起的兩棵樹上，等把綁住的繩子砍斷，這兩棵樹突然彈開，就將他活活撕成兩半。還有一些案例非常恐怖，但是發生很大的效果，奧理安的懲罰雖然可怕，但是同樣的罪行很少再度違犯。他的作爲都能用他訂的法條來加以支持。容易受到煽動的軍團，有他們所畏懼的首長，下屬都學到如何服從，指揮起

18 阿丘留斯(Acholius)提到在拜占庭舉行收養儀式，皇帝和很多高級官員前來參加。

來當然就會得心應手。

克勞狄斯的逝世使哥德人振作起奮鬥的精神。防守希繆斯山區隘道和多瑙河地區的部隊，為了顧慮發生內戰已經撤收下來。哥德人和汪達爾人的部族，原先留下未隨著行動的人員，現在又有很好的機會。他們放棄在烏克蘭的居留地，越過達西亞和瑪西亞的河流，使得慘受克勞狄斯打擊的族人，在生力軍加入以後，勢力又開始壯大起來，聯合在一起成為數量很大的團體。這批新的聯軍終於與奧理安的部隊遭遇，只有夜晚才能終止血腥和難分勝負的衝突。雙方忍受二十年戰爭所帶來的痛苦，在經歷這樣多的災難以後，大家都感到精疲力竭。哥德人和羅馬人都同意簽訂長久而有利的條約，蠻族很熱誠的促進解決辦法，軍團很高興批准雙邊條約。奧理安基於審慎免得落人口實，把這個重要問題提交軍團來投票決定。哥德人各部族保證供應羅馬軍隊兩千人的協防軍，全部都是騎兵，規定服役和歸還的條文，遠至多瑙河開設一個定期的市集，由皇帝指定專人來照應，由蠻族共同負擔費用，雙方要用宗教的忠誠來遵守條約。若有五百人的團體由營地散出劫掠，蠻族的國王或將領要負責逮捕犯罪的為首分子，用長矛將他活活捅死，作為侵犯神聖諾言的犧牲品。不過，不無可能的是，奧理安採取預防措施，要哥德人的族長交出自己的兒女作為人質，對和平相處不無貢獻。對年輕人他加以軍事訓練，盡可能不要遠離他的統御；少女則讓她們接受羅馬的教育，並將其中一些人許配給主要的軍官，逐漸使得兩個民族產生密切的關係[19]。

和平最重要的條件並沒有形諸文字，只是大家心照不宣而已，那就是奧理安從達西亞撤走羅馬軍隊，默默將這個面積廣大的行省放棄給哥德人和汪達爾人。他的判斷非常有遠見，只要能獲得實際的利益，根本不顧慮面子的問題。這樣做可以縮小帝國的邊界，達西亞的臣民在這樣遙遠的位置，既無法定居耕作也很難守備防衛，遷走以後可以增強多瑙河南岸的實

19　根據德克西帕斯敘述的狀況，當時要結交的對象全部都是汪達爾人，提到奧理安將一名哥德女子嫁給他的部將波諾蘇斯(Bonosus)。這位將領經常與哥德人在一起飲酒，可以打探很多機密的消息。

力和人口。瑪西亞這塊肥沃的地區，因爲蠻族不斷的入侵幾乎要成爲一片荒漠，只要勤奮工作就會恢復舊觀，成爲新的達西亞行省，對圖拉真的征服也仍然會銘記在心。不過，原來那塊土地上還是留下相當多的居民，他們安土重遷，寧願接受哥德人統治[20]。這些自甘墮落的羅馬人對帝國還是能發揮作用，他們已經不在羅馬管轄之下，可以指引這些征服者成爲一個農業民族，教導蠻族各種生產技術，讓他們知道如何過舒適的文明生活。多瑙河兩岸之間逐漸建立商業和語言的交流，等到達西亞變成獨立國家後，仍在在證明它是帝國對抗北方蠻族入侵最堅強的防線。等到愈來愈多的蠻族定居下來，基於雙方的利害關係對羅馬更爲忠誠，永久的利益發展成爲生死不渝的友誼。這個古老的行省到處是各式各樣的殖民地，在不知不覺中融合成爲一個偉大的民族，仍舊承認哥德部族那種非凡的名聲和權威，並且以身爲斯堪地那維亞的後裔子孫爲榮。就在那個時候，有個名叫傑提(Getae)的人，但是他比那個名字相似而可憐的皇帝要幸運多了[*21]。他灌輸容易上當的哥德人一些空洞的信條，說是在遙遠的年代，他們的祖先就已經居住在達西亞行省，接受諾摩克西斯(Zamolxis)的教誨，阻止塞索斯垂斯(Sesostris)和大流士勝利的大軍向西前進[22]。

四、奧理安殲滅羅馬帝國的心腹大患(270A.D.)

就在奧理安用英勇的行動和審慎的作爲，重新恢復伊里利孔邊疆的安定，阿里曼尼人卻又大動刀兵[23]。雖然經過高連努斯的收買和克勞狄斯的

20 瓦拉幾亞(Wallachia，位於羅馬尼亞南部)人仍保存很多拉丁語的字彙，長久以來以身爲羅馬人後裔而自豪。他們的四周都是蠻族，但是並沒有通婚混雜在一起。

*21 [譯註]傑提與塞維魯斯皇帝兒子傑達的名字相似，傑達與其兄卡拉卡拉同時繼位，但慘遭卡拉卡拉殺害。

22 汪達爾人在馬里西亞(Marisia)河和格里西亞(Grissia)河之間地區，保持很短暫一段時間的獨立。

23 無論歷史學家用不同的名字來稱呼他們，像是阿里曼尼人、裘桑蓋人(Juthungi)或是馬科曼尼人，其實就是同一個民族。很多不同記載的戰爭可能是同一次戰爭，所以要很仔細的加以辨認才分得清楚。

懲治，但是在衝動的年輕人慫恿下，有四萬名騎兵[24]出現戰場，步兵的人數還要多一倍[25]。蠻族爲了滿足貪婪的搶劫，開始是以雷蒂提亞邊疆的幾個城市爲目標，在獲得成功以後胃口加大，阿里曼尼人迅速進軍，從多瑙河到波河這一帶都受到蹂躪。

皇帝立刻就獲得蠻族入侵的消息（270年9月），知道他們在劫掠以後就會撤離，於是很快集結一支常備軍，沿著赫西尼亞森林的邊緣[*26]，很安靜而迅速的進軍。阿里曼尼人滿載著從意大利搶來的戰利品，退回多瑙河的南岸，根本沒有懷疑對岸會有什麼狀況。羅馬軍隊占據有利的位置，隱藏在那裡準備要截斷他們的退路。奧理安並沒有驚動蠻族，讓他們以爲很安全。在沒有受到干擾的狀況下，蠻族有一半的兵力渡過河來，他運用這樣大好的機會發起攻擊，很輕易的獲得勝利，過人的指揮才能適時發揮，讓羅馬軍隊占盡優勢。他把軍團排成半圓形陣式，左右兩角越過多瑙河，橫掃當面敵人後突然向中央壓迫，把日耳曼人連後衛一起包圍。失去鬥志的蠻族不管從那個方向望過去，都只有一片荒蕪的田野、水深而湍急的河流，以及勝利在望而且絕不手軟的敵人，眞是感到萬念俱休。

阿里曼尼人陷入這種悲苦的處境，唯一的打算是懇求和平。奧理安在營地的前端接見使者，擺出刁斗森嚴的壯盛軍容，顯現羅馬軍隊有強大的戰力和高昂的鬥志，軍團全副武裝、井然有序的排成陣式，保持使人畏懼的肅殺氣氛。各級主要的指揮官，在位階標誌和儀仗的簇擁下，騎著戰馬排在皇帝御座兩邊。後面陳列著皇帝和先帝的神聖畫像[27]、金色的鷹幟，以及軍團的各種名銜，所有的文字都用黃金刻成，聳立的矛尖閃耀出一片

---

24 康多克拉盧斯（Cantoclarus）向來精確，認爲有三十萬人馬。事實上他的譯文既不合文法，讀起來更生澀不堪。

25 我們特別注意到德克西帕斯有一種很不好的習慣，把阿里曼尼的輕步兵當成希臘的方陣來形容。

*26 [譯註]當時日耳曼有兩個大森林，西部和北部是貝西尼斯（Bacenis）森林，南部和東部是赫西尼亞森林，從日耳曼南部一直延伸到波蘭，今日德國的黑森林即其遺跡。要在赫西尼亞森林的邊緣前進，就是說已越過多瑙河位於北岸。

27 克勞狄斯的畫像一定會陳列在其中，至於還有那些帝王的像就不知道。要是將凱撒和奧古斯都算進去，那麼世界的主人就可排成很長一列。

銀色光芒。等到奧理安肅然端坐御座，他那雄偉的姿態和莊嚴的神情，使得蠻族無比敬畏，是掌握著他們生死大權的君王。使者不覺啞口無言，俯伏在地。他們奉命起身並獲准發言，在譯員的協助下，他們爲背信的不義行爲提出很多藉口，誇大自己的功績和戰力，說是受到命運的播弄才會離開自己的家園，知道和平是對大家都有益的事情，同時還帶有不識時務的自信，要求付給大量的補助金，當作他們與羅馬聯盟的代價。皇帝的答覆極爲嚴厲而且毫不通融，對他們要與羅馬聯盟表示輕視，更憤慨他們竟敢提出條件。他指責蠻族既對戰爭藝術無知，也不知遵守和平的規定，在最後要他們退下去以前，他開出自己的條件要他們抉擇，只有投降才能得到無條件的寬恕，否則就會在他的震怒下自取滅亡[28]。奧理安已經將遙遠的行省放棄給哥德人，但是要相信或者饒恕這些反覆無常的蠻族，實在太過危險，他們在旁虎視眈眈，意大利隨時會大禍臨頭。

就在這次會面以後，發生一些出乎意料的緊急狀況，需要皇帝親臨潘農尼亞。他交代部將要很謹慎的完成殲滅阿里曼尼人的工作，不論是用武力還是用饑餓的手段。絕望中的奮鬥常會勝過坐待成功的到臨，蠻族知道不可能渡過當面的多瑙河，再衝過羅馬人防備森嚴的營寨，於是決定擊破圍在後面的哨所，那裡不僅兵力較少而且警戒也不夠嚴密。經過大家奮不顧身的努力，使用不同的道路，全軍轉過來又指向多山的意大利。奧理安原來認爲戰爭即將結束，敵軍全數被殲，接到阿里曼尼人逃脫的消息感到極爲痛心。米蘭地區即將受到蠻族的蹂躪，軍團已經受命在後追趕，但是部隊過於鈍重無法發揮作用，敵人迅速飛奔逃走，步兵可以保持騎兵那樣的敏捷。幾天以後皇帝親自趕來援救意大利，率領他所選用的協防軍(其中有人質和汪達爾人騎兵)，以及所有參與過多瑙河戰役的禁衛軍。

阿里曼尼人的輕裝部隊，散布在阿爾卑斯山到亞平寧山之間廣大的區域。奧理安和他的部下要不斷保持警覺，去找尋、進攻、追擊這些數量龐大的小股蠻族武力。雖然這是個雜亂無序的戰爭，但是有三次會戰不能略

28 德克西帕斯呈現出微妙又滔滔不絕的演說，不愧爲希臘的詭辯家。

而不提，雙方的主力投入從事慘烈的戰鬥，成功確是來之不易。第一次是在普拉森夏(Placentia)附近的戰鬥，羅馬人受到嚴重的打擊。當時那位作者極爲偏袒奧理安，根據他的說法，危險的程度好像帝國會就此瓦解。狡猾的蠻族在森林裡列陣，趁著薄暮昏暗之際對軍團發起攻擊。在長途行軍之後，部隊疲倦而又混亂，幾乎無法抵擋他們狂野的衝鋒。但是，經過一番可怕的殺戮以後，熬過難關的皇帝很堅決的重新整頓軍隊，甚至還能保持榮譽不致一敗塗地。第二場會戰發生在翁布里亞的法諾(Fano)附近，五百年以前漢尼拔的兄弟就是在這裡失去性命[29]。日耳曼人到目前爲止，一切還都很順利，於是沿著艾米利亞大道和弗拉米尼亞(Flaminian)大道進軍，打算要掠奪沒有防衛能力的都城。奧理安始終注意羅馬的安全，追躡在後面跟蹤而至，等到決定的時刻就在此地發起攻擊，阿里曼尼人受到慘敗再也無法恢復。逃走的殘餘人員在靠近帕維亞的第三次會戰中全數被殲，意大利從阿里曼尼人的入侵中得到解救。

五、奧理安收復帝國西疆(271A.D.)

迷信源於恐懼，害怕的人類對每一種新降臨的災難，都認爲是看不見的仇敵用憤怒來發洩不滿。當蠻族很快逼近羅馬城牆，群眾感到無比的驚愕和懼怕，發現共和國最大的希望，全部依賴奧理安的作戰勇氣和指揮能力。元老院下了一道敕令，要請示西比萊(Sibylline)的神諭[*30]給予幫助。甚至就是皇帝本人，不論動機是出於宗教或者政策，都推崇這是非常有用的措施，叱責元老院過於緩慢，只要能滿足神明的需要，就是供奉再多的錢財，呈獻再多的動物當犧牲，釋放再多異族的俘虜，也都在所不惜。縱使很慷慨的獻上各種祭品，但是並不需要用活人當犧牲，流出鮮血來洗滌

29　法諾附近有條名叫米陶魯斯(Metaurus)的小河，因爲歷史學家李維和詩人賀拉斯生長在此而名垂不朽。

*30　[譯註]《西比萊神諭集》是羅馬人從公元前五世紀開始，參考希臘預言家西比拉(Sibylla)的預言編纂成書，供緊急狀況時由祭司團從其中獲得指示，以度過災難。

羅馬人的罪行。西比萊神諭所喜愛的祭禮不會殘害無辜，只有祭司穿著白袍的遊行隊伍，伴隨少男和少女的歌頌。再就是城市和鄰近地區的齋戒儀式(271年1月11日)，奉獻的犧牲會發揮巨大的影響力，使蠻族無法通過已經舉行儀式的神聖地面。不論他們的想法多麼幼稚，但是迷信的行爲有助於戰爭的勝利。在法諾那場決定性的會戰中，要是阿里曼尼人幻想他們看見一支幽靈大軍，在奧理安那邊助戰，他也樂於承認這支虛幻的援兵，確實發揮最大的作用[31]。

不論這種精神上的城堡能使人產生多大的信心，根據過去的經驗和未來的畏懼，羅馬人要建構範圍更廣、材質更堅的城防工事。羅慕拉斯的繼承者環繞著羅馬七山，所建的古老城牆有十三哩長[32]，就當時一個新興國家的力量和人口而言，實在是大得不成比例。因經常受到拉丁姆人襲擊，爲對抗共和國這個死纏不放的敵人，需要將相當面積的牧場和耕地包括在城牆裡。等到羅馬不斷成長茁壯，城市的範圍和居民逐漸增加，充塞所有的空間，穿過無用的城牆，蓋滿戰神的原野，隨著公路的開闢，從四面八方向美麗的郊區發展。奧理安新建的城牆到蒲羅布斯在位才告竣工，一般人都加以誇大說將近五十哩，實際上準確的數字是二十一哩。這是一件浩大而可悲的工程，當首都需要防衛時，代表著國家已經衰弱。羅馬人在國勢昌盛的時代，信賴軍團的武力，安全的保障位於邊疆的營地，根本沒有任何疑慮之處，不像現在需要防守帝國的寶座，來對抗蠻族的入侵。

克勞狄斯戰勝哥德人，奧理安殲滅阿里曼尼人，重建後的羅馬軍隊對抗北方的蠻族能夠維持古代的優勢。這位英勇善戰的皇帝第二件任務，是要懲治國內的僭主，將帝國已經分裂的部分統一起來。雖然奧理安是受到元老院和人民承認的皇帝，但是統治的區域受到限制，只能及於意大利、

---

31 沃披斯庫斯(Vopiscus)依據元老院的記錄，對這次祭典有很詳盡的描述。

32 從普里尼的著作中，讓我們很清楚一些狀況。很久以來西利安山橡樹叢生，而危米納爾山長滿柳樹。到了第四世紀，阿溫廷山還是空曠隱蔽的處所，而且一直到奧古斯都時代，伊斯奎林山還是討厭的亂葬崗。昆林納爾山在古代就以到處坑窪而聞名，證明這裡還沒有建築物。羅馬七山中，只有卡庇托林山和巴拉廷山是羅馬人民居住的地區，鄰近有很多莊園。

阿非利加、伊里利孔和色雷斯及所屬的邊疆地區。高盧、西班牙和不列顛，以及埃及、敘利亞和小亞細亞，仍舊分別爲兩位叛賊所有。過去這類人物可以開出很長的名單，現在只有他們逃脫應有的懲罰，何況這兩個寶座竟爲婦女所篡奪，使羅馬蒙受更大的羞辱。

相互爭奪的君王在高盧行省不斷起落，波斯吐穆斯嚴肅的個性只是加速自己的殞滅。他鎮壓在門次(Mentz)稱帝的競爭對手後，拒絕讓軍隊搶劫這反叛的城市，經過七年統治，成爲這群貪婪軍人手下的受害者[33]。維多里努斯是他的朋友和同僚，則因細故被殺。這位君主有傑出的成就[34]，卻爲情欲而玷污自己的名聲。他以暴力行爲發洩情欲，毫不在意社會的法律，甚至連愛情的法則都不尊重[35]。他在科隆被嫉妒的丈夫陰謀殺害，如果他們饒過他無辜的兒子，這種報復就會顯得更有正當性。在很多英勇的君王被謀害以後，發生了一種很不平常的現象，那就是一位女性長久以來控制著高盧慓悍的軍團，這些史實令人感到不可思議。維多利亞是維多里努斯的母親，她運用政治手腕和金錢財富，陸續將馬里烏斯和提垂庫斯扶上帝座，利用這些徒有虛名而無實權的皇帝，對整個國家進行嚴密的統治。所有的錢幣不論銅幣、銀幣或金幣，上面都刻著她的名字，其頭銜爲奧古斯塔(Augusta)[*36]和「軍隊之母」(Mother of the Camps)。她的權力隨著生命結束而中止[37]，極可能是忘恩負義的提垂庫斯下的毒手。

提垂庫斯原來是阿奎丹的總督，這個行省一直平靜無事，所擔任的職位很適合他的個性和所受的教育，後來受到野心勃勃女贊助人的唆使，才穿上紫袍繼位稱帝，統治高盧、西班牙和不列顛有四、五年之久。就不守法紀的軍隊而言，他既是君主也是奴隸。他對軍方心存畏懼，軍人則對他表示輕視。英勇而幸運的奧理安終於公開宣布，要達成統一帝國的目標，

33 爭奪王位的對手是洛連努斯，或稱艾連努斯(Aelianus)，都是同一個人。

34 朱理烏斯・阿特林努斯(Julius Aterianus)對他的描述很公正無私。

35 他強奪一位軍事承包商阿提提努斯(Attitianus)的妻子，而遭到殺身之禍。

*36 [譯註]塔西佗的《編年史》第一章，里維婭(Livia)是奧古斯都皇帝之妻，也是提比流斯皇帝之母，在奧古斯都死後被尊稱爲奧古斯塔，以後成爲皇后的頭銜。

37 波利歐把維多利亞擺在三十位僭主之列。

這時候提垂庫斯才敢透露處於何種悲慘的地位，懇求皇帝趕快來拯救這位不幸的對手。他很怕私下聯繫的情形被軍方發覺，到時性命一定不保。他已經無法統治西部這片疆域，只有對自己的軍隊採取反叛的行動，好讓帝國完成統一。他表面上裝出要打內戰的樣子，領導部隊進入戰場對抗奧理安，故意把營地開設在最不利的位置，將自己的計畫和企圖全部通知敵人，然後就在開始行動之前，帶著少數親信人員逃走(271年夏季)。這些反叛的軍團被自己的長官出賣，雖然引起混亂使士氣受到影響，但是仍舊不顧犧牲，做困獸之鬥，直到最後一個人被砍倒爲止。這場令人難忘的血戰發生在香檳的夏隆(Chalons)附近，法蘭克人和巴塔維亞人所組成的非正規協防軍，在奧理安的壓迫與勸說後撤退，折回萊茵河。如此帝國恢復平靜，皇帝的聲名和權威從安東尼邊牆一直傳播到海克力斯之柱。

早在克勞狄斯當政時，奧頓在無外力援助下，竟敢單獨反抗高盧的軍團，圍攻七個月後，這個歷盡磨難、早已苦於饑饉的城市被攻破，受到劫掠。在另一方面，里昂堅決抗拒奧理安的大軍，我們只知道里昂受到嚴厲的懲罰，但是沒有人提到奧頓得到任何獎勵。的確，這就是內戰的政策，睚眥之仇必報，再造之恩難記，因爲報復有利可圖，施恩則所費不貲。

六、季諾碧亞統治東方帝國始末(250-273A.D.)

奧理安掌握提垂庫斯的人馬和行省以後，立即揮師東向(272A.D.)，要征討帕爾麥拉的女王，聞名天下的季諾碧亞。近代歐洲有幾位著名的婦女，能身負帝國的榮譽和重任，就是今天我們所處的時代，也不乏此類女傑。但是如果不算成就無法證實的塞米拉米斯，季諾碧亞可能算是自古以來的第一位，非凡的天才邁越了亞洲的自然條件和風俗習慣，所強加於女性的唯命是從和柔弱無能[38]。她自稱是埃及馬其頓王朝的後裔，綺年貌美

38 奧登納蘇斯和季諾碧亞的言行舉止和爲人處事，全部是《羅馬皇帝傳》裡記載的資料，其他地方找不到旁證。

和天生麗質不輸於祖先克麗奧佩特拉(Cleopatra)，保持貞節[39]和勇敢進取又遠在那位女王之上，不僅美麗而且英氣逼人，膚色黝黑(這與本書無關宏旨，但提到女性卻非常重要)，牙齒潔白有若編貝，一雙大眼睛顯出與眾不同的神韻，氣質是那樣的甜美迷人，說話的聲音清晰明亮悅耳動聽。她的理解力較之男性毫不遜色，好學而富有文采，不僅知曉拉丁文，對希臘文、敘利亞語和埃及語更爲精通。爲了便於自己參考，曾經將東方歷史編撰成史綱要覽，並且在哲學大師隆柴努斯的指導下，深入了解荷馬和柏拉圖的著作精要之處。

這位才華出眾的女子嫁給平民出身，但後來榮登東方統治者寶座的奧登納蘇斯，她很快就成爲這位英雄人物的諍友和伴侶。在戰爭的空閒時間，奧登納蘇斯喜愛行獵，經常在大漠之中對雄獅、花豹和熊羆等猛獸窮追不捨。季諾碧亞對這種危險的活動一樣甘之如飴，早已經訓練成不畏辛勞的體格，從來不用帶篷的車轎，通常是著戎裝騎在馬背上，有時也會帶著部隊步行前進。奧登納蘇斯開疆闢土大部分要歸功於她的細心策畫和堅忍不拔，他們曾經兩次把波斯偉大的國王，趕出帖西奉的門戶外，獲得光輝勝利，共同奠定名聲和權勢基礎。他們指揮的軍隊和拯救的行省，除了效忠戰無不勝的領袖以外，不再承認任何君王的主權。羅馬的元老院和人民尊敬這位異族人士，就是他爲被俘的皇帝報了大仇。連華勒利安素來不知感恩的兒子，也承認奧登納蘇斯是合法的盟友，雙方的地位完全平等。

對在亞細亞燒殺擄掠的哥德人進行一次遠征後，帕爾麥拉的君王回到敘利亞的伊美莎，未料這個戰場上的常勝將軍，竟會被國內的叛變置於死地。他所喜愛的行獵正是致死的原因，也只有在這種狀況下才使對方有機可趁。他的姪子米奧紐斯(Maeonius)竟敢在他面前投擲標槍，這種錯誤的行爲受到指責後，仍舊故態復萌。身爲國君也是獵人的奧登納蘇斯非常生氣，就命人將他姪兒的馬收回不讓他騎，這對東方人而言是很大的侮辱。同時，他還將這位冒失的年輕人關了很短一段時間。經過處分以後這件事

39 她除了要生育子女外，不讓丈夫跟她親近，而且每次行房都想達成懷孕的目標。

很快就被忘掉，但是懲罰卻結下怨仇，米奧紐斯找到幾個大膽的同謀，在一個盛大宴會的場合殺害他的叔父(250A.D.)。奧登納蘇斯的兒子赫羅德(Herod)，是個性情溫和的青年[40]，並非季諾碧亞所出，也隨著他的父親被害。米奧紐斯的血腥報復行爲只能逞一時之快，還沒有來得及自封奧古斯都的頭銜，便被季諾碧亞在她丈夫的喪禮中當作犧牲品處死[41]。

季諾碧亞在丈夫幾位忠誠朋友支持下，立即登上空虛的寶座，穩固統治帕爾麥拉、敘利亞和東方超過五年。奧登納蘇斯過世後，元老院讚許他個人的成就，代表著授權已經中止。但這位英勇善戰的孀婦，根本不在乎元老院和高連努斯，使得一位前來討伐的羅馬將領，曳兵棄甲大敗而回。季諾碧亞不像一般婦女，經常會受到情緒的影響而不知所措，她始終堅持明智的政策指導，治國極爲穩健老到；如果事情必須權宜處理，她會保持冷靜絕不動怒；若過失必須立即懲罰，也不會行婦人之仁。她厲行節約被人指爲貪婪，但在需要花錢的場合，顯得慷慨大方。像阿拉伯、亞美尼亞和波斯這些鄰近國家，都害怕與她爲敵，要求結成聯盟。於是，奧登納蘇斯的版圖，從幼發拉底河延伸到俾西尼亞的邊界，這位孀婦又加上祖先留給她的遺物，也就是人口眾多、物產富裕的埃及王國。克勞狄斯爲了酬庸她的功績，同意在全力從事哥德戰爭時，由她執掌東方的政局[42]。當然，季諾碧亞的行爲也有很多曖昧之處，看來很想成立一個保持敵對狀況的獨立王國。她的宮廷運用羅馬的禮儀，後來又夾雜著亞洲壯麗的排場，強迫臣民把她看成居魯士的繼承人一樣行跪拜禮，她的三個兒子[43]都接受拉丁式的教育，經常穿著皇家的紫袍到部隊去巡視。她自己則始終保有君王的冠冕，使用詞藻華麗而意義含糊的頭銜：東方女王。

---

40 奧登納蘇斯和季諾碧亞經常送他寶石和玩具，都是得自敵人的戰利品，他得到以後極爲愉快。

41 也有人對季諾碧亞產生很多不當的揣測，認爲她是謀害丈夫的幫兇。

42 奧理安留在元老院的記錄，可證明他承認季諾碧亞的功績，尤其是她征服埃及一事。

43 她的三個兒子名叫提摩勞斯(Timolaus)、赫倫奈努斯(Herennianus)和瓦巴拉蘇斯(Vabalathus)，前面兩個在戰爭發生以前已經過世，最小那位奧理安則讓他留在亞美尼亞，以國王的頭銜統治一個很小的行省，現在還留存他的獎章。

七、奧理安進軍亞洲平定帝國東疆(272-274A.D.)

等到奧理安進入亞洲(272A.D.)，要面對的敵手是個女性，只有這點會使人產生輕視的心理，除此以外他占不到便宜。俾西尼亞因爲季諾碧亞的武力和權謀，原來已經發生動搖，現在因爲奧理安親臨，又對羅馬表示歸順。奧理安在行軍時走在軍團前面，接受安卡拉的投降。經過一段堅持不懈的圍攻以後，在一位市民的叛降協助下奪取台納(Tyana)。按照奧理安對部隊慷慨而對敵人兇狠的脾氣，會將這個城市任憑憤恨的士兵去燒殺掠奪。但是出於尊重宗教的心理，對哲學家阿波羅紐斯(Apollonius)[44]的同鄉採取寬容的態度。安提阿的市民在大軍壓境以後，全部逃離城市，皇帝立即發布安民告示，號召逃亡人員回鄉，對於在沒有選擇之下，被迫在帕爾麥拉女皇手下服役的人員，全部赦免不予追究。這種出人意料的慈善作爲，使得敘利亞人心悅誠服，一直到伊美莎的勢力範圍之內，人民都願意支持仁義之師。

季諾碧亞要是不採取行動，讓西方的皇帝進入到首都一百哩以內，她的聲譽就會受損，顏面無光。所以決定東方的命運在於兩次會戰，因爲作戰的環境是這樣的類似，除了第一次在安提阿附近[45]，而另一次是在伊美莎以外，以致於很難分辨出其中有什麼不同。帕爾麥拉的女王在每一次會戰中，都親臨戰場鼓舞士氣，把執行任務的工作交給查布達斯(Zabdas)全權負責，他曾經在征服埃及的戰事中展現軍事長才。季諾碧亞有數量龐大的軍隊，大部分由輕裝弓箭手和全身鎧甲的重裝騎兵所組成。奧理安的騎兵由摩爾人和伊里利孔人組成，抵擋不住對手聲勢驚人的衝鋒，便在邊打邊退的狀況下混亂向後逃走，帕爾麥拉人奮力追趕。羅馬的騎兵等待機

44 沃披斯庫斯提出一封很可靠的信件，但是奧理安所持的態度很值得懷疑。台納的阿波羅紐斯與耶穌基督生在同個時代，他的門徒記述他的平生事蹟眞是神乎其神，我們不知道他到底是一位聖哲，還是一個騙子，或者是個神棍。

45 在一個叫作因密(Immae)村的地方。優特洛庇斯和幾位學者，只提到第一次會戰。

會反擊，再用不斷的纏鬥來困惑對手，使他們無法脫離，終於打垮這支過於笨重運動不靈的重裝騎兵。雙方交戰時，輕裝步兵先是用盡箭矢，接著在短兵相接的近身搏戰中失去防衛的能力，他們沒有甲冑護身幾乎赤裸，完全暴露在軍團的刀劍砍殺之下。奧理安早已編組好這批久歷戎伍的老兵部隊，原來駐紮在上多瑙河地區，接受過阿里曼尼戰爭[46]嚴酷的考驗，獲得驍勇善戰的英名。季諾碧亞在伊美莎會戰失敗後，沒有能力再編成第三支大軍。這時帝國以內原來臣屬於她的民族，一直到埃及的邊界，全部投靠到戰勝者的麾下，何況奧理安派出最勇敢的將領蒲羅布斯，率領一支部隊占領埃及的行省。帕爾麥拉成爲季諾碧亞最後的根據地，她將部隊撤到首都的城牆之內，進行頑強抵抗的準備工作，像一位女英雄那樣做出大無畏的聲明，要是她的統治結束就以身相殉。

在阿拉伯貧瘠荒涼的沙漠裡，少數農耕地區就像廣大的海洋中間浮現出來的島嶼。無論是塔德莫爾(Tadmor)或者帕爾麥拉這樣的名字，在敘利亞語和拉丁語裡的意義，都是指溫暖氣候下蔭涼而蔥鬱的棗椰林。此地的空氣清新，有珍貴無比的流泉，灌溉的土地可生產水果和穀物。這樣優越的條件，再加上地處波斯灣和地中海之間，到兩邊的距離大概相等[47]，所以經常有駱駝隊來往，把數量多的印度貴重商品運到歐洲各國。帕爾麥拉逐漸發展成爲一個富裕的獨立城市，用互利的貿易聯繫著羅馬和波斯兩大帝國，可以保持著卑躬屈膝的中立地位。最後，等到圖拉眞獲得勝利，這個幅員很小的共和國便落到羅馬人手中，當作一個從屬而頗受重視的殖民地，繁榮興旺達一百五十年之久。我們從遺留的少數銘文可以看出，雄於資財的帕爾麥拉人在和平時期，建構廟宇、宮殿和希臘風格的柱廊。時至今日，形成的廢墟散布在幾哩範圍之內，仍爲好奇的旅客流連憑弔。奧登納蘇斯和季諾碧亞的崛起，給他們的國家帶來一番新氣象，成爲可以與羅馬分庭抗禮的對手。但是這種競爭要付出何等重大的代價，多少代的子

46 諾昔繆斯在他的著作中提到兩次會戰，對詳情描述得很清楚。

47 普里尼在他的《自然史》裡對帕爾麥拉有很生動的說明，根據他的計算，離塞琉西亞是五百三十七哩，到最近的敘利亞海岸是兩百哩。

孫都成爲一時風光的犧牲品[48]。

奧理安皇帝行軍越過伊美莎和帕爾麥拉之間的沙漠地區，不斷受到阿拉伯人的襲擾，無法不讓軍隊，尤其是行李和輜重，避開那些行動慓悍的匪徒，進行積極而大膽的搶劫。他們看準時機發起襲擊，得手後很快逃脫軍團遲緩的追擊。圍攻帕爾麥拉才是最困難也是最重要的任務，這位精力過人的皇帝親自參與攻擊，身體被標槍刺傷。奧理安在一封信上寫道：

> 羅馬人民總以開玩笑的口氣，談起我跟這位女人所進行的戰爭。他們根本不了解季諾碧亞的性格和她的力量，防禦作戰的準備工作非常周全，多得算不清的石塊、弓弩和各種投射武器。每一小段城牆就配置兩到三門弩砲，也可以用小型投射器投擲燃燒的火球。她害怕受到懲處所以不惜死拼到底，但是，我仍然信賴羅馬的神明給我的護佑，使我能夠完成當前的工作。

然而，神明的保佑終歸有限，圍攻的成敗也無法預料。奧理安認爲最合理的辦法是提出有利的投降條件，女王可以很光彩的退位，市民仍舊保有古老的權益。他的意見被嚴辭拒絕，同時伴隨著侮辱性的言詞。

季諾碧亞之所以表示出堅決的態度，是因爲她認爲在短期內，羅馬大軍受不了饑饉的壓力，就會循著沙漠原來的路線退兵。更有信心的是東方的君主不會坐視，特別是波斯的國王，必然會出兵保護這位當作屏障的盟友。但奧理安的運道和堅毅克服許多困難，就在這個關鍵時刻，薩坡爾逝世[49]使波斯的權貴無暇他顧，只能派遣有限的援軍前來解帕爾麥拉之圍。皇帝很容易用武力對付，或者很慷慨的花錢收買，他們全部無功而返。從敘利亞各地派遣按時出發的運輸隊，陸續不斷安全抵達皇帝的營地，再加

48 上世紀末有一些英國旅行家，在阿勒坡(Aleppo)發現帕爾麥拉的遺跡，眞是讓我們大開眼界(因爲這兩個地方完全是風牛馬不相及)。哈里(Halley)博士的主要論文就是研究帕爾麥拉的歷史，有心的人可以找來一讀。

49 從一份很可疑的編年史資料中，我盡量想找出正確的日期，結果還是徒然。

上在埃及獲得勝利的軍隊，在蒲羅布斯率領下全部歸建，季諾碧亞到此時才決定逃走。她騎上速度最快的單峰駝，已快要到達幼發拉底河的河岸，離開帕爾麥拉大約有六十哩的地方，被奧理安的輕騎兵追上，當作俘虜送到皇帝尊前。她的首都不久以後投降(273A.D.)，出乎意料得到寬大的處理。兵器、馬匹、駱駝以及大量的黃金、銀塊、絲綢和珠寶，全部歸勝利者所有，只留下六百名弓弩手編成的守備部隊。皇帝回到伊美莎，花了很多時間對東方行省進行賞功罰罪。有些行省在華勒利安被俘後，就對羅馬失去忠誠之心，等到帝國獲得戰爭的勝利，又重新歸順到羅馬屬下。

敘利亞女王被帶到奧理安皇帝面前，他非常嚴厲的問她，爲什麼膽敢運用武力反抗羅馬皇帝！季諾碧亞很機智的回答，不僅表示尊敬也顯出堅強的一面：「過去我沒有辦法把奧理略盧斯或高連努斯當成羅馬皇帝，所以才會這樣；現在，我只承認你是我的征服者和君主。」但是，女人的堅強通常都是裝出來的，很少能夠硬撐下去，至死不變。等到審判時，季諾碧亞的勇氣完全消失無蹤，在士兵們叫囂立即處死的怒吼聲中，她全身顫抖不知所措，忘記要拿克麗奧佩特拉當榜樣，來面對這絕望的處境。她靠著出賣自己的聲譽和朋友，苟延殘喘的偷活下去，把堅決抵抗的罪名全部歸於別人的建議，說她身爲軟弱的女性，完全是受到臣下的操縱。殘忍的奧理安將洩憤對象轉移到他們的頭上，很多人成爲她恐懼的犧牲品，這些無辜的人員當中還包括隆柴努斯。他的名聲遠超過出賣他的女王和處決他的暴君，也因此而長存在後代子孫的心目中。不世的天才和高深的知識，無法感動無知無識的兇狠士兵，但是他們有助於隆柴努斯的靈魂能夠和諧的飛翔。他沒有任何怨言，平靜的隨著行刑者離開，全心憐憫女主人的不幸，盡力安慰爲他傷心的朋友。

奧理安東征班師回朝，已跨越分隔歐、亞兩洲的海峽，傳來消息說帕爾麥拉人屠殺留下的總督和守軍，再度樹起反叛的旗幟。他勃然大怒，立即回軍指向敘利亞。安提阿對他如此迅速的行動感到十分驚訝，孤立無援的帕爾麥拉爲自己一時的衝動而悔恨不已，毫無能力可抗拒壓境大軍。我們可以看到奧理安所寫的一封信，他認爲應該把處死的範圍限定於武裝叛亂分子，但很多老人、婦女、兒童和農夫慘遭殺害。雖然他最關心的事情是要重建太陽神廟，還是對殘存的帕爾麥拉人起了憐憫之心，允許離開的人們回來重建他們的城市。但是摧毀一座城市比重建要容易得多，像這樣一個商業和手工業製造中心，曾是季諾碧亞的皇城，慢慢衰落成沒沒無名的市鎮、一個微不足道的城堡，最後變成破敗的村落。現在的帕爾麥拉不過三、四十戶人家，在宏偉廟宇的空曠中庭，用泥磚砌起他們的農舍。

戎馬奔波的奧理安還有最後一件工作要完成。帕爾麥拉反叛期間，弗爾繆斯（Firmus）在尼羅河地區作亂，雖聲勢不大，卻造成危險的後果，極需出兵鎮壓。弗爾繆斯實際上是埃及的富商，但自稱是奧登納蘇斯和季諾碧亞的朋友和同盟。他在印度的貿易過程中，與布雷米斯人（Blemmyes）和撒拉森人建立親密關係，這兩個民族位於紅海兩岸，很容易進入上埃及地區。他鼓動埃及人起來爭取自由，帶領大批憤怒群眾攻進亞歷山卓城，在那裡穿上紫袍稱帝，開始鑄造錢幣，發布告示，召募軍隊，到處誇口只要用紙張貿易的盈餘，就可維持作戰。像這樣的軍隊在對抗奧理安的大軍時，怎會有防守的能力？所以也毋須詳細敘述。弗爾繆斯很快被擊敗，捕獲以後經過拷問就立即處死。奧理安現在可以向元老院、人民和他自己祝賀，不過三年的時間，他使羅馬世界恢復和平與安定[50]。

八、羅馬舉行盛大凱旋式的華麗景象（274A.D.）

自從羅馬建城以來，沒有那個將領能像奧理安這樣，對於凱旋式的榮譽當之無愧，也沒有任何一次凱旋式，有這樣無與倫比的盛大和華麗（274A.D.）。壯觀的隊伍最前面是二十頭大象和四隻皇家的老虎，還有兩百多隻來自帝國北部、東部和南部的珍奇動物，接著是一千六百名角鬥士，要在圓形競技場上獻身於殘酷的搏鬥活動。從亞洲得來的財寶，許多被征服國家的兵器和旗幟，還有敘利亞女王華麗的餐具和衣飾，不是排列

50　從這封信可以推斷，弗爾繆斯是最後一位倡亂者，提垂庫斯的反叛早已平定。

成對稱的圖案就是故意零亂的堆起來，展示在行列的中間。從地球上最遙遠的國家，像是衣索匹亞、阿拉伯、波斯、巴克特里納(Bactriana)[*51]、印度及中國所派來的使臣，全都穿上貴重或別緻的服裝，充分展現出羅馬皇帝的威望和權勢。還有許多城市所呈獻的禮物，特別是大批金質的王冠，也陳列在民眾面前。一長串被押解在凱旋式行列的俘虜，包括哥德人、汪達爾人、阿里曼尼人、薩瑪提亞人、法蘭克人、高盧人、敘利亞人和埃及人，證明奧理安輝煌無比的勝利。每個民族的戰俘都佩上不同標記，十名在戰場被捕獲的哥德人女戰士，被加上「亞馬遜女戰士」的稱號[52]。但是群眾的眼光已經顧不得看俘虜，全部集中在提垂庫斯皇帝和東方女王的身上，前者和加上奧古斯都稱號的兒子，都穿著高盧人的長褲[53]、橘黃色的上衣和紫色長袍。季諾碧亞苗條的身材套上黃金做的鐐銬，鎖在頸項上的黃金鍊條由一個奴隸拿在手裡，身上珠寶的重量使她幾乎要暈倒。她行走在一輛豪華馬車的前面，過去曾希望乘坐它進入羅馬的城門，後面跟著兩輛更爲富麗堂皇的四輪馬車，分別屬於奧登納蘇斯和波斯國王所有。奧理安在凱旋式乘坐的車輛(過去是哥德國王的座車)，特別爲了這個場合，用四頭雄鹿或四頭大象拖拉前進[54]。元老院、民間和軍方最有名望的人士，全部緊跟著莊嚴的遊行隊伍。群眾是如此的快樂、驚奇和感激，不由自主發出巨大的歡呼聲音。但是提垂庫斯的出場亮相，使元老院的愉悅心情蒙上一層陰影，甚至情不自禁的喃喃私語，抱怨這位皇帝實在太過分，竟讓一位擔任過高官厚爵的羅馬人當眾受辱。

奧理安在凱旋式中對待這些戰敗的對手雖然任性而爲，但事後的處置

---

*51 [譯註]巴克特里納位於阿姆河與興都庫什山脈之間，即今阿富汗一帶，是中亞的古國，我國稱之爲大夏，唐朝亦稱吐火羅，後爲大月氏所滅。

52 蠻族在作戰中，妻子常伴同在丈夫旁邊。至於說到「亞馬遜族的女戰士」，那是神話故事，幾乎不可能存在過。

53 意大利人認爲不論是長褲還是馬褲，全部是高盧人或野蠻人的服飾，羅馬人要經過很長一段時間才能接受。在龐培和賀拉斯時代，認爲用布包住腿部和臀部，非僅不健康而且是女性化的柔弱表現。到圖拉眞在位時，穿褲子是有錢人奢侈的舉動，經過逐漸的發展，平民大眾要到最後才採用。

54 可能是用鹿來拖車，用象可以在奧理安的獎章上看得到，表示東方戰爭的勝利。

極為寬大仁厚，這是古代帝王所罕見。過去那些異國的王侯無法保住自己的寶座，經捕獲後送到羅馬，隨著凱旋式的隊伍登上卡庇多神殿，經常會被勒斃在獄中。但這次大不相同，被打敗的篡奪者雖然已坐實叛國罪，卻讓他們在富裕而體面的生活中度過餘生。皇帝把離開首都二十哩，位於泰布爾(Tibur)一所精緻的莊園贈給季諾碧亞。這位敘利亞的女王後來慢慢變成羅馬婦女，幾個女兒都嫁給貴族家庭，後代一直延續到第五世紀[55]。提垂庫斯和他的兒子恢復原有的階級和家產，就在西利安山頂蓋了一所宮殿，落成以後邀請奧理安前來晚宴，皇帝進門時非常驚喜的看見一幅畫，描繪出他們之間那段奇特的歷史。提垂庫斯正向皇帝獻上一頂王冠和高盧的權杖，再從他的手裡接受代表元老院議員身分的標章。後來他被派去治理盧卡尼亞，這位被廢的國王和皇帝建立起友誼，而且交往密切。有次奧理安開玩笑的問道，你不覺得管轄意大利的一個省，比統治阿爾卑斯山以北整個地區，更為稱心如意嗎？他的兒子後來一直是元老院備受重視的成員，也沒有任何一家羅馬貴族，像他那樣受到奧理安及其繼承人的尊敬。

奧理安的凱旋式節目繁多需時甚長，即使從清晨就開始進行各項活動，莊嚴而緩慢的遊行行列到上午九時還沒有登上卡庇多神殿，等到皇帝回到皇宮已經天黑。慶典延續下去，除了各種戲劇表演外，還有賽車場的驚險節目、獵殺各種兇猛的野獸、角鬥士的搏命格鬥，以及大規模的海上作戰模擬。慷慨的賞賜分發給軍隊和民眾，有一些慈善機構也捐獻資財，來為奧理安的光彩錦上添花。在東方獲得的戰利品有相當大的部分呈獻給羅馬的神明，卡庇多神殿和各種廟宇因為皇帝的虔誠，被各種奉獻裝飾得金光閃閃。太陽神廟獲得一萬五千磅黃金[56]，凱旋式過後不久，用這筆錢在昆林納爾山蓋一座華麗的建築物，奧理安認為承蒙天賜厚福，這座建築是用父母的名義來向神明呈獻的禮物。他的母親原來是太陽神廟的初級女

55 巴隆紐斯(Baronius, Caesar, 1538-1607A.D.，意大利樞機主教)以為聖安布羅斯(St. Ambrose)時代的佛羅倫斯大主教季諾庇烏斯(Zenobius)，就是季諾碧亞的後裔。

56 他將貝盧斯(Belus)的神像及太陽神的石雕供奉在神廟，珍貴的飾品都是從帕爾麥拉不遠千里奪取而來，這次獻祭是在位的第四年，但應早從他登基起就開始準備。

祭師，這位幸運的農民之子，從兒童時代所培養出來的感情，就是要將一切都奉獻給光明之神。他每一步的高升、在統治期間的每一場勝利，基於感激之情都更加強信仰的虔誠[57]。

九、奧理安鎮壓內部叛亂及其行事作風(274A.D.)

奧理安的軍隊擊敗共和國在國外和國內的敵人。我們可以很肯定的說，過去那個軟弱而高壓的政府，所造成的犯罪行爲、派系傾軋、投機鑽營和邪惡風氣，正在滋長蔓延，經過他這番嚴格的治理，應該可以讓這些缺失在帝國根絕滅跡。但是，腐敗的過程已遠超過治療的速度。放任社會混亂的年頭是那樣的漫長，比起奧理安只有幾個月的軍事統治時間，我們只有承認，一段平靜無事的短暫時光，不足以完成那樣艱鉅的中興大業。他想恢復錢幣的幣值，也都遭到強大惡勢力的反對。皇帝在一封私人信件中，表達出自己的煩惱。他說道：

> 神明確實下達諭旨要我這一生在戰爭中度過，眼前就在城裡發生叛變，會引起嚴重的內戰。鑄幣廠的工人在費利契西繆斯(Felicissimus)的煽動下，要發起造反的活動。這個傢伙原來是奴隸，經過我的提拔擔任財務工作。最後叛亂已經鎮壓住了，但是部隊駐紮在達西亞，營地在多瑙河河岸的七千名士兵，在這次衝突中都遭到殺害。

當時也有作者記載，補充說明此事件是在奧理安凱旋式後不久發生，決定性的戰鬥在西利安山展開。因鑄幣廠的工人在錢幣上摻水造假，皇帝爲維護政府信譽，通知民眾可到國庫，用成色不足的劣幣換回良幣。

---

57 奧理安對太陽神的信仰極爲虔誠，可以從他的書信中得知，也可以在他的獎章上看到，朱理安在作品中也提及。

用這種方式報導重大事件還算可以接受，但是有些難以置信的矛盾之處，也不能不提出來好有個交代。在高連努斯的治理下，發生鑄幣廠舞弊案件，倒是很正常的事。但是，目前狀況完全不一樣，那些貪污的組織難道不害怕奧理安絕不通融的態度？何況犯罪得到好處的人總是少數，所以很難想像這些罪犯用什麼策略，把受到他們傷害的民眾武裝起來，去反對維護民眾權益而被他們出賣的國君。另外，這些犯罪分子和告密者以及作威作福的官員，都受到人民的厭惡，而且改革幣值的工作，就和皇帝下令在圖拉眞廣場公開燒毀作廢的單據一樣，受到人民的歡迎。

在商業原則完全不被人民了解的時代，採用嚴酷而輕率的措施，也許更能達到所望的目的，像這樣暫時的誤解很難激起一場內戰，更不要說加以長久的支持。要是不斷增加土地和生活必需品的稅率，達到使人無法負擔的地步，最後就會激怒那些無法離開自己家園的人民。但是那種狀況不管怎麼說，與採用必要的手段恢復錢幣的幣值，完全是大不相同的兩回事。在處理幣值的過程中，雖然暫時會產生不便，但是比起長久的好處也就可以忍受。要是在過去因成色不足造成的損失，會由大眾來分攤。現在是少數擁有大量現金的富人，明確感受到財富減少，隨著產業損失的同時，也失去原有的權勢和影響力，這對大多數人而言也沒有什麼不好。不論奧理安採用那種說法，來掩飾發生叛亂的眞正原因，對於擁有權力而又心懷不滿的部分人士，他那改進幣值的作法只是一個似是而非的藉口。羅馬雖然已談不上民主自由，卻還是深受派系傾軋的傷害。皇帝自己出身平民，所以對人民特別關心，但人民對元老院、騎士階級和禁衛軍則產生不滿[58]。他們分別是第一種管權，第二種管錢，第三種管軍，要是沒有這三種人士的參與，誰也無法進行私下的陰謀活動，激起暴民成立　支軍隊，在戰場上對抗久經戰陣的軍團。何況這些部隊駐紮多瑙河畔，在英勇好戰的君主領導下，征服了西部和東部的敵人。

58　這種狀況在奧理安從埃及班師回國之前，就已經蔓延開來，所以才有鎮壓鑄幣廠事件的發生。

不管那次叛變的原因或目的到底是爲了什麼，完全歸之於鑄幣廠工人很難令人置信，奧理安倒是盡可能對勝利的成果加以運用[59]。他天性嚴酷，身爲農夫出身的軍人，他飽經憂患，不會產生憐憫和同情，見到酷刑和死亡完全無動於衷。他從小接受軍事訓練，把市民的生命看得無足掛齒，常因細微小事嚴厲懲罰百姓，更會把軍營的紀律要求轉用到民事的法律事務。他的正義感結果成爲盲目的熱情衝動，只要感覺到自己或公眾的安全受到威脅，根本不考慮證據的運用和量刑的原則。

羅馬人用毫無理性的叛亂來回報他對國家的服務，激怒他那高傲的性格。首都最高貴的家族捲入暗中進行的陰謀活動，不論是明確犯罪或僅是涉嫌，急切的報復心理促使他進行血腥的迫害，甚至連自己的親姪兒都無法倖免。劊子手殺得手軟(要是借用當代一位詩人的說法)，監獄擁擠不堪，可憐的元老院爲卓越的議員遭到殺害或放逐而悲痛哀悼，議會對奧理安的傲慢跟他的殘暴一樣難以忍受。他對民事制度的限制一無所知也不屑一顧，除了掌握武力以外，拒絕用任何頭銜來行使職權，始終拿征服者的權力統治這個被他解救和制服的帝國[60]。

十、奧理安率軍出征被部將所弒(275A.D.)

後來有個才智出眾的羅馬皇帝說道，他的前任奧理安所具有的才能，適合指揮一支軍隊，而不是統治一個帝國[61]。因而，當奧理安意識到自己的天賦和經驗，實非常人所能及於萬一，在舉行凱旋式後過不到幾個月，他又領軍進入戰場(274年10月)。有鑑於軍團不安其位，能夠參加國外的戰爭不失是明智之舉，加上波斯國王因華勒利安的受辱而沾沾自喜，仍舊

59 沃披斯庫斯和其他人士都提到，奧理安在進行東方戰事之前，只處死元老院的三位議員。

60 按照維克托的說法，奧理安有時會戴上王冠，他的獎章上有「君王」和「神聖」的字眼。

61 這是戴克里先對他的評論。

毫無忌憚的侵犯羅馬帝國的尊嚴。皇帝親自率領紀律嚴明而又驍勇善戰的軍隊，完全不恃兵力的數量，直接向著分隔歐、亞兩洲的海峽進軍。在那時，他體會到，至高無上的權力無法防範在絕境中的反抗。他對身邊一位祕書被控受賄而發出威脅的言辭，而大家都知道這並不是說說就算。這個犯罪傢伙唯一的希望，是使軍隊一些重要軍官陷入同樣的危險境地，讓他們像他那樣處於恐懼之中，於是就冒充主子的筆跡，列出一長串血腥名單。這些人一看到自己的名字，知道即將遭到處死，根本沒有懷疑這是欺騙行爲，也無法加以驗證，大家便決定殺死皇帝以求自保。奧理安正從拜占庭向赫拉克利行軍的途中，遭到一群陰謀分子的攻擊。這些人由於地位很高，所以留在他的身邊。經短暫的抵抗，他就死在繆卡波爾(Mucapor)的刀下(275年1月)，這還是他平素最喜愛和信賴的一個將領。軍隊對他的去世感到惋惜，元老院卻是表示厭惡之情。一般的看法則認爲他是英勇善戰而且掌握機運的君王，對於暮氣已深的國家進行有用卻嚴厲的改革。

第十二章

奧理安逝世後軍隊和元老院的作為　塔西佗、蒲羅布斯、卡魯斯及其子相繼為帝(275-285A.D.)

一、元老院和軍隊對繼位問題相互推諉(275A.D.)

歷代羅馬皇帝不論有無建樹，命運都是同樣悲慘，在世時有的縱情逸樂或是高風亮節，有的嚴肅苛刻或是溫和忠厚，有的怠惰瀆職或是百戰榮歸，最後的下場都是不得善終，幾乎每個朝代的替換，都是可恥的篡奪者進行叛逆和謀害所致。不過，奧理安逝世後產生非常奇特的現象，軍團敬仰戰無不勝的統帥，對他的被弒感到哀悼，並且決定採取報復的手段。謀叛的祕書所使用的詭計很快被發覺，他本人受到懲罰被處死。那些受騙動手行刺的高階軍官，有的確實感到悔恨，也有人裝出一副無辜的樣子，參加冤死君主的葬禮。在軍事會議中一致通過所做的決定，特別表示在給元老院的呈文之中：

> 英勇無敵而能蒙神保佑的軍隊致羅馬元老院和人民，一個人的罪行使很多人犯下滔天大錯，奪去奧理安皇帝的性命。德高望重的尊長和元老，務請各位樂於將先帝的英靈置於眾神的行列，根據議會的判斷決定最適合的人選來繼承帝位。不論是誰犯下罪行或錯誤，使我們蒙受巨大的損失，已經不配統治整個帝國[1]。

1　奧理留斯·維克托提到軍隊曾派一個正式的代表團前往元老院。

羅馬的元老院聽到消息並不感到詫異，只不過又一位皇帝在軍營被弒而已，他們私下對奧理安的逝世感到高興。這封代表各軍團的來信非常謙卑而又恭敬，當執政官在全體會議中朗讀時，大家在欣慰中夾雜著驚奇。軍隊懷念已過世的君王，基於畏懼和尊敬所能激發的禮遇，全都大量傾倒在議員身上。元老院基於感激之情，回報這批向共和國盡忠的軍隊，但軍隊認爲元老院有合法的權利可以推舉皇帝。雖然他們屈意請求，但議會非常謹愼，最後的結論還是拒絕推舉皇帝，主要是不願讓這群任性善變的武裝團體抓住把柄，使得自己的安全和尊嚴受到威脅。其實，軍團的實力就是表示誠意的保證，他們並沒有假裝的必要，對元老院的推舉一定會聽從。但元老院又不免聯想到，偶然的悔恨難道可以改正八十年來根深柢固的積習？要是軍人那種習慣性的反叛又開始發作，狂妄的舉動就會傷害到元老院的尊嚴，被推舉的人選也會送掉性命。在通過決議以後就照著這個意思擬出敕令(275年2月3日)，授權軍方投票推選新皇帝。

隨後引起雙方爭論，形成人類歷史上極不可能而確有其事的狀況[2]。軍隊像是厭倦弄權生事，再度請求元老院從本身的議員中間，推舉一位登基爲帝。元老院仍舊堅持敬謝不敏，軍隊還是極力要求。相互之間婉拒和敦促至少有三次之多，雙方表現得謙恭有禮，只要對方決定誰登大寶一定無條件接受。就這樣八個月的時光過去，帝國處於無政府狀況下安然無事，羅馬世界在這段期間沒有君主、沒有篡奪，也沒有叛亂。奧理安指派的將領和官吏繼續執行職責，在很長一段空位期，好像只有一個亞細亞的總督被免除職位。

據稱羅慕拉斯死後所發生的事故跟現在很相似，當然不一定可靠[3]，但他的生平和個性與奧理安有些相似。那時王座空懸十二個月之久，才推

2　我們最權威的來源是依據沃披斯庫斯的說法，他在奧理安死後十六年，從元老院的記錄和烏爾平圖書館的原始文件中，對這件事的始末做了詳盡的敘述。至於在諾昔繆斯和諾納拉斯的著作裡，對這件事的記述，帶有想當然耳的先入爲主觀念。

3　李維、戴奧尼休司和蒲魯塔克都提過此事，但說法不一。李維以雄辯家的口吻，戴奧尼休司以法學家的觀點，而蒲魯塔克以道德家的語氣，但都混雜著神話。

選出薩賓族的哲人當國王，在這段期間是由城邦的幾個階級聯合，用同樣的方式護衛公共安寧。但在努馬和羅慕拉斯的時代，貴族有權控制人民的武力，在範圍很小且注重公德的社區，自由權利的平衡很容易保持。衰弱的羅馬城邦在早期與目前有很大差別，現在隨時會發生狀況，就會拋棄空位期所呈現的服從與和睦。當知目前的情形是囂亂混雜的首都、空前龐大的帝國、充滿奴性的專制政體、四十萬傭兵的軍隊、以及習於革命的歷史經驗。即使帝位仍有很大的誘惑力，但是軍紀的要求和對奧理安的追思，仍舊能夠約束軍隊易於反叛的習氣，也能制止軍隊首腦人物的野心。那些戰力最強的軍團駐紮在博斯普魯斯海峽的兩岸，御駕親征的大纛使羅馬和行省的軍營產生敬畏之心，不敢輕舉妄動。這一股寬宏大量的氣概在短期內還激勵著軍事階層，我們可以期待少數愛國之士，能使軍方與元老院重歸舊好。這是重建共和國，恢復昔日的美德和英勇，唯一可行之道。

9月25日，執政官在元老院召集會議，報告帝國即將遭遇危疑而嚴峻的狀況，這時距離奧理安被害已有八個月。執政官輕描淡寫提到，軍隊已經呈現不穩的情勢，任何時刻和微小事件都可能引發兵變，接著他用雄辯的語氣表示，只要在推舉皇帝這件事繼續拖延下去，各種危險就會隨之發生。根據他得到的消息，日耳曼人渡過萊茵河，占領高盧一些重要據點和富庶的城市；野心勃勃的波斯國王使得東方一直警報不斷；埃及、阿非利加和伊里利孔正受到國外和國內武力的威脅；立場不穩的敘利亞寧願接受女性的統治，也不願臣服於神聖的羅馬法律。接著執政官對首席議員塔西佗說話，請他就「推舉適當人選即位爲帝」這個重要議題發表意見。

要是我們月旦人物，純以德行風範而不以時勢造化，應對塔西佗比國王還高貴的家世，深表崇敬之意。羅馬有位總領風騷的歷史學家，著作嘉惠後世彌久長新，塔西佗議員自稱係其後裔[4]。他當時已七十五高齡[5]，始

4　在家譜上唯一不吻合之處是，歷史學家的家姓是高乃留斯，而皇帝的家姓是克勞狄斯(譯按：一般羅馬人名字是三部分組成，第一個字是名，第二個字是家姓，第三個字是族姓)。到帝國後期，因外鄉人增加及收養之故，家姓極雜亂也未必正確。

5　亞歷山卓的編年史學家有明顯的錯誤，把塔西佗的年齡算到奧理安的身上。

終保持潔身自愛的習性，憑著巨額的財富和獲得的榮譽，更能光大門楣。他曾經兩次出任執政官[6]，雖然家產幾達二到三百萬英鎊之多[7]，仍然過著文雅而有節制的生活。他能夠以尊敬的態度和忍耐的毅力，從荒淫無道的伊拉珈巴拉斯到精明英武的奧理安，經歷了多位君王的賢明與不肖，這使得他對帝位萬人之上的責任、危險和誘惑，自有正確的理解和認識。他孜孜不倦鑽研先賢的著作，深知羅馬制度和人類天性[8]。民意所趨一致認爲塔西佗是帝國最適合繼位的公民，這種令人不悅的謠言傳到耳中，讓他決定退休，回到康帕尼亞的莊園。當他勉強應執政官召請，回任元老院的最高席位，對重大問題提供建言來幫助共和國時，已經在貝宜(Baiae)[*9]過了兩個月悠閒的隱居生活。

二、塔西佗受元老院推舉登基(275A.D.)

當塔西佗起立發言時，會場同聲高呼「奧古斯都」及「皇帝」向他致敬：「塔西佗奧古斯都，祈神明保佑汝，吾等選汝爲君王，將共和國與世界託付予汝。能從元老院接位登基，全然在汝之地位、作爲和風範。」等到喧囂聲音平息以後，塔西佗甚想拒絕此危險之尊榮，對於他們要選年邁而體衰的老人，接替英勇的奧理安出任皇帝，甚表疑懼之意：

> 諸位元老：像我這身朽骨還能經得住盔甲的負荷嗎？還能忍受得了軍營的磨練嗎？衰微之軀只有細心調養始能維持殘生，如何受

---

6 塔西佗在273年出任執政官，上一次在很多年以前，可能是華勒利安當政時。

7 他的財產若按照古老的標準來算，約有八十四萬羅馬磅的白銀，而一個羅馬磅的白銀大約等於三個英鎊。但在那個時代，貨幣常因重量和成色不足而貶值。

8 等他登基以後，下令每年抄寫歷史學家塔西佗著作十部，送到公立圖書館供一般人閱讀。後來羅馬的圖書館毀於戰亂，塔西佗最有價值的作品只留存一部原稿，收藏在西伐利亞一所修道院裡。

*9 [譯註]貝宜在康帕尼亞地區，位於普提奧利和麥西儂之間，以溫泉出名，是古羅馬的療養和休閒勝地，豪門巨富均在此置有莊園。

得住氣候激烈的變化和軍隊生活的艱辛；精力已竭幾乎連議員的職務都難以承擔，又何以負荷軍國大事之繁劇。諸位豈能期望軍團尊敬早想頤養天年之花甲老人？諸位以爲我故意找理由來回絕元老院的厚愛？

塔西佗的拒絕或許是出於至誠，結果還是在元老院懇切請求下打消辭意。五百名議員不斷喊叫，一再用動聽的說辭，表示羅馬歷代最偉大的皇帝，像是努馬、圖拉真、哈德良和安東尼，都是在晚年登基。元老院的選擇是頭腦而不是體力，是君王而不是武將，期望他靠著智慧來指揮軍隊。米提烏斯・法可紐斯(Metius Falconius)在執政官的座位僅次於塔西佗，他起來發言時，除了對大家的話表示贊同以外，也說了很多不入耳的話。那就是羅馬過去忍受年輕人剛愎任性的惡行，這次選舉一位有德行和經驗的議員，或許有人認爲是自私，但的確是大無畏的行動，所以特別勸告塔西佗要記住這次選他的理由，希望他在挑繼承人時，不要只找家族的親人，而要從整個共和國來選擇。法可紐斯這番話獲得大家的贊同。皇帝當選人要服從國家的權威，接受同階人員對他的效忠，元老院的抉擇要經過羅馬人民和禁衛軍的同意才算定案。

塔西佗的統治並沒有配不上他的一生和原則。他一向感激元老院，認爲國家的議會是法律的制訂者，個人應臣屬於法律[10]。他研究治國之道，知道國家的大患在於帝王的傲慢、內政的紊亂與軍隊的暴力。這些都已經損害到整個制度，需要整治才能恢復到古老共和國的形象。或者，至少要用奧古斯都的策略以及圖拉真和安東尼的美德，才能加以維繫不致於墮落。下面簡述元老院在推選塔西佗登基後，可以獲得那些重要的特權[11]，看出一些端倪：其一，從他們的團體中推舉一人使用皇帝的頭銜，擔任全

10　他解放奴隸沒有超過一百個，這是「康尼尼亞(Caninian)法」的規定，在奧古斯都時代制訂，到查士丁尼當政才廢止。

11　參見塔西佗、弗洛里努斯和蒲羅布斯的傳記。我們可以確定的是，無論軍方放棄了什麼特權，元老院一定早就放棄。

軍的統帥，及統治邊區各行省的政府。其二，決定執政官團的名單，一共有十二名成員，以兩人爲一組負責兩個月的政務，享有古老最高官員的尊榮。元老院可自由行使職權，在提名時也沒有非正式的徵求皇帝意見，所以對於皇帝支持他的弟弟弗洛里努斯(Florianus)一事置之不理。塔西佗像羅馬人那樣表達出很眞誠的情緒，很惱怒的說道：「元老院了解這位帝王的個性，所以不買帳，因爲這位帝王是他們選出來的。」其三，指派行省代行執政官頭銜的總督和行政長官，將民事審判權授與各級官員。其四，凡城市郡守階層中級官員的審理案件，帝國所有的護民官都可以提出上訴，元老院應予受理。其五，皇帝的詔書要附有元老院的敕令才具有法律效力。其六，還有對其他政府部門的監察權，譬如督導財政。即使在奧理安這樣嚴厲的統治下，他們也敢將公共支用的稅收轉移部分作爲他用。

公告信函毫無耽擱分送到帝國各主要城市，像是特列夫、米蘭、阿奎利亞、提薩洛尼卡、科林斯、雅典、安提阿、亞歷山卓和迦太基，要求遵照辦理。羅馬元老院已經恢復古代尊榮，讓這項改革的喜信俾能眾所周知，這種信函還有兩件保存至今。我們同樣可以看到兩種非常特殊的殘本，是元老院議員提到此事的私人信件，從中可發現他們極爲喜悅，對未來充滿希望。一位議員寫信告訴他朋友說：

> 不要浪費時光在貝宜和普提奧利(Puteoli)過悠閒的退休生活，趕快回城到元老院來，羅馬又要興旺起來了，整個共和國都會變了。感謝羅馬的軍隊，這才眞正是羅馬人的軍隊。至少，我們已恢復應有的權勢，最後目的是能滿足我們的欲望。我聽到很多請託的狀況，現在已經指派代行執政官頭銜的總督，也推選出皇帝了，當然不能完全如願，有的地方還是要自我約束一下。總之，這一切令人太高興了[12]。

12 沃披斯庫斯提到當時的元老院議員，以爲可以恢復原有的權勢，大都欣喜若狂。

不過，期待愈高失望就愈大，軍隊和行省對羅馬那批遊手好閒的柔弱貴族，都不可能保持長期服從。只要輕輕碰一下，他們的傲慢和權勢就像沒有支撐的結構一般，掉落地面摔得粉碎。受到鼓舞的元老院突然展現耀目的光芒，就像迴光返照一樣，接著就是永遠熄滅。

三、塔西佗的東征與崩殂(276A.D.)

實際上，所有在羅馬通過的一切政令，要不是獲得掌握實權的軍隊批准，只能算是逢場作戲而已。塔西佗將議員留在羅馬作他們升官發財的美夢，自己在禁衛軍統領的陪同下來到色雷斯的軍營(276A.D.)。這位應軍方的請求，由元老院所推舉的皇帝，特地會見集結起來的部隊。等到統領讓隊伍整頓好安靜下來，皇帝很技巧而得體的向全體官兵講話，用獎金和犒賞的名義，發出大筆金錢滿足大家的貪念，部隊用高聲的歡呼來表示尊敬。作爲奧理安的繼承人，他的年齡雖然無法衝鋒陷陣建立功勳，但是他的見解要比羅馬的將領更爲高明。

去世的皇帝準備對東方進行第二次遠征時，曾和阿拉尼人取得協議，他們是一支錫西厄民族，居留在米奧提斯海附近地區。這批蠻族在禮物和賞金引誘下，同意以大量輕騎兵入侵波斯。他們履行諾言，趕到羅馬邊界時，奧理安已經過世。而將領因爲懷疑自己是否在皇位空懸期擁有決定權力，自己也尚未準備好，所以不知道是要接受還是拒絕才好。阿拉尼人則認爲羅馬人不重視此事，完全是背信負義的行爲，他們因爲受到這種待遇，決定訴諸自己的勇氣索取酬勞和進行報復。他們像韃靼人那樣迅速移動，很快侵入本都、卡帕多西亞、西里西亞和蓋拉提亞(Galatia)這幾個行省。博斯普魯斯海峽對岸的城市和鄉村被掠奪，軍團看到熊熊火焰，全都按捺不住要求將領讓他們前去制止。塔西佗的應對措施很符合他的年齡和身分，他先讓這些蠻族知道帝國並沒有背信，並且也預定以武力來制裁他們的行爲。他表示他們與奧理安簽訂的協定若是作廢，軍隊便立即免除他們出兵的責任。這樣的承諾使大多數的阿拉尼人緩和下來，情願放棄戰利品和俘虜，很快撤過費西斯河退回到荒漠。對於剩下那些不願和平解決的蠻族，羅馬皇帝決定起而作戰。羅馬軍隊非常英勇，而且都是有經驗的老兵，他們聽命從事，不過幾周的時間，就將亞細亞的行省從錫西厄人入侵的恐懼中解救出來[13]。

但塔西佗的榮耀和生命都很短促，在深冬之際從康帕尼亞輕鬆的退休生活中，經過長途跋涉來到高加索山脈的山腳，身體不習慣軍營的艱苦而變得非常衰弱，心理負擔更加劇身體勞累。這些軍人有一陣子激起公德的熱誠，憤怒和自私的情緒好像停止下來，但很快又故態復萌，對於年邁的皇帝表現得非常粗魯，營地和帳篷裡到處都在爭吵。塔西佗那種溫和友善的性情，只能引起他們輕視之心。無力化解軍隊派系之間的內訌，使他感到極爲痛苦，但他也不可能滿足貪婪的索求，總算是體認到要想調解這種無秩序的狀況，是毫無希望的期待。塔西佗認爲軍隊放縱任性，不把法律微弱的約束力放在眼裡，是最難克服的惡習。他一直對此感到焦慮和失望，因此縮短了他在世的時間。這位無辜的帝王是否爲軍人所殺害不得而知[14]，但卻可斷言，軍隊的驕橫確實是讓塔西佗致死的主因。塔西佗崩殂於卡帕多西亞的台納(276年4月12日)，在位期間只有六個月零二十天[15]。

塔西佗一逝世，他的弟弟弗洛里努斯，也不等元老院的批准，就迫不及待穿上紫袍做皇帝，表現出不似人君的猴急態度。基於對羅馬制度的尊敬，可以影響到軍隊和行省的態度，弗洛里努斯突如其來的野心，雖然不致激起他們的反對，但卻引起強烈的指責。如果不是那位在東方的將領兼英雄人物蒲羅布斯大膽站出來，爲元老院打抱不平，這種不滿也就會在竊

13 在蒲羅布斯的傳記裡有兩段話，讓我們知道入侵本都是錫西厄民族的阿拉尼人。要是我們相信諾昔繆斯的記述，說是弗洛里努斯把他們趕過西米尼亞的博斯普魯斯，但是他不可能有時間進行如此漫長而又困難的遠征。

14 優特洛庇斯和奧理留斯·維克托只提到他逝世，小維克托補充說他死於熱病，諾昔繆斯和諾納拉斯斬釘截鐵說他是被軍人害死。沃披斯庫斯將兩種不同的說法都提到，但是支吾其辭，無法說出所以然。然而這些相異的意見，倒是不難獲得一致的結論，那就是「他雖然死於疾病，但軍人的蠻橫是他致死的主因」。

15 依據兩位維克托的記載，塔西佗在位正好是兩百天。

竊私語中逐漸消失。不過，這次的競爭還談不上勢均力敵，歐洲的軍團實力非常強大，他們支持塔西佗的弟弟；軟弱的埃及和敘利亞部隊，要是沒有這位能力高強的領袖，在接戰以後根本沒有勝利的希望。但是運道很好而又積極進取的蒲羅布斯克服所有的困難，他的對手都是身經百戰的老兵，習慣在寒冷的地區作戰，西里西亞酷熱的氣候使很多人生病甚至死亡，證明這裡夏季的衛生條件對身體有害，很多人逃亡使兵員數量減少，以致於山區的隘道無力防守，最後塔蘇斯開城投降。弗洛里努斯登基不過三個月，部隊就背叛這位受到輕視的皇帝，讓他輕易成爲結束內戰的犧牲者(276年7月)[16]。

王位經常更替，世襲權利的概念已經蕩然無存，落敗的皇帝在受難以後，他的家族也不會引起繼位者的猜忌。塔西佗和弗洛里努斯的子女，受到允許降爲平民身分，混雜在一般百姓裡居住，雖然貧窮卻可以清白活下去。當塔西佗被元老院推選爲帝時，他爲了服務公眾捨棄大量家財，表面看起來是一種很慷慨的舉動，但是很明顯的洩漏他的意圖，是要將帝國傳給他的後裔。落得這種下場的唯一安慰，除了讓人記得他的事功只是曇花一現以外，還有就是動聽的預言，給後代子孫帶來長遠的希望。預言說是千載而後，塔西佗的家族會出現一位君王，他是元老院的保護者，羅馬的中興之主，也是全世界的征服者[17]。

四、蒲羅布斯繼位後雄圖大展之作爲(276A.D.)

克勞狄斯和奧理安的出身同是伊里利孔的農夫，這兩人在帝國式微時力挽狂瀾。如今對蒲羅布斯的即位，伊里利孔的農夫也應與有榮焉。大約

16　奧理留斯·維克托提到，蒲羅布斯要在伊里利孔統治整個帝國，問題所在是那個時代的歷史，混亂得無法整理出一個頭緒。

17　他會對安息人、波斯人和薩瑪提亞人派出仲裁官，對塔普洛巴納派出國務總管，對羅馬各行省及所有島嶼派出總督。沃披斯庫斯認爲，蒲羅布斯毋須等一千年再來完成此願望。

在二十多年前，華勒利安皇帝知人善任的洞察力，發現這位年輕軍人具有很多優點，軍事法規雖對任職的年齡有限制，但仍破格授與他軍事護民官的階級。蒲羅布斯不久就戰勝數量優勢的薩瑪提亞人，不負拔擢之明，是役還救了華勒利安一位近親的性命。皇帝親自頒給頸圈、臂鐲、長矛、旗幟、公民冠和登城冠等獎品*18，這是古代羅馬授予英勇將士的殊榮，同時將第三軍團，接著就是第十軍團交給他指揮*19。以後他每次擢升都能一顯身手，給人的感覺是未來的發展能更上層樓。他的軍旅生涯曾轉戰阿非利加和本都，以及萊茵河、多瑙河、幼發拉底河和尼羅河等地區，不論是英勇的膽識和指揮的能力，都表現得極爲卓越而有豐碩戰果。奧理安對他征服埃及固然極爲感激，但是更爲推許他冒著性命危險，阻止皇帝犯下殘酷暴行的那種忠心耿耿的赤誠。塔西佗爲了借重他的將才以彌補個人軍事學養之不足，授以東方各行省軍事總指揮的職位，薪餉較一般將領高五倍之多，應允給予執政官的位階，以及凱旋式之榮譽。蒲羅布斯即位時僅四十四歲[20]，聲望極隆又受軍隊愛戴，正是春秋鼎盛之年，可大展宏圖。

蒲羅布斯的功勳爲世人所公認，所統率的軍隊已戰勝弗洛里努斯，帝國之內再無競爭對手。要是我們相信他的自白，會發現他毫無稱帝的意念，後來所以接受也是勉爲其難。他曾在私人信函內提到：「就我現有的權勢，實在沒有必要頂著虛名而陷身猜忌之險境，這樣一來，我就得扮演軍方所強加於我的角色[21]。」他出乎至誠寫給元老院的信函，至少在言辭上表現出羅馬愛國者的情操：

---

*18 [譯註]古羅馬對作戰英勇的將士有很多種獎賞，凱撒在《西班牙戰記》中提到，發給作戰勝利的軍官五個金頸圈，獎賞部隊金矛和旗幟。還有一種胸牆形的金冠，賜給最早登上敵方城牆插上己方旗幟的士兵。公民冠是用橡葉編成，授與戰爭中拯救同伴性命的人。

*19 [譯註]凱撒在《高盧戰記》第一卷中提到，第十軍團是最勇敢的部隊，最受他的寵愛，也是他的衛隊(後來的禁衛軍也從此衍生而出)，內戰期間中無役不從，建立極大的功勳，此後第十軍團這個番號享有軍隊最高榮譽。

20 依據亞歷山卓編年史學家說法，蒲羅布斯享年五十歲。

21 這封信是蒲羅布斯寫給禁衛軍統領，同意他繼續擔任這項最高職務。

> 諸位元老：當各位從元老院議員中，推舉一位接替奧理安皇帝，完全基於公正和智慧所做最適當的選擇。各位才是世界最合法的統治者，從祖先所繼承的權力，由各位傳給後代的子孫。要是弗洛里努斯沒有像繼承私人產業那樣，篡奪自己兄長的帝位，能夠聽從各位所具有最高權力所做的決定，無論各位將厚愛施於任何人，一切都會很圓滿解決，不會產生任何問題。現在軍隊基於維護體制，已經懲處他那輕舉妄動的作爲，也授與我奧古斯都的頭銜，基於我的權利和我的功勳，請求各位以仁慈之心給予恩准。

當執政官宣讀這封非常恭敬的信函時（276年8月3日），在座的議員都飄飄然難掩滿意之情，覺得蒲羅布斯已操左券，還能卑辭相求實在難得。大家異口同聲以熱烈的詞語，頌揚他的操守德行和豐功偉績，還有他那溫和穩健的言行。於是在毫無異議之下立刻通過一項敕令，批准東部軍隊所推舉的繼位人選，對他們的統帥授與所有身登大寶的尊榮：凱撒和奧古斯都的稱號、國父的頭銜、在元老院一天可以提出三個動議的權利、祭司團大祭司長的職位*22、行使護民官的權力、以及代行執政官頭銜的軍事指揮權，還有就是舉行登基的儀式。看起來是增加皇帝的尊榮和權勢，隱約中顯現出共和國的古老傳統和規定。蒲羅布斯從當政開始同樣表示友善的態度，允許元老院參與帝國的行政事務。這位忠誠的將領爲了維護羅馬軍隊的光榮戰績，經常把金冠和蠻族的戰利品堆放在大家的腳前，這些都是他無數次勝利的成果[23]。然而，他雖然滿足元老院的虛榮，私底下一定輕視議員的懶惰和軟弱。雖然元老院有權力隨時廢止高連努斯可恥的詔書，但他們身爲西庇阿驕傲的繼承人，默默忍受被排除在軍方所有的職務之外。但他們立刻體驗到，誰若拒絕刀劍，就得丟掉權杖立即下台。

*22　[譯註]大祭司長是羅馬十六人祭司團之首席祭司，負責國家的宗教和祭典，保管和解釋有關宗教的傳統，決定曆法和儀式，掌管規定人神關係的聖法。

23　可以參閱蒲羅布斯寫給元老院那封詞意懇切的信，時間是在他獲得日耳曼戰爭的勝利以後。

奧理安發揮戰力，已經粉碎羅馬四周敵人的抵抗，等他逝世後各方的蠻族又捲土重犯，聲勢更爲強大。在短短六年統治期間，蠻族再度被蒲羅布斯積極的英勇作爲予以討平。論武功他不輸古代英豪，重新恢復行省的和平與秩序。帝國最危險的邊區是雷蒂提亞，經過他大力掃蕩以後，根本毋須顧慮還會有敵人留存。他擊潰薩瑪提亞部族飄忽不定的戰力，運用令人敬畏的手段，迫使這些蠻族歸還所掠奪的戰利品。哥德民族要求與英勇善戰的君王結成聯盟。他深入山區擊敗艾索里亞人[24]，圍攻奪取幾個堅強的堡壘。他非常自傲於已經制服國內這個頑強的敵人，他們過去的倨傲不遜深深傷害到帝國的尊嚴。篡位者弗爾繆斯在上埃及所引起的事端，一直沒有完全平息，托勒美斯(Ptolemais)和科普托斯(Coptos)的城市[*25]，在與布雷米斯人聯盟後加強防務，仍舊維持著暗中叛亂的狀況。要想對這些城市和南部野蠻的協防軍加以懲治，必然使得波斯的宮廷提高警覺，偉大的國王就會終止與蒲羅布斯的友誼。蒲羅布斯建立的勳業大部分是由於個人的英勇無敵和指揮有方，所以爲他寫傳的作家感到非常驚奇，何以他能在短短六年之內，參加那麼多遠距離的戰爭。他將次要的行動交給部將負責，選賢與能是他治績的一大特色。諸如卡魯斯(Carus)、戴克里先、馬克西米安(Maximian)、康士坦久斯(Constantius)、蓋勒流斯(Galerius)、阿斯克利庇德都斯(Asclepiodatus)、安尼巴連努斯(Annibalianus)以及很多重要官員，以後不論是登基治國，或是輔弼朝政，都在奧理安和蒲羅布斯的麾下受過嚴格的訓練[26]。

五、蒲羅布斯征服蠻族之豐功偉業(277-279A.D.)

蒲羅布斯對共和國最大的貢獻，應該算是光復高盧(277A.D.)，從日

---

24 諾昔繆斯在其著作中，長篇大論提及艾索里亞強盜利地亞斯(Lydius)作惡爲患之事。

*25 [譯註]托勒美斯在孟菲斯附近，離開羅約五十哩，科普托斯在底比斯附近，離開羅約三百哩，都是尼羅河的交通中心和軍事要點。

26 除了這些重要人物以外，沃披斯庫斯還提到很多名字，都已經省略。

耳曼蠻族手中收回七十多個欣欣向榮的城市。自從奧理安逝世後，這個最大的行省受到毫無忌憚的掠奪。在這樣眾多兇狠的入侵者之中，狀況比較清楚能讓後人分辨出來的事件，是英勇的蒲羅布斯連續擊敗蠻族三支大軍：像是把法蘭克人驅回他們的沼澤地區，當然有的情形只能推斷。法蘭克可能是指一個聯盟，所以取這個名字帶有「自由參加」的意味。他們占領著沿海一大片平坦地區，因萊茵河貫穿其間，經常氾濫成爲積水的湖沼。還有幾個部族像是弗里西亞族(Frisians)和巴塔維亞族都參加這個聯盟。還有他擊敗汪達爾人的分支勃艮地人，這個部落在奧德河到塞納河之間到處流竄，尋找可以搶劫的地方，現在只要歸還所有的戰利品，就允許他們全身而退；這方面也讓蠻族感到慶幸，要是他們不遵守條約的規定，立即就會受到很嚴厲的懲處。在入侵高盧的蠻族當中，以黎吉人(Lygii)的戰力最爲強大，這個距離遙遠的民族，統治著波蘭和西利西亞邊界很廣闊的領域。阿里伊族(Arii)在黎吉人之中，無論是人口數量和兇猛的程度都居於領先的地位。歷史學家塔西佗曾經很生動描述：

> 阿里伊人天性殘暴狠毒，靠技術及環境努力強化令人恐懼的特質。他們使用黑色的盾牌，身體也繪成黑色，專門選在深夜時分作戰。他們成群前進的身影，看來就像黑烏烏的陰影。他們怪異得像魔鬼一般的面貌，任何敵人看見都會不寒而慄。人在戰場上以視覺的抵抗力最差，最容易被敵人懾服。

然而羅馬軍隊有嚴格的紀律，可克服這種引起恐懼的現象，在一次規模不大的交戰中擊敗黎吉人，最有名望的族長森諾(Semno)也被蒲羅布斯活捉。深謀遠慮的皇帝不願將此英勇民族逼上絕路，簽訂很寬大的投降條約，讓他們安全回到自己國土。但他們在行軍、戰鬥和撤退中遭到很大的損失，使得這個民族的勢力全部瓦解，以後無論是在日耳曼人或帝國的歷史上，再也沒有提到黎吉人的名字。在光復高盧的過程中，據稱入侵的蠻族損失四十萬人。這對羅馬人而言是件艱鉅的工作，皇帝需花費大量的金錢，因他懸賞的價格是一個蠻子的頭顱一枚金幣。但由於戰士的名聲是建立在對人類的殺戮上，我們很自然的推測，貪婪的軍人胡亂倍增死傷的數目，而蒲羅布斯爲了滿足自己的虛榮心，也全盤接受，並沒有嚴格檢查。

日耳曼民族不斷騷擾帝國的邊疆，自從馬克西明遠征加以懲處以後，羅馬將領的企圖心受到限制，都以防衛作戰爲滿足。驍勇的蒲羅布斯趁著高盧勝利的聲勢，渡過萊茵河，把所向無敵的鷹幟展示在易北河和內克爾河(Neckar)地區。他非常清楚，除非蠻族在自己的國家體驗到戰爭的災難，否則在他們的心裡根本不會存有和平的念頭。日耳曼在最近一次大遷移中受到慘重的打擊，以致於戰力衰竭無法抵抗，對於皇帝統率大軍前來，感到極爲驚駭。九位地位最高的日耳曼諸侯來到營地，俯伏在皇帝的寶座前，樂於接受征服者的命令，心甘情願簽訂和平條約。他們在行省帶走的財物和俘虜，皇帝堅持要求如數歸還，要是敢拒不交還掠奪的戰利品，各地的官吏有責任要懲罰這些頑抗的強盜。蒲羅布斯在他們區域的邊界上留下守備部隊，日耳曼人要提供相當數量的穀物、牛隻和馬匹當作貢金，供應這些部隊使用，當然蠻族除了這些物資沒有別的東西。皇帝甚至有很多的構想，像是要強迫日耳曼人放棄他們的武備，將他們的紛爭交給羅馬解決，他們的安全託付給羅馬保護。爲了實現一勞永逸解決問題的目標，就要指派長駐此地的總督，還有大量用來維持治安的軍隊，這都是不可缺少的必要條件。因此，蒲羅布斯經過判斷以後，認爲這是不切實際的權宜作法[27]，於是就把這個龐大的計畫擱置下來沒有執行。要是日耳曼被貶成一個行省，羅馬人唯一的收穫是增加需要防守的邊界，花費更多的人力和金錢，來對付作戰更爲兇狠、行動更爲積極的錫西厄蠻族。

蒲羅布斯放棄將好戰的日耳曼人變成臣民的構想，爲了應付當前的需要，代之以建造一道堅固的防線拒止蠻族的入侵。這片國土的範圍就是現在的斯瓦比亞(Swabia)大公國，在奧古斯都那個時代，因爲古老的居民全

27 沃披斯庫斯引用皇帝寫給元老院的一封信，裡面提到計畫要將日耳曼納爲帝國的一個行省。

部遷移一空[28]，所以成爲荒蕪之地。這裡的土地很肥沃，很快就對鄰近的高盧行省產生吸引力。有些冒險者前來建立新的殖民地，帶著不受羈絆的性格，不顧一切追求財富，就據有這片無主的產業，繳交了十一稅而爲帝國所承認。帝國爲了保護這些新來的臣民，邊區守備部隊的防線逐漸從萊茵河延伸到多瑙河。大約是哈德良在位時，防禦的方式已經建立而且推展開來，守備部隊的防線建構完成，用森林和柵欄做成堅強的工事和塹壕來掩護。蒲羅布斯皇帝在原來很粗糙的防線上，建構一道相當高的石牆，每隔一段距離築有守備塔來加強防禦力量。從多瑙河鄰近的紐斯塔德(Newstadt)和瑞特斯朋(Ratisbon)[*29]，延伸越過丘陵、山谷、河流和沼澤，抵達芮克爾河上的溫普芬(Wimpfen)，最後在萊茵河的河岸終止[*30]，一路蜿蜒過來將近兩百哩。這樣一個重要的屏障把兩條主要的河流連接起來，可以保護在歐洲的行省，好像中間的空隙已經完全彌補得很堅固，使得蠻族特別是阿里曼尼人，無法像從前那樣很方便切入到帝國的要害部位。但是從中國和不列顛所獲得的經驗得知，用修築堡壘高牆來防禦廣袤的邊疆，全屬徒勞無功之舉[31]。一個積極進取的敵人，可以任意選擇和變更攻擊的位置，最後必能發現守備薄弱的部分，或趁其不備而攻之。防守者的兵力和注意力經常處於分散的狀況，即是訓練有素的部隊要是不明敵情，也會產生畏懼的心理而影響至鉅，到時候防線只要有一點突破，就會產生全面崩潰的作用。蒲羅布斯建造的石牆所遭遇的命運或可證實此種說法，在他死後不過數年，石牆就被阿里曼尼人推倒。剩餘的殘跡還零落的散布各處，現在只能引起斯瓦比亞農夫的驚奇，以爲是惡魔的力量。

---

28 斯特拉波說是馬洛波傑斯(Maroboduus)率領馬科曼尼人到波希米亞去，克祿維流斯證明就是從斯瓦比亞這個地方。

*29 [譯註]紐斯塔德和瑞特斯朋都在德國南部的巴伐利亞地區，瑞特斯朋現稱里金斯堡(Regensburg)。

*30 [譯註]這段邊牆雖然有兩百哩長，但是分爲三段，中間還有五十哩的缺口。

31 有位匿名的作者對全世界有關築邊牆的問題都很熟悉，尤其是對日耳曼。他引用漢瑟曼(Hanselman)的著作，但是他把蒲羅布斯的邊牆和馬泰塞(Mattiaci)的防禦工事混爲一談，前者是用來防備阿里曼尼人，後者是建構在鄰近地區的法蘭克福，用來防備卡蒂人。

蒲羅布斯強迫被征服的日耳曼民族簽訂和平協定，其中最有用的一項，就是要履行義務，每年徵召一萬六千名身強體壯的青年，供應羅馬軍隊所需，然後分配到各行省，再以每批五十到六十人，派到羅馬部隊作爲緊急增援之用。這種明智的作法，是要將蠻族對羅馬的協助，發揮威力於無形。到現在這種人力的供應成爲不可或缺的項目，因爲意大利和內地各行省習於文雅的生活，人民虛弱不堪，無法負荷軍備的重任。在萊茵河和多瑙河艱苦的邊疆地區，人民在身心兩方面都適合軍營的辛勞工作，但是連年戰爭使人口的數量逐漸減少，家庭的破碎和農業的凋敝影響最大，不僅摧毀目前的人力資源，更斷送未來數代的希望。蒲羅布斯採用極爲明智而正確的計畫，讓被俘或逃亡來歸的蠻族組成新的殖民地，分發土地、家畜及各種農具，多方採用獎勵措施，使他們安定下來爲共和國培養服役的兵源，用來取代人力資源業已枯竭的邊疆。他曾運送一大批汪達爾人到不列顛的康橋郡(Cambridgeshire)，讓他們無法逃走也沒有能力作亂，以後證明果能忠心耿耿爲國服務。大量法蘭克人和傑皮迪人居留在多瑙河和萊茵河兩岸，將近十萬巴斯塔尼人被趕出自己的家園，非常高興到色雷斯定居，立刻受到羅馬臣民的感染，接受他們的生活方式和國家觀念[32]。但蒲羅布斯的期望大多數還是落空，蠻族既無耐心而且生性懶惰，無法忍受緩慢而單調的農耕工作。他們對自由自在的生活有一種難以克制的喜愛，只要有人站出來反對專制，就可以煽動他們很快叛亂，給自己和行省帶來致命的危險。雖然後來的皇帝繼續採用類似措施，這種不自然的人力供應，對於高盧和伊里利孔最主要的邊界，還是不能恢復到古代原有的氣勢。

在放棄新開發的居留地區、擾亂公共安寧的所有蠻族中，只有很少數的人員能夠回到自己的故土。在很短的一段時間，他們武裝作亂，在整個帝國之內流竄，但是被這位英勇的皇帝率軍平定，最後還是逃不掉全數被殲的命運。其中有一部分法蘭克人，開始時也是倉卒行事，卻獲得成功，後來產生極大影響，不應該因爲沒有引起注意而放過不提。蒲羅布斯將法

32 他們可能是被哥德人所迫，才離開自己的家園。

蘭克人安置在本都的海岸地區，著眼點在於加強邊疆的實力，制止阿拉尼人的入侵。有一支船隊配置在黑海的一個港口，結果落在法蘭克人的手裡，他們決定冒險通過不知底細的海洋，從費西斯河回到萊茵河的河口。他們很容易通過博斯普魯斯海峽和海倫坡斯海峽，在地中海裡到處巡航，隨心所欲進行報復和搶劫的行動，不斷襲擊毫無戒心的亞細亞、希臘和阿非利加海岸。敘拉古這個富庶的城市，過去雅典和迦太基的海軍在它的港口裡鏖戰不休，現在被一小群蠻族掠奪，戰慄的居民大部分都被屠殺。法蘭克人再從西西里島前進到海克力斯之柱，很放心向著大洋航行，沿著西班牙和高盧海岸，引導出一條成功的通路穿過不列顛海峽，完成令人驚嘆不已的航程，在巴塔維亞和弗里西亞海岸安全登陸。這次成功的實例教導他們的同胞，善於利用這樣的優勢，不必害怕大海的危險，只要發揮積極進取的精神，就會有一條新的路線可以獲得財富和榮譽。

六、蒲羅布斯蕩平叛亂及其被弒(280-282A.D.)

蒲羅布斯雖保持高度警覺和主動的作爲，也不可能立刻使廣大版圖內的每一部分，都受到他的約束。蠻族只要抓住國內戰爭的良機，就要掙脫加在身上的枷鎖。當皇帝出發解救高盧時，將東方的指揮權授與薩都尼努斯，這位將領有很好的績效和經驗，因君主出征在外、加上亞歷山卓人的輕舉妄動、朋友的危言聳聽、以及自己心懷畏懼之感，迫不得已叛亂。但是他對帝國甚至自己的生命，從登基那刻起就未抱任何希望。他說道：

> 悲哉！共和國喪失一位可用之材，多年的汗馬功勞毀於一時的鹵莽行動。你們難道不知掌握君權之可悲，像利劍懸在頭上，隨時會喪失性命。畏懼自己的侍衛，懷疑自己的友人，抉擇的行止和生活的方式，完全失去自主能力。無論年齡的長幼、品格的高下或行事的良窳，都免不了因猜忌而引起責難。當我被推舉登上帝位，注定要終生憂慮，不得安享天年。唯一值得安慰之事，可以

保證將來下場悲慘者，絕非僅我一人而已[33]。

預言的前面部分，因蒲羅布斯的勝利得到證實(279A.D.)，由於他的慈善爲懷，後面部分所幸並未言中。這位仁慈的君王甚至想從憤怒的軍人手中，救下薩都尼努斯的性命。蒲羅布斯過去對他的操守極爲敬重，信任有加，不惜爲他說話，當有人第一次提到他即將叛變的消息，蒲羅布斯認爲是誣告而將告發者加以懲處。薩都尼努斯所以有這種下場，是他對手下的追隨者沒有約束，誤聽人言所致。而這些在下的擁戴者，比起有經驗的領袖，他們的期待更熱切，所以罪惡就更深重。

薩都尼努斯在東方的叛亂件剛處理完，西方又產生新的問題。波諾蘇斯(Bonosus)和普洛庫盧斯(Proculus)在高盧舉起反叛的旗幟(280A.D.)。這兩個軍官作戰英勇，雖然一位好酒而另一位好色，但決非懦弱無能和貪生怕死之輩，而且聲言要保持崇高的品格，畏懼強加在身上的懲罰，結果還是不敵蒲羅布斯過人的才能。他獲得勝利還是保持仁慈的風格，讓他們無辜的家人能保有財產和生命[34]。

蒲羅布斯的軍隊現在已經平定國外和國內所有的敵人，溫和而穩健的施政作爲重新恢復共和國的安寧。行省再也不像過去那樣，陷入一大群帶著敵意的蠻族、一個受擁立的僭主，甚或一幫橫行的盜匪所造成的混亂之中。這時皇帝可以再度造訪羅馬，慶祝自己的光榮和給全民帶來的幸福。英勇的君王舉行凱旋式(281A.D.)，壯觀的程度能夠展現他的戰功，人民不久前看到奧理安的戰利品而欽佩不已，現在更爲慶幸有這一位英雄人物，將先帝的豐功偉業發揚光大。在這個時候，我們不會忘記那個非常特殊的狀況，那天有八十名角鬥士毫無生還的希望，在圓形競技場中進行慘無人道的殺戮，還保留的六百名角鬥士準備在以後幾天表演。他們不願自

33 沃披斯庫斯提到這位下場悲慘的詭辯家，他在迦太基研究修辭學，可能是摩爾人而不是高盧人。

34 普洛庫盧斯是生長在阿本格(Albengue)地方的富家子弟，這個地方位於熱那亞海岸。他開始時率領兩千名武裝奴隸，等於是打家劫舍做強盜。

白犧牲自己的性命，來提供大眾的娛樂，於是殺死看守的警衛，從監禁的地方衝出來，在羅馬的街道上濫殺無辜，引起全城一片混亂，堅強抵抗正規部隊的圍剿，最後還是寡不敵眾全部被殲滅。他們這樣做不僅死得光彩，起碼可以一洩心頭之恨。

蒲羅布斯的治軍不像奧理安那樣殘酷，但對軍紀的要求同樣嚴格。後者對違紀官兵的處罰極爲冷酷無情，而前者讓軍團進行各項勞動，沒有閒暇可以爲惡。蒲羅布斯治理埃及時，著手各項重大工程，使這個富庶的國家蒙受很大利益。尼羅河的航運對羅馬非常重要，於是他進行多項改革的工作。軍人用雙手建構廟宇、橋樑、柱廊和宮殿，等於轉變角色成爲建築師、工程師和農人。據稱漢尼拔爲防止部隊習於怠惰生活，終日無所事事容易發生危險，要求他們沿著阿非利加海岸栽種大片橄欖樹林[35]。根據同樣的原則，蒲羅布斯運用軍團在高盧和潘農尼亞的丘陵地開墾葡萄園[36]。特別有兩處地方，完全使用軍隊的勞力來挖掘溝渠和栽種灌溉，其中之一名叫阿爾摩山(Almo)，位於色米姆附近，是蒲羅布斯的出生地，使他產生一種孺慕之情，爲了報答養育的恩德，一心想把很大一片無用的沼澤變成耕地，於是就指派部隊擔任這項任務。

一個人在執行得意的計畫時，即使賢德之士也會因磊落正直而自滿，容易忘記拿捏謙和的分寸。蒲羅布斯就是沒有充分考慮到部屬的耐性和意向[37]，軍人職業上的危險，只有靠生活上的歡娛和閒散來補償。要是部隊的責任因爲農墾而不斷加重，最後的結果不是不堪負荷而解體，就是非常氣憤的設法擺脫。蒲羅布斯的作法欠當，據說已激起部隊不滿。他重視群體的利益甚於軍隊的利益，甚至表示國家得到和平後，最理想的方式是立即廢除常備兵和僱傭兵。他不愼將此種意圖透露出來，而遭到殺身之禍。

---

35 有關漢尼拔要求部隊植樹這件事，其他古代的作家都沒有提到，跟他一生的歷史也有些矛盾，因爲他離開阿非利加時才九歲，等回來時已經四十五歲，立即就在決定性的查瑪(Zama)會戰中失敗而全軍覆滅。

36 蒲羅布斯廢除圖密善的禁令，允許在高盧、不列顛和潘農尼亞種植葡萄。

37 朱理安很嚴厲的指責蒲羅布斯剛愎自用，遭到這種下場眞是罪有應得。當然，這種說法也太過分了。

那年夏季最熱的一天，蒲羅布斯如往常那樣不顧酷熱的天候，嚴格要求部隊排除色米姆地區沼澤的積水。士兵擔任勞累工作時極爲暴躁，突然丟下工具抓起武器，爆發成爲狂怒的兵變事件。皇帝深知大難臨頭，逃到監工的瞭望塔上躲避[38]，結果塔被推倒，不幸的蒲羅布斯當場死於亂劍之下(282年8月)。部隊洩憤之後立即平息下來，懊悔衝動的行爲，不再記恨皇帝的嚴厲，決定建一座紀念碑，追思先帝的豐功偉業，使之永垂不朽。

七、卡魯斯及其二子相繼稱帝(282-284A.D.)

軍隊對蒲羅布斯的慘死深表哀傷和悔恨，一致宣稱禁衛軍統領卡魯斯最有資格繼承帝位。提及這位君王的狀況時，令人覺得混雜而可疑，他以具有羅馬公民身分而自豪，不像前面幾位皇帝要不是外國人就是蠻族出身，所以很喜歡與他們比較血統的純正，然而當時的人覺得好奇而追查他的身世，發覺跟他的說法大不相同。他的祖先可能來自伊里利孔、高盧或者是阿非利加[39]。他雖然是軍人，但是接受良好的教育，擔任過元老院的議員。然而要是授與軍隊最高的職務，就他的年齡來說已經過大。當時帝國的文官和軍職的資歷完全分開發展，他卻能獲得一致的擁護，可見有其過人的長處。他受到蒲羅布斯的重用和尊敬，一直深表感激，嚴格說雖然他反對謀害蒲羅布斯，但是這種行爲使他獲利最大，所以也無法逃避成爲幫兇的嫌疑。他以眾所周知的操守和才能感到自豪，但是他原來很純樸的性格，在不知不覺中變得嚴厲而殘酷，就是替他寫傳的那些並不知名的作家，都在犯愁是否要將他放在羅馬僭主之列[40]。卡魯斯登基時大約六十歲，兩個兒子卡瑞努斯(Carinus)和紐米倫(Numerian)均已成年。

---

38 從引用的原文上看，好像是鐵做的活動塔台。

39 這些事情都可以說得通，他生在伊里利孔的納邦(Narbonne)，優特洛庇烏斯把它跟高盧另一個同名的城市給弄混淆了。他的父親可能是阿非利加人，但是母親是羅馬貴族，卡魯斯自己是在首都受教育。

40 沃披斯庫斯特別提到，朱理安認爲卡魯斯皇帝和他的兩個兒子，不配享有凱撒的名銜。

元老院的權勢隨著蒲羅布斯的逝世而消失。軍方雖然感到悔恨，也沒有像當年奧理安被弒後，依照職責對文官政府的統治權表示尊重，認爲毋須得到元老院的許可，自行決定推舉卡魯斯繼位。新登基的皇帝咨元老院的信函表現出冷淡而高傲的態度，揚揚自得宣稱依法行事[41]。這種行爲一反前任那種友善的作風，新的朝代從開始就沒有展現博大的氣象，終非良好的預兆。羅馬人民被剝奪權力和自由，也只能私下發發牢騷。不過，恭賀和奉承的聲音還是到處可聞。在他繼位時有人寫了一首田園詩，倒是可以抱著開玩笑的心情，姑且一讀。說是兩個牧羊人爲了避開中午的酷熱，就跑進福納斯神(Faunus)[*42]的洞穴去休息，在一塊木板上發現了當時人物的記述。這位農村的神明用預言的詩句，描寫出帝國在這位偉大君主的統治下，全都會過著幸福的生活。福納斯向這位到來的英雄歡呼，他的肩上背負著整個羅馬世界，將戰爭和內訌全部消除乾淨，再一次恢復到純潔和安定的黃金時代。

可能身經百戰的老將沒有聽到這種無聊詩文，卡魯斯和軍團都一致同意，準備執行延誤很久的波斯戰爭。在他出發遠征前，將凱撒的頭銜頒授給兩個兒子，並且賦予長子卡瑞努斯與皇帝同等的權力，指示這位年輕君王，首先要平定高盧新發生的動亂，然後在羅馬坐鎮，負責統治西部各行省的政務。在這位老皇帝卓越的指揮下，獲得一次大勝，使伊里利孔的安全得到保障，一萬六千名薩瑪提亞人伏屍戰場，還有兩萬多名蠻族被俘。羅馬軍威大振，決定趁勝進軍，不顧隆冬天氣，通過色雷斯和小亞細亞等地區。最後，他帶著小兒子紐米倫，到達波斯帝國邊界，將營地設在高山頂上，把敵人的財富和寶物指給部隊看，要他們入侵這個國家去奪取。

波斯國王瓦南尼斯(Vananes)是阿塔澤爾西茲的後裔，雖然已經征服上亞細亞戰力最強的國家西古斯坦，得知羅馬大軍東征卻感到驚慌，想用和平談判的手法盡力拖延進軍的速度。波斯的使者在日落時分到達營地，

41　卡魯斯向元老院賀喜，說他們之中的一員，也就是他自己已經貴爲皇帝。

*42　[譯註]福納斯神通稱牧神，就是頭上長角的神，是意大利的古老神祇，祭典節日是12月5日。

軍隊正享用著儉樸的晚餐。他們要求謁見羅馬皇帝，最後被引見給一位坐在草地上的軍人，正在拿一塊發霉的鹹肉和一些硬碗豆當晚餐，唯一能夠顯示皇帝的威嚴，就是穿著一件紫色的粗羊毛長袍。會議就在毫無宮廷禮儀的狀況下進行，卡魯斯將戴著掩蓋禿頭的便帽取下，對使者很堅決的表示，除非波斯國王向羅馬認輸，否則很快要將波斯夷爲平地，就像他的禿頂一樣，寸草不留[43]。雖然他的談話很有技巧事先也有準備，但是我們可以從而知道卡魯斯的行事作風，很像繼承高連努斯的那位好戰君主所具有單純的性格，已經在羅馬軍營之中恢復往日的雄風。波斯的使者極爲驚慌而告退(283A.D.)。

卡魯斯的威脅並非誇口之言，他率軍蹂躪美索不達米亞，凡是阻擋前進的敵人全部被他剷除，占領塞琉西亞和帖西奉這些重要城市(都沒有抵抗就投降)，帶著獲勝的大軍越過底格里斯河，掌握最好的機會入侵波斯。現在波斯最高會議全力應付國內黨爭，同時大部分兵力被牽制在印度邊界。羅馬和東方知道這種狀況，都認爲穩操勝劵。這些阿諛之言和一廂情願的想法，大肆誇張要滅亡波斯、征服阿拉伯、敉平埃及，最後甚至要一勞永逸解決錫西厄人的入侵問題[44]。但是卡魯斯在位時注定要使這些預言落空，甚至連話都沒有說出口，就因爲他的死亡而否定一切(283年12月25日)。這件事後來產生很多狀況，從他的祕書給羅馬郡守的一封信中，或許可以了解眞相。他寫道：

> 我們敬愛的卡魯斯皇帝，病倒在床上時，正好有一場猛烈的暴風雨襲擊營地。天空是漆黑一片，伸手不辨五指，從不斷閃電的照耀下，發現大家都陷於混亂中。在一陣轟隆的雷鳴過後，我聽到突然發出的哭聲，知道是皇帝過世了。接著發生的狀況是侍從們

43 昔尼休斯把它當成是卡瑞努斯的軼事，看起來很像是卡魯斯的行事風格。蒲羅布斯絕不會這樣做，雖然有人把這件事套在他的頭上。

44 有關卡魯斯在波斯的勝利，我參考《菲羅帕垂斯(Philopatris)對話錄》。就學者而言，這是一個引起爭論的題目，我的看法是要進行專門的研究。

怒急攻心，放火焚燒御用帳篷，於是產生傳聞說是卡魯斯被雷打死。但是，就我們所知道的眞相，他的過世完全是病故[45]。

虛懸的帝位沒有引起爭奪，懷有野心的將領彼此之間產生恐懼，相互牽制不敢行動。年輕的紐米倫和不在現場的兄長卡瑞努斯，受到一致擁戴成爲羅馬皇帝。公眾期望卡魯斯的繼承人能夠追隨先人腳步，不能容許波斯人從驚恐的狀況下復原，必須手持武器向蘇薩(Susa)和伊克巴塔納(Ecbatana)的宮殿前進[*46]。但是軍團的實力固然強大，不論數量再多，訓練再嚴，卻因受到迷信的影響而感到極爲沮喪。雖然用各種手段來掩飾先帝的死因，也不可能使部隊袪除心中的陰影，而且輿論的力量強大，古人對雷電的威力感到極爲恐懼，要是有任何地點或人員受雷擊，都會認爲是神明憤怒的懲罰。這時也就記起過去的神諭，上面提到底格里斯河是羅馬軍隊到達的極限。現在災禍降臨卡魯斯的頭上，軍隊向年輕的紐米倫大聲疾呼，要服從神明的警示，領導他們離開這個不祥的作戰地區。文弱的皇帝沒有辦法移去蠱惑人心的成見，使波斯人感到奇怪，爲什麼這支戰無不勝的大軍在片刻之間，竟會撤得一乾二淨[47]。

先帝崩殂的噩耗很快從波斯的邊界傳回羅馬，元老院和行省都祝賀卡魯斯的兒子登基(284A.D.)。這兩位走運的年輕人，根本不知道自己的門第和功績有何出眾之處，以爲兩者之中只要有一項非常人所及，就可穩保帝王之尊，並且視爲理應當然之事。他們的出身和教育與庶民沒有不同，只因爲父親稱帝而能晉身皇家尊榮。卡魯斯在位約十六個月後逝世，將帝國的基業遺留給兒子繼承。要想在遽登大寶之時而能保持平常心，必須講究潔身自愛和謹言愼行，可是這位長子卡瑞努斯欠缺應有的德行。他在高盧戰爭確也表現出英勇的氣概，等班師回到羅馬以後，過著奢侈腐化、揮

45 古代很多知名的作者，都認爲卡魯斯遭雷擊斃。

*46 [譯註]蘇薩在伊朗的西南部，亞歷山大大帝曾定都在此，後來移到巴比倫；伊克巴塔納是米提人的首都，位於伊朗西部，現在叫作哈馬當(Hamadan)。

47 奧理留斯·維克托相信預言，認爲撤退是很合理的行動。

霍無度的生活，個性軟弱而又暴虐，縱情聲色毫無品味，極度誇耀表面的虛榮，毫不顧慮公眾的尊敬。在幾個月之內，他連續娶了九個妻子，並接著離婚，這時她們大多仍懷著身孕。雖然婚嫁和離異是合法的行爲，但是像這樣喜新厭舊率性而爲，無異是在羞辱自己和羅馬的名門世家。他對那些記得他從前出身寒微或指責他現在行爲過失的人，全都恨之入骨。過去他父親指定一些朋友和顧問，來輔導這位沒有經驗的年輕人，現在這些人不是被他放逐就是處死。對他不夠恭敬的同學和朋友，則使用最卑鄙的報復手段加以迫害。卡瑞努斯與元老院的議員在一起時，裝出高貴的帝王派頭，經常公開宣布要將議員的財產分配給羅馬人民。他從羅馬最低賤的人渣中選用他的親信和大臣，整個宮廷甚至皇帝的筵席上，都充斥著歌手、舞女、娼妓以及各類邪門歪道的隨從。他的司閽負責市政；將禁衛軍統領處死後，挑選一個陪他放蕩行樂的大臣來遞補；另外一位聲名狼籍、無恥之尤的大臣，被授與執政官的職銜；有一個機要祕書熟悉各種僞造的技巧，懶惰的皇帝竟讓他代簽各種文件。

當卡魯斯皇帝著手進行波斯戰爭時，爲保障家族財產安全，將西方的行省和軍隊交給長子統治，雖合乎政策需要，卻也顯然是基於自私的動機。等他接到消息得知卡瑞努斯的胡作非爲，心中感到無限羞愧和懊惱，並表示要加以嚴辦的決心，以期對公眾有所交代。同時他要收養康士坦久斯以代替不肖子，操守廉明且英勇過人的康士坦久斯此時正任達瑪提亞總督。但收養之事稍有延誤，待卡魯斯死後遂作罷論。卡瑞努斯無所忌憚，更可無法無天，揮霍奢侈過於伊拉珈巴拉斯，殘酷不仁更甚於圖密善[48]。

八、羅馬各種壯觀的競技與賽會(284 A.D.)

卡瑞努斯施政最大的功勞，從歷史的記載和詩文的歌頌中可以得知，是用他自己和兄弟的名義，在劇院、賽車場和競技場展示各項節目的偉大

48 沃披斯庫斯、小維克托和優特洛庇斯都提到，戴克里先在位的時間很長，而且政績斐然，在對比之下，當然不喜歡聽到卡瑞努斯有好的名聲。

壯舉。大約二十年後，戴克里先的廷臣向這位節儉的君王，提到他前任的手筆之大，獲得非常響亮的名聲。戴克里先承認卡瑞努斯的統治，確是滿足了老百姓的歡樂，這種毫無意義的揮霍浪費，會讓羅馬人民在如狂如痴中獲得最大的享受，但是審慎的戴克里先卻瞧不起這種作風。年老的市民曾經目睹往日的各種盛會，像是蒲羅布斯和奧理安凱旋式的排場，菲利浦皇帝非常別緻的競技和搏鬥項目，但是都比不過卡瑞努斯的豪華壯觀[49]。

歷史曾經詳細記載羅馬歷代皇帝的事蹟，從而我們知道卡瑞努斯的豪舉，確實有獨到之處。要是提及獵捕野獸這件事，或許可以對設計的浮華和手段的殘忍，從人道的立場加以譴責，但卻不得不承認，羅馬人爲了娛樂他們的民眾，在這方面所花的費用之龐大和設計之精巧，說是空前絕後亦不爲過[50]。蒲羅布斯曾經下令，把很多大樹連根挖起移植到賽車場，成爲一片廣大而濃蔭密布的森林，立刻將駝鳥、大鹿、梅花鹿和野豬各一千隻放養其間，任憑民眾前來射獵取樂。翌日就換上雄獅和雌獅各一百頭、花豹兩百隻，以及三百頭熊。這批野獸本來是年輕的郭笛努斯皇帝準備做凱旋式遊行之用，後來的繼位者也曾經在競技場中展示出來，但是像這樣一次屠殺幾百隻大型野獸，倒是非常少見。二十隻斑馬表現出雅緻的外形和斑條的軀體，使羅馬人大開眼界。悠遊在薩瑪提亞平原的大角鹿以及衣索匹亞平原的長頸鹿，這樣高大又對人無害的動物各有十隻，與之對比的是三十隻非洲鬣狗和熱帶地區最兇狠的印度虎十隻，還有自然界最具有威力的四足獸，犀牛和尼羅河河馬也都來亮相[51]，此外還有三十二頭大象組成莊嚴的隊伍，從古代世界各地運送到羅馬競技場。這麼多的珍奇野獸，的確令一般人看得出神，嘆爲觀止。博物學家可在此進行研究，眞正觀察這些不同品種的外形和特性，這倒是意外的收穫，但是這點好處在科學家來說可以很容易得到，也不足以成爲任意糟踏人類共有自然資財的理由。

---

49 從卡爾豐紐斯的田園詩可以看得出來，蒲羅布斯凱旋式的壯觀仍然歷歷在目，而且歷史學家也贊同詩人的意見。

50 哲學家蒙田對羅馬人這種偉大的景象，有極爲鮮明而獨特的看法。

51 卡瑞努斯展出一隻河馬，但未提及鱷魚。以往奧古斯都曾一次展出三十六條鱷魚。

在第一次布匿克戰爭中，發生一件稀罕事例，明智的元老院竟能將民眾的娛樂用來維護國家的利益。羅馬戰勝迦太基，俘獲一大批象，由幾個奴隸用鈍矛在後面趕著，在賽車場裡表演。羅馬士兵看到後，知道這些笨重的動物毫不足畏，以後在戰爭中看到牠在隊列裡，就不怕跟牠接戰了。

把獵殺和展示野獸當作豪華的活動，很適合那些視自己爲世界主人的民眾；作爲展示的建築工程除了用來娛樂以外，還能顯示出羅馬的偉大。提圖斯的大競技場眞是值得「巨無霸」(Colossal)的稱號，後代子孫看到所殘留的遺跡，難免心生敬畏而產生欽佩之感。這個橢圓形的建築物有五百六十四呎長，四百六十七呎寬，以八十個拱門作基礎，用四根連續柱式的結構，升到一百四十呎的高度[52]。建築物的表面鑲嵌著大理石，也裝飾著各種雕像。內部的構造是巨大的凹狀斜面，充滿並圍繞著六十到八十排大理石座位，上面覆蓋著坐墊，很容易容納八萬名觀眾[53]。六十四個出入口方便大量人員的進出，通道、走廊和樓梯都設計得非常精巧，每個人無論是元老院的議員、騎士階層還是平民，很容易到達規定的位置，不會產生任何混亂[54]。不論任何方面連細節都沒有忽略，盡量讓觀眾感到方便和舒適。有很大的活動涼篷，在必要時放下來防止日曬和雨淋，利用噴泉使空氣不斷保持清新，同時使用大量香料保持氣味芬芳。在建築物的中央或爲搏鬥場或爲舞台，鋪上最好的細砂，隨時可以改變外表形狀。舞台可以升起來變成赫斯培里德斯(Hesperides)的金蘋果樂園[*55]，隨後亦可變成色雷斯的岩層和洞穴。地下水管供應源源不絕的水流，舞台可以從平坦的地面，馬上成爲一個大湖泊，由於挖的深度夠，所以上面還可以漂浮作戰的

---

52 古代人把它的高度誇大到極點，卡爾豐紐斯說它高與天齊，馬塞利努斯(Marcellinus)說它高得看不見頂。不管再怎麼說，埃及大金字塔的高度也不過五百呎。

53 根據維克托不同的抄本，容納的觀眾有的是七萬七千人，也有的是八萬七千人，馬菲(Maffei, Francesco Scipione, Marchesi, 1675-1755 A.D.，意大利的戲劇家、建築家和學者)計算空間可以容納的座位是三萬四千人，其餘人員要站立在最上層有掩蓋的走廊上。

54 馬菲在著作中，把最困難的題材都弄得很清楚，他雖是古物學家，但也像建築家。

*55 [譯註]赫斯培里德斯是希臘神話中爲天后赫拉看守金蘋果園的仙女。

船隻*56。爲裝飾豪華場面，羅馬皇帝不惜工本，大手筆投資。很多記載提到大競技場的擺設都是用黃金、白銀和琥珀製成。詩人描述卡瑞努斯的競技節目，把自己當成是個牧羊人，被壯觀的名聲吸引到首都。確實防護野獸的網是用金線編成，柱廊全都鍍金。用來區分觀眾的階級，也布滿價格昂貴的馬賽克鑲嵌，全部用美麗石子做成。

九、卡魯斯家族的殞滅與戴克里先的發跡(284-285A.D.)

卡瑞努斯皇帝備極尊榮，安享帝王的福分，所見所聞都是民眾的頌讚、廷臣的奉承和詩人的謳歌。他本人實在欠缺值得稱譽的德行，但不得不推崇他蒙受神的恩典。就在此時，他的弟弟逝世在離羅馬九百哩外(284年9月12日)，卡魯斯家族的皇權，也在一次突發的革命中轉到他人手中。

卡魯斯的兩個兒子自從父親逝世後，彼此還未晤面過，他們所做的安排是先拖一陣子，等弟弟在波斯戰爭得到光榮的成就，就用敕令要他回到羅馬來舉行凱旋式。至於雙方的權責，甚至於行省或整個帝國的劃分，都還沒有確定，但是要想聯合統治，看來不會執行太久的期間。兩個人的性格有差異，很容易引起兄弟之間的猜忌。即使在最腐敗時，卡瑞努斯都罪該萬死。紐米倫則適合做個太平皇帝，他的言行舉止和藹可親，操守德行也受到公眾的喜愛和尊敬，對詩文和演說都有很深的造詣，雖然已擢升到最高的地位，表現卻非常謙虛，顯得更爲尊貴無比。他的辯才受到元老院的讚許，並不像西塞羅那樣鋒芒太露，毋寧是謙和穩重。雖然當時並不缺乏詩文的高手，但他可與當代名家一爭高下，而且與對手成爲要好的朋友，有很詳盡的資料可以證明他不僅心地好而且才氣高[57]。但紐米倫的才

*56 [譯註]羅馬人的競技節目中，場面最大的是模擬海戰，最早是凱撒演出對溫尼提人的海上實戰，讓羅馬人大開眼界。奧古斯都的《功業錄》中，特別提到在台伯河對岸的海戰表演，挖了一個一千八百呎長、一千二百呎寬的水池，裡面有三十艘三層槳戰船和更多的小型船隻，除了槳手和船員以外，作戰人員有三千人。

57 他在當時的詩壇贏得最高榮譽的金冠，元老院爲卡魯斯這個天才兒子樹立一個雕像，上面刻著「舌辯群雄」。

華適合頭腦沉思而不是身體力行，等他父親即位後，逼得他無法過著與世無爭的生活。何況他的性格和愛好均不適合指揮軍隊，波斯戰爭的艱苦生活斲喪他的身體，炎熱的氣候使他染上目疾[58]。在漫長的撤退行動中，只能獨處在黑暗的帳篷裡或是舁床上。國家大事不論是民政或軍政，全部授權給禁衛軍統領阿里烏斯・阿培爾(Arrius Aper)負責，而他是皇帝的岳父，所以可以大權獨攬，御帳由他派出親信嚴密看守。在很長一段時期，阿培爾因皇帝不能視事，就假借名義對軍隊下達命令[59]。

卡魯斯死後還不到八個月，羅馬軍隊以緩慢的行軍方式，離開底格里斯河班師回國，到達色雷斯的博斯普魯斯地方。軍團停紮在亞細亞的卡爾西頓，行轅則過了赫拉克利，行抵歐洲這邊的普洛潘提斯[60]。軍營到處流傳說是紐米倫已經死亡，有個心懷不軌的奸臣，仍然假冒皇帝之名行使皇權。眾人剛開始是竊竊私語，到了後來變成群情激動的喧囂。性格暴躁的士兵無法忍受這種長期懸疑不決的情況，帶著強烈的好奇心闖進皇帝的帳篷，發現紐米倫的屍體橫陳床榻[61]。根據他的身體狀況，原本可以讓大家相信是自然死亡，但是這種掩飾的行動，可以解釋爲犯罪的證據。阿培爾採用的措施是想讓自己被推舉爲帝，結果成爲他滅亡的原因。雖然目前已激起狂怒和悲傷的情緒，部隊還是願意遵守正常的程序，可見從高連努斯以後幾位武功顯赫皇帝的教誨之下，證明軍隊已經建立嚴明的紀律。所有軍隊奉命向卡爾西頓集結，阿培爾被鐵鍊鎖住，當作罪犯押解過來。在營地中央成立一個法庭，將領和軍事護民官組成最高軍事會議，他們立即向部隊宣布，選擇衛隊指揮官戴克里先繼承帝位，並爲受大家愛戴的皇帝復仇(284年9月17日)。候選人未來的命運，全部要看當前如何掌握機會做出妥善處置。戴克里先深知他原來的職位必然會招來猜疑，於是在登上法庭

58 沃披斯庫斯認爲是自然的事，父親過世令他不斷哭泣，不僅傷身，也染患目疾。

59 阿培爾在波斯戰爭中，曾經涉嫌背叛卡魯斯。

60 我們從亞歷山卓的編年史中，知道戴克里先即位的時間和地點。

61 在優特洛庇斯的記載中，說士兵發現紐米倫的死亡，是聞到屍體所產生的臭味，難道就不能用香料的氣味來加以掩蓋(譯按：這樣看來智慧比起中國人差遠了，秦始皇死後用的是臭鹹魚)？

以後，舉頭目視太陽，在神明鑒察之下，鄭重表明自己清白無罪，然後用皇帝和法官的口氣，命令將阿培爾腳鐐手銬押上法庭。他指著阿培爾說道：「這個人是謀害紐米倫的兇手。」然後不容他有辯駁的機會，拔出劍來刺進統領的胸膛。罪證已經昭然若揭，不容被告否認，軍團一再高聲歡呼，接受戴克里先皇帝的判決和權威[62]。

在進入另一位皇帝的統治之前，要先簡要交代紐米倫兄長的悲慘下場。卡瑞努斯擁有大量軍隊和充分財力，能支持他以合法的名義統治帝國，但他個人私德有虧，抵消他在出身和地位上的優勢。他父親最忠誠的下屬，都瞧不起這個兒子的不學無術，更畏懼他的殘酷傲慢，人心都向著他的對手。甚至元老院也不諱言，他們寧願接受一位篡臣總比僭主要好。戴克里先運用各種政治手腕，激起國內不滿，在冬季進行密謀活動，公開準備要打一場內戰。到了春天，東方和西方的軍隊在瑪古斯平原遭遇(285年3月)，此處是瑪西亞的一個小城[63]，位於多瑙河畔。從波斯戰爭回師的部隊，早已耗盡體能和兵員才獲得光榮的勝利，戰力無法與毫無耗損的歐洲軍團相比，所以隊伍被擊破。在那悲慘的時刻，戴克里先不僅是帝位甚至連生命都將不保。但是卡瑞努斯由於英勇的士兵而獲得優勢，也由於軍官的叛逆而喪失自己的生命。有位軍事護民官的妻子被他勾引，所以要找機會報復，一擊之下，姦夫身上流出的鮮血，沖刷掉內戰的衝突。

62　戴克里先爲什麼要殺掉阿培爾(拉丁文的「野豬」)，有人說是基於雙關語，要取得好兆頭，當然在場的人並不都是傻瓜。

63　優特洛庇斯把這個地點弄得很清楚，在塞爾維亞的喀斯托拉茲(Kastolatz)，位於貝爾格勒下方不遠處。

塞維魯斯凱旋門之殘破景象

當代人士享受塞維魯斯統治的和平與榮譽，
寬恕消除異己的殘酷行為，
然而他的莠政與惡例使後代子孫飽嘗苦果，
一致認為塞維魯斯是帝國衰亡的罪魁禍首。

2
1

第十三章

戴克里先當政及其三位同僚馬克西米安、蓋勒流斯和康士坦久斯　重建秩序和安寧　波斯戰爭的勝利和凱旋　政府分治的新制度　戴克里先和馬克西米安的遜位和退隱(285-313A.D.)

一、戴克里先的出身與繼位(285A.D.)

戴克里先的統治較之前朝各位皇帝更爲光耀奪目，但是他個人的出身則更爲貧苦卑賤。貴族世家所標榜的特權，因爲世人過分要求功勳和霸業，早已蕩然無存，但是在人類的自由和奴役之間，仍然保持著一條明顯的鴻溝。戴克里先的父母原是羅馬元老院議員阿努利努斯(AnulInus)的奴隸，他的名字源於達瑪提亞的一個小鎮，是他母親出生的地點[1]，所以身世沒有値得炫耀的地方。他父親從主人家得到自由以後，能夠讀書識字得到文書工作。他那位志向遠大的兒子，從廟宇中得到有利的神諭，自己也認爲頗有才能，所以決定在軍中發展，希望能出人頭地。誰知道奇蹟發生，他靠著計謀和機遇，一步一步實現神諭的預言，向世人展示他的豐功偉業。戴克里先一路飛黃騰達，當過瑪西亞的總督，獲得執政官的尊榮，負責指揮宮廷衛隊的重要職位，在波斯戰爭中展現非凡的才能。等到紐米

1　根據優特洛庇斯和維克托的說法，這個小鎭名叫多克利亞(Doclia)，源於伊里利孔一個小部落，所以這位奴隸最早的名字是多克里斯(Docles)，他用希臘語的音調加長成爲戴克里斯(Diocles)，最後變成羅馬人尊貴的名字戴克里提努斯(Diocletianus)。

倫死後，有心爭取王位的人員均自嘆不如，竟一致推舉這位奴隸出身的人，認爲他最適合接任帝座。出語惡毒的宗教狂熱人士，在指責他的同僚馬克西米安行事野蠻殘暴的同時，對戴克里先皇帝的勇氣產生懷疑。很難相信這樣一位受到軍團尊重和士兵愛戴的皇帝，就像以前那些英勇善戰的君王一樣，竟會是個膽小鬼。然而，毀謗的言論總要很技巧的找到最脆弱的部位，然後再加以攻擊。戴克里先在克盡自己的權責或在緊要關頭，並不是沒有擔當。但是他絕非英雄人物，缺乏大無畏的氣概，無法把危險和權勢置之度外，不能以毫無虛僞之心以贏得舉世的讚譽。實在說，他的才能偏於實用，不會誇耀引起猜忌；心智均衡，對人性的揣摩富於經驗；處理事務精明能幹又能講求技巧；慷慨大方而且生活節儉樸實，常以軍人的爽直掩飾深沉之心機；能隨時改變手段以達成鍥而不捨的目標；爲了滿足自己的野心，根本不顧慮別人，甚至違背自己的良知；但是有時也會假借社會正義和公眾利益之名，以利於達成自己的企圖。戴克里先也與奧古斯都一樣，被視爲新帝國的奠基者，就像凱撒的養子是一位極其出色的政治家，而非統兵征戰的勇將。他們能用策略達成目標時，就絕不使用武力。

戴克里先成功之道在於寬厚溫和的作風。羅馬人在接受死刑、放逐或籍沒時，只要稍爲給予寬容或公正，就會極口稱讚在上位者的仁慈，對內戰能自行熄火，感到驚喜。戴克里先把卡魯斯家族的首席大臣阿里斯托布盧斯(Aristobulus)視爲心腹，尊重過去政敵的生命、財產和地位。他甚至讓卡瑞努斯大部分奴僕，繼續在原來的位置上供職[2]。這種作法可能是出於謹愼的動機，讓善玩手段的戴克里先可以獲得仁慈的美名。有些奴僕爲了得到他的歡心，不惜暗中出賣舊主人；有些人對不幸的故主懷有感恩之心，得到他的尊敬。奧理安、蒲羅布斯和卡魯斯這幾位皇帝，都有知人善用的才幹，在政府和軍隊的各部門安排有能力的官員，撤換他們只會損害到公眾的利益，對繼任者而言毫無好處。此種作法使得整個羅馬世界，對

2 奧理留斯·維克托對戴克里先這段推崇之辭，好像是間接用來指責康士坦久斯的殘酷行爲。從《歲時記》(*Fasti*)可知，阿里斯托布盧斯在卡瑞努斯的推薦下出任執政官，而戴克里先還能繼續讓他擔任羅馬的郡守。

新政府懷抱美好的遠景。戴克里先公開讚揚前代皇帝的美德，特別表示要效法馬可斯·安東尼的王道思想，用以彰明個人之所好。

二、羅馬帝國的分治(286-292A.D.)

戴克里先當政時最關心的事項，就是要表明誠摯和穩健的態度，於是以馬可斯作榜樣，提升馬克西米安作他的同僚，開始時加上凱撒的頭銜，最後進封爲奧古斯都(286年4月1日)[3]。但是就他的動機和目的而論，與馬可斯·安東尼不顧國家的利益，將帝王的尊榮授與一名儇薄少年，完全是爲了報答私人的恩德，眞是天差地別。戴克里先是在國事危難之際，讓一個多年戰友共同肩負治國重任，用以增強東方和西方的防衛力量。馬克西米安像奧理安一樣，出生於色米姆地區的農民家庭，大字不識，視法律爲無物[4]，容貌和舉止粗野，後來雖然貴爲皇帝，仍然不改其本色。戰爭是他唯一的專長，長期的軍旅生涯讓他揚威帝國每處邊疆。他的軍事才能不在指揮部隊而在唯命是從，或許他的兵法造詣不能成爲卓越的將領，但是憑著勇敢、忠貞和經驗，能夠執行最艱鉅的任務。馬克西米安的缺點就他提拔的恩主而言，頗有利用的價值。他從無惻隱之心，行事不畏後果，戴克里先對政策每有重大的興革舉措，馬克西米安成爲執行殘忍行動最適當不過的工具。等到血腥的犧牲者已經選定，有時爲了審愼起見，戴克里先出面調停，救出幾位本不想取其性命的人士，而有時爲了防止報復，就會對馬克西米安的嚴酷輕描淡寫的斥責幾句，所以當時以黃金時代和黑鐵時

3　問題出在馬克西米安接受凱撒和奧古斯都這兩個頭銜的時間，有很多不同的說法，引起一些爭論。我比較贊成蒂爾蒙特的意見，因爲他在這方面做了很深入的研究，所得的結論非常精確，幾乎挑不出毛病。

4　在當著他的面所發表的頌辭中，馬墨提努斯(Mamertinus, Claudius, 360年左右的一個羅馬官員，是《背教者朱理安(Julian the Apostate)頌辭集》的作者)對這個英雄人物的知識水準表示懷疑，說他在效法漢尼拔和西庇阿時，不知是否聽過他們的名字。從這裡也可以大膽推斷，馬克西米安喜歡人家把他看成是軍人而不是文士，所以我們有時也可以根據奉承話的弦外之音，發覺一些眞實的史事。

代[*5]來對比寬猛之治道不同。兩人雖然性格大相逕庭，在位時仍能保持當年布衣之交。馬克西米安作風粗暴而倨傲，會對自己和國家的安全帶來莫大的危險，但他一向尊敬戴克里先爲不世的天才，承認理性的力量勝過蠻橫的暴虐[6]。這兩個人不知是自大或迷信，一位自稱爲喬維烏斯(Jovius)，另一位是海克力烏斯(Herculius)。按照御用文人的說法，喬維烏斯是比擬朱庇特用智慧推動宇宙的運行，海克力烏斯則欲仿效所向無敵的海克力斯剷除世上的惡魔和暴君[*7]。

但是，這兩位自比古代的神明和英雄，能力不足以承當治理國家之重任。有遠見的戴克里先發現帝國四面受蠻族攻擊，在重點方面需要安置大軍和皇帝御駕親征。他基於此種考量，決心再次讓出一部分過於龐大的權力，用較次一級的凱撒稱號，授與兩位功勳顯赫的將領，分享統治帝國的君權(292年3月1日)。蓋勒流斯原以牧牛爲業，故獲得亞明塔流斯(Armentarius)的別名，康士坦久斯因爲臉色蒼白，常被人稱爲克洛盧斯(Chlorus)，兩人都身御紫袍榮登次一位階的帝座。在前面提到馬克西米安的鄉園、出身和習性時，等於已經描繪出蓋勒流斯的大致輪廓。他常被稱爲馬克西米安年輕的化身，但是事實上，無論在才能和品德方面都要高明得多。康士坦久斯的家世不像共治者那樣低微，他的父親優特洛庇斯是達達尼亞很有地位的貴族，母親是克勞狄斯皇帝的姪女[8]。雖然他年輕時期過著軍旅生涯，個性卻溫和友善，人們在很久以前就異口同聲讚譽，認爲他的前途無可限量。

戴克里先和馬克西米安爲了用家族關係來增強政治的結合，兩位皇帝

---

*5 [譯註]羅馬神話以黃金時代與黑鐵時代，表示善與惡、光明與黑暗兩個對立的時期。黑鐵時代以邪惡、自私和墮落爲特點；黃金時代以德行、公平和正義爲目標。

6 在這些《頌辭集》裡，我們發現有些講辭是在公開讚揚馬克西米安，有些則藉嘲笑他來討好他的敵手，可以從兩者的對照中獲得一些信息。

*7 [譯註]羅馬皇帝只要生前無太大過失，死後都可由元老院通過封爲神祇，接受臣民膜拜。從戴克里先開始才在生前進行神化，爲引進東方專制政體奠定理論基礎。

8 朱理安是康士坦久斯的外孫，他誇耀自己的家族源於英勇好戰的瑪西亞人，其實是居住在瑪西亞境內的達達尼亞人。

分別成爲兩位凱撒的父親。戴克里先以蓋勒流斯爲子，馬克西米安以康士坦久斯爲子，迫使他們與髮妻離異，各以自己的女兒嫁給養子[9]。這四位君主劃地分治廣大的羅馬帝國：高盧、西班牙和不列顛的防務責成康士坦久斯；蓋勒流斯駐守多瑙河兩岸，用以護衛伊里利孔各行省；馬克西米安管轄意大利和阿非利加；戴克里先自己保有色雷斯、埃及和富庶的亞細亞地區。每人在統轄範圍都有最高的權力，但是四人的聯合治權及於整個帝國，每一位隨時準備爲共治者提供意見或親臨效力。兩位身居高位的凱撒尊重兩位皇帝的權威，而這三位較年輕的君王，都能以感激和順從的言行，毫無例外的承認成全他們的再生之父。他們之間沒有發生猜忌的權力之爭，團結合作表現出非常奇特的和諧景象，可以比擬爲演奏一段協奏曲，完全依靠首席樂師高明的技巧，引導著整個樂曲能夠流暢進行。

這重大措施並未立即付諸實施，等馬克西米安的聯合統治滿六年後，才正式推動執行，主要是在這段期間不乏重大事故發生。爲使讀者有明確概念，首先要描繪戴克里先政府的全盤輪廓，接著敘述他在統治期間的作爲，按照事件發生的自然順序，而不是編年記事上成問題的日期先後。

三、高盧和不列顛的動亂及平定始末(287-296A.D.)

馬克西米安第一件功績，雖然當時的史學家只是寥寥數語，但是性質非常獨特，值得在歷史上留下記錄。俗稱巴高迪(Bagaudae)[10]的高盧農民發生暴動，經他鎭壓後得以平定(287A.D.)。當時的狀況與十四世紀英國和法國遭遇的情形概約相似。歐洲有不少約定俗成的規則淵源於塞爾特蠻族，封建制度就是其中之一。凱撒征服高盧時，這個人口眾多的民族通常

9　蓋勒流斯娶了戴克里先的女兒華倫麗婭(Valeria)，嚴格說，康士坦久斯的妻子狄奧多拉(Theodora)，是馬克西米安妻子的女兒，也就是說是馬克西米安的繼女(譯者按：所以我們在下一章可以知道，馬克西米安把女兒福絲妲(Fausta)嫁給君士坦丁，這樣算起來，康士坦久斯與君士坦丁父子娶了一對異父同母的姊妹)。

10　巴高迪這個稱呼在高盧一直用到五世紀，意義是「叛黨」或「叛徒」。有些學者認爲這個字源於塞爾特語的巴高德(Bagad)，意思是「亂哄哄的會議」。

分為三個階層，即教士、貴族和平民。最高階層的統治靠宗教，次一階層靠武力，第三也是最後階層的平民，在公共會議中既沒有發言權也沒有表決權。因此，平民在受到債務的壓迫，或是畏懼暴力的侵害，很自然會請求有力的首領給予保護，於是保護者對被保護者的個人或財產，就如同希臘和羅馬的主人對奴隸那樣，享有絕對的權利[11]。因之，這個民族的大部分人民淪為奴隸，被迫長期為高盧的貴族奉獻勞力。他們不是受到鐐銬的囚禁，就是為嚴苛的法律所限制，終身不得離開貴族的田產。從高連努斯在位到戴克里先時代，高盧受到長期內憂外患的煎熬，農奴的境遇更為悽慘，在主子、蠻族、軍隊和稅吏的交相壓榨下，已到無以為生的地步。

這些農民由忍無可忍而至絕望之境，在暴怒之下拿起農具當作武器。群眾四處蜂擁揭竿而起，農夫和牧人變成步卒和騎兵，舉火將荒涼的村莊和沒有防備的市鎮付之一炬，到處蹂躪不亞於兇狠的蠻族。他們本為維護人類的天賦權利而起義造反，但是所使用的手段極為殘酷。高盧貴族害怕報復，有人到堅固的城市尋求庇護，也有人遠離這片已成無政府狀況的野蠻區域。農民的統治根本毫無章法可言，兩位首領膽大妄為，愚昧無知到竟敢僭用皇帝的服飾[12]。等羅馬軍團兼程趕到，他們的勢力登時冰消煙滅。團結而有紀律的部隊擊潰烏合之眾，輕易贏得勝利，只要發現帶有武器的農夫，一律嚴懲重辦，已成驚弓之鳥的餘眾潛回故鄉。他們本來為爭自由而反抗，舉事失敗後，更難逃脫被奴役的命運。我們從很少的資料當中，幾乎能夠指出這次戰爭的細節，就是因為民眾的情緒在激發以後，是如此的堅強而一致。但是我們也不會相信，兩位首領伊連努斯(Aelianus)和阿曼達斯(Amandus)都是基督徒；也不會說這次叛亂是因為違反基督教提倡人性自由的仁慈原則而被挑起，就像在路德(Luther)[*13]那個時代所發

11 凱撒在《高盧戰記》裡提到，赫爾維提亞人的族長奧傑托里克斯(Orgetorix)，把一萬名奴隸武裝起來擔任守備。

12 現在還有伊連努斯和阿曼達斯所鑄造的獎章留存下來。

*13 [譯註]就是馬丁・路德(1483-1546A.D.)，德國人，是十六世紀歐洲宗教改革運動的發起者，基督教新教「路德會」的創始人，公布「九十五條論綱」抨擊教廷發售贖罪券，否定教皇權威，將《聖經》譯成德文。

生的宗教戰爭一樣，雖然教會教誨我們人類有天賦的自由權利，但是戰爭時絕不心慈手軟。

馬克西米安剛從暴動農民的手裡收復高盧，卻因卡勞休斯(Carausius)的叛亂失去不列顛(287 A.D.)。自從蒲羅布斯當政，法蘭克人魯莽的海上行動獲得成功以後，他們那批膽大包天的同胞，就建構一支由輕型雙桅帆船組成的小型艦隊，不斷蹂躪鄰近海洋的幾個行省[14]。帝國爲了擊退這些零星不斷的入侵，需要整建一支海軍兵力，審慎而勇敢的進行各項相關措施。布倫正對著不列顛海峽，皇帝選擇此地配置羅馬艦隊，委派卡勞休斯負責指揮。他是一位出身寒微的米納庇亞人(Menapian)[15]，對航海和駕駛有高明的技巧，作戰像士兵那樣勇敢。這位新上任的海軍將領的操守有問題，因爲當日耳曼海盜離開港口，出海劫掠時，他不予理會讓他們通過，等他們回程再加以襲擊，然後將獲得的戰利品大部分據爲己有。因此，卡勞休斯積累的財富可以視爲犯罪的證據。馬克西米安準備下令將他處死，但這位機警的米納庇亞人早已防備皇帝會對他下手。他將錢財散給所指揮的艦隊以獲得擁戴，同時又對蠻族許以好處，離開布倫港航向不列顛，說服駐防的軍團和協防軍加入他的陣營，然後無所顧忌使用奧古斯都的頭銜，穿上紫袍當起皇帝，公開反抗那位生氣的君主法律和武力的制裁[16]。

當不列顛分裂出去後，帝國才感覺到它非常重要，喪失確實令人氣憤不已。羅馬人一直懷念那個面積廣大的島嶼，在很多地方都有優良港口，氣候宜人，土地肥沃，能夠生產穀類和葡萄，貴重礦物產量豐富，茂密的草原有數不盡的牲口，森林裡到處都是野生動物和有毒的蛇類。當然，這些說法有的地方也言過其實。總而然之，他們對於失去不列顛數目龐大的稅收，心中感到極爲懊惱。雖說他們也承認，像這樣一個行省，的確可以

14 奧理留斯·維克托稱他們是日耳曼人，優特洛庇斯把他們叫作薩克遜人。但後者活在下一個世紀，可能是用他那個時代的說法。

15 優特洛庇斯、奧理留斯·維克托和優米紐斯這三個人，對卡勞休斯的出生也有不同的說法。但斯徒克里(Stukely)博士認爲他是土生土長的英國人，是具有不列顛皇室血統的君王。

16 《頌辭集》第十二卷提到，那時的不列顛太平無事，故羅馬派駐的防軍兵力薄弱。

成為一個獨立王國[17]。不列顛在卡勞休斯的治理下，有七年豐盛的局面，直到叛亂再起。這位不列顛的皇帝為了保護自己的領域，在邊疆抵禦北方的卡里多尼亞人，從大陸招來大量技術人員給予協助。他鑄造各種不同的錢幣，可以看出他的品味和財富，有些錢幣現在還存在。他生長在法蘭克人的邊界，喜歡模仿他們的衣著和習慣，所以與這個孔武有力的民族建立友誼。他把最勇敢的青年召募到軍隊裡服役，為了回饋這些有用的盟友，就把軍事訓練和海上作戰有關的技術，全盤教給這些蠻族。卡勞休斯仍舊據有布倫和鄰近地區，他的艦隊在海峽橫行無敵，控制塞納河和萊茵河的河口，肆虐沿海各地，威名遠播越過海克力斯之柱。在他的指揮下，不列顛奠定海權國家應有的地位，後來能掌握海上霸權，絕非毫無淵源[18]。

卡勞休斯奪去駐布倫的艦隊，使羅馬沒有能力實施追擊和報復，等到花費很多時間和大量人力，建造新的艦隊下水後[19]，部隊又因不熟悉當地的天候和水文，被精練的叛軍打得潰不成軍。海戰失利後，雙方開始謀和(289 A.D.)，馬克西米安對卡勞休斯大無畏的精神感到無可奈何，與戴克里先商定將不列顛的皇權讓出，承認叛徒卡勞休斯也享有帝位的尊榮[20]。擢升兩位凱撒重新提振羅馬軍隊的鬥志，馬克西米安親自坐鎮防備萊茵河一線，將不列顛戰爭全部授權英勇的副手康士坦久斯負責。他採取的第一步行動，是奪取布倫這個重要基地，越過港口的通道修築巨大的海堤[*21]，

---

17 演說家優米紐斯為了誇大康士坦久斯的英雄事蹟，故意將不列顛的征伐說得很重要。雖然說的是我們自己的國家，應該要大聲的表示贊同，但是事實上很難想像，英格蘭在四世紀初葉，能夠當得起這麼多推崇之辭。就是在一百五十年前(譯按：意指十七世紀初期)，也很難說自己的國家有什麼建樹。

18 卡勞休斯的獎章還有很多保留到現在，他本人成為非常熱門的人物，平生事蹟都有人詳細研究。斯塔克里博士特別對這位不列顛皇帝寫成厚厚一卷，我用過這些材料，但是反對很多虛構的史實。

19 馬墨提努斯所編纂的《頌辭集》裡，第一篇頌辭是寫在馬克西米安海上整備完成時，所以演說者預測海戰一定會打贏，再下來這篇頌辭根本不提這件事，讓我們知道這次作戰沒有成功。

20 由於奧理留斯和優特洛庇斯的敘述以及留存的獎章，知道雙方經過協商以後，暫時修好復交，但是不敢說有正式的書面協定。

*21 [譯註]凱撒的《內戰記》提到用建突堤來阻塞航道，使布朗杜西港(Brundisium)失去海運功能，水深的地方則用大型木筏連起來。

阻斷外來的援軍。城鎮在堅強的抵抗之後終於投降(292A.D.)，卡勞休斯的海軍實力有相當部分落到圍攻軍的手裡。康士坦久斯以三年時間，準備一支適合的艦隊用來征服不列顛。他保護高盧的海岸，侵入法蘭克人的國土，使得篡奪者失去強大盟友的援助。

就在準備快要完成時，康士坦久斯接到僭主死亡的消息(294A.D.)，認爲是獲得勝利的預兆。就像卡勞休斯的謀叛一樣，屬下也比照辦理，結果他被首席大臣阿利克都斯(Allectus)殺害。兇手可以繼承他遺留的權力，連帶也遭遇即將面臨的危險，但是阿利克都斯才能不足，對內無法完全掌握，也不能擊退外敵。眼看大陸對岸到處都是部隊和船隻，內心焦急萬分。康士坦久斯非常謹愼的將兵力區分爲兩部，同樣可以分散敵人的防備和抵抗。海軍統領阿斯克利庇德都斯是戰功彪炳的軍官，負責指揮分遣艦隊，在塞納河口完成集結後，隨即向敵人發起攻擊。在那個航海技術非常不完善的時代，難怪當時的演講人要對羅馬人的無畏勇氣讚不絕口，竟敢在暴風雨季節用側風發航。天候證明有利於這次遠征作戰，他們在濃霧的掩護下，避開阿利克都斯派駐在威特(Wight)*22島外以備迎戰的艦隊，在西部海岸某處安全登陸，等於是告訴不列顛人，他們就算有優勢的海軍力量，也無法保護自己的國土不受外敵的侵略。阿斯克利庇德都斯在部隊登岸後，立即將所有船隻付之一炬，證明遠征已有神明保佑，他這種置之死地而後生的英雄行徑，更是讓後人產生無限的欽佩。篡奪者自己帶著部隊配置在倫敦附近，準備迎戰康士坦久斯雷霆萬鈞的攻擊，因爲康士坦久斯親自率領布倫的主力艦隊，即將到臨。但是現在新到的敵軍已經開始接觸，需要阿利克都斯親自到西邊來坐鎮，在迫切的狀況下實施長途行軍。他那一小股困惑而沮喪的部隊，遭遇到海軍統領的主力，接戰以後全軍覆沒，阿利克都斯也隨著陣亡。如同往例，只需要一次會戰就能決定這個島嶼的命運。等到康士坦久斯在肯特(Kent)登陸，發現全島都是歸順的臣

*22 [譯註]威特島位於英國南海岸，是英吉利海峽最大的島嶼，也是英格蘭的屏障，羅馬時代稱爲維克提斯島(Vectis)。

民，一致對大軍發出歡呼的聲音。征服者確能秋毫無犯，使大家相信現況不會有任何變化。分離十年以後，不列顛又重回帝國的懷抱(296A.D.)。

四、戴克里先綏靖阿非利加與埃及(296A.D.)

不列顛除了本土的敵人外一無所懼，只要總督保持忠誠之心，掌握部隊的紀律，那些蘇格蘭和愛爾蘭裸體蠻子的入侵，對行省的安全不會產生重大影響。如何保持大陸的和平，也就是守備構成帝國邊界的主要河流，才是更困難也更重要的目標。戴克里先和副手開會商討以後，決定帝國的政策，目的是維護公眾的安寧，使用的手段一爲激起蠻族之間的衝突與不和，一爲加強羅馬邊界的防禦工事。在東方從埃及到波斯的邊界，將固定的營地成一線配置，每個營地有適當數量的駐防部隊，派出軍官負責指揮，供應所需的各種武器和給養，並且在安提阿、伊美莎和大馬士革設置新的軍械庫。皇帝對歐洲較兇狠的蠻族，也沒有掉以輕心。從萊茵河口一直到多瑙河口的古老營地、城鎮和碉堡，全部重新加以整修。在最暴露的地點，很技巧的建構新的防禦工事，邊疆的守備部隊要求嚴密的加強警戒，運用各種可能的措施，使得漫長的防線更爲堅固，成爲無法飛越的天塹。這樣一道受到重視的障礙很少有人膽敢侵犯，蠻族只有轉過頭來自相殘殺，以發洩心中的怒氣。哥德人、汪達爾人、傑皮迪人、勃艮地人，還有阿里曼尼人，相互之間充滿仇恨和敵意，他們的實力就這樣消耗殆盡，不論征戰討伐的結果如何，受到擊滅的對象都是羅馬的敵人。戴克里先的臣民很高興隔山觀虎鬥，大家感到慶幸，現在只有蠻族在打可悲的內戰。

縱使戴克里先有良好的政策，在二十年的統治期間，沿著數百哩的邊界，不可能維持長久沒有外力干擾的安寧。只要蠻族停止內部的爭執，守備部隊的警戒稍有鬆弛，蠻族就會運用實力和技巧，在防線上打開一條通道。不論那個行省受到侵犯，戴克里先的神色絲毫不變。他不僅天生性格穩重，必要時也可裝出平靜的樣子，事態的發展嚴重到需要他插手時，才親自前往坐鎮指導，絕不將自己的部下和個人的聲名，暴露在無謂的危險之下。他盡可能採用諸般手段來保證作戰的成功，且一定要以審慎爲上策，對於勝利要用炫耀的方式展現所獲致的成果。他把最困難的戰爭和最棘手的事件，交給對強打猛攻一無所懼的馬克西米安去處理。這位忠誠的戰士只要獲得勝利，就會很高興將功勞歸於恩主的明智見解和天賜運道。等到認養兩位凱撒後，兩位皇帝就不需要親自上陣冒矢石之險，可以稍事休息讓弟子服其勞，把多瑙河和萊茵河的防務交給養子來負責。蓋勒流斯的警覺性極高，從不會等到蠻族大軍入侵帝國疆域才將其擊潰。康士坦久斯作戰英勇又能主動積極，從阿里曼尼人狂暴的入侵中拯救整個高盧。他在朗格勒和溫多尼薩(Vindonissa)的勝利，可看出他的行動要冒相當的危險，才能獲得這成就。當他在一小支衛隊的隨護下，穿過這片開闊的國土，突然遭到數量極爲優勢的敵軍包圍時，他邊戰邊退，朝朗格勒前進。但在驚慌的狀況下，市民拒絕打開城門，只用繩索將受傷的君主吊上城牆。等他被困、陷入危險的消息傳出後，羅馬軍隊很快從各處趕來救援，在入夜前，有六千阿里曼尼人被殺[23]，這樣的報復行動能恢復他喪失的榮譽。從這個值得紀念的時刻開始，還有幾次對薩瑪提亞人和日耳曼人的勝利，可以找到一些蛛絲馬跡，但要做進一步的探索並沒有多大意義。

蒲羅布斯在完成征討以後的處理方式，戴克里先和他的副手也加以效法。捕獲的蠻族，除了判處死罪及發售爲奴者外，剩餘人員都分散到省民當中，有些也指派到特定的區域(在高盧，被分到亞眠(Amiens)、波斐(Beauvais)、康布雷(Cambray)、特列夫、朗格勒和特洛瓦(Troyes)等指定地區)。這些地方的人口因戰爭的災難而大量減少，他們通常安置成爲農夫和牧人，不可以從事武備的工作，除非因爲權宜之需，才徵召到軍中服役。皇帝在蠻族懇求羅馬保護之下將土地所有權賜給他們，但是要像成爲農奴那樣有一定的服役年限。當局批准一個屯墾計畫，爲卡皮人、巴斯塔尼人和薩瑪提亞人設置幾個殖民區，同時答應他們在某些方面，能夠保

23 優西庇烏斯(Eusebius，四世紀時希臘歷史學家和辯論家)的希臘原文寫的是六千人，但奧羅修斯和優特洛庇斯採用皮紐斯(Paeanius)所譯資料，數字變成六萬人。

持民族原有的風俗習慣和獨立自主[24]，這是很危險的縱容行爲。省民對這種處理方式感到欣喜萬分，這些蠻族在不久以前還是恐怖的對象，現在卻耕種自己的田地，驅趕牛群到附近的市集，貢獻個人的力量爲公眾謀福利。帝國的省民都向君王恭賀，能夠大量增加臣民的數目和軍隊的兵源，但是他們忘記無禮侮慢來自非份的恩寵，鋌而走險出於高壓的統治，躲在暗中數量龐大的敵人已進入帝國的心臟地區。

當兩位凱撒在萊茵河和多瑙河的兩岸耀武揚威時，兩位皇帝則需要御駕親征前往羅馬世界的南部邊界。阿非利加從尼羅河直到阿特拉斯(Atlas)山脈，刀兵四起，五個摩爾人部族組成聯盟，離開遊牧的沙漠進犯一向平靜無事的行省。朱理安在迦太基[25]以及阿契列烏斯(Achilleus)在亞歷山卓，都擅自登上帝座成爲僭主，甚至布雷米斯人(Blemmyes)也不甘寂寞，再度侵犯埃及地區。馬克西米安在阿非利加西部建立的功勳，很難了解有關的細節，但由事件的始末，知道軍隊的進展很迅速，產生決定性的效果。他戰勝茅利塔尼亞兇狠的蠻族，將他們趕過山區。就是這片難以通行的地方，使得此地居民有恃無恐，一點都不顧王法，把搶劫和暴力當成習以爲常的生活。戴克里先在埃及的另一邊，派出大軍包圍亞歷山卓開啓戰端(296A.D.)，將大輸水道切斷，使廣大城市的各區域無法得到尼羅河水源。他的營地戒備森嚴，最後受到被圍群眾的突擊，到頭來只有放棄，迫使他下令軍隊發起報復攻擊。在圍攻八個月後，亞歷山卓毀於兵亂和大火，只有懇求征服者大發慈悲，但仍受到極爲嚴厲的處置，數以千計的市民遭到不分青紅皂白的屠殺，在埃及只有少數罪魁禍首逃脫死刑或流放的宣判。布西里斯(Busiris)和科普托斯這兩個城市，下場比亞歷山卓更悲慘，前者因古蹟而聞名世界，後者是印度貿易的門戶而極爲富有，在戴克里先嚴懲的命令[26]和軍隊的屠城之下，完全毀滅爲一片焦土。

---

24 有一個薩瑪提亞人的屯墾區在特列夫附近，因爲蠻族都很懶惰而荒廢，奧松紐斯特別寫在〈莫瑟拉〉(*Mosella*)這首長詩裡。卡皮人有一個小鎮在下瑪西亞。

25 這位朱理安被打敗後，用短劍刺進自己的胸膛，然後再跳到火裡自殺。

26 優西庇烏斯把毀滅這幾座城市的時間早說了幾年，他所提的時間正是埃及反抗羅馬的統治，叛亂的狀況最爲嚴重時。

埃及民族的性格，是毫無仁愛之心又極爲懦弱怕事，但是從這些行爲來看，卻能證明他們有暴虎馮河的勇氣，亞歷山卓的動亂立即影響到羅馬本身的安寧和生計。自從弗爾繆斯的簒奪行爲不斷引起叛變以後，上埃及行省一心要與蠻橫的衣索匹亞結盟。布雷米斯人散布在米羅伊島（Meroe）和紅海地區，人口的數量微不足道，習性並不諳戰事，使用的兵器不僅簡陋而且沒有多大殺傷力。像這樣的民族，古人看到他們其醜無比的外形，感到大吃一驚，甚至不把他們算成人類的一分子，現在他們見到天下大亂也要趁火打劫，竟敢將自己列爲羅馬的敵人。這種盟友對埃及人並沒有多大價值，但是當大家的注意力全部集中在主要的戰爭上，他們的入侵對平靜的行省帶來很大的困擾。爲了找一個適當的敵手來對付布雷米斯人，戴克里先說服諾貝提人（Nobatae），這是努比亞（Nubia）地區*27的一個民族，要他們離開利比亞沙漠的古老居留地，把辛尼（Syene）和尼羅河瀑布以上廣闊而荒蕪的地區，全部奉送給他們，但要他們保證尊重並保衛帝國的邊疆。這個條約長久保存下來，一直到基督教建立，引進更嚴謹的宗教崇拜儀式以後，每年的簽約典禮要在埃里芳廷島（Elephantine）舉行莊嚴的獻祭，無論是羅馬人還是蠻族，都向世界所有的神明俯首禮拜。

此時，戴克里先懲罰埃及人過去的罪行。他爲了未來的安全和幸福，在以後的統治期間，強力執行很多明智而有遠見的規定。他曾頒布一件非常特別的詔書，不能看成是猜忌的暴君爲了懲治異己所採用的手段，應該算是審慎而仁慈的行爲，要受到舉世的讚揚。他要求持續不斷的檢查「所有古老的書籍，凡是與煉金術有關的作品，必須毫不留情的燒毀，不願富足的埃及人受到這方面的影響，因而堅定他們背叛帝國的決心。」但是，如果戴克里先眞正相信這門技術很有價值，那他又何必非要摧毀，自己加以利用來解決稅收的問題，豈不是可以獲得更大的好處。所以更可能的原因，是他了解到這門學問看起來很唬人，事實上完全是愚蠢的行爲。他切望自己的臣民能有理性，不要浪費錢財做這種有害的行業。這些古老的書

*27 [譯註]努比亞位於非洲東北部，是蘇丹北部和埃及南部沿尼羅河的地區。

籍借用畢達哥拉斯(Pythagoras)、所羅門(Solomon)和赫爾密斯(Hermes)的名字*28，事實上是當代的高手用來騙人的勾當。希臘人對煉金術抱著敬鬼神而遠之的態度，根本不加理會。普里尼雖然長篇大論提到這門技術，但卻著眼在它的起源和人類對它的誤解，很少談到金屬的質變。所以從煉金術發展的歷史來看，戴克里先的查禁是官方首次採取的行動。後來，阿拉伯人征服埃及，將這門僞科學散播到全世界，因爲能夠投合人類貪婪的心理。在中國*29和在歐洲一樣，引起熱烈的研究並曾經風靡一時。在黑暗的中世紀，每一種不可思議的奇聞異事都受到大眾的歡迎，所以把煉金術當成一門正式的學問，像過去那樣寄以厚望，也使人不禁要用來當成行騙的工具。哲學基於經驗終於放棄對煉金術的研究，到了近代，不管再怎麼財迷心竅，也會運用經商和實業這些比較具體的辦法來致富。

五、蓋勒流斯指揮波斯戰爭的光榮結局(286-297A.D.)

平定埃及後接著就是波斯戰爭。戴克里先統治期間最重大的工作，就是要制服此強大民族，迫使阿塔澤西茲的後裔承認羅馬帝國的無上權威。

前面提到華勒利安在位時，波斯人不守信義，以武力征服亞美尼亞，而且先用暗殺的手段害死克司洛伊斯。他的兒子提里德特斯(Tiridates)在襁褓中繼承王位，後來被老王忠貞的友人救走，在羅馬皇帝的保護下接受教育。提里德特斯從放逐中獲得寶貴的經驗，那就是他早年所受的苦難、對人性的了解、以及接受羅馬的紀律和訓練，他要是坐在亞美尼亞的王座上，絕不可能得到這麼多收穫。他在年輕時就以英勇的行爲名聞遐邇，在

---

*28 [譯註]畢達哥拉斯是公元前六世紀希臘哲學家和數學家，認爲數學爲萬物的本源，促進數學和西方理性哲學的發展；所羅門是公元前十世紀的以色列國王，爲大衛王之子，以智慧著稱；赫爾密斯是希臘哲學家，著有《占星術》、《煉金術》等書籍。

*29 [譯註]埃及的煉金術傳入中國一事值得商榷，根據李約瑟(Joseph Needham)所著《中國科學與文明》(*Civilazition and Science in China*)一書，西方的煉金術受中國的影響最大，尤其晉人葛洪所著《抱朴子》，是最早也是最有系統的專論。

各種軍事訓練上，不僅體力就連技巧也無人能及，甚至在奧林匹克比賽[30]不那麼光彩榮耀的競爭中也能獨占鰲頭，更高貴的特性是他盡力保護恩主黎西紐斯(Licinius)(282 A.D.)[31]。蒲羅布斯死後發生叛亂，這位軍官遭到立即臨頭的危險，暴怒的士兵要強行進入他的帳篷，只有亞美尼亞的國君獨自拿著武器在外面阻擋，而且後來又幫忙他復職。黎西紐斯不論在那種職位，都被蓋勒流斯視爲好友和得力的助手，也受到戴克里先的賞識和重視。等蓋勒流斯稱帝後，不久就擢升他到奧古斯都的位階。提里德特斯在戴克里先統治的第三年，被封爲亞美尼亞的國王(288A.D.)，這並非完全基於利害關係，也是公正的處置，可以從波斯王國的篡奪行爲中，掌握一個極關重要的地區。羅馬自尼祿當政起，對於阿薩息斯王朝最年輕的旁支，就答應給予保護。

當提里德特斯到達亞美尼亞的邊界，立即受到熱烈的歡迎和忠誠的擁戴。二十六年來，這個國家在外來的桎梏中經歷無窮無盡的苦難。想當年波斯王國完成征討工作，用宏大的建築物來裝飾勝利，建造這些紀念物浪費人民的血汗錢，等於是奴役的標誌而爲大眾所憎惡。征服者因爲害怕發生起義行動，所以採取最嚴酷的防範措施，由於遭到公眾的抗拒更要加強高壓統治，知道已經激起全國人民的痛恨，並且沒有排解的餘地。前面提到祆教的信仰帶有絕不寬容的精神，亞美尼亞已奉爲神明的歷代國王[32]，他們的雕像以及日神和月神的神聖畫像，都被狂熱的征服者肆意破壞。波斯人在貝格萬(Bagavan)山的絕頂上興建祭壇，爲阿胡拉點燃永不熄滅的熊熊聖火。當一個民族受到這麼多的傷害，爲了獨立自主、宗教信仰和繼承權利，不惜揭竿而起是很自然的事。起義的狂流沖垮所有阻礙，波斯守備部隊在動亂開始前已經撤離。亞美尼亞的貴族投奔到提里德特斯的旗幟

30　克里尼的摩西在所著的《亞美尼亞史》裡提到提里德特斯的教育和體能狀況，說他抓住野牛的兩隻角，就可以把牛頸扭斷。

31　小維克托推測在323年時，黎西紐斯已六十多歲，跟提里德特斯的庇主可能不是同一人，但黎西紐斯大約生在250年，與小維克托的算法又差了十幾年。所以他在那個時候已經有三十多歲，跟蓋勒流斯是同時的人物，而且很早頭髮就變成灰白。

32　克里尼的摩西在《亞美尼亞史》提到，他們爲神聖的瓦拉薩息斯(Valarsaces)樹立雕像。他是阿薩息斯王朝的第一任國王，約在公元前130年統治亞美尼亞。

下，紛紛訴說往日的功勞，要獻身未來的建國大業。同時他們對於過去向外國政權表示不屑，拒絕爲敵人服務的行爲[33]，特別請求國王給予表揚和賞賜。提里德特斯要阿塔伐斯德斯(Artavasdes)負責指揮軍隊，幼年時候這個人的父親救過他的命，家人也因此一義行而受到屠殺，所以又將一個行省交給阿塔伐斯德斯的兄弟來治理。他同時將軍事最高職位授給歐塔斯(Otas)總督，這位貴族個性剛毅忠誠而且正直不阿，將自己的妹妹嫁給國王，呈獻很大一筆錢財。這些珍貴的東西都存放在一座很僻遠的堡壘裡，歐塔斯很謹慎的保管不讓敵人染指。在這些亞美尼亞的貴族之中，出現一位非常有錢的盟友，但過去並不爲人所知。他的名字叫孟哥(Mamgo)，祖先是錫西厄人，所以有一大群牧民奉他爲主，多年來營地都開設在中國皇帝管轄的邊陲[34]。中國勢力在那時已遠達粟特(Sogdiana)地區[35]，由於他們招惹地方大員的不滿，孟哥帶領他的人退到阿姆河岸，懇求薩坡爾的保護。中國皇帝根據主權，要求歸還這群逃犯，波斯國王以不能出賣受庇之人，此舉有違背待客之道加以辯護。但是爲了避免發生戰爭，他答應將孟哥逐趕到西部最遙遠的地方，說是這種懲罰就像處死一樣可怕。於是波斯國王選擇亞美尼亞當作流放地，劃出一大片區域給錫西厄牧民，讓他們在那裡養育牲口和馬匹，按季節的轉移開設營地逐水草而居。現在受到徵召要擊退提里德特斯的進犯，但是他們的頭目衡量當前的狀況，考慮自己應盡的義務和可能的後果以後，決定不參加波斯人的陣營。亞美尼亞國君對孟哥過去的事蹟和勢力都很清楚，對待他非常尊重，讓他參與機密的事項。獲得一個勇敢而忠誠的部下，對復國大業大有助益。

積極進取的提里德特斯那時眞是無往不利，非僅將仇敵逐出亞美尼亞全境，且爲了報復，率軍侵入亞述的心臟地區。歷史學家爲使提里德特斯

---

33 亞美尼亞的貴族人數很多，勢力很大，摩西提到很多家族在瓦拉薩息斯當政時很有名望，一直延續到他那個時代，大約是五世紀中葉。

34 《亞美尼亞史》把中國稱爲秦(Zenia)，因爲絲的生產、人民的富裕和愛好和平而聞名於世。

35 粟特應該是當時中國所稱的西域，所指的區域非常廣泛，可能將中亞和西亞的一部分都包括在內。

的名聲不致湮沒，帶著一腔民族熱忱，讚頌他神勇的表現。在東方浪漫色彩的傳奇中，描繪出巨人和大象都被他神力驚人的手臂所制服。從其他的資料顯示當時波斯王國陷入極端的混亂狀況，所以亞美尼亞國王才獲得漁人之利。波斯薩珊王朝有野心的兄弟相互爭奪王位，霍爾木茲(Hormuz)這一派費盡心機卻沒有成功，所以要借重居住在裏海附近蠻族[36]的危險助力。可能是戰勝也可能經過協商，內戰很快結束，納爾西斯(Narses)受到一致承認，成爲波斯國王，然後運用全力來對付外敵。雙方實力太過懸殊，蓋世英雄提里德特斯也無法挽回劣勢，第二次被趕下亞美尼亞的王位，再度在羅馬皇帝的宮廷尋求庇護。納爾西斯立即在背叛的行省重建權威，大聲抗議羅馬對叛徒和逋臣給予保護，誓言要征服整個東方[37]。

皇帝無論就政策或榮譽的立場，都不可能放棄亞美尼亞國王，決定運用帝國的軍隊參加波斯戰爭(296 A.D.)。戴克里先以一貫穩健的態度，先在安提阿建立堅固的基地，加強軍事行動的各項準備工作。他把指揮軍團的責任託付給所向無敵的蓋勒流斯。爲此，特地將他由多瑙河防區調到幼發拉底河戰線。雙方的軍隊很快在美索不達米亞平原相遇，打了兩場難分勝負的會戰，但在第三次會戰後，產生決定性的結局，羅馬軍隊大敗。這是蓋勒流斯輕敵急進所致，他帶著一支兵力不足的部隊，攻擊數量龐大的波斯人[38]。因爲是在這個國度發生的狀況，可以聯想到失敗的理由，就像克拉蘇的死亡和十個軍團慘遭殺戮一樣[*39]，蓋勒流斯就在同一地點被擊潰。這片平原有六十哩長，從多山的卡爾希延伸到幼發拉底河，是荒涼不

36　這裡指的是錫西厄人的瑟西族(Sacae)，在阿姆河和錫爾河(Jaxartes)的上游，逐水草過著遊牧生活；還有傑里人(Gelli)是裡海西南部吉蘭(Ghilan)地區的居民，很久以來就用底里麥特人(Dilemites)這個名字，襲擾波斯王國。

37　克里尼的摩西沒有提到第二次復國的事，我只有從阿米努斯・馬塞利努斯的作品裡找到一些資料，拉克坦久斯(Lactantius)特別提到納爾西斯的雄心壯志。

38　優特洛庇斯、菲斯都斯(Festus)、奧羅休斯和兩位維克托，都提到最後也是最重要的那次戰役，有關前面兩次作戰只有奧羅休斯加以敘述。

*39　[譯註]公元前55年，克拉蘇遠征安息，一共是七個軍團約兩萬九千人，再加上協防軍及騎兵總計四萬人，53年6月在卡爾希(Carhae)與蘇里納斯(Surenas)決戰，全軍覆沒。

毛而表面平坦的沙漠，見不到一個山丘和一棵樹木，也沒有任何可飲用的水源。堅持到底的羅馬步兵因炎熱和口渴而戰力衰竭，他們知道保持陣式也沒有勝利的希望，但是只要隊伍沒有被擊破，就不會遭到立即的危險。在這種狀況下他們逐漸被優勢的兵力所包圍，受到快速的機動部隊襲擊，爲蠻族騎兵的箭雨所殲滅。亞美尼亞國王在會戰中表現了英勇的行爲，以團體的災難換取個人的聲譽。他被追擊至幼發拉底河畔，這時座騎已經受傷，看來已經逃不掉勝利在望的敵軍追捕。在這個生死關頭，他唯一的希望就是下馬縱身溪流之中，身上的甲冑很重，河水又深不見底，這裡的寬度將近半哩，靠著他的體力和技巧終於安全抵達對岸[40]。我們雖然不知道他當時逃脫的狀況，但是他根本不顧羅馬將領的死活。等他回到安提阿，戴克里先不把他當成講道義的朋友和同僚，只是對一個吃了敗仗的君主感到氣憤不已。於是這位高傲的人穿著紫袍，滿面羞愧和認錯的表情，在皇帝座車後面徒步走了一哩，把可恥的行爲展現在整個宮廷前面。

戴克里先對戰敗感到憤怒，爲表示至高無上的權力，在凱撒再三的乞求後才稍作讓步，同意他繼續指揮作戰，用來恢復自己和羅馬軍隊的榮譽。第一次遠征大部分都是戰力較弱的亞洲部隊，爲了改進缺失，抽調身經百戰的老兵軍團，從伊里利孔徵召的新兵，組成第二支大軍；再加上相當數量的哥德協防軍，這些蠻族的供應由皇家支付經費。蓋勒流斯選出精兵兩萬五千人擔任前鋒，再度越過幼發拉底河(297A.D.)。這次沒有讓軍團暴露在美索不達米亞的開闊平原，而是通過亞美尼亞山地，不僅可獲得居民協助，而且這片國土適合步兵作戰，崎嶇的地形不利於騎兵的機動。

羅馬人身處逆境更重視紀律，蠻族因勝利而感到興奮，產生玩忽和鬆懈的心理，這時就可看出兩者的差別。蓋勒流斯爲了隱匿自己的企圖，達成攻敵不備的效果，只要兩位騎士隨護，親自祕密用目視偵察敵軍營地的位置和狀況。這次奇襲作戰在夜間發起，給波斯大軍帶來毀滅性的打擊。

40 《亞美尼亞史》把這段當成提里德特斯的功勳來描述，我認爲他和蓋勒流斯一樣都吃了敗仗。

色諾芬曾提到：「他們的馬匹都已事先繫好，馬腳用木枷拴住，防止到處亂跑。如果發生緊急狀況，波斯人先要將馬飾整理好，裝上馬勒和轡繩，披上鎧甲以後，才騎上戰馬[41]。」在這種狀況下，蓋勒流斯猛烈的攻擊將混亂和災難擴展到整個蠻族營地，在可怕的大屠殺中只遭到輕微的抵抗。受傷的國王(納爾西斯親自指揮這支大軍)趁著局勢大亂，逃向米地亞的沙漠。他那豪華的中軍御帳以及手下高官的帳幕，全部成爲征服者豐碩的戰利品。只要提一段插曲，就可知道軍團的將士純樸而善戰，對於奢華的生活方式竟一無所知。有一個修飾很華麗的皮袋裡裝滿珍珠，落在一個小兵的手裡，他很小心的將袋子收起，卻認爲裡面的東西根本不值錢而全部丟掉。納爾西斯的損失極爲慘重，隨軍前來的幾個妻妾、姊妹和小孩都成爲俘虜。雖然蓋勒流斯的性格並不像亞歷山大，但在勝利以後，倒是拿這位馬其頓偉人對待大流士家屬的友善行爲當作榜樣。納爾西斯的妻妾和兒女受到保護，免於被強暴和傷害，送往安全的地點，受到非常尊重和仁慈的對待。這是個寬大爲懷的敵人，對於老幼婦孺和皇室人員的善意表示[42]。

六、羅馬與波斯簽訂和平條約(297A.D.)

帝國的東部正在焦急等待這場大戰的結局。戴克里先在敘利亞繼續集結軍隊，展示羅馬霸權無遠弗屆的威力，能夠應付戰爭發生的各種狀況。等到勝利的信息傳來，他親身前往帝國邊界，慰勉壯志已酬的蓋勒流斯，商討後續作戰相關事項。兩位君主在尼昔比斯見面，雙方都盡到最尊重的禮數。接著蓋勒流斯立即安排波斯使者覲見[43]，納爾西斯的戰力和鬥志在

41 色諾芬在《遠征記》中提到，波斯人的騎兵因爲這個緣故，通常紮營的位置離開敵人有六十個斯塔德(個斯塔德約爲六O七到七三五呎)的距離(譯者按：六十個斯塔德最少有十二公里，是否太遠了一點)。

42 優特洛庇斯提到，波斯人承認羅馬人的德行和武功一樣優越，雖然對敵人非常尊敬而且感激，但是自己在這方面卻乏善可陳。

43 協議有關的敘述從貴族彼得蒐集的斷簡殘篇中找到。彼得本人是查士丁尼時代的人物，將蒐集的資料整理後出版，據稱作者都是可信度很高的知名之士。

慘敗以後無法恢復，認爲只有謀求和平才能阻止羅馬大軍前進。阿法班(Apharban)是他最賞識的家臣，也是他的心腹，奉命前往談判和平條約，被授權在必要時接受羅馬皇帝所提出的條件。阿法班在會議開始時，代表他的主子感謝羅馬仁慈對待他主子的家人，請求能讓這些地位高貴的俘虜得到自由。他認爲向英勇的蓋勒流斯祝賀，並不會損及納爾西斯的名聲，承認勝利的凱撒戰勝國王也不丟臉，因爲這位國王在他的國家已經贏得很多勝利。雖然他被授權要尊重皇帝的決定，還是表示波斯知道羅馬獲得優勢。他們並不在意命運一時的枯榮，要知道物盛則衰，剝極必復。阿法班用典型的東方式比喻來總結他的談話，說羅馬和波斯是世界的一雙眼睛，不管弄瞎那隻眼都是無可挽回的悲劇。

蓋勒流斯氣憤塡膺，滿身激動的說道：

> 波斯人也會說出聽命運「安排」的話，還很平靜的教訓我們要懂得謙和的美德，眞是太好了！讓我們回想一下，你們是怎樣用「謙和」的方式對待不幸的華勒利安。你們使用詭計打敗他，用毫無尊榮的手段對待他，把他當作俘虜盡情羞辱一直監禁到死爲止，他的遺體公開示眾遭到永無止境的糟蹋。

不過，蓋勒流斯還是使聲調緩和下來，暗示使者羅馬人不會踐踏無力反抗的對手。在這種狀況下，他們要做的是如何保持自己的尊嚴，波斯人不能再提他們的豐功偉業。他在辭退阿法班時，還是給了使者一線希望，納爾西斯很快會得到通知，基於皇帝的寬厚仁慈，他將獲得長久的和平，以及歸還他的妻妾和兒女。在這次會議中，我們發現蓋勒流斯雖然流露出兇狠的性格，但還是尊重戴克里先明智而權威的指導。蓋勒流斯具有雄心壯志，想掌握戰機征服東方，最後目的是使波斯成爲帝國的一個行省。但是戴克里先極爲謹愼，堅持要遵循奧古斯都和安東尼的穩健政策，一定要抓住最適當的時機來結束長期的戰爭，獲得光榮而有利的和平。

爲了履行他們所答應的諾言，戴克里先隨後立即指派他的祕書賽科流斯·蒲羅布斯(Sicorius Probus)，前往波斯宮廷告知他們最後的決定。他身爲和平使者受到熱烈的款待和友善的安排，波斯國王但以長途的行程之後需要休息爲藉口，一天天拖延蒲羅布斯覲見的時間。他對於國王這種遲緩的行動只有耐心等待，最後終於得到許可在米地亞的阿斯普魯達斯(Asprudus)河邊覲見。納爾西斯的延遲是基於不願爲人所知的動機，那就是要集結更多的部隊。雖然他對和平很熱中，但有實力在手，會使他在協商時說話更有份量和權威。在這次重要的會議中，國王只有三位人員在旁協助，那就是阿法班大臣、衛隊統領和負責亞美尼亞邊區的指揮官[44]。使者提出第一個條件，目前看來並不明智，尼昔比斯這個城市位於兩個帝國之間，是爲了雙方的貿易而建立。有關這點不難了解羅馬皇帝的意圖，是希望對通商加上一些限制條件，好改進他們的稅收狀況。但是波斯認爲尼昔比斯位於羅馬的領土上，不論是輸出或輸入都可以自行作主，要有限制條件應該算是國內法，不能訂在國外條約之中。羅馬方面爲了使得貿易更有效果，有些規定可能需要波斯國王這邊推動，看來對利益和國家的主權都有損害，所以納爾西斯表示歉難同意，但是所有的條件只有這一點發生問題，羅馬這邊也不再堅持。看來皇帝只有認同貿易的流通有自然的管道，如果要加以限制，只有依靠自己的權威來建立。

等到這方面的困難解決，神聖的和平得到兩國的同意和批准，和約的條件給羅馬帶來榮譽，也滿足波斯的需要。值得特別注意之處，是羅馬歷史上很少這類性質的記錄，因爲戰爭的結局大多數是絕對的征服，或是對蠻族的戰爭，很少用到文字。和約的要點爲：其一，固定以亞波拉斯河，或者是色諾芬所稱的亞拉克西斯河，作爲兩國的國界[45]。這條河發源於底格里斯河附近，在尼昔比斯下方數哩處，與一條名叫邁多紐斯

44　這位指揮官是桑米姆(Sumium)的總督，克里尼的摩西曾提到這個行省，位於阿拉拉(Ararat)山脈的東部。

45　地理學家托勒密發生錯誤，把辛格拉的位置從亞波拉斯河移到底格里斯河，使彼得也跟著出錯，就把底格里斯河當成邊界。羅馬帝國邊疆的防線，有時會與底格里斯河交叉通過，但是絕不會順著河流設置。

(Mygdonius)的小溪會合，然後流過辛格拉(Singara)城牆下方，在色西昔姆附近流入幼發拉底河。戴克里先非常注意色西昔姆這個邊疆城市，修建特別堅固的防禦工事。美索不達米亞是很多次戰爭的目標，現在割讓給帝國，波斯依據條約對這個廣大的行省放棄所有的權利。其二，波斯將越過底格里斯河的五個行省讓給羅馬[46]。這幾個行省的形勢可以構成很有用的阻礙，在加強生產和軍事技術之後，實力大幅提升。底格里斯河北邊的四個行省是印提林尼(Intiline)、查底昔尼(Zabdicene)、阿查尼尼(Arzanene)和摩索伊尼(Moxoene)，這個區域少爲人知而且面積不大。但是帝國在底格里斯河的東岸，獲得卡都伊尼(Carduene)這個廣大而多山的地區，是卡都齊亞人古老的根據地，多少世代以來在亞洲專制王國的腹地，保持獨立自主的狀態。曾有一萬名希臘人忍受痛苦的行軍，以且戰且走的方式用七天的時間穿過這片國土，他們的領袖所敘述的撤退是前無古人的行動，認爲卡都齊亞人的箭雨，比波斯國王的權勢給他們帶來更大的傷害[47]。他們的後裔現在稱爲庫德人(Curds)，用的姓氏和生活方式跟過去相比沒有多大改變，承認土耳其蘇丹只是名義上的君主。其三，其實不提都可以，羅馬的忠實盟友提里德特斯，重新登上他父親所遺留的王位，承認並保障羅馬皇帝的最高權力。亞美尼亞的國界延伸至米地亞境內辛薩(Sintha)的堡壘，這些增加的領土，並不全是基於正義原則所採取的慷慨行動。前面提到越過底格里斯河的四個行省，就是安息人過去從亞美尼亞的疆域中分割出來[48]，當羅馬獲得這些行省的主權以後，將阿特洛帕提尼(Atropatene)這個廣大而肥沃的地區，讓給盟國作爲適當的補償。此地的主要城市，就

46 彼得同意查底昔尼、阿查尼尼和卡都伊尼這三個行省是在一邊，但是認爲另外兩個行省應該是理赫米尼(Rehimene)和索菲尼(Sophene)。我接受阿米努斯的意見，他提出證明說是無論在戴克里先以前或是傑維安(Jovian)以後，理赫米尼和索菲尼都沒有受過波斯的統治。

47 色諾芬的《遠征記》提到卡都齊亞人的弓有三肘尺長(一肘尺約爲二十吋，三肘尺近一百五十公分)，箭的長度有兩肘尺，希臘人發現在荒野地區竟有很多村莊。

48 優特洛庇斯只提到阿查尼尼有個城市名叫泰格雷諾色塔(Tigranocerta)，至於其他三個行省的城市和位置，就沒有留下什麼蛛絲馬跡。

是現代的陶里斯(Tauris)所處的位置，經常有幸成爲提里德特斯的居住地，有時也會稱之爲伊克巴塔納，在建築物和城堡工事方面，他模仿米提人光耀奪目的都城。其四，伊比利亞這片國土是不毛之地，當地的居民粗魯而且野蠻，但是他們習慣於使用各種武器，與帝國的蠻族有所區別，只是更爲兇狠和難以征服。他們把高加索山脈狹窄的隘道控制在手裡，是否同意薩瑪提亞人通過，完全要看他們的臉色，然後薩瑪提亞人才能向南搶劫富庶的地區。波斯人把伊比利亞國王的繼承提名權讓給羅馬皇帝，有利於羅馬人鞏固在亞洲地區的權力。東方享受到四十年長久的寧靜，提里德特斯在世時，兩個敵對王國都能嚴格遵守協定。等到下個世代繼位以後，基於不同的觀點和看法激起萬丈雄心，納爾西斯的孫子爲了對抗君士坦丁家族的君王，發起長久而持續的戰爭。

七、羅馬的地位與元老院的權力日趨衰落(303A.D.)

接連繼承大寶的伊里利孔農夫，將處於狀況極度惡劣的帝國，從僭主和蠻族手裡拯救出來，完成艱辛困苦的工作。戴克里先進入統治第二十個年頭，就像軍隊戰勝以後舉行壯觀的羅馬凱旋式，用這種方式來慶祝值得紀念的節日，馬克西米安是擁有同等權力的共治者，陪伴著他共享殊榮。兩位凱撒也曾征戰各地建立勳業，但是根據嚴格的古老規定，這分績效要歸功於身爲父親的皇帝對他們的指導和教誨。戴克里先和馬克西米安的凱旋式(303年11月20日)，比起當年奧理安和蒲羅布斯，在規模和華麗上或許有所不及，但是在另外幾方面卻享有更高的名聲和氣魄。阿非利加和不列顛、萊茵河、多瑙河和尼羅河這幾處邊疆，都送來各自的戰利品。最突出的裝飾品帶有非常獨特的性質，那就是波斯戰爭獲勝征服很重要的地區，代表著河流、山脈和行省的模型，抬著走在皇帝的前面。波斯國王被俘幾位妻妾、姊妹和兒女的畫像，構成一幅滿足人民虛榮心的場面。然而在後代子孫的心目中，最突出一點卻不怎麼光彩，那就是這次凱旋式是羅馬城最後一次，從此皇帝再也沒有征服異域，羅馬再也不是帝國首都。

羅馬在這個地點奠基以後，由於古代各種儀式和不可思議的奇蹟，成爲一個神聖的場所。神祇的存在和英雄的往事，使得整個城市的每一部分都顯得生氣勃勃，把這個世界的帝國奉獻給卡庇多神殿[49]。土生土長的羅馬人，感受到這分沛然莫之能禦的力量來自古老的祖先，在最早期的生活習慣中得到發展，受到政治方面相關措施的有效保護。政府的形式和所在的位置密切結合，公認兩者缺一無法獨存。但是首都的統治權力，卻隨著征服區域的擴大而逐漸萎縮。行省的地位即將提升到同樣水平，被征服民族獲得羅馬人的名分和權益，都能夠不分彼此一視同仁。在很長一段時間內，古代制度的殘餘勢力和風俗習慣的影響作用，能夠保持羅馬最後的尊嚴。無論是出生在阿非利加或伊里利孔的皇帝，尊重這個接納他們的國家，願意將羅馬當成運用最高權力的法源基礎，統治廣大疆域的政治中樞。戰爭的緊急狀況使得君王長駐前方，但是，只有戴克里先和馬克西米安這兩位皇帝，最早開始在和平時期也定居在行省的城市。這種作法無論出於何種私人的動機，就政策的考量都很正確。位於西部的皇帝，大部分時間把宮廷安置在米蘭，這個地點位於阿爾卑斯山的下方，爲了伺察日耳曼蠻族的動靜，顯然要比羅馬更爲方便。米蘭很快顯現出皇城的氣勢，據說這裡的房舍數量很多而且建築優美，人民的言行舉止不僅謙恭有禮而且風度翩翩。主要公共設施是一個競技場、一所劇院，還有鑄幣廠和皇宮，以及用建造人馬克西米安爲名的浴場，柱廊裡裝飾著各種雕像，還建有兩道城牆成爲雙層防衛，更增加這座新都城在外表上的美觀，與鄰近的羅馬比較並不相形見絀[50]。戴克里先運用個人的閒暇時間加上東部的富庶和資財，大力整建位於歐亞交界處的尼柯米地亞(Nicomedia)，此地離多瑙河和幼發拉底河的距離概約相等，要與羅馬的宏偉和尊嚴能夠抗衡。由於君王的倡導和民眾踴躍出資，尼柯米地亞在不到數年間，就有非數代工夫不

49 李維記下卡米拉斯就這個題材所發表的言論，極爲雄辯而且富於感情，反對將政府從羅馬搬到鄰近的城市維愛。

50 奧理留斯·維克托同樣也提到，馬克西米安在迦太基興建很多的建築物，可能是在與摩爾人發生戰爭的時期。

能達成之宏偉壯麗，在面積和人口上，是僅次於羅馬、亞歷山卓和安提阿的重要城市。戴克里先和馬克西米安一生戎馬倥傯，大部分時光是在軍營和長途行軍中度過，每當公餘閒暇，都會回到位於尼柯米地亞和米蘭的居所，過著安逸的生活。戴克里先在統治屆滿二十年，曾到羅馬參加凱旋式，以前是否到過帝國的京城頗成問題，即使在那次盛大的典禮中，停留的時間也未超過兩個月。他本來應邀到元老院致詞，接受執政官的徽章，由於厭惡都城人民的放縱無禮，突然提早十三天離開羅馬。

戴克里先對羅馬及京都人士的縱情放蕩表示不悅，並非一時的率性而爲，乃是一種政治手腕的運用。這位高瞻遠矚的皇帝早已計畫一套新的帝國政治體系，後來由君士坦丁王朝實施完成。元老院把老朽的體制視爲神聖，還要恭謹的加以保存，戴克里先決心剝奪他們僅剩的權勢和尊榮。戴克里先登基前八年，羅馬元老院擁有爲時短暫的崇高地位和偉大抱負，趁著這股興奮的潮流，許多貴族得意忘形表現重建共和的熱忱。曾幾何時，事過境遷，當蒲羅布斯的繼承人撤銷對共和派人士的支持，元老院掩蓋不住無可奈何的憤慨。馬克西米安統治意大利，負責剷除麻煩多過危險的風氣，這個任務最適合他那殘暴的性格。對元老院最有聲望的成員，過去戴克里先對他們裝出很尊重的樣子，現在被他的共治者以莫須有的證據，指控犯下祕密謀反的罪行。持有一座上好的莊園或是一片耕種的田地，都被當成犯罪的物證。禁衛軍在過去對羅馬盡力壓制，現在反而是多方保護，因爲這些倨傲不遜的部隊，已經意識到自己的權力即將日薄西山，自然想與元老院的勢力結合起來。但是戴克里先採取步步爲營的作法，在不知不覺中減少禁衛軍的員額，取消他們所具有的特權，職位也由伊里利孔兩個忠誠的軍團取代，分別命名爲「賈維烏斯軍團」和「海克留斯軍團」，指定擔任皇帝的警衛任務[51]。但是，戴克里先和馬克西米安對元老院致命而難以發覺的傷害，是從不出席元老院會議所造成的必然後果。只要皇帝居

51　這兩個部隊配置在伊里利孔地區，按照古老的規定，每個部隊有六千人。士兵善於使用一種灌鉛的重標槍而名聞遐邇，每個士兵攜帶五枝，運用力量和技巧可以投擲得又遠又準。

住在羅馬，議會雖然受到壓制，但是所具有的實力不容忽視。奧古斯都以後所有的皇帝，有權隨心所欲制訂法律，最後還是要得到元老院的批准，古代公民權的模式便保存在法律的審查和頒行之中。賢明的君王爲了尊重民意，對於共和國的行政官員和執政官，在言行方面採取優容的態度。君王的威嚴盡可以在軍隊和行省顯現，等到他們居住的位置離開首都更遠，就可把奧古斯都對繼承人的告誡置之度外，也就是不再用僞裝來掩飾自己的行動。在行使法庭審判和施政作爲的權力時，只要與大臣商量一下，毋須像過去那樣要諮詢元老院的意見。當然，一直到帝國的末葉，提到元老院時仍能保持相當敬意，議員受到恭維感到沾沾自喜。多少年來元老院一直就是權柄的根源，又是運用權勢的工具，終於遭到敬而遠之的待遇，落得無疾而終的下場。既然已經與帝國宮廷和權力機構失去任何聯繫，就只會被視爲卡庇多山上一個可敬而無用的古蹟。

八、戴克里先提高君權的具體作法(303A.D.)

羅馬君王只要看不到元老院和古老的都城，很容易忘懷他們擁有法定權力的來源和屬性。像是執政官、前執政官、監察官和護民官等等，基本上就是民選的官職，結合起來構成整體的權力，人民也通過這些職稱看出共和國的由來。現在這些平民化的頭銜棄而不用，如果還要用「統帥」(Emperor)和「大將軍」等稱呼，來表明所具有的崇高地位，就要將這個名詞賦予更新穎和更莊嚴的釋義，不再是指羅馬軍隊裡的將領，而是主宰羅馬世界的皇帝。「皇帝」一詞原來含有軍事性質，演變成爲使人卑躬隸屬的意義。「主上」(Dominus)或「主子」(Lord)這個稱呼，最早所表示的隸屬關係，並不是指臣民對國君或是士兵對長官，而是自己家養奴隸對操有絕對權力的主人[52]。如此令人厭惡的含意，難怪早期幾位凱撒視爲蛇

52 普里尼把「主上」當成罵人的話，意義是指暴君或僭主，不是正統的國君。但是普里尼經常拿這個頭銜來稱呼自己的朋友，也就是國君圖拉眞。這種奇異的矛盾現象使註釋家和翻譯者都感到困惑。

斷棄而不用。等到時日已久，後來的君王對這個稱呼的抗拒緩和下來，聽起來也不令人討厭。到了最後，像「我主」和「皇帝」這些用語不但成爲阿諛的口頭禪，也漸漸用在法律的條款和紀念物的銘文。這一類崇高的稱呼固然可以滿足最極端的虛榮心，要是戴克里先的繼承人還拒絕國王的稱號，那倒不是眞正的謙虛，只是感到有點難爲情罷了。只要是使用拉丁語的地方(這是整個帝國的官方用語)，羅馬皇帝的頭銜，比起無數蠻族酋長自稱國王，可要尊貴得多。過去羅馬的國王源於羅慕拉斯，或是來自塔昆(Tarquin)地方的用語*53。但是，這個問題在東部的感受跟西部大不相同，在早期，亞洲的統治者習慣使用希臘語的頭銜巴西流斯(Basileus)或國王，代表的意義是眾人中最顯赫者，而它立刻就爲東部奴化很深的省民所引用，很謙恭的稱呼羅馬的君王。戴克里先和馬克西米安甚至自認具有神明的屬性，至少已僭用神明的稱號，並且傳給他們的繼承人基督徒皇帝君士坦丁。不過這種過甚其辭的恭維，由於並不代表特定的涵義，也就談不上褻瀆神明的意思，只要習以爲常，即使奉承過度得讓人肉麻的用語，聽起來也不過是含混的表示敬意而已。

從奧古斯都時代到戴克里先，羅馬皇帝會不拘形式的與市民交談，這時市民爲了表示敬重，所使用的禮節，與對元老院議員以及官吏沒有多大差別。皇帝唯一特殊不同之處在於穿著紫色的長袍或軍服，元老院議員的長袍用寬的綬帶或袍邊，騎士階級比較窄，這些綬帶和袍邊都是尊貴的紫色。戴克里先出於自大的心理，或者是基於政策的考量，這位手腕高明的君王把波斯宮廷的氣派引用過來。他戴上皇帝的冠冕，並用這種服飾代表皇權，羅馬人看到因而產生反感。喀利古拉戴上後，被人視爲無可救藥的瘋狂行爲，其實那不過是白色的帶子，上面綴以珍珠再綁在頭上而已。戴克里先和以後的皇帝全都穿著絲和金線織成的長袍，更讓人氣憤的是他們連鞋面也鑲上貴重的寶石。由於手續和儀式的增加，使得晉見皇帝極爲困難。宮中各處通道全部派家臣嚴密把守，內部的寢宮由機警的閹人巡視，

---

*53 [譯註]塔昆是艾圖里亞最古老的城市，在羅馬的北面約四十哩。

因而宦官的人數和權勢日益增大，這是專制政體不可避免的現象。要是臣民終於可以面睹天顏，不論官職大小都應俯伏在地，仿照東方規矩口呼主上並頂禮膜拜。戴克里先是個非常理性的人，一生中對他自己以至整個人類，都有正確的評估和衡量，所以很難想像，他採用波斯的禮儀來取代羅馬的成規，僅為了滿足虛榮心而已。事實上，他自以為擺出高貴的氣勢就可杜絕一般人的非份之想。使公眾難以見到君王，就可減少接觸人民和士兵的機會，不會受到粗暴行為的傷害；而長期讓人聽命膜拜的習慣，在不知不覺中增加人們崇敬的心理。戴克里先就像奧古斯都假裝謙卑一樣，一直在演戲作秀。但我們必須承認，這兩台喜劇表演，還是後者比前者高明，看來奧古斯都也更有人情味。皇帝對羅馬世界擁有無限的權力，奧古斯都的目的是要盡量遮蓋掩飾，戴克里先是要全力展現，唯恐不被人知。

九、戴克里先新體制的主要內涵(303A.D.)

戴克里先建立新體制的第一條原則是炫耀宮廷，第二條原則是政府分治。他將帝國、行省及軍事和民政機構，再劃分為若干區域或部門。政府的單位加多，行政效率必然減低，但職責功能更為明確。不論改革的利弊如何，都應由創始者負主要責任，但新政的成效將由繼任者逐漸改善始能獲得，未臻成熟及完備的階段，不宜事先評論得失。因此，眞正新帝國的準確形象，要等君士坦丁統治時才能知道。目前只能就戴克里先親自規畫的藍圖，描述最重要的輪廓。他找到三個共治者和他一起行使帝權，主要是他深信，一個人的能力不足以應付國家防衛的需要。因此，他不認為四帝分治是臨時權宜之計，反認為是治理國家的根本大法。按照他的構想，兩個年長的皇帝應頭戴冠冕，使用奧古斯都的頭銜以示尊貴，各自選擇一位副手及繼承人，給他們凱撒的名號。這兩位凱撒在升到最高統治者位置時，再各選一位繼承人接任凱撒，這樣可以毫無間斷的補充新一代的皇帝。帝國劃分為四個部分，東部和意大利是重要地區，多瑙河和萊茵河是動亂地區，前者需要奧古斯都親自坐鎮，後者交由凱撒前往治理。軍團的力量掌握在四個齊心協力的君王手裡，任何人想要連續擊敗四個強大的對手，幾乎沒有成功的希望，會使野心勃勃的將領望而卻步。在政府的行政方面，兩位皇帝以統一的權力管轄整個帝國，法令在共同的會議裡核定，經由兩位皇帝的聯名簽署，頒布後各行省要遵照辦理。縱使有這樣多的預防措施，羅馬世界的政治聯合還是逐漸解體，分裂的作用愈來愈嚴重，以致在短短幾年之內，竟會出現永久分離的東羅馬和西羅馬兩個帝國。

戴克里先的體系還有一個很重大的缺失，就是政府機構的擴大以致支出增加，結果是加重稅賦，人民的生計受到更大的迫害。當年奧古斯都和圖拉真的家庭，非常簡單的由奴隸和自由奴構成，一樣有崇高的地位，他們也感到非常滿足。但現在完全改觀，帝國在不同的地方建立四個規模宏大的朝廷，這樣多的羅馬國君在追求虛榮，一味講究廷儀的排場和生活的奢侈，要與波斯國王一比高下。眾多的大臣、高級官員、一般官吏和各種奴僕，充滿政府的各級單位，與過去相比，人數成倍增加。當時就有人說道：「當徵收的比例超過負擔的能力時，行省便會感受稅賦的沉重壓力。」從這時起到帝國滅亡為止，隨時可聽到哀鳴和怨恨的聲音。每位作家依據自己的宗教信仰和當時處境，分別挑選戴克里先、君士坦丁、華倫斯和狄奧多西作為詛咒謾罵的對象，但是他們對沉重賦稅的深痛惡絕倒是完全一致，特別是過重的土地稅和丁稅，是那個時代無法忍受的苦難。有位公正的歷史學家從這些論點中找出眞相，賦稅加重的責任在於皇帝，雖然不是個人的惡行所致，但行政機構的浮濫卻難辭其咎。戴克里先是新制度的創始人，但在他統治期間，這個日趨嚴重的缺失，還是局限在可以接受的範圍內。他受到指責是開創帶來禍害的先例，而不是實際對人民的壓榨。還有一點要知道，他在國家歲入和支用方面一直本著節約的原則，何況在支付正常經費開支後，皇帝的金庫裡有足夠的儲備金，可以供應合理的賞賜和國家緊急需要之用。

十、戴克里先和馬克西米安的禪退(304-305A.D.)

戴克里先在他統治的第二十一個年頭，終於履行禪位的重大決策。這件事如果發生在兩位安東尼皇帝的身上，看起來要自然得多，因爲他在取得和行使王權方面，都沒有領受哲學之教訓。戴克里先爲世界創下光榮退位的先例，只可惜後世帝王起而效法的爲數不多。我們自然會想起查理五世的類似行徑*54，經由一位現代歷史學家的生花妙筆，使得英國讀者都熟悉他的名字。何況這兩位皇帝的性格還十分相像，政治才能遠在軍事天份之上，品德方面有可議之處，言行多半出於做作並非天性使然。查理的遜位頗受時運枯榮盛衰的影響，心血凝聚的計謀不能實現，所帶來的失望之情促使他寧願放棄現有的權力，因爲已經無法滿足他的雄心壯志。但是戴克里先的統治正處於無往不利的順境，並非已擊敗所有敵人和完成全部計畫以後，才很嚴肅的考慮禪退的問題。無論是查理或是戴克里先，都還沒有到達衰老知命之年，前者五十九歲，後者僅五十五歲，但是這些君王過著繁忙的生活，長年櫛風沐雨從事戰爭和巡視，再加上國事的憂慮和施政的操勞，很容易損害到身體的健康，以致於人未老邁就已衰弱不堪55。

雖是朔風撲面、淫雨綿綿的冬季，戴克里先在凱旋式慶典剛結束，就離開意大利繞行伊里利孔各行省，向東部出發。惡劣的天候和旅途的勞累，使他感染慢性疾病，只有躺臥在密閉的舁床裡，讓人抬著緩慢行進。夏末(304 A.D.)還未抵達尼柯米地亞，病情已嚴重惡化，讓人感到驚訝，那年整個冬天都留在皇宮養病，危急的狀況引起普遍關懷，都是出乎內心的眞情流露。一般人只能從侍從人員的臉色和行動所表現的欣喜和驚惶，來判斷病情和健康的狀況。由於經常流傳皇帝崩逝的謠言，所以戴克里先

---

*54 [譯註]查理五世(1500-1558A.D.)就是西班牙國王查理一世，任神聖羅馬帝國皇帝稱查理五世，鎮壓西班牙城市公社起義，反對宗教改革與新教，與法國和土耳其發生戰爭，奪取西歐霸權失敗後，於1556年退位。

55 我們從拉克坦久斯那裡知道戴克里先這次的旅程和病況。他有時還是會寫些正式的報導，不是只杜撰一些奇聞軼事。

祕而不宣加以隱瞞，是因蓋勒流斯沒有趕來，生怕發生無謂的麻煩。直到3月1日他才再次公開露面，看起來是那樣的蒼白和瘦弱，以致和他熟悉的人都認不出來。這一年多來，他擔憂自己的健康和身爲帝王的職責，很勉強地硬撐，在經過痛苦的掙扎之後，現在是該做決斷的時刻。爲了身體的健康，他必須丟開勞心費神的工作，完全放鬆以安靜養病。但是他身負帝王之責，即使病倒在床，也要被迫推動一個龐大帝國的施政作爲。他決定要在光榮的禪退生活中安享餘年，使自己畢生戎馬所獲得的榮譽不再受命運播弄，把世界的舞台讓給年輕更有活力的共治者[56]。

禪退儀式在離尼柯米地亞三哩外一塊開闊的平原上舉行（305年5月1日）。戴克里先登上高大的寶座，在洋溢著理性和莊嚴的演說中，對刻意聚集在此一場合的民眾和軍人，宣告他禪位的意圖。等他脫下紫袍後，在眾人關懷的眼光下離開，坐上一輛掛著帷幕的車子，穿過市區，毫不耽擱向自己所選的退休地點——家鄉達瑪提亞前進。就在5月1日同一天，馬克西米安按照早已取得的協議，也在米蘭辭去帝位[57]。甚至在羅馬凱旋式的華麗盛會中，戴克里先已經思考要辭去政府職務，同時希望馬克西米安也遵從他的安排。可能那時馬克西米安已有承諾，一定會按照恩主的意思去做，很明確的保證只要戴克里先提出勸告或做出榜樣，無論在什麼時候，馬克西米安都會照樣步下皇帝寶座。雙方曾經在朱庇特神殿的祭壇前，立下神聖的誓詞。但是對性格兇狠的馬克西米安來說，他平生喜愛權勢，既不圖眼前的安寧也不求身後的虛名，這種沒有約束力的誓言，到底能發生多大作用。然而，不管馬克米亞安多麼不情願，對這位明智的同僚所凌駕於他的威勢，最後只有勉強屈服，禪位以後立即退隱到盧卡尼亞(Lucania)的莊園。像他那樣脾氣暴躁的人，不可能長期過平靜的生活。

56　奧理留斯・維克托把戴克里先的禪位歸於兩個主要原因，第一是戴克里先沒有很大的野心，第二是他對即將面臨的困難感到極爲煩惱；還有就是在頌辭上所提到他已老病侵尋，這是無法抗拒的自然因素。

57　戴克里先退位的時間在年份和日期上都有不同的說法，查證也很困難。靠著蒂爾蒙特的努力，這些問題都得到了解決。

十一、戴克里先的退隱生活與身後哀榮(305-313A.D.)

出身奴隸家庭，登上九五之尊的戴克里先，以平民身分度過生命中最後九年時光。他遵從理性的指示，滿足於退休的生活，一直受到在朝君王無比尊重，因爲他把世界交到他們手中。一輩子忙於國事的心靈，沒有辦法平靜下來，失去權力以後，最大的煩惱是無事可做。爲了排除無聊的時光，許多人提供他休閒活動，像讀書寫信和拜神許願，但戴克里先並沒有產生多大興趣。他自己保留一些最合乎自然的嗜好，建築、耕種和園藝占用去他大部分的閒暇時間。他對馬克西米安的回答的確値得我們深思，從而得到啓發。那位浮躁不安的老人，請求戴克里先再度穿上皇帝的紫袍，重新握住駕馭政府的韁繩。他只是展現出同情的笑容，絲毫不爲誘惑所動，很冷靜的回答說，要是馬克西米安看到他在薩洛納(Salona)親手種植的包心菜，就不會要他爲追求權力，做出這麼大的犧牲了。他在和朋友的談話中經常提到，人類最難精通之事莫過於治國之道。凡是談及他最喜愛的這個主題時，因爲親身經歷的關係未免產生激動的心情。他常說：

> 不知有多少次，四、五個大臣爲了本身的利益，情願拋棄相互的心結，聯合起來欺騙他們的君主。皇帝具有崇高的地位，卻與臣民形成隔絕，無法了解事物的眞相。他能看得到的東西有限，只能聽他們歪曲事實的報告。結果，他把最重要的職位交給罪孽深重和軟弱無能的庸才，罷黜臣民中操守最佳、才能最好的部屬。

戴克里先接著說：「這些下流無恥的伎倆防不勝防，就是最英明的皇帝也會被朝臣出賣，以致於身敗名裂。」一個人在蓋棺論定後，歷史會評估他的功業和名聲，這樣才能享受到退休生活的樂趣。但這位羅馬皇帝在當時世界具有舉足輕重的地位，很難完全以平民身分去享受生活的舒適和安全，退位以後對帝國所面臨的困難，知道以後也不可能不聞不問，這些困難帶來不幸的後果，他也不可能漠不關心。這樣一來，恐慌、悲痛和疑懼就會接踵而至，干擾他在薩洛納與世無爭的生活。他的妻子和女兒的不幸，對他的愛心和尊嚴造成極大的傷害。戴克里先在臨終(313A.D.)前受到侮辱，感到更大的痛苦。他是現任皇帝的養父，對他們有栽培玉成之恩，照說黎西紐斯和康士坦久斯要有圖報之心。現在還可以看得到留存的信件，說戴克里先情願自殺，也不想再受他們的迫害[58]。

在結束戴克里先平生事蹟和性格作風的敘述之前，讓我們花點時間來了解他退休後生活的地方。薩洛納是他出生地達瑪提亞行省的主要城市，離阿奎利亞和意大利的邊界大約有兩百羅馬里(按照公路長度計算)，到色米姆將近兩百七十羅馬里，這是羅馬皇帝到伊里利孔邊疆時所駐蹕的地點。現在有一個殘破的村落，保留著薩洛納的名稱，晚到十六世紀，還有一所劇院的遺址，散布著頹敗的拱門和一些大理石柱，訴說著昔日繁華的風光。在離城市約六、七哩的地方，戴克里先興建一座規模宏偉的宮殿，從這個工程的浩大，可以推斷戴克里先在很久以前，就在爲禪退的計畫做打算。當然，不一定非要是本地人，對這些地方有天生的偏愛，才會選這樣一個有益健康，而又便於享受奢侈生活的退隱地點。根據後人的說法：

> 此地的土質乾燥而且肥沃，空氣潔淨又清新宜人，雖然夏天有幾月非常炎熱，但是不像伊斯特里亞海岸和意大利部分地區，在冬季會遭受暴虐狂風的襲擾。從皇宮的位置向四周遠望，美麗的景色不下於土地和氣候的優越條件。西邊是亞得里亞海林木繁茂的海岸，海中散布著無數的小島，像是水波淼茫的大湖。北面有一個海灣，可以通向薩洛納古城，望過去是一片田疇延伸到遠方，與亞得里亞海向南和向東廣闊的海域，形成非常鮮明的對照。北方是一列不規則的山脈，但是離這裡有適當的路程，山丘上到處

58 小維克托輕描淡寫的提及一些傳聞：像是戴克里先得罪當時掌權的人士，他過去的貢獻全部被抹殺，認爲都是罪行和缺失；被羅馬元老院當作罪犯而受到指責，他根本就是氣憤發狂而死等等。

可見村落、樹林和葡萄園。

雖然君士坦丁出於很明顯的偏見，在提到戴克里先的宮殿時，故意擺出不屑一顧的態度。但是他有一位繼承人，只見到荒廢和殘破狀況，就以讚不絕口的詞句描述宏偉的景象。宮殿占地大約九到十英畝之間，整體近乎正方形，側面矗立著十六個高塔，兩旁的縱深大約是六百呎，另兩面的橫寬將近七百呎，全部用美麗的砂岩建造，並不比大理石遜色，是從附近的特勞(Trau)採石場獲得。四條以直角相交的街道，把這片大建築物區分爲若干部分，有一個非常氣派的大門可以通達正廳，現在稱之爲「金門」。通道的盡頭是柱廊中庭，全部都是花崗石的柱列，在一側可以見到埃斯科拉庇斯方形神殿，另一邊是朱庇特的八角形神殿，戴克里先將後面這位神祇尊爲他的命運保護神，視前面那位神祇爲健康庇護者。要是拿現在殘留的遺跡和維特魯威斯(Vitruvius)的說法做比較，就會發現這個建築物有許多部分，像是浴場、寢宮、中庭、長形柱廊大廳，以及西茲昔尼(Cyzicene)式、科林斯式和埃及式廳堂，描述得相當正確，至少在位置上很相似。這些宮殿建築的形式變化多端，比例非常適當。但是就現代人的眼光以品味和舒適的角度來看，有兩個很大的缺點。這些高聳寬闊的房間，沒有窗戶和煙囪，完全靠著頂部採光(這些建築物都是一層)，沿牆壁安裝通氣管來取暖。正廳的西南邊有一列長達五百一十七呎的柱廊，展示著美麗的繪畫和雕像，便成爲高貴氣派又賞心悅目的散步通道。

要是這座宏偉的建築物位於荒無人煙的國度，自然會受時間的摧殘而塌毀，但是，也唯其如此，才能逃脫貪婪的人類所造成的破壞。阿斯帕拉圖斯(Aspalathus)這個小村莊，還有很久以後出現的斯帕拉特羅(Spalatro)市鎮，都在戴克里先宮殿的廢墟上興建起來。金門現在正對著市場，施洗者聖約翰取代埃斯科拉庇斯的光榮，朱庇特神殿在聖母的保護下，成爲一所天主教堂。有關這段的敘述，得感謝我國一位有才華的藝術家，完全出乎單純的好奇心，深入達瑪提亞的心臟地帶，現地考察所得的結論[59]。當然，我們也難免要產生疑問，他是否過分美化那無法復原的實物，即使有再好的計畫和技術也辦不到。最近有位旅行家到過那裡，他頗有見地的說道，斯帕拉特羅那片令人感傷的廢墟，不僅顯現戴克里先統治時期羅馬帝國的偉大，同時也表達出藝術的衰落。若建築的狀況已這樣悲慘，那麼繪畫和雕刻的損毀更爲顯著。建築主要是依循機械原則，不比雕刻和繪畫模仿自然界的各種形象，還要表現出心靈的屬性和熱情。崇高的藝術不僅要有靈巧的雙手，除了想像力的激發外，還要有正確的鑑賞與觀察力指引。

十二、藝術的沒落和文學的式微

幾乎不用說大家都知道，帝國的政治動亂、軍隊的跋扈驕縱、蠻族的入侵掠奪，以及專制的高壓統治，都不利於天才的發展和學術的研究。連著幾位伊里利孔出身的皇帝拯救了帝國，但是並沒有恢復科學的發展。他們所接受的軍事教育，無意於激起文學的愛好。甚至就是戴克里先的心靈當中，儘管對事務的處理不僅積極進取而且周詳精到，但是不會進行研究和思考的工作。法律和醫術兩方面的職業有普遍的用途，可以獲得若干利益，因此還可以吸引具有相當才能和知識的人來從事這方面的工作，但是學習這兩種行業的學生，幾乎在那個時期沒有人能夠成爲繼往開來的大師。詩歌的旋律已經沉默無聲，歷史成爲枯乾而混雜的斷簡殘篇，提不起大家的興趣也產生不了教誨的作用。一些雄辯之士供職朝廷無所作爲，拿著皇家的薪餉專以奉承爲能事，除了爲皇權辯護外別無才能。

新柏拉圖學派的興起和迅速發展，是學術和人類衰敗的標誌。亞歷山卓學派已壓下雅典學派的聲勢，打著「最新潮流」這類旗幟的導師聚集在古老的派別，他們標榜自己的體系，說是學習方法新穎，研究態度嚴肅。

59 亞當及克里瑞梭(Clerisseau)帶著兩名繪圖員在1757年7月訪問斯帕拉特羅，這本感人的作品就是這次遊歷的成果，七年後才在倫敦出版。

這些大師像是阿摩紐斯(Ammonius)、普洛提努斯(Plotinus)、阿米留斯(Amelius)和波菲利(Porphyry),都是思想精闢和見解高超的人物。但是,他們並沒有掌握學習哲學的眞正目的,努力鑽研的結果,非但無法增進人類的理解力,反而產生害處。新柏拉圖學派完全忽略那些適合人們狀況和能力的知識,也忽略倫理學、自然科學和數理科學的整體領域。他們耗盡精力在形而上學的口舌之爭,企圖探索未知世界的奧祕,要使柏拉圖和亞里斯多德的思想,在某些問題上能夠統合一致,至於是那些問題連他們自己也弄不清楚。他們的理性在類似深刻而不切實際的思考裡消磨殆盡,心靈暴露在超乎想像的幻影之中。他們狂妄的自信已經掌握某種奧義,可以將靈魂從肉體的桎梏中解放出來,聲稱能夠跟魔鬼和各種精靈很親密的交談。因此,經過非常奇特的變革,把對哲學的思考變成對法術的研究。古代的聖哲曾經嘲笑民眾的迷信,現在這些普洛提努斯和波菲利的門徒,拿寓言當作藉口用來掩蓋這種奢靡的行爲,反倒成爲迷信的狂熱辯護人。在有關信仰的幾個神祕問題上,他們和基督教徒的意見一致,便用打內戰的狂怒姿態,對基督教神學體系的其餘部分大肆攻擊。新柏拉圖學派不配在科學史上享有任何地位,但教會史免不了要提到這個名字。

巍巍矗立的安東尼家廟

弗斯汀娜被供奉在她的神廟裡，
和朱諾、維納斯與西瑞斯一樣，
受到民眾的膜拜祭祀，
同時昭告世人，
青年男女在結婚當天，
必須在貞潔保護神的祭壇前宣誓。

第十四章

戴克里先遜位後產生紛擾 康士坦久斯崩殂 推舉君士坦丁和馬克森久斯為帝 同時有六位皇帝在位 馬克西米安和蓋勒流斯相繼逝世 君士坦丁戰勝馬克森久斯和黎西紐斯 君士坦丁重新統一帝國(305-324A.D.)

一、戴克里先退位所造成的紛爭(305-324A.D.)

帝國所形成的權力平衡局面，需要戴克里先堅強而技巧的手腕才能維持，是多種不同性格和才能的綜合運用。像當時所具備的條件眞是千載難逢，兩位皇帝之間沒有猜忌，兩位凱撒也沒有野心，四位各鎭一方的君王一致追求共同利益。戴克里先和馬克西米安退位以後，內部的混亂和傾軋長達十八年，帝國發生五次內戰，其餘時間雖然沒有戰事，也無法保持平靜的狀況。敵對的君王之間充滿恐懼和仇恨，各自擴大勢力範圍，完全不顧臣民的死活。

戴克里先和馬克西米安在交出統治權後，按照最新的規定，所遺留的帝位應由兩位凱撒遞補，同時獲得奧古斯都的頭銜[1]。康士坦久斯年長而且資深，以皇帝的尊榮繼續領有高盧、西班牙和不列顚，統治這些疆域廣大的行省，能夠充分發揮他的才能，個人感到滿足而沒有非分之想。他的個性仁慈、寬厚而穩健，特別是對人極爲和善，受惠的臣民讚揚他的美

1 孟德斯鳩根據奧羅休斯和優西庇烏斯的意見，認爲在此狀況下，帝國首次眞正分爲兩個部分。但很難發現蓋勒流斯在那些方面的打算會與戴克里先不同。

德，可以和馬克西米安的戰功以及戴克里先的治術，相提並論而在伯仲之間。康士坦久斯保持羅馬君王的謙虛，並沒有仿效東方的傲慢心態和華麗的排場。他以率眞的口吻宣稱，民心的歸向是他最寶貴的資產，無論身居帝位的尊榮或面臨艱險的情勢，自信能夠依賴臣民感恩圖報之心，可以獲得額外的支持和援助。高盧、西班牙和不列顚的省民，深知在他的統治下才能過幸福的生活，所以極爲憂心康士坦久斯皇帝日益衰弱的身體，以及眾多年幼的子女，這些都是他在第二次婚姻中與馬克西米安的女兒所生。

個性剛毅的蓋勒流斯則迥然相異，雖然可以獲得臣民的敬重，但本人卻不肯紆尊降貴去爭取大眾的愛戴。他的名聲完全來自戰功，自從波斯戰爭獲勝後，助長傲慢的氣焰，自恃功高，蒙戴克里先另眼相看，對康士坦久斯產生輕視之心。要是我們聽信一位道聽途說的作者所發表的論調，就會將戴克里先禪位的起因歸之於蓋勒流斯的威脅。他特別記述兩位君王的私下談話，後者表現出忘恩負義和倨傲不遜的態度，從而發現前者極爲懦弱怕事。但是這種空穴來風的軼事傳聞，從戴克里先的性格和行爲來看就會不攻自破，不論禪位是基於何種意圖，要是對蓋勒流斯的作爲感到危險，以他的明智和見識一定會制止這種可恥的爭執。當他光榮掌握皇權時，絕對不會在羞辱的狀況下退位。

康士坦久斯和蓋勒流斯登基成爲奧古斯都後，要選出兩位凱撒遞補空位，使帝國的體制保持完整。戴克里先很誠摯的渴望退出世界的舞台，因爲蓋勒流斯娶了他的女兒，自然就會支持他的家族和他託付的帝國。所以他一點也不猶豫，就把大家所羨慕的推選大權，以功勳卓越爲由授與蓋勒流斯。這件事一經決定，並沒有詢問西部兩位君主的意見，也不考慮他們的利益和意圖，特別是這兩位都有成年的兒子，可以視爲遞補空缺的最佳候選人。失勢的馬克西米安只能生悶氣，不足爲懼，溫和的君士坦久斯雖然無畏於危險，但是不會因爲爭權奪利，而讓無辜的黎民受到內戰的摧毀。蓋勒流斯所推選的兩位凱撒，既缺乏才幹和功勳，本身也不是重要人物，只能說是便於個人野心的驅使而已。第一位是達查（Daza），後來稱爲馬克西明，也就是蓋勒流斯的外甥，一個毫無處世經驗的年輕人，從舉止和談吐中知道只受過私塾教育。他被戴克里先授以紫袍拔擢至凱撒的高位，負責統治埃及和敘利亞，讓他自己和全世界一樣感到驚奇不已。另一個是忠誠的家臣塞維魯斯(Severus)，耽溺於玩樂而且才具不足以負重任，被遣往米蘭接受馬克西米安尙不願放手的凱撒服飾，以及所統治的意大利和阿非利加。按照制度的架構，塞維魯斯應承認西部皇帝的最高權力，但是他只聽從恩主蓋勒流斯的指示。雖然蓋勒流斯的統治區域從意大利的邊界到敘利亞的邊界，但是加上他所栽培的兩個凱撒，勢力範圍是帝國四分之三的疆域。同時他知道康士坦久斯即將逝世，所以羅馬世界的主子只剩下一人。我們確信他在內心對未來的君主會有安排，考慮自己從公眾生活中退隱時，會完成二十年光榮的統治[2]。

但爲時不到十八個月，兩次突如其來的變革，使蓋勒流斯的雄心壯志全部付諸東流。他想兼併帝國西部各行省的企圖，因君士坦丁稱帝而幻滅；又因馬克森久斯(Maxentius)的叛亂獲得成功，也致使他失去意大利和阿非利加。

二、君士坦丁的身世及其繼位始末(274-306A.D.)

君士坦丁的聲譽受到後世子孫的重視，對他平生的事功有非常詳盡的記載，但是他的出生地，就跟他母親海倫娜(Helena)的身世一樣，不僅是文學也是舉國爭論的主題。雖然根據傳說她的父親是英國國王[3]，我們認爲海倫娜是一個客棧老闆的女兒。有人說她是康士坦久斯的侍妾[4]，我們要爲她婚姻的合法性提出辯護。君士坦丁大帝很可能生於達西亞的奈蘇斯

2　拉克坦久斯提到蓋勒流斯要統治二十年，這是他的臆測之辭，非常不可靠。

3　此傳說起於中世紀黑暗時代的修道院，與君士坦丁同時代的人不知此事。後經蒙默思的傑福瑞(Jeffrey of Monmouth)和七世紀一些作家的潤色修飾，上世紀很多古物學家爲此大聲辯論，卡特(Carte)也納入《英國史》正史來敘述。不過，他把那位成爲海倫娜父親的郭伊爾(Coil)國王，從愛色克斯(Essex)搬到安東尼邊牆。

4　優特洛庇斯和幾位作家都認爲確有其事，蒂爾蒙特卻有不同的研究結果，戴克里先堅持康士坦久斯要與海倫娜離婚，那表示認同他們之間的婚姻關係。

(274A.D.)[5]，像這樣的家庭就跟整個行省一樣，都是因爲軍人這個行業而享有盛名，因此他很少有機會藉教育來提升他的心智。在他大約十八歲時，父親擢升到凱撒的高位(292A.D.)，但是隨著這件喜事而來的就是母親的離異，與皇家聯婚的光彩使海倫娜的兒子受到羞辱和傷害。他並沒有隨著康士坦久斯去西方，而是留在戴克里先的麾下服務，在埃及和波斯戰爭表現極爲英勇，逐漸升到一等護民官的榮譽職位。他的身材很高大而且不苟言笑，對於體育和軍事項目都很精通，戰時英勇無畏，平時對人友善。在他一生的作爲中，充沛著年輕的進取精神，又能習於審慎的節制加以調和，有旺盛的企圖心要全力達成，保持冷靜和自律的習性不受物欲的誘惑。因而民眾和士兵愛戴他，稱他爲最有資格的凱撒候選人，這樣一來就激起蓋勒流斯對他的猜忌。爲了避免物議，雖然不能採取公開的暴虐行爲，但是一位專制君王要暗地裡下毒手，還是防不勝防[6]，這樣使得君士坦丁的處境更爲危險。這時感到焦灼的父親，不斷來信要求跟兒子見面，表示出最熱切的期望。蓋勒流斯用計謀找出藉口盡量拖延，然而對他的同治者這種很自然的要求，不可能一直置之不理，也不能使用武力來加以拒絕，最後同意他前往的命令已經批准，但是在這種狀況下皇帝還是隨時可以收回成命。君士坦丁用盡心機終於成行[7]，於是連夜離開尼柯米地亞的宮廷，運用各地的驛站經過俾西尼亞、色雷斯、達西亞、潘農尼亞、意大利

5 關於君士坦丁的出生地有三種意見，一是英國古物學家從《頌辭集》裡找到一些辭句，認爲他出生在不列顛，事實上頌辭所說是他在約克繼位；第二是現代希臘學者認爲出生地是尼柯米地亞灣的得瑞潘儂(Drepanum)，因君士坦丁將此地改名爲海倫波里斯(Helenopolis)，查士丁尼也蓋了很多壯觀的建築物，很可能海倫娜的父親就是在這裡開客棧。康士坦久斯在奧理安當政時，從出使波斯回來在此住過，但那時一個軍人征戰四處，對於結婚和小孩出生的地方也不會很在意；第三種說法是出生在奈蘇斯，是當時一位不知名的作者在作品裡提到。阿米努斯蒐集到很多這方面的史實彙整後出版，也經過朱理烏斯·弗米克斯(Julius Firmicus)的訂正。

6 蓋勒流斯不讓君士坦丁回到他父親身旁，主要是拿來當作人質，而且他對於康士坦久斯死後留下的帝位，還有其他的打算，所以不願君士坦丁有接位的希望。

7 諾昔繆斯提到一個很愚蠢的故事，說是君士坦丁把驛站的馬匹全部刺傷，要是皇帝改變心意，則後面的人無法使用。但是這種作法根本不能阻止追兵，只會引起更大的猜疑，惹來更多的麻煩。

和高盧，在民眾喜悅的歡呼聲中抵達布倫港口。就在那個時刻，他的父親準備登船前往不列顛。

不列顛的遠征輕易贏得對卡里多尼亞蠻族的勝利，這是康士坦久斯在位期間最後的功業。他崩殂在約克的皇宮(306年7月25日)，離接受奧古斯都的頭銜才十五個月，擢升凱撒的高階則有十四個年頭，逝世以後立刻就由君士坦丁接位。繼承的觀念自古就有，一般人認爲是天經地義的事，有些處理私人財產的原則，已經轉用到國家主權上。英名蓋世的父親將受人尊敬的功勳、民眾的希望，以及在感情和地位所產生的影響力，全部都傳給自己的兒子，而且這種作法勢不可當。帝國西部軍隊的精英分子隨著康士坦久斯到不列顛，增援的地方部隊是一大群阿里曼尼人，全部聽從世襲酋長克羅庫斯(Crocus)的命令[8]。君士坦丁的擁護者不斷開導這些軍團，要他們了解到自己能夠表達意見的重要性，保證不列顛、高盧和西班牙有權能夠推舉候選人。他們問軍隊要是有兩位人選，一位是他們所敬愛的皇帝那個夠資格站在隊伍前面的兒子，選他就會帶來無上的榮譽；另一位是名不見經傳的新來陌生人，只會感激在亞洲的君士把西方的軍隊和行省交給他，選他就會帶來屈從的羞辱。這時還有什麼遲疑不決之處？同時向大家暗示，君士坦丁具有感恩和慷慨的美德，在得到應有的顯赫地位以後，一定不會讓軍隊失望。這位很有心機的君王，最後等到大家用奧古斯都和皇帝的稱號向他歡呼時，才出現在軍隊的面前。他所渴望的目標是帝座，還不完全是野心的問題，因爲這才是安全的保證。他對蓋勒流斯的性格和情緒非常了解，自己經過深思熟慮以後，知道要想活下去就得掌握統治權。他在表面上裝出堅決反對的樣子[9]，就是爲了證明他沒有意願要公然篡奪，所以在開始並沒有屈從軍隊對他的歡呼，　直到他把這些狀況寫在信裡，立刻派人送給位於東部的皇帝以後，才正式接受軍隊的擁戴登基爲

8　這是羅馬歷史上第一次見到蠻族國王，率領由自己臣民組成的部隊，去協助羅馬人作戰。這種事以後就習以爲常，終於成爲帝國的心腹大患。

9　頌辭作者優米紐斯在君士坦丁的面前，陳述過去這段事情，說他爲了推辭起見，策著馬匹快跑，但是被士兵攔截下來，非要擁戴他繼位不可。

帝。君士坦丁將他父親逝世的噩耗報告皇帝，很謙恭的提到他具有合法的繼承權，而且表示非常的遺憾，在摯愛他的部隊堅決要求下，不容許他運用正常而合於規定的方式，要求他繼位爲帝。蓋勒流斯最初的反應是感到驚訝和失望，而且暴跳如雷。他向來無法控制自己的脾氣，就大聲威脅說要把信件和使者全部丟進火裡，等他想到對戰爭沒有獲勝把握，怒氣就慢慢平息下來，再深入衡量對手的個性和實力，決定接受君士坦丁給他留下的台階，同意由他賜給君士坦丁最高的恩惠。蓋勒流斯既沒有指責也不批准不列顛軍隊的推選，只是接受過世同僚的兒子統治阿爾卑斯山這邊的行省，給予他凱撒的頭銜，在羅馬君王的位階列爲第四，把空下的奧古斯都位置給予所賞識的塞維魯斯。這樣一來，帝國的和諧得以保持，君士坦丁已經掌握實力，只有耐心等待機會，期望能夠獲得最高的權柄。

康士坦久斯第二次婚姻有六個小孩，分別是三男三女，具有皇家的血統，照理應比海倫娜出身微賤的兒子更有優先權。但是君士坦丁已經三十二歲，正是身心處於顛峰的時期，那時他最年長的弟弟才十三歲。去世的皇帝因爲他有卓越的功勳，所以才同意並正式核定由他繼承[10]。康士坦久斯在彌留之際，交代長子要維護家族的興旺和安全，懇求他要像一位父親那樣運用權威和愛心，來照顧狄奧多拉(Theodora)的兒女。後來從他們受到完善的教育、安排有利的婚姻、享受富貴的生活以及最高的皇室地位，證明君士坦丁確實發揮兄弟之愛和手足之情。這幾位皇子和公主的秉性溫和，知道感恩圖報，對於長兄妥善而至當的安排，完全言聽計從[11]。

10 君士坦丁垂死的父親選擇他當繼承人，當然有很多非常說得通的理由，不管是優米紐斯和其他的作者，對這方面都沒有意見。

11 君士坦丁對三個妹妹的婚事都安排得很好，康斯坦霞嫁給黎西紐斯皇帝，安娜斯塔西婭許配給擔任凱撒的巴西努斯，優特洛庇婭(Eutropia)許配給任執政官的尼波泰努斯(Nepotianus)；他的三個弟弟是達瑪久斯(Dalmatius)、朱理烏斯・康士坦久斯(Julius Constantius，和父親同名)和安尼巴連努斯，以後都會提到。

三、馬克森久斯爲羅馬元老院和人民推舉爲帝(306-307A.D.)

蓋勒流斯具有雄心大志，高盧行省未如所願，始終難釋失望之情，等到因一時疏忽失去意大利以後，對他那高傲的個性和帝王的權勢，更是極大的打擊。皇帝長期未能留在都城，早已使得羅馬充斥著不滿和憤怒的情緒。人民逐漸發現，尼柯米地亞和米蘭比羅馬更具有優勢，這不能完全歸於戴克里先的偏心，而是他所創設的政府形式，造成這樣的後果。雖然在他退位後沒有幾個月，繼承人就用他的名義，建造一座豪華的浴場奉獻給羅馬，但是這樣做還是無法平息民怨；後來用這座浴場遺跡的場地和材料，修建很多的教堂和修道院[12]。羅馬這些文雅的隱密場所是如此的舒適和奢華，原本安寧的氣氛被羅馬人抱怨的聲音所干擾。有個謠言在暗中流傳，說是建造這些建築物所需的經費，要由他們自己來負擔。就在這個時候，可能是蓋勒流斯的貪婪行爲，或者是基於緊急狀況的需要，爲了徵收土地稅和丁稅，要求對臣民的財產進行非常嚴厲的調查，尤其是要精密的測量不動產。只要發現有一點涉嫌到隱匿行爲，就嚴刑拷問，取得個人財產的眞實口供。自古以來，意大利的地位較行省高，但原來獲得的特權已經沒有人理會，稅務官員開始統計羅馬的人口數目，用來制訂新的稅率。就算羅馬市民權的自由精神，已經完全消失得無影無蹤時，即使是最馴服的臣民，要是政府在無前例可援的狀況下侵犯了他們的財產，有時也會挺身起來反抗。在這種情況下，人民因公然侮辱而受到更嚴重的傷害，個人利益所產生的不滿情緒，受到民族榮譽的鼓舞更爲激昂。前面提到征服馬其頓以後，羅馬人民就解除個人稅捐的負擔。雖然他們經歷過各種形式的

12　在格魯特的《羅馬銘文》一書中，所蒐集的戴克里先浴場銘文提到這六位君主。戴克里先和馬克西米安的頭銜是奧古斯都，也是其他幾位皇帝的父親，他們一起將這個富麗堂皇的浴場，當成奉獻給羅馬人使用的禮物。這處遺址後來經建築師測繪過，尤其是古物學家道納都斯(Donatus)確認，有一個大廳成爲加爾都西(Carthusian)會的教堂，甚至就是接待室都大得可以當作另一個教堂。

專制政體，還是享受將近五百年免除賦稅的特權。所以他們沒有耐心忍受一個伊里利孔農夫的無理取鬧，何況他還居留在遙遠的亞細亞，竟敢將羅馬貶成帝國要呈獻貢金的城市。人民的憤怒情緒日益高漲，受到元老院運用權勢加以煽動和縱容，實力衰弱的禁衛軍害怕遭到解散命運，非常高興能找到這樣冠冕堂皇的藉口，宣稱要運用武力來保護自己的國家不受外人壓榨。每個市民的意願也是他們的希望，就是將外國暴君逐出意大利後，要推選一位居住在此的君王，加上在此地實施統治的政府，這樣才配得上羅馬皇帝的頭銜。面對這種狀況，熱情的民眾決定擁護馬克森久斯。

馬克森久斯是馬克西米安皇帝的兒子，他娶了蓋勒流斯的女兒，按照身世和婚姻來說，帝國的繼承人非他莫屬。但是由於他才薄德鮮，根本不被考慮授與凱撒的尊榮。君士坦丁雖然因功勳而得到這個位階，處境還是很危險。蓋勒流斯選擇副手的條件，一方面是不能蒙受識人不明之譏，再方面是對恩主要聽命行事。因此，一位名氣不高的外鄉人受到拔擢，登上意大利的王座；帝國西部前任皇帝的兒子，反而賦閒在離首都幾哩的莊園中，過著無所事事的奢華生活。所以他的心情極爲鬱悶，感到無比的羞辱、苦惱和氣憤。君士坦丁繼位的消息，更激起他嫉妒的情緒，公眾的不滿使他重新獲得希望，把個人所受的冤屈和應得的權利，很容易與羅馬人民的目標相互結合在一起。禁衛軍的兩個護民官和一個軍需官著手安排這次謀叛活動，羅馬各階層的人員都受到精神感召，很快發起事變，既沒有人懷疑，也沒有任何困難，只有羅馬城的郡守和少數官員，仍舊忠於塞維魯斯，所以都被禁衛軍殺死。馬克森久斯被授與帝王的服飾，受到元老院和人民的讚揚，稱他是羅馬自由和尊嚴的保護者(306年10月28日)。至於馬克西米安是否事先被告知這次密謀，已經無法確定，但是看到反叛的旗幟在羅馬城升起，這位老皇帝不甘寂寞，蠢蠢欲動。當年戴克里先迫他退位，要他習於平凡而極爲孤獨的生活，現在裝出慈祥父親的樣子來掩藏復出的野心。等到他的兒子和元老院出面邀請，他就自貶身價重新當起皇帝。憑他當年的威望和經驗，加上在軍事方面的造詣，對於馬克森久斯這一派自然增加相當的聲勢[13]。

塞維魯斯皇帝在同僚的勸說和命令之下，立刻啓程前往羅馬。他所採取的行動極爲敏捷，相信可以很快鎮壓羅馬的暴亂，特別是作亂的民眾不習於戰事，而指揮者又是一個儇薄無行的少年。但是等他到達以後，發現城門緊閉，城牆上滿布武裝人員，有位身經百戰的將領站立在反叛隊伍的前面，反觀自己的部隊卻是一副無精打采的模樣。有一大群摩爾人受到大量賞金的引誘，投效敵營，實際上這些人都是馬克西米安在阿非利加戰爭時徵召入伍，受到忠誠誓言的約束，自然對故主產生感激之情。禁衛軍統領亞努利努斯(Anulinus)公開宣稱自己受到馬克森久斯的賞識，已經習於聽命他的指揮，就帶走相當多的部隊去追隨馬克森久斯。有位演說家向民眾發表意見，說羅馬已經重新建立一支大軍。不幸的塞維魯斯喪失軍隊的支持，也沒有人給他出主意，只有撤軍離開，等於是在慌張無措的情況下逃到拉芬納，他在那裡有段時間很安全。拉芬納的防禦工事可以擋住敵人的攻擊，城市四周都是沼澤，使得意大利的大軍難以接近。塞維魯斯在海上控制一支戰力很強的艦隊，保證各項補給品的供應不致匱乏，給增援的軍團維持一條進入的通道，等到春回大地，援軍就會從伊里利孔和東方開過來。馬克森久斯親自指揮圍攻作戰，很快發現這項任務除了浪費時間和兵力以外，收不到一點效果，因爲無法用武力和饑餓來奪取這個城市。他於是改變作戰方式，不全是對著拉芬納的城牆，而是要衝破塞維魯斯的心防。這種運用計謀對付敵人的作法，看起來很像戴克里先的個性，與他大而化之的作風完全不同。塞維魯斯以前經歷過部下的背叛事件，使得這位心情惡劣的君王，對於最忠誠的朋友和隨員，都抱著不信任的態度。馬克森久斯派出的密使很容易說服他，相信有人在發起陰謀活動要出賣這座城市。同時讓他知道憤怒的征服者不會任意處置，願意接受榮譽投降來化解他的恐懼。塞維魯斯在一開始受到禮遇和尊重，馬克森久斯將被俘的皇帝

13 從第七篇〈頌辭〉的內容，可以更了解馬克西米安的行事作爲。奧理留斯·維克托認爲不管他是否同意發動這場謀反，他的野心事先已經昭然若揭。

帶到羅馬，給他非常鄭重的保證，只要退位就沒有生命的危險。然而他最後所能得到的優待，竟只是安適的死亡與皇帝的葬禮。不久，他的判決被批准，將處死方式留給他自行選擇，採用古人常用的作法，將動脈割開放血[*14]，死後就葬在高連努斯家族的墓園裡[15]。

雖然君士坦丁和馬克森久斯的個性迥異，但是目前的處境和利益倒是很一致，爲了審愼起見，他們的實力需要聯合起來對付共同的敵人。馬克西米安既然德高望重，還是願意移樽就教，風塵僕僕越過阿爾卑斯山，要與高盧的統治者舉行會談，帶著女兒福絲妲作爲結盟的保證，在亞耳舉行的婚禮場面很壯觀。這位戴克里先的老同僚硬說帝國西部還歸他統治，就把奧古斯都的頭銜授與他的女婿，君士坦丁同意從馬克西米安手裡接受這個封號(307年3月31日)，擁護羅馬和元老院的主張。但是他的聲明曖昧不清，援助也緩不濟急。他考量意大利王侯和東方的羅馬皇帝之間，衝突在所難免，要是發生戰事，必須爲自己的安全和企圖早做打算[16]。

四、蓋勒流斯征討意大利鎩羽而返(307-308A.D.)

事態的嚴重性逼使蓋勒流斯要親自出面解決，率領戰力強大的軍隊，都是剛從伊里利孔和東方調來，揮軍進入意大利，要爲塞維魯斯報仇，懲處反叛的羅馬人，而且像個蠻族那樣用暴怒的語氣，表示他的意圖是要以武力剷除元老院，消滅作亂的民眾。馬克西米安非常技巧的設置一套防禦體系，入侵的軍隊發現居民充滿敵意，到處都是工事，行進極爲不便。雖

---

*14 [譯注]羅馬人自殺或者被君主賜死時，通常會切開血管放血死亡，一般是割手腕動脈浸於溫水中，要快則割開頸動脈。像尼祿的大臣彼特洛紐斯(Petronius)被迫自盡，他先割開血管，再縫起來，與友人見面交談並朗誦詩篇，散步後小睡片刻，拆開縫線放血，安詳而逝。

15 從古代留存不完整的資料中，發現這次戰爭的狀況以及塞維魯斯的去世，有很多可疑的地方而且說法不一。我經過篩選以後，盡量不要讓陳述的事實產生矛盾。

16 第六篇〈頌辭〉是爲了祝賀君士坦丁的登基，但是演說者很謹慎，避免提到蓋勒流斯和馬克森久斯，只說起當前會遭遇一些困難，爲了羅馬的尊榮會加以解決。

然他排除萬難一直到達納爾尼(Narni)，離羅馬不到六十哩，但在意大利所能掌握的疆域，只限於營地附近很狹小的地區。感到入侵行動遭到的困難愈來愈大，高傲的蓋勒流斯開始做修好的打算。他派遣兩位階層很高的軍官，去晉見羅馬的君王，說要召開一次會議來解決爭端，同時宣稱蓋勒流斯還是像父親那樣關心馬克森久斯，對他的要求一定會慷慨應允，比從勝負難分的戰爭中獲得更多的利益[17]。蓋勒流斯提出的主張遭到強烈反對，奸詐的友誼被對方藐視而加以拒絕，過不多久他發現要不是及時撤退，就會跟塞維魯斯一樣下場。過去羅馬人用銀彈攻勢打垮很多貪婪的暴君，現在要如法炮製來對付蓋勒流斯。馬克西米安名聲響亮，他兒子長於計謀，私下用大批金錢收買，並同意事後給予更多賞賜，這些加起來的效果，不僅熄滅伊里利孔軍團的銳氣，也使他們的忠誠打了折扣。等蓋勒流斯最後下達撤退命令時，他發現要這些老兵不背棄他們的連隊，確實要費很大的工夫，即使這些部隊在他指揮之下，過去曾經贏得長勝的英名。當時有位作者指出這次遠征之所以失敗，還有兩個原因，但一位審慎的歷史學家不會接受這種說法。第一個原因是說蓋勒流斯只熟悉東方的城市，所以對偉大的羅馬產生不正確的觀念，發現他的部隊不適於圍攻這個巨大的首都。但是要知道，範圍廣大的城市只會提供敵人更多的通路，所以羅馬長久以來，習慣上對迫近的征服者開城降服[*18]。人民靠著短暫狂熱所激發的鬥志，根本無法對抗紀律嚴明又英勇善戰的軍團。第二個原因是軍團本身感到害怕和悔恨，他們就像共和國有孝心的兒子，不應該去冒犯神聖的年邁雙親。但我們很容易想起古老的內戰，黨派的狂熱和軍事服從的習性，都能把土生土長的羅馬市民變成勢不兩立的仇敵，要說外鄉人和蠻族會特別的體諒，誰都不會相信。而且在他們帶著敵意進人此地之前，並沒有見過意大利，所以根本不會產生任何感情。要不是基於某種利害關係，

---

17 有位不知名的歷史學家在留下的殘篇中，提到雙方曾經有過協議，這並不是傳聞軼事，可信度很高。

*18 [譯註]羅馬人開城投降均指內戰而言，外敵入侵以漢尼拔之威脅最大，但從未迫近羅馬城。

對行爲產生約束，他們就會用凱撒的老兵所說的話，來回答蓋勒流斯：「若我們的將領想要率軍前往台伯河岸，我們就會先去準備營地的位置。只要他決定推倒那一段城牆，我們準備好工具就去幹，一點都不會猶豫。那怕是敬愛的羅馬城，也照幹不誤！」這是著名詩人盧坎寫的詩句，非常忠於歷史眞相，即使因而受到指責，也不損他在文壇的地位。

蓋勒流斯的軍團在撤退的過程中眞是無惡不作，慘絕人寰。他們強姦婦女，殺害平民，搶奪財物，將意大利的牲口驅趕一空，所到之處放火燒村，想把這個無法征服的地區，完全夷爲片瓦不留的平地。馬克森久斯率軍在後面跟進，但是行動非常謹慎，不願逼驍勇的老兵部隊做困獸之鬥。他的父親正第二次訪問高盧，這時君士坦丁的大軍集結在邊境，希望能說服他採取行動，聯合起來獲得最後的勝利。但是君士坦丁只聽從眞理的指引，不會因憤怒的情緒而採取行動，所以堅持明智的理念，那就是分裂的帝國要維持權力的平衡。況且蓋勒流斯的壯志消沉，不再是個可畏的目標，也就毋須再對他產生恨意[19]。

蓋勒流斯的心志堅如鐵石，但重視可貴的友情。黎西紐斯在個性和風格方面雖與他不盡相似，仍獲得他的賞識和敬重。他們是在一生之中的黃金時代，也就是年輕沒沒無聞時建立密切關係，共享軍旅生涯的自由和危險，使友情更爲堅實。他們幾乎經過同樣的發展步驟，歷練各種職務都得到很大的成功和榮譽。等蓋勒流斯被授與帝王尊榮，立刻想起這位戰友，要設法將他提升到同等的地位。在他權力到達顚峰的那段時期，認爲凱撒的頭銜已經配不上黎西紐斯的年齡和功勳，準備將康士坦久斯的位置留給他，統治整個西部帝國。當皇帝親自指揮意大利戰爭時，將多瑙河的防務託付給他的好友，等到遠征無功而返，就把塞維魯斯死後留下的空位授與黎西紐斯(307年11月11日)，立即要他負責指揮伊里利孔各行省[20]。擢升

19 拉克坦久斯和諾昔繆斯都提到此事，後者暗示君士坦丁在與馬克西米安的正式商談中，答應向蓋勒流斯宣戰。

20 蒂爾蒙特證明黎西紐斯跳過凱撒這個位階。蓋勒流斯從意大利撤軍後，在307年11月11日直接封他爲奧古斯都。

的消息傳到東部，當時馬克西明正用高壓的手段統治著敘利亞和埃及，馬上顯示出嫉妒和不滿的態度，不願屈就凱撒這個較低的位階，對蓋勒流斯使出祈求和爭吵的手段，甚至不惜惡言相向來強要奧古斯都的頭銜[21]。實在說，這是頭一遭也可能是最後一次，羅馬世界由六位皇帝統治(308A.D.)。在西部帝國，君士坦丁和馬克森久斯對他們的父親馬克西米安，外表裝出一副恭敬的樣子；而在東部帝國，黎西紐斯和馬克西明對他們的恩主蓋勒流斯，倒是眞正唯命是從。利益的對立和最近戰爭所產生的新仇舊恨，使得帝國分爲兩個敵對的權力集團，但是相互之間的畏懼感產生表面的平靜。這種貌合神離的態勢，一直維持到兩位年長的君王死後，剩下的幾位副手自然就會改弦更張。

五、馬克西米安與蓋勒流斯的殞滅(309-311A.D.)

馬克西米安很勉強辭去帝位時，御用文人就極力推崇他有哲人的謙讓之風。等到他因野心而激起內戰，這些人又吹噓說他是位心胸寬大的愛國者，還惺惺作態批評他不該貪圖退休生活，應以國事爲重[22]。馬克西米安和他兒子爲了掌握權勢，根本不可能長久維持雙方的和諧。馬克森久斯認爲自己經由羅馬元老院和人民選出，是意大利合法的統治者，無法忍受父親對他的控制；馬克西米安很傲慢的宣稱，由於他的名聲和能力，才將他的兒子推上帝位。禁衛軍和部隊都畏懼老皇帝的嚴厲，公開宣稱要站在馬克森久斯這邊[23]。無論如何，馬克西米安的生命和自由還是受到尊敬，他在意大利選擇要到伊里利孔過退休生活，表面上假裝對過去的作爲感到惋惜，暗地裡又有所圖謀。但是蓋勒流斯非常了解這位老同僚的爲人，立即

21 當蓋勒流斯宣布黎西紐斯跟他一樣是奧古斯都以後，想讓兩位年輕的副手君士坦丁和馬克西明，加上奧古斯都之子的新頭銜。但是馬克西明很快告知，已經接受軍隊推戴爲奧古斯都，迫得蓋勒流斯像對君士坦丁一樣，只有承認既成的事實。

22 這段話根本是違心之論，也可見羅馬在當時已經是諂媚阿諛成風。

23 有種傳言流布很廣，說馬克森久斯是敘利亞某個貧寒家庭的兒子，被馬克西米安的妻子收養。

要求他離開自己的地盤。失望的馬克西米安最後的庇護所只有他女婿的宮廷，他受到那位手腕高明君主的尊敬，福絲妲皇后也表現恭順的孝心。爲使人不再懷疑他有野心，第二次辭去帝位[24]，公開宣稱將權勢看成過眼雲煙。若他能堅持決心，這次退位雖不像第一次那樣獲得尊榮，但至死爲止，都可以過著舒適而高貴的生活。可是一旦有了接近帝位的希望，他又忘記過去失意的情況，決定要進行絕望中的奮鬥，不是統治就是滅亡。

有一次法蘭克人入侵，君士坦丁帶著部分軍隊前往萊茵河岸，其餘的部隊駐紮在高盧南部各行省，用來對付野心勃勃的意大利皇帝，在亞耳城儲存相當數量的錢財。馬克西米安很狡猾的僞造君士坦丁死亡的消息，再不就是輕易的相信這個謠言。他毫不猶豫的登上帝位，取得儲存的錢財，就像他慣常的作法那樣，很大方的散發給部隊的士兵，盡力把往日的戰績和功勳，灌輸到他們的心中。就在他快要建立自己的權威，以及與兒子馬克森久斯達成協議，將帶著部隊進入高盧時，君士坦丁的迅速行動粉碎他所有的希望。這位君王一得知他的丈人在後方作亂的消息，很快回頭從萊茵河以急行軍趕到索恩河(Saone)，在夏隆上船到了里昂以後，再順著隆河的急流直抵亞耳的城門[*25]。他帶來的兵力使馬克西米安無法抵擋，也很難在鄰近的馬賽找到庇護。馬賽有一條狹道與大陸相通，上築有防禦工事用來對抗包圍的部隊。海上的航行則是四通八達，馬克西米安可以用來逃走，馬克森久斯也可把援軍運過來，要是後者想用來掩飾入侵高盧的企圖，更可拿保護受傷而年邁的父親做最好的藉口。君士坦丁擔心遲延會帶來不利的後果，下令立即發起攻擊，但雲梯太短，勾不著高聳的牆堞。馬賽的守備部隊也發覺自己做了錯事，不該庇護馬克西米安，這會帶來很大的危險。不過，要是他們同意把城市和馬克西米安都交出去，還得不到赦免的話，那就不如決心守下去，當年他們也曾對抗凱撒，並忍受很久的圍

24 拉克坦久斯在書中提到，馬克西米安辭去帝位以後，君士坦丁仍舊以帝王之禮相待。在所有公開的場合，他都坐在女婿的右邊。

*25 [譯註]隆河之水流甚急，從里昂乘船順流而下一日夜可抵亞耳。

攻*26。當然，把人交出來就可獲圓滿解決，於是在非常機密的狀況下，對篡奪者做出毫不留情的死刑判決，同樣獲得他給予塞維魯斯的優容，因爲那個案例已傳遍世界。馬克西米安爲一再犯錯而抑鬱不堪，最後只有自縊而死（310年2月）。馬克西米安失去戴克里先的支助，又不屑於他溫和的建議，只不過三年的時間，就在羞辱中結束自己的生命。在他野心勃勃的一生中，第二個階段的復位給民眾帶來苦難，也使自己身敗名裂。他得到這種下場是罪有應得，要是君士坦丁能饒恕這位老人，是他父親的恩主也是他妻子的父親，那我們更會高聲讚揚他的仁慈。在這件慘事的處理期間，福絲妲爲了盡夫妻的責任，只有犧牲父女的親情[27]。

蓋勒流斯的晚年倒是沒有遭到羞辱和不幸，雖然他享有奧古斯都最高權威，並沒有像在出任凱撒的職位時，獲得那樣光榮的成就。不過，一直到逝世爲止，他在羅馬世界的君王中保持排名第一的地位。他從意大利撤軍以後又活了四年，很明智的放棄統一帝國的念頭，把餘年用來追求聲色，也做了一些有益民生的工作。其中有項工程非常著名，唯有用帝王之力才能推動，就是濮浚佩爾索湖（Pelso）的積水，排放到多瑙河，砍伐四周濃密的森林，爲潘農尼亞的臣民開闢很大面積的農業用地[28]。他死於痛苦而纏綿的惡疾，身體變得過度肥胖形成無法控制的水腫，皮膚全是潰瘍，像是受到無數蟲蛇的叮咬，這是一種最可怕的無名腫毒[29]。因爲蓋勒流斯得罪臣民中最狂熱而有勢力的宗教團體，遭受到惡疾纏身的痛苦，不

---

*26 [譯註] 凱撒在公元前49年4月19日抵馬賽，協議破裂開始圍城；6月，凱撒前往西班牙，將圍攻作戰交給德來朋紐斯（Trebonius）負責，經半年圍攻，馬賽於10月25日開城投降。

27 諾昔繆斯和優米紐斯都提到這件事，尤其是優米紐斯用頌辭來表達出他的君主已經是仁至義盡，而且諾昔繆斯指責馬克西米安的善變反覆。這些都是片面之辭，站在一個歷史學家的立場，不能輕易置信。

28 佩爾索湖位於上潘農尼亞靠近諾利孔的邊界，這個稱爲華倫里亞行省（蓋勒流斯的妻子華倫麗婭用自己的名字稱呼這片積澇成災的湖區）的區域，大致坐落在德拉弗河（Drave）與多瑙河之間。我懷疑維克托是否把它跟伏洛辛（Volocean）沼澤弄混淆，或者看成是現在所說的薩巴頓湖（Sabaton）。這個湖位於華倫里亞（Valeria）的中部，大約有七十哩長，十哩寬。

29 拉克坦久斯和優西庇烏斯在敘述他的徵狀和病情時，不僅詳盡且顯得很高興。

僅得不到同情，反而被說成是遭到天譴而相互慶賀[30]。等他在尼柯米地亞的宮殿一去世(311年5月)，那兩位身受栽培之恩而登上寶座的皇帝，馬上集結軍隊，打算要爭奪或者瓜分無主的領土。他們經過協商，沒有兵戎相見，同意分割遺留的疆域，亞細亞的各行省落到馬克西明的手裡，歐洲部分則增大了黎西紐斯的勢力。海倫斯坡海峽和色雷斯·博斯普魯斯海峽成爲兩者之間的邊界，這個流過羅馬世界中間的內海，兩岸布滿武裝軍隊和防禦工事。馬克西米安和蓋勒流斯死後，皇帝的數目減爲四個，黎西紐斯和君士坦丁基於實際的利益聯合在一起，馬克西明和馬克森久斯最後也成立祕密聯盟。不像過去大家對蓋勒流斯心存忌憚，產生畏懼和尊敬的心理，還能形成約束力，現在衝突已經不可避免，這些不幸的臣民將遭到驚怖和滅亡的後果[31]。

六、君士坦丁和馬克森久斯的施政與爭執(306-312A.D.)

雖然羅馬帝王不良的癖好惹起很多的罪行和慘劇，但能發現他們偶爾的善舉也是一樁樂事。君士坦丁在位第六年到奧頓巡視時，慷慨的豁免所積欠的貢金，同時根據臣民的確實數量按比例所核定的丁口數，也從兩萬五千人減到一萬八千人[32]。然而從君王對人民所施的恩惠來看，毫無問題可以證明當時社會的慘狀，稅賦的本身和徵收的方式都是難以忍受的重負，強徵暴斂的結果陷民眾於絕望之境。奧頓也和其他地方一樣，大部分田園無人耕種，很多省民不是遠走高飛就是投身爲盜，不願負擔沉重的社會責任。這位愛民如子的君王採取的慷慨行動，不過是對行政法規所制訂的各項要求，稍爲紓解一下過於嚴厲的條文而已，這些規定因需要而設，

30 要是有人喜歡看到一位暴虐的迫害者，遭到痛苦死亡的報應，我推薦他去細讀格羅秀斯所寫的一本書，裡面提到西班牙的菲利浦二世過世前的狀況。

31 我採用優西庇烏斯和拉克坦久斯的著作。諾昔繆斯所寫的內容不夠精確，有的地方把馬克西米安和馬克西明弄混淆了。

32 參考第八篇〈頌辭〉，關於君士坦丁的巡視，優米紐斯說出奧頓的悲慘狀況和全民感激之情。

也讓人沒有選擇的餘地。要是不提處死馬克西米安這件事，君士坦丁在高盧的統治，是他一生中施政最爲仁慈寬厚的時期。蠻族忌憚他積極果敢的作爲，行省受到保障，免於入侵之苦。有一次在法蘭克人和阿里曼尼人的戰役中，贏得重大勝利，他下令將俘虜的王侯丟到特列夫的競技場去餵野獸，民眾看到用這種殘酷的手段對待蠻族頭目不禁大樂，歷史上倒是很少發現像這樣違反人道和敗壞法律的行爲[33]。

君士坦丁的善舉在馬克森久斯惡行的襯托下，更顯得極爲突出。高盧的行省就那個時代的條件尙能享受幸福的生活，同時的意大利和阿非利加在可鄙又可恨的暴君統治下呻吟不已。有些人熱中諛媚奉承，經常把失敗者貶得一文不値，將全部光榮歸於獲勝的對手。但那些喜歡揭發君士坦丁隱私和過失的作家，也一致認爲馬克森久斯爲人殘酷、貪婪而放蕩[34]。他在阿非利加鎭壓微不足道的叛亂獲得大量錢財，總督和少數追隨者被定罪，整個行省因他們的罪行而遭受苦難，人煙繁盛的城市像是色塔(Cirta)和迦太基，以及面積廣大的豐饒鄉土，都受到刀兵和戰火的摧毀。濫殺無辜的勝利帶來肆意而爲的法律和審判，阿諛者和告發人像一支無敵大軍開進阿非利加。富貴之家很容易被安上謀叛的罪名，他們之中誰要能蒙受皇帝的寬大發落，最輕的懲罰就是沒收財產。爲了炫耀這場偉大的勝利，就用壯觀的凱旋式來加以慶祝，馬克森久斯把一個羅馬行省的戰利品和俘虜，展現到民眾眼前。首都的狀況和阿非利加一樣値得同情，羅馬的財富像塡無底洞那樣供應揮霍無度的開支。他的稅務大臣完全是運用搶劫的手法，在他統治期間，首先以「樂捐」的名目向元老院的議員斂財，胃口愈來愈大，使用的藉口也愈來愈多，像是作戰勝利、婚喪喜慶、甚至皇室榮典，都按照比例要臣民加倍奉獻。馬克森久斯就像從前那些暴君一樣，受到元老院難以平息的仇視和嫌惡，主要原因是元老院擁戴他登上寶座，又支持他對抗強敵，但他對元老院的慷慨和忠誠卻毫無感恩圖報之心。他的

33　從當時的資料中可以看出，有很多法蘭西青年遭到這種殘酷而羞辱的虐待而死亡。

34　朱理安憎惡並輕視馬克森久斯，將他摒棄於凱撒之列。諾昔繆斯指責他集殘酷和荒淫之大成。

猜疑忌恨使元老院議員的性命難保，而這些議員的妻女不知羞恥的行爲，倒是能滿足他的肉欲。照理說一位君王身分的情人很少會空自嘆息，但在他而言只要勸誘無效就使用暴力。有個使人難忘的例證，一位貴夫人爲了保持貞節寧願自殺而死[35]。馬克森久斯只尊敬軍人而且極力爭取他們的好感，羅馬和意大利到處都是武裝部隊，養成喧囂和暴亂的行爲，就是搶劫和殺害無力反抗的平民，也不會受到任何懲處。皇帝自己胡作非爲，所以縱容軍隊傷天害理的作風。馬克森久斯經常從元老院議員手裡，奪取他們的莊園或美麗的妻子，賜贈給軍隊裡受到賞識的人員。像這樣的君王，無論是平時或戰時都無法治理國家，雖然可以用錢買到支持，但獲得不了部隊的尊敬。他的傲慢也像其他的惡行一樣令人憎恨，過著怠惰而奢華的生活。不論是在宮殿的高牆之內，或是在鄰近的薩祿斯特(Sallust)花園裡，不斷聽到大聲宣告，說他是唯一的皇帝，其他的君王不過是他的部將，用來防守邊疆的行省，好讓他在首都不受干擾享用榮華富貴。羅馬人長久以來怨恨君主遠離都城對他們不加理會，在馬克森久斯六年的統治期間，皇帝近在咫尺，卻使他們感到無盡的懊惱[36]。

君士坦丁認爲馬克森久斯的作爲讓人厭惡，羅馬人的處境確實值得同情。我們沒有理由認爲他會運用武力去解決這些問題，他之所以能控制自己的野心，是基於審慎的考慮，不是正義的要求，反而是意大利的暴君竟敢去激怒這位難以克服的敵人[37]。馬克西米安死後，按照慣例，他的頭銜被撤銷，原有的雕像也因醜行而被推倒。那個生前迫害過他，後來又拋棄他的兒子，裝出一副思念不已的孝心，說要採取報復行動，把所有樹立在意大利和阿非利加，用來推崇君士坦丁的雕像立即損毀。明智的君士坦丁不想挑起戰爭，也充分認識它的困難和後果，只有不理會對方的侮辱，準

35 這位貴夫人是郡守的妻子，名字叫索弗洛尼婭(Sophronia)，是基督徒。仍舊有些宗教界人士質疑，在這種狀況下是否可以自殺。

36 在《頌辭集》裡，非常生動的描繪出馬克森久斯的怠惰和傲慢。演講人在有的地方宣稱，羅馬一千零六十年來累積的財富，被暴君和他僱用的黨羽全部糟蹋一空。

37 在君士坦丁獲勝以後，大家認爲他從可恨的暴君手裡拯救了共和國，不管怎麼說，征討意大利是正當的行爲。

備採用溫和的談判方式來解決雙方的歧見。後來發覺這位意大利皇帝，已有極具敵意和野心的計畫，逼得他用武力自衛(312A.D.)。馬克森久斯公開宣稱他對整個西部帝國有統治權，著手準備一支非常強大的兵力，從雷蒂提亞侵入高盧各行省。雖然他不期望黎西紐斯會給他任何幫助，卻一廂情願的以爲伊里利孔的軍團，收到他所送的重禮以後，會爲他的承諾所打動，拋棄那位君王的旗幟，歸順到他麾下來效力。君士坦丁一點都不猶豫，仔細衡量當前的狀況後，立即採取果敢的行動。他私下接見打著「元老院和人民」名號的使者，來使懇求他從萬民唾棄的暴君手裡拯救羅馬。他接著召開會議，聽到一些膽怯的意見，卻都置之不理，決定要阻止敵人，把戰爭帶到意大利的腹地[38]。

七、君士坦丁進軍羅馬擊滅馬克森久斯(312A.D.)

征戰之事充滿危險，也帶來光榮，前兩次入侵意大利以失敗收場，使君士坦丁的前途危機重重。在意大利由老兵組成的部隊尊敬馬克西米安的名氣，才在他的兒子手下參加這兩次作戰，現在是得到榮譽也獲得利益，所以不會產生異心出現背叛的行動。馬克森久斯知道必須擁有禁衛軍，才能堅定他的寶座，因此擴大編制至以往的規模，把從意大利應召服役的人員都撥進去，成爲八萬兵力的強大部隊。在征討阿非利加叛亂時，也徵召四萬摩爾人和迦太基人加入，甚至西西里也供應相當比例的部隊，使馬克森久斯的總兵力到達十七萬名步兵和一萬八千名騎兵。意大利的錢財要用來供應戰爭所需的經費，鄰近的行省徵發大量穀物和各種補給品，已落到民窮財盡的地步。君士坦丁的總兵力是九萬名步兵和八千名騎兵[39]，由於皇帝已率軍出征，因此對萊茵河的防務要特別注意，意大利遠征隊不得超

38　只有諾納拉斯和昔瑞努斯(Cedrenus，十一世紀拜占庭歷史學家)提到羅馬曾派出使者。這些希臘人當時有機會參閱很多的作品，現在都已經絕版。

39　諾昔繆斯雖紀錄雙方精確的兵力數目，但未提到海上作戰的整備狀況，可是這次戰爭一定是水陸並進，君士坦丁的艦隊占領薩丁尼亞、科西嘉和意大利的港口。

過總兵力的一半，避免因自己要爭天下而給公眾安全帶來極大的危險[40]。因此他率領四萬人馬出征，面對至少比他多三倍兵力的敵人。羅馬的軍隊不敢面對戰爭的危險，都配置在安全距離以外，因爲他們過著毫無訓練的太平生活，所以整體戰力變得衰弱不堪。他們早習慣在羅馬劇院和浴場裡混日子，根本不願到戰場去打仗。老兵都已忘記武器的使用方法，也不熟悉戰爭的各項工作；至於新徵的兵員，更是一竅不通。反觀高盧的軍團則很能吃苦耐勞，因長期防衛帝國邊疆，對抗北方蠻族，常執行各種艱難困苦的任務，所以成爲英勇善戰且紀律嚴明的勁旅。就領導者的狀況來看，也像部隊一樣有極大差別：馬克森久斯聽到諂媚的言辭才會異想天開，認爲征服敵人易如反掌，等他發現自己習於安樂，不能忍受戰陣之苦，又不懂兵戎之事，這種雄心壯志馬上消失得無影無蹤；而君士坦丁從幼年開始，就在戰爭的行動和軍事的指揮中磨練出堅忍無畏的心志。

當漢尼拔從高盧進軍意大利時，居住在當地的野蠻民族絕不會平白讓正規軍隊通過，所以他不得不在山區打開一條通路[41]。阿爾卑斯山雖是天險，但還是要用人爲的工事來加強，構築的堡壘花費許多人力和金錢，有的地方眞是一夫當關萬夫莫敵，能控制所有進入平原的通路。就現在來看，意大利這個區域，薩丁尼亞國王根本不用擔心會有敵軍能侵犯他的國土。但是在過去將領要想穿越這個通道，似乎沒有多大的困難和阻礙。君士坦丁在位時，山區的農民接受外來文化，成爲順服的臣民，這片鄉土儲存的糧食很豐富。羅馬人修建的公路通過阿爾卑斯山，眞是驚人的巨大工程，在高盧和意大利之間開放幾條運輸的孔道[42]。君士坦丁使用通過科蒂安・阿爾卑斯（Cottian Alps）山的道路，現在稱爲森尼（Cenis）山。他率領部隊經過一番努力，在馬克森久斯的宮廷尚未得到他離開萊茵河的消息之

40 演說人的頌辭要是故意少算君王出征部隊的數目，這是一點都不足爲奇，因爲這樣可凸顯平定意大利的成就。但奇怪的是，他認爲暴君的軍隊還不到十萬人。

41 從高盧到意大利，穿越阿爾卑斯山的三條主要隘道，分別是經過聖伯納（St. Bernard）山、森尼山和蒞內（Genevre）山，漢尼拔使用第一條路最出名，是最傳統的通道，後來的將領也有使用蒞內這條隘道。一般而言，森尼山的路較少使用。

42 阿米努斯・馬塞利努斯對於穿越阿爾卑斯山的道路，清楚、生動且精確地描述。

前，就已經進入皮德蒙平原。薩蘇(Sasu)這個城市位於森尼山的山麓，四周建有城牆，派駐相當的守備兵力，用來阻止入侵者。君士坦丁的大軍認爲沒有必要花長時間進行圍攻，就在抵達薩蘇那一天，對城門實施火攻，架起雲梯爬上城牆。在發起突擊的同時，用各種弩機發射大量拋石和箭矢，士兵手執刀劍進入城內，將守備部隊斬殺大半。君士坦丁下令撲滅戰爭引起的大火，才使薩蘇逃脫全毀的命運。在離四十哩的地方，還有一場硬戰等著開打。馬克森久斯的部將指揮兵力強大的意大利軍隊，集結在杜林(Turin)平原，主戰力是一支重裝騎兵部隊。自從羅馬軍的紀律廢弛後，作戰再不敢憑血肉之軀的勇氣，就從東方國家學到恃兵甲之利的觀念，將馬匹和騎士都披上全副鎧甲，關節之處巧妙的接合在一起，因此不會妨害身體的活動。外表看起來這種騎兵好像沒有敵手，作戰可說是無堅不摧，因此，將領通常將他們排成衝擊縱隊或楔形陣式，形成攻堅的矛頭，或者用在分散的側翼，他們自誇可以輕易踹破和踩碎君士坦丁的軍隊。幸好君士坦丁有前例可循，他採用當年奧理安在同樣狀況下所使用的防禦方法，否則對方運用重裝騎兵的計謀可能就會得逞。君士坦丁非常技巧的部署兵力，事先安置阻絕設施，使敵人的騎兵縱隊不能發揮衝擊威力，再用分區殲滅的方式使陷入陣式的騎兵無法脫身。馬克森久斯的部隊在混亂中全向杜林奔逃，城中居民將城門緊閉，拒絕讓敗軍進入，只有少數人員能保全性命。君士坦丁仁慈對待杜林，稱讚他們的行爲，然後率軍進入米蘭的皇家宮殿。從阿爾卑斯山到波河之間，所有的意大利城市全部承認君士坦丁的權威，熱心參與解救羅馬的大業[43]。

從米蘭到羅馬，不論是使用伊米利亞公路或弗拉米尼亞公路，行軍都非常方便，但君士坦丁不能夠馬上前往擊滅暴君。爲了審愼起見，他必須先對付在意大利的另一股敵軍。因爲該股敵軍所處的位置及其實力，既可以在側面拒止君士坦丁的軍隊前進，亦可在他前往羅馬失利後，截斷大軍

43　諾昔繆斯和優西庇烏斯提到君士坦丁通過阿爾卑斯山以後，迅速進軍羅馬採取決定性的行動。但我們根據兩篇頌辭所提供的資料，還須將中間的作爲交代清楚。

的退路*44。盧里修斯・龐庇阿努斯(Ruricius Pompeianus)這位將領的勇氣和能力都高人一等,負責守備維洛納,將所有部隊都配置在威尼提亞(Venetia)行省。他聽到君士坦丁將向他進軍的消息後,立即派遣一批騎兵去迎戰,但在布雷西亞(Brescia)附近被擊潰,高盧的軍團一路追擊到維洛納的城門。君士坦丁睿智的心靈很快就認清當前狀況,知道圍攻維洛納的必然重要性,也了解困難所在[45]。這座城市只有一條道路,經過狹窄的半島通往西方,其他三面都爲阿第傑河所環繞,湍急的河流貫穿威尼提亞行省,使被圍的城市獲得人員和糧食的充分供應。君士坦丁克服當前的困難,發起幾次沒有成效的攻擊,知悉離城有一段距離的地點,河流的水勢比較平緩,於是在那裡渡河,用堅強的工事阻絕,將維洛納團團圍住。君士坦丁鼓舞全軍士氣,不斷發起攻擊,龐庇阿努斯孤注一擲的出擊也被驅退。這位堅毅的將領在安排好防務,加強守備部隊的實力後,就祕密逃出維洛納。他逃離不是爲了自己,而是顧慮整個城市民眾的安全,在經過不屈不撓的努力後,又集結一支軍隊,要與君士坦丁在戰場決一雌雄。龐庇阿努斯的策略是,若君士坦丁固守在圍城的防線之內,他就與守城的部隊配合,發起內外夾擊。皇帝非常注意當前的動態,知道這支強大敵軍將要迫近的消息後,除留下一部分軍團繼續圍城,便親自率領這支無論在勇氣和忠誠方面都讓他深爲倚重的部隊,前去迎戰馬克森久斯的部將。高盧軍隊一般會戰最常用的方式,是將部隊部署成兩線配置。但君士坦丁認爲敵軍的人數遠超過自己的部隊,因此改變部署,減少第二線的兵力,延伸第一線的正面,以使在長度上能與敵人保持適當的比例。這樣調整後,使得由老兵組成的部隊更能發揮戰力,也不怕敵人從側翼包圍,後來證明這是戰勝的決定性因素。會戰在接近黃昏時開始,雙方堅持不退,激戰整夜,

---

*44 [譯註]維洛納是意大利北部的軍事重鎮,控制通往伊里利孔和雷蒂提亞的孔道,位於米蘭的東側。君士坦丁進軍羅馬前若不先予解決,不僅退路會被截斷,而且有被前後夾擊的可能。

45 馬菲侯爵曾經研究過維洛納的圍攻和會戰,因爲這件事發生在他的家鄉,所以調查很詳細。蓋勒流斯建構城市的防禦工事,城牆比起現有的規模要小一點,並沒有將圓形競技場包括在內。

將領的指揮已經沒有施展的餘地，完全依仗士兵的勇氣，君士坦丁在晨光的照耀下展現出勝利的景象。這場大屠殺使成千的意大利人伏屍在原野上，龐庇阿努斯也戰死沙場，維洛納立即無條件獻城投降，守備部隊全成爲戰俘[46]。當軍官們向君士坦丁祝賀勝利時，也附帶發了一陣牢騷，抗議君士坦丁沒有善盡一位指揮官的職責，竟然表現得比部下還勇敢。軍官們的建言，有些地方已經到鹵莽的程度，不過，就連最猜忌的君王聽了也不會不高興。他們懇求他在未來的作戰中要注意保護自己，不要輕易涉險，因爲他身繫羅馬和帝國的安危。

君士坦丁在戰場表現指揮能力和作戰勇氣時，意大利的君王好像不知道內戰的災難和危險已經蔓延到他的領土的中樞地區。馬克森久斯還是尋歡作樂不理國事，想把軍事失利的消息隱瞞，不讓公眾知道，用毫無把握的信心來欺騙自己，不敢面對現實，想就此拖延下去，事實上卻只會令問題更加惡化。君士坦丁的快速前進[47]還是沒有讓他覺醒，不知自己的安全即將發生致命的危險。他一直自我吹噓，說憑著他的慷慨大方和羅馬的威名，已經解決過兩次敵軍的入侵，現在也可用同樣的方式驅退高盧叛變的軍隊。原來在馬克西米安麾下服務，那些有經驗和能力的軍官，不得不告訴這位軟弱無能的君王，馬上就要大禍臨頭，這才使他警覺不能再醉生夢死。下屬還敦促他要鼓舞剩餘部隊的勇氣，這樣才能避免自己陷入滅亡的命運。馬克森久斯的作戰資源，無論是人力或金錢，兩方面都很充足，禁衛軍要想保持強大的實力，想維護自己的利益和安全，就得跟他採取一致的行動和目標，因此第三支軍隊立即編成，兵員數量比在杜林和維洛納兩次會戰損失的還要多。皇帝毫無領軍作戰的意願，對軍旅之事完全外行，擔心戰鬥帶來的危險以致於驚惶不已。他的畏懼還帶有迷信的成分，對於各種徵兆和預言非常在意，根據四處聽到的謠傳，知道君士坦丁好像已經

46　他們缺少鍊條來處理大量的俘虜，開會時大家也不知如何是好。賢明的君主決定採取權宜的措施，使用木枷當作鐐銬將他們鎖起來，不必全部殺掉。

47　馬菲侯爵認爲，312年9月1日時，君士坦丁還留在維洛納時，值得紀念的是，在他征服山外高盧以後，十五年期的財政年度就此開始。

威脅到他的生命和帝國，因此即使再膽怯也要鼓起勇氣，最後迫得他只得親臨戰場。他已經無法忍受羅馬人民對他的藐視，在競技場到處聽到憤怒的喧囂。暴民圍住皇宮大門，指責這位懶惰的君主是個膽小鬼，大聲讚揚君士坦丁無畏的精神。馬克森久斯在離開羅馬之前，特別請求西比萊神諭給他指示。這些古代預言的守護者，雖然無法通曉命運的祕密，但卻精通解釋神諭的各種技巧。於是就針對當前的狀況，給他一個很穩妥的預告，不論戰爭的結局如何，都可以保持神諭的令名於不墜。

君士坦丁的行軍極爲敏捷，可以說跟首位凱撒快速征服意大利不相上下[*48]，這不是違背歷史眞相的奉承話，因爲從維洛納投降到最後戰爭結束(312年10月28日)，只花了短短的五十八天。君士坦丁一直在擔憂，就怕這個暴君聽信勸告而產生畏懼心理；或者基於審愼的打算，不敢冒險進行堂堂正正的決戰，龜縮在羅馬城內堅守到底。他有充足的糧食可以防止饑饉的發生，但君士坦丁則無法打持久戰，若逼不得已，最後就必須運用武力和戰火將帝國的首都整個毀滅，如此一來，他就算獲勝，也失去最寶貴的報酬，何況解救羅馬還是打內戰的動機和最重要的藉口[49]。等他抵達距離羅馬大約九哩路，一個名叫薩克薩·魯布拉(Saxa Rubra)的地方[50]，發現馬克森久斯的軍隊準備要與他決戰[51]，心中眞是又驚又喜。敵軍的正面延伸很長，涵蓋廣闊的平原，多層配備的縱深直達台伯河邊，可用來掩護後衛，但也對撤退行動形成阻礙。根據後來的各種資料，知道君士坦丁部署兵力的技巧極爲高明，自己選擇最顯著也是最危險的位置，使旌旗招展的軍隊將他的行動看得很清楚。他親自率領騎兵向敵陣發起衝鋒，這次雷霆萬鈞的攻擊決定戰爭的勝

---

*48 [譯註]凱撒於公元前49年1月11日揮軍渡過盧比孔河(Rubicon)，龐培於1月17日棄守羅馬。凱撒率軍沿東岸南下，直趨布朗杜西將龐培趕往希臘後，再回師羅馬時才4月1日，是以凱撒平定意大利的時間約爲七十天。

49 在《頌辭集》裡有兩篇提到羅馬的糧食狀況，其中一篇頌辭中，演說人誇大穀類的儲存數量，說是馬克森久斯從阿非利加和西西里搜刮運來。然而優西庇烏斯認爲，如果發生缺糧的狀況，皇家穀倉只供應軍隊，不會管人民的死活。

50 薩克森·魯布拉位於克里米拉附近，有條不形成障礙的小溪流過，因三百名費比人(Fabii)在此光榮戰死而在歷史上獲得名聲。

51 戰場的位置是馬克森久斯選定，台伯河就在後方，兩篇頌辭中說得很明確。

負。馬克森久斯的騎兵部隊，主要是由穿鎧甲的重騎兵，以及摩爾人和努米底亞人的輕騎兵所組成。高盧的騎兵比重騎兵靈活，也比輕騎兵堅韌，憑著驍勇善戰的精神把兩者打得大敗而逃。騎兵在兩翼崩潰後，使得步兵的側翼失去掩護，不受軍紀約束的意大利人拋棄連隊標誌，不顧一切向後逃走，對於這位平素痛恨的暴君已毫無畏懼之心。禁衛軍知道所做的惡行不會得到赦免，就拚死做困獸之鬥。雖然這些老兵奮勇作戰，還是無法挽回劣勢，不過卻能光榮戰死，他們並沒有退後一步，屍體散布在陣列原有的位置上。整個戰場一片混亂，馬克森久斯毫無鬥志的部隊，被衝鋒陷陣的敵人在後面追趕，上千人投身到台伯河水深蓋頂的急流之中。皇帝自己想經由米爾維亞橋逃回城市，但群眾擁塞在一狹窄的通道，使他被擠落到河裡，身上穿著的沉重鎧甲，讓他很快被淹死[52]，屍體陷入很深的淤泥裡，第二天費了不少力氣才找到。等把他的頭顱展示在人民眼前，才讓大家感到獲得解救，也提醒羅馬人要接受君士坦丁賜給他們的恩惠。大家帶著忠誠和感激的心情向他歡呼，祝賀他憑著智勇雙全的才華，獲得一生中最光榮的勝利[53]。

八、君士坦丁在羅馬的作爲與成就(312-313A.D.)

在運用勝利的成果方面，君士坦丁既稱不上寬厚仁慈，但也不會引發嚴詞攻擊[54]。他採用的處置辦法，是將暴君的兩個兒子處死，整個叛黨經仔細篩選後，只殺掉幾個爲首分子。如果他戰敗，他的家人和部屬也會遭到這種下場。馬克森久斯一些主要的追隨者既然享用他的富貴和罪孽，料

---

52 當時有個謠言到處流傳，說馬克森久斯不打算撤退，只是做好圈套要陷害追擊的敵軍，等君士坦丁快接近時把木橋弄鬆，沒想到自己人爭著逃命，竟把整座橋樑壓垮。蒂爾蒙特認爲這種傳聞根本講不通，也很奇怪拉克坦久斯和納查流斯(Nazarius)竟然不予理會，至少優西庇烏斯和諾昔繆斯應該證明這種說法違背常理。

53 過了幾個月才在一篇頌辭中，將這次會戰的經過做很詳盡的敘述。優西庇烏斯、拉克坦久斯和伊壁托米斯(Epitomes)也補充一些細節。

54 諾昔繆斯是君士坦丁的政敵，承認只有少數幾位馬克森久斯的友人被殺。其他人認爲君士坦丁進入羅馬，並沒有像辛納、馬留或者是蘇拉那樣大開殺戒。

想也要相隨於黃泉之下。但當羅馬人民大聲叫囂，要抓出更多人來抵命時，君士坦丁慈悲爲懷，不聽從這些討好的聲音，更不願群眾發洩憤怒的情緒。他對告發者不僅不受理，還加以懲罰，以制止這種不良風氣。受到暴政壓迫的無辜人員都從流放地召回，發還被沒收的財產，頒發大赦令使意大利和阿非利加的人心得到安定，重建安居樂業環境[55]。君士坦丁第一次親臨元老院表達推崇之意，在態度親切的演說中，簡述自己對國家的功績和貢獻，保證對在座的高階人士特別關照，承諾要重新恢復元老院古老的尊榮和權利。元老院心懷感激，依據尙能保有的職權，授與他空洞的尊貴頭銜來報答毫無意義的諾言。同時對君士坦丁的權力也不敢擅自作主，要求依慣例加以批准，只是通過一項敕令，在統治羅馬世界的三位奧古斯都中，封他爲位階最高者[56]。舉辦競技比賽和慶節典活動慶祝他的勝利，籍沒馬克森久斯的資財，來興建數座建築物，以紀念君士坦丁所獲得的榮耀。君士坦丁凱旋門是藝術衰落最可悲的明顯實物，也是人類虛榮最空洞的獨特證據。在帝國的都城竟找不到一個有才華的雕刻家，來修飾這座公共紀念物，因此將圖拉眞凱旋門藝術價值最高的雕像，全部搬來用在這座新的拱門上，既不尊敬祖先的令名，也不考慮是否合於情理。至於時代背景和人物造型的不同，歷史事件和環境特性的迥異，一概置之不理。從未率軍越過幼發拉底河的皇帝跟前，竟跪著安息人俘虜。古物學家只要細心一點，就會在君士坦丁的紀念物上，發現圖拉眞的頭像。在古老雕像之間的空隙，需要用新裝飾來加以塡補的地方，全是粗俗無能工匠的手藝。

禁衛軍最後終於廢止，不僅是審愼的預防措施，也是一項報復行動。馬克森久斯恢復這支驕橫隊伍的數量和特權，有些地方還加以擴大，後來一直受到君士坦丁的鎭壓，防務森嚴的營地也被拆毀。僥倖逃過殺身之禍的少數禁衛軍官兵，被分散到帝國邊疆的軍團，只能遠戍異地，再也無法對帝國造成危害。君士坦丁整肅駐紮在羅馬城的部隊，對羅馬元老院和人

---

55 可參閱《狄奧多西法典》（*Theodosian Code*）有關本次和下年頒發的詔書和法條。
56 馬克西明認爲他是最資深的凱撒，應該是位階最高的奧古斯都。

民*57的尊嚴是致命的打擊，被解除武裝的首都從此無法保護自己，受到遠處主子的凌辱和輕視。羅馬人當初是爲了保住即將消失的自由，免受繳納稅賦之苦，才擁護馬克森久斯登上皇位。不料他當上皇帝以後，用元老院的名義假借自由捐獻來強徵貢金，所以他們才懇求君士坦丁前來解救，等到擊敗暴君，自由捐獻也改爲正常的稅賦。元老院的議員按照申報的財產，區分爲幾個等級，最富有的議員每年繳納黃金八磅，次等四磅，最後一等兩磅；就是那些貧窮到可以申請豁免稅賦的人，也要繳八個金幣。除了元老院正規的成員外，他們的兒子、後裔甚至親戚，凡是能享受到元老院階層空洞的特權者，都要分擔沉重的稅賦。如此，對於君士坦丁很願意增加此一「有用」階層的人數，就一點都不足爲奇了。勝利的皇帝擊敗馬克森久斯以後，在羅馬不過停留兩、三個月，後來在他一生中也只來過兩次，分別是主持登基十周年和二十周年莊嚴隆重的慶祝典禮。君士坦丁幾乎永遠保持動態的生活，不是參加軍團各種演習和訓練活動，就是巡視各行省的狀況。他將「新羅馬」興建在歐洲和亞洲接壤處之前，像米蘭、阿奎利亞、色米姆、奈蘇斯和提薩洛尼卡各地，都是他臨時居住的城市[58]。

九、君士坦丁與黎西紐斯的結盟以及宮廷恩怨(313-314A.D.)

君士坦丁在進軍意大利之前，爲了確保與伊里利孔皇帝黎西紐斯的友誼，至少要他嚴守中立，於是答應將自己的妹妹康斯坦霞(Constantia)嫁給他，但婚禮延到戰爭結束後才舉行。兩位皇帝在米蘭晤面交換意見(313年3月)，目的是藉著通婚和利益來鞏固雙方的聯盟[59]，就在公開祝宴進行

---

*57 [譯註]羅馬共和國時期的正式稱呼是「羅馬元老院和人民」(Senatus Populusque Romanus. S.P.Q.R.)，帝制以後還是沿用，但表示的意義已大不相同。

58 我們可以從《狄奧多西法典》所登錄的資料，探索歷任皇帝的作爲和行動，但是有些日期和地點，因爲謄寫人員的大意而產生很多的訛誤。

59 諾昔繆斯提到，君士坦丁在進軍羅馬之前，已經將妹妹許配給黎西紐斯。要是照小維克托的說法，戴克里先受邀參加婚禮，但是託辭年老有病未克成行，後來接到第二封信，指責他偏袒馬克森久斯和馬克西明，所以才不來參加婚禮。

時，他們不得不分開，因爲法蘭克人入侵所以君士坦丁必須趕赴萊茵河；而亞細亞君主的敵意表現，也需要黎西紐斯親身前往處理。馬克西明與馬克森久斯成立祕密聯盟，並沒有因爲馬克森久斯的下場而喪失勇氣，他決定要以內戰來賭自己的命運。馬克西明在隆冬之際離開敘利亞前往俾西尼亞的邊界，這是天候酷寒而且崎嶇難行的季節，很多人員和馬匹倒斃在深雪之中，道路也被連綿的降雨沖毀。爲了趕上快速的急行軍，他不得不把沉重的輜重和行李留在後面。他率領一支戰力強大而且發起奇襲的軍隊，經過額外加倍的努力，在黎西紐斯的部將通報他帶著敵意而來的消息以前，就已經到達色雷斯·博斯普魯斯的兩岸。拜占庭經過十一天的圍攻，就向馬克西明投降。赫拉克利的城牆把他的大軍阻擋住幾天，等他一奪取這個城市，從獲得的消息中傳來警報，黎西紐斯在距離只有十八哩的地方紮營。協商毫無結果，這段期間，兩位君王都想辦法去收買對方的人員，後來只有訴諸武力解決。東方帝國的皇帝指揮一支紀律不佳但老兵甚多的部隊，大約有七萬人馬；黎西紐斯只能集結三萬伊里利孔人組成的軍團，所以從一開始就受到優勢敵軍的壓力，但是憑著他的軍事素養和部隊的英勇善戰，他贏得一次決定性的勝利(313年4月)。馬克西明以不可置信的速度拼命逃走，比起他在戰場的英勇行爲，眞是值得大聲喝采。在二十四小時之內，他面無人色，全身顫抖，在失去皇家佩飾的狀況下，出現在尼柯米地亞，從他被打敗的地方到此地的距離有一百六十哩。亞細亞的財富尚未枯竭，雖然精銳的老兵部隊在這次行動中全部喪失，他只要有時間，仍舊可以運用權力從敘利亞和埃及徵集大量兵員。但他在遭到這次打擊後，只活了兩、三個月，便在塔蘇斯過世。後來產生很多傳言，說他是失望傷心而死，也有人說是被毒死，或說是遭到天譴。像馬克西明這樣無才無德之人，死後根本沒有人會哀悼或悲傷，東方各行省能夠避開內戰的摧殘，都欣然接受黎西紐斯的統治[60]。

---

60 諾昔繆斯把馬克西明的失敗和死亡，視爲很平常的事件。但是拉克坦久斯非常重視加以詳述，認爲馬克西明的滅亡完全是天意，因爲黎西紐斯在這個時候已經成爲教會的保護者。

死去的馬克西明皇帝留下八歲的兒子和七歲的女兒，幼小的年齡會獲得別人的同情，但黎西紐斯毫無憐憫之心，對他的仇敵絕不放過，一定要斬草除根。處死塞維里努斯（Severianus）這位年輕的可憐人，無論從策略或報復來說都沒有必要。黎西紐斯從來沒有受到他父親的傷害，而且塞維魯斯的統治時期很短，也沒有什麼作爲，領地是帝國很偏遠的地方，早已被人遺忘。提到黎西紐斯殺害康迪戴努斯（Candidianus），可眞是喪心病狂和忘恩負義的行爲。這位青年是蓋勒流斯的私生子，他的父親是黎西紐斯的朋友和恩主，因爲認爲他太年輕，沒有能力保住頭上的皇冠，才把帝位傳給黎西紐斯，希望這位君王能夠感恩圖報並保護他的兒子，讓他過著安全而富貴的生活。康迪戴努斯滿二十歲時，雖然沒有功績和野心，但在生日時擺出皇家的排場，而讓黎西紐斯產生猜忌的心理[61]。甚至連戴克里先的妻女，也是他極端暴虐行爲下，最無辜也最顯赫的犧牲者。

戴克里先將凱撒的頭銜賜給蓋勒流斯時，也把女兒華倫麗婭許配給他當妻子。她經歷一生的榮華富貴和顚沛慘痛，眞是一部悲劇的最佳題材。華倫麗婭是一個善盡本分的妻子，因爲自己無出，就不顧別人在背後指點，收養丈夫的私生子當成自己的兒子，像親生母親那樣慈祥對待康迪戴努斯，非常關心他的生活。等蓋勒流斯去世後，繼位的馬克西明垂涎她龐大的產業和誘人的姿色，想要人財兩得[62]。雖然他的妻子還健在，但他就根據羅馬的法律把她休掉，以盡快滿足自己難以克制的情慾。華倫麗婭是皇帝的女兒，也是另外一位皇帝的孀婦，知道目前處於無法保護自己的情況，只有用很緩和的語氣，向馬克西明派來求親的人，表明自己的立場：

> 就算是禮法允許一位婦女，可以得到合於她的身分和地位的第二

61 奧理留斯·維克托提及黎西紐斯和君士坦丁在獲勝後，他們的作風完全不同，拉克坦久斯認爲是別有用心的說法。

62 馬克西明爲滿足自己的情欲，不惜拿臣民做犧牲品，派閹人出去用誘騙和搶奪的方式給他找女人，在送給他以前要經過詳細檢查，若稍有不從就當成叛逆來治罪，堅決抗拒會被丟到河裡淹死。同時，臣民娶妻要得到皇帝允許，逐漸成爲慣例。

次婚姻，但在她丈夫屍骨未寒之際，就接受求婚實不能算是正當的行爲，何況她的丈夫還是求婚者的恩主。這時她的心情還是很悲痛，仍舊穿著喪服。她還要再明白的表示，要是一個男人爲了得到新歡，就毫無情義的將忠誠而且深愛著他的髮妻休掉，那麼她對於他的人品眞是一點信心都沒有。

馬克西明被拒絕後，因愛生恨，證人和法官都受他的支配，因此羅織罪名告進法庭，使華倫麗婭的名譽受到詆毀，平靜的生活被破壞無遺，在受到犯通姦罪的不實指控後，她的產業被沒收充公，侍候她的閹人和家僕受到最不人道的酷刑。有幾位無辜且受人尊敬的貴婦，基於友誼幫她說公道話而被殺。皇后本人雖然跟母親普麗斯卡(Prisca)在一起，還是被判處流放，從一個城市趕到另一個城市，受到無盡的羞辱，後來才監禁在敘利亞沙漠一個偏僻的村莊，等於把她們的羞恥和苦難，公開展示在東方的行省，而在過去的三十年，她們在這裡享盡皇室的尊榮和富貴。戴克里先想要減輕女兒所受的苦難，使盡辦法也得不到效果。他把帝位給予馬克西明，期望能夠得到最後的回報，於是他提出懇求，能讓華倫麗婭到薩洛納過退休生活，最後可以給受罪的父親送終[63]。他只能懇求，因爲他再也無法對他們形成威脅，但他的祈求得到冷淡的答覆，被置之不理。傲慢的馬克西明在心理上得到滿足，因爲戴克里先現在成爲一個哀求者，並且讓他的女兒成爲罪犯。馬克西明死亡以後，看來兩位皇后的命運會苦盡甘來，社會大亂，看守她們的警衛也放鬆警覺，讓她們很容易逃出放逐的地方，經過一些人的幫助，盡量隱藏行動趕到黎西紐斯的宮廷。在他統治初期，對於年輕的康迪戴努斯還很禮遇，使得華倫麗婭私下感到很安慰，覺得是因爲她們的緣故，讓自己的養子也能受惠。但是美好遠景接著就是晴天霹靂，康迪戴努斯慘遭殺害，血染尼柯米地亞的宮廷，讓她知道接替馬克西明王座的人，是更心狠手辣的暴君。華倫麗婭爲了自己的安全，只有和母

63 戴克里先終於派人前往晉見皇帝，爲女兒求情，至於所派的人是誰已無法查證。

親一起匆忙逃走，在各行省飄流了十五個月[64]，穿著平民的衣服來掩飾自己的身分，最後終於在提薩洛尼卡洩漏行蹤，被捕後立即處斬，屍體被丟進大海。人們看到這令人傷感的一幕，害怕軍方警衛的逮捕，只有壓下心中憤憤不平的怒氣，認爲戴克里先的妻子和女兒不該得到這種下場。我們也爲這場慘劇感到惋惜。沒有發現她們的罪行，也不知道黎西紐斯爲什麼要如此殘忍。更讓我們感到難以理解的是，爲何使用更祕密或者正當的方式來報復，不能令他感到滿足[65]。

十、君士坦丁和黎西紐斯的決裂與爭戰(314-315A.D.)

羅馬世界現在爲君士坦丁和黎西紐斯所平分，前者是西部的主人，後者統治東部。大家期望這兩位征服者不要再內戰，能因私人情誼和公開盟約的聯繫，不會產生野心要做進一步的企圖，至少也要拖延一段時間。兩位勝利的皇帝開始相互對抗，是在馬克西明死後一年才發生的事(314A.D.)。表面看來君士坦丁天才橫溢又胸懷大志，好像他是先動手的侵略者；事實上，黎西紐斯陰鷙狡詐，才是眞正的罪魁罪首。從歷史的蛛絲馬跡中不難找尋眞相，發現他在煽動一場陰謀活動，來對付與自己結盟的親人。君士坦丁不久前把妹妹安娜斯塔西婭(Anastasia)許配給巴西努斯(Bassianus)，他是個世家子弟而且很富有，然後君士坦丁將這位親戚擢升爲凱撒。按照戴克里先設立的政府架構，就得把意大利或者是阿非利加交給他來治理，但是所應許的封地在執行時受到延誤，要不就是狀況跟過去不同，已經有了變化。這樣一來，巴西努斯獲得尊榮，應該可以鞏固他的忠誠，現在反而發生離間的作用。他的任命要得到黎西紐斯的同意以獲得

---

64 只有拉克坦久斯提到這件事。至於所說在各處飄流十五個月，不知是從放逐還是從逃亡算起。就原文的字義上看好像是逃出宮廷，但是拉克坦久斯記載此事的時間，應該是黎西紐斯和君士坦丁的第一次內戰之後。

65 戴克里先的妻子和女兒清白無辜，卻慘遭惡報。拉克坦久斯在提及此事時，雖然表示憐憫，還是難掩喜悅之情。

批准，這位手段高明的君主，立刻派出自己的密使，與新上任的凱撒建立祕密而危險的通信聯繫，挑起他不滿的情緒，勸他要爲自己打算，因爲他不可能得到君士坦丁公正的對待，所以必要時，使用暴力亦在所不惜。機警的皇帝在叛徒安排妥當快要動手之前，發覺整個陰謀活動，然後嚴正宣布斷絕與巴西努斯的親戚關係，剝奪凱撒的皇室位階和頭銜，對他的謀叛和不忠處以應得的刑責。這時巴西努斯已逃到黎西紐斯的國土尋求庇護，在要求引渡這位罪犯時，傲慢的黎西紐斯加以拒絕，並且肯定的表示巴西努斯早已有反叛之心。意大利邊界上的伊摩納(Aemona)，對君士坦丁的雕像有侮辱的舉動，成爲兩位君主產生不和的信號[66]。

第一次會戰發生在西貝利斯(Cibalis)附近(315年10月8日)，這是潘農尼亞位於薩維河畔的城市，在色米姆的上方大約五十哩[67]。兩位勢力強大的君主在這場重要的衝突中，帶到戰場的兵力看起來並不相稱，只能推測有位皇帝忽然怒氣發作，使得另一位受到突如其來的奇襲。西方皇帝只率領兩萬人，東方統治者的兵力是三萬五千人，不過，兵力劣勢的一方倒是占有地形之利。君士坦丁在一處大約半哩寬的通道上建立前哨陣地，這條通道的一邊是很陡的小山，另一邊是難以通行的沼澤，然後在這個位置上堅守頑抗，擊退敵軍的攻擊，接著就趁勝追擊，領軍進入平原。身經百戰的伊里利孔軍團在統帥的旗幟下列陣，這位君王的軍旅生涯曾經身受蒲羅布斯和戴克里先的教導。雙方發射的箭矢很快就消耗殆盡，勢均力敵的兩軍蜂擁而上，用短劍和擲矢進行肉搏戰鬥，從當天的清晨一直激戰到黃昏，勝負難分。君士坦丁親自在右翼領導一次英勇的衝鋒，獲得決定性的戰果。黎西紐斯當機立斷向後撤退，救出其餘的部隊免於全軍被殲。當他計算損失達兩萬人，認爲在目前狀況下，得勝的敵軍會採取積極的行動，在此過夜已沒有安全可言，就放棄營地和輜重，帶領大批騎兵祕密離開，

66 艾摩納今稱雷巴克(Laybach)，位於卡尼奧拉地區，在朱理安·阿爾卑斯山北麓，是控制南北進出的要道，因此成爲意大利和伊里利孔兩位統治者相互爭奪的目標。

67 西貝利斯離伊里利孔的首府色米姆約五十哩，離貝爾格勒約一百哩，此處是多瑙河和薩維河的會合口。

克服萬難繼續行進，終於逃脫敵軍的追擊。由於他不屈不撓的努力，才能夠保全他的妻子、兒女和財產，他把這些都存放在色米姆。黎西紐斯通過這個城市以後，就破壞在薩維河上的橋樑，很快在達西亞和色雷斯徵集一支新軍。他在逃離時，就把凱撒這個靠不住的頭銜授給華倫斯，他是一位負責伊里利孔邊疆防務的將領[68]。

色雷斯的瑪迪亞(Mardia)平原是第二次會戰的舞台，戰鬥沒有上次那樣激烈，人員的傷亡也比較少，雙方部隊的勇氣和紀律尚能不分上下，勝利取決於君士坦丁的卓越才能。他率領五千人獲得有利的高地，在激戰之際攻擊敵軍的後衛，使對方付出慘重的代價。黎西紐斯的部隊雖然兩面應戰，卻還能保持自己的陣地，直到夜幕降臨，戰鬥趨於尾聲，向著馬其頓山區安全撤退[69]。兩次會戰失利，平白犧牲最英勇的老兵部隊後，黎西紐斯的野心受到打擊，亟欲求和。他派出使者米斯特林努斯(Mistrianus)覲見君士坦丁，展開如簧之舌曲意奉承君王的高尚德行，同時很委婉的表示戰事仍是勝負難分，無可避免的災難會造成兩敗俱傷的局面，因兩位皇帝都是他的主人，所以授權前來達成長久而光榮的和平。君士坦丁接受他的說辭，但在提到華倫斯時，表達出他的氣憤和不齒，用強硬的語氣說：

> 我們從帝國西部海岸進軍以來，在連續不斷的戰鬥中獲得勝利，還不是爲了要得到和平。現在若是不拒絕負恩的親戚，那就得接受一位可恥的奴隸，成爲同僚來治理帝國，所以要讓華倫斯退位，不得繼續享有凱撒的頭銜，這是簽訂和約的首要條件。

處於目前的狀況，必須接受屈辱的條件(315年12月)，不幸的華倫斯不過在位幾天，就被剝奪君王的名號，也賠上自己的性命。這個障礙移走後，羅馬世界很快恢復平靜。黎西紐斯連續被擊敗，使得軍隊殘破不堪，

---

68 諾昔繆斯對此次會戰敘述得非常詳盡，但偏重於文辭方面，對軍事行動著墨不多。

69 有幾位作家都提到這次會戰，特別是伊壁托米斯提供很多背景資料，但是他們經常會把黎西紐斯和君士坦丁之間的兩次戰爭弄混淆。

卻還能展現出自己的勇氣和能力，當前處境已陷入絕望之中，有時困獸之鬥能產生驚人效果。君士坦丁的善意使他獲得有利的轉機，期待能在第三次鬥爭中賭一下自己的運氣。君士坦丁再度承認黎西紐斯是他的朋友和兄弟，仍讓他保有色雷斯、小亞細亞、敘利亞和埃及，但要把潘農尼亞、達瑪提亞、達西亞、馬其頓和希臘這幾個行省，割讓給西部帝國。君士坦丁統治的區域從卡里多尼亞邊境，延伸到伯羅奔尼撒半島的頂端。同時在條約裡特別規定，獲得繼承權的三位皇室青年都是皇帝的兒子，克里斯帕斯和小君士坦丁接著獲授西部的凱撒，同時小黎西紐斯在東部獲得同樣的頭銜。從這個比例可以知道，戰勝的君王憑著軍隊和實力，享有較高的權勢和地位[70]。

十一、君士坦丁的法治及其平服蠻族的作爲(315-323A.D.)

君士坦丁和黎西紐斯修好後，彼此之間仍舊仇視和猜忌，加上對之前的傷害記憶猶新，且擔心未來又起戰端，所以心結很深，各作打算，但羅馬世界卻能保持八年的平靜。在此期間，一系列經過立法程序的帝國法律開始實施。要把君士坦丁花費心血制訂的民法條文，一一抄錄出來，不是一件容易的工作。最重要的制度與政策和宗教的新體系有關，直到他統治期最後幾年，因爲天下太平無事，可以全力以赴才能臻於完善。他所制訂的法律很多，就所關心的個人財產和權利，以及律師的業務等項目而論，偏重於私權力的運用，與帝國的公權力法律體系的關係不大。還有很多屬於地方性的臨時法令，不是歷史應該重視的範圍。不過，可以從一大堆法律中選出兩條：一條非常重要，因爲造福人民不淺；另一條十分奇特，因爲過分的殘忍。

其一，拋棄和殺害幼嬰的行爲在古代很普遍，後來在各行省，特別是

70 諾昔繆斯、優特洛庇斯、奧理留斯・維克托和優西庇烏斯這四位都提到，條約內有晉升三位凱撒的條文，但是這個時候小君士坦丁和小黎西紐斯還沒有出生，後來也知道晉升儀式是在317年3月1日。可能是條約最初規定西部帝國產生兩位凱撒，而東部只能有一位，人選則由皇帝自行決定。

在意大利更是盛行，這與生活苦難有直接關係，主要是難以忍受的重稅，以及稅務官員對欠稅人家殘酷迫害所造成。家徒四壁的人民並不以人丁興旺為可喜，反而認為不讓孩童面臨難以忍受的苦難，是父母唯一可行之道。君士坦丁出於人道關懷，或許是當時這種絕望的事例太多，他在感動之餘，先向意大利各城市，接著向阿非利加發布一項詔書，指示當地的行政官員，只要父母帶著子女前來面見，證明自己貧窮以致無法維持生計，都要立即給予足夠的補助。但規定過於寬鬆而且條文很含糊，根本不可能長期普遍實施。這項法律雖然值得稱許，事實上只是揭露公眾的苦難，對那些御用文人來說，他們自己的生活美滿，根本不相信一位慷慨大度的君王，治下會有苦難和罪惡存在，這就是反駁他們最有力的鐵證[71]。

其二，君士坦丁處置強暴的法律，對人性中基於本能的過失，毫無寬恕心。按照條文對上述罪行的描述，不僅使用暴力強迫，就連採用柔情手段，勾引二十五歲以下未婚少女，離開父母的家庭，全都包括在內。

> 得逞的強暴犯將處以死刑，而且簡單的處死還不足以償其罪惡，不是被活活燒死，就是在競技場被野獸撕成碎片。要是那位處女出面承認是自己願意跟他走，不僅救不了她的情人，連自己的性命也都不保。這當眾處罰的責任交由有罪一方或被害婦女的父母來執行，要是出於人性的仁慈，不願在發生罪行以後將事情張揚出去，用雙方正式結婚來挽救家庭的榮譽，一經發覺，當事人會受到流放和財產充公的處分。奴隸則不分男女，無論是犯了強暴罪或誘姦罪，一律活活燒死，或是施以酷刑，將燒融的鉛灌入喉嚨。由於這種犯行是公訴罪，對外來的異鄉人也可提出控訴。起訴不受罪行發生時間的限制，判刑可以延及這種不正常婚姻無辜的後代子孫。

71　這是納查流斯的演說頌辭，在五年舉行一次的凱撒晉升儀式上發表，這次是321年3月1日，離上次只有四年的時間。

但是，當罪行引起的可怕後果遠不及懲罰本身爲重時，嚴酷的刑法還是會對人類的情感稍爲讓步。這個詔書最引起反感的部分，在後繼的朝代曾加以修改和廢止。甚至君士坦丁本人也經常採取寬恕的行動，對過於嚴酷之處予以補救，這可說是皇帝很特殊的幽默表現，他制訂法律極爲嚴厲而殘酷，但執行時又顯得寬容，甚至會打折扣。無論是皇帝的性格或是政府的制度，很難找到比這個缺失更具象徵性的意義[72]。

帝國的軍事守備有時會干擾政府的施政作爲。克里斯帕斯是位個性和善的青年，接受凱撒的頭銜以後負責指揮萊茵河的防務，由於調度有方，英勇過人，對法蘭克人和阿里曼尼人的作戰，贏得幾次勝利。邊境蠻族懾於他是君士坦丁的長子，也是康士坦久斯的孫兒，而產生敬畏之心[73]。皇帝自己負責多瑙河方面的防務，那邊的狀況更困難，也是最重要的地區。哥德人在克勞狄斯和奧理安在位時，知道羅馬軍隊有強大戰力，對帝國的權勢頗爲忌憚，不敢輕易越雷池一步。但這些好戰的民族經過五十年的休養生息，逐漸恢復實力，新生一代崛起後，不再記得往日的慘狀。位於米奧提斯海邊的薩瑪提亞人追隨哥德人的旗幟，有時是他們的臣屬，有時又成爲盟友。他們組成聯軍衝擊著伊里利孔這個廣大的區域，康坡納(Campona)、瑪古斯和波諾尼亞(Bononia)發生幾次圍攻和會戰[74]，激烈的戰鬥讓人難以忘懷。君士坦丁雖然遭到頑強的抵抗，最後還是占到上風，哥德人被迫將到手的戰利品和俘虜留下，換取羞辱的撤退。對於無禮的蠻族膽敢進犯帝國邊疆，皇帝在事後還是憤憤不平，因此決心予以嚴懲。他修復圖拉眞時代所建造的橋樑，率領軍團渡過多瑙河，侵入蠻族在達西亞

72 優西庇烏斯認爲，在君士坦丁統治時期，正義之劍還是掌握在這位英雄的手裡。就是在《狄奧多西法典》裡都可以看出，君士坦丁的執法過於寬厚，倒不是沒有犯法的罪犯和懲處的法律。

73 現在還存有克里斯帕斯戰勝阿里曼尼人所頒發的獎章。

74 諾昔繆斯對這段的記述非常不清楚，很多地方充滿矛盾。歐普塔提努斯(Optatianus)的頌辭中提到薩瑪提亞人與卡皮人和傑提人結盟，指出一些作戰的地點。薩瑪提亞人在每年11月慶祝射獵活動，也可能起源於這次戰爭的勝利。

防衛最嚴的隱密聖地[75]。當他施以最殘酷的報復行動後，不惜紆尊降貴對哀求的哥德人給予和平，條件就是只要帝國一要求，他們就要供應他的軍隊四萬名士兵。蓋世功勳給君士坦丁帶來不朽的聲名，有利於國家的安全和穩定，但有些過譽之辭也難免讓人產生疑問。就像優西庇烏斯宣稱，遠到極北之處的所有錫西厄民族，在受到戰無不勝的羅馬軍隊給予嚴懲後，產生巨大的影響，以致分裂爲許多宗派和部族。

十二、君士坦丁再度統一羅馬帝國(323-324A.D.)

君士坦丁的光榮已達登峰造極之境，不願忍受帝國尚有人能與他並駕齊驅，深信憑著才能和軍備的優勢，雖然雙方的關係並沒有破裂，但趁著黎西紐斯的年事已高，而且民怨很深，可以一舉征服，連根摧毀他的勢力。但這位年老的皇帝確知今日之友即明日之敵，已從迫近的危險中驚醒，提振起精神和才智應付激烈的鬥爭。他並非浪得虛名之輩，否則怎麼能配與蓋勒流斯建立友誼，榮登帝國的寶座。他立刻徵召東方的兵員，將部隊配布部署在哈德良堡(Hadrianople)的平原，艦隊在海倫斯坡海峽巡弋，全軍有步兵十五萬人，以及主要來自卡帕多西亞和弗里基亞的一萬五千騎兵。一般認爲這兩個地方出產的馬匹非常美麗，比起騎士的勇氣和技術可高明多了。艦隊由三百五十艘三層划槳戰船所組成，埃及和相鄰的阿非利加海岸提供一百三十艘，還有一百一十艘來自腓尼基人的港口和塞浦路斯島，濱海國家像是俾西尼亞、愛奧尼亞和卡里利，也要盡義務供應一百一十艘戰船。君士坦丁的軍隊奉令在提薩洛尼卡集結，全軍共有步兵和騎兵十二萬人，皇帝對軍威雄壯的隊伍甚感滿意，兵員總數雖然較少，但是列陣戰士反而比東方的對手要多。君士坦丁的軍團從歐洲民風強悍的行

75　朱理安在當凱撒時提到，君士坦丁常自誇他將圖拉眞所征服的行省，也就是達西亞，重新收復成爲帝國的領域。但是塞列努斯(Silenus)暗示君士坦丁的征戰，就像阿多尼斯(Adonis，譯按：希臘神話中，象徵愛與美的女神阿弗洛黛蒂所愛戀的美少年)的花園，草木很快凋謝。

省徵召人員編成，紀律能約束他們的行動，勝利能鼓舞他們的鬥志，何況其中還有大量久歷軍旅的老兵，就在這位統帥的指揮下參與過十七次的光榮戰役，他們準備以無比的勇氣做最後的奮鬥，俾能在退役時接受最高的榮譽[76]。君士坦丁海上作戰的整備，無論從那方面來說都遠較黎西紐斯處於劣勢。希臘濱海城市按照分配的額度，指派人員和船隻前往著名的派里猶斯港集中，整個聯合兵力大約是兩百艘較小的船隻，而且戰力相當微弱。要是與古老的雅典共和國參加伯羅奔尼撒戰爭時所派出的無敵艦隊相比，無論是數量和裝備上都要屈居下風[77]。自從意大利不再是政府的施政重心，麥西儂和拉芬納的海軍整備逐漸被人忽略，帝國的造船和海員主要用在商業，而不是爲了戰爭，所以在這方面的發展和生產，自然就轉到埃及和亞細亞的行省，那裡的技術不但成熟，而且材料獲得更爲便利。令人感到奇怪之處，是帝國東部能獲得巨大的海上優勢，爲什麼不掌握機會，將戰爭帶到對方的疆域，選擇最重要的區位發起攻勢作戰。

黎西紐斯並沒有採取上述的積極行動，否則會改變整個戰爭的外貌。他只是很謹愼的駐紮在哈德良堡附近的營地，等待敵手前來接戰，主要是他已先期在此整建工事，不願放棄既得的地形之利。君士坦丁指揮部隊從提薩洛尼卡向色雷斯方向前進，直到爲赫布魯斯(Hebrus)河寬闊的急流所阻，發現當面小山的陡坡上布滿敵軍，黎西紐斯的部隊從河岸一直延伸到哈德良堡。雙方很多天都花在勝負難分的遠距離前哨戰鬥，最後君士坦丁經過不屈不撓艱辛的工作，終於把通路和攻擊的障礙全部排除。在此要提一下君士坦丁最不可思議的事蹟，就是在詩文或傳奇小說裡都很難看到，並非御用文人的吹捧之辭，而是一位對他並不友善的歷史學家的記述。我們所知道的是這位英勇蓋世的皇帝，在十二名騎士的陪同下，騎馬奔入赫布魯斯河中，憑著所向無敵的本領，像砍瓜切菜一般，將十五萬敵軍打得

76 君士坦丁對幫他打天下的老兵一向都很關照，重視他們的福利和退役後的生活。

77 雅典在那時爲了保持海上帝國的英名，艦隊的實力經常有三百艘三層槳戰船，後來增加到四百艘，都已整備完畢可以馬上使用。派里猶斯港的設備就花費共和國一千泰倫，大約是二十一萬六千英鎊。

大敗而逃。諾昔繆斯輕易採信傳聞，無法用理性思考，對於哈德良堡會戰整個事件，把最難置信的插曲選出來加以修飾和潤色，眞正重要部分反倒沒有提及。能夠證明君士坦丁所遭遇的危險和英勇，是他的大腿受了輕傷。但無論是從虛構的小說或者是訛誤的史實，我們可以看到其中的記載，全把獲得的勝利歸功於英雄的勇氣，而不是一位領袖的將道。眞實作戰狀況是君士坦丁派出五千名弓箭手，繞到敵人後方占領一處濃密樹林，結果他們到達此地的意圖，被認爲是要伐木建構一座橋樑。黎西紐斯爲敵軍奇特的部署感到困惑，只有放棄有利的陣地，到平原上列出陣式，準備在對等的狀況下與敵人決戰(323年7月3日)。這樣一來，條件對他不利，徵集的新兵亂成一團，根本不是西部老兵軍團的對手，據稱有三萬四千人被殺。黎西紐斯工事環繞的營地在傍晚被攻破，大部分人逃到山區，次日向征服者投降，任憑處置。黎西紐斯逃進拜占庭的城牆，在裡面固守。

君士坦丁立即著手圍攻拜占庭，這是一件艱鉅的工作，也發生很多讓人覺得可疑的事件。在內戰後期，拜占庭被認爲是歐洲到亞洲的關鍵位置，整個城堡的防禦工事都經過整修和加強，只要黎西紐斯仍舊控制海洋，守備部隊所受到的危險和饑饉，會比圍攻的部隊還要少很多。君士坦丁把海上作戰指揮官召到營地，交付明確的任務：要打通海倫斯坡海峽的航路。黎西紐斯的艦隊根本不想擊沉或摧毀弱勢的敵軍，躲在狹窄的海峽裡不敢活動，使得數量的優勢無法發揮作用。皇帝的長子克里斯帕斯奉命執行此一大膽的任務，以無比的勇氣克服萬難獲得輝煌的戰果，受到部隊的推崇和讚揚，也引起父親的猜忌。海上的接戰持續實施兩天，在第一天夜晚，交戰艦隊雙方都受到相當損失，各自回到在歐洲或亞洲的港口。第二天快到中午時，突然颳起一陣強烈的南風[78]，帶著克里斯帕斯的船隻衝向敵軍。他掌握戰機發起全面攻擊，在技術和勇氣的配合下，獲得壓倒性的勝利，摧毀敵軍一百三十艘戰船，五千人被殺，亞洲艦隊的統領阿曼達

78　海倫斯坡海峽的海流很強烈，在颳北風時巨浪濤天，船隻根本無法通過，等到南風颳起來可以抵消海流的力量，海面變得風平浪靜。

斯(Amandus)歷盡千辛萬苦，才逃到卡爾西頓的海岸。海倫斯坡海峽的航路立即開放，運輸船運來充足的糧食和供應品，抵達君士坦丁的營地，使他可以實施圍攻作戰。他下令築起人工的土堤到達拜占庭防壁的同樣高度，在上面建起高聳的木塔，用投射機具發射重大的石塊和標槍，襲擾守軍使之無法安然休息，同時在幾處地點架起攻城槌，不停衝擊城門或城牆。要是黎西紐斯堅持在城內防守，就會遭到毀滅的命運。他在被圍以前就審愼安排，把人員和財富搬到亞細亞的卡爾西頓。他經常會找一個副手來分擔責任和危險，於是將凱撒的頭銜授給他手下的一員大將馬提尼努斯(Martinianus)[79]。

黎西紐斯經過連續幾次挫敗，仍舊保有資源和能力，趁著君士坦丁在拜占庭進行圍攻作戰時，他又在俾西尼亞徵召一支五到六萬人的新軍。但君士坦丁並沒有忽略他的對手仍在做最後的掙扎，將相當大的兵力用小船運過博斯普魯斯海峽，在克里索波里斯(Chrysopolis)的高地登陸後，這個地方現在稱爲斯庫塔里(Scutari)，立刻發起決定性的接戰。黎西紐斯的部隊雖然新近編成，武器裝備都很缺乏，紀律也難以維持，卻能夠面對敵軍發揮勇氣做困獸之鬥，然而在毫無希望之下終被打得潰不成軍，有兩萬五千人被殺，他們的統帥已難逃覆滅的命運。黎西紐斯又撤到尼柯米地亞，已經沒有希望進行有效的防守，只是想獲得談判的時間。他的妻子康斯坦霞是君士坦丁的妹妹，出面爲丈夫求情。倒不是出於親情，而是策略的需要，君士坦丁在神明前面發誓後，提出莊嚴的保證，只要犧牲馬提尼努斯的性命，以及黎西紐斯退位爲民以後，同意讓他的餘生過著平靜而富裕的生活。康斯坦霞的行爲加上她與敵對兩派的關係，不由得使人想起這位勇敢的貴夫人，就像歷史上著名的屋大維婭*80，她既是奧古斯都的姊姊，也是安東尼的妻子。但人類的性向已有所改變，一個羅馬人爲了活下去，就

79 按照奧理留斯・維克托的說法，馬提尼努斯是地方的民政長官。從一些獎章上面知道，他接受奧古斯都的頭銜統治過很短的時期。

*80 [譯註]屋大維婭是奧古斯都的姊姊，原爲馬塞拉斯之妻，夫死後基於政治聯盟的需要嫁給馬克・安東尼，後被安東尼離棄。屋大維婭與前夫生一子二女，與馬克・安東尼生二女，小女兒安東尼婭(Antonia)與德魯薩斯結婚生兩子，次子即克勞狄斯皇帝。

是犧牲榮譽和自由，也不再被認爲是件羞恥的事。黎西紐斯向攻打他的敵手懇求赦免，身著紫袍投身在他的「主子」腳前，在羞辱的憐憫聲中站起來，獲准參加皇室的宴會。接著他被送押到提薩洛尼卡，那是選來監禁他的地方，他很快就被處死而終結一生。他的被殺不知是士兵憤而動手，還是奉有元老院的敕令。總之他過去如何對待別人，今天也遭到同樣的下場。按照勝利一方自行訂立的法條，他被控參加叛亂組織的密謀罪，以及暗通蠻族的通敵罪，但這些都是莫須有的罪名，不需任何人證和物證，也不用審判和宣告。或許可以從他懦弱求饒的行爲，證明他的清白無辜[81]。黎西紐斯一生的標誌就是恥辱，他的雕像被毀棄，同時皇帝下了一道很急促的詔書，把跟他有關的不良風氣，要求盡快改正。所有他制訂的法律，以及在他統治期間的審判程序，全部明令廢除。三十七年以前，戴克里先把權力和行省分給他的同僚馬克西米安，在君士坦丁獲得勝利以後，羅馬世界又統一在一位君主的權威之下(324A.D.)。

我們已將君士坦丁從約克登基到黎西紐斯在尼柯米地亞退位的成功步驟做了詳盡的敘述。不僅是事件本身極爲重要且曲折離奇，在犧牲大量的臣民和財富，不斷增加稅收和建立軍事成就以後，這些已經成爲帝國衰亡的主要因素。接著來的重大變革是君士坦丁堡的奠基和基督教的勝利。

81 只有一位作家提到士兵殺害黎西紐斯，諾拉納斯認爲元老院也出了力，優西庇烏斯很謹慎，根本對這件事避而不提。只有索諾曼(Sozomen，五世紀拜占庭律師和教會歷史學家)在一個世紀以後，才敢說黎西紐斯是因爲犯了叛逆罪被處決。

第十五章

基督教的發展及早期教會的風格、作為、數量和狀況

坦誠而合理的探討基督教的創立和發展，該是羅馬帝國歷史極爲重要的課題。當龐大的政體外受暴力凌虐，內遭腐化侵蝕而日趨崩塌之際，一個純樸而謙卑的宗教，卻不動聲色潛入人心，在平靜和隱蔽的掩護下成長茁壯，忍受反對和制壓，激起奮鬥的精神，終於在朱庇特神廟的廢墟上，樹立十字架的勝利旗幟。基督教的影響並非限於一時一地或僅及於羅馬帝國而已，經長達十三、四世紀的變革後，仍爲歐洲民族所信奉，從而在技藝、學術和武備方面開人類先河，有卓越表現。經由歐洲人民的勤奮和熱忱，基督教在亞洲和非洲最遙遠的海岸得以廣泛傳播，並藉由殖民地的推展，從北美的加拿大到南美的智利，在古人所未知的新世界中穩固建立。

此項探討極其有用且有趣，但也伴隨著很特殊的困難，就是教會歷史資料不足且疑點甚多，無法驅散籠罩早期教派的不解之謎。信守公正的原則下，對福音教師和無知信徒抱殘守缺的看法，根本不予理會。而就不置可否的旁觀者而言，他們所犯的錯誤對信仰投下一片陰影。但只要他們認爲神的啓示是「爲我」和「利我」時，那些對虔誠基督徒的惡意污衊和無知異教徒的虛妄勝利，都會消失。神學家樂於描繪出宗教從天而降，完全不食人間煙火的景象。歷史學家卻身負重責，必須找出早期教會在塵世和生性軟弱而自甘墮落的人類長期接觸後，無可避免所沾染的過錯和腐敗。

我們想要探討，基督教的信仰對世上所有古老宗教，爲何能取得如此重大勝利？對此問題，倒是有明顯而滿意的答案，基督教的教義產生讓人信服的力量，以及偉大創始者具有支配性的意志。但這個世界並不見得樂於接受正道和理性，神慧（Wisdom of Providence）經常不惜利用人性的感

情和人類的處境，作爲達成宗教目的的工具。或許我們能以謙恭之心，姑且不提基於神意之主要原因，允許我們追問基督教會所以能迅速發展的次要原因何在。看來收效最大、助力最強的原因有五點：其一，淵源於猶太教狂熱的信仰。基督徒具有不屈不撓的精神和絕不寬容的宗教狂熱，這種狂熱來自猶太教，在接受基督教義取代摩西律法後，已革除原有狹隘而封閉的觀念。其二，永生和來世的教義，加強和改進此一絕對眞理，使具更大的影響力。其三，原創教派不可思議的力量。其四，基督徒純潔而嚴謹的德行。其五，基督教的團結和紀律逐漸在羅馬帝國的核心，形成獨立自主而日益壯大的宗教王國。

一、淵源於猶太教的頑固宗教狂熱

前面已提及古代世界的宗教和諧，彼此相異甚或敵對的民族，可以接受相互之間的信仰方式，至少也會表示尊重。只有一個民族拒絕與全人類交往，那就是猶太人。許多世代以來，猶太人在亞述和波斯王朝的統治下呻吟，被視爲最下賤的奴隸。從亞歷山大繼承人的陰影中浮現出來後，在東方以驚人的速度繁殖，接著向西方發展，很快引起其他民族的好奇和驚愕。他們維持特殊的儀式和仇視的態度，非常固執表現一個奇異群體的形象，有時不惜公開承認，用毫不掩飾的作風，對非我種族的人類抱著難以調解的憎惡。無論是安泰阿契克斯(Antiochus)的暴力，希律王(Herod)的計謀，甚至是鄰近各民族所做的榜樣，都無法說服猶太人，願意把摩西的教義和希臘的神話結合起來[1]。羅馬人根據宗教寬容的原則，對所厭惡的迷信還是給予保護，胸懷寬闊的奧古斯都不惜紆尊降貴，下令在耶路撒冷的神殿爲國運昌隆獻祭[2]。亞伯拉罕(Abraham)最低賤的後代，是所有人憎

1 猶太人的希律底安(Herodians)教派，受到希律王指使，承認宗教的統一性，但約瑟法斯說，這個教派的人數很少，存在時間很短，根本不值一提。

2 奧古斯都給耶路撒冷神廟留下一大筆錢作爲獻祭之用，到他的外孫該猶斯(Caius)即位，也就是稱爲喀利古拉的皇帝，完全不把猶太教放在眼裡。

惡的對象，本應向朱庇特神殿禮拜；征服者的溫和態度，不足以壓制臣民帶有妒意的偏見，看到異教徒的標記傳入羅馬行省，不免感到十分驚恐和憤怒。喀利古拉要將自己的雕像供入耶路撒冷神廟，遭到這個民族的反對，他們對偶像崇拜瀆神行爲的恐懼更甚死亡，喀利古拉因而沒有達成目的[3]。猶太人對摩西律法堅信不移的程度，不亞於對外來宗教的憎惡。宗教狂熱和虔誠的涓涓細流，如逼入一條狹窄的通道，也會猛力奔湧而出，有時甚至可以激成一股翻騰巨浪。

對古代世界來說，這種毫不通融的頑固態度，是如此可厭甚或可笑，上帝有意揭示特選子民的神秘歷史，使這種態度變得極爲可怕。但生活在第二神廟管轄下的猶太人，對摩西宗教表現出全心全意的信奉，與他們先祖絕不輕信的態度相比，令人感到吃驚。在西奈山(Sinai)的雷鳴閃電中傳授律法的時候，在海潮的升降和行星的運行爲以色列人暫停的時候，在信奉或拒絕將受到塵世的獎賞或懲罰的時候，猶太人始終對親眼可見「神王」(Divine King)的權威進行反抗。耶和華的聖所供奉各民族的偶像，模仿阿拉伯人的帳篷裡或腓尼基人的城市[4]中進行各種荒誕儀式，等到上大對這個不知感恩的民族撤回保護，他們的信仰才獲得加強和淨化。那些與摩西和約書亞(Joshua)同時代的人，目睹無比驚人的神蹟卻毫不在意，等受到各種災難的壓力，才對這些奇蹟深信不疑，終使得後代的猶太人免於沾染偶像崇拜的習氣。從此，這個民族違反一般人類思想的準則，對親身經歷的實際見證視若無睹，完全屈從遠古時代祖先的傳統[5]。

3　斐洛(Philo, 15B.C.-45A.D.，說希臘語的猶太哲學家)和約瑟法斯對這件事有很詳盡的描述，說是給敘利亞的總督帶來很大困擾，等他向亞基帕 (Agrippa) 王提出這樣一個偶像崇拜的建議時，國王聽到當場昏厥，直到第三天才醒過來。

4　敘利亞和阿拉伯有爲數眾多的神祇，彌爾頓(John, Milton, 1608-1674A.D.，英國詩人，著有長詩《失樂園》)用一百三十行優美的詩句來敘述。其中兩個最長且極富韻味的詩段，塞爾登(Selden, 1584-1654A.D.，英國法學家、文物學家和東方專家)據以寫出深奧難解的論文。

5　「耶和華對摩西說：『這百姓藐視我要到幾時呢？我在他們中間行了這一切神蹟，他們還不信我要到幾時呢？』」(見《聖經》〈舊約全書民數記〉第十一章第十四節)從摩西的歷史發展來看，聽到神一直在抱怨，但這種說法有點褻瀆。

(一)猶太教的特性和主要內涵

猶太教適合保守的自我防衛，從來無意於征服世界，有史以來新入教者的人數，可能從未超過叛教者。神的應許最初僅給予單一家族，那特殊的割禮儀式只限在單一家族中進行。當亞伯拉罕的後代繁衍得多如海中沙粒時，親口把律法和儀式的體系傳授給他們的神祇，宣稱自己才是以色列全民族的神，以一種特有的關懷和愛護，把受祂厚愛的人和其餘的人類分離開來。對迦南(Cannan)土地的征服，伴隨許多奇妙的情況和血腥的殺戮，使獲得勝利的猶太人，和所有鄰人處於無法和解的敵對狀態。猶太人奉命剷除偶像崇拜最甚的部落，為了貫徹神意，不會因人性的軟弱而遲疑不為。他們禁止與外族通婚或結盟，不得接納外族參加禮拜儀式。有的禁令永久有效，有的則要延續到第三代、第七代，甚至第十代。在摩西律法的條文之中，從來沒有律定對非猶太人宣講摩西教義的義務，猶太人也無意自願承擔起這一責任。

這個不友好的民族在面對接納新市民的問題上，認為不是基於羅馬人公正的寬大政策，而是出於希臘人自私的虛榮心理。亞伯拉罕的後代感到沾沾自喜，因為只有他們才是與神簽訂契約的繼承人，擔心世上異族輕易分享他們的遺產，降低所具有的價值。在與其餘種族增加接觸、擴大知識範圍後，也未能糾正他們與生俱來的偏見。以色列的神如果獲得一個新信徒，就應感謝多神教的開闊天性，而不是傳教士的積極行動。摩西的宗教似乎僅為一個特定區域和一個獨特民族而創立。如果嚴格按照律法的規定，每個子民必須一年三次親自前往聖殿朝拜主耶和華，根本不可能離開狹窄的應許之地向外發展，這一障礙由於耶路撒冷神殿被毀滅而消除。但是猶太教的絕大部分內容也隨之絕滅。異教徒長久以來對空無一物的聖所感到驚異，更無法理解一個沒有神廟和祭壇、沒有祭司和犧牲的宗教，能以什麼作為崇拜的對象，又用什麼作為奉獻的工具。可是就在猶太人處境十分惡劣時，仍然念念不忘獨自享有高傲的特權，非但不尋求外來奧援，還盡量避免與外族人交往。他們具有不可動搖的毅力，盡力執行律法的要求，譬如在特殊節日，只食用特殊規定的肉類，還有無關緊要但卻十分繁瑣的生活細節，在在引起其他民族的厭惡和反感。同時猶太人堅絕反對其他民族不同的習慣和生活方式，僅僅就痛苦而危險的割禮一項，就足以將一個志願皈依者拒於猶太教會堂大門之外。

(二)基督教的淵源和背景

在這種狀況下，基督教用摩西律法的力量武裝自己，但接著又從這種桎梏中解脫出來，在全球各地成長茁壯。他們建立的新體系和古代的舊體系還是不分軒輊，始終著眼於培養專一教義的宗教眞理和崇拜同一上帝的宗教熱情。在有關最高神靈本質和意旨的問題上，他們向人們宣告，無論處於何種環境，都要增強對這一神祕教義的崇敬。他們承認摩西和先知都具有神的權威，這是基督教最穩固的基礎。自世界之始，連續不斷的預言向世人昭告彌賽亞即將來臨，信徒必須爲長期等待的那天做好準備。這位救世主按照猶太人的看法，表現出國王和征服者的形象，並非僅是一位先知，更是一位殉道者和上帝的兒子。通過他的犧牲爲世人贖罪，此後神廟中不完美的祭品可以取消。現在適於用一切氣候、地區和人類的情況，純潔的精神崇拜，取代徒具形式和虛有其表的禮拜儀式。在入教禮中使用淨水代替人血，獲得神恩不像過去僅限於亞伯拉罕的後裔，普遍應許給自由人和奴隸、希臘人和野蠻人、猶太人和非猶太人。一切能夠使一個皈依者由地下升到天上，能增強他的虔誠和保證他的幸福，甚或能夠滿足在虔誠的表面幌子下，祕密潛入人心的驕傲特權，仍然僅爲基督教會的成員所專有。但是，所有的人在此時都被容許和邀請，獲得這一光榮的稱號，不僅作爲一種恩惠向人們提供，而且是一種強加於人的義務。因而，在親戚朋友中傳播他所得到無法估量的幸福，告誡他們千萬不要拒絕接受，因爲那將冒犯仁慈全能之神的意旨，被視爲罪惡受到嚴厲懲罰。所以，公開宣揚教義成爲新入教者最神聖的責任。

無論如何，基督教會從猶太會堂的束縛中解放出來，是經過相當長時間的困難工作。加入基督教的猶太人，把耶穌看成古代神諭預言的彌賽亞，尊他爲德行和宗教兩方面的先知和導師。但他們非常固執，死守祖先的各種儀式，試圖強加於數目日益增多的非猶太人信徒身上。他們以爲摩西的律法起源於神，根據偉大創作者的永恆完美所提出的論證，必定有其可信之處。他們非常肯定的表示：首先，在永恆的時間中始終不變的神，若打算取消那些有助於在眾人之中區分出選民的神聖儀式，也不會減損第一次宣告時的明確與莊嚴。再者，那就不必一再聲明，肯定摩西的宗教具有永久性，而只是適用於彌賽亞來臨以前的權宜之計，爾後救世主會教導人類更完美的信仰和宗教。最後，彌賽亞以及在人世上和他交往的門徒，自己做出榜樣不必遵守繁瑣的摩西律法，公開向世人宣布廢除陳舊無用的儀式，這樣一來，基督教就不致和猶太會堂許多教派曖昧的混在一起。這樣的議論似乎被用來作爲對「摩西律法」失去存在意義的辯護之辭，但是飽學的聖職人員卻不辭辛勞，對《舊約全書》中含糊的語句和使徒意義不明的行爲，用文字和語言提出大量解釋。這裡，我們應該逐步揭示福音教義的整個體系，以十分慎重和委婉的態度，做出與猶太教的意向和成見都難以相容的裁決。

耶路撒冷教會的歷史，非常生動證明預防措施的必要，也證明猶太教對各教派的思想產生深刻影響。最早一批耶路撒冷主教有十五名，全都是受過割禮的猶太人，領導的會眾能夠把摩西律法和基督教義結合起來。這個教會在基督死後僅僅四十天就建立起來，許多年裡一直在使徒直接監督下活動。教會的原創傳統，被看作是正統基督教的標誌，那是很自然的事，遠方的教會經常受到「母會」的求助，慷慨捐資以解救耶路撒冷教會的急難。但是，當許許多多富有的教會團體在帝國的各大城市，如安提阿、亞歷山卓、以弗所、科林斯和羅馬建立起來以後，各基督教殖民地對耶路撒冷原有的敬重，便在不知不覺中減弱。曾爲教會奠定基礎的猶太入教者，或後來所說的拿撒勒人（Nazarenes），很快就發現自己已陷入日益增加的會眾包圍之中。都是從各種多神教教派來到基督旗幟之下，至於那些經使徒同意，擺脫摩西宗教儀式沉重負擔的非猶太人，最後卻又拒絕讓更爲拘謹的同教弟兄，分享當初苦苦爭取的寬容。猶太人的神廟、城市和公共會堂遭到毀滅，拿撒勒人十分傷心，雖然雙方的信仰不同，在習慣方面和那些不敬神的同胞始終保持親密關係。這些同胞遭受不幸的原因，異教徒認為是由於最高神靈的鄙棄，基督徒卻更恰當地說，是神對不信的人所施的震怒。拿撒勒人離開耶路撒冷的廢墟，來到約旦河東岸一個叫作佩拉(Pella)的小鎮，古老的教會在寂寞淒涼之中，度過六十多年的時光[6]，仍能享受經常朝拜聖城(Holy City)的歡樂，從天性和宗教上教導他們對既愛且敬的神廟，抱著有一天能重建的希望。在哈德良統治期間，猶太人不顧死活的宗教狂熱，終於給自己帶來極大災難。羅馬人為屢次叛亂的行為所激怒，不惜以極為嚴峻和殘酷的態度行使勝利者的權力。皇帝在錫安山(Mount Sion)[7]上修建稱為伊里亞・卡庇托利納(Aelia Capitolina)的新城，給予殖民地特權，公開宣稱任何猶太人如果膽敢走近該城，便將受到極為嚴厲的懲罰。他並在那裡配置一隊羅馬步兵以加強對命令的執行，拿撒勒人現在只有一條路，可以避開普遍適用的禁令。現世利益的影響增強眞理的力量，他們選出馬可斯(Marcus)作為主教。他是一個非猶太人的高級教士，很可能出生於意大利或某個拉丁行省。在馬可斯的勸導之下，這個教區絕大多數人民，放棄一個多世紀以來一直奉行的摩西律法，通過自願犧牲舊日的習慣和傳統，才獲得自由進入哈德良殖民地的權利，這樣一來和正統基督教會非常牢固的結合起來。

(三)摩西律法對基督教的影響

當錫安山重新恢復耶路撒冷教會的名聲和榮譽時，創立異端邪說和製造分裂的罪名，加在剩餘一小部分拒絕追隨拉丁主教無籍籍名的拿撒勒人身上。他們仍然保存佩拉舊日的居留地，逐漸向大馬士革附近一帶的村莊

6　由於這種狀況，佩拉的教會和主教一直保有耶路撒冷教會的頭銜，所以可以拿來援例，像是教廷設在亞維農(Avignon)七十年，還是稱為羅馬教皇。而亞歷山卓大主教很久以來將寶座搬到開羅。

7　佩拉的阿里斯托(Aristo of Pella)證實猶太民族被逐出耶路撒冷，有幾位教會作家也提到此事，還有人過於草率，認為整個巴勒斯坦都包括在禁制令之內。

擴展，在敘利亞一處現在名叫阿勒坡[8]，當時被稱爲波里亞(Boerea)的城市中，建立勢力並不龐大的教會。要是用拿撒勒人來稱呼那些信仰基督的猶太人，認爲未免過於尊貴，因此很快因爲心智低劣和處境貧困，獲得伊比翁尼(Ebionites)教派[9]這個輕蔑的名稱。在耶路撒冷教會重新恢復數年以後，那些衷心承認耶穌爲救世主，但仍繼續奉行摩西律法的人，是否也有得救的希望，卻帶來疑問成爲引起爭論的議題。殉道者賈士丁(Justin Martyr)由於天性仁厚，對這個問題做出肯定的回答。雖然他講這話時十分猶豫，仍然決定爲信仰不完整的基督徒著想，只要自己實行摩西的儀式，不認爲普遍或需要加以推廣，仍然可得救。然而，當有人追問賈士丁教會保持何種態度時，他承認在正統基督徒，很多人不但把猶太弟兄排除在得救的希望之外，而且在一般的朋友來往、互相宴請和社交生活，也拒絕與他們接觸。憑著常理也可以想到，更爲激烈的意見會壓倒較爲溫和的看法，因此在摩西的信徒與基督的信徒之間，始終存在一條使兩派分離的鴻溝。不幸的伊比翁尼派被猶太教視爲叛教者加以拒絕，而基督教又認爲他們是異端分子而加以排斥，這樣使得他們非採取更爲明確的立場不可。因而，雖然遲至公元四世紀時，還可以找到這教派逐漸消亡的一些殘跡，實際上已在不知不覺中消融在基督教會或猶太會堂之中[10]。

當正統基督教會對摩西的律法保持中立態度時，那就是既不過分尊敬也不無故加以藐視。許多異端派別趨向錯誤和放縱這兩個極端，雖然走的

8 勒・克拉克(Le Clerc, Jean, 1657-1736A.D.，亞美尼亞學者)從優西庇烏斯、傑羅姆(Jerome, Eusebius Hieronymus, 347-419A.D.，聖徒、翻譯家和修道院院長)、伊壁費紐斯及其他作者的著作中找資料，得知有關拿撒勒人，亦即伊比翁尼派的詳細情形。有人把它列爲教規嚴厲的派別，也有人認爲他們很溫和。根據推測，耶穌基督的家庭仍舊是這個教派的成員，那麼它的立場不僅溫和而且也較爲中立。

9 有些作者富於想像力，將此教派稱爲伊比翁(Ebion)。對於宗教上的問題，特塔里安的意見太激進，而伊壁費紐斯又流於輕信，所以我採用優西庇烏斯的觀點。

10 在所有基督教的體系之中，只有阿比西尼亞教會堅持摩西的儀式，從坎德西(Candace)皇后重用宦官，可以聯想到一些可疑之處。我們確認衣索匹亞人一直到四世紀還沒有改信基督教，就像猶太人那樣信守安息日的規定，不吃禁止食用的肉類，因爲從很早時期起，這兩個民族就分別住在紅海的兩岸。

方向相反但是結局相同。伊比翁尼派以猶太教普遍接受的眞理爲依據，斷言永遠不可被廢除。但是諾斯替(Gnostics)教派*11，卻根據思想偏頗的立場，同樣輕率推斷這些「眞理」並非「神智」的產物。有些反對摩西和先知權威性的說法，極容易被一些抱有懷疑思想的人所接受，然而這些意見的生產，源於對遙遠古代宗教的無知，無法對神的安排作出正確判斷。諾斯替教派虛妄的科學主張，聽到這些反對意見如獲至寶，毫無顧忌加以大事宣揚。由於異端派別大多數都反對追求感官樂趣，對於早期主教的廣納妻妾、大衛的風流韻事和所羅門的嬪妃充斥內宮，都一概加以責難。提到迦南土地的征服，純樸的土著居民遭到絕滅，更不知道如何用合乎人性和正義的觀念來加以解釋。但是，想到猶太人歷史的每一頁，都爲一連串暗殺、處決、屠戮的血淋淋事件所玷污時，只得承認巴勒斯坦的野蠻人，對崇拜偶像的仇敵深表贊同，不亞於對他們的朋友和同胞嚴辭拒絕。撇開解釋律法的不同派別不論，說到律法本身，他們斷言一個僅僅以血腥犧牲和繁瑣儀式爲內容，賞罰的性質純粹取決於肉體世界的宗教，絕不可能激發起向善之心，也不會使人盡力克制情欲的衝動。對於摩西的上帝創造人類和走向墮落的教義，諾斯替教派用褻瀆的態度加以嘲諷。對於神在六天勞動之後便要休息一天，一直到亞當的肋骨、伊甸園、生命和知識之樹、會說話的蛇、禁果，以及第一代祖先犯下輕微過失因而對全人類進行懲罰的種種說法*12，他們連聽都感到不耐煩。諾斯替教派褻瀆以色列的神，說祂易於衝動和犯錯，對人喜怒無常，睚眥之仇必報，用卑劣的嫉妒心看待人們對祂迷信的禮拜，使自己有所偏私的恩澤施於一個民族，局限於短促塵世的一生，因此看不出祂在什麼地方具有明智全能宇宙之父的特徵[13]。他

*11　[譯註]諾斯替教派運用神祕的崇拜儀式和方法，尋求神聖知識，成立的時間早在耶穌降生之前，開始宣揚彌賽亞的理論，後來被正統基督教指爲異端。

*12　[譯註]可以參閱《聖經》〈舊約全書創世紀〉第一、二、三章。

13　溫和的諾斯替教派認爲，造物主耶和華就像人類一樣，混合著神明與魔鬼的性質，其他教派指責這種邪惡的觀點。要是參閱摩斯海姆(Mosheim, Johann Lorenz von, 1694-1755A.D.，德國教會歷史家)的《世界通史》有關二世紀的記載，內容雖然很簡單，可以知道對這個主題的意見有非常不同的看法。

們承認，猶太人的宗教不像非猶太人的偶像崇拜，帶來那麼多的罪惡行爲。但是基督教的基本信念，把首次顯露最燦爛的神性光輝加以崇拜，基督降臨人世是爲了把人類從種種錯誤中拯救出來，昭示一個眞理和完善的新體制。最博學的神父不惜妄自菲薄，貿然接受諾斯替教徒的詭辯，承認他們的說法，就字面上解釋，與任何一條信念和原則都難以相容，但是認爲隱藏在訓誨寓言的寬廣帷幕後面，便會感到絕對安全，不怕會受到任何攻擊，公然把訓誨寓言向摩西教勢力微弱的教區散播。

(四)基督教產生異端的根源

過去有人頗爲明智的指出，雖說不一定眞實可靠，那就是在圖拉眞和哈德良當政的時代，大約是基督去世一百年之後，教會像處女一般的純眞，從未受到分裂和異端的破壞。因而大可以放言高論，那個時期救世主的信徒，不論在信仰的理念和實踐方面，享有比以後各個時代更大的自由。等到聖餐問題的爭論變得沒有迴旋的空間，優勢教派所發揮的精神影響力越來越嚴厲時，許多最有名望的擁護者，被要求棄絕個人成見，反而受到激怒更加堅持自己的觀點，力圖爲錯誤的原則找出正確的結論，公開豎起反對統一的叛旗。在被稱爲基督徒的人群之中，諾斯替教派一向認定最爲和藹、博學和富有。像這樣顯示學識優越的名號，可能是信徒以此自豪而定名，也可能是嫉妒的對手出於戲弄加在他們頭上。這個教派毫無例外屬於非猶太民族，主要創始人似乎全都是敘利亞人和埃及人，溫和的氣候使人的身心傾向於懶散和虔誠的沉思。諾斯替教派把許多東方哲學，甚至瑣羅亞斯德理念崇高而晦澀難解的教義，如物質的永恆性、存在的兩大原則以及不可知世界奧妙的神職體系等等，和對基督的信仰混雜在一起。基督徒一旦縱身到廣大的深淵，就完全爲混亂的想像所支配，由於宗教的歧路本來就錯綜複雜，無窮無盡，竟在不知不覺中分成五十多個小派別，其中最著名的有巴西里德派（Basilidians）、瓦倫提尼亞派（Valentinians）、馬西昂派（Marcionites）以及更後來的摩尼教派（Manichaeans）[*14]。每個教派都把自己的主教、會眾、神學家和殉道者拿出來誇耀。這些異端教派不理正統教會採用的《四福音書》，自行撰寫歷史事蹟，按照各自的教義需要，編排基督和十二使徒的言行[15]。諾斯替各教派很快在各方面獲得巨大的成功，會眾遍及整個亞細亞和埃及，也在羅馬傳播開來，有段時期甚至深入到西部各行省，絕大部分興起於一世紀，盛行於三世紀，等到四、五世紀，爲了趕上時代潮流引起很大爭論，加上教會當局統治權力的高漲，在各方受到壓制和打擊。儘管這個教派常常擾亂內部的寧靜，玷辱宗教的聲譽，實際上不僅無礙而且卻有助於基督教的發展。有些非猶太教的信徒，雖然對摩西律法懷有強烈的反感和偏見，現在有許多基督教教派可供選擇。有的教派不要求入教者未經教化的頭腦，先建立神啓的信念，他們的信仰是在加入以後，不知不覺中逐漸強化和擴張。教會所以征服許多最頑固的敵手，在這個方面得益不淺[16]。

但是，正統基督教、伊比翁尼派和諾斯替教派之間，不管在有關摩西律法的神性和責任問題上，存在多大的分歧意見，卻同樣抱著宗教狂熱的排他性。在憎惡偶像崇拜方面，受到不斷的激勵，而這種反偶像崇拜的嚴酷風格，卻正是使猶太人有別於古代世界其他民族的標誌。有位哲學家把多神教體系，看成是人類欺騙和謬誤相結合的產物，總在外表虔誠的面具之下，隱藏著鄙視的微笑。他根本不必擔心這種內在的嘲弄和外表的順從，將會使自己遭到神明的痛恨，這種仇視他既看不見也無法理解。但

*14 [譯註] 巴西里德派、瓦倫提尼亞派和馬西昂派三個都是諾斯替教派裡的小派系，大約在二世紀前後興起於亞歷山卓，以創始人的名字作爲教派的名稱，主張的教義和遵行的儀式也都大同小異。摩尼教是波斯人摩尼所創，將祆教的善惡兩元論和基督教的彌賽亞降臨揉和在一起，在三世紀時傳播迅速，成爲北非、中東和西亞一帶最主要的宗教，一直到成吉思汗西征才告絕滅。

15 奧利金有極不平凡的經歷，這位不屈不撓的作者，一生孜孜不倦鑽研經典，認爲教會的權威完全基於《聖經》的眞實性。想要諾斯替教派的信徒接受現在的福音是不可能的事，因爲有些部分像是故意加以刪改，違背原來的教義，所以伊格納久斯要用聖傳的口喻，來取代福音作者的記載。

16 奧古斯丁是理性信仰經歷漸進過程的明證，他曾加入摩尼教派達九年之久。

是，原創基督教徒眼中的異教，卻顯得更爲厭惡和畏懼。在整個教會和許多異端教派中，普遍存在一種意識，魔鬼是偶像崇拜的創造者和保護人，也是異教徒崇拜的對象。這些反叛的精靈雖然失去天使的地位，已經投入地獄的深淵，但仍然可以在世間到處遊蕩，折磨有罪人的肉體，迷惑他們的心靈。魔鬼很快就發現人心傾向宗教信仰，便極力加以破壞，運用手段消除人類對造物主的崇拜，篡奪神至高無上的地位和榮譽。只要邪惡計謀得到成功，魔鬼的虛榮和報復之心便得到滿足；唯一能夠獲得安慰，是希望人類各民族捲入罪惡和苦難之中。教徒依據設想不惜公開聲明，魔鬼分工合作在多神教中擔任最主要的任務：一個擁有朱庇特的名號和權力，另一個裝扮成埃斯科拉庇斯的形體，第三個變成維納斯，第四個也許是阿波羅[17]，憑藉長時間的經驗和來去如風的氣質，完全能夠以熟練的技巧和莊嚴的姿態，扮演所擔任的角色。他們潛伏在神廟中，創立各種節日和祭禮，編造神話和發表神諭，常常還可以表演一些奇蹟。有些基督徒對惡神附體的荒唐現象，都能馬上做出解釋，魔鬼全都樂意接受，甚至極爲希望大家相信異教神話中最荒唐的故事。但是就一個基督徒而言，這類信念卻伴隨著恐怖的後果。即使對某一個民族的宗教表達極微末的敬意，也被看成向魔鬼的直接崇拜，冒犯到上帝的尊嚴。

(五)福音教義的純潔性

由於存在著這種見解，一個基督徒力求保持自己的純潔，不爲偶像崇拜所玷污，便成了他的首要職責，也會帶來很多的磨難。每個民族的宗教不僅僅是規定的信條，在學校中教誨和在廟宇中宣講，多神教的無數神祇和祭祀儀式，都和各種情況下的工作、娛樂以及公私生活緊密地交織在一起。要想完完全全避開相互之間的聯繫，同時又不放棄人類的一切交往，以及自己的一切社會職務和娛樂，似乎是不可能的事[18]。有關戰爭與和平

17 特塔里安宣稱，魔鬼承認經常受到基督教驅魔者的折磨。

18 特塔里安撰寫一些詆毀偶像崇拜的文章，向信徒大聲疾呼要隨時注意，不可違犯這方面的罪行。

的重大決策，事先或事後都要舉行莊嚴的祭禮，政府官員、元老院議員和軍人都必須前往主持或參加[19]。公眾的遊行活動是異教徒祭典的重要組成部分，充滿歡欣的場面。皇帝和人民爲慶祝某一神明的特殊節日而舉行的各種競技比賽，被視爲諸神會接受的最好祭品[20]。基督徒出於對上帝的敬畏，避開可厭的競技場和戲院，發現自己在一切歡樂宴會上，全都落入可怕的異教陷阱之中，每個歡宴場合都有朋友在召喚慈悲的神明，紛紛酹酒敬神相互祝福[21]。當一個新娘假裝掙扎不肯出門，被迫在盛大的婚禮中跨過新居的門檻；或一支淒慘的送喪隊伍，緩緩向火化堆進行時[22]，基督徒在這種十分有趣的場合，卻被迫只好離開他最心愛的親人，也絕不願沾染邪教儀式帶來的罪過。任何與偶像的製造和裝飾有絲毫關係的技術或行業，都屬罪惡的偶像崇拜活動，這可是一個嚴厲的判決，社會從事自由業或手工業的絕大部分人員，都會因失去工作而陷入永恆的苦難之中。如果我們放眼看看那眾多的古代遺跡，我們將會覺察到，除了直接表現神明的偉大和用來進行禮拜的聖器而外，希臘人憑著優良的技術，製作出來用以奉獻神明的優美形象和動人故事，全是異教徒的房屋、衣服和家具上最華美的裝飾，甚至音樂和繪畫藝術以及辯才和詩歌的技巧，也莫不是出於同一個不潔的來源。在基督教神職人員的描述下，阿波羅和繆司是地獄精靈的喉舌，荷馬和魏吉爾則是最出色的奴僕，充滿著天才的作品使之生動有力的美麗神話，注定只能用以歌頌魔鬼的光榮事蹟。甚至在希臘和羅馬的普通語言中，充斥許多大家熟悉的褻瀆用語，一個粗心的基督徒可能不小

19 羅馬元老院經常選擇廟宇或聖地集會，在進行議事之前，每個議員都要在神壇敬酒和撒乳香。

20 可以參閱特塔里安的著作，這位個性嚴峻的宗教改革家，對優里庇德斯的悲劇就像對角鬥士的搏命一樣，抱著絲毫不假辭色的態度。演員的服裝特別引起他的反感，爲了看起來身材很高，所以穿上厚底的官靴，這就是瀆褻神明的表現。

21 古代不論任何階層，飲宴終了時都會酹酒祭神。蘇格拉底和塞尼加在結束生命時，也沒有忘記這個傳統習俗。

22 魏吉爾詳盡敘述古代的葬禮，比起評論家塞維烏斯(Servius)的文章有過之而無不及。火葬堆就像是一個神壇，把犧牲的鮮血澆在火焰上，向每位參加葬禮的人身上灑聖水。

心脫口說出，有時聽到也只有無可奈何[23]。

這種到處埋伏著危險誘惑，隨時準備向不曾提防的信徒發動襲擊，在莊嚴的節日裡更會加強攻勢。一整年之中，各種節慶組合和配置得如此巧妙，使得迷信活動不僅充滿娛樂，而且常常還帶有行善的表相[24]。在羅馬的宗教儀式中，那些最神聖的節目，像是慶祝新年的活動，爲公眾和私人的生活祝福；盡情在神明前面悼念死者和懷念生者；確定不可侵犯的財產界限；在大地春回時求神保佑五穀豐登，表示對羅馬城的奠基和共和國的建立這兩個重大日子永誌勿忘，以及在農神節的縱情狂歡以恢復人類的平等地位，這些都可以算在內。基督徒對此種極爲平常的場合，也會表現出猶豫和矜持的態度，從而可以想見他們對瀆神的宗教儀式，是何等深惡痛絕。在普通歡慶的節日裡，古人按照習俗在大門上裝飾燈籠和桂枝，頭上戴著花環，這種無傷大雅的風俗一直當作民間傳統可以寬容。然而，從基督徒的立場來看，大門是在家神的保護之下，桂枝是崇拜月桂女神(Daphne)[*25]的聖物，花環雖然常常戴在頭上作爲喜慶和哀悼的象徵，最早卻使用於迷信活動的儀式之中。基督徒在這類問題上被勸說順從本國風俗，遵守行政長官命令，仍然會戰戰兢兢始終憂心如焚，唯恐受到良知譴責，受到教會非難，受到上帝懲罰[26]。

爲擁護福音教義的純潔，絲毫不受偶像崇拜風氣的污染，要建立絕不鬆懈的警惕之心。依據舊有傳統在公眾或私下進行的迷信儀式，原有宗教

---

23 特塔里安在反對偶像崇拜的著作中提到，要是有一位異教朋友當你打噴嚏時，按習俗向你說：「朱庇特保佑你！」作爲一個基督徒就要表示抗議，因爲他認定朱庇特不是神。

24 奧維德費盡心血的作品是未完成的《歲時記》(*Fasti*)，沒有寫完前六個月的節慶習俗。馬克洛庇斯(Macrobius)雖然把編出來的書稱爲《農神節》(*Saturnalia*)，但是這個用來作標題的節慶只占全書很少篇幅。

*25 [譯註]希臘神話裡的戴芬妮(Daphne)仙女居於山林水澤之間，爲了逃避阿波羅的騷擾，變成一棵月桂樹。

26 有位基督徒士兵在衝動之下，將長官賜給的月桂冠抛在地上，像這樣表露身分，就會爲自己和教友帶來危險。特塔里安爲此事寫一份答辯書，看起來倒像一篇頌辭。蒂爾蒙特認爲特塔里安所寫〈冠冕〉(*De Corona*)這篇文章，曾被皇帝(塞維魯斯和卡拉卡拉)提到過，那是他犯錯加入孟他努派很久以前的事。

的擁護者受到教育和習慣的影響，一直仍在漫不經心地奉行。但每當他們那麼做時，給基督徒提供機會，可以公開表示激烈反對，通過經常發生的抗議活動，不斷加強自己對信仰的堅貞。隨著宗教狂熱的增加，能夠運用強大力量進行反對魔鬼帝國的神聖戰爭，最後必然取得更大的勝利。

二、基督教永生和來世的教義

西塞羅針對有關靈魂永生的問題，在著作中[27]以最生動的筆墨，描述古代哲學家的無知、謬誤和迷惑。有些哲學家要想讓門徒免除對死亡的恐懼，便告訴他們極爲明顯也不免悲慘的道理，生命最後的終結同時也解脫人生的磨難，人不復存在便不再有任何痛苦。但也有少數希臘和羅馬的智者，對人生抱有更崇高的理想。儘管我們承認在某些方面要有正確的看法，在這種崇高理想的探索中，他們的心智常常爲想像所左右，這些想像又爲虛榮心所激勵。他們看到自己智力所能及的範圍是如此廣闊，難免會自鳴得意，就會在極其深刻的思索和極爲重要的作爲中，全力施展記憶、想像和判斷的才能。當他們想到自己經超越死亡和墳墓的界限，苦苦追求萬古流芳的名聲，絕不願把自己看成田間的野獸。即使他們對某種高貴的生物無比讚賞，也只能限於尺土之內和歲月之中。於是他們帶著一廂情願的見解，進而求助於形而上的科學，更正確的說法是形而上的語言。這些智者很快發現沒有一種物質具備運用思維活動的特性，那麼，人的靈魂便必然是一種與肉體完全不同的實體，只作爲一種精神存在，純潔簡單而又不可分解，在脫離形骸的禁錮之後，能感受到更高等的美德和幸福。從這些似是而非的崇高原則中，那些踏著柏拉圖足跡前進的哲學家，得出一個非常不合理則的結論，因爲他們不但肯定人的靈魂將從此永生，而且過去也一直長存，非常輕易把人的靈魂，看作是部分無限存在的精神，瀰漫和

27　西塞羅的著作中，《托斯卡論文集》(*Tusculan Questions*)第一卷和《論老年》(*De Senectute*)，文辭非常優美，希臘的哲學思想和羅馬的人生觀全部表露無遺。

支持整個宇宙[28]。這樣一種脫離人類感官和經驗的學說，可以讓有哲學頭腦的人士用來消閒解悶。或者，在寂寞無聊之中，爲低沉的心志帶來一絲安慰。但是個人在學習時所獲得的淡薄印象，很快被現實生活的人際來往和世俗事務所磨滅。生活在西塞羅和最初幾位凱撒時代的著名人物，詳細體察他們的行爲、品格和動機，從而可以斷定，人生在世所作所爲，從來沒有考慮死後的功過和賞罰。在羅馬法庭上以及在元老院中，最有能力的演說家絲毫不怕引起聽眾的反感。公開揭露這種學說純屬荒唐的無稽之談，早已被每一個受過開明教育、頭腦清醒的人所摒棄。

(一)永生教義的哲學涵義

哲學所能達成最崇高的理想，也不過模模糊糊指出，人們對來世具有願望、希求和存在的可能性。那麼除了神的啓示，再也沒有任何事物可以肯定，脫離肉體的靈魂飛翔無法覺察的空間，存在於不可見的世界，並且描述出陰間的眞實狀況。但是我們可以見到希臘和羅馬的民間宗教，存有下列缺失，難以承擔永生來世的重責大任：其一，神話體系欠缺一個確鑿而牢固的支撐，經由竊取手段以獲得權威的說法，已爲異教徒明智之士所否定。其二，畫家和詩人任憑幻想描述地獄的情況，在其中安置許多幽靈和妖魔，獎賞和懲罰又毫無正義可言，對人心最爲親切的嚴肅眞理，竟被毫無章法的虛幻情節所壓抑和玷污[29]。其三，希臘和羅馬虔誠的多神教徒，很少把來世生活的學說看作是一個基本信條。眾神的意旨，就公共社會並非私人關係而言，主要顯現在大千世界的舞台上，人們在朱庇特和阿波羅聖壇前祈求的願望，已經很清楚表明，崇拜者關心今世的幸福，對於來世的生活不是毫無所知，就是不表興趣。有關「靈魂不滅」這一重要眞理，曾經在印度、亞述、埃及或高盧大事宣揚，獲得相當成就。我們不能

28 靈魂不滅的學說能夠與宗教相容共存，很多拉丁和希臘神父採用作爲教義。

29 《奧德賽》(*Odyssey*)第六卷把地獄的景象描繪得淒慘而且不合邏輯，品達(Pindar,518-438B.C.，希臘抒情詩人)和魏吉爾把這幅圖畫加以細部的修飾，看來更爲動人心弦，但是這些詩人還是犯下前後矛盾的毛病。

把這種差別，歸之於野蠻人具有超越的知識，只能說是受到祭司制度的影響，利用道德動機達成推動個人野心的工具。

我們或許會想到，對宗教而言如此重要的原理，早該用肯定的詞句向巴勒斯坦的選民親自講明，至少也要將這事託付給亞倫(Aaron)[*30]，因爲只有他具有世襲祭司的身分。當我們發現，摩西律法沒有靈魂不滅一說，便只能讚美天意的神祕安排[31]。關於來世的問題，先知言辭隱諱，從遭受埃及人和巴比倫人奴役的漫長歲月中，猶太人的希望和恐懼，始終限制在今世生活的狹窄範圍之內。居魯士允許被放逐的民族回到應許之地，以及以斯拉(Ezra)[*32]重新恢復宗教的古代記錄以後，耶路撒冷逐漸出現兩個著名的派別，撒都西派(Sadducees)和法利賽派(Pharisees)[33]。前者的成員多來自社會中較爲高貴和富裕的人家，嚴格遵守摩西律法的明文規定，非常虔誠的拒絕承認靈魂不滅之說，因爲他們奉爲信仰唯一準則的聖書，並未肯定這種說法；法利賽派則在聖書之外，加上一些權威性的傳統說法，接受東方民族的哲學和宗教中純理論性教條，於是關於氣運和宿命、天使和精靈、以及死後的獎懲等等說法，都列人新的信條之中。法利賽派處世態度嚴肅，早已受到猶太人團體的接納，靈魂不滅之說在亞斯摩尼亞(Asmonaean)家族[*34]的君主和大祭司統治時期，成爲會堂普遍存在的意識型態。猶太人性格不像多神教徒冷漠和倦怠，只要求得心靈滿足就不會有

---

*30 [譯註]亞倫是摩西的哥哥，奉神的旨意成爲摩西的代言人，一起率領以色列人出埃及，後來成爲第一位祭司，負責對神的祭禮和儀式；參閱《聖經》〈舊約全書出埃及記〉、〈利未記〉和〈民數記〉。

31 神的使者摩西是正統教義的創始者，特別爲神的疏失找到很牽強的理由，反而讓不信的人拿來當作駁斥的主要論點。

*32 [譯註]以斯拉是公元前五世紀時以色列的文士、先知和宗教改革者，當時以色列人受波斯王朝的管轄；參閱《聖經》〈舊約全書以斯拉記〉。

33 按照他們的教義是最自然的解釋，撒都西派只承認《摩西五經》，但是現代學者把先知也加進教條，認爲撒都該派以反對法利賽派的傳統爲要旨。

*34 [譯註]公元前143年，西蒙・馬克貝(Simon Maccabee)趁著東方局勢混亂，脫離塞琉西亞的控制，恢復猶太人的獨立，成爲猶太聯邦(Jewish Commonwealth)的將軍和最高祭司，並由亞斯摩尼亞家族世襲其職，一直到公元前63年被羅馬征服，成爲敘利亞行省的一部分。

別的念頭，一旦猶太人承認死後世界的觀念，就會用整個民族的狂熱全力信奉。不過，談到猶太人這種情緒沒有找到可信的證據，缺乏存在的可能性。因此，有關永生和來世的學說，雖然爲自然所提供、理性所贊同和迷信所接受，必須依靠基督的權威和榜樣，來肯定具有神性的眞理。

等到向人類提出，只要接受福音的信仰，遵守有關教條，保證可以獲得永恆幸福，對於如此優厚的條件，羅馬帝國的各種宗教、各個階級，以及各行省，都有爲數眾多的人欣然接受，那是不足爲奇的事。古代基督徒受到鼓勵要鄙棄現世生活，自然會相信靈魂的永生，有關這一方面，近代多疑而不完美的信仰，使我們無法具備此種概念。在原創基督教會中，眞理的影響力無論實用價值和古老程度如何，還是值得大家的尊重。這樣一來，與實際經驗難以相容的意見，也能爲大家所接受。當時人們普遍相信，世界末日將臨，天國近在眼前。使徒的預言中提到此一奇妙事件即將發生，這種說法由最早期的信徒一直保存下來，對基督的言論一字一句都能虔誠接納的人們，則像大旱之望雲霓。在曾經目睹基督混跡人間，爲猶太人在維斯巴西安或哈德良治下，所受苦難作見證的那一代人完全去世之前，「人子」將第二次光輝燦爛在雲端中出現。十七個世紀的變革，教導世人不要對神祕的預言和啓示過於深究。但是只要容許此一受誤導的觀念，爲達成明智的目的，在教會中繼續存在下去，便會對基督徒的信仰和實踐，產生極爲有利的影響。永遠懷著敬畏的心情，期待一個新時刻的來臨，那時整個地球和各種族的人類，都將在神聖的審判者面前顫慄[35]。

(二)千禧年和原罪思想

古代在民間普遍流行的千禧年(Millennium)，和基督的第二次降臨有密切關係。創造世界的工作是在六天之內完成，根據先知以利亞

35 〈馬太福音〉第二十四章和保羅的〈帖撒羅尼迦前書〉都提到應許之事。伊拉斯繆斯(Erasmus, Desiderius, 1466-1530A.D.，人道主義者)藉寓言和隱喻之助，移開難以明瞭之處。格羅秀斯敢於影射，宗教爲達成明智目標，可採用欺騙手段。

(Elijah)[*36]的說法，這六天的長度算到現在應該共合六千年[37]，從而知道用於工作和競爭的漫長時期即將結束[38]，隨之而來的便將是歡樂的安息日，要有一千年之久。基督帶著功德圓滿的聖徒，還有少數避開死亡得以神奇復活的人，共同來治理人世，直到指定讓人類全部復活的那一天。這種希望使信徒喜不自勝，於是，新耶路撒冷(New Jerusalem)這個幸福天國的所在地，很快便以人們能想像得到最神聖的色彩裝飾起來。僅僅只有純淨的歡樂和精神的幸福，對仍然具有人的天性和情感的居民來說，未免過於理想和崇高。一個充滿田園生活樂趣的伊甸園，不再適合羅馬帝國普遍存在高標準的社會生活，於是用黃金和寶石修建一座城市，郊區到處都超現實堆滿穀物和美酒，幸福和善良的人民自由享受自天而降的物產，不會受到保護私有財產法律的限制[39]。肯定千年盛世將來臨，從親自與使徒嫡傳弟子有過交往的殉教者賈士丁和艾倫尼烏斯(Irenaeus)[*40]，直到拉克坦久斯(Lactantius)，他曾充任君士坦丁兒子的老師[41]，都有相同的說法，其後

*36 [譯註]以利亞是公元前九世紀的以色列先知，後來被神接引升天，參閱《聖經》〈舊約全書列王紀上下〉。

37 參閱波尼特(Burnet, Thomas, 1635-1715A.D.，英國沙特修道院院長)的《神聖定理》。這種傳統可以追溯到巴拿巴(Barnabas，使徒保羅外出傳道的同伴)的書信，他是半個猶太人，這些書信寫於一世紀。

38 最早的安提阿教會經過計算，從神創造世界到基督降世一共是六千年，阿非利加努斯、拉克坦久斯和希臘教會減少到五千五百年，優西庇烏斯認爲應該是五千兩百年。計算的依據是頭六個世紀通用的《七十子希臘文本聖經》(*Septuagint*)、《拉丁文聖經》(*Vulgate*)和《希伯來文原本聖經》到近代才建立權威，新教徒和天主教徒一樣，認爲這段時期是四千年，雖然在對異教的古物進行研究以後，發現爲什麼會局限在這樣一段狹窄的範圍之內。

39 由於對〈以賽亞書〉(*Issiah*)、〈但以理書〉(*Daniel*)和〈啓示錄〉(*Apocalypse*)產生錯解，所以大部分是借用其中敘述過的情景和場面，尤其以艾倫尼烏斯的想像力最豐富，他的老師佩皮阿斯(Papias)曾見過使徒聖約翰。

*40 [譯註]賈士丁是撒馬利亞人，生於100年，是早期基督教教父，結合基督教義和希臘哲學，奠定歷史神學基礎，在羅馬辦學宣揚教義，上「護教書」給皇帝及當時的哲學家，爲基督教辯護，160年被羅馬當局逮捕處死，封爲聖徒。艾倫尼烏斯生於120年，里昂主教，爲教會的統一著書打擊異端思想，死於200年，被封爲聖徒。

41 賈士丁證實自己和正統同教弟兄的信仰，在有關千禧年教義，用明晰而莊嚴的禮儀表達出來。如果《聖經》對這個重要的章節，在開始時產生矛盾，我們要歸咎於作者或譯者。

一代一代的神父都曾不厭其煩反覆加以申告。儘管並非所有的信徒都接受這種說法，但在正統基督教信徒的心目中，始終占有主導地位的思想，正好吻合人類的希望和恐懼心理，在促進基督教信仰的發展上發揮相當影響力。但等到基督教會龐大的結構即將完成時，這種臨時的支撐即拋到一邊。基督親自治理人世的論點，最初當作奧祕的寓言看待，後來逐漸視爲可疑而無用的見解，最後認爲是異端和宗教狂熱分子杜撰的邪說，被整個加以捨棄不予理會。這個神祕的預言至今仍是構成神聖教規的一部分，認爲可以發揮安撫人心的作用，還能免於遭到教會禁止的命運[42]。

基督的門徒得到應許，暫時可以得到統治人間的幸福和榮耀，那不信奉基督教的世界，將遭受大難臨頭的襲擊。新耶路撒冷的修建工作將和神祕的巴比倫的毀滅同步進行，只要君士坦丁以前那些皇帝信奉偶像崇拜，羅馬城和羅馬帝國就會遭到巴比倫的命運。一個繁榮的民族無論是道德和肉體方面，都會受到一連串天災人禍的損害。內部的紛爭和來自北部荒野地區兇惡蠻族的入侵、瘟疫和饑饉、彗星和日蝕、月蝕以及地震和洪水，不過是羅馬將面臨空前浩劫的先兆和預警，等到最後那一刻，西庇阿和凱撒家族統治過的國土將被天火焚毀。那七山之城連同宮殿、神廟和凱旋門，都將埋葬在烈火和硫磺的狂焰之中。不過，好虛榮的羅馬人還可以聊以自慰，他們的帝國正好與整個世界共存亡，如同過去一度絕滅於洪水一樣，注定第二次要被大火迅速摧毀。有關普遍出現的天火問題，基督徒的信念有幸和東方的傳統說法、斯多噶學派的哲學、以及大自然的現況十分

---

42 在拉奧狄西亞的宗教會議中(大約在360年舉行)，由於亞細亞各教會提出意見，不動聲色將〈啓示錄〉從神聖的經文中刪除。我們從蘇庇修斯·塞維魯斯感到不滿可以得知此事，會議的決定也得到當時大多數基督徒的批准。不知道後來發生什麼狀況，〈啓示錄〉竟爲希臘、羅馬和新教的教會接受？以下的幾點原因都曾提出過：(1)、在六世紀時，有一位騙徒僭用雅典最高法院戴奧尼休斯的名義翻案，基於他所具有的權威，希臘人只有接受。(2)、在特倫特宗教會議中，要審查所有的經文不容有任何錯誤，以便納入《拉丁文聖經》之中，可能是當時的語法學家比神學家更有份量，〈啓示錄〉在審議時，有幸一併包括在內。(3)、〈啓示錄〉的內容有很多神祕的預言，可以拿來反對羅馬教廷，有利於新教的發展，所以把〈啓示錄〉看成有力的盟友，難免要對它表示極大的尊敬。

吻合。即使從宗教角度來考量，意大利選作大火發生的起點和主要場地的國家，自然和物質的條件最適合於達到此目的。那裡有深邃的洞穴和硫磺的礦床，以及包括艾特納(Aetna)、維蘇威(Vesuvius)、利帕里(Lipari)[*43]在內許多經常發作的火山。一個頭腦冷靜和無所畏懼的懷疑論者，也沒有辦法否認，世界體系最後將毀滅於一場大火之中。基督徒聽從傳統說法和聖書的解釋，並非以理智推斷作爲信念的基礎，懷著恐懼的心情，不僅相信而且期待即將來臨的事件。由於他們心中永遠存著可怕的想法，認爲在帝國發生的災禍，是這個世界瀕臨毀滅無可置疑的先兆[44]。

基督教由於對神性的無知或排斥，將最明智和最高尚的異教徒治以重罪，現代人的理性和人道觀念，無法接受這種作法[*45]。但始終具有堅定信仰的原創基督教會，毫不猶豫把人類絕大部分歸之於應受永恆懲罰。在福音之光升起前，求助於理性之光的蘇格拉底或其他古代哲人，還可容許抱有獲得赦免的希望[46]。但肯定那些在基督誕生或去世後，仍然頑固堅持崇拜魔鬼的人，被激怒的神不可能給予正義的寬恕。這種在古代世界不存在的嚴酷情緒，似乎在博愛與和諧的體系中注入了一種苦楚精神。血緣和友情的紐帶，常被不同宗教信仰所產生的怨恨摧折。基督徒發現自己在這個世上，始終遭受到異教勢力壓迫，出於憤恨和精神上的自傲，而盡量陶醉在未來的勝利中。態度嚴肅的特塔里安(Tertullian)叫喊說道：

你們這些異教徒喜愛熱鬧場面！那就等候最龐大的熱鬧場面，世

---

*43 [譯註]艾特納火山位於西西里西北部靠近海岸地區；維蘇威火山位於意大利南部的拿坡里灣，曾在79年和1906年爆發；利帕里火山在西西里北部一座島嶼上。

44 讀者對這個題材要是有興趣，可以參閱波尼特的《神聖定理》第三部分，把哲理、經典和傳統全部混合起來，納入一個龐大的體系之中，他的敘述所表現的想像力不下於彌爾頓。

*45 [譯註]基督教對異教徒的不寬容思想淵源於猶太教，到了中世紀更爲發揚光大。讀者可以參閱但丁的《神曲》，把人類文明最偉大的人物，像是亞里斯多德、蘇格拉底和柏拉圖都放在地獄的第一層，其他還有什麼好說的呢？

46 賈士丁和亞歷山卓的克雷門斯都承認，有些哲學家雖然受到基督正道的教誨，對於人性和神意的雙重性質還是混淆不清。

> 界末日最後永恆審判的到來吧！當我們看到那麼多驕傲的君王和出自幻想的神明，呻吟在最底層的黑暗深淵裡面。那麼多曾經迫害過上帝名聲的官員，消熔在比他們用以焚燒基督徒更爲猛烈的火焰之中。那麼多明智的哲學家和受愚弄的門徒，在熾熱的烈火中燒得通體發紅。那麼多著名的詩人，在基督而不是在邁諾斯(Minos)[*47]的法庭上戰慄。那麼多的劇作家表達他們自己所受的苦楚，那麼多舞蹈家在火中跳動之時。我將會多麼快慰，多麼開懷，多麼歡樂，多麼狂喜啊！

但是，這位狂熱的阿非利加人用以描繪地獄情景，那種虛妄自大和毫無情感的俏皮話還遠不止此。我們的讀者基於人道主義精神，定會允許我將其餘部分避而不提吧[48]！

在原創基督徒當中，毫無問題有許多人的性情，更適合所信奉的友愛和仁慈精神。當他們的朋友和同胞面臨危險時，能抱持眞正的同情，不惜竭盡所能，把他們從迫在眉睫的毀滅之中拯救出來。多神教徒沒有人給予照顧，遭受到出乎意料之外恐懼的襲擊，不論是他們的祭司還是哲學家，都不能爲他們提供任何可靠的保護，很容易被永世折磨的威脅所嚇倒。這種恐懼增進信仰和理智的發展，如果他們有一天忽然想到，基督徒的宗教是最完美和最明智的選擇，那麼改變信仰就會勢在必行。

三、原創教派不可思議的神奇力量

具備非常人所有超自然神力的說法，必然曾使活在世上的基督徒感到

---

*47 [譯註]邁諾斯是天神宙斯和腓尼基公主歐羅巴(Europa)之子，克里特島的國王，死後成爲陰間三位判官之一。

48 西普里安在具有宗教狂熱的阿非利加人身上，已建立起信仰的權威，成爲西方教會的明師和嚮導。爲了確保這種地位，他每天在研究特塔里安的著作以後，很習以爲常的說道：「請賜給我主的正道。」

稱心如意，這也常常促使一些教外人士改信基督教。除了偶然狀況下發生特異事件，神爲宗教的利益暫時中止自然法則的作用，親自干預而形成神蹟之外，基督教會從使徒和早期弟子的時代開始[49]，便一直宣稱始終不間斷擁有各種法力。像是會說多種語言、具有通天眼和預言凶吉的天賦；有伏魔驅鬼、醫治疾病和使死者復生的能力。艾倫尼烏斯提到與他同時代的人當中，經常有神傳授通曉外國語言的能力，不過艾倫尼烏斯向高盧的土著宣講福音時，卻被野蠻民族的方言弄得不知所云。無論是在清醒還是在睡夢中，得自神的靈感，見到神靈顯形的人，可以傳達神的旨意，被認爲是無上恩典，包括婦女、老人、兒童和主教在內，不分階層授與各個等級的信徒。當他們虔敬之心經過長時間的祈禱、禁食和守夜，充分做好接受異乎尋常感情衝動的準備，便在一種迷糊狀態中完全失去理智，在極度興奮中說出從神那裡得到的靈感，完全和任人吹奏的喇叭和笛子一樣，成了神明的喉舌。我們可以附帶說明一下，這些幻境所要達成的目的，絕大多數都是揭示教會未來歷史，指導教會當前任務。有些不幸的人遭受魔鬼折磨，從他們身上驅除魔鬼，被看成宗教一項尋常的工作，但對他們來說卻是極爲重要的勝利，一再被古代護教者指爲基督教最令人信服的眞實證據。這種可怕的驅鬼儀式，通常都在眾多的觀眾面前公開舉行。患者的苦痛當場由驅魔師的法力和法術消除，觀眾還可以聽到被降伏的魔鬼，供稱自己原是古代一個不知名的小神，不該褻瀆神靈，妄想篡奪人類的崇拜。但是我們只要想一想，大約在公元二世紀末的艾倫尼烏斯時代，死人復活也不是什麼希罕事。而且只要是情況需要，當地的教會便會組織大批齋戒的會眾一同祈禱，以重演這種神蹟。連那個隨著他們的祈禱死而復活的人，也能在這些人當中長時間生活下去。如果眞有其事，那麼說到神奇的治病法術，不論治癒什麼痼疾怪病，也不可能引起人們的驚奇。在這樣一個時代，信教的人可以拿出那麼多戰勝死亡的例證，有些懷疑派的哲學

49 雖然米德頓(Middleton, Conyers, 1683-1750A.D.，英國神學辯護家)博士對這個問題托辭規避，但是不可能從想像和啓示之中找出發展的痕跡，只有借重羅馬教皇的神職人員，從他們身上去找答案。

家，卻仍然拒絕承認這類現象，照舊嘲笑人能復活的說法，似乎有點讓人難以理解。有一位出身貴族的希臘人，曾拿這一點作爲全部爭論的基點，他對安提阿主教狄奥菲盧斯(Theophilus)說，如果能夠讓他親眼看到有人確實死而復生，他便將立刻信奉基督教。但値得注意的是，這位東部首席教會的主教，儘管迫切希望能使他這位朋友皈依基督教，還是覺得拒絕這一公平合理的挑戰方爲上策。

原創教會的神蹟，在得到許多代人的承認之後，近來有人通過深入研究，否定宗教奇蹟的存在[50]。這種研究雖然得到公眾的普遍讚許，但是無論在本國和歐洲各地，卻受到新教教會神職人員廣泛的責難[51]。我們對這個問題的不同看法，並非來自某種特殊論點，倒是受到我們研究和思考問題的習慣所產生的影響，也就是說，要讓我們相信一件神奇的事情，便必須有充分證據。一個歷史學家的職責，不是要求他在這場微妙而重要的爭論中，提出個人見解。但是我們也不應該否認，要採用某種理論，可以調和宗教和理性二者的利益，確有困難。更難將這種理論恰當運用，保證不出差錯，不自以爲是，能準確區分最早出現時期的界限，不致將成因歸於超自然的天賦。從開始那位神父到最後一位教皇，一代接一代的主教、聖徒、殉道者和神蹟，從未有片刻間斷。迷信的進程是如此緩慢，幾乎讓人無法覺察。因此，我們根本不知應當從那個特定環節截斷這根傳統鏈條。每個時代都能爲有別於其他時代的奇異事件充作見證，可信程度的分量不低於前代所提的憑據。如果我們不能像二世紀時，用相信賈士丁和艾倫尼烏斯那種程度[52]，來對待八世紀時可尊敬的比德或十二世紀時神聖的白納

50 米德頓博士在1747年分發他寫的序論，1749年印行個人的研究報告，在1750年過世以前，對於爲數眾多反對他的人，準備一篇辯辭。

51 牛津大學對於神學上持反對意見的人頒發學位，從摩斯海姆表示憤怒可以看出路德派神學家的心態。

52 克拉沃(Clairvaux)的聖白納德記錄友人聖馬拉凱(St. Malachi)很多神蹟，但是從來沒有提及本人的狀況，而和他有關的神蹟又由他的朋友和門徒加以敘述。這樣看來多少有點讓人感到奇怪，在汪洋浩瀚的教會史中，能夠找到一位聖徒很肯定的說出自己具有實行神蹟的能力嗎？

德*53，那就會在不知不覺中，被領上一條責備自己前後矛盾的道路。若任何這類神蹟的眞實性，要依靠表面的實用性和正當性以獲得承認，那麼我們知道，每個時代都有許多不信教的人要勸化，許多異端分子要駁斥，及一些偶像崇拜的民族要使之皈依，不管何時都能找到上天應插手其事的足夠動機。既然每個信徒接受神的啓示就會相信神奇法力的眞實性，而每一個有理性的人肯定那種法力已不復存在。那麼非常明顯，必然有過一個時期，這種法力要不是突然之間，就是逐漸在基督教會中消失。我們不管把那個時期安排在那一個時代，是使徒去世的時代，是羅馬帝國改奉基督教的時代，還是阿萊亞斯異端54歸於消滅的時代，說來全都一樣。但是生活在那個時代的基督徒竟會毫無所感，同樣讓人感到十分驚訝。或者，他們仍舊假裝具備那種失去的神奇力量，這樣，妄信代替了信仰的職能，狂熱允許冒用神靈感召的言語，把一個偶然或人爲安排的事件，所產生的效果全歸於超自然的原因。新近發生眞正神蹟的經驗，可以教導基督教世界的人們認清天道的規律，眼睛（如果可以使用這個不恰當說法的話）習慣於神工的風格。如果近代某位有才能的意大利畫家，妄自用拉斐爾（Raphael）或科勒喬（Correggio）的名字*55，來提升拙劣摹擬作品的聲譽，這種狂妄的欺騙行爲一定很快被揭穿，遭到公眾憤怒的斥責。

原創基督教會自使徒時代以後，不管對神蹟問題抱有何種想法，這種在二到三世紀的信徒中，顯明存在什麼都信的溫和性格，無疑會對眞理和宗教的起因，產生一些意想不到的有利作用。等到了現代，一種潛在而且不懷好意的懷疑主義，始終糾纏著虔誠信徒的思想。人們對超自然力量的眞實性，多半都不會積極欣表同意，只是出於一種冷漠而被動的認可。我

*53　[譯註]比德（Bede, 673-735A.D.）是英國的天主教神父和教會史學家，死後封爲聖徒；白納德（Bernard, 1091-1153A.D.）是法國天主教傳教士，死後封爲聖徒。

54　新教徒把這段時期定爲君士坦丁改信基督教的時代。比較理性的神職人員不承認四世紀出現過神蹟，就是那些輕易相信的人，對五世紀的神蹟也不願加以承認。

*55　[譯註]拉斐爾（Raphael Sanzio, 1483-1520A.D.）是意大利文藝復興時期最重要的畫家和建築家，以宗教和神話爲題材，創作大型壁畫和油畫；科勒喬（Correggio, Antonio Allegri da, 1494-1534A.D.）是意大利文藝復興時期畫家，以宗教畫爲主，重要作品如〈耶穌誕生〉、〈聖母升天〉等。

們的理智和想像，在長時期觀察大自然以後，已經習慣於尊重始終不變的秩序，對於親自去證實神可見的行動，實在缺乏足夠的心理準備。但是在基督教的初期階段，人類的情況與現在完全不同，教徒中最有好奇心和最易輕信的人，常常受到勸說去參加一個聲稱具有神奇法力的團體。原創基督徒永遠立足在神祕的土地上，他們的思想經過訓練，習慣於相信絕對違反常情的事物，自以爲感覺到四周到處都有魔鬼，不斷對他們進行襲擊。他們從神的顯靈中得到安慰，從預言中獲得教導，依靠教會的祈禱使自己能出乎意料之外，從危險、疾病，甚至死亡中解救出來。他們對眞實或想像的奇異事蹟，常常自以爲是目標、工具和證人。他們非常愉快以輕鬆但卻更爲合理的態度，接受福音史上確鑿有據的奇蹟。在這種情況下，那些不曾超過他們經驗範圍的神蹟，就能產生啓發作用，使他們具有高度的信心，去接受顯然超出理解能力的不可知奧祕。正是這種超自然的眞實所留下的深刻印象，一直在信仰的名義下得到百般讚揚，這樣一種心理狀態，被視爲獲得神的恩典和未來幸福的可靠保證，被描繪爲基督徒最高或唯一的美德。按照學者非常嚴格的說法，要是一些非基督徒有同樣可以實踐的美德，經過證明並不具有任何價值和功效。

四、原創基督徒的信仰與美德

原創基督徒總以美德來顯示他們的信仰，認爲對神的信念能夠啓發或克制人的理解能力，同時淨化信徒的心靈，指導他們的行動。基督教中第一批辯護士，肯定同教兄弟的純淨，以及稍後一段時期的作家，讚揚先輩的聖潔，都曾以極其生動的標誌展示出來，通過福音的傳播，向世人推薦，要改革我們的生活習性。事實上，我的意圖只想說明支持天啓以發揮影響力的人爲因素，簡略提出兩種動機，使得原創基督徒和同時代的異教徒，甚或與其墮落的後代，在懺悔過去的罪惡和維護社團名譽的意願方面，顯得更爲純潔和嚴肅。

(一)原創教會贖罪的觀念

從很早開始，沒有信仰的人基於無知或惡意，指責基督徒誘使十惡不赦的罪犯參加他們的教派。這些人一旦有悔改之意，便極易信服，各個廟宇的諸神絕不會輕予寬恕的惡行，只要依靠受洗的淨水便可以除去罪孽。但是，這種受到歪曲的責難獲得澄清之後，增加入教的人數，也提高了教會的聲譽。基督教的友人可以正大光明的承認，許多名聲顯赫的聖徒，在受洗以前都是無可救藥的罪人。那些過去在塵世上雖不夠完善，卻能一直遵循仁愛和寬厚原則的人，從個人行爲端正的意識中得到一種恬靜的滿足，不易受到突然迸發的羞愧、悲傷和恐懼情緒所侵擾，也正是這種情緒激動心靈，促成許多人的皈依。傳播福音的教士，效法神聖的救主，對於那些因罪行受到良心譴責，常常自食惡果的男人，尤其是女人，並沒有採取鄙視的態度。他們一旦從罪惡和迷信中掙脫出來，看到光榮的永生，便會抱定決心終生致力於善行和懺悔。靈魂的主要激情在於追求完美和至善，大家都知道，理智只關心冷漠無情的庸俗，激情促使我們以勇猛的步伐，跨越兩個對立極端之間廣大的空間。

當新近改宗的人員加入信徒的行列，參與教堂禮拜活動時，便會發覺已經提升精神的層次，帶有思想純淨和舉止敬重的性質，不致再度陷入過去混亂的生活。任何一個特定的社會組織，要是和所屬的民族團體或宗教信仰脫離，馬上就會引起注意和招人忌恨。一個社會組織的人數愈少，名聲便愈會受到成員言行的影響。每一個人都有責任提高警覺自我要求，同時也要注意同教弟兄的言行舉止，因爲他既然分享共同的榮譽，必須準備蒙受共同的恥辱。當俾西尼亞的基督徒被帶上小普里尼的法庭時，非常懇切向這位前執政官保證，絕不可能進行任何違法的陰謀，因爲他們已立下莊嚴的誓言，絕不犯偷竊、搶劫、通姦、僞證和詐欺等擾亂社會公眾和私人安寧的罪行。過了一個世紀後，特塔里安還很誠心的誇口說，除了宗教的原因，很少有基督徒死於劊子手的刀斧之下。他們過著嚴肅的遁世生活，憎惡當時人們的驕縱和奢侈，習慣奉行廉正、淡泊、儉樸，以及一切平凡的家庭美德。由於大部分教徒都從事某種手藝和行業，有責任行使誠實和公平的交易方式，消除世人對他們外表的聖潔所產生的懷疑，也由於世人對他們的鄙視，鍛鍊出謙虛、溫和以及忍耐的習性。他們愈是受到迫害，便愈是緊密的彼此團結在一起。他們之間互相關懷和毫無猜忌的信賴，使許多非基督徒都非常欽佩，也常給虛情假義的朋友以可趁之機[56]。

(二)基督教重視品德的具體作法

有關原創基督徒的品德，有一種情況的確眞實可信，那就是連他們的過失和錯誤，都是由於過分重視品德所造成。教會的主教和神學家，已經證實他們的言辭具有權威，影響同時代人的信念、原則和實踐，但是對聖書的研究，可說是虔誠有餘而學能不足，完全按照文字的含意，來接受基督和使徒的嚴格教義，不像後來那些明智的註釋家，用氣勢開闊和形象靈活的方式予以解釋。深具宗教熱情的神職人員，意圖使福音教義的至善超出哲學的智慧之上，把宗教上修煉、淨化和忍耐的職責，從虛弱和腐敗的狀態中，推展到幾乎不可能達到、更是無法長期保持的高度。像這樣一種崇高的教義，必然會引起人民的敬仰，但是卻不易獲得世俗哲學家的讚許，因爲這些哲學家在短暫人生中的作爲，只從自然感覺和社會利益的角度來加以考量。

人類高尚和開明的天性中，可以區分出兩種非常自然的傾向，愛「知」和愛「行」。前一種愛好如果受到學業和藝術的薰陶，社會交遊和友情的切磋，經由節儉、健康和名譽的關注以糾正可能的偏差，可以成爲個人生活中幸福和快樂的源頭。愛「行」是具有更強烈、更難預測性質的基本原則，常常導致憤怒、野心和報復的行動，但是如能用公正和仁愛之心加以指導，可以成爲一切高尚品德的根基，再配合以相應的才能，則一家、一地或者一個帝國，因他一人無所畏的勇武精神而獲得安全和繁盛。

---

56 哲學家佩里格林努斯(Peregrinus，對於他的平生和過世的狀況，盧西安給我們留下一份很有趣的記載)長久以來，一直要我們相信亞細亞的基督徒是多麼的天眞單純。

因此，我們把大多數可喜的特性都歸於愛知，大多數有用和令人起敬的特性都歸於愛「行」，「知」「行」兼備而且彼此和諧相互結合的性格，似乎就是最理想的完美人性。冷漠無情和無所作爲的性格，可以說是二者皆不具備的性格，便應該遭到全人類一致的唾棄，因爲既不能使個人獲得幸福，也不能爲世人謀得公共的福利。但是，原創基督徒完全無意使自己在這個世界上成爲可愛或有用的人，所以他們既不愛「知」也不愛「行」。

思想開明的人士，把閒暇時間用以增進知識，訓練自己的理性和想像，毫無保留與別人進行快意的交談。嚴肅的神職人員，把有趣的消遣當成無益靈魂獲救的知識，愉悅的交談成爲濫用語言才能的罪過，不是表示厭惡加以拒絕，要不就極其小心勉強接受。在我們所處的生存狀態，肉體與靈魂的關係是那樣密不可分，因此我們似乎全都有興趣，用清白和溫和的方式與忠實的伴侶分享兩性的喜悅。然而，虔敬的前輩對這個問題抱著另外的看法，他們妄圖模仿天使的完美，竟然裝出厭惡一切塵世和肉體的歡樂。實在說，我們的某種感官乃爲生命的綿延所必需，另一些需要賴以維持生命，更有一些能夠獲得信息，在此種狀況下，拒絕使用感官，根本是不可能的事。第一次的歡樂引起的激動，被指爲對感官的濫用。那些沒有感覺，等待進入天堂的人，他們所接受的教導，不僅要抗拒味覺和嗅覺最普通的誘惑，還應閉耳不聽世俗的樂聲，用冷漠的態度看待人類藝術最完美的成就。鮮豔的服飾、豪華的住宅、優美的陳設，都看成具有驕奢和荒淫雙重罪惡的象徵。就基督徒只能肯定自己的罪過，卻不能肯定可以得救來說，儉樸和愁苦的外觀對他們更爲適合。神職人員對於奢侈的指責，不僅非常細密而且極爲詳盡。他們基於宗教的虔誠對許多物品感到憤怒，這裡可以列舉的項目，如假髮、白色以外所有顏色的衣服、樂器、金銀製作的花瓶、鴨絨枕頭(雅各(Jacob)把頭枕在石頭上睡覺)、白麵包、外國酒、公眾場合的頌辭、溫水浴以及剃鬚。關於最後這點，根據特塔里安的說法，這是對自己的面容所進行的欺騙行爲，妄圖改進造物主的作品、可以被套上大不敬的罪名。等到基督教漸爲富有的上流社會人士所接受，這些奇怪的規定，如同現在的情況一樣，只有急著表明自己聖潔絕頂的少數人去遵守。但要讓人類中的低下階層，自稱具有鄙棄(命運卻不容他們得到)豪華和享樂生活的美德，那是很容易的事，而他們也樂意這樣做。原創基督徒的美德就和早期的羅馬人一樣，常受到貧窮和愚昧的保護。

(三)基督教禁欲的原則和制度

神職人員對任何有關兩性交往的問題，依據同一原則，嚴苛要求守貞。他們對一切可以滿足情欲和降低靈性的歡樂都深惡痛絕，經常喜愛提出一種觀點：要是亞當謹遵造物主的嚴命，便會永遠生活在童貞狀態之中，通過無罪的繁殖方式，會讓天國住滿一個無邪的永生族類。婚姻制度只容許墮落的後代作爲延續人種的必要手段，對於自然產生難以滿足的情欲，無法形成有效約束。正統的詭辯家在這個有趣問題上所表現的猶豫，說明人們在不願贊同必須容忍的制度時所感到的窘困[57]。那些爲夫妻同床所制訂極爲荒唐的條款，如果在這裡列舉出來，將會使得年輕人捧腹大笑，也讓女性聽了臉紅。神職人員一致認爲，人只要一次婚姻，完全可以滿足自然和社會的一切需要。情欲結合被美化爲有如基督與教會的神祕結合，一旦形成便既非離婚也非死亡所能予以解除。再婚被斥責爲合法的通姦，任何人犯下此等罪行，如同嚴重侮辱基督教的純潔，會立即排除在教會的榮譽之外，甚至被趕出教會的懷抱。既然把情欲視爲罪惡，婚姻只不過是勉強被容忍的過失，那麼按照同一原則，把獨身生活看成是最易接近神完美境界的途徑，這也是合於情理的觀點。古羅馬的宗教制度要維持六個處女灶神祭司[58]，經常感到困難重重。原創基督教會中卻住著大批發誓終生保持童貞的男女，他們中有少數人，包括博學的奧利金(Origen)在內，認爲這是使撒旦無可奈何最明智的辦法[59]。面對肉慾的引誘，有些人

57 有些諾斯替異端分子極爲固執，根本就否認婚姻的功能。

58 雖然這些處女可以獲得榮譽和報酬，要想保持足夠數量很不容易，就是死刑帶來的恐懼也無法保證她們不違犯戒律。

59 在奧利金的名聲引起嫉妒和迫害以前，禁欲的作法不但沒有遭到責難，反倒是頗受推崇。奧利金一直將聖書的經文看成帶有寓言意味的比喻，唯獨對這件事反而採納文字的本意，眞是個人的不幸。

立即投降，有些人始終堅不可摧。處於阿非利加溫暖氣候條件下的處女，認爲自己有戰勝情欲的能力，絕不自甘墮落於歡愛之中。她們可以要求教士和執事跟她們同床，在欲火中仍能保持清白的貞潔而深感榮耀，但是受到屈辱的自然法則，有時不免要伸張自己的權利，像這類新的殉教者，只不過給教會增添新的醜聞而已[60]。可是，基督教的苦修者(因爲修煉的過程極爲痛苦而得名)之中，很多人由於沒有貿然行事，能夠獲得較大成就，他們在肉體歡樂方面的損失，從精神上的滿足得到補償。這種難以實行的自我犧牲，甚至令眾多異教徒都不禁要爲至上的美德表示讚賞，神職人員在對貞潔基督徒的頌揚聲中，更能顯示出口若懸河的辯才。以上便是基督教禁慾生活原則和制度的早期遺跡，在以後的年代裡，一直和基督教的種種世俗利益產生平衡作用[61]。

基督徒對塵世俗務的厭惡程度不亞於對享樂的鄙視。他們有忍讓的精神，可以寬恕往日的仇恨，容忍一再的欺凌，卻不知道用來保護人身和財產。他們生活儉樸，不容許賭咒發誓，也難以適應地方官府的排場以及公眾生活的激烈鬥爭。他們的仁慈已到達無知的地步，某些人的罪惡行徑和敵意企圖，只要威脅到整個社會的和平與安全[62]，利用正義制裁和戰爭手段把這些同類置於死地，對此，他們卻怎麼也難相信是完全合法的行爲。基督徒普遍認爲，猶太體制的權力是依據並不完善的法令，得到上天的許可，由神意啓示的先知和神授權力的國王來運用。基督徒非常清楚也公開聲明，這種體系對當前世界而言確有必要，心滿意足的承認異教徒總督的權威。但是，他們雖然沒有忘懷消極服從的箴言，卻拒絕積極參與帝國的民政和軍備工作。有些人在改變宗教之前，便已從事這類殘暴和血腥的職業，也許可以不予深究，但是讓一些基督徒沒有放棄更神聖的職責之前，

60　過了很久以後，大家認爲豐特夫洛派(Fontevrault)的創始人有類似的不當行爲。貝爾爲了讓自己和讀者對這個難以啓口的題材產生興趣，不免要浪費筆墨。

61　苦行僧(早在二世紀就有此稱呼)公開宣示要禁欲修行，戒絕一切肉食和酒類。

62　自從索齊尼派(Socinians)、現代再洗禮派(Anabaptists)和貴格派(Quakers)的宗教改革以後，又恢復從前同樣性質的堅忍原則。巴克萊(Barclay)是貴格派的辯護人，用原創基督徒的權威性來保護同教弟兄。

便去充當士兵、行政長官或國王的角色[63]，那是不可能的事。這種對公共福利視若無睹，甚至到達犯罪程度的冷漠姿態，因而遭受異教徒鄙視和譴責。他們經常問道，要是所有人員都抱著新教派的怯懦態度，那麼這個四處遭受蠻族圍攻的帝國，將會有什麼下場呢[64]？對於這個帶侮辱性的問題，基督教的辯護士只能給予模稜兩可的答案：因爲他們不願透露秘密的安全保障，那就是他們料定，不等到全人類皈依基督教的工作完成，戰爭、政府、羅馬帝國以及世界本身都將不復存在。可以看出，在這個問題上，早期基督徒的處境和宗教所產生的疑慮完全吻合，他們對俗世的積極生活沒有好感，可以找到藉口免於在政府和軍隊中服役，但是並不妨礙他們享有神所賜與的榮譽。

五、基督教會治理機構的發展

人的性格會因暫時的激情感到興奮或消沉，但會還原到正常和自然的水平，恢復情緒到最適當的狀態。原創基督徒對塵世的事務和歡樂毫不動心，但是愛「行」的本能不可能完全絕滅，等到對教會治理可以施展長才，很快又能重新恢復。一個獨立自主的教會團體，要對帝國原有的宗教進行攻擊，必然採用某種形式的內部政策，任命足夠數量的教士，除在基督教共和國行使精神職能，還要進行世俗的領導。教會團體的安全、榮譽和壯大，永遠存在於虔誠信徒的腦海，引起如同早期羅馬人對共和國所特有的愛國精神。有時即使再漠不關心，也會運用諸般手段以達成所望的目標，並將力圖使自己和友人獲得教會榮譽和職位的野心，用冠冕堂皇的意圖加以掩飾。他們有責任求得權力和影響，全部用以謀取教會的公共利益，在行使職權的過程中，要負責查出異端邪說的謬誤或製造分裂的詭

63 特塔里安建議採用背棄教規的權宜辦法，要是這種主意傳開來，對基督教派獲得皇帝的好感會有影響。

64 「從奧利金留下殘缺不全的作品，可以判斷他得到什麼樣的待遇」，這段話是他的對手塞爾蘇斯所說。從而可以得知，奧利金的反對力量不僅強大而且抱著公正的態度，所以教會才會對他採取激烈的手段。

計，反對同教弟兄心懷叵測的陰謀，把他們揪出來公開加以譴責，並從他們試圖破壞和諧與幸福的團體中驅逐出去。基督教會的神職領導人員接受教誨，要集蛇的機智和鴿子的純潔於一身。可是，統治的習慣既會使前者更趨精到，同時也使後者於不知不覺中遭到腐蝕。任何人不論是在教會裡，或是在塵世間被推上公共職務的高位，都會使自己由於能言善辯、行動果敢、閱歷豐富和精通世故而為人所敬重。當他們對別人或許也對自己，隱瞞行為的祕密動機，就會陷入積極生活的混亂情緒之中，要是滲入了宗教狂熱，這種情緒更添苦澀和頑固的味道。

(一)教會成立治理機構的起源

教會治理經常是宗教爭論的題目，也是宗教鬥爭的對象。在羅馬、巴黎、牛津及日內瓦相互敵對者之間的論戰，全都力圖使原創使徒時代的教會模式[65]，完全符合他們各自的政策標準。少數用誠懇和公正態度對這個問題進行研究的人士[66]，認為使徒放棄立法的職權，寧願忍受不公正的指責和分裂，也不願剝削基督徒未來的自由，讓他們能夠按照時代和環境的特點，改變教會管理機構的形式。一種獲得使徒許可，在一世紀被採用的政策模式，現在還可能在耶路撒冷、以弗所和科林斯的教會中找到。在羅馬帝國各大城市建立宗教團體之前，僅有共同信仰和仁愛精神作為彼此聯繫的紐帶，獨立且和平形成內部組織的基礎。由於缺乏紀律要求和傳教經驗，不時靠著神的代言人以先知的名義，前來幫助以彌補缺失。這些神的代言人不分年齡、性別或天生的才能，都能被召去擔任職務。每當感到獲得神力衝激時，可以在信徒組成的大會上，盡量傾吐神的旨意。不過這種非同小可的天賦常被某些喜愛預言的導師濫用甚或誤用，在極不恰當的場合盡情顯露，任意擾亂大會的禮拜程序。他們因狂熱而引起的傲慢和過錯，特別是在科林斯的使徒教會中，製造了一長串可悲的混亂局面。等到

65　英國和法國的貴族黨派，強烈贊成主教的起源是來自神意，但是喀爾文派的長老無法容忍一位上司，羅馬教皇也不願有人居於平等的地位。

66　對基督教聖秩制度發展的有關歷史問題，一般我都遵從摩斯海姆博學坦誠的觀點。

先知制度變得無用甚至有害之時，他們的權力就被剝奪，職位也被撤銷。

宗教事務此後便完全交託給教會的主教和長老，這兩種稱呼在開始時，用來指出擔任同樣職位和階層的個人。長老的名稱表示他們年齡較大，更能表現出穩重和聰睿的特性；主教的頭銜表示對所轄教區基督徒的信仰和行爲負有監督責任。按照各教區信徒人數，便有數目不等的主教轄區長老，運用平等的權力和協商的態度，指導每一個新成立的教會團體。

即使信徒的自由權達到最完美的平等，還是需要上級的領導，公開商議的規定很快就導致主席職位的設立，至少可以授權給一個人，收集會眾的意見和執行大會的決議。教會關懷公眾的寧靜，不希望被年度和不定期的選舉所干擾，使得原創基督徒建立極受尊重的永久性領導機構，從長老當中選出一位最明智最聖潔的人，讓他終生執行教會最高長官的職務。就是在這些情況下，主教這個崇高的頭銜，才開始從長老這種平凡的稱號中冒出來，後者仍是基督教元老會成員當然的尊稱，前者專用於新設立的高貴主席職位[67]。在一世紀結束前[68]便已開始採用的主教治理架構，由於具備非常明顯的優點，對於基督教保持當前的和平寧靜和展開未來的宏圖大業，可以說是極關緊要，毫不遲疑爲散布帝國各處的教會團體所採用。很早以前便因合乎古代制度得到普遍承認[69]，直到現在仍被東方和西方最有影響力的教會，看作最古老和神聖的機構加以尊重[70]。我們用不著說，虔誠和謙卑的長老最早榮獲主教頭銜，不可能享有羅馬教皇的三重冕和德國大主教的主教冠，那種偉大排場和薰人權勢，即使有這種可能，他們也會加以拒絕。我們可以十分簡略概括說明一下，他們的權勢最初有時也帶有

67 傑羅姆敘述亞歷山卓主教和長老在古代的狀況，優提契烏斯(Eutichius)大主教認爲很正確，我也接受這觀點，而博學的皮爾遜(Pearson, John, 1613-1686A.D.，契斯特主教)在《論伊格納久斯申辯書》一文中極力反對，只有不加理會。

68 主教在早期稱爲「天使」，設置在亞細亞七個城市(參閱〈啓示錄〉)，但克雷門斯的書信(寫於古老年代)卻無法讓我們在科林斯或羅馬，發現任何主教制度的痕跡。

69 「無教會就沒有主教」(Nulla Ecclesia sine Episcopo)，事實上從特塔里安和艾倫尼烏斯時代以來，就是基本的規定。

70 我們發現主教治理制能夠克服一世紀所遭遇的困難，在受到喀爾文和馬丁·路德的強力破壞之前，已經普遍建立起來。

世俗性質，主要屬於宗教方面非常狹窄的範圍，包括掌理教會的禮拜活動和紀律，監督數量和名目日益增多的宗教儀式，任命由主教指派職務的各種教堂執事，管理公共基金，以及處理一些虔誠教徒之間，不願在法庭上向偶像崇拜的法官洩漏的糾紛。在最早很短的一段時期，這些權力是根據長老團的建議，經教徒大會的同意和批准後實施。原創教會的主教只不過被看作是同輩中的前列士兵，是自由人民的忠實僕人。無論何時，主教職位因原任主教死亡產生空缺，召開全體教徒大會，從長老中選出一位新主教，其中每個成員都認爲自己具備擔任聖職的資格。

在使徒過世後一百多年的時間中，基督教會採用這種溫和而且平等的制度，每一個社團本身自成一個獨立的共和體。儘管在最遙遠的小邦之間，也相互保持友好的文件書信和使者來往，整個基督教世界沒有樹立一個最高權威，也沒有成立一個立法會議的單位，好把全體基督徒統一起來。由於信徒人數日漸增加，才發現把利益和計畫密切結合起來，很可能會產生若干好處。到二世紀末期，希臘和亞細亞的教會採用「行省宗教會議」這個極具影響力的制度。我們認爲這種方式是依據自己國家眾所周知的先例，像是希臘城邦會議(Amphictyons)、亞該亞同盟以及愛奧尼亞城鎮聯合會等[*71]，作爲模式建立起來。各獨立教會的主教必須在指定的春秋兩季，到各自省會集會的作法，很快就成爲一種慣例和法規。他們對問題的考量可以獲得名聲卓越的長老當場給予幫助，有時會因旁聽的群眾而受到影響和制約[72]。他們訂出稱爲「教規」的法條，有關信仰和紀律問題的任何重大爭論均可得到解決。人們很自然相信，聖靈感應向基督教子民代表聯合大會傾注，這種宗教會議制度既能滿足個人野心，又能符合公共利

*71　[譯註]希臘城邦會議是指相鄰的城邦和宗族，爲保障利益和宗教所成立的組織，其中以德爾斐城邦會議最著名，由十二個希臘城鎮組成，保護位於德爾斐的阿波羅神廟，舉辦有關的祭典和比賽。亞該亞聯盟由伯羅奔尼撒半島各城鎮組成，第一次成立於公元前300年，不久後解散。第二次成立於公元前280年，一直延續到公元前146年，組成的目的是爲對抗馬其頓，後來變成反對羅馬。

72　這次會議有來自茅利塔尼亞、努米底亞和阿非利加的八十七位主教參加，有一些長老和執事在旁協助，當然還有平民混雜其中。

益的需要，因而在短短幾年之內，整個羅馬帝國各地普遍採用。各行省的宗教會議之間也建立經常的信函聯繫，以便彼此就會議進行的情況互傳消息，溝通意見。不久，正統基督教會採用一個大聯邦共和國的架構，獲得名副其實的力量。

(二)教會權力的建立和轉移

當教會的立法權力逐漸爲宗教會議取代時，主教卻通過集體行動，獲得更多行政和決斷的權力。而且，他們一旦意識到具有共同利益，可以運用聯合力量，侵犯教士和人民的基本權利。三世紀的高級教士，不知不覺中將勸告轉變成命令的語氣，爲未來撒播篡奪權力的種子，用聖書中的寓言故事和武斷文詞，彌補他們在力量和理智方面的欠缺，提高教會的團結和權力。每個主教根據職位的代表性，基於平等的立場享有不可分割的部分。人們常說，君主和行政長官可以自誇享有塵世的統治權，但有如過眼雲煙轉瞬即逝，只有主教的權威得自神授，可以從目前延續到死後的世界。主教是基督的代理人、使徒的繼承者、也是摩西律法中高級祭司的神祕替身，除授聖職的特權爲他們所專有，這已侵犯教士和子民自由選舉的權力。要是他們在教會管理工作上，仍舊徵詢長老的看法和子民的意向，一定會先反覆思考，對教會有什麼好處，才會主動屈尊就教。主教承認同教弟兄的大會握有最高權力，可是在特定教區的管理問題上，每位主教都要求羊群對他絕對服從，彷彿教民眞就是常用比喻中的羔羊，自然就會提高牧羊人的身分。從這種關係所產生的服從，並不是在一方毋須強制，另一方毫不抗拒的情況下形成。教會組織中的民主受到熱烈支持，有的是來自內部教士的熱心公益，還有就是利害關係所造成的反對派。但是，有些人對教會一片忠心，卻被扣上自立宗派和分裂教會的惡名。主教的宏圖大業依靠主動積極的高級教士，不斷努力才得以迅速發展。這些人像是迦太基的西普里安(Cyprian)，能把最具野心政治家的謀略，以及只有聖徒和殉教者才有的基督徒美德，運用諸般手段協調起來發揮力量[73]。

最初破壞長老之間平等的有關因素，同樣也使主教獲得特別顯赫的地位，從而產生教會最高管轄權。每當主教在春秋兩季參加行省宗教會議時，每個人在才能和聲望方面的差別，與會成員無不了然於心。廣大會眾常爲少數人的智能和辯才所控制，但是爲使公共會議順利進行，總要有人具有正常而不招人忌恨的才德。各行省宗教會議永久主席的職位，通常由該行省省城的主教擔任。但是那些野心勃勃、很快獲得總主教和首席主教頭銜的高級教士，像同輩主教弟兄篡奪凌駕於長老團之上的權威一樣，全在暗中準備。沒有多久，一種爭奪最高權勢的鬥爭便在總主教之間展開。他們每個人盡力用最誇張的語言，陳述自己所管轄城市的塵世榮譽和優點，教區基督徒的數量和富裕，產生多少聖徒和殉教者，以及如何保存在聖潔的環境之中。這一大批正統教會的主教，繼承教會奠基人的使徒和使徒的門徒，他們一脈相傳基督教信仰的傳統[74]，無論從政治還是宗教的角度來看，可以預見羅馬必會受到各行省的尊重，很快就會使各行省臣服。帝國首都的教徒團體占有適當的比例，羅馬教會是西部最古老的教會，規模最大而且人數最多。許多其他的基督教組織，都是經由羅馬教會傳教士虔誠努力所建立。安提阿、以弗所和科林斯，因有一個使徒作爲奠基人而備感榮耀，台伯河兩岸卻有兩位最傑出的使徒在此傳道和殉教[75]。羅馬主教很謹慎的要求繼承聖彼得本人和職位所享有的一切特權[76]，意大利和各行省的主教，願意承認他在基督教貴族政治中，具有排序和聯合上的首席

73 諾法都斯(Novatus)、費利契西繆斯等幾位迦太基的主教，被驅離教會和阿非利加行省。要是這幾位算不上最可惡的壞蛋，那麼西普里安除了宗教的狂熱，擺出嚴峻的態度也是意料中事。

74 特塔里安撰文反對異端，強調只要頒布的規定出於使徒的教會就具有正當性。

75 聖彼得到羅馬傳道，很多古代人士都曾提及，得到普遍讚揚，就連宗教異議分子也承認此事。但是受到斯龐海姆(Spanheim, Ezechiel, 1629-1710A.D.，德國古文學者和飽學之士)強有力的攻擊，因爲十三世紀有一位哈杜因(Hardouin)神父，他把聖彼得比喻爲特洛伊的英雄，寫出《伊涅伊德》(*Aeneid*)這部書。

76 用聖彼得的名字作爲最重要的比喻和暗示，只存在於法語之中，而且非常明確；在希臘語、拉丁語和意大利語中，表示的意義並不完整，在條頓語系中根本無法理解。

地位。不過專制君王的權力因被人厭惡而受到拒絕，就像雄心萬丈的羅馬守護神，從亞洲和非洲各民族身上，體會到對精神統治的抵抗，甚至比抵抗世俗統治更爲激烈。愛國的西普里安用絕對權威統治迦太基教會和行省宗教會議，堅決而有效反對羅馬教皇的野心。他運用手段把自己的企圖和東方主教的利益聯結，且像漢尼拔一樣，在亞洲尋找新同盟。若說這場布匿克戰爭沒有血流成河，並不是鬥爭雙方的高級教士態度溫和，而是由於他們沒有作戰的能力，僅有的武器是互相辱罵和開除教籍，在整個爭論的過程中，配合憤怒和吶喊，拼命向對方叫囂。現代的天主教徒，在不得不就細部問題進行爭論時，就像一位宗教鬥士那樣，發出元老院和軍營才有的激情，要是涉及對教皇、聖徒以及殉教者的譴責，總會感到十分苦惱。

教會權威的發展使「僧俗」間產生重大差別，就此點而言，當時的希臘人和羅馬人根本無法理解。「俗人」這名稱包括全體基督教人民，「僧人」專指特別選出從事宗教活動的人員。正是這一類值得讚美的人，不一定帶有啓發意義，即構成現代歷史最重要的主題。僧俗之間相互的敵對情緒，有時會破壞新生教會的安寧。但是整體的熱情和活動卻會在共同的事業中聯合起來，對權力的愛好(經過最巧妙的僞裝)會進入主教和殉教者的心胸，驅策他們增多教民的人數，擴大基督教帝國的疆界。他們沒有世俗的力量，很長一段時間受到當局的制裁和壓迫而不是幫助。然而他們卻早已得到兩種治理武器，並在自己的社團內部有效加以運用，那就是恩賜和懲罰：前者來自虔誠信徒的的慷慨捐獻，後者則出自信仰所產生的敬畏。

(三)教會財務的管理和運用

受到柏拉圖衷心賞識[77]，存在於嚴謹的艾森尼教派(Essenians)[*78]之中

77 柏拉圖所創造的社會體，經過湯姆士·莫爾(More, Thomas, 1477-1535A.D.，英國人文主義者，任內閣大臣，反對亨利八世離婚和宗教政策，被處死，封爲聖徒)據以建構成烏托邦，就變得更爲完美。此社會體的婦女就像俗世財物一樣，是體系內不可單獨分離的部分。

*78 [譯註]艾森尼教派是從公元前二世紀到公元二世紀，巴勒斯坦的猶太教徒和修士所成立的宗教組織，教規非常嚴格，厲行共產制度和禁欲修行。

的共產制度，在一個很短時期內曾被原創教會採用。最早一批信徒在宗教狂熱的促使下，賣掉自己深感厭惡的世俗財產，把獲得的價款呈獻在使徒腳下，然後大家平均分配。隨著基督教的進步，這種慷慨捐贈的制度無法維持而遭到廢除。因爲當財富落到不像使徒那麼純潔的人員手裡，他們恢復人性中的自私成分，財富不僅遭到濫用也破壞道德和紀律。因而後來改信的教徒准許保有世襲財產，可以接受遺產和遺贈，通過合法的貿易和生產，擴大各人獨有財產的數額。傳播福音的執事只接受適當的部分錢財，並不要求全部捐獻。在每週或每月的集會上，每個信徒根據需要的迫切性，財產的多少和虔敬的程度，自願適當捐助以充實公共基金之用，奉獻數量不論如何微薄，都不會被拒絕。根據大家經常受到的教誨，知道摩西律法中有關什一稅的條款，仍是每個人的神聖義務。此外，既然在一種不很完美的紀律要求之下，所有的猶太人都奉命要交出財產的十分之一，那麼基督的門徒就應該顯得更加慷慨[79]，放棄很快必將隨世界毀滅的多餘財富，可以立下莫大的功德[80]。一般而言，每個教會的收入多少沒有定準，隨著教徒的貧富狀況而有很大差異。同時教徒在偏僻的鄉村相當分散，在帝國的大城市又非常集中。狄西阿斯皇帝在位時，行政官員認爲羅馬的基督徒擁有極爲可觀的財富，從宗教儀式使用金銀器皿可以得知。許多新加入的教徒，爲增加教派共有的財富，賣掉自己的土地和房屋，完全置子女的利益於不顧；父母成爲聖徒，子女卻常變成乞丐[81]。對於局外或敵對人士的揣測之辭，本不應完全信以爲眞，不過在這個問題上，從下述提出具體數字或表示明確概念的兩個情況來看，揣測之辭相當可靠。就在同一個時期，迦太基主教忽然發起募捐，贖回被沙漠地帶蠻族俘虜的努米底亞

79 教會的什一稅制成爲一項神聖規定，所持理由是如同靈魂主宰肉體一樣，教士的權柄大於帝王，要徵稅的項目包括穀物、酒類、食油和羊毛。

80 在1000年時流行這種說法，也產生同樣效果。大多數捐獻財產的人都出於同樣動機，那就是「世界末日即將來臨」。

81 羅馬教會經過多代的經營，變得極爲富有。弗拉·佩洛不無誇大的提到，康莫達斯和以後的皇帝，所以要迫害基督徒，是基於貪財的動機，再加上禁衛軍的統領也想分一杯羹。

(Numidia)弟兄，竟然能從遠不如羅馬教會富足的社團募到十萬塞司退斯(大約八百五十英鎊)。在狄西阿斯時代之前的一百年，羅馬教會有一次從希望在首都定居的本都人手中，獲得一筆逾二十萬塞司退斯的巨額捐款。這些奉獻大部分都是現金，由於基督教社團既不願接受捐贈，也無力承當一定份額地產的拖累。當時有若干法令涉及不准轉讓的規定，任何團體未經皇帝或元老院特許和敕令，禁止擅自接受不動產的捐獻或遺贈。對於最初受到皇帝和元老院的蔑視，後來又成爲畏懼和嫉妒對象的一個教派，是不會輕易給予特准的恩典。不過據記載，亞歷山大・塞維魯斯當政時出現一件事，指出這種限制有時不能發生作用。經由鑽法律漏洞加以規避，基督教可以在羅馬境內占有土地[82]。隨著基督教的發展和帝國日益增加的政治混亂，這類嚴格的法律在執行時漸趨鬆弛。到三世紀結束之前，許多數量可觀的地產，都贈與羅馬、米蘭、迦太基、安提阿、亞歷山卓以及意大利各行省大城市極爲富裕的教會。

主教是教會的當然管理人，公共錢財全交給他一人負責，既無帳目也無人監督。長老的職責只限於教務活動，一些執事更無實權，只是專門雇來管理和分發教會平日的進項。如果我們相信西普里安激烈的言辭，不知道他的阿非利加兄弟之中，有多少人在執行職務時，不僅犯下福音教規每一條戒律，而且更違背一切道德原則。這些不忠實的管理人，有的把大量教會財富用來獲得肉體上的享樂，有的用來謀取私利，或任意盜用，或拿來放高利貸。但是，只要教民的捐獻還是出於自願，沒有受到任何強制，就不能隨意濫用奉獻者的信任。運用慷慨捐獻的錢財時，教會應表明是一個具有公信力的團體。有一部分款項專供維持主教和教士的生活，撥出足夠的經費用於公眾禮拜儀式，其中最愉快的部分稱作「阿嘉庇」(Agapae)的「愛之宴」，此外全部餘款都屬貧民所有的神聖財產，由主教考慮後決定，按一定比例用以維持本區的孤兒寡母、老弱病殘的生活，及用以接濟外來遊子和朝聖者，以及援助囚徒和被俘人員，特別是忠於傳教事業而遭

82 這原是一塊公地，現在是基督教社團和屠户之間發生產權的爭執。

受苦難的不幸人士。一種慷慨互通有無的作法，能把最遙遠的行省也相互連接起來。規模較小的教會愉快接受比較富裕兄弟捐獻的幫助，這種制度的目的在解救人們的苦難，而不是獎勵爲教會建立功勳，對基督教的發展產生很大促進作用。異教徒從人道主義思想出發，雖然嘲笑新教派的這項原則，但也承認確能發揮仁德之風[83]，眼前可以得到救濟，將來還可以得到保護。許多即將淪入貧病和衰老之中的不幸人們，在塵世受到忽視，就會投入教會溫暖的懷抱。我們相信照當時盛行的不人道作法，許多被父母遺棄的嬰孩常被虔誠的基督徒救出，免於死亡，再依靠公共積累的資金，使他們接受洗禮、得到教育，維持生計[84]。

(四)教會處理贖罪問題的原則

所有社團都有經大家確認的規章制度，對於拒不遵守或違犯的成員，都具不容置疑的規範權力，並排除他們在社團組織應享有的福利。基督教會主要對一些重要的罪犯行使此權力時，特別是那些犯有謀殺、詐欺或淫亂罪的人；以及那些宣揚已被主教團斥爲異端邪說的始作俑者及其追隨者；還有那些受洗之後，不論是出於自願還是被迫，仍舊進行偶像崇拜活動，玷污自身聖潔的不幸人士。開除教籍將會產生世俗和宗教兩種性質的後果，凡受到這種處分的基督徒，無權參與信徒的宗教活動，原來的教友關係和私人情誼都將全部斷絕。也會因爲不敬神靈，致使自身變成原先崇敬自己的人或曾經喜愛自己的人所厭惡的對象。而且，被正統宗教團體開除會籍這一事，就足以在品格上留下可恥污點。所以一般人不是避若蛇蠍，起碼也都懷有戒心。不幸被驅出教門的信徒，處境十分痛苦和悲慘。一般而言，他們的恐懼往往甚於苦難；參加基督徒團體最大好處就是希望獲得永生。有一種可怕說法，說是神靈已把天堂和地獄的鎖鑰，交給那些

83 朱理安很羞愧的指出，基督教的慈善事業不完全照顧自己人，連痛恨他們的窮人也一併救濟。

84 就現代的傳教士來說，這種慈善活動在當前的環境下確有必要，在北京街道上每年被遺棄的初生嬰兒不下三千個。

有權判定誰有罪的教會統治者，而被開除教籍的人也無法從心中抹去這一說法。異端分子原來就有明確的目標，可以自我陶醉，也希望獲得眞正的得救道路，力圖組織會眾，像過去在基督教團體裡，再度獲得世俗和宗教上的安慰。但那些一時失足犯下過失，或進行偶像崇拜的罪人，幾乎無不感到自己的墮落處境，總是殷切希望重新回到基督徒的大家庭裡去。

有關如何處理悔罪者的問題，有兩種對立的意見，一種主張勿枉勿縱，另一種主張寬大爲懷，因而使得原創教會分爲兩派。嚴格和固執的道德家永遠排斥這些罪人，即使願意以最卑下的身分，回到被自己玷污或背叛的神聖教會中來，毫無例外的讓他們帶著有罪的良心，永遠處於悔恨之中。他們只能抱著一線微弱的希望，經由從生到死的懺悔，也許可能會感動至高的神[85]。基督教會中最純潔和受尊敬的人，在實踐和理論方面都抱著較溫和的態度，寬恕的大門和天堂一般都不會對重新回來的悔罪者緊閉。但是，爲此要建立一種嚴厲和正直的懲罰方式，一方面幫助罪人滌清過錯，一方面對旁人產生儆戒作用。悔罪的人要很謙卑的公開認錯，接受齋戒而面容憔悴，身穿麻布衣服，爬俯在會場門口，含淚請求饒恕所犯的罪行，懇請所有信徒代爲祈禱[86]。如果罪行的性質屬於十惡不赦，接連幾個年頭的懺悔，也不足以滿足神的正義要求。因而，一些罪人、異端分子或叛教者必須經歷緩慢而痛苦的過程和步驟，才能獲得允許，逐步重新回到教會懷抱。至於永遠開除教籍的處分，只用於罪行異常嚴重，特別是違反教會人員從寬處理、怙惡不悛的罪犯。基督教會懲戒條例的施行，視犯罪情節的輕重和次數的多寡，由主教裁量做出不同裁決。安卡拉和伊利貝里斯(Illiberis)兩個宗教會議[*87]，一在蓋拉提亞，一在西班牙，幾乎在同一時間舉行。但他們各自建立到現在還能見到的教規，代表兩種南轅北轍的

85 孟他努派和諾法提安派(Novatians)對於悔罪抱著最嚴格和固執的態度，最後發現自己被判爲異端分子遭逐出教會。

86 好古成癖的人士對公開悔罪的作法已經消失，一定會感到很遺憾。

*87 [譯註]安卡拉就是現在的土耳其首都，只是拼音從Ancyra變爲Ankara而已；伊利貝里斯是蓋拉提亞行省的一個城鎮，位於西班牙的中部地區。

精神。一個受洗後還一再向偶像獻祭的蓋拉提亞人，經過七年悔罪便可能得到寬恕，而如果他曾引誘別人效仿，也只是在被驅逐的年限之外再加三年。但是，不幸的西班牙人如果犯了同樣罪行，卻完全被剝奪掉和解的希望，甚至直到死後。他所犯下的偶像崇拜罪，名列十八大罪之首，而其他十七項罪過的處罰也都同樣可怕。我們在這裡不妨指出，其中也包括誹謗主教、長老，乃至教堂執事等罪在不赦的過失[88]。

寬厚和剛直合理的搭配，根據政策原則和正義行爲所施爲的賞罰，構成教堂的人性力量。用慈愛之心掌管著兩個世界的主教，完全體會到這種特權的重要性。他們拿維護秩序的堂皇藉口掩飾自己的野心，對於集結在十字架旗幟之下，人數日益增多的會眾隊伍，行使教規防止有人逃離時，不容許有任何對手出來抗衡。從西普里安自以爲是的文告中，我們看出開除教籍和接受悔罪的教規，是構成宗教權威最主要的成分。對基督的信徒來說，違反道德規範所得到的懲處，遠不如蔑視主教權威所獲得的譴責更爲嚴重。有時可以想像聽見摩西的聲音，正下令讓地球裂開一條大縫，地獄的火焰吞噬拒絕服從亞倫祭司的叛逆種族。有時我們也可以忖度，羅馬執政官重申共和國的權威，宣稱他嚴格執法的決心。迦太基主教責備過於寬厚的同僚：「如果我們放縱目無法紀的行爲不加懲罰，主教的權威隨之消失，教會統治崇高而神聖的權力也跟著結束，最後帶來基督教本身的滅亡。」西普里安放棄塵世的榮譽，對一群卑微和遭到世人鄙視的會眾，竟能絕對控制他們的良心和思想，比起靠武力和征服強加於懷恨在心的人民身上，那種專制的絕對權力，更能滿足個人內心的驕傲。

88 可參閱杜平(Dupin, Louis Ellies, 1657-1719A.D.，法國神學家)的《教會叢書》，在經歷戴克里先的宗教迫害後，平靜時刻時曾召集一次會議，簡短而合乎理性的說明各種教規。在西班牙所感受的迫害不如蓋拉提亞那樣嚴厲，一般認爲設訂法規的要求與現狀相反，也就是說愈是沒有發生迫害的地區要求教規的標準愈高。

六、基督教發展的主要條件

探索重要問題的過程極爲繁瑣，雖然令人厭煩，但我期望從除了神意的主要原因外，提出次要原因，將有助於闡明基督教的眞理。如果我們在這些原因中發現人爲渲染，或是出於偶然的情況，以及任何錯誤和個人情感混雜其中，對於人類深受不完美天性相稱的誘因所影響，看來也不應感到奇怪。基督教得益於五個次要因素，就是信仰的熱忱、來世的憧憬、神蹟的傳聞、嚴格的德行，以及教會的體制，使得教會在羅馬帝國的發展，獲得偉大成就。正是由於第一個因素，基督徒具有不屈不撓的勇氣，決心要使被征服的敵人完全屈從。接下去的三個因素，爲他們的勇氣提供最有力的武器。最後一個因素，則把他們的勇氣團結在一起，指揮他們如何運用武器。像是一小隊訓練有素、勇猛頑強的志願兵，發揮無可抗拒的威力，去奮力擊敗一大群不知「爲何而戰」及「爲誰而戰」的烏合之眾。在多神教各種教派中，埃及和敘利亞四處遊蕩的狂熱教徒，是唯一有組織的僧侶階層[89]，對神的安全和昌盛極爲關切，利用民眾的迷信思想，能夠獲得聲譽和支持。羅馬和各行省的多神教祭司，絕大多數出身高貴家庭，富有資財，把出面管理著名神廟或參與公眾獻祭活動，當作極爲風光的事務，大部分都是自己花錢舉行祭神的賽會[90]。等到他們按照鄉土的規定和習俗，舉行古老的宗教儀式時，則表現出十分冷淡的態度。由於他們在生活中各有正當職業，宗教的熱情和虔誠，很少受到個人利益或職業習慣的影響，長時間生活在各自的神廟和城市之中，始終不會受到紀律約束，也不會產生管轄的聯繫。當他們受到元老院、大祭司團和皇帝的管轄，只要

89 阿普列阿斯的《變形記》(*Metamorphoses*)第八卷用幽默的筆調，描寫供奉敘利亞女神的祭司，他們的生活習性以及種種虛僞欺詐和奢侈萎靡的敗德惡行。

90 從亞里斯泰德斯的著作以及發掘的銘文中，可以知道統治亞細亞的官員狀況，通常經由每年一度的選舉產生。只有最虛榮的市民才爭取這種頭銜，也只有最有錢的富豪才負擔得起所有的花費。

在和平與莊嚴的氣氛中，維持人民一般的宗教活動，對行政官員而言也是輕而易舉的事。我們可以知道，多神教信徒的宗教情緒，彼此之間完全是同床異夢，各不相干，不僅鬆散也沒有任何定準，在毋須控制之下，任憑自己隨著迷信的幻想而自然浮沉，依生活和處境的偶然情況，決定崇拜的對象和虔誠的程度。只要宗教信仰可以任意濫用在一千個神明的身上，那麼他們的心靈不可能對其中任何一位發生眞誠和激烈的感情。

(一)羅馬的征服開創有利的歷史條件

基督教在世界上出現，微弱而殘缺的意念消失原有的力量。人類雖然以自身之力無法洞察信仰的奧祕，理性卻戰勝異教的愚昧。特塔里安和拉克坦久斯盡力揭開異教的虛假和妄誕，不得不借用西塞羅的辯才和琉善的機智，這些懷疑主義的作品影響所及，遠遠超出讀者的範圍。不信神的風氣，從哲學家傳到凡人，從貴族傳到平民，從主人傳到奴隸，在下位的人全神貫注傾聽放縱的言論。有哲學頭腦的人在公眾場合，對於國家的正統宗教制度，表面上裝出一副尊重的模樣，透過那層勉強的掩飾，內心的鄙視就會顯露出來。在知識和地位上受到民眾尊敬的人，他們不僅不接受神，反而加以嘲笑。等到老百姓發現這種狀況，不免對他們信仰的教條，充滿疑慮和恐懼。古老傳統日趨衰落，使得大部分人陷於痛苦不安的境地，對社會帶來極大危險。懷疑的思想和錯亂的狀態，可能使少數好奇人士感到歡悅；但是，一般群眾對各種迷信活動甘之如飴，如果勉強把他們喚醒，幻境的消失就會帶來痛苦。人們對怪異和超自然事物的喜愛與對未來情景的好奇，以及想要把希望和恐懼向可見世界之外延伸的強烈意圖，是多神教得以建立的主要原因。信仰是如此迫切的需要，任何一種神話體系的瓦解，立即會有另一種形式的迷信取代。若在緊要關頭，神智不曾眞正顯現足以喚起合乎理性的尊敬和信服，同時又可以吸引人民好奇、驚異和敬仰的啓示，那很快就有更爲新興和合適的神靈出來，占據荒廢的朱庇特和阿波羅神廟。從人們實際的性向來看，已有許多人從自以爲是的偏見中解脫，念念不忘且急切希望個人的信仰有所寄託。在這種情況下，即使是一個更無價值的目標，也可以暫時塡補心靈的無限空虛，滿足尙無著落的慌亂情緒。任何人如果願意深思此一問題，則對基督教的迅速發展不會感到驚奇，可怪的是基督教爲什麼沒有獲得更加迅速和普遍的成功？

前面已經明確提過，羅馬對外的征戰爲基督教的傳播做好準備，加速征服世界的行動。在本書第二章，我們曾試圖說明，歐洲、亞洲和非洲最文明的行省，在何種情況下被羅馬君王統一起來，後來又如何通過法律，習俗、語言等的密切聯繫，能夠團結在一起。巴勒斯坦的猶太人熱切期盼救世主，但是對神派來的先知所施展的神蹟，表現非常冷漠。人們認爲出版和保存《希伯來文福音書》完全沒有必要[91]，有關基督言行的眞實史事，要等到非猶太人信徒大增以後，才在距離耶路撒冷相當遠的地方，用希臘文編寫而成[92]。這些歷史一經譯成拉丁文，除了埃及和敘利亞的農民之外，羅馬臣民全都可以領悟。後來爲使那些農民皈依，傳來特別的譯本。原來供羅馬軍團使用的公路，可以從大馬士革到科林斯，從意大利到西班牙極邊遠地區和不列顚，爲基督教傳教士開闢便利的通道。那種把外國宗教傳入遙遠地區時，通常要面對的障礙和阻撓，這些宗教征服者從未遭遇。我們有充分的理由可以相信，在戴克里先和君士坦丁統治時期之前，基督的信仰已經在帝國各行省和大城市中傳播。不過有關教會奠基的情況，組成教會的信徒人數以及在不信教的群眾中所占比例等等，現在不是無從查考，就是被虛幻和浮誇的言詞所掩飾。基督教在亞細亞、希臘、埃及、意大利以及帝國西部，聲望日漸增高的情況，儘管我們獲得的資料並不完整，下面仍將盡力加以敘述，同時對於在羅馬帝國疆界以外獲得的成就，也不會忽略。

(二)基督教在羅馬帝國發展的地理條件

從幼發拉底河延伸到愛奧尼亞海的富裕行省，是那位非猶太族的使

91 教會神職人員一致認爲聖馬太寫過一部希伯來文的福音書，只有希臘文的譯本留存下來。現在學者不大相信此事，不過要拒絕承認神父的證言，好像會有危險。

92 指的是尼祿和圖密善當政時代，在亞歷山卓、安提阿、羅馬和以弗所幾個大城市。

徒，顯示傳教熱情和信仰虔誠的主要場所。等到播種在肥沃土壤上的福音種子，獲得門徒辛勤的培植，在最初兩個世紀裡，這個區域建立起最大的基督教社團。就敘利亞行省而言，大馬士革、波里亞、阿勒坡和安提阿所屬教會，不僅最古老而且最有名望。先知在〈啓示錄〉描述亞細亞的以弗所、西麥那、帕加姆斯、塞阿泰拉(Thyatira)[93]、沙德斯(Sardes)、拉奧狄西亞和菲拉德菲亞(Philadelphia)等七個教會，得以揚名後世，派出的下屬單位遍布人口眾多的地區。在很早一段時期，塞浦路斯和克里特這兩個島嶼，還有色雷斯和馬其頓這兩個行省，熱情接受新來的宗教。基督徒共和國很快在科林斯、斯巴達和雅典等城市建立起來[94]。希臘和亞細亞古老的教會，有充分時間來發展和擴大組織，使得諾斯替派和其他異端教派都能蜂擁而起，足以說明正統基督教會的興旺狀況，因爲所謂「異端」這個名稱，不外乎用來指那些人數較少的派別而已。在這些內部的證據之外，還可以加上非猶太人的供狀、怨言和表現出來的恐懼。琉善是一位研究人類的哲學家，他的作品用極生動的詞句描繪當代的各種情況，可以知道在康莫達斯統治時期，他的故鄉本都充滿伊比鳩魯派教徒和基督徒[95]。基督死後不到八十年[96]，仁慈的普里尼不禁發出感嘆，試圖消滅的罪惡依然無比猖獗。在他寫給圖拉真皇帝極爲詳盡的信函中，提到羅馬神廟幾乎全部荒廢，用作祭品的牲口無人購買，而從異地傳入的宗教信仰，不僅充斥各個城市，甚至已經遍布本都和俾西尼亞的鄉村和原野。

有些作家頌揚和嘆惜基督教在東方發展，毋須對他們的說法和動機進行深入研究。因誰也沒有留下足夠的證據，可正確判斷那些行省的信徒人

93　〈啓示錄〉的眞實性產生爭議，因爲提阿提拉教會在那時還沒有建立。伊壁費紐斯承認有這件事，他的解釋是聖約翰是用預言的精神寫出這段文字。

94　伊格納久斯和戴奧尼休斯的書信中，提到亞細亞和希臘有很多教會，看起來雅典教會還不算很興旺。

95　基督教在本都地區的傳播狀況非常不理想。到三世紀中葉，新凱撒里亞幅員廣大的主教轄區，只有十七名信徒。

96　依據古代的記錄，耶穌基督遇難是在兩位傑米奈(Gemini)出任執政官那年。要是照這樣算就是29年，普里尼到俾西尼亞出任總督是110年。

數。無論如何，有一種事實總算保存下來，對這個不爲人知的有趣問題多少可以略見端倪。那就是狄奧多西當政時期，基督教沐浴在皇恩之中長達六十餘年，古老而遠近聞名的安提阿教會有十餘萬會眾，其中竟有三千餘人依靠公眾的捐獻爲生。東方之后的榮華尊貴，在於人口密集的凱撒里亞、塞琉西亞、亞歷山卓和安提阿諸城。等到賈士丁老皇在位時，一次地震使安提阿居民死去二十五萬人的悲慘事件[97]，證明全部居民恐怕不下於五十萬人。不論由於宗教狂熱或教會勢力如何大大增加，基督徒不可能超過這個大城市總人口的五分之一。但若我們拿受迫害的教會和得勝的教會、西方和東方、遙遠偏僻的村莊和人口眾多的城市，最近改信基督教的地區和最早接受基督教的地方等的對立因素做一比較，就會發現應當採用的人口比例數是多麼截然不同。然而，我們記得克里索斯托(Chrysostom)的作品也提供一些有用資料，所列舉信徒的人數甚至超過猶太人和異教徒。要解決這個難題其實很容易，顯而易見，這位言辭鋒利的傳教士，只是在安提阿的民政組織與教會組織之間進行比較，也就是在受洗而得以進入天堂的教徒人數，和有權享受公共福利的公民人數之間進行比較，前者中包括奴隸、外地人和兒童，後一種名單卻將這些人排除在外。

亞歷山卓的商業非常興旺，加上鄰近巴勒斯坦，使新興宗教極易傳入。大量特拉普提派(Therapeutae)信徒首先皈依，他們是居住在馬里歐提斯(Mareotis)湖區的艾塞尼人，這個猶太教教派對摩西的宗教儀式，本就不如從前那樣尊敬。艾塞尼派過著嚴肅生活，厲行齋戒和逐出教門的規定，推行共產制度且愛好獨身，熱中殉教以及義無反顧的信仰，爲原創教會的教規提供極其生動的景象[98]。亞歷山卓的學校使基督教神學具有正統和科學的形式，當哈德良巡視埃及時，見到一個由猶太和希臘人組成的教

97 約翰·馬里拉對有關安提阿的人口數，經過計算獲得同樣的結論。

98 巴納吉(Basnage, Henri, sieur de Beauval, 1656-1710A.D.，荷蘭律師)對斐洛描述特拉普塔教派的那篇詳盡論文，非常精確做了一番查證功夫，證明早在奧古斯都時代就已經組成。所以巴納吉不理會優西庇烏斯和一群現代天主教徒的觀點，認爲特拉普塔教派既不是基督徒也不是僧侶，當然有可能他們已經改變名稱，保存原有的習俗，採用信仰有關新訂的規定，逐漸變成埃及苦行派(Ascetics)的神父。

會，因地位重要，引起好學君王的注意。但經過很長一段時間，基督教的發展僅限於這個國外的殖民地城市之內。一直到二世紀末葉，德米特流斯(Demetrius)的前任僅是埃及教會的高級教士，掌握教會大權後，親自任命三位主教，繼任者赫拉克拉斯(Heraclas)把主教人數增加到二十人[99]。一群沉默寡言、生性頑固的地方人士，用冷漠態度勉強接受新制訂的教義。甚至在奧利金時代，很難見到一個埃及人可拋棄野蠻習俗，而不再殺害動物用來祭神。一旦基督教登上統治寶座，蠻族的熱情受到宗教風氣影響，埃及的城市充滿主教，蒂貝伊斯(Thebais)沙漠到處是隱遁的修士。

(三)羅馬教會發展的有利條件

從異地和外省來的人流，不斷注入羅馬城寬廣的胸懷。不管多麼奇特或醜陋的事物，任何一個罪人或嫌犯，希望隱匿在人煙稠密的首都，以求逃脫法網的搜捕。在這樣一個多民族混雜的環境之中，無論是傳播眞理或虛妄的導師，或是道德或罪惡社團的創建者，非常容易得到大批門徒和從犯。羅馬的基督徒按照塔西佗的記載，在無端遭到尼祿迫害時，數量已經相當龐大。這位歷史學家對這件事情的看法，就像李維敘述接受和取締巴克斯(Bacchus)的祭祀儀式，運用同樣的語氣和筆調。酒神的信徒喚醒元老院採行嚴厲的措施之後，同樣擔憂已有數量極大的人群，簡直可稱爲一個民族，介入萬分可厭的神祕活動之中。要是能夠仔細深入追究，就會發現眞正的信徒沒有超過七千人。當然，如果考慮這些人將是司法單位偵辦的對象，這個數字就相當驚人[100]。塔西佗和較早時期的普里尼，提及受騙的狂熱分子未免過於誇張，到底有多少多人拋棄對諸神的崇拜，措辭非常含糊不清，我們對這點也要加以澄清。羅馬教會毫無疑問在帝國中居首位而且會眾最多，根據一份可靠的記錄，大約在三世紀中葉，經過三十八年

---

99 大主教優提契烏斯支持這件事，內部的證據對於所有的異議，包括皮爾遜主教〈論伊格納久斯申辯書〉列舉的反對理由，都可以有效提出答辯。

100 元老院沒有發現比酒神信徒更爲恐懼和痛恨的事，李維敘述過他們種種邪惡墮落的行爲，有的可能過於誇大。

和平時期以後，記載這個城市的宗教情況。那時，羅馬教會的教士包括主教一人，長老四十六人，執事七人，副執事七人，輔祭四十二人，以及讀經師、驅魔師和看守共五十人，依靠教徒捐獻贍養的寡婦、殘疾和窮人共有一千五百人之多。按理推算或是拿安提阿的狀況做比較，我們可以大致確定，羅馬的基督徒約爲五萬人。關於這個偉大首都的總人數，也許很難做出準確推算，但按最低的標準估計，居民不可能少於一百萬人，基督徒最多占二十分之一或百分之五[101]。

(四)基督教傳播的主要方向

西方諸行省對基督徒的了解，就像在他們中間傳播羅馬的語言、思想和習俗一樣，出自於同一來源和目標，比較重要的情況是阿非利加和高盧，逐漸仿效首都的作法。然而，儘管產生許多有利時機，誘使羅馬的傳教士前往訪問拉丁諸行省，那也是渡海或越過阿爾卑斯山前不久的事[102]。除此以外，在其餘那些幅員廣闊的地區，無法找到可信的跡象，表明這裡比起安東尼統治時期，出現過更激烈的皈依熱潮和迫害活動[103]。福音傳播在高盧嚴寒區域緩慢發展，與在阿非利加炙熱的沙漠地帶，那種迫不及待的接受情況極不相同。阿非利加的基督徒很快就形成原創教會的主要組織，在這個行省常常爲最偏僻的鄉村開始採用，而不是在重要市鎮。設置主教的作法有助於提高宗教社團的聲望和地位，何況在整個三世紀中，激起特塔里安宗教熱情的鼓舞，服從西普里安才能過人的領導，受到拉克坦久斯口若懸河的美化。我們轉過來看看高盧，是完全相反的情況，整個馬可斯・安東尼統治時期，只能在里昂和維恩那，見到人口不多還能聯合在一起的會眾。甚至遲至狄西阿斯時代，僅在亞耳、納邦、土魯斯、列摩日

101 教會長老人數以及貧民和總人口的比率，最早是波尼特算出來，後來經過摩伊爾的檢驗。他們兩人並不知道克里索斯托的資料，但推斷出來的結果與事實很接近。

102 阿非利加由於受到道納都斯派(Donatists)的影響，是最後接受《四福音》教義的行省，這個事實就連奧古斯丁也只有心照不宣的承認。

103 錫利坦(Scyllitan)成爲第一個殉教者純粹是出於想像，他是阿普列阿斯的對頭，好像是個基督徒。

(Limogea)、克勒蒙(Clermont)、土爾(Tours)和巴黎等少數城市，存在零散而由少數虔誠教徒維持的教會[104]。沉默適合虔誠的心靈，卻與宗教的熱情難以相容。我們不免爲看到基督教萎靡不振的狀況而慨然感嘆，由於在頭三個世紀裡未能產生一個教會作家，無法將這些行省的塞爾特語改爲拉丁語。在阿爾卑斯山這一邊的諸國中，從學術和知識方面處於領袖地位的高盧，反射到西班牙和不列顛等遙遠行省的福音光芒，當然顯得更爲微弱。如果我們相信特塔里安激烈言辭，那麼，當他對塞維魯斯皇帝的官員呈送〈護教申辯書〉時[105]，這些行省便已籠罩在基督教信仰的照耀之下。有關歐洲西部教會模糊不清和資料欠缺的源起問題，現有的記載非常草率，以致我們若要對建立的時間和情況做一番敘述，便必須用到很久以後，陰暗的修道院裡遊手好閒的僧侶，受到貪婪和迷信的支配，胡亂編寫的傳說來填補古代文獻的空白[106]。在這些神聖的浪漫傳說中，有關使徒聖詹姆士的事蹟，由於過分誇張怪異，値得在這裡提一提。他是金內薩爾斯(Gennesareth)湖邊過著平靜生活的漁夫，卻忽然變成勇敢的武士，在對摩爾人的戰鬥中，率領西班牙騎兵衝鋒陷陣，連最嚴肅的歷史學家都曾讚揚他的功績。康波斯特拉(Compostella)帶有奇蹟色彩的神龕顯示他的威力，代表軍階的寶刀加上宗教法庭可怕的拷問，用褻瀆神明的藉口來消滅任何持反對意見的論點[107]。

基督教的發展不僅限於羅馬帝國的範圍之內。早期神職人員按照神的預言陳述事實，新興的宗教在創立者死後的一百年中，已遍及地球上的每一個角落。殉教者聖賈士丁說道：

---

104 我們大可相信在四世紀初期，像列日、特列夫和科隆，都是面積廣大的主教轄區，後來由一位主教管轄，還是在近期改組的事。

105 根據摩斯海姆的考證，特塔里安寫〈護教申辯書〉的時間是198年。

106 在十五世紀，有些人不知是基於愛好還是勇氣過人，竟會問說是否阿里瑪西尼的約瑟夫(Joseph of Arimathea)建立了葛拉斯廷貝立(Glastenbury)修道院，是否高等法院的戴奧尼休司寧願到巴黎去居住而不要留在雅典。

107 九世紀產生驚人的蛻變，可以參閱馬里亞納的著作，他在很多方面都模仿李維。還有該迪斯(Geddes, Michael)經過多年的資料蒐集，寫出最眞實的聖詹姆士傳奇。

> 地球上任何一個民族，不論是希臘人還是野蠻人，還是任何其他人種，不論這個民族叫什麼名字，在習俗上如何與眾不同，不論他們如何對工藝和農業一無所知，不管是生活在帳篷中，還是在大篷車上四處流浪，在他們之中絕對有人在祈禱，用釘死在十字架上耶穌的名義，奉獻給天父和萬物的創造主。

即使就今天的眞實狀況來看，這種極難如願、過分誇大的炫耀之辭，只能當成建立在理想基礎上，一位虔誠而任性的作家輕率發出的議論而已。但是，無論這些是神職人員的信念還是願望，都不能改變歷史的眞相。後來推翻羅馬君主國家的蠻族，那些錫西厄人和日耳曼人，當時完全處在異教思想的黑暗之中，這是不容置疑之事。甚至就是伊比利亞、亞美尼亞和衣索匹亞改變宗教的作法，一直到國家的權杖落入一位正統基督教的皇帝手中之前[108]，都不曾取得任何重大的成就。在那個時期之前，經常發生的戰爭和商業活動，對於卡里多尼亞部落[109]和萊茵河、多瑙河及幼發拉底河的邊陲地區[110]，可能傳播過不完整的福音教義。在幼發拉底河的對岸，只有埃笛莎很早就接受基督教信仰，堅定的決心表現十分突出[111]，基督教的教義正是從此地向外推展，才較爲容易的傳入希臘人和敘利亞人的城市。當時這個地區還受到阿塔澤克西茲後裔的統治，但這些教義對波斯人的心靈，並沒有產生深刻影響。他們原有的宗教體系，在訓練有素的僧

108 參閱四世紀摩斯海姆的《教會史》，當時的局勢很混亂，也提到伊比利亞和亞美尼亞改信基督教的狀況，來源可能是克里尼的摩西所遺留的作品。

109 根據特塔里安的說法，基督教信仰傳到不列顛，竟能深入羅馬軍團所無法抵達之區。大約在一個世紀後，說芬格爾的兒子奧西安在非常古老的年代，曾與一位外國傳教士發生爭論，而且爭執的內容使用塞爾特人的蓋耳語，仍舊保存在古詩裡。

110 哥德人在高連努斯當政時蹂躪亞細亞地區，擄走大量俘虜，裡面就有基督徒，有的就成爲傳教士。

111 《阿布加魯斯(Abgarus)傳奇》雖然是神話故事，但是提供很有力的證據。在優西庇烏斯寫亞細亞的歷史以前很多年，埃笛莎大部分居民都信奉基督教，他們的對手卡爾希的公民採取相反作法，仍舊是異教徒，這種狀況一直延續到六世紀。

侶階層努力之下，要是與希臘和羅馬變化無常的神話做一比較，其建構顯得更爲技巧和牢固[112]。

(五)原創基督徒的人數和處境

當前對基督教發展的研究雖不完善，所持的立場倒是很公正。我們根據有關資料，認爲異教徒皈依基督教的人數，一方面是出於恐懼的心理，一方面也由於信仰的虔誠，實在是過分誇大所得的成就。按照奧利金無可辯駁的證據，信徒人數和未皈依的龐大人群相比起來，仍然是微不足道。但是，由於沒有找到任何可信的資料，根本不可能肯定，甚至也難以猜測早期基督徒的確實人數。不過，即使以安提阿和羅馬爲例做出最高的估計，很難想像在君士坦丁皇帝改信基督教以前，帝國已有二十分之一以上的人民，投身到十字架旗幟之下。然而，基督徒的信仰、熱情和團結的習慣，看起來像是人數大爲增多，也是有助於未來發展的關鍵因素，使他們的實際力量顯得更加突出和強大。

文明社會的基本結構，是顯赫的少數人擁有財富、地位和知識，廣大的人民都淪於寒微、無知和貧窮之中。基督教是面對整個人類的宗教，相對於上層社會而言，必然會從下層社會得到更多的信徒。像這樣的一個無關緊要的自然情況，竟然慢慢變成十分可憎的污衊藉口。基督教的敵人一直大肆渲染，教會的辯護者看來也不曾全力否認，那就是新興的基督教派，完全由人群中的殘渣所組成，都是一些農民和工匠、兒童和婦女、乞丐和奴隸，其中經由最後這類人的推薦，可能才把傳教士引進富有和高貴的家庭中去。那些毫無名氣的教師(這是異教徒惡意的貶辭)在公開場合保持沉默，私下卻全都滔滔不絕發表教義。他們小心翼翼避免和哲學家發生危險的衝突，盡可能混在粗魯無知的群眾之中，向那些因爲年齡、性別或所受教育緣故，最易接受外來影響的心靈，灌輸迷信的恐懼思想。

---

112 據巴底桑尼斯(Bardesanes, 154-222A.D.，敘利亞諾斯替派教徒和神學家)的說法，波斯在二世紀末葉前還有若干基督徒，君士坦丁時代還成立一個生氣蓬勃的教會。

像這種出於惡意的描繪，雖說有的地方頗爲相似，但是從歪曲的情節再加以渲染來看，顯然出自敵人之手。基督教卑微的信仰廣被整個世界，一些因天資和財富獲得地位的人士成爲信徒。阿里斯達德曾向哈德良皇帝呈獻極具說服力的〈護教申辯書〉，他便是雅典的一位哲學家。在殉教者賈士丁有幸遇見一個老人，或者說是天使，改變他的觀點，開始對猶太先知進行研究前，就曾向季諾、亞里斯多德、畢達哥拉斯及柏拉圖等不同學派，求教過有關神學的知識。亞歷山卓的克雷門斯閱讀過多種希臘文著作，特塔里安也讀過許多拉丁文書籍，朱利烏斯・阿非利加努斯(Julius Africanus)和奧利金的學識非常淵博。雖說西普里安的風格和拉克坦久斯大不相同，仍可看出這兩位作家都是知名的修辭學教師，後來甚至在基督徒中推廣對哲學的研究，只是並不見得有對宗教產生有益的效果而已。知識可以導致虔誠的信心，同樣可以產生異端邪說。原用以指責阿特蒙(Artemon)追隨者的那番說詞，可完全用來詆毀使徒繼承者的各個教派。

> 他們妄圖修改聖書，背棄古老的信條，根據奇異的邏輯概念來提供意見。他們忽略教會的道理，卻致力於幾何學的研究。當他們忙著對大地進行測量時，竟然會忘懷天主的旨意。他們永遠只記得歐幾里德，景仰的對象是亞里士多德和狄奧弗拉斯都斯(Theophrastus)，對於格倫的著作更是百般讚賞。他們的錯誤來之於濫用不信教者的技藝和科學，對人類的理性進行過於精細的研究，敗壞了福音教義的純樸[113]。

(六)與基督教興起有關的各種問題

我們不能肯定的說，出身高貴和富有的人士，完全和基督教信仰無

113 這只是希望，除了異端，沒有人會給塞爾蘇斯發洩怨氣的機會，基督徒會不斷修改和訂正《四福音書》。

緣。有幾個羅馬公民帶上普里尼的法庭，讓人很快發現，俾西尼亞社會各階層都有爲數眾多的人背棄祖先的宗教。特塔里安利用阿非利加前執政官的恐懼心理和人道主義思想，很明確對他提到，要是堅持運用殘酷的株連手段，就會將迦太基的人口消滅十分之一，也會在罪犯中找到許多和自己身分相同的人，就是出身高貴家庭的元老和貴婦，以及他最親密朋友的友人和親戚。但是特塔里安這種過於大膽的挑戰言論，在這裡卻不如普里尼從不遭人懷疑的證詞更爲可信。不過，看來等到四十年之後，華勒利安皇帝倒是眞正相信這種說法，因爲從他的敕令中，顯然認爲已經有許多元老院議員、羅馬騎士以及有身分的貴婦，都參加基督教的活動。教會雖然逐漸喪失內部的純潔，外部的聲勢卻仍然有增無已，以致於到戴克里先統治時期，皇宮、法院，甚至軍隊中，都隱藏著大批基督徒，他們都試圖協調現世和來世生活的利益。

然而，由於這些特殊的事例不是數量太少，就是時間太晚，無法消除橫加於早期基督徒卑賤和無知的誹謗。我們不應該利用較晚時候虛構的傳說來加以強辯，更可行的辦法是把遭受誹謗的情況，變成一個可以使大家受到教誨的題材。大家只要願意深思便會有所體會，上天從加利利漁人中挑選使徒，那麼把第一批基督徒在塵世的地位降得越低，越有理由敬佩他們的品格和功德。我們有責任時刻銘記在心，一般而言，天國的門專爲窮人敞開。受過災難和鄙視所磨練的心靈，聽到神靈應許未來的幸福會無比振奮。相反的是，有福分的人爲擁有塵世而感到滿足；有智慧的人會在懷疑和爭論之中，濫用理性和知識的優越，事實上卻一無所得。

我們確實需要建立理念來自我安慰，免得爲失去某些傑出人物而感到悲傷。在我們看來，這些人最有資格接受上天恩賜，像塞尼加、大小普里尼、塔西佗、蒲魯塔克、格倫、身爲奴隸的艾比克提特斯（Epictetus），以及馬可斯·安東尼皇帝等人，他們都爲所生存的時代增添無限光彩，提高人性尊嚴，無論在實際生活或沉思默想中，受推崇的地位充滿榮譽，傑出的理解力因研究學習而更爲增強。他們思想所形成的哲學，清除一般人迷信的成見，把自己的時光用於對眞理的追求和善行之中。然而，所有這些聖哲(這是一個令人驚異和關心的問題)都忽略或漠視基督教體系的成熟。無論他們說出的話或有意的沉默，對於遍布羅馬帝國日益擴大的教派，都表現出鄙視和不齒。在他們中間，那些願意降低身分提到基督徒的人，也認爲他們是一群頑固和蠻橫的狂熱分子，一味強求別人俯首貼耳聽從神祕的教義，卻完全提不出眞正讓有見識的學者產生共鳴的理論[114]。

原創基督徒一再爲自己和宗教撰寫的護教言論，這些哲學家是否仔細讀過，值得懷疑。不過更令人惋惜，就是沒有更具才能的辯護人，出來捍衛傳播宗教的大業。他們爲揭露多神教的荒謬花費過多的機智和辯才，只是經由揭示受害教友的無辜和痛苦來激起大眾的同情。在應當明示基督教神聖起源時，卻大力宣告彌賽亞即將來臨的預言，而不曾將伴隨救世主來臨的各種神蹟講個清楚。經常談論的教義或許能啓迪基督徒，或者使猶太人改教，因爲這兩者承認預言的權威，帶著虔敬的心情來尋求所包容的含義和應驗的情況。不過，有些人既不理解也不尊重摩西的信仰道路和預言風格，這種勸誡方式用在他們身上，便會大大減弱說服的力量和影響。賈士丁和後來護教者那種拙劣的手法，把崇高意義的希伯來神諭變成遙不可及的幻象，充斥裝模作樣的自滿和冷漠無情的寓言，對於一個思想閉塞的非猶太人來說，混雜一些用奧菲斯(Orpheus)、赫爾密斯和女預言家的名義[115]，好像是來自上天的眞正靈感，實際上是出於虔誠的僞作，因而使得神諭的眞實性也變得可疑。採取欺詐詭辯的手段來保衛上帝的啓示，總使我們想起那些不很高明的詩人，給自己筆下百戰百勝的英雄，加上沉重、

114 拉德納博士在《猶太教和基督教證詞》的第一冊和第二冊中，蒐集小普里尼、塔西佗、格倫、馬可斯·安東尼以及艾比克提特斯(要說哲學家就會談到基督教，倒是很值得懷疑的事)著作裡有關這兩大宗教的資料，至於塞尼加、老普里尼和蒲魯塔克根本沒有提到新教派。

115 神廟裡，女預言家用來推算凶吉的古老神諭，都受到哲學家的嘲笑，要是猶太人和基督徒敢僞造神蹟，哲學家一定不會放過，很容易被他們查明白；因此，從殉教者賈士丁到拉克坦久斯的神職人員，都得意洋洋的引用這種說法，證明基督和使徒的神蹟經得起考驗。但是當西比萊神諭的詩句用來執行指定的任務時，像是千禧年的體系，大家在旁邊不置一辭；基督教的預言很不幸把羅馬城的毀滅定在195年，也就是羅馬建城後948年。

笨拙、易碎和無用的盔甲。

但是，萬能的上帝基於感情而非理性，親手提出的證據，異教和哲學世界竟毫不在意，我們又該如何原諒他們呢？在基督的時代、使徒的時代，以及他們第一批門徒的時代，宣講的教義都曾爲無數神蹟所證實：跛腳能行走、盲人看得見、生病得痊癒、死者可復生、惡魔遭驅除……自然規則往往爲教會的利益暫時停止作用。但是，希臘和羅馬的聖哲卻不理睬這些驚人的神蹟，只一味忙於日常的生活和學習，對於精神和物質世界的任何改變，似乎完全無所覺察。在提比流斯統治時期，整個世界，或至少在羅馬帝國的一個著名行省，出現過三小時違反自然的景象，天地一片漆黑。如此神奇的現象，理應引起人類驚愕、好奇和虔敬。在一個注重科學和歷史的時代，竟然無人注意，就那麼放過不提。這件事發生在塞尼加和老普里尼在世時，他們一定親身經歷過這一奇異事件，或很快便得到關於這事的信息。這兩位哲學家都曾在他們苦心經營的著作中，記錄不倦好奇心所能收集到的一切重大自然現象，如地震、流星、彗星和日蝕、月蝕等等，但是他們對於自然世界被創造以來，凡人眼睛所曾親見最偉大的奇觀，卻都略而未談。普里尼的作品中有一章專門講述一些性質奇特、歷時較久的日蝕，僅滿足於描述凱撒被刺後奇特的天光反應，說是在那一年的絕大部分時間裡，太陽都顯得黯淡無光。這一晦暗的季節，顯然不能和耶穌受難時反自然的天昏地暗相比。但在那個値得記憶的時刻(公元前44年3月15日)，大多數詩人和歷史學家，毫不例外都對此大書特書。

提圖斯皇帝的巨型拱門

莊嚴的神殿被提圖斯和哈德良的軍隊徹底毀滅，
用犁在這塊聖地上劃出一道溝，
永久做為禁區的標誌。
後來錫安山日趨荒廢，
受到偶像崇拜紀念物的侵入，
一座供奉維納斯的神廟不知有意安排還是出於偶然，
在耶穌死後復活的地點興建起來。

D
C
F

第十六章

從尼祿當政直到君士坦丁統一天下，羅馬政府在此一時期對基督教的作為(180-313A.D.)

一、羅馬皇帝迫害基督教的動機

基督教在傳播福音的初期階段，憑著基督教教義的純正、道德律條的純眞以及教徒生活的純潔，人們必會很自然的認定：異教徒會推崇這些充滿善意的教會；有教養的上流社會人士，可能會嘲笑有關宗教奇蹟的種種說法，卻也會對新教派的善行表示尊重；地方當局對自外於戰爭和政治，而能夠奉公守法的教徒，不但不會迫害，還會盡力保護。另方面，只要回想一下多神教普遍受到寬容，自古以來始終享有民眾的崇拜，哲學家因漠視宗教也不會反對，羅馬元老院和歷代皇帝奉行的政策也會鼎力支持。因此我們無法理解，基督徒究竟犯下何種罪行，觸怒自古以來放任不管的宗教政策？何況羅馬帝王素來保持中立態度，聽任上千種形形色色的宗教和迷信活動，在溫和統治下安然並存。到底是何種動機，促使他們一反常態，懲處信奉獨特、無害於人的宗教信徒？

古代羅馬世界的宗教政策爲了制止基督教發展，顯得格外嚴厲和蠻橫。大約在基督去世八十年之後，有位素以溫和、明智著稱的總督竟處死幾個無辜的基督教信徒，所依據的法令是施政賢明的皇帝所頒布。基督徒向圖拉眞繼任者一再提出的申述狀中，充滿了悲慘的情景，聲稱在整個羅馬帝國的無數臣民之中，唯獨遵守帝國法令、順從良心呼聲、謀求信仰自由的信徒，不能分享賢良政府普遍施與全民的恩澤。幾位著名殉教者死難情況的記載，措辭都十分謹慎。自從基督教執掌最高權力開始，教會統治者不遺餘力，模仿昔日異教徒仇敵的本領，在宗教迫害方面同樣的殘酷無情。本章的宗旨是要從一大堆未經整理、充滿謬誤和顯然虛構的資料中，設法篩選出可信而且較爲有趣的史實，力求清晰合理，對首批基督教徒遭受迫害的原因、程度、持續時間和重要情節，重新做一番交代。

受到宗教迫害的教派，基於恐懼感覺的壓抑、憤怒情緒的撥弄、狂熱信仰的刺激，很難心平氣和去調查事實眞相，客觀無私去評估敵人的行爲動機。對於宗教迫害這個問題，連那些安全無虞、立場公正的局外人士，往往都不能持平清醒的看待。羅馬皇帝基於何種原因如此對待原創基督教徒，有種說法是從多神教教義的精髓中推論而得，似乎較爲眞實可信。人們早已注意到，世界上各種宗教所以和平共處，主要是古代各民族對各自的宗教傳統和祭典儀式，全都不言自明的表示認可和尊重。因此，要是某種教派或某個民族，要從人類的大家庭中分裂出去，聲稱只有他們了解神的意旨，把該教派以外的一切宗教儀式都斥爲瀆神活動和偶像崇拜，必然觸怒其他教派，聯合一致群起而攻之。容忍的權利基於彼此的寬恕加以維持，要是拒絕履行這由來已久的義務，隨之而來的權利也就不復存在。從古以來只有猶太人，非常明確的拒絕履行那種義務。只要深入思考，猶太人在羅馬當局手中所受到的待遇，便有助於我們了解，上述推論究竟有多少事實根據，引導我們去探明基督教所以受迫害的眞實原因。

二、猶太人的宗教主張與叛逆精神

羅馬君王和總督對耶路撒冷神廟的尊重，前面已經提過。這裡只想說明，耶路撒冷的廟宇和城市的毀滅，以及後續發生的情況，都會激起征服者難以言喻的怒火，並用維護政治正義和公共安全最冠冕堂皇的理由，公開進行宗教迫害。從尼祿到安東尼·庇烏斯王朝，猶太人對羅馬的統治一直表示出無法忍受的情結，引發多次近乎瘋狂的屠殺和叛亂。在埃及、塞浦路斯和塞林等地區，城市裡的猶太人一直不露聲色，假裝友好的跟毫無戒備心的當地人生活在一起，後來卻進行種種可怕的殘暴活動[1]。任何目睹耳聞的人也不禁爲之髮指，當然情不自禁對羅馬軍團嚴厲的報復，要拍手稱快。因爲當局懲罰這個瘋狂的民族，愚昧荒謬的迷信使他們不僅與羅馬政府爲敵，還要成爲全人類的仇人[2]。猶太人的宗教狂熱，一方面是因爲他們認爲沒有理由向崇拜偶像的統治者繳納稅款；另方面是根據從古代流傳下來的神諭，一廂情願相信具有最高權力的救世主，很快就降臨人間，解開他們的枷鎖，爲這些選民建立一個地上王國。著名的巴喬契貝斯（Barchochebas），宣稱自己就是猶太人盼望已久的彌賽亞，號召全體亞伯拉罕的子孫起來實現以色列的夢想，終於組成一支聲勢浩大的隊伍，和哈德良皇帝的軍團浴血奮戰達兩年之久[3]。

猶太人對政府不斷挑釁，羅馬皇帝在獲勝後憤怒便平息，戰爭和危險一過，帝國恢復平靜，不再惶恐難安。羅馬當局對多神教實施寬容政策，加上安東尼・庇烏斯的溫和性格，猶太人很快恢復古老特權，又能對嬰兒施行割禮，僅有無關緊要的限制，即不得把希伯來種族的特殊標誌，強加於任何皈依猶太教的外族人身上[4]。殘留下來爲數眾多的猶太人，雖不得進入耶路撒冷城區，卻可在意大利的行省和城市，建立和維持相當數量的居留點，獲得羅馬法令所規定的自由，享有市民榮譽，免除擔負費力費錢的社會公職義務。羅馬人具有寬容性格，對異教保持不屑一顧的情緒，使得被征服的教派所建立的教權制度，在形式上獲得法律認可。猶太教固定駐在提比里阿斯（Tiberias）的大教長，有權委任下屬教士和信徒，行使內

1　根據笛翁・卡修斯的記載，猶太人在塞林屠殺二十二萬希臘人，在塞浦路斯殺了二十四萬人，在埃及殺得更多。有很多不幸的受害人按照大衛王獻祭犧牲的先例，被活活鋸成兩半。戰勝的猶太人吃人肉、喝人血，將肚子剖開來，把內臟像帶子一樣繞在屍體上。

2　毋須重複約瑟法斯的說法。我們從笛翁的作品中知道，哈德良爲了掃平叛亂，有五十八萬猶太人被殺，死於饑饉、疫病和火災的無辜人民更是不計其數。

3　巴納吉的《猶太人史》提到吉拉德派（Zealots）的起源、彌賽亞的性質以及巴喬契貝斯的叛亂行動。

4　莫笛斯提努斯（Modestinus）是羅馬的律師，提供很多有關安東尼詔書的資料。

部司法權力，每年從分散在各地的教徒手中收取一定數量的奉獻[5]。帝國各主要城市建立新的猶太會堂，按照摩西律法規定和猶太教教士代代相傳的慣例，一直奉行的安息日、齋戒日及其他節日慶祝活動，全都可公開舉行[*6]。這樣一來，羅馬當局溫和的宗教政策在不知不覺中，改變猶太人冷酷的態度，終於從先知和征服的夢幻中清醒，逐漸安於作帝國馴良和勤勞的臣民。原來那種對全人類的仇恨情緒，現在不再發展爲流血和暴亂的行爲，另外找到無害的發洩管道，在經商活動中不放過一切機會掠奪偶像崇拜者，暗暗念誦一些難以理解的經文，詛咒傲慢的以東(Edom)王朝[7]。

猶太人厭惡羅馬皇帝和臣民信奉的神明，拒絕參與祭拜活動，卻還能自在地過著不受歡迎的宗教生活，使人想起亞伯拉罕的子孫所以能倖免於基督門徒所受的苦難，其中必有原因存在。這兩個集團的區別不易分辨。但從古代人的觀點來看，這種差別卻至關重要，猶太人是一個民族，基督教卻只是一個教派。雖然每個集團都應尊重鄰近另一個集團的神聖傳統，就一個民族而言，更有責任堅持祖先建立的制度。神諭的聲音、聖哲的教誨和法律的權威，全一致要求他們必須盡力完成這一民族義務。猶太人自視較常人聖潔，這就會激怒多神教徒，反說他們是令人憎惡的下流種族。猶太人不屑於與其他民族交往，遭人蔑視也是罪有應得。摩西律法大部分內容看來繁瑣而荒謬，然而，許多世紀來被一個龐大社會所接受，猶太教徒當然也可援例。他們被世人承認有權奉行教規，若違背便被視爲犯罪。這種原則雖可保護猶太會堂，但對原創基督教會並沒有好處，也不能產生保護作用。基督徒只要信仰基督福音，便犯下十惡不赦的罪行，割斷習俗和教育之間的神聖紐帶，破壞帝國和家族的宗教制度，狂妄詆毀祖先長期

---

5 巴納吉的《猶太人史》提到小狄奧多西皇帝廢除教長的職位。

*6 [譯註]猶太人的普珥節(Purim)是爲了紀念在巴比倫時期逃脫哈曼(Haman)的殺害。一直到狄奧多西在位，每次慶祝都會引起各種騷動。

7 要是按約瑟法斯的謬誤記載，說以掃(Esau)的孫子提西夫(Tsepho)，指揮迦太基國王伊涅阿斯(Aeneas)的軍隊進入意大利，爲了逃避大衛王的追殺，在羅慕拉斯的領域尋找庇護，建立另一個以士賣人(Idumaeans)殖民地。爲此，猶太人就用「以東」這個名字來稱呼羅馬帝國。

信仰和崇拜的神聖事物。這種叛教行爲(若能這樣認定的話)還不僅是局部或限於某一地區的問題，虔誠的叛教者既然摒棄埃及或敘利亞的神壇，自然不屑於在雅典或迦太基的廟宇中去尋找庇護。每個基督徒都以厭惡的情緒拋棄家族、所在城市、以及行省長期保有的迷信思想。全體基督徒都毫無例外拒絕和羅馬、帝國、乃至全人類所崇信的神明發生任何關係。因此那些受壓制的信徒不論如何要求伸張正義，要求聽從良心呼喚和自行判斷不能剝奪的權利，也都無濟於事。基督徒的處境也許使人同情，但是他們所提出的申辯，卻始終不能被異教世界的有識之士和一般信徒領會。按照常人的看法，任何人要是對相沿已久、代代相傳的信仰產生懷疑，簡直和有人忽然對本鄉本土的習尙、衣著或口音感到厭惡一樣荒唐無稽[8]。

三、基督教受到誤解的主要因素

異教徒的驚愕很快轉爲憎恨，基督徒裡最虔誠的人士，都遭受到不公正的對待，被冠上不信神的惡名，會對社會帶來危險。怨毒之心和偏頗成見相互爲用，把信徒說成是一群無神論者，膽敢攻擊帝國的宗教制度，受到羅馬當局的嚴厲指責，完全是罪有應得。基督徒使自己和世界各地形形色色的多神教的神廟，所奉行的迷信活動全都斷絕了關係(他們很樂意公開承認這一點)。別人始終不明白他們究竟信奉何種神明，用何種形式的宗教來代替古老信仰和廟宇。基督徒對「最高的神靈」所持有純潔而崇高的觀念，並非異教徒芸芸眾生粗俗頭腦所能理解。一個存在於信徒心靈之中獨一無二的上帝，既不具有任何可見的形體，又不按照習慣舉行祭奠和慶祝，也不設置祭壇供奉犧牲[9]。曾經超然物外對第一動因(First Cause)的存在和屬性，進行沉思默想的希臘和羅馬的先哲先賢，不論是出於理智的

8　塞爾蘇斯所發表的議論受到奧利金的駁斥，但我們很清楚發現猶太民族和基督教派之間的區別。從米努修斯・菲利克斯(Minucius Foelix)的《對話錄》可以知道一般民眾的情緒，對於背棄原有宗教崇拜很不以爲然。

9　米努修斯・菲利克斯的《對話錄》提到異教徒的對話者，對於猶太人一度有廟宇、祭壇和祭品，還是感到很崇敬。

考量，或是出於虛榮的作祟，總願意爲自己和少數得意門徒，致力保留這種哲理思維的學識[10]，絕對不肯承認人類的偏見是眞理的標準，但卻認爲偏見是人性原始意向的自然流露。先哲認爲，大眾的信仰和宗教要是置感官於不顧，脫離迷信的程度愈遠，愈將無力阻止不著邊際的想像和狂熱情緒產生的幻景。一些才智之士對基督啓示說，拋以不屑一顧的目光，只不過是他們匆匆得出的結論，進而堅信一直尊敬的神性統一觀念，被新教派狂野任性的激情所損毀，爲虛無縹緲的玄想所磨滅。一篇據稱出於盧西安(Lucian)之手的著名對話錄[*11]，作者蓄意用嬉笑怒罵的筆調，論述三位一體這個神祕的題目，不僅無法達到所望效果，就飄浮不實人性的軟弱和深不可測神性的完美而論，還暴露出作者對這方面的無知。

基督教的創始人不僅被信徒尊爲聖人和先知，也被當作神明來崇拜。這一點應該不會讓人感到驚異，因多神教教徒對民間流傳的神話或任何有關的事物，即使再牽強附會，都會拿來當作崇拜的對象。關於巴克斯、海克力斯和埃斯科拉庇斯的各種傳說，早已膾炙人口，所以相信上帝之子一如常人降臨人世，也是想當然之事[12]。但基督徒竟然要拋棄那些供奉古代英雄的神廟，令人感到吃驚。正是這些英雄在世界的早年時代發明了各種工藝，制訂各種法律，征服世界各處危害人類的暴君和妖魔。基督徒寧願選擇一個鮮爲人知的教長，作爲唯一崇拜對象，在早些年頭，那位教長在一個野蠻民族中，成爲本族同胞怨毒和羅馬政府猜忌下的犧牲品。爲數眾多的異教徒民眾只對塵世的利益感興趣，拿撒勒的耶穌賜與人類賽過無價之寶的生命和不朽，大家卻視若無睹。在這些貪念紅塵的人們看來，基督自甘犧牲的精神、堅持貞潔的勇氣、博愛無私的胸懷、人品舉止的崇高和生活言行的樸實，不足以彌補缺乏聲望和無所建樹的缺陷。他們拒不承認

10 柏拉圖提到要想獲得眞神的知識非常困難，發表這種知識更是危險。

*11 [譯註]盧西安(120-180A.D.)是生於敘利亞的希臘作家和無神論者，對哲學抱持懷疑的態度，用對話體的作品諷刺和譴責偽善與迷信的行爲，主要著作有《神的對話》、《陰間的對話》等。

12 按照殉教者賈士丁的說法，魔鬼獲得預言的能力，運用各種方法來阻止民眾和哲學家皈依基督。

基督戰勝黑暗勢力和死亡取得巨大勝利，反而對基督教神聖創始人極爲可疑的出身、顚沛流離的生活和受盡屈辱的死亡，多方曲解甚或橫加污衊[13]。

個別基督徒置本人的信念於國家宗教之上的罪過，因人數眾多和聯合行動更加嚴重。眾所周知，早有人發表過這方面的見解，那就是羅馬當局對臣民的任何結社活動，都極爲仇視和猜疑，即使全然無害或甚至抱著有益社會的目的而組成的團體，也很難得到政府認可[14]。因此，脫離公共敬神活動的基督徒，私下舉行宗教集會，自然更令人生疑。他們的組織不合法，最後被認爲對社會造成威脅和危險。羅馬皇帝以維護治安爲理由，禁止在夜間秘密集會[15]，認爲違背了正義的法則。基督徒由於信仰而表現的執著和頑固，更給他們的行爲和用心塗上了一層嚴重的犯罪色彩。羅馬帝王對於俯首聽命的順民或許會立即停止使用武力，他們認定命令能否貫徹執行，關係著統治者的尊嚴。若有一種獨立精神，自認可凌駕政府權威之上，就會使用嚴厲的懲罰來阻止。基督教帶著這種精神就會產生叛逆活動，等到擴展範圍增廣和持續時間加長，就更會受到羅馬當局的壓制。我們已經看到，基督徒主動積極和成效卓然的宗教狂熱，傳播信仰遍及帝國的每個行省，甚至每個城市。新的皈依者爲了和性質顯然與眾不同的特殊社會建立牢不可破的聯繫，不惜拋棄自己的家族和國家。基督徒陰沉和嚴峻的神態，對正當謀生活動和各種人生樂趣的厭惡，加上經常散布大難即將臨頭的預言[16]，使得異教徒不免憂心忡忡，害怕這個新教派會帶來某種危害。大家愈是不明白，就愈感到後果嚴重。普里尼說道：「不管基督教的宗旨是什麼，只憑著他們桀驁不馴的頑固態度，就應予以懲罰。」

13　奧利金的作品中，提到塞爾蘇斯對於救世主的出身和行事非常不敬，說是利班紐斯(Libanius, 314-393A.D.，羅馬詭辯家和修辭學家)稱讚波菲利(Porphyry, 243-305A.D.，希臘新柏拉圖學派哲學家)和朱里安，斥責這個教派在做蠢事，也把他們的神和神的兒子稱爲巴勒斯坦的死人。

14　圖拉眞皇帝拒絕在尼柯米地亞成立有150人的救火隊，他對所有民間團體都深具戒心。

15　普里尼總督發布告示禁止非法集會，行事審愼的基督徒暫停「阿嘉庇」，即愛之宴活動，但是正常的禮拜不會中止。

16　由於反基督和即將發生的大火等預言激怒異教徒，因此提到這些預言時都小心翼翼，有所保留。孟他努派受到責怪，因爲他們大膽揭發這個危險的秘密。

四、早期基督教所採取的防衛措施

基督的門徒進行宗教活動時，總盡量避開別人的耳目，最初是出於恐懼和需要，後來卻完全是有意爲之。基督徒極力模仿古希臘伊琉西斯神祕派極端詭祕的作法*17，認爲神聖的組織在異教徒心目中更顯得高不可及，正像許多事情不能盡如人意一樣，後來產生的結果卻完全與他們的意願相反。人們普遍認爲，基督徒之所以遮遮掩掩，是由於有些作法根本見不得人。這種被曲解的小心作爲，爲敵視他們的人提供了製造謠言的機會，使懷疑他們的人更對可怕的謠傳信以爲眞。這些故事四處流傳，基督徒被說成是人類中最邪惡的敗類，躲在黑暗的角落裡幹著荒唐的下流勾當，把人類的尊嚴和道德品質當成犧牲，取悅那位不可知的神。有許多人假裝悔過自新，出面講述親眼所見舉行拜神儀式的情景。他們肯定的說：

> 基督徒入教的神祕儀式，是把一個剛出生且渾身沾著麵粉的嬰兒，捧到一位手持匕首的新入會教徒面前。他閉著眼在這個代他贖罪的犧牲品身上胡亂砍殺。殘酷行動完成後，教徒們便大口喝乾嬰兒的血，大塊吞食還在顫動的小肢體，全體需通過這共同的犯罪意識以保證彼此永恆的祕密。更有人證明說，在這種慘無人道的獻祭後，接著是大家一起吃喝，所有人都以狂飲來滿足各自的獸欲。待某個時刻，燈火突然全部熄滅，所有人拋棄羞恥心，遺忘人的天性，並在黑暗中不顧倫常，胡亂進行交配[18]。

然而，只要仔細讀一讀古代基督徒的申辯書，任何一個正直的反對派

*17 [譯註]希臘每年在伊琉西斯舉行祕密儀式，用來祭祀穀物女神德米特。

18 運用殉教者賈士丁的〈護教申辯書〉，特塔里安的〈護教申辯書〉和米努修斯·菲利克斯的《對話錄》等有關資料。後者非常詳盡的敘述當局的指控內容和方式，特塔里安的答辯不僅極爲大膽而且特別有說服力。

人物，對這些誹謗造謠的說法，當然不會信以爲眞。基督徒堅持本身的清白，向羅馬政府地方官員呼籲，要求追查謠言。他們宣布，只要有人能夠爲誹謗他們的罪行提供任何證據，甘願領受最嚴厲的懲罰。他們同時還反駁說，別人胡亂加在他們頭上的罪名不僅毫無實據，從情理上來推斷根本是不可能的事，這方面倒是令人信服。他們反問道，福音書上一條條聖潔的戒律，對於各種合法的享樂尚且要加以禁止，誰能相信竟會唆使教徒去犯那些最値得咒詛的罪行；誰能相信如此龐大的一個宗教團體，會有人這樣令自己的組織聲譽蒙羞；誰又能相信如此人數眾多、品性各異、年齡不同、性別不同的人群，對死亡尙無所畏懼，竟會違背教養和天性深深印入腦中的做人準則[19]。這樣義正辭嚴的申辯，除了有些基督教的辯護士不識大體，爲了發洩對教會內部敵人的切齒仇恨，不惜損傷宗教事業的共同利益以外，任何言辭都駁不倒申辯的眞實性。當然，這些辯護士有時暗示，有時直截了當宣稱，強加於正統基督徒頭上血腥的獻祭活動和淫亂行爲，事實上是馬西昂派、卡勃克拉特派(Carpocratians)以及屬於諾斯替派的幾個小教派的所作所爲。這些派別已成爲異端，在某些方面仍然遵循基督教的戒律[20]。那些和基督教會脫離關係的分裂教派，也使用類似的罪名來指控基督徒[21]。在各方面都有人聲稱，那種不堪入耳的淫亂行徑，在大批自稱爲基督徒的人中，一直普遍存在。正統信仰和異端教派之間微妙的分界線，異教徒政府地方官員根本無法分辨。他們認爲是不同教派之間的仇恨，揭發出彼此共同的罪行。政府當局有時本著溫和與冷靜的態度，完全不理會各教派之間的宗教狂熱，經過公正的愼重調查之後所做的報告中，總是聲稱那些拋棄羅馬宗教信仰的派別，所做的交代很眞誠，行爲也無可

---

19 在里昂的宗教迫害期間，有一些異教的奴隸因爲害怕酷刑，被迫指控信基督教的主人。里昂教會寫信通知在亞細亞的弟兄們，對於受到非常可怕的控訴，感到氣憤而且認爲是可恥的行爲。

20 當時有很多作者持這樣的論調。要是想把他們無中生有的想像，伊壁費紐斯所接受的事實，以及蒂爾蒙特引用的資料，全部摘錄出來，不僅冗長也實在讓人厭惡。

21 等到特塔里安成爲孟他努派教徒以後，對於教會的誹謗言論，主要著重道德的敗壞。伊利貝里斯會議的第三十五條教規，是爲了防止發生醜聞，在不信主的人眼裡，教會的守夜祈禱很容易受到惡意的渲染，使基督徒的名譽受損。

非議。雖然他們那種荒謬和過度的迷信會招致法律的懲處，但這樣的調查，對首批基督徒的安寧和名聲，總是件好事[22]。

五、羅馬當局對基督教所抱持的觀點

歷史的使命在於從實記錄史事以爲後世借鑑，要是刻意爲暴君的行爲開脫責任，或爲迫害的旨意尋找藉口，就會自取其辱。我們必須了解，那些看來對原創教會毫無善心的羅馬皇帝，和近代君王動輒使用軍隊暴力和恐怖手段，鎭壓不同信仰的臣民做一個比較，其罪惡程度可以說是小巫見大巫。像查理五世和路易十四這些君王[*23]，無論從個人的思想和感情方面，應該都能認清良知的權利、信仰的義務和法律的公正。古代的羅馬帝王和官吏，對基督徒堅持信仰的原則一無所知，爲了促使基督教合法或自然皈依本國的神聖宗教制度，他們的內心也不會產生敵對的動機，所定的罪責可以獲得緩頰的理由，能夠減低進行迫害的激烈程度。當局的行爲出於立法者的溫和政策，不受具有偏見的宗教狂熱所驅使，執行那些針對地位卑賤的基督徒所制訂的法律時，常會帶著蔑視的眼光而不以爲意，甚至出於人道的關懷而免於處理。要是我們全面檢視羅馬當局的心態和動機，可以得到以下幾點結論：其一，當局在經過很長一段時間後，才發覺對此一新興教派不可漠然視之。其二，任何臣民被控犯有此一奇特罪行，當局在量刑定罪時，都會特別謹愼處理。其三，處罰以從寬爲原則。其四，受害的教會有和平安寧的時期。那個時代的異教徒作家長篇大論寫下皇皇巨著，但是對基督徒這個問題，一直視爲平常，著墨不多[24]。不過我們還是可以根據可信的史料，來證明這四點符合事實，所言不虛。

---

22 特塔里安詳述普里尼光明正大的證詞，不僅列舉理由，還加上教會的宣言。

*23 [譯註]查理五世(1338-138A.D.)是法蘭西國王，在英法百年戰爭(1337-1453A.D.)初起時即位，加強軍事、政治和經濟實力，使法國能反敗爲勝；法王路易十四(1638-1715A.D.)，又稱太陽王，建立絕對君權，推動重商主義，爲稱霸歐洲連年進行戰爭，重視文學藝術，是法國文藝的黃金時代。

24 奧古斯都的著述中(有部分是君士坦丁時代所撰寫)，提到基督教的文字不到六行。勤勉的色菲林(Xiphilin)在笛翁·卡修斯的歷史鉅著中找不到基督徒的名字。

感激上天的恩賜，啓蒙時期的基督教會被一層神祕的面紗罩住，在教徒的信仰成熟，人數增加之前，保護他們免於惡意的攻擊，甚至完全躲開異教徒的知曉。他們逐漸拋棄摩西所規定的種種崇拜儀式，爲最早皈依福音的人提供安全而無害的掩護。由於他們大部分都是亞伯拉罕的族人，割禮就是最特殊的標誌，在耶路撒冷神殿被毀之前，一直在那裡舉行禮拜，將律法和先知視爲神的旨意在地上顯現。就是在心靈上接受以色列應許之說的非猶太人，在改變信仰以後從外觀上也被視爲猶太人[25]。多神教徒重視表面的祭典和儀式，更甚於信仰的實際內容。這個新興教派有偉大的企圖和期望，始終小心的加以掩飾，不動聲色的私下傳播，從羅馬人對那個聞名的古老民族所抱持的寬容政策中，獲得相當程度的保護。時隔未久，猶太人受到宗教狂熱和對異端深仇大恨的刺激，慢慢覺察到他們的拿撒勒兄弟正在背棄猶太教堂的教義，一心一意要把異端邪說淹沒在信奉者的血泊之中。但是上天的意旨，早已解除他們執行惡毒念頭的武裝能力。雖然他們有時還能無法無天，行使煽動叛亂的特權，但是不再擁有審判罪犯的司法權力。同時猶太人發現，要在一個冷靜的羅馬政府地方官員的心中，煽起出狂熱情緒和偏見引起的仇恨也確乎不易，何況各行省總督曾宣布，隨時準備受理危害公共治安的案件。等到羅馬人聽說問題的中心不是具體事實，只是一些有關宗教的空話，是猶太教的律法和預言應如何解釋所產生的爭論，羅馬當局便覺得，認眞研究在一些野蠻和迷信的人當中發生的不著邊際的意見分歧，未免有損於羅馬帝國的尊嚴。因此，第一批基督徒的清白無辜，倒是受到全然無知和不屑過問的保護，異教徒地方官的法庭常常變成躲避猶太會堂瘋狂迫害最安全的庇護所[*26]。確實如此，如果我們願意接受從古代遺留下來的傳說，也會在這裡重述十二使徒漫遊異邦的行程，他們的種種神奇行跡，以及各自不同的死難情景。但是，經過一番更細膩的研究，卻會

25 蘇脫紐斯的作品在論及猶太人和基督徒時都很含混，證明羅馬人不僅對他們很陌生，而且也弄不清兩者有什麼差別。

*26 [譯註]參閱〈使徒行傳〉第十七章和第二十五章，有關亞該亞總督迦流(Gallio)和朱迪亞總督菲斯都斯的行爲。

使我們不能不懷疑，這些曾目睹基督創造各種奇蹟的人，如何可能會被允許在巴勒斯坦境外，用自己的鮮血來證實他們所言不虛[27]。從常人的正常壽命來判斷，就能知道，在猶太人的不滿爆發，成為那場必以耶路撒冷的澈底毀滅告終的瘋狂戰鬥之前，十二使徒中的大多數人都應該早已過世。從基督死亡到那場令人難忘的暴亂之間，已經過了很長一段時間。在這段時間中，除了在基督死後第三十五年，那場大暴亂發生之前兩年，尼祿曾對帝國的基督徒突然進行一次短暫而殘酷的迫害之外，我們沒有發現羅馬政府改變寬容政策的任何跡象。後來我們之所以能夠知道這一獨特事件的歷史面貌，主要是依靠那位具有哲學頭腦的歷史學家，僅憑他的人品也足以使我們不能不對這段史料做一番最認真的思考。

六、羅馬大火引起尼祿對基督徒的迫害

尼祿當政的第十年，帝國首都遭到一場大火，為禍之烈和受害之廣都是前所未有。所有希臘藝術和羅馬功勳的紀念物，布匿克戰爭和征服高盧的全部戰利品，最神聖的廟宇和最壯觀的宮殿，都被兇猛的烈火吞噬。羅馬城劃分為十四個區部或地段，只有四個區部完好如初，三個區部被夷為平地，其餘七個地段在經歷大火肆虐後，到處是斷壁殘垣的悲慘景象[*28]。當局提高警覺，採取各種預防措施，不讓這場重大災害引起不良後果。皇家花園開放收容受難民眾，迅速搭建臨時房舍讓災民棲身，提供廉價的糧食和民生用品。從下達的詔書對市容重整和民宅建構所做的規定，可以看出整建的工作要從寬處理。就像繁榮時期所出現的情況，羅馬大火發生數年以後，反而造成比過去更美麗整齊的新城市。尼祿在這段期間盡量謹言慎行，裝出悲天憫人的仁慈態度，還是無法使他免於大眾的猜疑。把罪名

27 在特塔里安和亞歷山卓的克雷門斯那個時代，殉教者的榮譽僅限於聖彼得、聖保羅和聖詹姆士。等到後來，當時的希臘人才逐漸加在其他使徒的頭上，很審慎的挑選他們傳教和殉難的地點，有些遙遠的國度已超越羅馬帝國的疆域。

*28 [譯註]64年7月18日羅馬大火，共燒了九天，將巴拉廷山和卡庇多山之間的精華區域，全部燒成焦土，其餘位於北邊的各區，也燒成半毀狀態。只有四個區位於城市邊緣或在台伯河西岸，得以倖免於難。

加在一個殺妻弒母的兇手身上*29，是很自然的事。身爲國君無視於尊貴的地位，竟敢在劇院登台獻藝，這種人還有什麼蠢事做不出來。因而謠言到處流傳，指控皇帝縱火燒毀自己的都城，愈是荒謬的傳言愈容易迎合災民憤怒的心情。當時竟有一種聳人聽聞的說法，更是使人堅信不疑，說是尼祿欣賞他所引燃的大火，手裡彈著七弦琴，高歌特洛伊的焚毀而發思古之幽情[30]。尼祿皇帝爲了轉移用專制力量也無法消除的嫌疑，決意要找一些人出來當替死鬼。塔西佗曾經這樣寫過：

> 因此，尼祿爲了闢謠，將群眾所稱的基督徒抓來。這些人因作惡多端普遍受到厭惡，於是用各種慘酷之極的手段來懲罰他們。教派因創始人基督而得名，在提比流斯當政時，被代行法務官頭銜的潘提烏斯・彼拉多(Pontius Pilate)處死[31]。這有害的迷信雖一時受到抑制，但再度於發源地朱迪亞(Judaea)傳播，並蔓延到首都。須知羅馬是當世最污濁放蕩的罪惡淵藪，邪教在受到庇護之下，非常猖獗的流行開來。起初，當局將自認是教徒的人逮捕起來，繼而根據他們的揭發，有大量人員被判罪，與其說是在城市縱火，不如說是由於他們對人類的憎恨[32]。他們死於殘忍的酷刑，臨終還受到凌辱和訕笑。有些人被釘在十字架上，有些人全

*29 [譯註]尼祿繼位爲帝，全仗母親阿格里萍娜之力，後因宮廷之權力鬥爭，在59年派禁衛軍弒母於離宮；尼祿在62年與奧塔維婭(Octavia)離婚娶波貝婭(Poppaea)爲后，後來害怕發生無法控制的狀況，派人將奧塔維婭殺死。

30 我們可以得知，塔西佗以難以置信和猶豫的態度提到大火的謠言，蘇脫紐斯毫不考慮的加以引用和轉述，笛翁用嚴正的立場證實謠言的起因和來源。

31 猶太人過了一個世紀才推定基督的誕生日期，所以會造成年代的錯誤，我們從約瑟法斯的記載得知代行法務官頭銜的彼拉多，任職於提比流斯當政最後十年，也就是27年到37年，根據早年的傳統，把基督去世的日期定於29年3月25日，也就是兩位傑米奈出任執政官的那一年。這個日期爲帕吉(Pagi, Antoine, 1624-1695A.D.，希臘編年史家)、樞機主教諾里斯和勒・克拉克所採用，這樣得出的公元比實際時間晚了四年。

32 拉丁文原文是Odio humani generis convicti，含意可以說是「人類痛恨基督徒」，或是「基督徒痛恨人類」，我採用後一種意思，比較合乎塔西佗的風格，並沒有考慮福音的內涵。我查證過黎普休斯權威的著作，塔西佗的意大利文、法文和英文的譯本，以及勒・克拉克、拉德納和格洛斯特主教的有關資料，才做出這種解釋。

身縫上獸皮，讓狗撕裂。那些被釘十字架的人，後來身上浸著易燃物質，在夜晚點上當成照明的燈火。尼祿把自己的花園當成大型展示場所，到處是慘無人道的景象，還舉行賽車活動，皇帝親臨主持，他有時還會打扮成賽車手的模樣混雜在人群中。基督徒的罪過實在應予嚴懲示眾，但輿論認爲這批可憐蟲是死於暴君的殘酷，並非爲著大眾的利益而犧牲，因此群眾由痛恨轉爲憐憫。

那些用好奇的眼光觀察人類變革的人，一定會注意到，尼祿位於梵蒂岡的花園和競技場，受到首批基督徒鮮血的污染後，卻因這個受迫害的宗教獲得一連串的勝利，加上濫用所具有的特權而變得更爲名聞遐邇。就在這塊土地上，歷代教皇修建一座比古代朱庇特神殿更爲壯觀宏偉的教堂。他們從加利利(Galilee)海卑微的漁夫手裡[*33]，獲得統治全世界的權力，所繼承的是凱撒的寶座，爲征服羅馬的蠻族制訂法律，把管轄心靈的統治範圍，從波羅的海推展到太平洋的兩岸。

有關尼祿的迫害活動，在此還要提出幾點意見，希望能夠解釋若干疑點，爲研究後續的教會歷史提供一些線索：

其一，後世抱持懷疑心理的學者，只有相信上述離奇事件的眞實性，以及塔西佗這段著名記述的可靠性。蘇脫紐斯可以爲事件的眞實性作證，他的治學嚴謹而勤奮，提到尼祿曾經懲治基督徒，認爲那是一個邪惡的新興教派[34]。至於說到記述的可靠性，還可找到說法雷同的古老手稿，塔西佗爲文那難以模仿的特殊風格。他具有極高的聲望，著作風行一時，可能被宗教狂熱分子加以篡改。還有就是記述的著眼，雖然指控首批受害基督徒犯了滔天大罪，但並未提到他們有任何超乎常人的神奇能力[35]。

---

*33 [譯註]耶穌的十二個門徒之中，彼得、安得烈、雅各和約翰都是加利利海的漁民，這裡提到卑微的漁夫是指聖彼得。

34 摩斯海姆用malefica(意爲「邪惡的」)比較符合塔西佗原文exitiabilis(意爲「致命的，死亡的」)的含意，但絕不像有些學者譯爲magical(意爲「神奇的」)。

35 約瑟法斯所寫的作品，時間大約在奧利金到優西庇烏斯之間，裡面提到耶穌基督的平生，可以斷定確有其人其事絕非虛構，曾經敘述先知伴同耶穌，還有他的德行、神蹟以及死後復活，可以說是言之鑿鑿，同時約瑟法斯承認耶穌是彌賽亞。

其二，塔西佗出生在羅馬大火的前幾年*36，只能從閱讀史料和與人閒談中，了解到幼年時代所發生的大事。他早年的生活平淡無奇，直到天才完全成熟以後才爲公眾所矚目。他對於高尚的阿格瑞寇拉抱著感激的懷念之情，寫出最早一部歷史作品，後人讀之深受感動而有所啓發，這時他已經四十歲了。他以《阿格瑞寇拉傳》和《日耳曼志》一試身手以後，竟能始料未及的完成一部皇皇巨著，自奧古斯都崩殂至聶爾瓦繼位的三十卷本《羅馬編年史》*37。聶爾瓦的仁政帶來公正和繁榮的時代，使塔西佗的晚年可以用全副精力來治史。當他進一步研究所要著述的題材之後，一方面要考慮到自己的榮譽，避免讓人作爲筆誅的口實，與其頌揚在位帝王的德行，倒不如記錄往日暴君的罪惡。他決定以編年史的形式，敘述奧古斯都以降相續四代帝王的行誼，要將八十年的史料蒐集、整理和修飾，成爲一部不朽的名著，使每段文字都能發人深省而又栩栩如生，對塔西佗這樣的天才人物而言，也要耗盡他大半輩子的心力。戰功彪炳的圖拉眞在當政末期，已將羅馬的勢力擴張到古老的限制範圍以外，這時這位歷史學家在《編年史》的第二卷和第四卷中，描繪出提比流斯的暴政。等到哈德良皇帝繼承王位，塔西佗按照預定的進度，還來不及敘述首都的大火，和尼祿對基督徒的殘酷行爲。這時候的間隔只有六十年，身爲編年史家，有責任要能容納當代人的各種觀念和看法。但是，塔西佗已儕身哲人之列，在悉心探討這個新教派的起源、發展和性質時，很自然的拋開尼祿時代的偏見，而以哈德良時代的看法爲依據。

其三，塔西佗常會顧慮到讀者的好奇和見識，將許多中間環節的狀況和概念，留給讀者自己補充，因此他的行文極爲簡潔，故意省略這些環節。因此，可以大膽假設必然有特殊原因，導致尼祿對基督徒的迫害。否

*36 [譯註]塔西佗生於公元55年，尼祿於54年10月13日即位，所以塔西佗應該是生於尼祿當政的次年。

*37 [譯註]本書提到塔西佗著《羅馬編年史》三十卷，其實應該是《歷史》十二卷和《編年史》十八卷，合起來算是三十卷。事實上，現存的部分是《歷史》的第一到第四卷和殘本第五卷；《編年史》是第一到第四卷，第十一到第十五卷，以及殘本第五、第六和第十六卷。

則，照當時他們的隱密和無辜來說，不太可能引起帝王注意，更不可能觸怒當局。至於猶太人在自己的家鄉受到壓迫，現在大量聚居在首都，當然更會引起皇帝和民眾的懷疑，何況一個對羅馬的壓迫感到忍無可忍的民族，不惜採取殘暴的手段來報仇雪恨，倒是非常可能的事。但是猶太人在皇宮裡有靠山，甚至可以直接影響暴君本人。美麗的波貝婭是尼祿的皇后，也是皇宮的主宰，還有一位猶太血統的演員甚受皇帝寵愛，都在爲這個讓人厭惡的民族說項講情[38]。想要猶太人不受牽連，必須找出替罪的羔羊，於是有人提出，雖然眞正的摩西信徒與羅馬大火沒有關係，但他們之中最近產生一個有害的教派，像加利利派可是什麼壞事都做得出來。在加利利派這個稱呼之下，有兩類人被混爲一談，其實他們的行爲和信仰根本風馬牛不相關，一類是信奉拿撒勒耶穌的門人弟子[39]，另一類是投身到高隆人猶大(Judas the Gaulonite)旗幟下的狂熱信徒[40]；前者是人類的朋友，後面這類人才是充滿仇恨的敵人。他們之間唯一類似之處，是爲了捍衛堅定的信仰絕不會讓步，全然無畏於死亡和酷刑的威脅。猶大的追隨者在煽動同胞全面叛亂以後，全部在耶路撒冷的廢墟中壯烈犧牲；但做爲基督徒的耶穌信徒，則已經遍布在整個帝國。塔西佗所處的哈德良時代，一個完全被人遺忘的邪惡教派，竟將它的罪行和禍害，歸之於應公正對待的基督徒身上，倒是自然不過的事。

其四，不管人們對這種臆測(這只是一種假定而已)抱持何種想法，事實非常明顯，尼祿對基督徒進行迫害所產生的後果，包括引起的原因，都限於羅馬城的範圍之內。加利利派或基督徒所信奉的教義，從來沒有成爲懲罰的標的，也沒有受到追究查禁。從此以後，他們在長時期內遭受苦難

38 這位演員名叫阿利度魯斯(Aliturus)。約瑟法斯在兩年前也是經由這個管道，將一些關在羅馬監獄的猶太祭司解救出來。

39 博學的拉德納(Lardner, Nathaniel, 1684-1768 A.D.，英國新教徒神學家)證明加利利人這個名稱非常古老，可能在早期用來稱呼基督徒。

40 猶大的兒子在克勞狄斯當政時被釘死在十字架上，他的孫子伊列爾查(Eleazar)在耶路撒冷失守後，帶領九百六十名抱必死決心的追隨者，固守一個堅強的碉堡。當攻城鎚將大門打開裂縫時，他們拿刀先將妻子兒女殺死，然後自殺，無一人生還。

的概念，一直與殘暴和虐待發生關連，以致後來幾位較爲溫和的皇帝，對這個受到暴君壓迫的教派，把它看成善良和無辜的被害人一樣，盡量採取寬容的對待方式。

七、圖密善當政對基督徒的迫害

有件事值得注意，耶路撒冷的聖殿和羅馬的朱庇特神殿，幾乎同時毀滅於戰火之中[41]。如果說更令人感到不可思議，那就是信徒自願向聖殿的捐獻，竟然被暴虐的征服者搶走，拿來整修和裝飾朱庇特神殿[42]。羅馬皇帝向猶太人徵收人頭稅，雖然每個人繳交的稅額有限，但是這筆錢的運用早已有所計畫，徵斂的手段非常嚴厲，讓人認爲是不堪其苦的苛政。有些人與猶太人既無血統淵源，也沒有宗教關係，稅務官員還是可以任意課稅。基督徒原來藉著猶太人的會所當庇護，現在也無法逃脫貪婪的勒索。基督教徒一直不願惹上偶像崇拜的麻煩，憑良知也不能爲披著魔鬼外衣的朱庇特神廟盡力。基督徒當中信奉摩西律法的人員，原來的數目相當多，雖然目前已經減少，就是想要極力掩蓋猶太血統，也很不容易做到，只要檢查是否行過割禮，馬上就能揭穿身分[43]。但是就羅馬當局的官員來說，他們可沒有工夫去研究這兩個教派在教義上的差異。那些用皇帝名義設置在羅馬的法庭，還有以代行法務官名銜設置的朱迪亞地方法庭，被帶來受審的基督徒中，據說有兩個人的出身，甚至比偉大的君王還要高貴得多。

---

41 朱庇特神殿在維提留斯和維斯巴西安的內戰中被焚毀，時間是69年12月19日；耶路撒冷聖殿在70年8月10日，毀於猶太人自己的手裡，好像跟羅馬人無關。

42 圖密善修建新的朱庇特神殿呈獻給羅馬的神明，單是鍍金的費用就花了一萬二千泰倫(超過兩百五十萬英鎊)。馬修(Martial)提出意見要移用整修耶路撒冷聖殿的經費，他說要不是這樣，皇帝一旦要神殿歸還所欠的款項，朱庇特就是將奧林帕斯山賣掉，也還不了十分之一的價錢。

43 蘇脫紐斯曾經親眼看到一位九十歲的老翁，在行省總督的法庭內，當眾接受檢查是否行過割禮。

他倆是耶穌基督的親兄弟使徒聖猶大(St. Jude)的孫兒[44]，本來具備繼承大衛王的資格，受到全民的尊敬，從而引起總督的猜忌。但是他們的穿著襤褸而且答話很老實，很快讓當局相信，他們既沒有意圖，也沒有能力擾亂羅馬帝國的安寧。他們很坦率的承認自己的皇室血胤，以及和彌賽亞的近親關係，但是否認有任何世俗的企圖，聲稱要建立純粹屬於精神和心靈的天國。當被問到財產和職業時，他們就伸出因每日辛勤勞動而長滿老繭的雙手，說是完全靠著耕種爲生，在科卡巴(Cocaba)村莊附近有一塊面積約二十四英畝的土地，價值約九千德拉克馬或三百英鎊。於是聖猶大的孫兒在總督既憐憫又鄙視的心情下，無罪釋放。

大衛王室的衰落使後代子孫免於暴君的猜忌，但是自己家族的興旺使得怯懦的圖密善皇帝提高警覺。只有他所恐懼、憎恨或尊敬的羅馬人流血，才能消除他的不安。所以圖密善對付自己親叔叔弗拉維烏斯·薩拜努斯(Flavius Sabinus)的兩個兒子，老大很快以涉嫌謀叛而定罪，小兒子弗拉維烏斯·克雷門斯(Flavius Clemens)，由於生性懦弱無能，才倖免於死。皇帝在很長一段時期內，對這位不會造成威脅的堂弟眞是恩寵備至，把自己的外甥女多米蒂拉(Domitilla)許配給他，收養他們所生的兒子，希望有一天讓他繼承王位，將孩子的父親賜予執政官的高位。可是，連一年的任期都沒有滿，圖密善就找出一個微小的藉口，將堂弟判處死刑，多米蒂拉也被放逐到康帕利亞海岸一個與世隔絕的小島上去[45]。另外一大批被牽連進去的人，不是被處死就是被判沒收財產，被指控的罪名是「無神論

44 這樣明顯的稱呼，可以知道耶穌的兄弟就是約瑟和瑪麗亞的婚生子。爲了尊敬聖母的貞潔無瑕，諾斯替教派認爲是約瑟的第二位妻子所生，正統的希臘教徒也採用這種說法。拉丁人還要加以改進，強調約瑟一直過著獨身生活，提出很多的證據，把稱爲耶穌基督兄弟的猶大、西蒙及詹姆士說成是他的堂兄弟。

45 笛翁說是放逐到潘達塔里亞島(Pandataria)，布魯久斯·普里森斯(Bruttius Praesens)認爲是潘提亞島(Pontia)。這兩座島嶼相距不遠，所以產生不同的說法，可能是抄寫員的筆誤，也可能是優西庇烏斯弄錯以爲有兩位多米蒂拉，一位是克雷門斯的妻子，另一位是他的外甥女。

者」和「認同猶太人」[46]。要是按照當時官府和輿論對基督徒並不很明確的了解，要把這兩種罪名加在一起，除了用於基督徒身上，對其餘人員全都不適合。就憑著這種解釋，可以坐實一個暴君的猜疑，作爲他們光榮死難的證據。於是教會便將克雷門斯和多米蒂拉，列爲第一批殉教者的名單之中，並將圖密善的暴行稱之爲「第二次大迫害」。但是，這次迫害(如果配得上這個稱呼的話)的時期並不長，處死克雷門斯和放逐多米蒂拉後不過幾個月，一名深得多米蒂拉喜愛的自由奴史蒂芬，雖然沒有信奉她的宗教，卻在皇宮裡刺殺圖密善。元老院對死去的皇帝加以鞭屍，廢除他所下的詔書和判令，赦回被流放的人。在聶爾瓦皇帝溫和的統治下，無辜的受害者恢復地位，發還所沒收的財產，就連一些罪無可逭的人也都獲得赦免，或者逃脫了懲罰。

八、圖拉眞爲基督徒建立合法的審判程序

大約過了十年，圖拉眞在位時，小普里尼被他在元老院的同僚和皇帝，任命爲俾西尼亞和本都的總督。到任後不久就發現，不知道應依據那些法令和規定，來進行法院的審判工作，何況有的根本違背他善良的本性，因爲小普里尼從來沒有參與審理基督徒的案件，只知道有這個教派的名稱。至於他們所犯的罪行屬於那種性質，按什麼方式定罪，應給予何種懲罰，他根本一無所知。他處於惶恐的狀況下，就像以往慣常的作法，將這個新興教派的狀況寫了一篇奏章，就他個人難免有點偏袒的看法，呈給圖拉眞裁定，請求皇帝以聖明的睿智解開他的疑惑，開導他的無知。小普里尼的一生汲汲求知，通曉政府事務，十九歲的年紀就以出色的辯辭，在羅馬法庭初試啼聲[47]，進入元老院占有一席之地，也擔任過執政官的殊

46 布魯久斯・普里森斯可能蒐集很多有關這方面的記錄。要是他與普里尼通信，那就可以確定是同時代的作者。

47 他第一次出庭辯護在81年，前一年多是歷史上有名的維蘇威火山爆發，他的叔父老普里尼因而死於非命。

榮，個人交遊廣闊，與意大利和行省的各階層都有聯繫。如果說他對這方面無知，那倒是釋放出來一些信息。我們因而可以斷定，當他出任俾西尼亞總督時，對於取締基督徒並沒有一般的法規和元老院的敕令。因爲無論是圖拉眞或以前幾位公正廉明的皇帝，他們的詔書和司法裁定，都會收入民法和刑法的法典之中。同時，當局並沒有公開表明對這個新興教派的意見，即使在法庭上有取締基督徒的訴訟程序，卻沒有一件具有相當的影響力和權威性，可以供當局成爲必須遵循的先例。

圖拉眞的宗教政策在概念上或許會發生錯誤，但就他對小普里尼奏章的批示來加以對比，表現得還算公正仁慈。因而後來有一段時期，基督徒常用來爲自己辯護。圖拉眞皇帝並沒有表現出宗教法庭審判官那種狂熱，要把異端查得水落石出，一點都不能放過，使判罪的人愈多愈好。相反地，他表示最關緊要之處，在於保護無辜者的人身安全，而不是防止犯罪者逃脫制裁。他承認要制訂一套普遍適用的法律甚爲困難，但在頒布兩項較爲寬大的法令後，對於受苦受難的基督徒，確實起了支持保護的作用。雖然他明令指示地方官員懲處已依法定罪的基督徒，但基於人道的考量，提出非常矛盾的做法，那就是禁止對未定罪的嫌犯進行審訊，也不允許有一點風聲就進行追究。皇帝對於匿名指控概不受理，認爲這種可恥的行爲損害政府信譽，因而嚴格規定，要以「信奉基督教」的罪名給人定罪，必須有合法的控告人公開出庭作證。按照這樣的規定，任何人要想充當告發人這種引人怨恨的角色，必須公開說明產生懷疑的理由，具體提出祕密集會的時間和地點，列出大量內部情況的資料，而這些都是教徒嚴格保密，不讓這些神聖的事物爲基督教的敵人所褻瀆。要是控告人的指控生效，必然遭到人數眾多而又活躍的教派的仇恨，受到人群中思想開明分子的譴責，而且不管任何時代和國家，這種行徑都被視爲可恥的告密者。反之，若證明控告不實，按照哈德良皇帝所頒布的法令，凡誣告市民犯有信奉基督教的罪名者，會受到嚴厲處分，最高可判處死刑。個人之間的仇恨或者宗教信仰的衝突，可能會無視於遭受侮辱或危險所帶來的恐懼，但是也可想像得到，羅馬帝國的異教徒中，很少人願意以身試法來指控敵人[48]。

爲了規避法律的限制所採取的權宜手段，對於制止私人仇恨或宗教狂熱的害人計謀，證明經常發揮很大的功效。恐懼和羞愧的心理對個人行爲產生制約，但在人數眾多而喧囂的集會中，這種影響力就會失去作用。虔誠的基督徒希望獲得殉道的光榮，當然有更多人力求逃避，不是迫不及待，就是提心吊膽的等待，按規定即將來臨的節日慶典和競技比賽。一到這種場合，帝國各大城市的居民都會聚集到競技場或者露天大劇場去。那裡所具有的特殊氣氛以及舉行的各種宗教儀式，激發起他們狂熱的情緒，完全喪失了人性。無數的觀眾頭戴花環，滿身經過香薰，要用犧牲的鮮血淨化靈魂，置身於保護神的畫像和祭壇之中，全部沉浸在宗教信仰所必具的歡樂之中。他們這個時候就會想到，只有基督徒憎惡全人類共有的神祇，懷著陰險的惡意拒不參加莊嚴的集會，對於公共喜慶活動的厭惡就是侮辱的表示。如果帝國最近遭到任何災難，比如一場瘟疫，一次饑荒，或一場戰爭的失利；如果台伯河氾濫成災，或者尼羅河河水沒有漫進田地；如果發生地震或者季節的寒暑失調，這時，迷信的非基督徒認定全是基督徒的過錯，他們的罪孽和瀆神活動，雖然因政府的過分仁慈而得到寬恕，終於還是引起上天的震怒。在一大群狂亂和激怒的暴民環伺之下，訴訟案件不會按公正的法律程序進行。在一個被野獸和角鬥士鮮血染污的競技場裡，不可能聽到憐憫的聲音。龐大人群不耐煩的怒吼聲，指控基督徒是全體人類和神明的公敵，呼籲判處他們最殘酷的刑罰。於是就會在這個新教派中挑出一兩個出頭最多的人物，帶著無比激憤的情緒呼喊著他們的名字，要求把他們抓來扔進關著獅子的獸穴裡[49]。主持這類集會的行省首長和地方官員，一般都會滿足民眾這種要求，犧牲幾個最惹人痛恨的基督

48 優西庇烏斯提到他保有哈德良的詔書，同時還有一份的名氣更響，是安東尼署名的敕令，但是眞實性如何有商榷的餘地。賈士丁的兩份〈護教申辯書〉對控訴基督徒的問題，提出很詳盡的說明和解釋。

49 波利卡普(Polycarp,？-66 A.D.，西麥那主教，反對馬西昂派，堅持基督教信仰，被總督逮捕焚死)殉難的情況，顯示出群眾騷動的鮮明景象，通常都是猶太人惡意的煽動所引起。

徒，來平息他們的怒火。但是，有一些明智的羅馬皇帝保護基督徒，免遭暴亂群眾任意指控所帶來的傷害。他們很公正的譴責這類私刑，認爲既不符合堅強的統治要求，也有損帝國政府的公道立場。哈德良和安東尼・庇烏斯的詔書都明確宣布，集會上民眾的呼喊，對熱心信仰基督教的人，永遠不能作爲定罪和懲罰的合理見證[50]。

九、羅馬當局對基督徒的處置及殉教狀況

有些基督徒定罪以後也不一定要服刑，經過證人的證明，或者自願招供，已經充分坐實有罪的人，仍然自己掌握著選擇生或死的權力。基督徒使地方官員最感憤恨之處，不在於過去的可惡罪行，而是目前的抗拒態度。當局認爲對定罪的人，已經提出非常寬大的赦免條件。他們只要同意在祭壇上敬幾柱香，就會平安的在一片掌聲中當場釋放。大家認爲，一位仁慈的法官要善盡責任竭力感化，而不是懲罰那些迷途的狂熱分子。法官根據被告的年齡、性別和具體處境而採取不同態度，不惜屈就高高在上的身分，向教徒指出活著如何充滿樂趣，死亡是可怕的絕滅，不僅苦口婆心勸說，有時甚至請求他們要多少對家人和親友有幾分同情之心。如果規勸和威脅都不起作用，還會使用暴力，皮鞭和刑架可用來補充說服力之不足。爲了制服這個在異教徒看來如此冥頑不靈、怙惡不悛的罪犯，不惜使用各式各樣的酷刑。對於迫害者這種離奇的行爲，古代的基督教辯護人據實提出嚴厲的指責，說當局違反一切法律原則和正常的法庭程序，然而使用酷刑的目的，不是要強迫罪犯承認自己所犯罪行，而是要他否認自己的罪行。等到後來，接連幾代的修道士在孤寂無聊之中，竟以研究早期殉教者所受各種死狀和苦刑爲樂，挖空心思發明許多想入非非的離奇酷刑。特別假想狂熱的羅馬政府地方官員，置一切道德觀念和公共廉恥於不顧，竟然對無法制服的人進行姦污，下令可以使用最野蠻的暴力。據說那些視死

50 上面提到哈德良和庇烏斯的詔書，就包含這些規定。

如歸的虔誠婦女，往往被迫受到更嚴酷的考驗，要她們決定宗教信仰和自己的貞潔究竟何者重要。奉命前來姦污她們的淫蕩青年，事先都曾受到法官莊嚴的告誡，要他們對那些不願向維納斯祭壇敬香的瀆神處女，必須盡最大的努力來維護愛神的榮譽。可是，他們的強暴行爲總是無法得逞，總會有某種神奇的力量及時進行干預，使這些貞潔的女基督徒，最後能夠免於遭受身不由己的蹂躪。在這裡我們一定要明確交代，在比較古老和更爲可信的教會記錄中，很少有這類污穢筆墨的誇張辭句[51]。

對於早期殉教者，所以產生不顧事實眞相和根本無此可能的描述，主要是出於一個很自然的誤解。第四和第五世紀的教會作者妄加猜臆，認爲羅馬政府地方官員像異教徒或偶像崇拜者一樣，對基督徒懷有勢不兩立的狂熱仇視。一些由平民搖身一變成爲朝廷顯貴的人員，可能會懷有基層民眾的成見。還有一些人出於貪婪或恩怨，也會表現得殘酷無情[52]。但是我們必須肯定一件事，當時可以用早期基督徒感激涕零的供狀作爲證明。皇帝或元老院派往各行省，操持生殺大權的地方官員，絕大多數都是溫文儒雅，頗有教養的人士，尊重法治精神，通曉各種哲理，往往拒絕執行可厭的宗教迫害任務，對某些告發根本不予受理，或者向被控基督徒指明逃脫刑責的辦法，使他們免遭法條的懲處。尤其在官員被授與可以自行裁決的司法權力以後[53]，總是盡量用來解救和幫助一直遭受迫害的基督徒，而非變本加厲做進一步壓迫。當局並沒有將告到法庭的基督徒全部判罪，更沒有把那些狂熱堅持基督教信仰，已判罪的人全都處死。在大多數狀況下，都會判處不太嚴厲的懲罰，如監禁、流放或者發配到礦山服行苦役[54]，爲

51 傑羅姆在《隱士保羅的傳奇》(*Legend of Paul the Hermit*)中，說出一個很離奇的故事。有一個年輕人，全身赤裸被綁在鋪滿鮮花的床上，這時一位美麗而淫蕩的姬妾要與他燕好，他爲了壓制衝動的性慾，竟然咬掉自己的舌頭。

52 卡帕多西亞總督克勞狄斯・赫米尼努斯(Claudius Herminianus)的妻子改信基督教，他因而怒火沖天，對待基督徒殘暴無比。

53 特塔里安在致阿非利加總督的信函中，特別提到若干對待基督徒仁慈寬厚的案例，說他了解事件發生的詳情。

54 有九位主教以及相當數量的教士和信徒，被判在努米底亞礦區服苦役。西普里安寫了一封很虔誠的信給他們，感謝上天的恩典能夠讓他安心。

遭到判決的不幸受害者，保存一線希望。如能遇到新主即位、皇室婚姻或者戰爭獲勝等國家慶典，皇室會頒令大赦天下，他們很快就可以恢復原來的的地位和財富。羅馬政府地方官員若要立即處死殉教者，看來只是從兩個極端中仔細挑選的少數人，大部分是主教或執事，都是在基督徒中最有地位和影響力的人，處死他們，可以產生殺一儆百的作用。不然就是些基督徒中身分最卑賤的人，特別是那些處於被奴役地位的貧民，一般人認爲這些人的生命一文不值，他們的苦難在古代人看來，不值得掛齒[55]。學識淵博的奧利金曾經親身經歷，而且廣泛閱讀古代基督教的歷史，非常明確而且清楚的提到，眞正殉教者的人數實在是微不足道。單憑這種權威性的論點，就足以推翻一般人所謂曾經出現一支殉道大軍的說法。從遍布羅馬各地的許多地下墓穴中，搜尋到的殉教者的遺骨和遺物，數量之多，足以塞滿爲數眾多的教堂[56]，神蹟和功德更成爲連篇累牘聖徒傳奇中不可思議的主題[57]。但是，奧利金一般性的議論，可以從友人戴奧尼休斯的具體證詞中得到解釋和說明。戴奧尼休司生活在亞歷山卓這座大城裡，一直受到狄西阿斯皇帝的荼毒，但是按照他的估計，因信奉基督教被迫害至死的殉教者，大約只有十男七女。

---

55 在里昂殉教事件中，有個名叫布藍地納(Blandina)的奴隸受到極爲殘忍的酷刑。在五名殉教者當中，兩名的身分是奴隸，還有兩名是貧苦民眾。

56 如果我們了解到，羅馬的平民並非都是基督徒，而且基督徒並非都是聖徒和烈士，那就不能認爲從公共墓地挖出來的屍骸和骨灰甕，都可以獲得宗教的尊榮。經過十個世紀公開任意的賜給殉教者頭銜，以致更多的天主教徒感到疑竇叢生。現在要證明是神聖的殉難者遺骨，必須要有BM兩個字母的標誌，旁邊有一個裝滿紅色液體的小瓶，假定那就是血液，再就是棕櫚樹的圖形。前面兩種特徵無關緊要，主要證明在於最後一種，但是學者的看法認爲還有三點可議之處：(1)、這種稱爲棕櫚的圖形，可能是柏枝，也可能是經過裝飾的逗點，特別是用在碑文上。(2)、棕櫚是異教徒表示勝利的符號。(3)、基督徒使用這個記號，不僅表示殉難，還代表死後復活的歡樂。

57 類似這種傳說的典型例證，像是有一萬名身爲基督徒的士兵，不知是被圖拉眞還是哈德良判處磔刑，同一天在阿拉拉(Ararat)山釘死在十字架上，我們只能聽聽也就算了。據說是有個MIL的縮寫字，它的含意可以當作「士兵」解，也可以解釋爲「一千」，那麼「十個士兵」就當成「一萬名」，因而引起非常特殊的誤會。

十、迦太基主教西普里安殉教始末

就在進行迫害的同時，能言善道，積極進取又充滿宗教狂熱的西普里安，不僅管轄迦太基教會，更負責整個阿非利加教區。他具有能使信徒生起虔誠尊敬心的特質，但也激起異教徒地方官吏的猜忌和仇視。由於他的地位和性格使然，注定成爲招致嫉妒和危險的目標。然從普里西安一生的經歷來看，人們過分誇大這位基督教主教的危險處境。比起一些俗世的野心人物，爲追求權勢和富貴，他所冒的風險要小得多了。須知四位羅馬皇帝連帶整個家族、親信和部從，在短短十年之內全部灰飛煙滅。這段時期迦太基主教憑藉其口才和威望，一直在指導阿非利加教會會議的工作。他出任主教三年以後，有幾個月的時間，因狄西阿斯皇帝嚴厲的詔書，對於地方當局的偵騎四出而感到緊張，也爲民眾在公共集會中，要求把基督教的領袖普里西安抓來餵獅子的狂暴叫囂聲感到驚懼。爲謹慎起見，覺得應該迴避，遂逃到一處與世隔離的僻遠地方躲藏，但仍與迦太基的教士和民眾保持聯繫，在那裡直到風暴過去，不僅可以保全性命，也無損於自己的權勢和聲望。不過，這種極端小心的作法難免引起非議，有些行事嚴正的基督徒對此事感到惋惜。那些與他有仇的人公開加以辱罵，認爲放棄神聖的職責是怯懦和背叛的行爲。他對自己行爲的正當性提出辯護，目前暫時苟全性命，供來日教會在緊急時獻身之用，並無不當而且有幾位主教的先例[58]，何況他還是遵從神的旨意。但眞正可以杜絕悠悠之口的作法，是在八年以後，決心以身殉教那種從容赴義的精神。有關他遇難的眞實狀況，有人抱著宗教的熱誠很公正的記載下來，只要摘錄其中最重要的情節，對羅馬當局宗教迫害的精義和方式，就會有更深入的了解和認識[59]。

58 亞歷山卓的戴奧尼休斯和新凱撒里亞的格列哥里·索瑪多古斯，都發生過這種狀況。

59 潘久斯執事是西普里安被放逐時的同伴，也是西普里安被處死時在旁料理後事的朋友。從他那裡得知西普里安的生平事蹟，同樣也獲得西普里安殉教時的總督府記錄。這兩種資料的內容相當吻合，所以這件事最特殊的地方，就是沒有摻雜任何神奇怪異之說。

就在華勒利安和高連努斯，分別第三次和第四次出任執政官那一年(257A.D.)，以代行執政官頭銜出任阿非利加總督的帕特努斯(Paternus)，在私人的議事廳裡召見西普里安，把剛接到的皇帝詔書向他宣達[60]，凡是背棄羅馬宗教的人士，應立即回歸到祖先遺留的祭典儀式。西普里安毫不猶豫的回答，他不僅是基督徒還是主教，只信奉和禮拜唯一的眞神。他身爲帝國的臣民，每天都爲兩位皇帝的聖躬康泰禱告。他用溫和而充滿信心的態度，堅持公民應享的權利，對總督這些難以釋懷而且明顯違法的問題，表示無法接受。西普里安以抗命罪被判處流刑，很快被發配到濱海的自治城市澤吉塔尼亞(Zeugitania)，該地氣候宜人而且土地肥沃，離迦太基大約有四十哩。被流放的主教在那裡過著舒適的生活，爲能堅持理念而沾沾自喜。他的名聲傳遍阿非利加和意大利，事蹟被印製成冊用來教誨人數眾多的基督徒，雖然過著離群索居的生活，卻被來信、訪問和各種賀辭所打斷。等到行省的新總督到任後，西普里安所處的狀況更加好轉，從流放地赦回，不過還是不准進入迦太基，他就在首都近郊自己的花園裡居住[61]。

西普里安被捕過了一年以後[62]，阿非利加總督蓋勒流斯·麥克西繆斯(Galerius Maximus)，接到皇帝的命令，要處死一批基督教的神職人員。迦太基主教知道自己會被選爲犧牲者，脆弱的心靈受不了打擊，剛開始想偷偷逃走，不願身陷險境以獲得殉教的光榮，但是很快恢復知天安命的態度，回到花園靜候死神使者到臨。兩名高階軍官奉命前來拘捕，坐上馬車把他夾在中間，當時因總督很忙排不出時間來處理，所以未送到監獄，將他帶到迦太基的一所私人住宅，也就是其中一位軍官的家裡，準備一桌精美的晚餐款待主教，允許教會的朋友前來做最後一次會面。這時，外面的

60 羅馬帝國當時可能有一種通告式命令，在同一時間送達給所有的總督。戴奧尼休斯提到他在亞歷山卓被放逐的往事，好像是涉及同一個案件，但是他能夠逃過迫害沒有喪生，要是與西普里安相比，幸與不幸就很難說了。

61 西普里安爲了堅定改信基督教的決心，就將花園賣掉好造福貧民，但是蒙神的恩典，後來花園又物歸原主。

62 當西普里安在十二個月前被放逐時，夢到在次日被處死，經過解說，這件事情必然發生是指整整一年之後。

大街上擠滿大群教徒，都為精神上的導師即將面臨的命運，感到憂慮和驚慌[63]。西普里安在第二天早晨被帶上法庭，總督在詢問過姓名和案情以後，命令他向羅馬的神明獻祭，特別表明要他考慮抗命不從的後果。西普里安肯定而堅決的加以拒絕。於是，總督在和列席的陪審官員稍事討論後，帶著無可奈何的神色判處死刑。判決書的內容是「塔西修斯．西普里努斯（Thascius Cyprianus）敵視羅馬神明，身為犯罪集團的首領，妖言惑眾，公然違抗兩位聖明皇帝華勒利安和高連努斯的法律，本法庭依法宣判處斬首之刑。」處決他的方式盡量溫和以減少可能的痛苦，也沒有使用酷刑逼使迦太基主教放棄自己的信仰，或是供出他的同謀。

判決一經宣布，等候在法庭門口的大群基督徒，立刻發出「我們願意一起去死！」的呼聲。他們流露出強烈的熱情對西普里安毫無幫助，但是也沒有為自己帶來危險。西普里安在幾個護民官和百夫長的護衛下，既沒有抵抗也沒有受到任何侮辱，就被解送到近郊的刑場。寬闊的平地上早已擠滿觀看的群眾，幾位在教會協助他的長老執事和輔祭，奉准陪伴充滿聖潔光輝的主教，幫他脫下長袍，將亞麻布鋪在地上，承接為教會犧牲的寶血，並且聽從他的吩咐給了劊子手二十五個金幣。於是這位殉教者先用雙手蒙住臉孔，等他將手垂下時只見刀光一閃，頭顱便被砍落下來，屍體留在原處幾個小時，用來警告這些信奉基督教的非猶太人。到了夜晚，來了一支聲勢浩大的隊伍，在燈火通明的狀況下將遺骸搬運到基督徒的墓地，公開舉行西普里安的葬禮，沒有受到地方官府的干涉。參加送葬和祭奠的基督徒，也沒有受到審問和處罰。最引人注意之處，就是阿非利加行省有很多位主教，西普里安是第一位夠資格獲得殉教聖徒的冠冕。

西普里安有權選擇作為殉教者死去，或是當成叛教者而活著，不過這種選擇卻關係他身後的榮辱。那怕這位迦太基主教當初參與基督教的活動，是為了滿足自己的欲念和野心，面臨這種生死關頭，也總要保持他原

63 潘久斯提到他與西普里安共用晚餐，度過夜晚的時光，這位主教最後行使職權的作法非常適切，令人欽佩。當時有一些年輕的女孩在街頭探聽動靜，他要求她們離開夜間的人群，免得遭到危險和誘惑。

有的操守[64]。只要還有一點大丈夫氣概，也要忍受酷刑的折磨，總不能臨危變節，將一生的名望付諸東流，那不僅受到基督徒弟兄的唾棄，也爲異教徒所鄙視。只要西普里安對宗教抱持熾熱的情緒，確能像他所宣示那樣，受到教義理念的支持，那麼殉教者的桂冠是終生追求的目標，根本不會使他感到恐懼[65]。從基督教的高級神職人員那些言之有理而又語意含糊的證道辭內，很難了解他們所抱持的觀念。至於有幸爲宗教而犧牲性命的殉教者，也無法確定，在生前對他們許允的不朽光榮和永恆幸福，他們究竟能體會到何種程度。神職人員盡其所能的教誨人們，殉教的烈火可以滌清一切過錯，救贖所有的罪愆。特別提到一般基督徒的靈魂，必須經過一個緩慢而痛苦的淨化過程，只有受難者可以意氣風發的進入永恆的天國，位列於教長、使徒和先知之中，與基督一同統治俗世，協助審判全人類。千古流芳的英名可以滿足世人天性的虛榮心，經常激起殉教者的勇氣。雅典和羅馬對爲國捐軀的公民，會表彰他們的榮譽，但是要與早期教會對信仰戰場獲勝的教徒，那種熱烈的感激和崇敬相比，就顯得冷清無情，好像內容空洞的展示活動。教會每年都要舉行神聖的儀式，紀念德行高潔和受苦受難的殉教者，最後在強烈的宗教氣氛中完成崇敬的典禮。有些公開承認宗教信仰的基督徒，會被異教徒的官員從法庭和監獄中釋放出來(這也是常有的事)，雖然殉教未成，但是這種堅定的決心還是獲得應有的榮譽，最虔誠的女教徒會要求親吻所戴著的鐐銬，和身上經歷酷刑的傷痕。這些人被認爲已經接受神的恩典，意見會受到重視，有時就會得意忘形起來，難免濫用因宗教熱誠和信仰堅定所獲得的崇高地位[66]。從殉教者所接受的榮譽，可以表彰爲信仰基督教而受苦和犧牲的人。他們有高尚的德行，但是也顯示出殉教者的人數實在不多。

64 無論我們對湯瑪士·貝克特(Thomas Becket)的性格和原則抱持何種看法，但是我們認爲他堅持宗教信仰遭到處死，不愧是早期的殉教者。

65 學識淵博的道維爾(Dodwell, Henry, 1641-1711A.D.，英國學者和神學家)和天資敏慧的米德頓，對殉教者的名聲、榮譽和動機方面，並沒有留下任何相關作品。

66 後來根據慣例，對自動悔改認罪的人也都賜給榮譽的稱號，這種作法使得冒充殉教者的人數倍增。

十一、早期基督徒虔誠的宗教信仰

現代人的觀念清晰而且行事謹慎，對早期基督徒的獻身精神，可能只會指責而不會仰慕，或許是會仰慕而不會效法。根據蘇庇修斯・塞維魯斯(Sulpicius Severus)生動的描述，那時的基督徒渴望成爲殉教者的急切心情，更甚於後代人企求獲得一個主教席位。伊格納久斯(Ignatius)在戴著鐐銬穿行於亞細亞各大城市時，寫下一些書信所表現的情緒，實非普通人的天性所能容忍。他帶著宗教的狂熱祈求羅馬人，在他被投入露天鬥獸場時，千萬不要出於好心，進行無禮的干預，奪去獲得殉教者的光榮。而且他聲稱決心要挑逗和激怒那些野獸，好成爲解脫罪孽的工具[67]。有些故事特別提到某些殉教者的勇氣，眞把伊格納久斯說他要做的事付諸實施。他們故意引得獅子發怒，催促劊子手趕快行刑，興高采烈跳進專爲他們準備的烈火，在那劇烈的痛苦折磨中，表現出無比欣賞的神態。有些故事還提到狂熱宗教信仰的人員，對羅馬皇帝爲保護基督徒安全所頒布的限制性法令，表示出不能容忍的態度。有些基督徒有時因爲沒有人告發他們，就主動坦白自己的信仰，用粗暴的行爲擾亂異教徒公開的宗教儀式[68]，成群結隊擁到羅馬地方官吏的法庭周圍，大喊大叫要求官府拿他們去治罪。像基督徒這種露骨的作法，不可能不引起早期哲學家的注意。但是他們的反應似乎只是感到驚訝，殊少表示欽佩之意。他們對有些基督徒的堅毅精神竟會那樣的超乎常態，不合情理，無法解釋是出於何種動機，因而把這種急於

67 皮爾遜主教舉出很多的例證和著作，來爲他的意圖加以辯護，其中以伊格納久斯(Ignatius of Antioch, Saint, ？-110A.D.，安提阿主教神學家)被捕之後赴羅馬殉教途中寫下的書信，其傷感的情緒最爲貼切，是了解早期基督教信仰和教會制度的重要文獻。

68 波利耶克特斯(Polyeuctes)的故事是宗教狂熱的最佳例證，可信度雖不高但馳名遠近，高乃依(Corneille, Pierre, 1606-1684A.D.，法國戲劇家)據以編出一部感人的悲劇。伊利貝里斯宗教會議曾通過第六十條教規，對於揭發自己是教徒而被處死的人，拒絕賜與殉教者的頭銜，用來公開消除拿殉教當成模仿對象的風氣。

求死的激情看成是極度的絕望、過於愚頑，或狂熱的迷信所造成的離奇結果。安東尼努斯(Antoninus)總督對亞細亞行省的基督徒叫喊著說道：「不幸的人們！可憐的人們！如果你們眞要是對生活如此厭倦，找一根繩子或一處懸崖不就再容易不過了嗎？」對於那些自己坦承、無人告發的基督徒，他在判刑時會極爲謹慎(一位博學而虔誠的歷史學家曾特別提到這一點)。對這樣一種意想不到的情況，帝國的法律又沒有做出任何具體規定，因此他只能挑出少數幾個人來定罪，藉以警告他們的教友。對其他大多數的教徒，他總是帶著氣憤和鄙夷的神情打發他們離開。但不管這種厭惡情緒是眞是假，信徒這種始終不屈的表現，對那些天性易於接受宗教眞理的人卻頗有正面的影響。每到那種可悲的時刻，總會有許多人出於憐憫和欽佩，最後皈依基督教。悲壯的激情往往從受難者的身上傳達給旁觀者，有人說，殉教者的鮮血變成基督教發展的種子。

十二、羅馬當局的宗教迫害政策

儘管獻身宗教的精神不斷提升，引人動容的教誨繼續煽動，狂熱的情緒卻在不知不覺中，逐漸爲對人性的希望、對生命的留戀、對痛苦的害怕和對死亡的恐懼這些情感所取替。審愼的教會負責人慢慢體會，有必要對徒眾那種不顧一切後果的狂熱情緒加以限制，不再輕信在生死關頭全然喪失理性的堅毅精神。隨著信徒們的生活條件日益改善，不再那樣艱苦和嚴峻，也就不再熱中於追求殉教者的光榮。基督徒士兵不願做出一番英雄事業求得揚名於世，在應盡責抵抗的敵人面前往往狼狽逃竄。不過，他們倒是有三種可以逃避迫害烈火的方法，產生罪孽的嚴重程度也各自不同。第一種公認完全無罪；第二種的性質可疑或至少屬於有罪範圍；第三種視爲對基督教信仰有直接背叛的罪行。

其一，羅馬地方當局遇到有人告發某人信基督教時，總會把有關情況通知被告，給他一些時間可以先料理好自己的家務，準備爲被控告的條款做出答覆[69]，這些情況顯然會使後世宗教法庭的審判官感到無比驚奇。若被告對堅持到底的精神沒有把握，可趁著這段空擋找機會逃跑，保全自己的性命和榮譽，躲到無人知曉的偏僻地方或遠赴外省，在那裡耐心避風頭，以便再獲得平靜和安全。如此合乎人情的辦法，除一絲不苟、頑固堅持古代教規而淪爲異端的孟他努派(Montanists)[*70]拒不採用外，神聖的高級教士很快都用建議和行動給予肯定，且不會受到人們的非議[71]。其二，行省總督對錢財的貪婪遠勝於宗教的熱忱，往往對出賣證書(一般稱爲「免罪證」)的作法採取放任的態度。這份文件可證明持有者奉公守法，且曾向羅馬神明奉獻犧牲。那些富裕而膽小的基督徒憑著假證書，就可讓惡毒的告發者無法開口，同時就某種程度而言，很安全的維持自己的宗教信仰。這種瀆神的行爲，事後採取有限的贖罪悔改就能夠抵銷過錯。其三，在每一次迫害活動中，總有不少怕事的基督徒公開否認或實際放棄原來的信仰。他們用法定的焚香祭神或奉獻犧牲的作法，證明改邪歸正的誠意。有些叛教者一受到政府當局的虛聲恫嚇就屈服，另外有些較有耐力的人常在長時間反覆受刑之後才停止反抗。有些人驚恐的面容流露出內心的痛苦，還有些人卻若無其事顯現愉快神情走向羅馬神祇的祭壇。但只要度過眼前的危險，就會停止裝模作樣的姿態。一旦嚴酷的迫害有所緩和，教堂的門前就擠滿悔過的人群。他們對屈服於偶像崇拜表示十分痛心，同樣用信仰的熱情請求允許重新加入基督教會，但不見得人人都蒙受接納[72]。

對基督徒判決和懲罰的一般原則，儘管早已有明文規定，但在一個疆

---

69 在賈士丁第二份〈護教申辯書〉中，對於合法的緩延做了詳盡的說明，這是非常奇特的例子。狄西阿斯的宗教迫害期間，對於被控基督徒給了同樣的恩惠。

*70 [譯註]公元二世紀有個弗里吉亞人名叫孟他努斯(Montanus)所創立的教派。他極具宗教狂熱，認爲聖靈與自己同在。

71 特塔里安認爲逃避迫害，就是有意抗拒神的旨意，雖然不是犯罪的叛教的行爲，但仍舊是信心不足的表示。他曾寫過有關此一題材的文章，充滿粗野的宗教狂熱和嘈雜的迷信囈語，但是特別要說明，特塔里安自己並沒有親身體會殉教者的痛苦。

72 西普里安在此時撰寫〈論失足〉這篇文章和許多書信，有關如何對待悔罪的背教者引起爭論。基督徒在上個世紀沒有遭遇此等問題，是否早期的基督徒信仰更堅定而勇氣更堅強，還是我們對教會的歷史了解不夠？

域遼闊的帝國，地方政府有相當獨立的權限來實施統治。這一教派的命運主要仍取決於自己的宗教行爲、當時的具體情況，以及最高統治者和下屬各級官吏所抱持的觀點。異教徒會因一時宗教狂熱所刺激，產生源於迷信的瘋狂情緒，當局在經過愼重思考以後，常會壓下或減輕這種情緒以免引起衝突。行省總督在各式各樣動機的驅使下，可以嚴格執行法律也可以放寬尺度。在這些動機之中，最強有力的一項，莫過於當局不僅要注意已公布的詔書，還要揣摩皇帝祕而不宣的意念。他的一個眼神就足以點燃或熄滅那一次迫害的烈火。每當帝國各地偶爾採取一些嚴厲措施，早期基督徒就會鳴冤叫屈，誇大自己遭受的苦難，所謂「十大迫害」這個人人皆知的數字，卻是五世紀時教會作家所議定。他們對於教會從尼祿到戴克里先時代，這兩百五十年間所經歷的興衰禍福，應該有更爲清晰和肯定的看法。由於埃及發生十大瘟疫和〈聖經啓示錄〉提到的七頭十角獸[*73]等先例，啓發他們運用「十」這個數字。但是他們把對預言的信仰印證於歷史事實時，卻非常小心的選擇對基督教最爲仇視的朝代[74]。可是，那幾次短暫的迫害活動，僅足以恢復信徒的宗教熱忱，強化信仰的教規理念而已。每一次異常嚴厲的迫害以後，總會有很長的和平與安寧時期作爲補償。有些君王漠然視之，有些君王則採取寬容的態度，雖然不合法，卻是事實，使得基督徒的信仰能夠得到公眾的容忍。

十三、提比流斯到高連努斯時代基督徒之景況

特塔里安在《護教論》中列舉兩個非常古老而又奇特，雖然可疑但卻引得皇帝大發慈悲的案例。那就是提比流斯和馬可斯·安東尼頒布的詔

---

*73 [譯註]耶和華降給埃及人的十大災難分別是血水之災、蛙災、虱災、蠅災、瘟疫、冰雹、蝗災、生瘡、黑暗和擊滅頭生子，參閱《聖經》〈舊約全書出埃及記〉。《聖經》〈新約全書啓示錄〉第十二、十三以及十七章分別提到七頭十角獸，但是表達的方式不一樣。

74 蘇庇修斯·塞維魯斯(363-420A.D.，早期基督教修道士)是第一個提出這種說法的學者，但是他把第十次也是最嚴重的宗教迫害，留給即將來臨的反基督異端。

書，不僅要保護基督徒的清白無辜，甚至對證明基督教教義的神蹟，完全肯定其所應有的眞實性。在這兩個案例之中，第一例子顯然存有難解的可疑之處，令人無法輕信，因爲要求我們相信的事實有下列幾點：首先說是潘提烏斯·彼拉多本人曾經稟告皇帝，說曾經將一個清白無辜的人，而且似乎還是個聖人，極不公正的判處死刑。因此，雖然自己不具備應有的條件，卻有成爲殉教者的危險。其次說是公開表示蔑視一切宗教的提比流斯，卻忽然想到要把猶太人的彌賽亞，歸入羅馬神祇的行列。再者，說是一向對提比流斯唯命是從的元老院，居然敢違抗主子的命令。接著說是提比流斯對元老院的抗拒態度，非但沒有表示生氣，反倒很高興保護基督徒的法令得以實施。在教會實際存在獲得正名以前的年代，他要保護基督徒免受嚴刑峻法的傷害。最後說是有關這樣一項異乎尋常事件的記錄，雖然保存在完全公開和絕對可信的文卷之中，居然沒有被希臘和羅馬的歷史學家發現，卻只顯現在這位阿非利加基督徒的眼前，所以他在提比流斯死後一百六十年據以撰寫《護教論》。第二個例子說馬可斯·安東尼頒布詔書是出於感激之情，因爲在馬科曼尼戰爭中，他向上帝祈禱竟然神奇獲救。好幾位異教徒作家都曾連篇累牘記述羅馬軍團陷入困境，暴風雨和冰雹及時來臨，一時間雷電交加，以致蠻族軍隊在恐懼中望風逃竄等等情節。如果當時軍中有基督徒，在這樣危險關頭，當然會把這一切歸功於爲了自身以及全軍的安全而做的祈禱。但是，黃銅和大理石的紀念碑、帝國的獎章以及安東尼紀功柱，卻都非常肯定的說明一切。無論是君主還是民眾，沒有人發現基督徒有這樣重大的貢獻。因爲毫無例外，他們會把獲救歸功於朱庇特的庇護和麥邱里的援救。在馬可斯臨朝那段期間，他作爲哲學家始終鄙視基督徒，而作爲統治者隨時會對基督徒施加懲處。

命運反覆無常難以窺測，基督徒在有德之君治理下所遭遇的種種苦難，等到一位暴君即位反到立即終止（180A.D.）。羅馬帝國的臣民中，只有基督徒身受馬可斯的迫害，也只有基督徒獲得康莫達斯寬容政策的保護。康莫達斯最寵愛的嬪妃，就是那位策畫謀害皇帝情人而留名千古的瑪西婭，對於受迫害的基督教會存有異乎尋常的偏愛，儘管她的罪惡行爲和福音戒律無法相容，可能希望身爲基督徒的保護者，爲性別和身分產生的過失得到贖罪。在瑪西婭仁慈庇蔭下，基督徒安然度過十三年的殘酷暴政。等到塞維魯斯家族統治帝國時，基督徒和新王朝建立起較家僕更爲親密的關係。皇帝有次患重病時，有個奴僕呈獻塗身的聖油，對身體和精神極爲有效，他因而重用宮廷幾個信奉新教的男女。卡拉卡拉的奶媽和教師都是基督徒，要是年輕的君王顯露出仁慈心，那也是偶發事件，雖然微不足道卻與基督教的發展大有關係。在塞維魯斯統治下，民眾對宗教的憤怒情緒受到制止，嚴峻的古老法律也暫時束之高閣，各行省的總督每年從轄區的教會收取獻禮也能感到滿意，可當作奉行寬容政策的代價和報酬[75]。小亞細亞和意大利的主教，爲決定慶祝復活節的時間引起爭論(198A.D.)，最後竟以武力相向，是那段安靜時期的最重大事件。後來改信新教的人數日益增多，終於引起塞維魯斯的注意和疑慮，在此之前，教會的安寧一直未受到干擾。爲抑制基督教發展，他頒布一份詔書，雖是針對新入教的人士，但若嚴格執行起來，熱心的布道者和傳教士難免遭遇到危險和懲罰。在這次並不嚴厲的宗教迫害中，仍可看到羅馬和多神教的寬容精神，只要是奉行祖先宗教儀式的人，任何申辯和解釋都會欣然接受。

但是，塞維魯斯制訂的法律，很快就隨著皇帝的權威同時結束，基督徒經歷忽然襲來的暴風雨之後，接著享受了三十八年(211-249A.D.)的安寧時光。在這以前，他們通常在私人住宅和隱蔽地點舉行集會，現在已擁有舉行禮拜儀式的專設館所[76]，甚至在羅馬城內購置土地供教會使用，還可以公開選舉神職人員，這樣的運作的方式產生模範作用，亦受到非基督徒的敬佩[77]。這一段較長時期的平靜使得教會的聲望日增，出身於亞細亞各行省的君王，他們的政府顯然對基督徒最爲溫和。這個教派的傑出人

75 禮物要在農神節的宴會中準備妥當。特塔里安非常重視這件事，他認爲花錢消災會導致信心的喪失，是罪大惡極的背德行爲。

76 蒂爾蒙特和摩伊爾討論過古老的基督教教堂建構年代問題，前者認爲最早的教堂建構在亞歷山大·塞維魯斯時代，後者認爲建在高連努斯當政，教會平靜無事的時期。

77 基督教對於聖職候選人，進行公開提名推薦，這種方式被亞歷山大採用，實在說，能夠這樣做還得歸功猶太人。

士，毋須哀求宮廷奴僕和帝王情婦的保護，而是作爲教士和哲學家被敦請進宮。早已在人民中傳播的神秘教義，現在也不知不覺引起君王的好奇。由於奧利金的虔誠和學識在東方極爲知名，瑪米婭皇太后途經安提阿時，表示願意召見談話。奧利金當然接受莫大的殊榮，對於這樣一位手段高明而又積極進取的女性，雖然不敢奢望改信基督教，只有盡情加以勸導，讓對方能夠接受，最後很光彩的返回在巴勒斯坦的退隱住所[78]。瑪米婭對宗教信仰所秉持的觀念，後來被她的兒子亞歷山大承襲。皇帝出於虔誠之心，雖然作法並不明智，卻對基督教表現得極爲關切。他在私人教堂裡供奉了亞伯拉罕、奧菲斯、阿波羅紐斯和基督的神像，以示對他們恰如其分的崇敬，因爲正是這些聖者曾以種種方式教導人類，要向無處不在、至高無上的神頂禮膜拜[79]。他的家屬當中有人公開表示信奉更純潔的信仰，實際遵守基督教的儀式，在宮廷裡或許也是第一次有主教出入。亞歷山大逝世以後(235A.D.)，慘無人性的馬克西明，對不幸的恩主遺留下來的寵臣和奴僕發洩自己的憤怒，於是一大批各種身分的男女基督徒，便捲入一次不分青紅皂白的大屠殺中，因而這場殺戮便被不恰當的稱作宗教迫害[80]。

不管馬克西明生性如何殘忍，他對基督徒洩憤所產生的迫害，不僅範圍有限，時間也很短促。虔誠的奧利金一心要爲主犧牲，仍然存活在世，繼續向專制君王灌輸福音書的眞理。他給菲利浦以及菲利浦的妻子和母親寫了好幾封勸善的信(244A.D.)。等到出生於巴勒斯坦的禁衛軍統領篡奪

78 優西庇烏斯和布羅尼繆斯(Hieronymus，就是聖傑羅姆)都提到，基督徒和異教徒都稱瑪米婭是聖潔而虔誠的婦人。要是按照這樣的說法，前者不可能認爲她值得有如此高貴的名號。

79 摩斯海姆對亞歷山大個人的宗教信仰過於美化，認爲他要不是聯想到哈德良的狀況(哈德良爲他的孌倖建廟是一生白璧之瑕)，甚至會公開爲基督修建一座廟宇。當然這都是毫無根據的話，只能算是基督徒捏造的傳聞，然而君士坦丁時代的歷史家竟然全部採信。

80 說到基督教的成功激怒異教徒，採取更爲偏激的行爲，所以增加彼此的衝突，完全是想當然耳之事，並沒有任何根據。笛翁．卡修斯在229年退休返鄉，所以他的著作完成在上一個朝代，也只有在那個時候可以建議君王實施宗教迫害。他認爲宗教的統一才能創造美好的時代，才會受到奧古斯都在天之靈的保佑。

王位，立即成爲基督徒的朋友和保護人。菲利浦對這個新教派公開表示好感和偏愛，甚至教堂執事都獲得尊敬，當時有一種流行的說法，懷疑皇帝改信新教更顯得繪影繪聲[81]。後來還有人據此編造一套故事，說他謀害無辜的先帝，只有靠懺悔和行善來贖罪。菲利浦的統治結束，緊接著是帝國的新君即位（249A.D.），立即出現對基督徒進行殘酷壓迫的新政府。要是與短促的狄西阿斯統治下所受到的待遇相比，他們會覺得自圖密善時代以來的處境，簡直可以稱之爲完全的自由和絕對的安全。從狄西阿斯皇帝的道德操守來看，我們難以相信，他所以運用殘酷的手段，只是對前代皇帝寵信的人懷著卑劣的仇恨情結。比較可信的是，他爲了恢復羅馬的純樸風氣，要澈底執行所規畫的計畫，渴望把帝國從罪惡的迷信中解救出來。於是一些最重要城市的主教不是遭到流放，就是處死。地方官員全面提高警覺，阻止羅馬教士進行新的選舉，時間長達十六個月之久。當時基督徒認爲，皇帝寧願出現一位皇位競爭者，也不能容忍首都有一位主教[82]。如果我們設想，狄西阿斯具有不可思議的洞察力，發現基督教在謙恭外表的僞裝之下隱藏著驕傲，或者狄西阿斯有先見之明，得知世俗的統治從精神的權柄中逐漸升起，那麼，他把聖彼得的繼承者當作奧古斯都繼承者最強大的競爭對手，我們也不會感到奇怪。

華勒利安的統治顯得輕率易變和反覆無常，這和羅馬監察官的威嚴極不相稱。在他的統治前期（253-260A.D.），寬容的態度甚至超過被疑爲暗奉基督教信仰的君主。但在最後三年半的時間裡，他卻因爲一位大臣而全心信奉埃及迷信，受到誘導採用前代皇帝狄西阿斯的論點，恢復實行嚴厲的統治。高連努斯執政增加帝國災難，卻恢復了教會安寧，頒發敕令就其

---

81 前面提到有位君主被認爲是基督徒，亞歷山卓的戴奧尼休斯主教在信函裡也談起此事，明確地指出就是菲利浦及其家人。這樣一來就成爲當代的證據，已不能說是傳聞。但是埃及主教與羅馬宮廷的關係很密切，據他表示，對這件事情的眞實性並沒有把握。奧利金的書信或許可以決定這個有趣但不見得重要的問題。

82 羅馬教區從250年1月20日法比努斯（Fabianus）殉教，主教的職位保持空虛狀況，一直到251年6月4日選高乃留斯（Cornelius）出任主教。狄西阿斯這時可能已離開羅馬，就在這一年的年底戰敗被蠻族殺害。

主旨像是承認主教公開的職位，使得基督徒完全可以自由舉行宗教活動，過去的法令雖然沒有正式廢除，卻漸漸聽任湮沒無聞。這樣一來(除了歸之於奧理安皇帝的敵意以外)，基督徒接連度過四十多年繁榮時期，但是對於他們所重視的德行而言，較之最為嚴酷的迫害時期更要危險得多。

十四、奧理安當政對教會的處置

當奧登納蘇斯和季諾碧亞掌握東方時，撒摩薩塔的保羅(Paul of Samosata)擔任安提阿大主教的職位，他的故事可以讓我們明瞭那個時代(260A.D.)的狀況和特徵。那位高級教士擁有的巨大財富就足以證明他的罪惡，因為這宗財產既非祖先的遺產，也不是來自誠實的勞動。保羅把教會工作看成有利可圖的職業[83]，掌握的教權成為貪污受賄和巧取豪奪的工具。他經常向富有的信徒敲詐勒索，把很大一部分公共收入據為己有，由於他過著闊氣和奢侈的生活，在異教徒眼中，基督教變成醜惡不堪的組織。他的議事廳和主教寶座、公開露面時的豪華氣派、懇請接見的求告人群、大量來函和請願書的口述回覆、以及永遠忙碌不堪的事務，看來像是擔任民政長官的職位[84]，而與早期主教的卑微地位極不相稱。每當保羅登上講壇滔滔不絕向教民講道時，像一位亞洲的詭辯家那樣，採用象徵性的比喻，打著戲劇性的手勢，大教堂裡便會響起一陣陣震耳欲聾的喝彩聲，為他神奇的口才歡呼。對那些膽敢抗拒權勢及不肯阿諛奉承的人，這位安提阿大主教表現極其傲慢而又嚴厲。可是，對那些依附於他的教士卻顯得

83 保羅喜歡人家稱他「杜西納流斯」(Ducenarius)，而不是主教。「杜西納流斯」的原意是「二十萬塞司退斯」，這是皇家財務官的綽號，因為他的年俸有這麼多，大約等於一年一千六百英鎊。有些學者認為，安提阿主教實際上從季諾碧亞手裡接受此一職位，也有人用來比喻保羅的舖張浪費和狂妄自大。

84 買賣聖職在當時是眾所周知的事，只要有適合的職位出賣，就有教士買下來。迦太基的主教職位，好像被一位名叫盧西拉(Lucilla)的富家太太買下來，賜給服侍她的馬喬里努斯(Majorinus)，價格是四百弗勒(Folles，意為一袋)，每弗勒有一百二十五個銀幣，總價約為兩千四百英鎊。

寬容而放縱，把教會的金銀隨意賞給他們，容許他們和主子一樣滿足各種世俗的欲望。至於保羅更是毫無忌憚的吃喝玩樂，還把兩個年輕貌美的婦女接進主教府邸，當作長期打發悠閒時光的伴侶[85]。

即使撒摩薩塔的保羅在這方面可說是罪大惡極，要是能夠保住正統信仰的純潔，他對敘利亞首都教會的統治，只會隨著生命的終止才宣告結束。而且，如果正在這時教會遭到迫害，一次英勇的行爲還會使他被尊爲聖徒和殉教者。他不幸在涉及三位一體論的爭議上，輕率而且固執的堅持一些十分微妙的錯誤，激起東方各個教會狂熱和憤怒的情緒[86]。從埃及直到黑海，所有的主教都拿起武器展開行動，經過多次會議，發表引起爭論的文字，宣布逐出教門的懲罰，反覆提出含糊的解釋，不斷簽訂無效的協議。最後，七、八十名主教爲此特別在安提阿集會，終於做出判決(270A.D.)，將撒摩薩塔的保羅趕下大主教的寶座。而他卻在未經商得教士和信徒的同意下，擅自委任了一位新繼承人，這種顯然不合常規的作法，使心懷不滿的派別聲勢大增。保羅對於拉攏宮廷的手腕並不陌生，終於設法獲得季諾碧亞的歡心，得以繼續占據主教的住所和職位四年有餘。奧理安的勝利改變東部的局勢，鬥爭雙方以分裂和異端的罪名相互指責，現在都接到命令，獲准到征服者的法庭去陳述各自理由。像這樣公開而頗爲奇特的審判，得到的結果只是讓人完全相信，基督徒事實已經存在，教會擁有財產和各種特權以及奉行的內部策略，即使沒有獲得法律認可，至少已得到帝國當局的承認。奧理安身爲異教徒和軍人，不可能參加他們的爭論，看看究竟是保羅還是對手的思想更符合正統信仰的標準。奧理安的裁決是以公正和理性的一般原則作爲基礎，認爲意大利的主教是所有基督徒中最公正和受尊敬的評審人。當他得知所有主教已一致同意宗教會議的

85 要想保羅能夠減輕罪孽和惡行，最好的辦法是東部聚會的主教，用通告式的信函以最惡毒的誹謗辭句，寄發給帝國所有的教會。

86 保羅的異端思想在於混淆基督神性的微妙區別之處，也就是聖父和聖子絕對是「本體同一」(Homoousia)，而不僅是「本體相類」(Homoiousia)，如果對這個問題有不同的看法就是異端。

決定，就不再表示任何異議，立即下令強迫保羅交出屬於教職所有的世俗財產(274A.D.)。這些財產據同教兄弟認定，一直被他侵占。不過，在爲奧理安的公正判決歡呼時，不應忘記，他的策略是急於想採用種種可用的辦法，攏絡臣民的興趣和成見，從而恢復和加強各行省對首都的依賴。

十五、戴克里先即位後對基督教的態度

帝國不斷發生變革，基督教在和平與繁榮之中更加興旺。雖然一般人認爲惡名昭彰的殉教者時代，發生在戴克里先繼位以後[87]，這位賢明的君主所採行的新政治體系，維持了十八年之久(284-303A.D.)。就宗教方面而論，體現出更溫和與更開明的寬容精神。戴克里先的心靈並不擅長深入思考，只適合遂行戰爭和推展政務等積極性的活動。他處事的態度很謹愼，反對在宗教方面有任何重大革新。雖然他的天性不會感受到信仰的激情和狂熱，就算對帝國古代的神明，也只是基於習慣表現出關切的樣子，但是他的妻子普麗斯卡和女兒華倫麗婭，卻有空閒的時間，滿懷敬意去聆聽基督教的教義。一般認爲這個教派很多世代以來，都靠著婦女虔誠的奉獻得以發揚光大。宮廷裡的內宦首領，像是盧西安、多羅修斯(Dorotheus)、戈哥紐斯(Gorgonius)和安德魯，他們隨侍在戴克里先的身旁，管理他的家務，所以受到賞識，能夠仗著權勢保護公開的宗教信仰。這樣一來，那些管理著皇帝的皇家裝飾、衣物、擺設、珠寶，甚至個人產業的重要官員，也都紛紛拿他們做榜樣，雖然有時要陪皇帝到神廟裡獻祭，還是可以帶著妻子、兒女和奴僕，非常自由的參與基督教的各種活動。戴克里先和他的副手，經常將重要職務委託給公開表明不叩拜羅馬神明的人，他所看中的是有治理國務的才能。各行省的主教享有崇高的地位，不僅受到民眾尊敬，連官員也表示優容相待。幾乎在每個城市裡，古老的教堂都感到無法容納日益增多的教徒，因而在原來的舊址上，建造更

87 殉教時代從284年8月29日開始計算，埃及人的日期比戴克里先登基要早算十九天，科普特人(Copts)和阿比西尼亞人仍舊使用這種方式。

爲壯觀和寬大的建築物，供信徒公開舉行禮拜。優西庇烏斯深切感嘆，帝國的習俗和原則都已墮落不堪，這是戴克里先治下，基督徒享用自由未加限制所產生的結果。過度繁華的後果是無法維持嚴格的紀律，欺詐、猜忌和狠毒在各地區的教堂集會和聖職團體之中蔓延開來。長老執事想要得到主教的職位，爲了滿足個人的野心，不惜一切努力要達成目標。所有主教要在教會中爭奪最高的職位，他們的行爲表現就是要攫取世俗和獨斷的權力。基督徒認爲自己的信仰有別於異教徒，但是只能從相互論戰的著作中看得到，從實際的生活和行爲中倒是看不出來。

儘管存在著表面上的安全感，細心的人仍可以覺察到某些跡象，顯示教會正受到空前激烈的迫害活動所帶來的威脅。基督徒的狂熱情緒和基督教的迅速發展，已經把多神教教徒從冷漠的蟄伏狀態中喚醒，他們決心維護習俗和教育並要求大眾應對神祇予以尊崇。業已持續了兩百多年的一場宗教戰爭，因爲相互之間的挑釁活動，使得鬥爭雙方的敵對意圖已到了忍無可忍的程度。一個過去從未提及的新興教派，用莽撞的態度公然指責同胞的錯誤，因此讓他們的祖先永遠處於可恥的地位。如此一來，遂激怒了人數龐大的異教徒。那種要想出辦法在死敵的咒罵聲中，建立爲民間神話辯護的習慣，使得他們對腦海裡毫不在意、等閒視之的宗教體系，產生崇仰和敬佩的情緒。基督教會聲稱具有超自然的神力，那種力量使人感到恐懼和渴望。羅馬原有宗教的信徒，也用各種神蹟堆起保護自己的堡壘，發明新的獻祭程序、贖罪方式和入教儀式[88]，企圖使瀕臨絕滅的神諭能夠重振聲威[89]。有些騙子爲了迎合他們的成見，編造有關的奇蹟故事，讓人聽

88 我們要在大量例證中，引用密特拉(Mithra)的神祕崇拜和托羅波利亞(Taurobolia)教派，後者在安東尼時代變得極爲流行。阿普列阿斯的傳奇裡，充滿著宗教的虔誠及諷刺詩。

89 當時有一個名叫亞歷山大的騙子，鼓動如簧之舌到處吹嘘馬洛士(Mallos)的特羅弗紐斯(Trophonius)神諭，以及克雷羅斯(Claros)和米勒都斯的阿波羅神諭是如何神奇有效；戴克里先在發布宗教迫害詔書之前，曾經求取阿波羅神諭卜問吉凶，這也算是影響歷史的一段插曲。

到以後表示相信[90]。雙方對敵手所宣揚的神蹟也都信以爲眞，雖然將對方的神蹟歸之於巫術和魔鬼的力量而感到滿意，但又共同同意恢復和建立迷信的統治[91]。哲學原是迷信最危險的敵人，現在卻變成最有用的盟友。雅典學院裡古木參天的樹林，伊比鳩魯學派繁花開放的庭園，甚至斯多噶學派宏偉高聳的柱廊，和許多褻瀆神明的懷疑學派一樣，幾乎全都荒廢得無人理睬[92]。然而還有許多羅馬人希望靠著元老院的權勢，對西塞羅的作品加以取締和壓制。新柏拉圖學派中最得勢的一派認爲，最明智的辦法是同他們瞧不起的祭司建立聯繫，共同對抗令人畏懼的基督徒。這些生怕因落伍而被淘汰的哲學家，一心想從希臘詩人虛構的著作中尋找充滿智慧的寓言，替選出的門徒制訂神祕的獻祭儀式，把古老的神祇當作上帝的象徵或使者來崇拜，撰寫許多反福音信仰的長篇大論文章[93]，這些論著後來都被審愼的正統基督教皇帝付之一炬。

戴克里先的政策和康士坦久斯的仁慈，使他們偏向於保持寬容的原則。但另外兩位共治者，馬克西米安和蓋勒流斯，很快被發現對基督徒的名稱和教派懷有無法調解的仇恨。這兩位君王的心靈從未受到學術的啓迪，個人的性格也未受到教育的感化。他們獲得名聲是靠著戰場的殺戮，等到有幸攀登權力頂峰，卻仍然保持著農夫和士兵的偏見與迷信。在治理各行省的一般事務時，他們會遵守恩主所制訂的法令規定，但在軍營和皇宮裡，有時因爲基督徒不顧一切的宗教狂熱，他們就會找出可供利用的藉

90 除了畢達哥拉斯和阿里斯提斯(Aristeas)的故事以外，像是埃斯科拉庇斯神龕的治療功效，台納的阿波羅紐斯施展法術的神奇本領，都可用來對抗基督的神蹟。當然我也同意拉德納博士的見解，菲羅斯特拉都斯(Philostratus, Flavius, 170-245A.D.，希臘哲學家)寫《阿波羅紐斯傳》時，並沒有這樣的企圖。

91 非常讓人感到遺憾，那就是神職人員也像異教徒一樣，相信超自然和地獄，等於是自己親手破壞所具有的優勢。

92 朱理安表示出極爲虔誠的喜悅，神意絕滅褻瀆的教派，焚毀懷疑主義和享樂主義的書籍，這些傳播毒素的讀物太多，僅伊比鳩魯的著作就不下三百卷。

93 拉克坦久斯從不同信仰的哲學家中，特別找出兩位敵手來詳加描述。270年時，波菲利在西西里撰寫大量文章反對基督徒，可以編成三十卷書。

口，祕密進行各種迫害[94]。有一位阿非利加青年名叫馬克西米連努斯(Maximillianus)，其父認爲他應該合法的服行兵役，就親自送他到行政官員面前，但他固執的宣稱，良心不允許他當兵殺人，結果被判處死刑[95]。然而，對於百夫長馬塞拉斯(Marcellus)的行爲，任何政府都不可能不加以懲罰。在一個公共紀念日，這位軍官扔掉他的皮帶、武器和軍階標誌，高聲向大家喊叫宣布，他只服從永恆的王，我們的主耶穌基督，除此外他誰也不服從，他將永不再使用殺人武器，也不再爲崇拜偶像的主子效命盡忠。士兵聽到後不勝驚愕，趕緊將馬塞拉斯抓住，送到廷吉(Tingi)接受茅利塔尼亞地方長官的審問。他對自己的行爲供認不諱，就以逃亡罪名被判斬首。這類性質的例證大多屬於軍法和民法問題，不見得算是宗教迫害的範圍，卻會使皇帝對基督教產生惡劣反感。蓋勒流斯以此作爲藉口，很嚴厲的將大批基督徒身分的軍官解除職務。同時也使一派人的意見占了上風，那就是說凡由宗教狂熱分子組成的教派，其所奉行的教義若仇視公共安全，此教派不僅對社會毫無裨益，且很快對帝國的臣民帶來危險。

十六、戴克里先進行宗教迫害的原因

蓋勒流斯贏得波斯戰爭的勝利後，不僅聲望提高，未來的仕途也更爲順利，就在尼柯米地亞的宮殿和戴克里先共度一個冬天，這時對基督徒的處置成爲祕密商談的主題[96]。施政經驗非常豐富的皇帝，同意在宮廷和軍

94 雖然優西庇烏斯認爲軍隊的殉教者數目有限，而且拉克坦久斯、安布羅斯(Ambrose, 339-397A.D.，聖徒以及米蘭主教)、蘇庇修斯和奧羅休斯都沒有表示意見，但是很久以來大家相信，在馬克西米安的命令之下，底比斯軍團有六千名基督徒士兵，在潘乃・阿爾卑斯山(Pennine Alps)的山谷裡慘遭屠殺，成爲殉教者。這段往事是里昂主教優契流斯(Eucherius)在五世紀中葉首次披露，他是聽到某人說起，而這個人得自日內瓦主教艾薩克(Isaac)，但是艾薩克說他從奧克托都隆(Octodurum)主教狄奧多爾(Theodore)那裡知悉此事。

95 馬克西米連努斯和馬塞拉斯有關殉教的記載，無論從那方面來看，都眞實可信。

96 拉克坦久斯那個時候是尼柯米地亞的居民，但很難相信皇帝在私室的談話能夠洩漏出去，讓他打聽得那麼清楚。

隊裡，不容基督徒擔任任何職務，但仍然偏向採取寬容的措施。他特別強調，要是任意殺害這些誤信邪教的信徒，不僅會帶來危險，也是過分殘忍的行爲。在蓋勒流斯的堅持之下，戴克里先最後還是同意召開一次會議，由軍隊和行政部門少數主要官員參加，將這個重大的問題提出來討論。在座的朝臣認爲這是一個表態的機會，大家異口同聲支持凱撒（蓋勒流斯）要嚴辦的主張，尤其是他們掌握君王要消滅基督徒的心理因素。無論是基於君權的高傲、宗教的虔誠或是群眾的恐懼，可想而知已經進行反覆的說明，也許這些朝臣還要加油添醋，認爲帝國的統一大業還未完成，因爲有一批背道而馳的人民，生存在行省的心臟地區，逐漸茁長壯大。基督徒否認羅馬的神明和制度，成爲一個與眾不同的共和國，趁著他們還未建立武裝力量之前，要盡快鎮壓，再不處理就會發生問題。他們有自己的法律和神職人員進行統治，也成立公用的金庫，經常舉行主教會議，將分散的部分緊密聯合起來，何況那些人數眾多、富有資財的信徒完全聽命於教會的指令。經過這樣一番說辭後，戴克里先勉爲其難的下定決心，採用一套新的宗教迫害政策。對於這樣一個決策過程，我們感到可疑，至於是否有其他的原因，像是宮廷的祕密陰謀活動、個人之間的不同見解和恩怨、婦人和閹宦的嫉妒心理，或者那些微不足道而具有決定性的因素，可以影響到英明的君主，左右帝國的命運，那就非我們所知，無法在此加以敘述了[97]。

基督徒在那個淒冷的冬天，焦慮不安的等待冗長的祕密協商所宣示的結果，終於得到皇帝的旨意。2月23日（303A.D.）是羅馬特米納利亞（Terminalia）祭典節日[*98]，不知是出於偶然還是有意安排，從這一天開始

97 我們唯一能夠了解的情節，就是蓋勒流斯的母親具有虔誠的信仰和猜忌的態度，她對自己的兒子有很大的影響力。當她在宮廷時，基督徒的奴僕對她照顧不夠周到，她因而懷恨在心。

*98 [譯註]特米納利亞節日是祭祀地界神（Terminus），這是意大利的地方神，供奉在羅馬卡庇多山的朱庇特神廟。

要限制基督教的發展。那天清晨禁衛軍統領[99]在幾位將領、護民官和稅務官的陪同，來到尼柯米地亞主座教堂門口。這所教堂位於該城人口最稠密、風景最壯麗的高地上。教堂的大門被撞開，大家蜂擁進入聖所，沒有搜尋到可崇拜偶像，只有將幾卷聖經燒毀了事。戴克里先的大臣帶著大隊侍衛，隨扈校尉在前面開路，裝備著可以破壞防禦工事的器具，排成作戰隊形向前推進。於是一所高聳於皇宮之上，早引起異教徒的憤恨和嫉妒的神聖建築物，在大家一鼓作氣的努力下，不到幾小時便夷爲平地。

第二天，發布有關宗教迫害的詔書。戴克里先一直反對流血，緩和了蓋勒流斯的狂怒情緒，要是按照他的提議，凡是拒絕向羅馬神明獻祭的人士，都要立即活活燒死。但是從目前的規定來看，對倔強頑固的基督徒所施用的懲罰，不僅非常嚴厲而且貫徹到底。詔書特別規定，帝國各行省的基督教堂要拆除乾淨，凡是敢祕密集會進行宗教崇拜的人員均處以死刑。那些對基督教的性質和教義進行過研究的哲學家，現在負起指導盲目迫害活動的卑鄙任務。他們知道基督教信仰的基本理論，包含在先知、使徒和福音書作者的作品之中。所以他們極可能建議發布命令，要求主教和執事將所有的聖書交到地方當局的手裡，然後很愼重其事的公開焚毀，凡是抗拒不從者，將受到嚴厲的懲罰。根據同一份詔書，立即沒收教會的全部財產，可以高價標售拍賣，也可以併入皇室的產業，或者賜給當地城市和同業行會，或者賞給多方懇求、貪財好利的廷臣。在採行取締禮拜活動和解散管理組織的有效措施以後，認爲有必要讓那些仍然執迷不悟，拒不接受祖先傳下來的自然宗教，也就是不信羅馬國教的臣民，淪入萬劫不復的處境。詔書宣告出生爲市民的人不能享有任何榮譽和職務，奴隸則被永遠剝奪獲得自由的希望，這些人的身家性命都被置於法律保護之外。授權法官接受和審理控告基督徒的案件，但是基督徒在受到傷害以後，卻不允許向法官提出控訴。這樣一來，不幸的教民只能受到司法機構的嚴厲懲處，卻

99 在拉克坦久斯的手抄本上，用的是profectus這個字，意思是「開動，前去」，整個文句的語氣不通順，所以換爲praefectus，意思是「禁衛軍統領或地方長官」。

得不到政府組織的任何利益和保障。這種新形式的殉教既痛苦又持久，既不爲人所知又屈辱不堪，那怕是信仰最堅定的基督徒也難以忍受。在這種情況下，人類的情感因素和利害關係傾向於支持皇帝的計謀，也是無可置疑的事。但是賢明的政府基於政策的要求，有時也必須採取干預的行動，以緩解基督徒所受的壓迫。此外，羅馬的君主無法消除濫用懲罰所帶來的恐懼，也不能對詐欺和暴力行爲放任不管，從而讓自己的權威和帝國的臣民處於最可怕的險境[100]。

這份詔書張貼在尼柯米地亞最熱鬧的地點。但還沒等所有公眾看到，便被一位基督徒撕了下來，同時用最惡毒的語言謾罵，說他對不信上帝而又專橫跋扈的總督，不僅鄙視更十分厭惡。根據羅馬最溫和的法條，這種罪行也相當於謀叛，應處以極刑。如果這位基督徒是有地位或有教養的人，這種情況只會加重罪責。結果，他被判活活燒死，或者說是用小火慢慢烤死。那些劊子手熱心爲皇帝所受到的侮辱施加報復，用盡可以想到的各種酷刑，卻始終絲毫未能改變他從容就義的神態，在死亡的痛苦之中，臉上仍然掛著堅毅而藐視的微笑。一般基督徒認爲他的行爲，嚴格說已不符謹愼的原則，卻對他那神聖的熾熱激情極爲欽佩。大量加於這位英雄和殉教者的讚美之辭，更在戴克里先的心中加深了恐怖和仇恨的印象。

戴克里先不久遭到一場危險，好像他的恐懼將會實現。在短短的十五天之內，尼柯米地亞皇宮裡他的寢宮先後兩次起火，儘管都被即時撲滅未造成重大損失，但這災難離奇的重複出現，讓人感到絕非偶然或一時的疏忽，嫌疑自然落在基督徒身上。有人認爲，極有可能是一些走投無路的狂熱分子無法忍受當前的苦難，擔心有更可怕的大禍臨頭，於是忠誠的同教兄弟，就與宮裡的閹宦合謀，企圖暗害兩位皇帝的性命，因爲他們已被視爲上帝教會的死敵。每個人胸中都充滿猜疑和憤恨的情緒，特別是戴克里先。結果很多人或因其所擔任過的職務，或因其所享受過的恩寵，都被投

100 在過了很多年代以後，愛德華一世運用這種迫害方式來對付英格蘭的教士，獲得很大的成功。

入監獄。到處可以見到各種形式的刑訊和逼供，不論在宮中還是在市區，四處都是遭到被處決的人所流下的血跡。但是，不論採用什麼辦法，卻始終無法查出有關神祕案件的任何線索。我們對那些遭難的人，也只能認定他們清白無辜，欽佩其堅韌不屈的殉教精神。幾天以後，蓋勒流斯倉卒告別尼柯米地亞，聲稱如果遲遲不離開虔誠向主的皇宮，他將成爲基督徒怒火下的犧牲品。關於這次迫害的情況，我們只能從教會史學家那裡獲得帶有偏見的不完整資料，而且他們對皇帝何以會如此驚恐萬狀也完全茫然毫不知情。他們之中的兩位作者，一位親王和一位修辭學家，曾經親眼看到尼柯米地亞那場火災，一個歸之於雷電和上天的震怒，另一個認定是惡毒的蓋勒流斯親自縱火。

十七、遍及帝國各地的迫害基督教活動

取締基督教的詔書原來要當作敕令下達，頒行全帝國一體實施。不過戴克里先和蓋勒流斯不必等待西部君王的連署，也肯定知道他們必然同意。因此，按照目前執行政策的觀念來推論，行省的總督必然都會事先接到密令，同一天在統治區域對基督徒宣戰。我們可以想像，無遠弗屆的公路和密如蛛網的驛站，使得皇帝能夠用最快的速度，把命令從尼柯米地亞傳達到羅馬世界各個行省。他們不會容許這份詔書在五十天後，還不能在敘利亞公布；或是在將近四個月之後，還沒有通知到阿非利加的各個城市。後來發生延遲的狀況，可以歸於戴克里先遇事謹愼的作風。他一直對這些迫害措施不很贊成，希望先在親眼目睹之下進行一番實驗，免得以後在邊遠行省實施，要冒引起混亂和不滿的風險。事實上，地方當局在開始時，也不敢輕易造成流血事件。但是後來採取種種殘酷手段獲得准許，甚至鼓勵宗教迫害的熱情。基督徒儘管樂意放棄裝飾華麗的教堂，還是不願下定決心，中斷教徒的宗教集會，或者將《聖經》付之一炬。有一位阿非利加主教費利克斯(Felix)，出於宗教虔誠的執拗態度，讓地方政府的下級官員十分難堪。當地的典獄長把他抓來交給總督處治，這位前執政官又把

他轉送到意大利的禁衛軍統領那裡去。費利克斯甚至不肯做出含糊其辭的答辯，最後終於在賀拉斯的誕生地，也就是盧卡尼亞獲得封號的維紐西亞（Venusia），被斬首示眾。這一事件造成先例，或許皇帝因此事另發有詔書，從此以後允許各行省總督，有權對拒不交出聖書的基督徒處以死刑。毫無疑問，許多基督徒藉這個機會得到殉教的桂冠。但是同樣有更多的人用繳交和告密的方式，使聖書落入異教徒手裡得以苟且偷生，甚至有不少主教和地方教會監督人，因罪惡的順從行爲獲得「叛徒」的惡名。他們在阿非利加教會的這些過失，造成許多眼前的醜聞和未來的紛爭。

聖書在當時帝國範圍內，不同版本和抄寫數量已經多得無法計算。因此，即使拿出嚴厲的清查手段，也不能取得重大的成果。就連查禁任何一個教堂供公眾使用而保存的經書，也需要卑鄙無恥的叛徒配合才能辦到。但是，只要有政府的命令，再加上異教徒的努力，要破壞一所教堂卻非常容易。不過，有些行省當局認爲只要把禮拜場所封閉起來就可交差，還有些地方很嚴格的按照詔書條文行事，讓人拆下門窗，搬走長凳和講經桌，像火葬堆一樣放把火燒掉，然後把殘存的建築物也盡量搗毀[101]。說到這類悲慘事件，在此可以引用一則非常奇特的故事，相關情節有許多不同說法，而且令人難以相信，只能挑起而不能滿足我們的好奇心。弗里基亞有個小鎮，名稱和位置都不得而知，看來是那裡的行政官員和全體民眾都皈依了基督教。行省的總督害怕在執行皇帝詔書時遭到反抗，特地要求羅馬軍團派出兵力強大的支隊。當前來拆除的隊伍逼近時，市民全部進入教堂，決心用武力保護神聖的教堂，再不然就死在廢墟之中。他們極爲憤怒，拒絕允許撤離的條件，後來軍隊被市民頑固的態度所激怒，從四面八方縱火焚燒。這是一個非常奇特的殉教活動，大批弗里基亞市民連同他們

101 古代留存的紀念文用非常詳盡的方式，敘述總督摧毀教堂的訴訟程序，上面附一份記載金銀器具與貴重物品的清單。這個要摧毀的教堂位於努米底亞的色塔，現在仍舊存在，包括的品項有兩個金質聖餐杯、六個銀質聖餐杯、六個銀瓶、一把銀壺、七個銀燭台，以及大量銅製用具和各式服裝。

的妻兒子女，全部葬身火海之中[102]。

敘利亞和亞美尼亞邊境發生輕微的動亂，儘管都剛興起便被撲滅，倒給教會的敵人提供看來有理的口實。他們於是散布流言，說基督教的主教雖然公開聲明絕不抵抗，要無條件服從，但現在忘卻這些誓言，在暗中陰謀鼓動製造出很多麻煩。戴克里先產生憤恨和恐懼的心理，越過迄今一直保持溫和態度的界線。在一連串殘酷的詔書中，他宣示決心要澈底取締基督教。第一道詔書指示各行省總督把基督教會的教士全部抓起來，原爲關押重大罪犯的監獄，現在擠滿大批的主教、地方教會監督人、祭司、讀經人和驅魔師。第二道詔書命令地方當局可以使用嚴酷的手段，把教職人員從眾人厭惡的迷信中挽救出來，重新回頭祭拜羅馬的神祇。在這一項嚴酷的命令之後，又補充一道詔書，把對象推廣到全體基督徒。要是基於原來尙可接受的溫和政策，控告人都必須先拿出直接和嚴肅的證據來，現在的狀況已有改變，搜索、追查和折磨固執的信徒竟成爲帝國官員的職責和興趣所在。凡有人膽敢拯救一個被查禁的教派，逃脫羅馬神明和皇帝主持正義的震怒，均將處以重刑。然而，儘管法律森嚴，許多異教徒出於行善的勇氣，處處掩護身爲基督徒的朋友和親戚。從而可以證明，宗教狂熱的怒火，並沒有使他們發自天性和仁愛的情操完全泯滅。

戴克里先發布懲處基督徒的詔書之後，彷彿急著想把這迫害的工作交給別人去做，他本人很快禪位脫下了皇帝的紫袍。他的共治者和繼位者基於性格和處境，有時想不顧一切蠻幹到底，有時傾向於暫緩執行嚴峻的法條。對於教會史這一重要時期的情況，除非從戴克里先頒布第一批詔書到重新恢復平靜，對基督教會十年來在帝國各地的狀況分別加以考察，否則便無法獲得正確而清晰的概念。

康士坦久斯的性格天生溫和而仁慈，絕不願無端壓迫治下的臣民。基督徒在皇宮擔任主要職務，受到他的喜愛和尊重，他對他們的宗教信仰也

102 拉克坦久斯把災害限定在教會的小範圍內。優西庇烏斯擴大到整個城市，看來像是正規的圍攻作戰。他的拉丁文翻譯魯分努斯(Rufinus)增加一些重要情節，像是允許居民撤離。弗里基亞與艾索里亞爲鄰，也可能是膽大妄爲的蠻族幹的好事。

從沒有任何不滿。但是，只要康士坦久斯仍然處於凱撒這次要地位，就無法公開拒絕執行戴克里先的詔書，或者不服從馬克西米安的命令。不過，他的權力倒是可以減輕基督徒所受的苦難，雖然勉強同意搗毀教堂的做法，但又盡量設法保護基督徒，免遭民眾怒火和嚴酷法律的打擊。高盧各行省(還可以將不列顛包括在內)之所以能獨享安寧，完全應歸功於君主用溫和的態度加以調解。西班牙總督達提阿努斯(Datianus)出於宗教的狂熱和策略的考量，一心只要執行皇帝公開頒布的詔書，而不願去體會康士坦久斯的苦心。因此，幾乎不用懷疑，省府當局必曾沾染殉教者的鮮血[103]。等到康士坦久斯升到奧古斯都至高無上唯我獨尊的地位，便放手實施德政。雖然他的統治時間很短，還是能建立起寬容的制度，經由自己的訓示和做出的榜樣留給君士坦丁。他那幸運的兒子繼位伊始便宣布保護教會，後來終於名副其實成爲第一位基督徒皇帝。君士坦丁改信基督教的動機，由於情況複雜，可以歸之於仁慈的天性、他的政策和信念、或者出於懺悔。在他和其子強有力的影響之下，使基督教成爲羅馬帝國主要宗教。那一個改革運動的進展，將成爲本書第二卷極爲有趣和重要的一章。現在只需要說明一點，君士坦丁的每一次勝利，都使教會得到安慰和恩賜。

意大利和阿非利加兩個行省經歷過一次短暫而殘暴的迫害。戴克里先頒布嚴厲的詔書，他的共治者馬克西米安早就仇恨基督徒，喜歡流血和暴力活動，非常嚴格而且興高采烈予以執行。在進行宗教迫害第一年的秋天，兩位皇帝在羅馬聚會慶祝勝利，制訂後面幾項鎭壓邪教的法令就是那次秘密協商的結果。羅馬當局由於兩位君王駕臨，執行得格外起勁。戴克里先禪退後，意大利和阿非利加在名義上由塞維魯斯統治，所在的基督徒

103 格魯特蒐集的銘文裡提到達提阿努斯，好像他的行省邊界位於帕克斯·朱理亞(Pax Julia)和艾波拉(Ebora)之間，這兩個城市位於露西塔尼亞的南部。要是我們知道這個地方靠近聖文生角(Cape St. Vincent)，就可想像得到普魯登久斯(Prudentius Clemens, Aurelius, 348-405A.D.，羅馬詩人和基督徒)會把名字弄錯(也就是把地名誤爲人名)，例如將知名的執事和殉教者誤以爲是薩拉戈薩(Saragossa)，或者是瓦倫提亞(Valentia)。有些學者表示不同的看法，認爲康士坦久斯擔任凱撒時，西班牙不歸他統治，仍舊在馬克西米安的管轄之下。

毫無自保能力，完全暴露在主子蓋勒流斯絕不寬恕的仇恨之下。羅馬的殉教者當中，阿達克都斯(Adauctus)值得後代人的景仰。他出身意大利貴族家庭，由於屢受宮廷封賞，升任爲執掌皇家產業的財務大臣，尤爲引人注目之處，在整個帝國發起的大迫害中，他似乎是唯一位居顯貴的人物。

馬克森久斯的叛亂很快使得意大利和阿非利加的教會恢復平靜。這位暴君多方壓迫各階層的臣民，卻偏愛受盡苦難的基督徒，顯示出公正和仁慈的一面。他完全領會到基督徒的感恩和愛戴，可以料想得到，原來在他不共戴天的仇敵手中遭受過那麼多苦難，至今他們還心有餘悸。何況信徒的人數和財富都極爲可觀，勢必能夠保證獲得這一派人的忠心支持。馬克森久斯對待羅馬和迦太基主教所抱持的態度，可看作極度寬容的證明，因爲很可能最正統的君王，都會採取同樣的政策來對待基督教自成派別的教士集團。馬塞拉斯(Marcellus)是兩位高級教士中的一位，對迫害期間背叛和隱瞞宗教信仰的大批基督徒嚴加處置，使得首都陷入一片混亂之中，派別之間的憤怒情緒多次引發嚴重的騷亂狀況。基督徒自相殘殺，只有將宗教狂熱遠勝於高瞻遠矚的馬塞拉斯流放出去，才是動亂的羅馬教會得以恢復平靜的唯一辦法。迦太基主教門蘇流斯(Mensurius)的行爲更無理性可言，該城一個祭司發表詆毀皇帝的文字，罪犯躲進主教府邸，儘管當時還不可能提出教會豁免權的要求，這位主教卻拒絕將他交給司法官員審處。由於這種抗拒構成反叛罪，門蘇流斯被法庭傳喚，在經過短時間的審問後，並沒有被判處死刑或流放，仍舊讓他回到自己的教區。這便是基督教臣民在馬克森久斯治下的幸福處境，如果出於自身需要想弄到任何殉教者的屍骨，必須到遙遠的行省去收購。有一個故事提到名叫阿格莉(Aglae)的羅馬女士，出身於執政官世家，萬貫家產需要七十三名管家來料理，其中又以邦尼費斯(Boniface)最爲女主人寵愛，據說他可以與女主人同床共枕。她龐大的家產適足以滿足從東方獲得聖徒遺骨的虔誠願望，於是阿格莉混淆了虔誠和愛情的界線，把相當數量的黃金和香料交付給邦尼費斯。這位情人也便在十二個馬夫和三輛有篷馬車的護送下，遠赴西里西亞的塔蘇斯進行長途朝聖旅行。

十八、蓋勒流斯頒布宗教寬容詔書始末

宗教迫害的主要決策者蓋勒流斯嗜殺成性，他與統治下不幸的基督徒勢不兩立。可以想像得到，許多中產階層人士沒有財富的拖累，也不致坐困窮城，他們會背井離鄉，到氣氛比較緩和的西部去尋求庇護。如果蓋勒流斯只指揮伊里利孔的軍隊和行省，他要搜索或製造殉教者會有相當的困難，因爲在這一個四戰之地，對待宣揚福音的傳教士比帝國其他地方都更加冷淡和厭惡[104]。等到蓋勒流斯獲得最高權力和統治東部之後，就讓狂熱情緒和殘酷行爲發洩到極致，不僅是直接管轄之下的色雷斯和亞細亞，而且馬克西明也感到正中下懷，決定遵從恩主嚴酷的命令，在敘利亞、巴勒斯坦和埃及雷厲風行[105]。但是，蓋勒流斯高漲的野心屢遭失望的打擊，六年的迫害行爲所帶來的經驗，加上心頭縈迴不去的痛苦情緒，對他造成巨大的激盪，終於使他澈底覺悟，最專制的暴政也不能完全絕滅一個民族，也無法摧毀他們的宗教信仰。爲了彌補他所造成的損害，於是以他本人的名義，再加上黎西紐斯和君士坦丁，共同發布一份詔書，在開列一長串皇家頭銜之後，基本內容如下：

> 我們夙夜匪懈維護帝國的統一和安全，依據羅馬古老的法律和公認的準則，時刻不忘改正各方面的錯誤。特別希望受矇騙的基督徒，雖然在帝國各行省組成社團，還能回到合乎理性和自然的道路，不要背棄祖先建立的宗教和儀式，不要厭絕古代遺留的規章和典範，完全任憑自已胡思亂想，毫無依據編造出荒唐的法條和謬論。我們前此發布意在敦促大家崇敬諸神的詔書，已使許多基

104 西部伊里利孔在頭四個世紀，找不出主教或教區的任何痕跡。可能是米蘭總主教的管轄權，一直延伸到伊里利孔的首府色米姆，把整個廣大的行省包括在裡面。

105 《優西庇烏斯全集》第八卷主要敘述蓋勒流斯和馬克西明的宗教迫害，也附帶提到巴勒斯坦的殉教事件，就跟拉克坦久斯的《神學制度》第五卷一樣，詳述當時的殘酷行爲，使人打開書本就感到悲傷。

督徒陷入危險和苦難之中，其中許多人喪失性命，還有更多的人始終堅持瀆神的愚蠢作法，至今不能參加任何正常的公眾宗教活動。爲此我們本著寬大爲懷的宗旨，決定對那些不幸的人法外開恩，今後將允許他們自由表達個人的意念，只要永矢勿諼已公布的法律，對政府抱持適當的尊敬，便可以毫無畏懼和不受干擾在宗教場所集會。我們即刻頒發另一道詔書，將旨意告知各級法院法官和地方行政官員，希望得到寬容的基督徒在他們所崇拜的神前禱告時，勿忘爲個人與共和國的安全和繁榮祈福。

一般來說，我們不會在詔書和文告的字裡行間，去探測帝王的眞正意圖或祕密動機。由於這些話出自一個垂死皇帝的口中，這種處境倒是可以保證他的誠意。

蓋勒流斯簽署這道詔書時，斷定黎西紐斯對身爲恩主的友人所要達成的意圖，會欣然表示同意，而且任何有利於基督徒的政策，都會得到君士坦丁的讚許。但這位皇帝卻不願貿然在序文裡寫上馬克西明的名字，而且他的同意與否至關重要，因爲幾天後他就繼承亞細亞各行省的統治權。不管怎樣，馬克西明在當政的頭六個月，始終裝著採納前任交代的策略，儘管他沒有用自己的名義發布公告，保證教會安寧。禁衛軍統領薩拜努斯(Sabinus)向各行省總督和行政官員發出通知，提到皇帝的仁慈和寬厚，體認基督徒毫不屈從的固執，指示執法官員停止無效的控訴，對那些狂熱分子的祕密集會不必干預。根據這些命令，大批基督徒從各處監獄和礦山裡被釋放，堅強的信徒唱著勝利的讚美詩返回各自的故鄉。那些屈服在狂風暴雨打擊下的人們，含著悔恨的眼淚，要求重新返教會的懷抱。

但這種帶有欺騙性質的平靜轉瞬即逝，東部的基督徒再也不會對君王的爲人抱有任何信心。殘酷行爲和迷信思想滲入馬克西明的靈魂，前者提出迫害的手段，後者指明迫害的對象。皇帝全心全意崇拜羅馬諸神，研究魔法，相信各種神諭，把先知和哲學家當成天上來客無比敬重，提升到行省負責人的高位，參加最機密的國事會議。這些人很容易使他相信，基督徒所以能獲得勝利，完全依靠嚴格的紀律，多神教虛弱不振主要來自於祭司之間缺乏團結和上下級關係不明。於是，比照基督教會的辦法被照本宣科拿過來，據以建立一種管理體制。遵照馬克西明的命令，帝國各大城市裡的神廟都一一加以修繕和整飾，所有管事的祭司也都全歸在一個高級大祭司的管轄之下，用來推行異教的各項活動以與主教對抗。反過來說，要是市級和省級的高等祭司成為皇帝的直接代理人，大祭司也得承認他們具有最高權威。白袍是高貴地位的標記。這些新任命的高級祭司，全部從最高貴和富有的家族中挑選出來。通過地方行政官員和祭司團的影響，從東部各個地區，特別是從尼柯米地亞、安提阿和泰爾，送上來大批表示效忠的奏章，全都經過巧妙的安排作為民眾的呼聲，迎合朝廷已明示的意旨，籲請皇帝堅持法律的公正，不要一味寬大為懷。為了表示對基督徒的憎惡，請求政府將不敬神的宗派逐出所在的地區。馬克西明在泰爾市民的奏章上所做的批語至今尚在。他以無比滿意的口吻讚揚他們的熱情和虔敬，申斥基督徒不敬神的頑固態度，迫不及待通過流放基督徒的要求，從而顯示出自己只是接受一項義務，並非由他親自主動提出，授權祭司和地方行政官員，執行刻在銅牌上的詔書。雖然告誡他們要避免流血，但是對一些冥頑不靈的基督徒，他們卻仍然施以最殘酷和最惡毒的懲罰。

十九、宗教迫害的中止和殉教人數的估算

頑固殘酷的君王有計畫的制訂暴政，亞細亞基督徒無不談虎色變。但沒過幾個月，西部兩位皇帝頒布詔書，迫使馬克西明暫時中止執行迫害計畫。後來，黎西紐斯輕率發動的內戰占據了他全部注意力。等到馬克西明失敗和死亡，使基督教會快速從最後也是最兇狠的敵人手裡解放出來[106]。

依據戴克里先最初幾份詔書，授權進行迫害活動，我對這一段的描

106 馬克西明在逝世前幾天，頒布內容極為廣泛的宗教寬容詔書，把基督徒受到嚴酷的虐待，歸咎於法官和總督誤解他的意圖。

述，有意略去基督教殉教者遭受苦難和死亡的情景。事實上，優西庇烏斯的歷史書籍，拉克坦久斯慷慨激昂的演說詞，以及各種最古老的案卷，可以收集到大堆令人毛骨悚然和厭惡之極的描述。要是讓各種刑架和皮鞭、鐵鉤和燒紅的鐵床、以及各種用火與鐵的拷打、用野獸和比野獸更爲野蠻的劊子手、慘無人道加於人體的刑具，拿來充斥文章的若干篇幅，是再容易不過的事。這些淒慘的景象還可用來達成某些目的，不論是爲了推遲死亡或慶祝勝利，或者指引人們去發現那些爲基督獻身的聖徒遺骨。但是，我對所收集的資料，在確定可信之前，無法決定該引用那些內容。嚴肅的教會史學家優西庇烏斯本人就間接承認，他重述了一切能爲基督教增光的記載，卻略去所有可能使基督教丟臉的材料[107]。這樣一來難免使人懷疑，如此公開違反這一條歷史學基本法則的作者，恐怕對其他法則也未必嚴格遵守。優西庇烏斯的個性使這樣的懷疑更具可信度，因爲和任何一個同時代的人相比，他都較能保持不輕易採信的態度，也更爲熟悉宮廷裡的各種運作。當然，在某些特定的場合，當政府官員爲個人的利害或冤仇所激怒，當殉教者的狂熱情緒，促使他們拋棄謹慎從事的準則，甚至忘記保持得體的言行，像是動手推倒祭壇，對皇帝肆意謾罵，毆打開庭審案的法官，這樣一來，所有人類能想像得到的刑具，最堅強信念所能忍受的酷刑，都會拿來折磨那些虔誠的犧牲者[108]。然而有兩個無意中提到的情況，卻讓人得知被司法官員逮捕的基督徒，處置過程不像設想那樣痛苦不堪：

其一，被判在礦坑中勞動的信徒，由於看守的仁慈或疏忽，可以在那些陰暗淒涼的地點修建小教堂，自由表達虔誠的宗教信仰。其二，主教對自動向行政官員投案、宗教過度狂熱的基督徒，也不得不加以阻止和譴責。他們之中有些人被窮困和債務所迫，盲目尋求機會要藉光榮的死亡終

107 優西庇烏斯是位很謹慎的歷史學家，但是發生的狀況使他受到指責和懷疑。他曾經下過獄，使人聯想到他只有不榮譽的屈從，才毫髮無損被釋放出來，終其一生都爲受責難的往事提出辯解，就是親自參加泰爾宗教會議也避免不了。

108 古代有份詳實可信記錄，記載塔拉克斯(Tarachus)和他的同伴在宗教迫害中所遭受的苦難，敘述的內容充滿著強烈的憎恨和仇視，顯然是憤怒的官吏才會發生這種狀況。埃及行政長官伊迪休斯(Aedesius)對待希洛克利斯(Hierocles)的行爲非常難得。

結悲慘的人生。另一些人懷著天眞的希望，期待能夠經過短時間的監禁洗去一生的罪孽。還有一些人則出於自私自利的動機，盼望教會給予坐監者一大筆補償金，從此可以過富裕的生活[109]。等到教會戰勝一切敵人後，被囚的教徒出於自私和虛榮的考量，極力誇張所受苦難的程度。時間或地點的隔絕使他們可以信口開河隨意編造，像是誰的傷口如何頓時自癒，誰又轉眼恢復了健康，或者有誰斷掉的肢體立即神奇的接上等情事。有關神聖殉教者的各種例證，相當方便用來解決編造的困難和壓制別人的改正意見。誇張的傳說只要爲教會增添光彩，便會受到輕信會眾的喝彩，獲得掌權教士團的容忍。教會歷史採用一些可疑的證據，拿來證實所言不虛。

有關流放、監禁、苦難和折磨的含糊描述，在一位高明演說家筆下，十分容易被加以誇大或淡化，使我們決心對更爲清楚和不易篡改的事實進一步探索。那就是，由於戴克里先及其共治者和繼位者頒布的詔書而喪命的人究竟有多少？近代的傳說記載整支軍隊和全城的市民，在不分青紅皂白的迫害中，被屠殺一空。更早一些作家僅以悲憤的心情，不著邊際的大發牢騷一番，根本不清楚究竟有多少人用生命證實對福音的信仰。不過，從優西庇烏斯的史書中，知道僅有九位主教被處死。據具體列舉的巴勒斯坦殉教名單，可斷定能加上殉教者稱號的基督徒，不會超過九十二人[110]。對於那時期一般主教的熱誠和勇氣，我們的了解還是不夠，提到主教被處

109 正統基督教與道納都斯教派之間的爭論，有助於了解阿非利加教會的發展歷史，有的地方難免產生偏見。

110 優西庇烏斯在結束這段敘述時，要讓我們知道，這是整個宗教迫害過程，發生在巴勒斯坦的殉教事件。但是在他的作品第八卷第五章中，提到埃及的底比斯行省，發生大規模的殉教活動，與我們了解的狀況並不一樣。不過，我們欽佩這位歷史學家巧妙的安排，要把最驚心動魄的暴行，選在帝國最遙遠和最偏僻的地點，然後說底比斯常常每天有十個到一百個人殉教。後來他提到前往埃及的旅行，講話就更加小心也不那麼武斷，只說有許多基督徒，並沒有確定的數字。他刻意用很模糊的字眼，讓人以爲他親眼見到，也可解釋爲他聽到此事，對於迫害的過程可以說是打算要執行，要是解釋爲已經執行懲罰，也能說得通。他已準備好安全的退路，把模稜兩可的章節交給讀者和譯者去自行判斷。他的想法也不是沒有道理，各人按照自己心思選擇最合意的解釋。狄奧多盧斯·米托契塔(Theodorus Metochita)的批評是不懷好意，但是他說得好，文人學者要是像優西庇烏斯那樣明瞭埃及人的個性，就會喜歡隱晦而複雜的表達風格。

死的人數，無法做出有用的推斷。但是後面這個數字，卻可以用來證實十分重要和極爲可能的結論。根據羅馬帝國行省劃分的情況，巴勒斯坦的面積可以算爲東部帝國的十六分之一[111]。有些總督不論是出於眞正仁慈，還是假裝出僞善姿態，手上始終沒沾染基督徒的鮮血，因而我們相信基督教的誕生地，在蓋勒流斯和馬克西明治下被處死的殉教者，至少占全國殉教者的十六分之一，那麼總數可能達到一千五百人。按這場迫害延續的十個年頭平均分配，每年實際犧牲的殉教者則爲一百五十人。在意大利、阿非利加，再加上西班牙這幾個行省，經過兩、三年後，嚴峻的刑法不是暫時擱置，就是明令廢止。要是也按同樣的比例計算，那麼，在羅馬帝國境內經法院判決處以極刑的基督徒，總數將減至不足兩千人。不容置疑，與以前的任何一次迫害相比，在戴克里先時代，受難基督徒的人數更多，敵人也更瘋狂，而像這樣可信而溫和的估計，可讓我們推算出，爲了達成將基督教傳播到整個帝國此一重大目標，到底有多少聖徒和殉教者犧牲性命。

二十、結論

我們要用自動在腦海中浮現，令人深感悲嘆的事實來結束這一章。那就是有關殉教問題方面，即使我們毫不懷疑也不去深究，完全認同史書上的記載和虔誠教徒杜撰的傳說，也必須承認，基督徒在長期內部鬥爭中彼此造成的傷亡，遠遠超過異教徒的狂熱所帶來的迫害。在西羅馬帝國被推翻後那段愚昧的時代裡，帝國都城的主教把統轄權擴及俗世的人民，包括拉丁教會的神職人員。他們爲了抵制理性力量的衝擊，所建立的一套迷信制度，從十二到十六世紀，遭受大膽狂熱分子的摧毀，這些人一直以改革家的面貌出現在世上。羅馬教會用暴力行動保護以欺騙手段獲得的帝國，一個和平和仁慈的宗教體系，很快就被放逐令、戰爭、屠殺以及宗教法庭敗壞。改革派受到熱愛民權和宗教自由的鼓舞，天主教的親王和教士的利

111 等到巴勒斯坦分爲三部分，整個帝國東部的行政區域包括四十八個行省。古代根本不考慮民族的問題，羅馬人的行省區劃，完全按照幅員的大小和富庶的程度。

益結合，不惜用火與劍來推展宗教懲罰的恐怖行動。據說，僅在尼德蘭(Netherland)地區，查理五世的臣民就有十萬餘人倒在劊子手的屠刀之下，這驚人數字得到格羅秀斯的證實。這個人才華出眾，學識淵博，在瘋狂的教派鬥爭之中始終保持著冷靜的頭腦。印刷術的發明，便利了情報流通，也增大了洩密危險的年代，他為自己的國家撰寫一部編年史。要是相信格羅秀斯著作的權威，那我們就必須承認，僅僅在一個行省和一位君主的統治階段，被處決的新教徒就遠遠超過三百年時間，整個羅馬帝國範圍內早期殉教者的人數。但是，如果對這一事實產生難以置信的感覺，勝過證據的力量，因而認定格羅秀斯過分誇大宗教改革派的功績和苦難[112]，那麼我們可以很自然的聯想到，對於古人出於輕信的態度，撰寫資料可疑而又極不完整的重要作品，我們又能相信到什麼程度。對於受到君士坦丁保護的主教和演說家，享有記述皇帝用仁德征服對手的權利，記載失勢的前任迫害基督徒的情況，我們又如何能夠完全相信。

112 保洛修道士(Fra Paolo)把整個貝爾京地區(包括法國西北部和低地國家在內)的殉教人數減到五萬人。他就學識的淵博和人品的溫和來說不下於格羅秀斯，且出生的年代較晚，可以蒐集更多的資料，但他住在威尼斯，離尼德蘭的距離未免遠了一點。

君士坦丁皇帝的柱廊大會廳

羅馬世界的主子要把新都的建設，
當作光輝的統治流芳千古的永恆碑銘，
為了完成這項偉大的工程，
可以竭盡數百萬馴服臣民的財富、勞力和智慧。

羅馬帝國歷代皇帝年表

一、西羅馬帝國：從奧古斯都到西部帝國滅亡

B.C.27-14	奧古斯都(Augustus)
14-37	提比流斯(Tiberius)
37-41	該猶斯(Gaius)即喀利古拉(Caligula)
41-54	克勞狄斯(Claudius)
54-68	尼祿(Nero)
68-69	伽爾巴(Galba)
69	奧索(Otho)
69	維提留斯(Vitellius)
69-79	維斯巴西安(Vespasian)
79-81	提圖斯(Titus)
81-96	圖密善(Domitian)
96-98	聶爾瓦(Nerva)，97-98與圖拉眞共治
98-117	圖拉眞(Trajan)
117-138	哈德良(Hadrian)
138-161	安東尼・庇烏斯(Antoninus Pius)
161-180	馬可斯・奧理流斯(Marcus Aurelius)，161-169年與盧契烏斯・維魯斯(Lucius Verus)共治，177年起與其子康莫達斯共治。
180-192	康莫達斯(Commodus)
193	佩提納克斯(Pertinax)
193	德第烏斯・鳩理努斯(Didius Julianus)

193-211　塞提米烏斯・塞維魯斯(Septimius Severus),自198年與其子卡拉卡拉以及209年與其子傑達共治。

211-217　安東尼(Antoninus)即卡拉卡拉(Caracalla),211-212年與弟傑達(Geta)共治。

217-218　麥克林努斯(Macrinus),自218年與子笛都米尼努斯(Diadumenianus)共治。

218-222　安東尼(Antoninus)即伊拉迦巴拉斯(Elaghabalus)

222-235　塞維魯斯・亞歷山大(Severus Alexander)

235-238　色雷斯人馬克西明(Maximinus the Thrax)

238　郭笛努斯一世(Gordian I),郭笛努斯二世(Gordian II),帕皮努斯・麥克西繆斯(Pupienus Maximus)及巴比努斯(Balbinus)

238-244　郭笛努斯三世(Gordian III)

244-249　阿拉伯人菲利浦(Philip the Arab),247-249年與其子菲利蒲共治。

249-251　狄西阿斯(Decius)

251-253　崔波尼努斯・蓋盧斯(Trebonianus Gallus)與其子弗祿昔努斯(Volusianus)共治。

253-260　華勒利安(Valerian)與子高連努斯共治。

260-268　高連努斯(Gallianus)

268-270　哥德人克勞狄斯二世(Claudius II Gothicus)

270-275　奧理安(Aurelian)

275-276　塔西佗(Tacitus)

276　弗洛里努斯(Florianus)

276-282　蒲羅布斯(Probus)

282-283　卡魯斯(Carus)

283-284　卡瑞努斯(Carinus)與其弟紐米倫(Numerian)共治。

284-305　戴克里先(Diocletian),305年退位。

286-305	馬克西米安(Maximian)，305年退位。
305-311	蓋勒流斯(Galerius)，在不同時期與他共同統治的君主，有康士坦久斯一世克洛盧斯(Constantius I Chlorus)、塞維魯斯二世(Severus II)、黎西紐斯、君士坦丁一世、馬克西米努斯・達查(Maximunus Daza)，在309年共有六位奧古斯都。
311-324	君士坦丁一世(Constantine I)與黎西紐斯(Licinius)共治。
324-337	君士坦丁一世
337-340	君士坦丁二世(Constantine II)，康士坦久斯二世(Constantius II)，及康士坦斯(Constans)共治。
340-350	康士坦久斯二世與康士坦斯共治。
350-361	康士坦久斯二世
361-363	朱理安(Julian)
363-364	傑維安(Jovian)
364-375	華倫提尼安一世(Valentinian I)與華倫斯(Valens)共治，自367年起加上格里先(Gratian)。
375-378	華倫斯、格里先與華倫提尼安二世(Valentinian II)共治。
378-395	狄奧多西大帝(Theodosius the Great)於378-383年與格里先，華倫提尼安二世共同統治；於383-392年與華倫提尼安二世，阿卡狄斯(Arcadius)共同統治；從392年起至死與阿卡狄斯、霍諾流斯共同統治。
395	帝國被劃分爲東西兩部，自霍諾流斯至羅慕拉斯・奧古斯都拉斯均統治西羅馬帝國。
395-423	霍諾流斯(Honorius)
423-455	華倫提尼安三世(Valentinian III)
455	彼特洛紐斯・麥克西繆斯(Petronius Maximus)
455-456	阿維都斯(Avitus)
456-461	馬約里安(Majorian)
461-465	利比烏斯・塞維魯斯(Libius Severus)

467-472　安塞繆斯(Anthemus)
472　奧利布流斯(Olybrius)
473-474　格利西流斯(Glycerius)
474-475　朱理烏斯・尼波斯(Julius Nepos)
475-476　羅慕拉斯・奧古斯都拉斯(Romulus Augustulus)

二、東羅馬帝國:從狄奧多西王朝的分治到君士坦丁堡陷落

狄奧多西王朝
395-408　阿卡狄斯(Arcadius)
408-450　狄奧多西二世(Theodosius II)
450-457　馬西安(Marcian)
李奧王朝
457-474　李奧一世(Leo I)
474　李奧二世(Leo II)
474-491　季諾(Zeno)
491-518　阿納斯塔休斯(Anastasius)
查士丁尼王朝
518-527　賈士丁一世(Justin I)
527-565　查士丁尼一世(Justinian I)
565-578　賈士丁二世(Justin II)
578-582　提比流斯二世(Tiberius II)
582-602　莫理斯(Maurice)
602-610　福卡斯(Phocas)
赫拉克留斯王朝
610-641　赫拉克留斯(Heraclius)
641-668　康士坦斯二世(Constans II)

668-685　君士坦丁四世（Constantine IV）
685-695　查士丁尼二世（Justinian II）（被廢）
695-698　李奧久斯（Leontius）
698-705　提比流斯三世（Tiberius III）
705-711　查士丁尼二世（復辟）
711-713　巴達尼斯（Bardanes）
713-716　阿納斯塔休斯二世（Anastasius II）
716-717　狄奧多西三世（Theodosius III）

艾索里亞(Isaurian)王朝

717-741　李奧三世（Leo III）
741-775　君士坦丁五世科普羅尼繆斯（Constantine V Copronymus）
775-780　李奧四世（Leo IV）
780-797　君士坦丁六世（Constantine VI）（被母后伊里妮剜目後殺害）
797-802　伊里妮（Irene）

伊索里亞王朝終結後稱帝者

802-811　尼西弗魯斯一世（Nicephorus I）
811　斯陶拉修斯（Stauracius）
811-813　米迦勒一世（Michael I）
813-820　李奧五世（Leo V）

弗里基亞(Phrygian)王朝

820-829　米迦勒二世（Michael II）
829-842　狄奧菲盧斯Theophilus）
842-867　米迦勒三世（Michael III）

馬其頓(Macedonian)王朝

867-886　巴西爾一世（Basil I）
886-912　李奧六世（Leo VI）與亞歷山大（Alexander）共治。
912-959　君士坦丁七世波菲洛吉尼都斯（Constantine VII Prorphyrogenitus）

919-944　羅馬努斯一世勒卡皮努斯(Romanus I Lecapenus)，與君士坦丁七世共同稱帝至944年，其子君士坦丁八世(Constantine VIII)在924年圖謀篡位。

959-963　羅馬努斯二世(Romanus II)

963　羅馬努斯寡后狄奧法諾(Theophano)爲其子巴西爾二世(Basil II)和君士坦丁八世 (Constantine VIII)攝政，尼西弗魯斯·福卡斯(Nicephorus Phocas)娶狄奧法諾後稱帝。

963-969　尼西弗魯斯二世(Nicephorus II)(被約翰一世所弒)

969-975　約翰一世齊米塞斯(John I Zimisces)

976-1025　巴西爾二世保加洛克托努斯(Basil II Bulgaroctonus)

1025-1028　君士坦丁八世

1028-1934　羅馬努斯三世阿吉魯斯(Romanus III Argyrus)

1034-1041　帕夫拉果尼亞人米迦勒四世(Michael IV the Paphlagonian)

1041-1042　米迦勒五世卡拉法提斯(Michael V Calaphates)

1042　佐耶(Zoe)與狄奧多拉(Theodora)兩位女皇共治，摩諾馬克斯(Monomachus)娶佐耶後稱帝。

1042-1055　君士坦丁九世(十世)摩諾馬克斯(Constantine XI (X) Monomachus)

1050　佐耶去世。

1055-1056　狄奧多拉

1056-1057　米迦勒六世斯特拉提奧提庫斯(Michael VI Stratioticus)
馬其頓王朝終結

康南尼(Comnenian)王朝前期

1057-1059　艾薩克一世康奈努斯(Isaac I Comnenus)(被廢)

1059-1067　君士坦丁十世杜卡斯(Constantine X Ducas)

1067-1071　羅馬努斯四世狄奧吉尼斯(Romanus IV Diogenes)

1071-1078　米迦勒七世杜帕拉皮納西斯(Michael VII Parapinaces)

1078-1081　尼西弗魯斯三世波塔尼阿特斯(Nicephorus III Botaniates)

康南尼王朝

1081-1118 阿里克蘇斯一世康南努斯(Alexius I Comnenus)

1118-1143 約翰二世卡洛約哈尼斯(John II Calojohannes)

1143-1180 馬紐爾一世(Manuel I)

1180-1183 阿里克蘇斯二世(Alexius II)

1183-1185 安德洛尼庫斯一世(Andronicus I)

安吉利(Angeli)王朝

1185-1195 艾薩克二世(Isaac II)(退位)

1195-1203 阿里克蘇斯三世(Alexius III)

1203-1204 艾薩克二世(復辟)與阿里克蘇斯四世(Alexius IV)共治。

1204 阿里克蘇斯五世杜卡斯・木茲菲烏斯(Alexius V Ducas Murtzuphius)

1204 第四次十字軍占領君士坦丁堡,成立拉丁王國。

東羅馬帝國在尼西亞(Nicaea)的流亡政權

1204-1222 狄奧多魯斯一世拉斯卡里斯(Theodorus I Lascaris)

1222-1254 約翰三世杜卡斯・瓦塔澤斯(John III Ducas Vatatzes)

1254-1258 狄奧多魯斯二世拉斯卡里斯(Theodorus II Lascaris)

1258-1261 約翰四世拉斯卡里斯(John IV Lascaris)

1259-1282 米迦勒七世帕拉羅古斯(Michael VII Palaeologus)

1261 收復君士坦丁堡重建東羅馬帝國

帕拉羅古斯王朝

1261-1282 米迦勒八世帕拉羅古斯(Michael VIII Palaeologus)

1282-1328 安德洛尼庫斯二世(Andronicus II)

1293-1320 米迦勒九世(Michael IX),處於無政府狀態。

1328-1341 安德洛尼庫斯三世(Andronicus III)

1341-1376 約翰五世 (John V)

1341-1354 約翰六世康塔庫齊努斯(John VI Cantacuzenus)

1376-1379 安德洛尼庫斯四世(Androcicus IV)

1379-1391 約翰五世復辟

1390 約翰七世(John VII)

1391-1425 馬紐爾二世(Manuel II)

1425-1448 約翰八世(John VIII)

1449-1453 君士坦丁十一世德拉迦斯(Constantine XI Dragases)

1453 穆罕默德二世(Mohomet II)攻占君士坦丁堡,東羅馬帝國滅亡。

英文索引簡表

說明：本簡表所列，各條目之數字，前者爲章次，後者爲節次。

【I】

【J】

Lorraine 洛林 1-7
Lower Germany 下日耳曼 1-6
Lower Hungary 下匈牙利 1-7
Lowlands of Scotland 蘇格蘭低地 1-7
Lucan 盧坎 2-3、14-4
Lucania 盧卡尼亞 1-7、11-8
Lucian 盧西安 2-1、10-9、16-3
Lucilla 盧西拉 4-2
Lucius 盧契烏斯 2-6
Lucullus 盧克拉斯 2-4、8-4
Lugdunum 盧格都儂 1-7
Luneburg 盧林堡 10-7
Lusace 盧薩斯 10-8
Lusitannia 露西塔尼亞 1-7
Luther 路德 13-3
Luxemburgh 盧森堡 1-7
Lycia 呂西亞 1-7
Lydia 利底亞 1-7
Lygii 黎吉人 12-5
Lyonnese 里昂尼斯 1-7
Lyons 里昂 1-7

【M】
Macedonia 馬其頓 1-5
Machiavel 馬基維利 9-3
Macpherson 麥克弗遜 6-1
Macrinus 麥克林努斯 6-3
Macrianus 馬克里阿努斯 10-11
Macrobius 馬克洛庇斯 15-1
Madam dacier 達西爾夫人 4-1
Maecenas 米西納斯 2-2、7-6
Maeonius 米奧紐斯 11-6
Maeotis 米奧提斯 10-2
Maesia 瑪西亞 1-6
Maffei 馬菲 12-9
Magnesia 馬格里尼安 2-7
Magnus 馬格努斯 7-3
Mahomet 穆罕默德 10-2
Majorca 馬約卡 1-7
Majorinus 馬喬里努斯 16-14
Malabar 馬拉巴 2-10
Malachi 馬拉凱 15-3
Mallet 馬里特 10-2
Mallos 馬洛士 16-15
Malta 馬爾他 1-7
Mamaea 瑪米婭 6-5、6-6
Mamaluke 馬木祿克 1-7
Mamertinus 馬墨提努斯 13-2、6-7
Mamgo 孟哥 13-5
Manes 摩尼 8-2
Manichaean 摩尼教 15-1
Manlius Torquatus 曼留斯・托昆塔斯 3-1
Mantua 曼都亞 2-2
Marathon 馬拉松 8-1
Marc Antony 馬克・安東尼 1-6
Marcellinus 馬塞利努斯 12-8
Marcellus Eprius 馬塞拉斯・伊庇流斯 3-8
Marcellus 馬塞拉斯 3-8
Marcia 瑪西亞 4-2
Marcian 瑪西安 11-1
Marcianopolis 瑪西亞諾波里斯 10-4
Marcionites 馬西昂教派 15-1
Marcomani 馬科曼尼人 1-5、10-8
Marcus Antoninus 馬可斯・安東尼 1-1
Marcus Aurelius Antoninus 馬可斯・奧理留斯・安東尼 3-7
Mardia 瑪迪亞 14-10
Mareotis 馬里歐提斯 15-6
Margus 瑪古斯河 12-9
Mariaba 馬里阿巴 1-1
Mariana 馬里亞納 9-3
Marinus 馬里努斯 10-1
Marisia 馬里西亞河 11-3
Marius 馬留 2-2、10-13
Maroboduus 馬洛波傑斯 12-5
Mars 馬爾斯 2-1
Marseilles 馬賽 1-6
Marsi 馬塞 1-7
Martial 馬修 2-3
Martialis 馬修里斯 6-3
Martinianus 馬提尼努斯 14-12

【O】

【P】

中文索引簡表

說明：本簡表所列，各條目之數字，前者爲章次，後者爲節次。

【六畫】

【十一畫】

【十三畫】

【十四畫】

羅馬帝國行政區圖

（180A.D.）

羅馬帝國行政區圖(180A.D.)

1 下不列顛尼亞 Britannia Inferior
2 上不列顛尼亞 Britannia Superior
3 下日耳曼尼亞 Germania Infeior
4 貝爾京 Belgica
5 盧格都尼斯 Lugdunensis
6 阿奎塔尼亞 Aquitania
7 上日耳曼尼亞 Germania Superior
8 雷蒂提亞 Raetia
9 阿爾卑斯・波尼拉 Alps Poeninae
10 阿爾卑斯・科蒂安 Alps Cottiae
11 阿爾卑斯・瑪里提摩 Alps Maritimae
12 納邦尼斯 Narbonensis
13 塔拉康尼西斯 Tarraconesis
14 露西塔尼亞 Lusitania
15 貝提卡 Baetica
16 茅利塔尼亞・廷吉塔納 Mauretania Tingitana
17 茅利塔尼亞・凱撒尼西斯 Mauretania Caesariensis
18 努米底亞 Numidia
19 阿非利加直屬領地 Africa Pronconsularis
20 昔倫尼卡 Cyrenaica
21 埃及 Aegyptus
22 阿拉伯 Arabia
23 敘利亞・巴勒斯坦 Syria Palaestina
24 敘利亞・腓尼基 Syria Phoenice

25 敘利亞 Syria Coele
26 西里西亞 Cilicia
27 卡帕多西亞 Cappadocia
28 蓋拉提亞 Galatia
29 呂西亞 Lycia
30 亞細亞 Asia
31 俾西尼亞與本都 Bithynia et Pontus
32 亞該亞 Achaea
33 克里特 Creta
34 伊庇魯斯 Epirus
35 馬其頓 Macedonia
36 色雷斯 Thracia
37 下瑪西亞 Moesia Inferior
38 達西亞 Dacia
39 上瑪西亞 Moesia Superior
40 達瑪提亞 Dalmatia
41 下潘農尼亞 Pannonia Inferior
42 上潘農尼亞 Pannonia Superior
43 諾利孔 Noricum
44 意大利 Italia
45 薩丁尼亞 Sardinia
46 科西嘉 Corsica
47 西西里 Sicilia

北海
大西洋
日耳曼人
萊茵河
約克
馬賽
米蘭
羅馬
加底斯
迦太基
1
2
3
4
5
6
8
9
10
11
12
13
14
15
16
17
18
19
43
44
45
46
47
0
500 km
0
300 miles

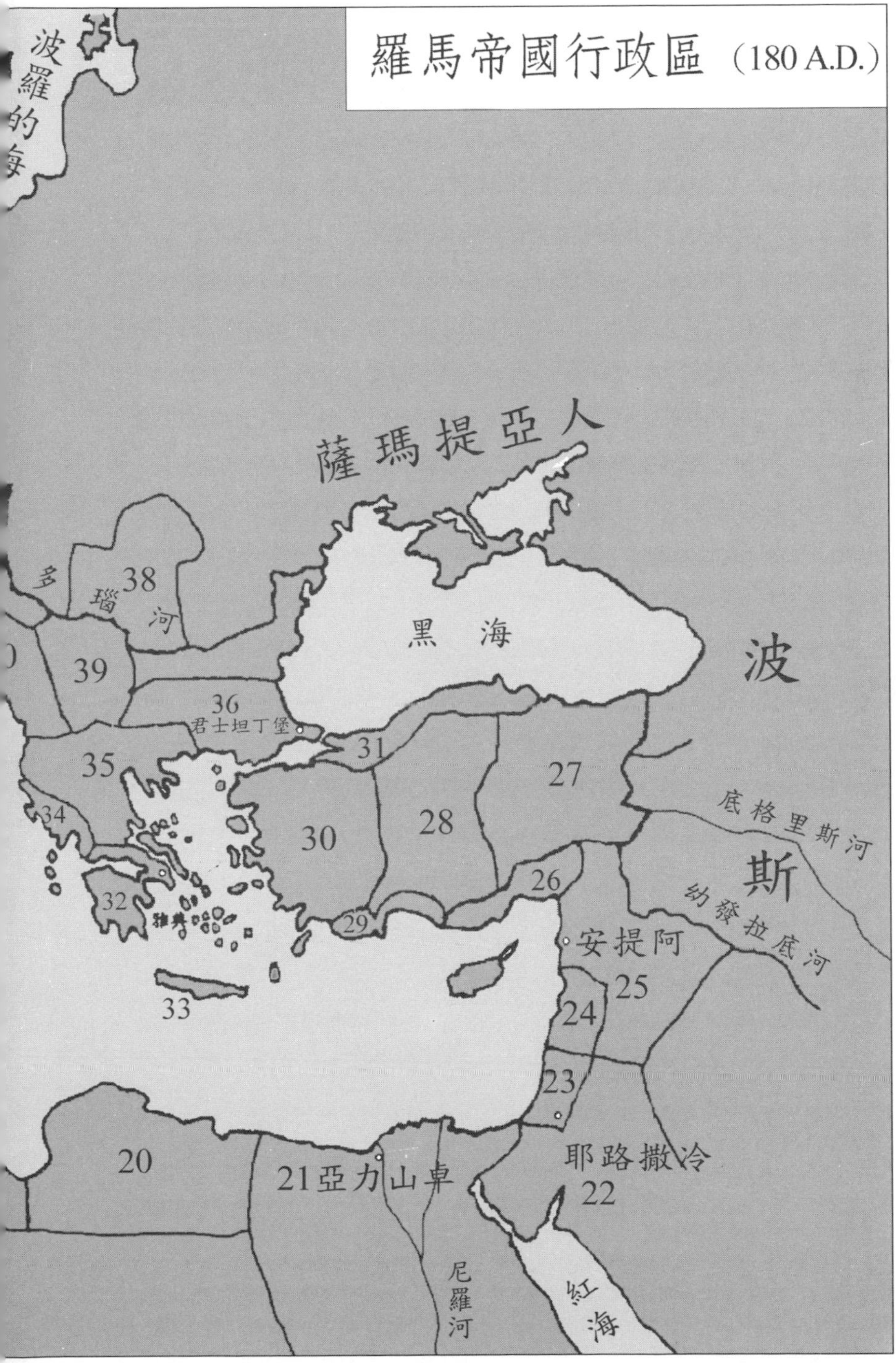

羅馬帝國行政區（180 A.D.）

聯經經典

羅馬帝國衰亡史 第一卷

2004年10月初版
2018年10月初版第九刷
定價：新臺幣680元

著　者	Edward Gibbon
譯　者	席代岳
叢書主編	莊惠薰
校　對	張瀞文
	李隆生
文字編輯	張旭宜
	張鳳真
封面設計	胡筱薇

出版者	聯經出版事業股份有限公司
地址	新北市汐止區大同路一段369號1樓
編輯部地址	新北市汐止區大同路一段369號1樓
叢書主編電話	(02)86925588轉5322
台北聯經書房	台北市新生南路三段94號
電話	(02)23620308
台中分公司	台中市北區崇德路一段198號
暨門市電話	(04)22312023
郵政劃撥帳戶第	0100559-3號
郵撥電話	(02)23620308
印刷者	世和印製企業有限公司
總經銷	聯合發行股份有限公司
發行所	新北市新店區寶橋路235巷6弄6號2F
電話	(02)29178022

總編輯	胡金倫
總經理	陳芝宇
社長	羅國俊
發行人	林載爵

行政院新聞局出版事業登記證局版臺業字第0130號

本書如有缺頁，破損，倒裝請寄回台北聯經書房更換。 ISBN 978-957-08-2771-2 (精裝)
聯經網址 http://www.linkingbooks.com.tw
電子信箱 e-mail:linking@udngroup.com

國家圖書館出版品預行編目資料

羅馬帝國衰亡史 第一卷 / Edward
Gibbon著．席代岳譯．
--初版．--新北市：聯經，2004年
656面；17×23公分．--(聯經經典)
譯自：The decline and fall of the Roman Empire
ISBN 978-957-08-2771-2(第一卷：精裝)
[2018年10月初版第九刷]

1.羅馬帝國-歷史-公元前31-公元476年
2.羅馬帝國-歷史-中古(476-1453)

740.222 93017874

現代名著譯叢

極權主義	蔡英文譯
法律的理念	張茂柏譯
自然法——法律哲學導論	李日章譯
人文科學的邏輯	關子尹譯
論康德與黑格爾	關子尹譯
六大觀念：真、善、美、自由、平等、正義	蔡坤鴻譯
康德〔純粹理性批判〕導讀	李明輝譯
黑格爾與現代社會	徐文瑞譯
論小說與小說家	瞿世鏡譯
倫理學原理	蔡坤鴻譯
托馬斯・摩爾	梁懷德譯
制憲風雲——美國立憲奇蹟	孫北堂譯
法國1968：終結的開始	趙剛譯註
西方政治傳統：近代自由主義之發展	李豐斌譯
論民主	李柏光、林猛譯
後現代性的起源	王晶譯
共同體的基礎理論	于嘉雲譯
倫理與經濟	劉楚俊譯
宇宙與歷史	楊儒賓譯
超越左派右派：激進政治的未來	李惠斌、楊雪冬譯
星空中的普魯斯特	廖月娟譯
馬丹・蓋赫返鄉記	江政寬譯
重返政治	孫善豪譯
國族主義	李金梅譯
金錢・性別・現代生活風格	顧仁明譯
自由主義之後	彭淮棟譯
陌生的多樣性：歧異時代的憲政主義	詹姆斯・杜利著
國族與國族主義	艾尼斯特・葛爾納著
公共領域的結構轉型	哈伯瑪斯著
後民族格局：哈伯瑪斯政治論文集	哈伯瑪斯
現代性：紀登斯訪談錄	安東尼・紀登斯著
自由的界限：無政府與利維坦之間	詹姆斯・布坎南著
個人主義論集	路易・杜蒙著
飲食與愛情：東方與西方的文化史	傑克・顧迪著